文史哲學集成

廖國棟著

魏晉詠物賦研究

文史哲出版社印行

文史哲學集成 184

魏晉詠物賦研究

著者：廖國棟
出版者：文史哲出版社
登記證字號：行政院新聞局局版臺業字〇七五五號
發行所：文史哲出版社
台北市羅斯福路一段七十二巷四號
郵撥〇五一二八八一二彭正雄帳戶
電話：三五一一〇二八
印刷者：文史哲出版社
實價新台幣四六〇元
中華民國七十九年十月三版

引言（代序）

賦與詩、詞、曲同爲中國古典文學之瑰寶，皆擅一代之勝。唯歷來治文學史者，多側重於詩、詞、曲之研究，故此三者之成績斐然。然於辭賦則多持鄙斥之態度，是以研究漢賦者寥若晨星，辭賦一門遂闇而不彰。夫就文學之演變觀之，賦遠承詩經，拓宇於楚辭，籠罩漢代四百年之文壇，自有其不可磨滅之價値焉，斷不可執後世之觀點而一筆抹殺也。故乃不揣鄙陋，留意於此。

余既完成碩士論文「張衡生平及其賦之研究」，遂決心往下探討魏晉南北朝之辭賦，蓋欲深究一代之文學，不可不明其流變。兩漢之後，作賦之風氣未衰，左思三都賦成而洛陽爲之紙貴，卽其有力之證。就嚴可均所輯全上古三代秦漢三國六朝文觀之，魏晉南北朝之賦篇，並不亞於兩漢。若捨此豐富之作品而不論，則不免有遺珠之憾，且無以洞明賦體之演變也。又魏晉南北朝文學之主流雖已由賦逐漸轉爲古詩，然其賦篇亦有其特色，諸如篇幅短小、字句清麗、題材擴大、個性化與情感化等，皆魏晉辭賦之特色也。降至南北朝，賦風再變，講究駢詞儷句，注意韻律音節，內容則偏於豔情及哀怨之描寫，凡此皆足以代表當日文學潮流之趨勢。而今日研治有關魏晉南北朝之文學者，多從其古詩、樂府及神怪小說諸端探究之，辭賦一門則鮮有顧及之者，是以就此期辭賦研究之，庶幾有助於此期文學全豹之呈現。唯魏晉南北朝賦篇之繁多，欲作全盤而深入之研究，蓋非數年之力所能竟其功，故先取「魏晉詠物賦」爲研究之範疇，以撰斯文，並爲他日繼續探究魏晉南北朝辭賦之基礎，此本論文撰述之緣由也。又本文所以取「魏晉詠物賦」爲探究魏晉南北朝辭賦之基礎者，乃基於下列數項考慮：

其一，就文學史之演變觀之，魏晉南北朝爲吾國文學自覺之時代，文學脫離學術之附庸而獨立，唯美文學得以蓬勃發展，卽拜文學觀念改變之賜也。魏晉正處於文風改變之樞紐，欲究此期之文學，當從魏晉入手也。

其二，就賦史之流變觀之，魏晉以降，兩漢古賦流變爲六朝之「俳賦」，再變爲唐之「律賦」，再變爲宋之「文賦」。魏晉上承漢賦之遺軌，下啓俳賦（卽駢賦）之先河，居於承先啓後之特殊地位，欲究六朝之辭賦，亦當以魏晉爲津梁也。

其三，六朝文體之形成，受辭賦之影響極深，王師夢鷗云：「魏晉六朝文體之形成，只是一個『文章辭賦化』的現象。」（貴遊文學與六朝文體的演變）魏晉乃六朝之始，其辭賦予六朝文體之影響尤爲直接而密切也。

其四，詠物賦鼎盛於魏晉，其篇數可知者達四百二十八篇之多，佔魏晉賦之泰半，爲此期辭賦之主流，欲究魏晉之辭賦，自當以詠物賦爲先也。

其五，「詠物」爲詩歌重要之一體，俞琰歷代詠物詩選序云：「詩感於物，而其體物者不可以不工，狀物者不可以不切。於是有詠物一體，以窮物之情、盡物之態，而詩學之要，莫先於詠物矣。」此體之源，固可遠溯詩經，而其盛行則在南朝也。魏晉詠物賦旣鼎盛於詠物詩之前，其題材之開拓，寫物之技巧，必予後起之詠物詩相當之影響，故魏晉詠物賦之研究，當有助於詠物詩源流之了解也。

研究主題旣定，乃著手資料之蒐集。賦篇來源，以嚴可均所輯之「全後漢文」、「全三國文」、「全晉文」爲藍本，嚴氏用力之勤，蒐集之富及其嘉惠後學之功，令人欽敬，然以篇帙浩繁，遺漏謬誤之處，在所難免。乃取後漢書、三國志、晉書、隋書、文選、文選注、北堂書鈔、藝文類聚、初學記、古文苑、太平御覽、歷代賦彙……諸書加以校勘補佚。其時代斷限，上自東漢獻帝建安元年，下迄東晉恭帝元熙二年。詠物賦之選判，以合乎「吟詠物之個體爲主旨」之賦篇爲準則，計得詠物賦四百二十八篇。以此四百餘篇詠物賦爲基本材料，先分門別類加以詳細之剖析，再綜合歸納其組織結構，修辭技巧及情志內涵，魏晉詠物賦之全豹將可賴此全面之分析與綜合之歸納而顯現也。

本文之寫作方式，謹遵師訓，秉持篤實忠誠之治學態度以撰述之。賦篇列其總目，考證出處，校勘文字，耗時費日，然不敢有所怠忽者，求其所據資料之無訛也。各類賦篇之分析，必先逐篇詳加研讀，然後擇取代表作品，分析其內容結構，由於賦作之繁多，典故之難解，此項分析費日尤多，二載光陰，盡耗於斯！方法至拙，唯願藉此笨拙之耕耘，以獲眞確無妄之果實也。

本文撰寫期間，高師　仲華諄諄垂詢，愛護倍至。王師　夢鷗文學卓見之啓發，受惠良多。羅師宗濤指示南鍼，簡師　宗梧悉心指導，時加諟正。歷時六載，勉成斯篇。師恩如山，永銘五內。唯以資質魯鈍，學殖疏淺，罅漏之處，尙祈博雅君子有以教正焉。

魏晉詠物賦研究目次

第一章 魏晉詠物賦探源

第一節 詠物賦之義界

國語楚語上云：「若是而不從，動而不悛，則文詠物以行之。」韋昭注：「文，文詞也；詠，風也。謂以文詞風託事物以動行之。」此爲「詠物」一詞首見於典籍者也，其意義與後代所謂「詠物」亦極接近（註一）。至於專以「詠物」指稱文學體類者，殆始於梁鍾嶸之詩品。洪順隆先生云：

> 一切事物都是先有實體，然後才有名字的。詠物詩也不例外。「詠物」一詞，依現存的文獻，始見於梁鍾嶸的「詩品」。在這部中國最早的詩人評集下品「許瑤之」條下云：「許長於短句詠物」短句卽五言四句，玉臺新詠有許瑤之的「詠柟榴枕」。「端木生河側，因病遂成妍。朝將雲髻別，夜與蛾眉連。」這首小詩大概就是所謂「短句詠物」吧。（六朝詩論頁五）

「詠物」一詞，已見於國語。洪氏謂始見於鍾嶸詩品有待商榷。唯詩品「詠物」一詞，專指詩體，與國語之泛指文詞不同。故就專指文學體類而言，仍以鍾嶸詩品爲始也。

誠如洪氏所云，一切事物先有實體，後有名稱。詠物詩如此，詠物賦亦當如此。唯詠物賦之實體濫觴先秦，流行兩漢，至魏晉已臻鼎盛，其流行興盛遠較詠物詩爲早，然其名稱則遲至元代祝堯古賦辨體始見諸文字（詳見下文），而專門收錄詠物賦之總集乃闕如也（註二）！反觀詠物詩，南宋已有直稱「

詠物詩」者，元明則有「詠物詩」之詩集，至清代御製佩文齋詠物詩選則將歷代詠物詩網羅成編（註三），洋洋大觀，粲然大備矣。

夫詠物賦之發達既早於詠物詩，而其名稱乃晚見於詠物詩，且歷代竟未有專錄詠物賦之總集，此蓋賦體本着重於「體物」「寫物圖貌」（註四），先天卽帶有詠物之傾向，古人旣視賦之詠物爲當然，遂不刻意收集詠物之賦以成專集，此殆詠物賦之總集付之闕如之故耶？雖然，由下列三家之見解仍可稍窺詠物賦之範疇：

蕭統文選序云：

> 古詩之體，今則全取賦名。荀宋表之於前，賈馬繼之於末。自茲以降，源流實繁：述邑居，則有憑虛亡是之作；戒畋遊，則有長楊羽獵之制。若其紀一事，詠一物，風雲草木之興，魚蟲禽獸之流，推而廣之，不可勝載矣。

所謂「詠一物，風雲草木之興，魚蟲禽獸之流」蓋卽文選所載「物色」「鳥獸」二類賦。所收賦篇，雖有非屬詠物賦者（如秋興賦屬歲時，非物也），然大體近是。

劉勰文心雕龍詮賦篇云：

> 至於草區禽族，庶品雜類，則觸興致情，因變取會。擬諸形容，則言務纖密，象其物宜，則理貴側附。斯又小制之區畛，奇巧之機要也。

劉氏所云「草區禽族，庶品雜類」殆卽草木鳥獸及器物等詠物賦之題材，而「擬諸形容，則言務纖密，象其物宜，則理貴側附」卽詠物賦之表現技巧也。

祝堯古賦辨體云：

> 凡咏物之賦，須兼比興之義，則所賦之情，不專在物，特借物以見我之情爾……要必以我之情，

> 推物之情，以我之辭，代物之辭，因之以起興，假之以成比。雖曰推物之情，而實言我之情，雖曰代物之辭，而實出我之辭。本於人情，盡於物理，其詞自工，其情自切。

祝氏不僅提出「詠物賦」之名稱，且論及詠物賦所應具之內涵及表現技巧。由上述三氏之說，詠物賦之義界已有粗略之輪廓，唯本文既以「詠物賦」爲研究主題，則其義界必須確立。夫就廣義之詩而言，賦亦爲詩之一體（註五），「詠物賦」之義界，似可借助「詠物詩」以定之也。俞琰歷代詠物詩選序云：

> 詩也者，發於志而實感於物者也。詩感於物，而其體物者不可以不工，狀物者不可以不切，於是有詠物一體，以窮物之情，盡物之態，而詩學之要，莫先於詠物矣。古之詠物者，其見於經則灼灼寫桃花之鮮……此詠物之祖也，而其體猶未全，至六朝而始以一物命題。唐人繼之，著作益工。兩宋元明承之，篇什愈廣。故詠物一體，三百篇導其源，六朝備其製，唐人擅其美，兩宋元明沿其傳。

由俞序可以歸納詠物詩之二要素：

其一：詠物詩必須以一物爲吟詠之對象，詩經之詠草木鳥獸，僅可視爲詠物之源，必至六朝以「一物命題」方能正式成爲「詠物詩」。

其二：詠物詩之表現方法爲「窮物之情，盡物之態」，亦卽詠物詩必須盡全力描寫物象，以朝窮盡其情態也。此外，俞氏於凡例云：「歲時，非物也。」則所詠之物，以具體之物爲範圍也。詠物詩之義界，俞氏已將其輪廓大體鉤出，洪氏進而對詠物詩作如下之定義：

> 我們以爲一篇之中，主旨在吟詠物的個體（包括自然界和人造的）的，也卽作者因感於物，而力求工切地「體物」、「狀物」、以「窮物之情」、「盡物之態」，且出之以詩體的，才是詠物詩。

詠物詩之義界既明，據此，「詠物賦」之義界則可定之如下：

凡以吟詠物之個體爲主旨之賦，謂之詠物賦。此類賦篇乃作者有感於物，而力求「體物」、「狀物」、以「窮物之情」、「盡物之態」而作也。

第二節 詠物之探源

一 「物」於文學創作中之重要性

禮記樂記云：「人心之動，物使之然也。」吾人生於天地之間，而天地間萬物之變化每易觸動人心，人心受激動之後，或歌或舞，或形諸文字、產生文學作品。故自然萬物實爲文學產生之一大因素。陸機文賦云：

> 佇中區以玄覽，頤情志於典墳。遵四時以歎逝，瞻萬物而思紛。悲落葉於勁秋，喜柔條於芳春。心懍懍以懷霜，志眇眇而臨雲，詠世德之駿烈，誦先人之清芬。遊文章之林府，嘉麗藻之彬彬。慨投篇而援筆，聊宣之乎斯文。

陸氏以「情志」爲文學之基本要素，其中「遵四時以歎逝，瞻萬物而思紛。悲落葉於勁秋，喜柔條於芳春。心懍懍以懷霜，志眇眇而臨雲。」正是自然界之萬物對於「情志」所造成之刺激。劉勰文心雕龍明詩篇云：

> 人稟七情，應物斯感，感物吟志，莫非自然。

鍾嶸詩品序云：

> 氣之動物，物之感人，搖蕩性靈，形諸舞詠。

若乃春風春鳥，秋月秋蟬，夏雲暑雨，冬月祁寒，斯四時之感諸詩者也。

凡此，皆足以說明自然界萬物有激發人心，引起文學創作動機之作用。「物」於文學創作中之重要性，於此可見。此外，宋儒朱熹亦有極佳之見解：

人生而靜，天之性也。感於物而動，性之欲也。夫既有欲矣，則不能無思。既有思矣，則不能無言。既有言矣，則言之所不能盡，而發於咨嗟詠歎之餘者，必有自然之音響節族而不能已焉，此詩之所以作也。（詩經傳序）

闡明自然萬物對文學創作之影響最詳備者，莫如文心雕龍物色篇：

春秋代序，陰陽慘舒，物色之動，心亦搖焉。蓋陽氣萌而玄駒步，陰律凝而丹鳥羞，微蟲猶或入感，四時之動物深矣。若夫珪璋挺其惠心，英華秀其清氣，物色相召，人誰獲安？是以獻歲發春，悅豫之情暢；滔滔孟夏，鬱陶之心凝；天高氣清，陰沉之志遠；霰雪無垠，矜肅之慮深。歲有其物，物有其容，情以物遷，辭以情發。一葉且或迎意，蟲聲有足引心，況清風與明月同夜，白日與春林共朝哉！

外在萬物之變遷，激蕩吾人之心靈，遂有文學之創作，此時作者乃處於被動之地位。此外，詩人（或文人）內在蓄積之情志，亦常藉外物而抒發，作者乃處於主動之地位。劉永濟文心雕龍校釋云：

蓋神物交融，亦有分別：有物來動情者焉，有情往感物者焉。物來動情者，情隨物遷，彼物象之慘舒，即吾心之憂虞也，故曰隨物宛轉。情往感物者，物因情變，以內心之悲樂，爲外境之懽戚也，故曰與心徘徊。前者文家謂之無我之境，或曰寫境。後者文家謂之有我之境，或曰造境。前者我爲被動，後者我爲主動。被動者，一心澄然，因物而動，故但寫物之妙境，而吾心閑靜之趣，亦在其中，雖曰無我，實亦有我。主動者，萬物自如，緣情而異。故雖抒人之幽情，而外物聲采之美，亦由以見，雖曰造境，實同寫境。是以純境固不足以謂文，純情亦不足以稱美，善爲文者，必在情境交融，物我雙會之際矣。雖然，行文之時，變亦至夥，或觸境以生情，或緣情而布境，或寫物即以言情，或物我分寫而彼此暉暎。

綜上所述，文學之創作，無論是基於作者被動之「物來動情，情隨物遷」、或基於主動之「情往感物、物因情變」，作品與「物」皆有不可分離之關係，故「物」於文學創作中之地位，實不言可喻矣。

二　詩經之詠物

孔子曾云：「小子何莫學夫詩。詩可以興，可以觀，可以群，可以怨，邇之事父，遠之事君，多識於鳥獸草木之名。」（論語陽貨）學詩而能「多識於鳥獸草木之名」，則詩經中之鳥獸草木等自然物極夥。以周南十一篇爲例：關雎、葛覃、卷耳、樛木、螽斯、桃夭、兔罝、芣苢、麟之趾等九篇從篇名即知與鳥獸草木等自然物有關。而漢廣起首云：「南有喬木，不可休息。漢有游女，不可求思。」以喬木起興。汝墳起首云：「遵彼汝墳，伐其條枚。未見君子，惄如調飢。」仍與草木有關。由此可以窺見詩經中大量運用自然物之一斑。唯詩經中之「物」，除檜風隰有萇楚及魯頌駉二篇之外，幾乎皆處於陪襯之地位，尚未成爲全詩之主題。如周南關雎：

關關雎鳩，在河之洲。窈窕淑女，君子好逑。參差荇菜，左右流之，窈窕淑女，寤寐求之。求之不得，寤寐思服。悠哉悠哉，輾轉反側。參差荇菜，左右采之，窈窕淑女，琴瑟友之。參差荇菜，左右芼之。窈窕淑女，鍾鼓樂之。

詩大序云：「關雎樂得淑女以配君子。憂在進賢，不淫其色。哀窈窕、思賢才，而無傷害之心焉，是關雎之義也。」故「雎鳩」非本篇之主題，蓋用以興「樂得淑女以配君子」耳。詩經中之「物」，大抵如是。然亦有類似「詠物」者，如周南桃夭：

桃之夭夭，灼灼其華。之子于歸，宜其室家。桃之夭夭，有蕡其實。之子于歸，宜其家室。桃之夭夭，其葉蓁蓁。之子于歸，宜其家人。

此詩三章，每章皆以「桃之夭夭」起首，並描寫桃華、桃實及桃葉之盛，似爲詠桃之詩，然考其主旨，則爲「詩人因所見以起興，而歎女子之賢，知其必有以宜其室家也。」（詩集傳），故此篇仍非以詠物爲主。雖然，詠物之胚胎已孕於此也。

詩經中以一物爲摹寫吟詠之對象者，厥爲檜風「隰有萇楚」及魯頌「駉」二詩。隰有萇楚云：

隰有萇楚，猗儺其枝。夭之沃沃，樂子之無知。隰有萇楚，猗儺其華。夭之沃沃，樂子之無家。隰有萇楚，猗儺其實。夭之沃沃，樂子之無室。

此詩毛傳以爲「興」，朱子集傳以爲「賦」。至於其主旨則詩序與集傳所言略同。詩序云：「隰有萇楚，疾恣也。國人疾其君之淫恣而思無情慾者也。」集傳云：「政煩賦重，人不堪其苦，嘆其不如草木之無知而無憂也。」詩人目睹萇楚光澤姣好，羡慕之情油然而生，遂思其所以能如此者，乃因其無知欲之牽絆、無家室之煩憂也。此詩於讚美萇楚之詠歎聲中，雖深寓詩人內心之憂傷，然全詩自始至終皆以萇楚爲題材也。

駉之詩云：

駉駉牡馬，在坰之野。薄言駉者，有驈有皇，有驪有黃，以車彭彭。思無疆，思馬斯臧。
駉駉牡馬，在坰之野。薄言駉者，有騅有駓，有騂有騏，以車伾伾。思無期，思馬斯才。
駉駉牡馬，在坰之野。薄言駉者，有驒有駱，有駵有雒，以車繹繹。思無斁，思馬斯作。

駉駉牡馬，在坰之野。薄言駉者，有騆有騢，有驔有魚，以車祛祛。思無邪，思馬斯徂。

此詩凡四章，朱子集傳謂四章皆「賦也」。詩序云：「駉，頌僖公也。僖公能遵伯禽之法，儉以足用，寬以愛民，務農重穀，牧于坰野，魯人尊之。於是季孫行父請命于周，而史克作是頌。」集傳云：「此詩言僖公牧馬之盛。」姑無論其美刺之旨爲何，就「詠物詩」之義界繩之，此詩通篇以馬爲吟詠之對象，首章先狀馬之肥大，次敍馬之種類毛色，末言馬之盛無盡無休，而其馬又必皆善也（參見屈萬里先生詩經詮釋頁六〇一），其餘三章稍異字句而章旨無殊，皆能「體物」「狀物」以「窮物之情」「盡物之態」也。故此詩與隰有萇楚誠爲「詠物體」（包括詩、賦）之濫觴也。

綜上所述，詩經中之鳥獸草木等自然物，雖多處於襯托之地位，鮮有成爲全詩之主題者，然詩經乃吾國純文學最早之總集，詩篇中復有大量詠及自然物者，其影響後世之詠物體亦屬必然之現象也，兪琰所謂「詠物一體，三百篇導其源。」（歷代詠物詩選序）當作如是觀也。

三　楚辭之詠物

楚辭乃先秦南方文學之瑰寶，與詩經同爲吾國詩壇南北文學之雙璧，影響後世文學既深且鉅，尤以漢賦更是楚辭之嫡承，與楚辭有不可分割之血緣關係。而魏晉賦直接沿承漢賦，故探討魏晉詠物賦之源頭，楚辭乃不可忽略之一環也。

楚國由於地理環境之獨特，名山有九嶷、衡嶽等，大川有江、漢、沅、湘等，復有洞庭、雲夢等湖澤，山水之秀色比比皆是，其間之芳草珍木、鳥獸蟲魚皆爲現成之文學材料。文心雕龍辨騷篇云：

吟諷者銜其山川，童蒙者拾其香草。

物色篇云：

若乃山林皐壤，實文思之奧府……然屈平所以能洞監風騷之情者，抑亦江山之助乎？

由是可知山川草木等自然物在楚辭亦佔有相當大之分量，然楚辭中詩人歌詠自然界之物色，僅在表現其情志，並非以物色爲其最終之目的，故「物」於楚辭中亦處於陪襯之角色，此與詩經並無二致。唯楚辭因其主要作者屈原特殊之境遇，故象徵意義遠較詩經濃烈。如離騷：

扈江離與辟芷兮，紉秋蘭以爲佩。

王逸云：「言已修身清潔，乃取江離辟芷以爲衣被，紉索秋蘭以爲佩飾。」此以江離、辟芷、蘭等香草象徵己身之清高。又：

蘭芷變而不芳兮，荃蕙化而爲茅。

王逸云：「言蘭芷之草變其體而不復香，荃蕙化而爲菅茅，失其本性也，以言君子更爲小人，忠信更爲佞僞也。」

九章涉江：

鸞鳥鳳皇日以遠兮，燕雀烏鵲巢堂壇兮。

王逸云：「鸞鳳，俊鳥也。有聖君則來，無德則去，以興賢臣難進易退也。燕雀烏鵲，多口妄鳴，以喻讒佞。言楚王愚闇，不親仁賢而近讒佞也。」

觀上數例亦可窺知物在楚辭中所扮演之角色。王逸云：

離騷之文，依詩取興，引類譬喻。故善鳥香草以配忠貞，惡禽臭物以比讒佞……虬龍鸞鳳以託君子，飄風雲霓以爲小人。

此言最能闡明楚辭中「物」之象徵意義。雖然，楚辭有一篇極爲特殊之作品，此卽九章之橘頌：

后皇嘉樹，橘徠服兮。受命不遷，生南國兮。深固難徙，更壹志兮。綠葉素榮，紛其可喜兮。曾枝剡棘，圓果摶兮。青黃雜糅，文章爛兮。精色內白，類可任兮。紛緼宜脩，姱而不醜兮。嗟爾幼志，有以異兮。獨立不遷，豈不可喜兮。深固難徙，廓其無求兮。蘇世獨立，橫而不流兮。閉心自愼，不終失過兮。秉德無私，參天地兮。願歲幷謝，與長友兮。淑離不淫，梗其有理兮。年歲雖少，可師長兮。行比伯夷，置以爲像兮。

李元貞論屈原「橘頌」云（註六）：

使屈原成爲千古第一個揭出「個人色彩」的大詩人，是他那篇大離騷。而這篇小小的橘頌却使他成爲中國「詠物」詩人之祖。詩經裏的花木……等物，在詩的內容上都是從屬的地位，多半只是「藉物起興」而已。從沒有像橘頌這篇如此明顯地「詠物」，如此灌注詩人的感情思想甚至人格在「物」上。利用「擬人化」的手法，使橘子樹不但有了生命，而且有了性格。詩人所要暗示寄托的情志也非常明顯有力地象徵表現出來，完全達到「詠物寄懷」的效果。在這篇小小橘頌裏所閃耀出的獨立不遷的狂狷人格，也正是屈原一生中所追求而完成的理想人格。

李氏謂「詩經裏的花木……等物，在詩的內容上都是從屬的地位，多半只是『藉物起興』而已。從沒有像橘頌這篇如此明顯地『詠物』，如此灌注詩人的感情思想甚至人格在『物』上。」此說或有待商榷，然其分析橘頌則甚是。此篇雖與屈原其他作品同樣具有高度之象徵意義，然通篇始終以「物」爲主體，完全合乎「詠物」之義界也。黃永武先生詠物詩的評價標準云：「詠橘的詩，最早的該是屈原九章裏的橘頌，橘樹逾淮爲枳，屈原體察出『受命不遷』的橘德，所以寫『深固難徙，更壹志兮』，正因物而表達自身的心志。」（註七）黃氏分析詠物詩極精闢，亦以橘頌爲詠物詩。夫就廣義之詩而言，楚辭爲繼詩經而起之新體詩，故李、黃二氏皆以橘頌爲詠物詩。然就廣義之賦而言，楚辭亦屬賦之封域之內（註八）。故橘頌亦可以詠物賦視之也。傅錫壬先生楚辭讀本云：「橘頌是一篇詠物賦，藉讚美橘樹的秉質，以自況堅貞之情操，絕不變心從俗的毅力。」傅氏卽視橘頌爲詠物賦也。然則橘頌堪稱爲詠物賦之祖也。

四　荀子之詠物

荀子與屈原同爲辭賦之始祖。班固漢書藝文志詩賦略云：「春秋之後，周道寖壞，聘問歌詠，不行於列國，學詩之士，逸在布衣，而賢人失志之賦作矣。大儒孫卿及楚臣屈原離讒憂國，皆作賦以風。」摯虞文章流別論云：「前世爲賦者，有孫卿屈原，尚頗有古詩之義。」劉勰文心雕龍亦云：「賦也者，受命於詩人，拓宇於楚辭也。於是荀況禮智，宋玉風釣，爰錫名號，與詩畫境。」皆荀屈並稱，荀子於賦中之地位，蓋與屈原並肩也。唯就詠物賦觀之，則受荀子之影響殆有超乎屈原者也。今傳荀子有禮、智、雲、蠶、箴五賦，其中雲、蠶、箴已開漢代詠物賦之先河矣。玆舉蠶賦爲例：

> 有物於此，儳儳兮其狀，屢化如神。功被天下，爲萬世文。禮樂以成，貴賤以分，養老長幼，待之而後存。名號不美，與暴爲鄰。功立而身廢，事成而家敗。棄其耆老，收其後世，人屬所利，飛鳥所害。臣愚而不識，請占之五泰。五泰占之曰：此夫身女好而頭馬首者與？屢化而不壽者與？善壯而拙老者與？有父母而無牝牡者與？冬伏而夏游，食桑而吐絲，前亂而後治，夏生而惡暑，喜濕而惡雨，蛹以爲母，蛾以爲父，三俯三起，事乃大已，夫是之謂蠶理。

通篇以蠶爲主題，將蠶之形狀、功能及生態作詳細之描述，並藉詠蠶而深寓治事之哲理。雲、箴二賦之表現手法與此篇相同。甚至禮、知二賦雖非「物體」，亦用相同之表現手法。此類藉分析事物以闡明義理之手法，演成漢賦詠物及說理兩大主流。故詠物賦至荀況而定其規模矣。

第三節　漢代之詠物賦

一　漢代詠物賦總目

由前節知詩經及楚辭雖不乏對「物」之吟詠，然堪稱「詠物體」者，僅詩經隰有萇楚、駉及楚辭橘頌三篇耳。荀子雲、蠶、箴三賦，奠定詠物賦之規模。迨至漢代，拓其堂廡，就今所知二百餘篇之漢賦中，詠物賦凡六十九篇（註九），爲漢賦之一大主流。玆先臚列其篇目，以爲研究之張本。其時代斷限，上至西漢高祖即帝位起，下迄東漢獻帝建安元年之前止（註一〇）。而詠物賦選剌之原則以本章第一節對詠物賦所下之義界爲準，凡不合此義界者暫不列入。如賈誼鵩鳥賦，雖名爲詠物，實以說理爲主，其內容既非以鵩鳥爲吟詠之對象，乃不列入。又如馬融圍碁賦、樗蒱賦所鋪陳者乃弈棋、博戲等遊藝之事，其所吟詠者既非「物之個體」，故亦不列詠物賦之範疇。此外如班固弈旨、崔瑗草書勢等，曹淑娟論漢賦之寫物言志傳統以此類作品爲「詠物短賦」，然前者「累陳弈有天地之象、帝王之治、五霸之權、戰國之事」（曹氏語），後者「揣摩書法體勢姿態」（同上），皆非吟詠「物之個體」，故亦略諸（註一一）。

漢代詠物賦總目：

	作者	篇名	存佚	出處
一	賈誼	旱雲賦	存	古文苑卷三
二		虡賦	殘	分見藝文類聚卷四十四、初學記卷十六、御覽五百八十二
三	枚乘	笙賦	佚	文選卷十八長笛賦李善注引篇目（註一二）
四	淮南王安	屏風賦	存	藝文類聚卷六十九
五		薰籠賦	佚	北堂書鈔卷一百三十五、御覽卷七百十引劉向別錄載篇名
六	孔臧	楊柳賦	存	孔叢子弟二十二連叢子（註一三）
七		蓼蟲賦	存	孔叢子弟二十二連叢子
八	司馬相如	梨賦	殘	文選卷六魏都賦張載注（註一四）
九		魚葅賦	佚	北堂書鈔卷一百四十六載篇名
一〇		梓桐山賦	殘	玉篇第三百五十一石部
一一	王褒	洞簫賦	存	文選卷十七（漢書卷六十四王褒傳作洞簫頌）
一二		甘泉宮頌	殘	（註一五）
一三	劉向	雅琴賦	殘	分見初學記卷十六、文選卷四蜀都賦、卷十五歸田賦、卷十八琴賦、卷二十六七里瀨、卷二十九古詩十九首、卷三十五七命李善注
一四		芳松枕賦	佚	白居易白帖卷十四引劉向別錄載篇名
一五	馮商	燈賦	佚	藝文類聚卷八十引劉向別錄載篇名

一六	佚　名	騏麟角杖賦	佚	北堂書鈔卷一百三十三引劉向別錄載篇名
一七	揚　雄	酒　賦	存	（註一六）
一八	劉　歆	燈　賦	存	藝文類聚卷八十
一九		甘泉宮賦	殘	分見藝文類聚卷六十二、初學記卷二十四、文選卷一西都賦、卷三十一代君子有所思李善注
二〇	劉　玄	簧　賦	佚	文選卷十八長笛賦李善注載篇名
二一	班　彪	覽海賦	存	藝文類聚卷八（註一七）
二二	杜　篤	首陽山賦	存	藝文類聚卷七（註一八）
二三		書摳賦	存	藝文類聚卷五十五
二四	班　固	竹扇賦	存	古文苑卷五
二五		終南山賦	存	初學記卷五（註一九）
二六		覽海賦	殘	文選卷十西征賦李善注（註二〇）
二七		白綺扇賦	佚	初學記卷二十五引班孟堅集載篇名
二八	傅　毅	雅琴賦	殘	分見藝文類聚卷四十四、文選卷三東京賦、卷十八琴賦李善注
二九		扇　賦	殘	北堂書鈔卷一百三十四
三〇	王　充	果　賦	殘	御覽卷九百六十八
三一	班　昭	鍼縷賦	存	藝文類聚卷六十五
三二		大雀賦	存	藝文類聚卷九十二（御覽卷九百二十二引曹大家集作「大雀頌」）
三三		蟬　賦	殘	分見藝文類聚九十七、初學記卷三十、文選卷三十八讓中書令表李善

注

三四崔　琦　白鵠賦　佚　後漢書列傳第七十上崔琦傳載篇名（註二一）

三五李　尤　函谷關賦　存　藝文類聚卷六、初學記卷七、古文苑卷六（文選卷十一魯靈光殿賦、卷三十四七啟李善注各引逸文一句。）

三六　德陽殿賦　殘　分見藝文類聚卷六十二、文選卷十一魯靈光殿賦李善注

三七　平樂觀賦　殘　藝文類聚卷六十三

三八　東觀賦　殘　分見藝文類聚卷六十三、文選卷二十三贈五官中郎將詩李善注

三九　果　賦　殘　太平廣記卷四百十

四〇張　奐　芙蓉賦　存　初學記卷二十七

四一劉　琬　馬　賦　殘　御覽卷八百九十七

四二　神龍賦　殘　藝文類聚卷九十六

四三張　衡　溫泉賦　存　古文苑卷五

四四　髑髏賦　存　古文苑卷五

四五　冢　賦　存　古文苑卷五

四六　扇　賦　殘　北堂書鈔卷一百三十四

四七　鴻　賦　佚　序見御覽九百十九

四八王　逸　機　賦　存　北堂書鈔卷一百五十八、藝文類聚卷六十五、御覽卷八百二十五（註二二）

四九　荔支賦　殘　分見藝文類聚卷八十七、初學記卷二十八、御覽卷九百七十一、文選

卷四蜀都賦、卷十二江賦、卷十四赭白馬賦、卷十六閑居賦、卷二十七名都篇李善注

五〇王延壽　魯靈光殿賦　存　文選卷十一

五一　王孫賦　存　藝文類聚卷九十五、初學記卷二十九

五二朱　穆　鬱金賦　存　藝文類聚卷八十一（文選卷五吳都賦李善注引逸文一句）

五三馬　融　長笛賦　存　文選卷十八（六臣註文選作「長笛頌」）

五四　琴　賦　殘　分見藝文類聚卷四十四、文選卷四十七酒德頌李善注

五五　龍虎賦　殘　史記卷五十六陳丞相世家裴駰集解

五六　梁冀西第賦　殘　分見南齊書卷九禮志、文選卷四蜀都賦、卷三十五七命李善注（註二三）

五七侯　瑾　箏　賦　殘　分見藝文類聚卷四十六、初學記卷十六

五八蔡　邕　霖雨賦　存　藝文類聚卷二（註二四）

五九　漢津賦　存　藝文類聚卷八、初學記卷七、古文苑卷七

六〇　筆　賦　存　藝文類聚卷五十八、初學記卷二十一、古文苑卷七

六一　圓扇賦　存　北堂書鈔卷一百三十四

六二　胡栗賦　存　古文苑卷二十一（藝文類聚卷八十七作「傷故栗賦」）

六三　蟬　賦　存　藝文類聚卷九十七

六四　琴　賦　殘　分見藝文類聚卷四十四、北堂書鈔卷一百九、文選卷三十一江文通雜體詩李善注（文選卷三十陸士衡擬古詩李善注作「琴頌」）

六五趙　壹　迅風賦　存　藝文類聚卷一

六六　　　窮鳥賦　存　後漢書卷八十趙壹傳

六七禰　衡　鸚䳇賦　存　文選卷十三

六八趙　岐　藍　賦　殘　藝文類聚卷八十一（註二五）

六九邊　讓　章華賦　存　後漢書列傳第七十下邊讓傳（註二六）

二　漢代詠物賦概述

上列六十九篇詠物賦，前漢十九篇，後漢五十篇，可見詠物賦逐漸增多之情況。就題材觀之，可分八類：

㈠天象類——凡三篇：賈誼旱雲賦、蔡邕霖雨賦、趙壹迅風賦。

㈡地理類——凡九篇：司馬相如梓桐山賦、班彪覽海賦、杜篤首陽山賦、班固終南山賦、覽海賦、李尤函谷關賦、張衡溫泉賦、冢賦、蔡邕漢津賦。

㈢植物賦——凡九篇：孔臧楊柳賦、司馬相如梨賦、王充果賦、李尤果賦、張奐芙蓉賦、王逸荔支賦、朱穆鬱金賦、蔡邕胡栗賦、趙岐藍賦。

㈣動物類——凡十二篇：孔臧蓼蟲賦、班超大雀賦、蟬賦、崔琦白鵠賦、劉琬馬賦、神龍賦、張衡鴻賦、王延壽王孫賦、馬融龍虎賦、蔡邕蟬賦、趙壹窮鳥賦、禰衡鸚䳇賦。

㈤器物類——凡二十五篇：①詠樂器者十篇：賈誼虡賦、枚乘笙賦、王褒洞簫賦、劉向雅琴賦、劉玄簧賦、傅毅雅琴賦、馬融長笛賦、琴賦、侯瑾箏賦、蔡邕琴賦。②詠日用品者十五篇：淮南王安屏風賦、薰籠賦、劉向芳松枕賦、馮商燈賦、佚名騏驎角杖賦、劉歆燈賦、杜篤書搉賦、班固竹扇賦、白綺扇賦、傅毅扇賦、班昭鍼縷賦、張衡扇賦、王逸機賦、蔡邕筆賦、圓扇賦。

㈥建築類——凡八篇：王褒甘泉宮頌、劉歆甘泉宮賦、李尤德陽殿賦、平樂觀賦、東觀賦、王延壽魯靈光殿賦、馬融梁冀西第賦、邊讓章華賦。

㈦飲食類——凡二篇：司馬相如魚葅賦、揚雄酒賦。

㈧其　他——一篇：張衡髑髏賦。

以上諸類，除張衡髑髏賦外，以器物類爲大宗，動物類居次，植物類與地理類並居第三，建築類居第五，天象類居第六，飲食類居末。賦篇之多寡似與日常生活之距離及文士興趣之所在攸關。諸類之中，器物與日常生活極爲密切，隨手取爲吟詠之題材至爲方便，其居諸類之首也宜然，而衆器之中，以樂器最多，亦可窺知漢代賦家關心音樂之程度也。動物與人距離頗近，故僅次於器物類。植物稍遠於動物，故又次之。地理、天象雖與吾人息息相關，唯天象渺遠，不如地理與人親近，故地理類與植物類並列，而天象類則落於建築類之後矣。宮殿臺闕，乃帝王公侯之所居，自爲貴遊文士樂於吟詠之題材，故以八篇居於第五位。飲食本爲生活所不可或缺，其所以居諸類之末者，蓋飲食之物較不宜取爲吟詠之題材，而「酒」之爲文人雅士取爲吟詠之題材，亦待魏晉始漸蔚成風尚也。

就其創作動機分析，漢代詠物賦可略分爲三型：

①第一型：覩物興情，應物斯感，遂援翰以屬篇。此本激發文學創作之常因，漢代詠物賦中，不乏此例。如孔臧楊柳賦云：「物有可貴，云何不銘？乃作斯賦，以敍斯情。」此見楊柳而引起其贊賞之情，遂作此賦以頌贊之也。張衡溫泉賦序云：

> 陽春之月，百草萋萋。余在遠行，顧望有懷。遂適驪山，觀溫泉、浴神井、風中巒，壯厥類之獨美，思在化之所原，感洪澤之普施，乃為賦云。

此序敍述創作溫泉賦之動機甚明，為「覩物興情，應物斯感」而作賦者也。此外如蔡邕胡栗賦乃「人有折蔡氏祠前栗者，故作斯賦。」（胡栗賦序）霖雨賦則因目覩季秋淫雨成霖，撫琴歎息而作此賦。凡此，皆因外物之刺激而萌生作賦之動機也。

②第二型：作者久蓄胸中之情志，得機緣藉外物以抒發之。此類詠物賦，常有濃厚之說理或抒情之成分。如孔臧蓼蟲賦，前半描寫蓼蟲之食蓼葉，後半藉題發揮，闡明安逸足以敗亡之理。班固竹扇賦乃藉吟詠竹扇以勸勉君王（註二七）。杜篤書攄賦表面描寫書攄之麗容，實乃敍述君子之淑德。所謂「載方矩而履規，加文藻之脩飾。能屈伸以和禮，體清淨而坐立。」等，皆君子所具之德性也，故賦中所詠之書攄實為君子之化身也。班昭鍼縷賦藉描述鍼縷之功用以闡明進德修身之理。張衡鴻賦僅存序文：「予五十年之年，忽焉已至，永言身事，慨然其多緒。乃為之賦，聊以息慰。」則此賦殆藉詠物以撫慰其不平之氣邪？衡復有髑髏賦，取材頗為獨特，推其創作動機，蓋衡之晚年，受制於逆閹，美志不遂，鬱鬱不得志，其思想逐漸趨向於道家之消極，始則賦思玄，欲遊太虛，繼則賦歸田，慨然有歸隱之思。此賦則借髑髏之言以否定人間之一切價值也。趙壹身處漢末之亂世，政治腐敗，環境險惡，激起其憤世疾俗之情緒，終因恃才傲物、狂放不羈，幾至於死地，賴友人之助方得免。壹乃貽書謝恩，由於「畏禁不敢班班顯言」（窮鳥賦序），遂作窮鳥賦以致其意。賦中之窮鳥即壹之自喻也，而當時環境之險惡，亦可由此窺知。以上數例，皆作者藉物以寄託其平日蓄積之情志也。

③第三型：漢代賦家，多屬言語侍從之臣。君王於聽政餘暇，每令詞臣作賦以供耳目之娛。故漢賦本是貴遊文學之產物。詠物賦中，應不乏承命而作之賦篇。梁孝王賓客於忘憂之館所賦之八篇詠物賦本

為極佳之典型，惜見錄於西京雜記，其眞僞尚待商榷，不能引爲例證。然由下列二篇賦序，可知詠物賦確有承命而作之一型：

班昭大雀賦序云：

大家同產兄西域都護定遠侯班超獻大雀，詔令大家作賦。

禰衡鸚鵡賦序云：

時黃祖太子射賓客大會，有獻鸚鵡者，舉酒於衡前曰：「禰處士今日無用娛賓，竊以此鳥自遠而至，明慧聰善，羽族之可貴，願先生爲之賦，使四坐咸共榮觀，不亦可乎？」衡因爲賦，筆不停綴，文不加點。

以上將詠物賦之創作動機分爲三類型，然此三型之界線並非絕對可以廓清，如屬於第一型之創作動機固由外物所引發，然作者本身之情志或已久蓄胸臆，正待發抒，恰與足以宣洩此情志之外物相遭遇，遂藉吟詠此物以寄託其久蓄胸臆之情志，於是本屬「情以物興」之第一型，亦屬「物以情觀」之第二型。此時已難以確分其創作動機屬於何型矣。如賈誼旱雲賦，古文苑章樵注云：

在易坎爲水，其蘊蒸而上升則爲雲，溶液而下施則爲雨，故乾之雲行雨施，陰陽和暢也。屯之密雲不雨，陰陽不和也。在人則君臣合德而澤加於民，亦猶陰陽和暢而澤被於物。賈誼負超世之才，文帝將大用之，乃爲大臣絳灌等所阻，卒棄不用，而世被其澤，故托旱雲以寓其意焉。

由章注可知賈誼創作此賦之動機。此賦表面描寫旱雲之狀，及久旱不雨所生之災害，實前暗寓奸邪之當道及政治之失中違節。故論此賦之創作動機，則久旱不雨，天空布滿旱雲雖是引發賈氏作賦之外在因素，然用世之切，不遇之悲，蓋早已充塞其膺，苟無此蓄積之情志，即有旱雲之外象，亦不能作此賦也。

此外，禰衡之鸚鵡賦，乃承黃射之命卽席而作以娛賓客之賦篇。此類作品，或流於歌功頌德、或流於遊戲性質，故佳篇罕覯。然衡之本性剛烈，又逢亂世，其平日之所蓄，遂藉此賦而抒發，成爲詠物賦中之佳品。賦中所詠之鸚鵡，蓋卽衡之自喻也。故鸚鵡之遭遇，卽衡之遭遇；鸚鵡之悲，卽衡之悲也。賦中充分運用「移情作用」，達到借物喻志之效果。由是觀之，此賦本係第三型亦兼屬第二型矣。

漢代詠物賦之創作動機，大抵如上所述，或純屬其中之一型；或兼而有之。然亦有此三類型無法涵蓋者，如馬融之長笛賦。其序云：

融既博覽典雅，精核數術，又性好音，能鼓琴吹笛，而爲督郵無留事。獨臥郿平陽鄔中，有雒客舍逆旅，吹笛爲氣出、精列、相和。融去京師踰年，蹔聞甚悲而樂之。追慕王子淵、枚乘、劉伯康、傅武仲等簫、琴、笙、頌，唯笛獨無。故聊復備數，作長笛賦。

由賦序知馬融作長笛賦之動機有二：

其一，雒客之笛聲引發其離京之悲傷。

其二，融既精通音樂，而王子淵等前賢有吟詠樂器之賦篇，融追慕之，遂以前賢尙未吟詠之題材，而作長笛賦與之爭勝。

前者之動機尙可歸屬於第一型，而後者之動機則超乎前三型之外，源於作者個人强烈之創作表現慾。此種欲求表現之創作慾望，實爲藝術作品（包括文學作品）產生之前提。分析心理學家容格云：「藝術家的生活充滿著衝突與矛盾，因爲在他的內心深處有兩種互不相容的力量——其一爲對快樂、滿足與生活安定的渴望，其一爲某種可能凌駕一切個人願望的可怕創作慾。」（註二八）此種創作慾，不必有所依傍，直接促使作者提筆爲文。若深究馬融於賦序所提及之二種動機，實以力求表現之創作慾爲其眞正之動機也。苟無此創作之慾望，則聞笛聲悲涼，唯有一哭而已，寧有長笛賦之作耶？故探究詠物賦之創作動機時，此種作家之創作慾亦不可忽也。

貞一齋詩說云：「詠物詩有兩法，一是將自身放頓在裏面，一是將自身站立在旁邊。」（註二九）前者乃主觀之投入，後者爲客觀之描寫。漢代詠物賦就表現之手法言，亦可分爲二類：

㈠客觀之描寫——此類表現法，以客觀之立場對物象加以鋪陳描述，「擬諸形容」「象其物宜」（文心雕龍詮賦篇），而無作者主觀情感之滲入。如蔡邕圓扇賦：

裁帛制扇，陳象應矩。輕徹妙好，其輪如羽，動角揚徵，清風逐暑。春夏用事，秋冬潛處。

趙壹迅風賦：

惟巽卦之爲體，吐神氣而成風。纖微無所不入，廣大無所不充。經營八荒之外，宛轉毫毛之中。察本莫見其始，揆末莫覩其終。啾啾飕飕，吟嘯相求。阿那徘徊，聲若歌謳。摶之不可得，繫之不可留。

圓扇賦敍圓扇之製作、形狀及其功用。迅風賦極力形容風之無所不在及來去無踪，不可捉摸之狀。二者皆純就物象作客觀之描摹，而無作者主觀情感之滲入也。

㈡主觀之投入——此類表現法，作者常以「移情作用」將主觀之情志融入所吟詠之物象中，藉以達到借物托志之效果。前述創作動機之第二型，每每採用此種表現手法。如趙壹之窮鳥賦，窮鳥即趙壹之化身，作者之情志已完全融入窮鳥之中。禰衡卽席而作之鸚䳇賦，所採取之表現手法亦同。

上述兩種之不同表現手法，有時亦存在於同一篇詠物賦中，如孔臧之蓼蟲賦，前半以客觀手法描寫蓼蟲食蓼葉之狀。後半之說理則已滲入作者主觀之情志矣。故詠物賦雖有二種表現手法，然不必硬將某賦歸入某種表現法也。

【附　註】

註一：此處之「物」，泛指「事物」，而後代所謂「詠物」取義稍嚴，以具體可見之「物」爲主，不包括抽象之「事」，此其不同之處也。

註二：文選分賦體爲十類，未有「詠物」一類。其中「物色」一類似乎接近「詠物」，然其中潘安仁之秋興賦屬歲時，而歲時非物（俞琰歷代詠物詩選凡例云：「歲時，非物也。」）故文選之「物色」不等於「詠物」。文苑英華分賦體爲四十二類，詠物之作品雖大量收錄於「鳥獸」、「蟲魚」、「草木」等類中，然分類既繁，自無法以「詠物」爲一類。歷代賦彙網羅上下二千年之賦篇於一書，區分賦體爲三十八類，亦未以「詠物」爲專門之一類。近人瞿兌之中國駢文概論分賦體爲十類，其中「物類之屬」與「詠物賦」極爲接近，然「景物之屬」、「藝術之屬」等類之作品亦有詠物賦，故瞿氏「物類之屬」仍未涵蓋所有詠物之作品，亦不能完全相等於「詠物賦」也。

註三：詳見洪順隆六朝詩論頁五。

註四：陸機文賦云：「賦體物而瀏亮。」劉勰文心雕龍詮賦篇云：「賦者鋪也，鋪采摛文，體物寫志也。」又：「賦自詩出，分歧異派。寫物圖貌，蔚似雕畫。」皆以「體物」「寫物圖貌」爲賦之特色。

註五：班固兩都賦序云：「賦者，古詩之流也。」歷代賦彙序：「賦之於詩，具其一體。及其閎肆漫衍，與詩並行。」劉熙載賦概云：「詩爲賦心，賦爲詩體。」凡此皆視賦爲詩之一體，故廣義之詩實可包含賦體也。

註　六：中國古典文學研究叢刊詩歌之部(一)。

註　七：古典文學第一集。

註　八：史記屈原列傳：「乃作懷沙之賦」漢書藝文志：「屈原賦二十五篇」揚雄法言吾子篇：「或問：景差、唐勒、宋玉、枚乘之賦也，益乎？」此皆以賦稱楚辭之作品，可知漢人將楚辭歸屬於賦之封域中。

註　九：曹淑娟論漢賦之寫物言志傳統董理漢賦篇目，凡得二〇八篇，朴現圭漢賦體裁與理論之研究編寫兩漢賦篇總目，得二七二篇。其篇數之差異主要在於曹氏將東方朔七諫、王褒九懷、劉向九歎、王逸九思等，均以一篇計，而朴氏則分別計數，如劉向九歎，朴氏則以九篇計之。曹、朴二氏皆以廣義之賦收錄賦篇，朴氏取義更寬，如連珠而似賦者亦編入總目。又本文詠物賦六十九篇乃取較嚴格之尺度，且西京雜記所收羊勝等人之八篇詠物賦亦因存疑而不列入，苟將尺度放寬，將馬融圍碁賦、班固弈旨等及西京雜記之八篇詠物賦計入，則漢代詠物賦約八十餘篇。由是觀之，漢代詠物賦所佔比例之高。若賦篇復以狹義之賦計之，朴氏得一六三篇，則詠物賦所佔之比例尤爲驚人。

註一〇：建安雖爲漢獻帝之年號，唯此時無論就政治及文學之領導地位皆爲曹氏所掌握，同時建安文學亦有異於漢代文學，故建安時期之賦篇以列入曹魏爲宜。

註一一：此類賦篇取捨之間頗難，爲免詠物賦之義界過寬，致使體例混淆，唯有割愛。

註一二：西京雜記載八篇漢代詠物賦，其中七篇爲梁孝王遊忘憂館，聚集文士乘興而作之賦：枚乘「柳賦」、路喬如「鶴賦」、公孫詭「文鹿賦」、鄒陽「酒賦」、公孫乘「月賦」、羊勝「屏風賦」及鄒陽代韓安國作之「几賦」。另一篇則爲中山王勝爲魯恭王作之「文木賦」。此八賦皆見疑近人，玆不列入。按：有關此八賦眞僞之考證，詳見古苔光西京雜記的研究——肆、西京雜記所收賦篇的探究。

註一三：孔叢子第二十二連叢子收錄孔臧「鴞賦」，觀其內容，則賈誼鵩鳥賦之類也，故不列入。

註一四：文選卷四三都賦序一首「劉淵林注」之下有注云：「三都賦成，張載爲注魏都，劉逵爲注吳、蜀，自是之後，漸行於俗也。」據此，則魏都賦當爲張載所注也。六臣註文選及嚴可均全漢文皆誤爲劉逵（劉淵林）注。參看劉盼遂「文選篇題考誤」（載陳新雄、于大成先生編「昭明文選論文集」。）

註一五：藝文類聚卷六十二作「甘泉宮頌」，文選注或作「甘泉賦」（如卷六「魏都賦」張載注）、或作「甘泉頌」（如卷二「西京賦」李善注）。

註一六：漢書卷九十二陳遵傳作「酒箴」，北堂書鈔卷一百四十八作「都酒賦」，太平御覽卷七百五十八引漢書作「酒賦」。

按：此篇究屬「箴」或「賦」體，頗難釐清。唯曹植酒賦序云：「余覽揚雄酒賦，辭甚瑰瑋，頗戲而不雅，聊爲酒賦，粗究其終始。」則植之酒賦，乃不滿揚雄酒賦而作。植既視此篇爲賦體，故列入詠物賦之範疇。

註一七：張溥漢魏六朝百三名家集誤收此賦於「班蘭臺（班固）集」中。

註一八：文選卷十一孫興公遊天台山賦李善注引本賦「九折萎崖而多艱」之逸句，此句爲藝文類聚所無，朴氏論文殆據此而斷本賦爲殘文。然觀本賦首尾意義完整，謂有逸句則可，謂爲殘文似嫌失當。又本文判別賦篇「存」「殘」「佚」之標準如下：凡全篇意義完整，雖有少許逸句者，仍視之爲「存」。全篇意義不完整者，爲「殘」。僅存篇名者，爲「佚」。

註一九：文選卷六魏都賦李善注引逸文二句，卷五十九頭陁寺碑李善注引逸文一句。又文選卷四蜀都賦李善注作「終南頌」。

註二〇：本賦僅存「運之修短，不豫期也」二句。嚴可均全後漢文卷二十四「班固覽海賦」下注云：「案此賦今見存者僅二語耳，藝文類聚所載乃班彪所作，張溥本誤收。」（參見註九）

註二一：後漢書崔琦傳：「作白鵠賦以爲風，梁冀見之……冀後竟捕殺之。」藝文類聚引華嶠漢書曰：「崔琦作白鶴賦以諷梁冀，冀幽殺之。」（卷九十「鳥部」）篇名不同，然必爲同一賦篇。

註二二：三書皆作「機賦」，唯全後漢文卷五十七作「機婦賦」，考其內容，以詠織機爲主，故屬詠物賦。

註二三：南齊書作「梁冀西第賦」，文選卷三十五李善注作「梁將軍西第頌」，卷四李善注作「西第頌」，全後漢文卷十八作「梁大將軍西第頌」。

註二四：全後漢文卷六十九，嚴注：「此賦類聚編于魏曹植愁霖賦後，題爲又愁霖賦，張溥等因收入子建集，今考文選張協雜詩注引蔡邕霖雨賦云：『瞻玄雲之晻晻，聽長雨之霖霖。』曹植美女篇注引蔡邕霖雨賦云：『中宵夜而歎息』知此賦在蔡集中。」又本賦僅三十九字，朴氏論文以此篇爲「殘文」，然此篇雖短，首尾意義一貫。「起飾帶而撫琴」戛然而止，似乎意猶未盡，然亦無法得知其有逸文，故此處仍以「存」視之。

註二五：岐於建安六年卒，年九十餘。依本目之時代斷限，當歸屬曹魏，然趙氏九十餘年之生涯中，屬於建安時期者僅六年，又非活躍於建安文壇者，故仍歸之於漢代爲宜。

註二六：後漢書邊讓傳云：「少辯博能屬文，作章華賦，雖多淫麗之辭，而終之以正。」又：「建安中，其鄉人有構讓於操，操告郡就殺之。」讓雖卒於建安，然此賦乃其少作，故仍歸入漢代。

全後漢文卷八十四題作「章華臺賦」。

註二七：古文苑卷五章樵注：「孟堅當肅宗朝時，以竹扇供御，蓋中興以來革去奢靡，崇尚樸素所致，賦而美之，所以彰盛德養君心也。」

按：彰盛德、養君心，固然是頌揚盛德，然頌中自有勸勉之意焉。故此賦乃藉物以勸君王也。

註二八：引自鄭毓瑜詩歌創作過程的兩種模式（中外文學十一卷九期第十一頁）

註二九：見百種詩話類編一六五七頁。

第二章 魏晉詠物賦之鼎盛

第一節 魏晉詠物賦鼎盛之因素

魏晉今存賦作近八百篇，其中詠物賦凡四百餘篇，佔二分之一强，比例之高，遠逾兩漢，究其所以致此者，約有下列諸端：

一 賦體本身之因素

陸機文賦云：「賦體物而瀏亮。」劉勰文心雕龍詮賦篇云：「賦者鋪也，鋪采摛文，體物寫志也。」又云：「賦自詩出，分歧異派，寫物圖貌，蔚似雕畫。」「體物」、「寫物」爲賦家抒寫情志之主要手法。遠在周代，荀子雲、蠶、箴三賦，已開詠物賦之先河。漢代賦家，拓其堂廡，始則賈誼賦旱雲、枚乘賦笙、劉安賦屏風、華路藍縷，導其先路。至王褒洞簫、馬融長笛諸作出，技巧乃臻圓熟。漢季趙壹之窮鳥，禰衡之鸚鵡，皆爲著名之賦篇。試觀漢代二百餘篇之賦作中，詠物佔六十九篇，可知賦體本適合詠物。此外，典型之長篇大賦如司馬相如之子虛、上林；揚雄之長楊、羽獵；班張之兩都、二京等，皆以鋪陳事物爲其慣用手法，以上林賦爲例，草木鳥獸蟲魚玉石等，皆爲其鋪陳臚列之項目，苟將此等項目予以分別獨立，加以刻畫，即轉成無數描寫一物之詠物賦矣。貞一齋詩說云：「詠物一體，就題言之，則賦也。」（註一）此說雖就詠物詩而言，然亦可說明賦體先天即具有詠物之傾向也。

二　時代背景之巨變

賦體本身雖適宜詠物，然於賦體獨霸文壇之漢代，尚未獲得充分之發展。究其因，蓋漢代經學昌盛，儒術獨尊，一切學術皆爲儒家思想所籠罩。漢賦亦然，一則賦家依附儒家而求發展，一則儒者運用辭賦以達其諷諫之旨（註二），創作動機或有不同，然強調諷諫作用則一，於是含有諷諭作用之賦篇成爲漢賦之代表作。以漢賦四傑爲例，司馬相如之子虛賦、上林賦、大人賦、哀秦二世賦、難蜀父老、封禪文，揚雄之甘泉賦、河東賦、長楊賦、羽獵賦、解嘲，班固之兩都賦，張衡之二京賦、南都賦、七辯諸賦篇，皆含諷諭之旨，爲典型之漢賦也。迨至東漢末季，王綱解紐，三國鼎峙，魏晉以降，政治紊亂、篡奪相尋、社會動盪、民不聊生，儒家思想式微，道佛思想興起，於是清談流行，玄風大盛。儒家思想一統之尊既失，賦家遂掙脫其「抒下情而通諷諭，宣上德而盡忠孝」（班固兩都賦序）之拘束。復因道家以崇尚自然爲貴，賦家受其影響，遂以自然界之山川草木等爲吟詠之對象，如曹丕槐樹賦序云：

文昌殿中槐樹，盛暑之時，余數遊其下，美而賦之。

柳賦序云：

昔建安五年，上與袁紹戰於官渡，是時余始植斯柳，自彼迄今十有五載矣。左右僕御已多亡，感物傷懷，乃作斯賦。

閔鴻芙蓉賦序云：

川源清徹，羡溢中塘，芙蓉豐植，彌被大澤，朱儀榮藻，有逸目之觀。

或純粹出之以贊美而吟詠，如槐樹賦之美其清暑之功、芙蓉賦之嘉其逸目之觀，或感物傷懷，如柳賦。要之，皆能擺脫諷諭功用之拘束也，由此可知賦體發展至魏晉，由於時代背景之巨變，詠物賦乃得充分發展之環境也。

三　遊戲性質之轉濃

賦乃貴遊文學之產物，初興於吳王王府與梁王苑囿，大盛於武宣之宮廷。賦家多爲言語侍從之臣，爲帝王公侯提供娛耳悅目之篇章，本帶濃厚之遊戲性質。然賦家「基於職責本分，以及學養與理念，在遊戲逍遣之外，鋪張揚厲之後，輸之以諷諫。所謂終歸於亂，曲終奏雅。他們投帝王之所好，而寓以規意。」故漢賦始則「以遊戲爲衣表，以諷諫爲骨裏」（註三），司馬相如之賦篇爲代表。其後諷諫之要求日愈强烈，遂「以諷諫爲主幹，以遊戲爲附葉」（註四），揚雄爲轉變之關鍵，班固爲典型之代表。無論「以諷諫爲骨裏」或「以諷諫爲主幹」，皆不脫離賦家對諷諫之要求，而此等要求，實有礙於詠物賦之充分發展（已見上文）。迨至東漢末季，强調漢賦諷諫作用之尚用觀念逐漸薄弱，愛美尚文之觀念逐漸孳長。王逸即以愛美之觀點贊頌屈原之作品。（註五）至曹丕之時，尚文愛美之觀念更趨明顯。北堂書鈔一百引：

或問：「屈原、相如之賦孰愈？」曹丕云：「優游案衍，屈原之尚也；窮侈極麗，相如之長也。然原據託設譬，其意周旋，綽有餘矣；長卿、子雲，意未及也。」

全以藝術美之觀點評論技巧之工拙，不提諷諫之要求，簡師稱此期爲「尚文觀念的迴瀾，與遊戲性質的

轉濃」（註六）

曹魏之際，由於曹氏父子篤好斯文，人才集於鄴下，文風鼎盛。君臣之間，行則接輿，止則接席，朝夕相從，觴酌流行，絲竹並奏，酒酣耳熱，仰而賦詩，何其樂也！此曹丕所以念念不忘南皮之遊也。（註七）此種貴遊活動，遂使賦體遊戲之本質重新擡頭，成為宴遊之助興節目，而眼前之一器一物、一草一木，皆為現成之吟詠材料，於是詠物之作，便如雨後春筍，日孳繁盛矣。玆舉數例以明之：

曹丕瑪瑙勒賦序云：

> 瑪瑙，玉屬也。出自西域，文理交錯，有似馬腦（藝文類聚作瑙），故其方人因以名之。或以繫頸，或以飾勒，余有斯勒，美而賦之，命陳琳、王粲並作。

陳琳馬腦（書鈔作瑙）勒賦序云：

> 五官將得馬腦（書鈔作瑙），以為寶勒，美其英（書鈔作華）采之光豔也（書鈔無也），使琳賦之（書鈔作為之賦）。

此君臣以馬瑙勒同題競采之遊戲也。又王粲車渠椀賦云：

> 侍君子之宴坐，覽車渠之妙珍。

劉楨瓜賦序云：

> 楨在曹植坐，厨人進瓜，植命為賦，促立成。（註八）

前者乃君臣遊宴之間，共賞珍玩而作賦，後者亦是飲宴之際，以瓜為題之遊戲作品。降至晉代，此風不變，如陸機鼈賦序云：

> 皇太子幸於釣臺，漁人獻鼈，命侍臣作賦。

潘尼鼈賦序云：

> 皇太子遊於玄圃，遂命釣魚，有得鼈而戲之者，令侍臣賦之。

遊戲文學之態度，與魏代並無二致。又如傅玄紫華賦序云：

紫華一名長樂華，舊生於蜀，其東界特饒，中國奇而種之。余嘉其華純耐久，可歷冬而服，故與友生各爲之賦。

傅咸芸香賦序云：

先君作芸香賦，辭美高麗，有覩斯卉，蔚茂馨香，同遊使余爲序。

前者云：「與友生各爲之賦」，故知其爲同題競采之作，後者云：「同遊使余爲序」知同遊者殆亦有芸香賦，而推傅咸作序以誌之。

按：傅玄父子，於魏晉玄風大盛，淸談風行之時代，堅持儒家積極入世之理想，整頓朝綱，糾正士風，誠爲疾風之勁草，歲寒之松柏。然其賦篇，亦有此類閒暇之作，足見當時遊戲文風之盛也。

以上諸例，皆可說明遊戲性質之轉濃，實有助於詠物賦之繁盛。此外，由於文士於遊戲之中，同題競采，激發其表現慾，甚至本不宜於遊戲之題材，亦成同題競采之對象，如陸雲愁霖賦序云：

永寧三年夏六月，鄴都大霖，旬有奇日，稼穡沈湮，生民愁瘁，時文雅之士，煥然並作，同僚見命，乃作賦曰……。

又喜霽賦序云：

余既作愁霖賦，雨亦霽。昔魏之文士又作喜霽賦，聊厠作者之末而作是賦焉。

夫久雨成災，爲文傷之，自屬允當。然觀其賦序所言「時文雅之士，煥然並作，同僚見命，乃作賦」云云，不脫同題競采之態度。至於喜霽賦，乃因魏代文士曾賦之，故亦作是賦，此不僅與當日文士同題競采，且欲與古人爭勝也。由是觀之，遊戲文風促成詠物賦之發達，可謂巨矣。

四　園林山水之風行

園林，依其所有者可分二類：一爲帝王之苑囿，一爲貴族私人之園林。前者曾提供漢賦絕佳之場景，如漢武帝上林苑之建造，提供司馬相如馳騁想像，以製作雄渾壯濶之上林賦也。後者於魏晉成爲孕育詠物賦之溫床。茲先略述魏晉構築園林山水之盛況：

貴族（或富室）私人之園林，始見於漢代（註九），三輔黃圖卷四云：

茂陵富民袁廣漢，藏鏹巨萬，家僮八、九百人。於北山下築園，東西四里，南北五里，激流水注其中，構石爲山，高十餘丈，連延數里。養白鸚鵡、紫鴛鴦，犛牛青兕，奇獸珍禽，委積其間。積沙爲洲嶼，激水爲波濤，故江鷗海鶴，孕雛產鷇，延漫林池；奇樹異草，靡不培植。屋皆徘徊連屬，重閣修廊，行之移晷，不能徧也。

此類人工設計之園林山水，至晉代日趨風行。潘岳閑居賦云：

爰定我居，築室穿池，長楊映沼，芳枳樹籬。游鱗瀺灂，菡萏敷披，竹木蓊藹，靈果參差，張公大谷之梨，梁侯烏椑之柿，周文弱枝之棗，房陵朱仲之李，靡不畢植。三桃表櫻胡之別，二柰耀丹白之色。石榴蒲桃之珍，磊落蔓延乎其側，梅杏郁棣之屬，繁榮藻麗之飾，華實照爛，言所不能及也。菜則蔥韭蒜芋，青筍紫薑，堇薺甘旨，蓼荾芬芳，蘘荷依陰，時藿向陽，綠葵含露，白薤負霜。（晉書卷五十五潘岳傳）

園中花果林木之盛，令人歎爲觀止，而潘岳似乎仍嫌其陋（潘岳有狹室賦），然則當時園林山水之講究可推想而知。東晉會稽王司馬道子東第之園林可爲代表：

牙爲道子開東第，築山穿池，列樹竹木，功用鉅萬。道子使宮人爲酒肆，沽賣於水側，與親昵乘船就之，飲宴以爲笑樂。帝嘗幸其宅，謂道子曰：「府內有山，因得遊矚，甚善也。然脩飾太過，非示天下以儉。」道子無以對，唯唯而已。左右侍臣，莫敢有言，帝還宮，道子謂牙曰：「上若知山是板築所作，爾必死矣。」（晉書卷六十四簡文三子傳）

所築假山，竟爲孝武帝誤認爲自然之山丘，其園林之豪奢可知矣。其餘如紀瞻「立宅於烏衣巷，館宇崇麗，園池竹木，有足賞玩焉。」（晉書卷六十八紀瞻傳）。謝安「於土山營墅，樓館林竹甚盛，每攜中外子姪往來遊集，肴饌亦屢費百金，世頗以此譏焉，而安殊不以屑意。」（晉書卷七十九謝安傳）夫以謝安之賢尚如此，可知構築園林山水之風氣何等盛行。

夫園林既爲貴族遊樂之所，亦爲文士雅集之競技場，加以魏晉之時，賦體諷諫之要求既喪、遊戲之性質轉濃，恰逢園林山水普遍構築，文士遊宴其中，觸目所及，皆爲嘉樹珍果、奇山異石，遂取之以爲吟詠之材料。魏鍾會蒲萄賦序云：

余植蒲萄於堂前，嘉而賦之，命荀勗並作。

晉成公綏木蘭賦序云：

許昌園中木蘭樹，余往觀之，遂爲賦。

潘岳橘賦序云：

余齋前橘樹，冬夏再孰，聊爲賦云爾。

盧諶朝華賦云：

覽庭隅之嘉木，莫朝華之可玩。俯浸潤之泉壤，仰晞影於雲漢。

周祗枇杷賦序云：

昔魯季孫有嘉樹，韓宣子賦譽之。屈原離騷，亦著橘賦。至于枇杷樹，寒暑無變，負雪揚華，余植庭圃，遂賦之云。

以上諸例，所詠者皆庭園之草木花果。魏晉詠物賦中，類此者不可勝數，可知園林山水之盛行，亦為促使詠物賦日趨繁盛之因素也。

五　「巧構形似」文風之推波助瀾

賦體本以「體物」「寫物」為其表現之手法，司馬相如即以「工為形似之言」見稱於沈約（宋書謝靈運傳論），劉勰亦謂漢代賦家「自揚馬張蔡，崇盛麗辭，如宋畫吳冶，刻形鏤法」（文心雕龍麗辭篇）由是可知「形似」技巧之講求，自漢代已然也。降至魏晉，此等技巧逐漸形成普遍之風尚，文心雕龍物色篇云：

自近代以來，文貴形似，窺情風景之上，鑽貌草木之中。吟詠所發，志惟深遠；體物為妙，功在密附。故巧言切狀，如印之印泥，不加雕削，而曲寫毫芥。故能瞻言而見貌，印（疑或作即）字而知時也。

劉氏所謂「自近代以來，文貴形似」蓋指宋初形成之文風，亦即明詩篇所謂「宋初文詠，體有因革：莊老告退，而山水方滋。儷采百字之偶，爭價一字之奇，情必極貌以寫物，辭必窮力而追新，此近世之所競也。」凡此，皆可說明巧構形似之文風於宋初已極盛行。然文風之形成，非一朝一夕之力，比興篇云：「曹劉以下，圖狀山川，影寫雲物，莫不纖（疑或作織）綜比義，以敷其華，驚聽回視，資此効績。又安仁螢賦之流金在沙，季鷹雜詩云青條若總翠，皆其義者也。」可知曹劉以下已普遍運用「纖綜比義，以敷其華」之巧構形似手法以「圖狀山川、影寫雲物」矣。至如潘岳螢火賦之具體運用巧構形似之例，魏晉詠物賦中實不勝枚舉也。就晉人本身而言，亦已覺察當代文風已殊異於往昔，摯虞文章流別論云：

古詩之賦，以情義爲主，以事類爲佐；今之賦，以事形爲本，以義正爲助。情義爲主，則言省而文有例矣；事形爲本，則言富而辭無常。文之煩省，辭之險易，蓋由於此。（藝文類聚卷五十六）

此等重視文辭表現技巧之「巧構形似」風尚，配合當時賦體遊戲性質之轉濃，相得而益彰。蓋一則貴遊作家運用「巧構形似」之技巧於同題競采中爭勝逞才，一則爭勝逞才之結果復促使貴遊作家更致力於形似技巧之鑽研，愈演愈盛，遂造成巧構形似文風之勃興。於此文風籠罩之下，日月山川，草木鳥獸及器物等題材，遂成其隨手取爲同題競采之對象，以供其發揮巧構形似之技巧而逞其才華。故「巧構形似」之文風，對於詠物賦之發達，實有推波助瀾之功也。

第二節　魏晉詠物賦總目

魏晉詠物賦鼎盛之因素，上節既言之矣。本節依魏晉作家卒年之先後，列其詠物賦之篇目，以爲研究之張本。其時代斷限，上自東漢獻帝建安元年（註一〇），下迄東晉恭帝元熙二年（註一一）。詠物賦選判之原則及其「存」「殘」「佚」之標準與漢代詠物賦總目同。作家之排列，主要依據丁邦新先生魏晉音韻研究附錄之「魏晉作家籍貫生卒年表」。作品之來源，主要參考嚴可均所輯之全後漢文、全三國文及全晉文。嚴氏用力之勤，搜集之富及其嘉惠後學之功，無庸贅述，然遺漏謬誤之處，亦所難免（註一二）。故本目之編撰，除參考嚴輯外，復取後漢書、三國志、晉書、隋書、文選、文選注、北堂書鈔、藝文類聚、初學記、古文苑、太平御覽……諸書加以校勘，嚴氏遺漏謬誤之處，皆於註中說明之。作品出處，列其最早之載本。若該載本所錄者非完篇，則繼列稍晚之載本，以此類推。至於斷簡殘篇，則分言其出處。每篇之末，皆註明嚴氏所輯之卷數，一則不敢掠前賢之美，一則取其便於尋檢也。

魏晉詠物賦總目：

	作者	篇名	存佚	出處
一	阮瑀	箏賦	存	藝文類聚卷四十四。全後漢文卷九十三
二		鸚鵡賦	存	藝文類聚卷九十一。全後漢文卷九十三
三	張紘	瓌材枕賦	存	藝文類聚卷七十。全後漢文卷八十六（註一三）
四		枏榴枕賦	佚	三國志卷五十三張紘傳裴注引吳書載篇名（註一四）
五	王粲	酒賦	存	北堂書鈔卷一百四十八、藝文類聚卷七十二。全後漢文卷九十（註一五）
六		迷迭賦	存	藝文類聚卷八十一。全後漢文卷九十
七		馬瑙勒賦	存	藝文類聚卷八十四。全後漢文卷九十（註一六）
八		車渠椀賦	存	藝文類聚卷八十四、太平御覽卷八百八；文選卷二十一左太沖詠史詩善注引逸句一。全後漢文卷九十（註一七）
九		槐樹賦	存	藝文類聚卷八十八。全後漢文卷九十
一〇		柳賦	存	藝文類聚卷八十九、初學記卷二十八、古文苑卷七。全後漢文卷九十
一一		鶡賦	存	藝文類聚卷九十。全後漢文卷九十
一二		鸚鵡賦	存	藝文類聚卷九十一。全後漢文卷九十

一三　鶯　賦　存　藝文類聚卷九十二。全後漢文卷九十

一四　白鶴賦　殘　藝文類聚卷九十。全後漢文卷九十

一五劉　楨　黎陽山賦　存　藝文類聚卷七、文選卷二十二謝叔源游西池詩善注引二句逸文。全後漢文卷六十五。

一六　瓜　賦　存　藝文類聚卷八十七、初學記卷十、二十八、太平御覽卷八百十九、九百七十八。全後漢文卷六十五（註一八）

一七陳　琳　迷迭賦　存　藝文類聚卷八十一。全後漢文卷九十二

一八　柳　賦　存　初學記卷二十八。全後漢文卷九十二（註一九）

一九　鸚鵡賦　存　藝文類聚卷九十一。全後漢文卷九十二

二〇　馬瑪勒賦　殘　賦序見北堂書鈔卷一百二十六、太平御覽卷三百五十八；賦文分見太平御覽卷三百五十八、八百八。全後漢文卷九十二（註二〇）

二一徐　幹　冠　賦　存　初學記卷二十六。全後漢文卷九十三（註二一）

二二　圓扇賦　存　北堂書鈔卷一百三十四。全後漢文卷九十三

二三　車渠椀賦　存　藝文類聚卷七十三。全後漢文卷九十三

二四　玄猿賦　佚　曹丕典論論文載篇名

二五　漏卮賦　佚　曹丕典論論文載篇名

二六　橘　賦　佚　曹丕典論論文載篇名

二七應　瑒　愁霖賦　存　藝文類聚卷二。全後漢文卷四十二

二八　靈河賦　存　水經河水注卷五、藝文類聚卷八、初學記卷六、古文苑卷二十一；

二九　車渠椀賦　存　又北堂書鈔卷一百三十七引四句逸文。全後漢文卷四十二
　　　　　　　　　　藝文類聚卷七十三。全後漢文卷四十二
三〇　迷迭賦　存　藝文類聚卷八十一。全後漢文卷四十二（註二二）
三一　楊柳賦　存　藝文類聚卷八十九。全後漢文卷四十二
三二　鸚鵡賦　存　藝文類聚卷九十一。全後漢文卷四十二
三三　慜驥賦　存　藝文類聚卷九十三。全後漢文卷四十二
三四繁　欽　建章鳳闕賦　存　藝文類聚卷六十二。全後漢文卷九十三
三五　桑　賦　存　藝文類聚卷八十八。全後漢文卷九十三
三六　柳　賦　存　藝文類聚卷八十九。全後漢文卷九十三
三七楊　修　孔雀賦　存　藝文類聚卷九十一。全後漢文卷五十一
三八　許昌宮賦　殘　分見藝文類聚卷六十二、文選卷七潘安仁藉田賦善注。全後漢文卷五十一
三九曹　操　蒼海賦　殘　文選卷五左太沖吳都賦劉淵林注。全三國文卷一（註二三）
四〇　鶡雞賦　佚　賦序見大觀本草卷十九。全三國文卷一（註二四）
四一曹　丕　愁霖賦　存　藝文類聚卷二。全三國文卷四
四二　喜霽賦　存　藝文類聚卷二。嚴氏據文選卷二十四陸士衡爲顧彥先贈婦詩善注補足本賦之末二句。全三國文卷四
四三　濟川賦　存　藝文類聚卷八。全三國文卷四（註二五）
四四　臨渦賦　存　賦序見藝文類聚卷八、初學記卷九、二十二；賦文見藝文類聚卷八。

四五　滄海賦　存　全三國文卷四（註二六）

四六　玉玦賦　存　藝文類聚卷八。全三國文卷四

四七　迷迭賦　存　藝文類聚卷六十七。全三國文卷四

四八　瑪瑙勒賦　存　賦序見太平御覽卷九百八十二；賦文見藝文類聚卷八十一。全三國文卷四

四九　車渠椀賦　存　北堂書鈔卷一百二十六、藝文類聚卷八十四、太平御覽卷三百五十八。全三國文卷四

五〇　槐　賦　存　藝文類聚卷八十四、太平御覽卷八百八。全三國文卷四

五一　柳　賦　存　藝文類聚卷八十八。全三國文卷四

五二　鶯　賦　存　藝文類聚卷八十九、文選卷二十七石季倫王明君辭善注、初學記卷二十八、太平御覽卷九百五十七。全三國文卷四

五三傅　巽　槐　賦　存　藝文類聚卷九十二。全三國文卷四

五四　蚊　賦　存　藝文類聚卷八十八。全三國文卷三十五（註二七）

五五曹　植　愁霖賦　存　藝文類聚卷九十七。全三國文卷三十五（註二八）

五六　喜霽賦　存　藝文類聚卷二。全三國文卷十三（註二九）

五七　寶刀賦　存　藝文類聚卷二。全三國文卷十三

五八　九華扇賦　存　藝文類聚卷六十、初學記卷二十二、太平御覽卷三百四十六。全三國文卷十四

全三國文卷十四
五九　酒　賦　存　北堂書鈔卷一百四十八、藝文類聚卷七十二。全三國文卷十四
六〇　車渠椀賦　存　藝文類聚卷七十三。全三國文卷十四
六一　迷迭香賦　存　藝文類聚卷八十一。全三國文卷十四
六二　芙蓉賦　存　藝文類聚卷八十二、文選卷三十一劉休玄擬明月何皎皎善注、太平御覽卷九百九十九。全三國文卷十四
六三　橘　賦　存　藝文類聚卷八十六、初學記卷二十八。全三國文卷十四
六四　槐樹賦　存　藝文類聚卷八十八、初學記卷二十八。全三國文卷十四（註三〇）
六五　白鶴賦　存　藝文類聚卷九十、初學記卷三十。全三國文卷十四
六六　鶡　賦　存　藝文類聚卷九十。全三國文卷十四
六七　鸚鵡賦　存　藝文類聚卷九十一。全三國文卷十四
六八　離繳雁賦　存　藝文類聚卷九十一、初學記卷三十。全三國文卷十四
六九　神龜賦　存　藝文類聚卷九十、初學記卷三十。全三國文卷十四
七〇　蟬　賦　存　藝文類聚卷九十七、初學記卷三十。全三國文卷十四
七一　蝙蝠賦　存　藝文類聚卷九十七。全三國文卷十四
七二　髑髏說　存　藝文類聚卷十七。全三國文卷十八（註三一）
七三　扇　賦　殘　初學記卷十九。全三國文卷十四（註三二）
七四　孔雀賦　佚（註三三）
七五卞　蘭　許昌宮賦　存　藝文類聚卷六十二、文選卷十一何平叔景福殿賦善注、文選卷十七

傳武仲舞賦善注。全三國文卷三十

七六	李　康	髑髏賦	殘	文選卷六十謝惠連祭古冢文善注。全三國文卷四十三
七七	胡　綜	黃龍大牙賦	存	三國志卷六十二胡綜傳。全三國文卷六十七
七八	劉　邵	龍瑞賦	存	藝文類聚卷九十八、初學記卷三十。全三國文卷三十二
七九	繆　襲	喜霽賦	存	初學記卷二。全三國文卷三十八
八〇		青龍賦	存	序見藝文類聚卷九十六；賦文見初學記卷三十。全三國文卷三十八
八一		許昌宮賦	佚	序見太平御覽卷五百三十七。全三國文卷三十八
八二	何　晏	景福殿賦	存	文選卷十一。全三國文卷三十九
八三	韋　誕	景福殿賦	殘	分見藝文類聚卷六十二、文選卷十一何平叔景福殿賦善注。全三國文卷三十二
八四		山雞賦	佚	（註三四）
八五	夏侯惠	景福殿賦	存	大體見於藝文類聚卷六十二；文選卷十一何平叔景福殿賦善注引逸文一句、又卷五十九沈休文齊安陸昭王碑文善注引逸文二句。全三國文卷二十一
八六	毌丘儉	承露盤賦	存	藝文類聚卷七十三、太平御覽卷七百五十八。全三國文卷四十
八七	杜　摯	笳　賦	存	賦序見北堂書鈔卷一百一十一、宋書卷十九樂志一、通典卷一百四十四、太平御覽卷五百八十一；賦文見北堂書鈔卷一百一十一、藝文類聚卷四十四。全三國文卷四十一（註三五）
八八	孫　該	三公山下神祠賦	存	藝文類聚卷七十九、初學記卷十三。全三國文卷四十（註三六）

八九　琵琶賦　殘　大體存於藝文類聚卷四十四、此外散見於文選卷二十四嵇叔夜贈秀才入軍詩善注、初學記卷十六。全三國文卷四十（註三七）

九〇呂　安　髑髏賦　存　藝文類聚卷十七、初學記卷十四；文選卷二十七顏延年宋郊祀歌善注引逸文二句。全三國文卷五十三（註三八）

九一嵇　康　琴　賦　存　文選卷十八。全三國文卷四十七

九二　酒　賦　殘　北堂書鈔卷一百四十八。全三國文卷四十七（註三九）

九三阮　籍　首陽山賦　存　阮步兵集。全三國文卷四十四

九四　鳩　賦　存　序見藝文類聚卷九十二。阮步兵集。全三國文卷四十四

九五　獼猴賦　存　阮步兵集。全三國文卷四十四

九六鍾　毓　果然賦　存　藝文類聚卷五。全三國文卷二十四

九七鍾　會　蒲萄賦　存　序見太平御覽卷九百七十二；賦文見藝文類聚卷八十七。全三國文卷二十五

九八　孔雀賦　存　藝文類聚卷九十一。全三國文卷二十五

九九　菊花賦　殘　分見北堂書鈔卷一百五十五、藝文類聚卷八十一、初學記卷二十七、太平御覽卷九百九十六。全三國文卷二十五

一〇〇閔　鴻　羽扇賦　存　藝文類聚卷六十九。全三國文卷七十四（註四〇）

一〇一　芙蓉賦　存　序見初學記卷二十七、賦文見藝文類聚卷八十二。全三國文卷七十四（註四一）

一〇二　蠶　賦　殘　太平御覽卷八百二十五。全三國文卷七十四（註四二）

一〇三　琴　賦　殘　分見北堂書鈔卷一百九、文選卷十八潘安仁笙賦善注。全三國文卷七十四（註四三）

一〇四楊　泉　蠶　賦　存　序見梁元帝金樓子立言篇，賦文見藝文類聚卷六十五。全三國文卷七十五（註四四）

一〇五　織機賦　存　藝文類聚卷六十五。全三國文卷七十五

一〇六　五湖賦　殘　大體見於藝文類聚卷九、初學記卷七；此外散見水經沔水下注、北堂書鈔卷一百四十六、文選卷三十謝玄暉和王著作八公山詩善注。全三國文卷七十五（註四五）

一〇七賈岱宗　大狗賦　存　藝文類聚卷九十四、初學記卷二十九。全三國文卷五十三（註四六）

一〇八華　覈　車　賦　殘　初學記卷二十五。全三國文卷七十四（註四七）

以上魏代（註四八）

一〇九王　沈　馬腦勒賦　殘　分見北堂書鈔卷一百五十八、太平御覽卷三百五十八。全晉文卷二十八

一一〇　車渠觶賦　殘　太平御覽卷八百八。全晉文卷二十八

一一一應　貞　臨丹賦　存　藝文類聚卷八。全晉文卷三十五

一一二　安石榴賦　存　藝文類聚卷八十六。全晉文卷三十五

一一三　蒲萄賦　殘　太平御覽卷九百七十二。全晉文卷三十五

一一四鍾　琰　鶯　賦　存　藝文類聚卷九十二。全晉文卷一百四十四

一一五成公綏　天地賦　存　晉書卷九十二成公綏傳。全晉文卷五十九（註四九）

一一六　雲　賦　存　藝文類聚卷一、初學記卷一、太平御覽卷八。全晉文卷五十九（註五〇）
一一七　故筆賦　存　藝文類聚卷五十八。全晉文卷五十九（註五一）
一一八　芸香賦　存　藝文類聚卷八十一。全晉文卷五十九
一一九　柳　賦　存　藝文類聚卷八十九。全晉文卷五十九
一二〇　木蘭賦　存　藝文類聚卷八十九。全晉文卷五十九
一二一　鴻鴈賦　存　藝文類聚卷九十、初學記卷三十。全晉文卷五十九
一二二　烏　賦　存　序見藝文類聚卷九十二；賦文見初學記三十。全晉文卷五十九
一二三　蜘蛛賦　存　藝文類聚卷九十七、太平御覽卷九百四十八。全晉文卷五十九
一二四　螳蜋賦　存　藝文類聚卷九十七。全晉文卷五十九
一二五　陰霖賦　殘　藝文類聚卷二。全晉文卷五十九
一二六　時雨賦　殘　藝文類聚卷二。全晉文卷五十九
一二七　大河賦　殘　大體見於水經河水注一、藝文類聚卷八、初學記卷六；此外又散見於水經河水注五、文選卷十二郭景純江賦善注、卷四十六王元長三月三日曲水詩序善注、初學記卷六。全晉文卷五十九
一二八　琴　賦　殘　分見藝文類聚卷四十四、文選卷十六江文通別賦善注、初學記卷十六。全晉文卷五十九
一二九　琵琶賦　殘　分見藝文類聚卷四十四、初學記卷十五、十六。全晉文卷五十九
一三〇　鷹　賦　殘　文選卷四十三孔德璋北山移文善注。全晉文卷五十九

一三一　日及賦　佚　僅存賦序，見藝文類聚卷八十九。全晉文卷五十九

一三二　鸚鵡賦　佚　僅存賦序，見太平御覽卷七百六十四、九百二十四。全晉文卷五十九（註五二）

一三三庾　儵　冰井賦　存　藝文類聚卷九、初學記卷七；初學記卷二十八、太平御覽卷九百六十八引逸文二句。全晉文卷三十六

一三四　大槐賦　存　藝文類聚卷八十八。全晉文卷三十六

一三五　石榴賦　存　藝文類聚卷八十六。全晉文卷三十六（註五三）

一三六傅　玄　喜霽賦　存　初學記卷二。全晉文卷四十五

一三七　筆賦　存　藝文類聚卷五十八、初學記卷二十一。全晉文卷四十五

一三八　硯賦　存　藝文類聚卷五十八。全晉文卷四十五

一三九　相風賦　存　北堂書鈔卷一百三十、藝文類聚卷六十八、太平御覽卷九。全晉文卷四十五（註五四）

一四〇　節　賦　存　宋書卷十九樂志一。全晉文卷四十五（註五五）

一四一　紫華賦　存　藝文類聚卷八十一、太平御覽卷八百七。全晉文卷四十五

一四二　鬱金賦　存　藝文類聚卷八十一。全晉文卷四十五

一四三　宜男花賦　存　藝文類聚卷八十一。全晉文卷四十五

一四四　菊　賦　存　藝文類聚卷八十一。全晉文卷四十五

一四五　著　賦　存　藝文類聚卷八十二。全晉文卷四十五

一四六　瓜　賦　存　藝文類聚卷八十七、初學記卷二十八、太平御覽卷九百七十八。全

一四七　安石榴賦　存　晉文卷四十五（註五六）
一四八　李　賦　存　藝文類聚卷八十六、初學記卷二十八。全晉文卷四十五
一四九　桃　賦　存　藝文類聚卷八十六、初學記卷二十八。全晉文卷四十五（註五七）
一五〇　棗　賦　存　初學記卷二。全晉文卷四十五
一五一　桑椹賦　存　太平御覽卷九百七十三。全晉文卷四十五
一五二　柳　賦　存　藝文類聚卷八十九、初學記卷二十七。全晉文卷四十五
一五三　雉　賦　存　藝文類聚卷九十、太平御覽卷八百四十二。全晉文卷四十五
一五四　山雞賦　存　藝文類聚卷九十一。全晉文卷四十五
一五五　鸚䳇賦　存　藝文類聚卷九十一、初學記卷三十。全晉文卷四十六
一五六　鬬雞賦　存　藝文類聚卷九十一、初學記卷三十。全晉文卷四十六
一五七　走狗賦　存　藝文類聚卷九十四、初學記卷二十九。全晉文卷四十六
一五八　猨猴賦　存　藝文類聚卷九十五。全晉文卷四十六
一五九　蟬　賦　存　初學記卷三十。全晉文卷四十六
一六〇　風　賦　殘　太平御覽卷一。全晉文卷四十五（註五八）
一六一　團扇賦　殘　北堂書鈔卷一百三十四。全晉文卷四十五
一六二　琴　賦　殘　序見北堂書鈔卷一百九、後漢書卷六十下蔡邕傳注、文選卷三十張孟陽擬四愁詩善注、初學記卷十五；殘文分見北堂書鈔卷一百九、文選卷十八嵇叔夜琴賦善注。全晉文卷四十五（註五九）

一六三　琵琶賦　殘　序見宋書卷十九樂志一、初學記卷十六、通典卷一百四十四；殘文分見北堂書鈔卷一百十、初學記卷十六、全晉文卷四十五

一六四　箏　賦　殘　序見宋書卷十九樂志一、初學記卷十六、通典卷一百四十四；殘文分見北堂書鈔卷一百十、初學記卷十六。全晉文卷四十五

一六五　敍酒賦　殘　北堂書鈔卷一百四十八。全晉文卷四十五（註六〇）

一六六　蒲萄賦　殘　太平御覽卷九百七十二。全晉文卷四十五

一六七　鷹　賦　殘　分見藝文類聚卷九十一、初學記卷三十。全晉文卷四十五

一六八　乘輿馬賦　殘　序見太平御覽八百九十七；殘文分見藝文類聚卷九十三、文選卷十四顏延年赭白馬賦善注、卷十四鮑明遠舞鶴賦善注、卷五十八顏延年宋文皇帝元皇后哀策文善注、初學記卷二十九。全晉文卷四十六

一六九　馳射馬賦　殘　分見藝文類聚卷九十三、太平御覽卷三百五十八、三百五十九、八百九十七。全晉文卷四十六

一七〇　良馬賦　殘　分見太平御覽卷三百五十八、三百五十九。全晉文卷四十六

一七一　笳　賦　佚　僅存賦序、見文選卷四十一李少卿答蘇武書善注。全晉文卷四十五

一七二　芸香賦　佚　僅存賦序，見藝文類聚卷八十一、太平御覽卷九百八十二。全晉文卷四十五

一七三　蜀癸賦　佚　僅存賦序、見太平御覽卷九百九十四。全晉文卷四十五（註六一）

一七四　橘　賦　佚　僅存賦序、見太平御覽卷九百六十六。全晉文卷四十五

一七五　朝華賦　佚　僅存賦序、見藝文類聚卷八十九。全晉文卷四十五

一七六杜萬年　相風賦　佚　僅存賦序、見藝文類聚卷八十九。全晉文卷四十五（註六二）

一七七羊　祜　雁　賦　存　藝文類聚卷九十一、初學記卷三十。全晉文卷四十一

一七八棗　據　船　賦　存　北堂書鈔卷一百三十七、藝文類聚卷七十一、初學記卷二十五。全晉文卷六十七

一七九　蒲萄賦　殘　藝文類聚卷八十七。全晉文卷三十一

一八〇夏侯湛　雷　賦　存　初學記卷一。全晉文卷六十八

一八一　夜聽笳賦　存　藝文類聚卷四十四。全晉文卷六十八

一八二　繳彈賦　存　藝文類聚卷六十。全晉文卷六十八

一八三　雀釵賦　存　藝文類聚卷七十。全晉文卷六十八

一八四　宜男花賦　存　藝文類聚卷八十一。全晉文卷六十八

一八五　芙蓉賦　存　藝文類聚卷八十二。全晉文卷六十八

一八六　浮萍賦　存　藝文類聚卷八十二、初學記卷二十七。全晉文卷六十八

一八七　薺　賦　存　藝文類聚卷八十二。全晉文卷六十八

一八八　石榴賦　存　藝文類聚卷八十六、初學記卷二十八。全晉文卷六十八（註六三）

一八九　愍桐賦　存　藝文類聚卷八十八。全晉文卷六十八

一九〇　朝華賦　存　藝文類聚卷八十九。全晉文卷六十八

一九一　觀飛鳥賦　存　藝文類聚卷九十。全晉文卷六十八

一九二　玄鳥賦　存　北堂書鈔卷一百五十八、藝文類聚卷九十二。全晉文卷六十八

一九三　寒雪賦　殘　北堂書鈔卷一百五十八、文選卷十三謝惠連雪賦善注。全晉文卷六十八

一九四　電　賦　殘　太平御覽卷十三。全晉文卷六十八

一九五　缸燈賦　殘　分見藝文類聚卷八十、文選卷十六江文通別賦善注。全晉文卷六十八

一九六　合歡被賦　殘　北堂書鈔卷一百三十六。全晉文卷六十八（註六四）

一九七孫　楚　雪　賦　存　藝文類聚卷二。全晉文卷六十

一九八　井　賦　存　藝文類聚卷九、初學記卷七。全晉文卷六十

一九九　笳　賦　存　序見北堂書鈔卷一百一十一、賦文見藝文類聚卷四十四。全晉文卷六十（註六五）

二〇〇　韓王臺賦　殘　水經注卷八濟水注二、藝文類聚卷六十二。全晉文卷六十（註六六）

二〇一　相風賦　存　藝文類聚卷六十八。全晉文卷六十

二〇二　菊花賦　存　藝文類聚卷八十一。全晉文卷六十

二〇三　蓮花賦　存　藝文類聚卷八十二、初學記卷二十七、太平御覽卷九百七十五。全晉文卷六十

二〇四　杕杜賦　存　藝文類聚卷八十七。全晉文卷六十

二〇五　茱萸賦　存　藝文類聚卷八十九。全晉文卷六十

二〇六　翟　賦　存　藝文類聚卷九十。全晉文卷六十（註六七）

二〇七　鴈　賦　存　藝文類聚卷九十一。全晉文卷六十

二〇八　鷹　賦　存　序見太平御覽卷九百二十六；賦文見藝文類聚卷九十一。全晉文卷六十

二〇九　蟬　賦　存　藝文類聚卷九十七。全晉文卷六十
二一〇　橘　賦　殘　太平御覽卷九百六十六。全晉文卷六十
二一一　鶴　賦　佚　僅存賦序，見太平御覽卷八。全晉文卷六十
二一二傅　咸　喜雨賦　存　序見藝文類聚卷一百；賦文見藝文類聚卷二。全晉文卷五十一
二一三　患雨賦　存　藝文類聚卷二。全晉文卷五十一
二一四　神泉賦　存　藝文類聚卷九。全晉文卷五十一
二一五　相風賦　存　藝文類聚卷九。全晉文卷五十一
二一六　紙　賦　存　藝文類聚卷五十八、初學記卷二十一。全晉文卷五十一
二一七　羽扇賦　存　北堂書鈔卷一百三十四、一百五十六、藝文類聚卷六十九。全晉文卷五十一
二一八　扇　賦　存　序見太平御覽卷五十六、賦文見北堂書鈔卷一百三十四、藝文類聚卷六十九。全晉文卷五十一
二一九　狗脊扇賦　存　太平御覽卷七百二。全晉文卷五十一
二二〇　櫛　賦　存　序見北堂書鈔卷一百三十六；賦文見藝文類聚卷七十。全晉文卷五十一
二二一　鏡　賦　存　北堂書鈔卷一百三十五、一百三十六、藝文類聚卷七十、初學記卷二十五、太平御覽卷七百十七。全晉文卷五十一
二二二　汙卮賦　存　藝文類聚卷七十三。全晉文卷五十一
二二三　畫像賦　存　藝文類聚卷七十四、太平御覽卷七百五十。全晉文卷五十一

二二四　燭賦　存　藝文類聚卷八十。全晉文卷五十一

二二五　款冬賦　存　序見太平御覽卷九百九十二；賦文見藝文類聚卷八十一。全晉文卷五十一（註六八）

二二六　芸香賦　存　序見太平御覽卷九百八十二；賦文見藝文類聚卷八十一。全晉文卷五十一

二二七　玉賦　存　藝文類聚卷八十三。全晉文卷五十一

二二八　桑樹賦　存　藝文類聚卷八十八。全晉文卷五十一

二二九　梧桐賦　存　藝文類聚卷八十八、初學記卷二十八。全晉文卷五十一

二三〇　舜華賦　存　藝文類聚卷八十九。全晉文卷五十一

二三一　儀鳳賦　存　序見藝文類聚卷九十；賦文見初學記卷三十。全晉文卷五十一

二三二　鸚鵡賦　存　藝文類聚卷九十一。全晉文卷五十一

二三三　燕賦　存　藝文類聚卷九十二。全晉文卷五十一

二三四　班鳩賦　存　序見太平御覽卷七百六十四、九百二十一；賦文見藝文類聚卷九十二。全晉文卷五十一（註六九）

二三五　黏蟬賦　存　藝文類聚卷九十七、初學記卷三十、太平御覽卷九百四十四、九百六十九。全晉文卷五十一

二三六　鳴蜩賦　存　藝文類聚卷九十七。全晉文卷五十一

二三七　青蠅賦　存　藝文類聚卷九十七。全晉文卷五十一

二三八　蜉蝣賦　存　序見太平御覽卷九百四十五；賦文見藝文類聚卷九十七。全晉文卷

五十一

二三九　　螢火賦　存　藝文類聚卷九十七、初學記卷三十、太平御覽卷九百四十五。全晉文卷五十一

二四〇　　叩頭蟲賦　存　序見太平御覽卷九百五十一；賦文見藝文類聚卷九十七。全晉文卷五十一

二四一郭太機　果　賦　殘　太平御覽卷九百六十八。全晉文卷八十六

二四二王　濟　槐樹賦　殘　初學記卷二十八。全晉文卷二十八

二四三張　華　朽杜賦　存　藝文類聚卷三十九。全晉文卷五十八

二四四　　相風賦　存　序見太平御覽卷九；賦文見藝文類聚卷六十八。全晉文卷五十八

二四五　　鷦鷯賦　存　文選卷十三。全晉文卷五十八

二四六潘　岳　滄海賦　存　藝文類聚卷八、太平御覽卷九百三十九引逸句一。全晉文卷九十

二四七　　狹室賦　存　北堂書鈔卷一百五十六、藝文類聚卷六十四。全晉文卷九十一

二四八　　笙　賦　存　文選卷十八。全晉文卷九十一

二四九　　相風賦　存　北堂書鈔卷一百三十、藝文類聚卷六十八。全晉文卷九十一（註七〇）

二五〇　　蓮花賦　存　藝文類聚卷八十二。全晉文卷九十一

二五一　　芙蓉賦　存　藝文類聚卷八十二。全晉文卷九十一

二五二　　橘　賦　存　藝文類聚卷八十六。全晉文卷九十二

二五三　　河陽庭前　存　北堂書鈔卷一百四十九、藝文類聚卷八十六、初學記卷二十八、太

安石榴賦　平御覽卷九百七十。全晉文卷九十二（註七一）

二五四　螢火賦　存　藝文類聚卷九十七、初學記卷三十。全晉文卷九十二

二五五　朝菌賦　殘　序見文選卷二十一郭景純遊仙詩善注；殘文見文選卷二十八鮑明遠升天行善注。全晉文卷九十一（註七二）

二五六　扇賦　殘　（註七三）

二五七左芬　孔雀賦　存　藝文類聚卷九十一。全晉文卷十三

二五八　松柏賦　存　藝文類聚卷八十八、初學記卷二十八。全晉文卷十三

二五九　涪漚賦　存　藝文類聚卷八。全晉文卷十三

二六〇　鸚鵡賦　殘　藝文類聚卷九十一。全晉文卷十三

二六一　相風賦　佚　太平御覽卷二百四十五引左貴嬪集載篇名。全晉文卷十三

二六二　白鳩賦　佚　僅存賦序，見太平御覽卷九百二十一。全晉文卷十三

二六三束皙　餅賦　存　北堂書鈔卷一百四十四、藝文類聚卷七十二、初學記卷二十六、太平御覽卷八百六十。全晉文卷八十七（註七四）

二六四盧浮　相風賦　殘　太平御覽卷七十四。全晉文卷三十四

二六五木華　海賦　存　文選卷十二。全晉文卷一百五

二六六陸機　浮雲賦　存　北堂書鈔卷一百五十、藝文類聚卷一、初學記卷一、太平御覽卷一、八、八百八。全晉文卷九十六（註七五）

二六七　白雲賦　存　北堂書鈔卷一百五十、藝文類聚卷一、文選卷二十八鮑明遠升天行善注、初學記卷一、太平御覽卷一、八。全晉文卷九十六

二六八　感丘賦　存　藝文類聚卷四十、初學記卷十四。全晉文卷九十六

二六九　漏刻賦　存　北堂書鈔卷一百三十、一百四十九、藝文類聚卷六十八、初學記卷二十五。全晉文卷九十七（註七六）

二七〇　羽扇賦　存　北堂書鈔卷一百三十四、藝文類聚卷六十九、初學記卷二十五。全晉文卷九十七

二七一　瓜　賦　存　藝文類聚卷八十七、初學記卷二十五。全晉文卷九十七

二七二　桑　賦　存　藝文類聚卷八十八；文選卷二十二鮑明遠行藥至城東橋善注引逸文二句。全晉文卷九十七

二七三　鼈　賦　存　藝文類聚卷九十六；文選卷三十陶淵明詠貧士詩善注引逸文二句。全晉文卷九十七

二七四　果　賦　殘　太平御覽卷九百六十八。全晉文卷九十七

二七五陸　雲　愁霖賦　存　陸士龍文集。全晉文卷一百

二七六　喜霽賦　存　陸士龍文集。全晉文卷一百

二七七　寒蟬賦　存　陸士龍文集。全晉文卷一百

二七八左　思　白髮賦　存　藝文類聚卷十七。全晉文卷七十四

二七九牽　秀　相風賦　殘　文選卷十三謝希逸月賦善注。全晉文卷八十四

二八〇嵇　含　寒食散賦　存　藝文類聚卷七十五。全晉文卷六十五

二八一　八磨賦　存　太平御覽卷七百六十二。全晉文卷六十五

二八二　瓜　賦　存　藝文類聚卷八十七、初學記卷二十七。全晉文卷六十五（註七七）

二八三　長生樹賦　存　藝文類聚卷八十九。全晉文卷六十五

二八四　酒　賦　殘　北堂書鈔卷一百四十八。全晉文卷六十五

二八五　懷香賦　殘　序見藝文類聚卷八十一、太平御覽卷九百八十三；殘文見太平御覽卷九百八十三（註七八）

二八六　白首賦　佚　僅存賦序，見藝文類聚卷十七。全晉文卷六十五

二八七　羽扇賦　佚　僅存賦序，見北堂書鈔卷一百三十四。全晉文卷六十五

二八八　宜男花賦　佚　僅存賦序，見藝文類聚卷八十一。全晉文卷六十五

二八九　孤黍賦　佚　僅存賦序，見藝文類聚卷八十五。全晉文卷六十五

二九〇　朝生暮落樹賦　佚　僅存賦序，見藝文類聚卷八十九。全晉文卷六十五

二九一　雞　賦　佚　僅存賦序，見太平御覽卷七百六十五。全晉文卷六十五

二九二　遇蠆賦　佚　僅存賦序，見太平御覽卷七百四十二、九百四十七。全晉文卷六十五

二九三江　統　函谷關賦　存　初學記卷七。全晉文卷一百六

二九四阮　修　患雨賦　佚　僅存賦序，見北堂書鈔卷一百五十七。全晉文卷七十二

二九五杜　育　荈　賦　存　北堂書鈔卷一百四十四、藝文類聚卷八十二。全晉文卷八十九（註七九）

二九六　菽　賦　殘　分見北堂書鈔卷一百四十五、一百四十六。全晉文卷八十九

二九七潘　尼　苦雨賦　存　藝文類聚卷二。全晉文卷九十四（註八〇）

二九八　東武館賦　存　序見藝文類聚卷六十三、太平御覽卷一百九十四；賦文見藝文類聚

卷六十三；藝文類聚卷八十六、太平御覽卷九百七十引逸文二句。全晉文卷九十四（註八一）

二九九 火 賦 存 藝文類聚卷八十、初學記卷二十五；北堂書鈔引逸文四句。全晉文卷九十四

三〇〇 琉璃椀賦 存 藝文類聚卷七十三、八十四。全晉文卷九十四

三〇一 瑇瑁椀賦 存 藝文類聚卷八十四。全晉文卷九十四

三〇二 安石榴賦 存 藝文類聚卷八十六、初學記卷二十八。全晉文卷九十四

三〇三 桑樹賦 存 藝文類聚卷八十八。全晉文卷九十四

三〇四 鼈 賦 存 藝文類聚卷九十六。全晉文卷九十四

三〇五 扇 賦 殘 北堂書鈔卷一百三十四。全晉文卷九十四（註八二）

三〇六 芙蓉賦 殘 太平御覽卷九百九十九。全晉文卷九十四

三〇七 朝菌賦 佚 僅存賦序，見藝文類聚卷八十九。全晉文卷九十四

三〇八 秋菊賦 存 （註八三）

三〇九摯 虞 槐 賦 存 藝文類聚卷八十八、初學記卷二十八。全晉文卷七十六

三一〇 鴆鵲賦 存 藝文類聚卷九十二。全晉文卷七十六

三一一 觀魚賦 存 藝文類聚卷九十六、初學記卷三十。全晉文卷七十六

三一二殷 巨 鯨魚燈賦 存 藝文類聚卷八十。全晉文卷八十一

三一三 奇布賦 存 藝文類聚卷八十五。全晉文卷八十一

三一四夏侯淳 笙 賦 存 藝文類聚卷四十四、全晉文卷六十九（註八四）

三一五褚　陶　鷗鳥賦　佚　晉書卷九十二褚陶傳載篇名（註八五）

三一六　　　水碓賦　佚　晉書卷九十二褚陶傳載篇名

三一七李　賜　玄鳥賦　佚　晉書卷八十八李密傳載篇名（註八六）

以上西晉

三一八孫　惠　繀車賦　存　太平御覽卷八百二十五。全晉文卷一百十五

三一九　　　百枝燈賦　殘　藝文類聚卷八十。全晉文卷一百十五

三二〇　　　枏榴枕賦　殘　分見北堂書鈔卷一百三十四、太平御覽卷八百七。全晉文卷一百十五（註八七）

三二一　　　龜　賦　殘　分見文選卷三十謝玄暉始出尚書省詩善注、初學記卷三十。全晉文卷一百十五（註八八）

三二二王　鑒　竹簟賦　殘　北堂書鈔卷一百三十三。全晉文卷一百二十八

三二三蔡　洪　鬭鳧賦　存　藝文類聚卷九十一。全晉文卷八十一

三二四王　廙　白兎賦　存　藝文類聚卷九十五、初學記卷二十九。全晉文卷二十

三二五　　　笙　賦　殘　分見藝文類聚卷四十四、初學記卷十六。全晉文卷二十

三二六郭　璞　巫咸山賦　存　藝文類聚卷七。全晉文卷一百二十

三二七　　　江　賦　存　文選卷十二。全晉文卷一百二十

三二八　　　鹽池賦　存　北堂書鈔卷一百四十六、藝文類聚卷九

三二九　　　井　賦　存　藝文類聚卷九、初學記卷七。全晉文卷一百二十

三三〇　　　蜜蜂賦　存　北堂書鈔卷一百四十七、藝文類聚卷九十七、太平御覽卷九百二十

八。全晉文卷一百二十

三三一　　蚍蜉賦　存　北堂書鈔卷一百五十八、藝文類聚卷九十七。全晉文卷一百二十（註八九）

三三二沈　充　鵞　賦　佚　僅存賦序，見藝文類聚卷九十一、太平御覽卷九百十九。全晉文卷一百二十八

三三三司馬紹　蟬　賦　存　藝文類聚卷九十七。全晉文卷九

三三四張　翰　杖　賦　存　北堂書鈔卷一百三十三、藝文類聚卷六十九。全晉文卷一百七

三三五　　豆羮賦　殘　分見北堂書鈔卷一百四十四、藝文類聚卷八十五。全晉文卷一百七（註九〇）

三三六溫　嶠　蟬　賦　殘　藝文類聚卷九十七。全晉文卷八十

三三七胡　濟　瀍谷賦　存　藝文類聚卷九。全晉文卷一百九

三三八　　黃甘賦　存　藝文類聚卷八十六。全晉文卷一百九

三三九陶　侃　相風賦　存　藝文類聚卷六十八。全晉文卷一百十一

三四〇楊　方　箜篌賦　佚　僅存賦序，見初學記卷十六。全晉文卷一百二十八

三四一庾　闡　海　賦　存　藝文類聚卷八。全晉文卷三十八

三四二　　狹室賦　存　藝文類聚卷六十四。全晉文卷三十八

三四三　　浮查賦　存　藝文類聚卷八十八。全晉文卷三十八

三四四　　惡餠賦　殘　北堂書鈔卷一百四十四、初學記卷二十六。全晉文卷三十八（註九一）

三四五張　載　濛汜池賦　存　藝文類聚卷九。全晉文卷八十五
三四六　　　　羽扇賦　存　北堂書鈔卷一百三十四、藝文類聚卷六十九；太平御覽卷十二引逸
　　　　　　　　　　　　文二句。全晉文卷八十五
三四七　　　　酃酒賦　存　藝文類聚卷七十二、初學記卷二十六。全晉文卷八十五
三四八　　　　安石榴賦　存　藝文類聚卷八十六、太平御覽卷九百七十。全晉文卷八十五
三四九　　　　瓜　賦　存　藝文類聚卷八十七。全晉文卷八十五
三五〇張　協　安石榴賦　存　藝文類聚卷八十六、初學記卷二十八。全晉文卷八十五
三五一　　　　玄武館賦　殘　分見水經注卷五河水注、藝文類聚卷六十三、太平御覽卷三百五十
　　　　　　　　　　　　八。全晉文卷八十五（註九二）
三五二　　　　都蔗賦　殘　藝文類聚卷八十七、太平御覽卷九百七十四。全晉文卷八十五
三五三習　嘏　長鳴雞賦　存　藝文類聚卷九十一、初學記卷三十。全晉文卷一百二十四
三五四范　堅　蠟燈賦　殘　藝文類聚卷八十。全晉文卷一百二十四
三五五　　　　安石榴賦　殘　分見藝文類聚卷八十六、初學記卷二十八、太平御覽卷九百七十。
　　　　　　　　　　　　全晉文卷一百二十四
三五六袁　喬　江　賦　佚　僅存賦序，見太平御覽卷八百九十九。全晉文卷五十六
三五七李　充　風　賦　存　藝文類聚卷一。全晉文卷五十三
三五八司馬無忌　圓竹扇賦　存　北堂書鈔卷一百三十四。全晉文卷十五
三五九盧　諶　菊花賦　存　藝文類聚卷八十一、初學記卷二十七。全晉文卷三十四
三六〇　　　　鸚鵡賦　存　藝文類聚卷九十一。全晉文卷三十四

三六一		燕　賦	存	藝文類聚卷九十二。全晉文卷三十四
三六二		蟋蟀賦	存	藝文類聚卷九十七、太平御覽卷九百四十九。全晉文卷三十四
三六三		朝霞賦	殘	太平御覽卷八百九。全晉文卷三十四
三六四		朝華賦	殘	分見藝文類聚卷八十九、初學記卷二。全晉文卷三十四
三六五	曹　毗	觀濤賦	存	藝文類聚卷九、太平御覽卷九百三十八。全晉文卷一百七（註九三）
三六六		箜篌賦	存	藝文類聚卷四十四、初學記卷十六。全晉文卷一百七
三六七		鸚鵡賦	存	藝文類聚卷九十一。全晉文卷一百七
三六八	谷　儉	角　賦	殘	太平御覽卷三百三十八。全晉文卷一百二十八
三六九	傅　純	雉　賦	存	藝文類聚卷九十。全晉文卷一百二十八
三七〇	江　逌	風　賦	存	藝文類聚卷一。全晉文卷一百七
三七一		井　賦	存	藝文類聚卷九、初學記卷七。全晉文卷一百七
三七二		竹　賦	存	藝文類聚卷八十九。全晉文卷一百七
三七三		羽扇賦	殘	分見北堂書鈔卷一百三十四、藝文類聚卷六十九。全晉文卷一百七
三七四	孫　盛	鏡　賦	佚	僅存賦序，見北堂書鈔卷一百三十六。全晉文卷六十三
三七五	王彪之	水　賦	存	初學記卷六。全晉文卷二十一
三七六		井　賦	存	初學記卷七；卷四引逸文四句。全晉文卷二十一
三七七		廬山賦	佚	僅存賦序，見水經注卷三十九廬江水注。全晉文卷二十一
三七八	孫　綽	望海賦	殘	分見北堂書鈔卷一百三十八、藝文類聚卷八、文選卷二十顏延年應詔讌曲水詩善注、初學記卷三十、太平御覽卷七百七十一、九百十

八、九百三十六。全晉文卷六十一（註九四）

三七九孫　放　廬山賦　佚　僅存賦序，見水經注卷三十九廬江水注。全晉文卷六十四

三八〇李　顒　雪　賦　存　藝文類聚卷二。全晉文卷五十三

三八一　雷　賦　存　藝文類聚卷二、初學記卷一。全晉文卷五十三

三八二　龜　賦　存　初學記卷三十、太平御覽卷九百三十一。全晉文卷五十三

三八三伏　滔　望濤賦　存　藝文類聚卷九。全晉文卷一百三十三

三八四　長笛賦　殘　序見北堂書鈔卷一百十一、後漢書卷六十蔡邕傳注、藝文類聚卷四十四、初學記卷十六；殘文見初學記卷十六。全晉文卷一百三十三（註九五）

三八五戴　逵　流火賦　存　初學記卷二十五。全晉文卷一百三十七

三八六陳　玢　石榴賦　存　太平御覽卷九百七十。全晉文卷一百四十四

三八七王凝之　風　賦　存　藝文類聚卷一。全晉文卷二十七

三八八袁　崧　酒　賦　殘　北堂書鈔卷一百四十八。全晉文卷五十六

三八九　圓扇賦　殘　北堂書鈔卷一百三十四。全晉文卷五十六（註九六）

三九〇顧愷之　雷電賦　存　北堂書鈔卷一百五十二、藝文類聚卷二、初學記卷一。全晉文卷一百三十五

三九一　觀濤賦　存　藝文類聚卷九。全晉文卷一百三十五

三九二　冰　賦　存　藝文類聚卷九、初學記卷七。全晉文卷一百三十五

三九三　箏　賦　存　藝文類聚卷四十四。全晉文卷一百三十五

三九四　　　　鳳　賦　存　藝文類聚卷九十九。全晉文卷一百三十五
三九五　　　　湘川賦　殘　北堂書鈔卷一百五十二。全晉文卷一百三十五（註九七）
三九六桓　玄　鳳　賦　存　藝文類聚卷九十。全晉文卷一百十九
三九七　　　　鶴　賦　存　藝文類聚卷九十。全晉文卷一百十九
三九八　　　　鸚鵡賦　存　藝文類聚卷九十一；文選卷二十六顏延年夏夜呈從兄散騎車長沙詩
善注引逸文一句。全晉文卷一百十九（註九八）
三九九支曇諦　廬山賦　存　藝文類聚卷七。全晉文卷一百六十五
四〇〇　　　　赴火蛾賦　存　藝文類聚卷九十七。全晉文卷一百六十五
四〇一李　暠　槐樹賦　佚　晉書卷八十七涼武昭王傳載篇名。全晉文卷一百五十五（註九九）
四〇二　　　　大酒容賦　佚　晉書卷八十七涼武昭王傳載篇名。全晉文卷一百五十五
四〇三梁中庸　槐樹賦　佚　晉書卷八十七涼武昭王傳載篇名（註一〇〇）
四〇四劉彥明　槐樹賦　佚　晉書卷八十七涼武昭王傳載篇名（註一〇一）
四〇五殷　允　石榴賦　存　太平御覽卷九百七十。全晉文卷一百二十九（註一〇二）
四〇六蘇　彥　芙蕖賦　存　藝文類聚卷八十二。全晉文卷一百三十八
四〇七　　　　浮萍賦　存　藝文類聚卷八十二。全晉文卷一百三十八
四〇八祖台之　荀子耳賦　存　藝文類聚卷十七。全晉文卷一百三十八
四〇九劉　瑾　甘樹賦　存　初學記卷二十八。全晉文卷一百四十
四一〇羊　徽　木槿賦　存　藝文類聚卷八十九。全晉文卷一百四十一
四一一周　祗　月　賦　存　藝文類聚卷一。全晉文卷一百四十二（註一〇三）

四一二　　枇杷賦　存　藝文類聚卷八十七。全晉文卷一百四十二

四一三卞承之　鷄　賦　佚　僅存賦序，見太平御覽卷九百二十五。全晉文卷一百四十（註一〇四）

四一四張　望　鷺鷀賦　存　藝文類聚卷九十二。全晉文卷一百三十五

四一五　　蜘蛛賦　存　太平御覽卷九百四十八。全晉文卷一百三十五

四一六　　枕　賦　殘　北堂書鈔卷一百三十四。全晉文卷一百三十五

四一七賈　彬　箏　賦　存　藝文類聚卷四十四。全晉文卷八十九

四一八王劭之　春花賦　存　藝文類聚卷八十八。全晉文卷一百四十四

四一九孫　瓊　箜篌賦　存　藝文類聚卷四十四；初學記卷十六引逸文四句。全晉文卷一百四十四

四二〇黃　章　龍馬賦　殘　分見北堂書鈔卷一百二十六、藝文類聚卷九十三、文選卷十二郭景純江賦善注、卷三十五張景陽七命善注、卷十四顏延年赭白馬賦善注、初學記卷二十九。全晉文卷一百五（註一〇五）

四二一陸　善　長鳴雞賦　存　藝文類聚卷九十一。全晉文卷一百四十三

四二二湛方生　風　賦　存　藝文類聚卷一。全晉文卷一百四十

四二三陳　窈　箏　賦　存　藝文類聚卷四十四、初學記卷十六。全晉文卷一百四十四

四二四楊　乂　雲　賦　存　藝文類聚卷一；太平御覽卷十四引逸文一句。全晉文卷八十九

四二五陸　冲　風　賦　存　藝文類聚卷一。全晉文卷八十六

四二六賈　彪　大鵬賦　存　藝文類聚卷九十二。全晉文卷八十九

四二七伏系之　雪　賦　　殘　太平御覽卷十二。全晉文卷一百三十三

四二八羊　氏　安石榴賦　殘　太平御覽卷九百七十。全晉文卷一百四十四

以上東晉

【附　註】

註　一：見百種詩話類編頁一六五七。

註　二：見簡師宗梧漢賦源流與價值之商榷頁一二五—一二七。

註　三：同註二，頁二十九。

註　四：同註二，頁三十三。

註　五：王逸楚辭章句敍除以尚用之立場，儒家論詩諷諫之觀點論屈原之作外，又從尚文愛美之觀點以贊頌屈原之作：「屈原之辭，誠博遠矣。自終沒以來，名儒博達之士，著造詞賦，莫不擬則其儀表，祖式其模範，取其要妙，竊其華藻，所謂金相玉質，百世無匹，名垂罔極，永不刊滅者矣。」

註　六：同註二，頁三十九。

註　七：曹丕與朝歌令吳質書云：「每念昔日南皮之遊，誠不可忘。既妙思六經，逍遙百氏，彈碁閒設，終以六博，高談娛心，哀箏順耳……白日既匿，繼以朗月，同乘竝載，以遊後園。」又與吳質書云：「昔日遊處，行則接輿，止則接席，何曾須臾相失？每至觴酌流行，絲竹並奏，酒酣耳熱，仰而賦詩，當此之時，忽然不自知樂也。」（文選卷四十二）

註八：此序直稱曹植之名，疑為後人所加之序。

註九：參見劉淑芳六朝建康的園宅。

註一〇：見第一章註一〇。

註一一：包括東晉時北方之作品，如西涼李暠之賦篇。

註一二：如太平御覽卷八百十四引荀卿蠶賦，嚴氏誤為嵇康之作，藝文類聚卷八十一載嵇含懷香賦序，嚴氏亦誤為嵇康之作，傅咸班鳩賦序見太平御覽卷七百六十四，嚴氏誤作卷七百六十五。又據晉書卷八十八李密傳，知其嘗為玄鳥賦；卷九十二褚陶傳，知其年十三作鷗鳥、水碓二賦，以上三賦嚴氏皆未收入全晉文。

註一三：嚴可均云：「案張紘吳志有傳，隋志及藝文類聚、御覽皆列于後漢，今從之。」按：盧弼三國志集解云：「權於建安十六年徙治秣陵，令紘還吳迎家，紘道病卒，當卒於是年。」（卷五十三）依本目之時代斷限，歸於魏代。

註一四：三國志卷五十三張紘傳裴注引吳書曰：「紘見柟榴枕，愛其文，為作賦。陳琳在北見之，以示人曰：此吾鄉里張子綱所作也。」北堂書鈔卷一百三十四、太平御覽卷七百七所引略同。嚴氏疑此賦卽瓌材枕賦（見全後漢文卷八十六張紘瓌材枕賦之案語）。考太平御覽卷七百七，既引張紘柟榴枕賦之篇名，又引瓌材枕賦（御覽「材」字作「林」），苟為一賦，同卷之中不宜有異名也。

註一五：本賦大體見載藝文類聚，嚴氏據北堂書鈔補六句逸文，不知尚有脫佚否？姑以「存」目視之。

註一六：藝文類聚題作「馬瑙勒賦」，太平御覽卷八百八題作「馬腦勒賦」，全後漢文題作「瑪瑙勒賦」。

註一七：藝文類聚題作「魏王車渠椀賦」，據太平御覽，「王」字下有「粲」字，知此賦爲王粲作。

註一八：嚴氏將初學記卷二十八誤爲二十七。

註一九：初學記兩引，嚴氏合輯之。就文意觀之，首尾尙能貫串；就押韻觀之，「奇」「麗」「施」屬支部，「蕤」屬脂部，亦能相叶（支脂合韻），姑以「存」目視之。

註二〇：北堂書鈔題作「馬瑙勒賦」，太平御覽及全後漢文題作「馬腦勒賦」。

註二一：安國本、晉府本初學記題作「齊幹賦」，建本初學記作「徐幹冠賦」，嚴陸校亦作「徐幹冠賦」，而宋本初學記則無此賦（參見閻琴南先生初學記研究二四八頁）。

註二二：藝文類聚題作「迷迭賦」，太平御覽卷九百八十二題作「迷迭香賦」，全後漢文題作「竦迷迭賦」。

註二三：文選注題作「蒼海賦」，全三國文題作「滄海賦」。

註二四：賦序云：「鶡雞猛氣，其鬬終無負，期于必死。令人以鶡爲冠，像此也。」此序與曹植鶡賦序雷同，植序云：「鶡之爲禽猛氣，其鬬，終無勝負，期於必死，遂賦之焉。」不知是否本爲曹植之序而誤爲曹操之序？

註二五：詠山水之賦，常造成歸類之困難。就本賦而言，前二段描寫「濟川」，屬詠物賦，然末段「於是遊覽既厭」云云，則本賦亦可歸屬遊覽賦，取捨兩難。苟將此類賦篇一併除去，則詠山川之賦篇所剩無幾。故凡賦篇以某山某水爲主要對象而吟詠之，且其篇幅佔全賦之泰半者，皆以詠物賦視之。

註二六：本賦創作動機雖因遊覽而起，然主題仍視渦水爲個別之主體而吟詠之，故可歸入詠物賦。

註二七：藝文類聚題作「晉傳選槐賦」，然置於魏文帝、曹植、王粲之前，依藝文類聚排列之體例，

「晉」殆「魏」之誤也。初學記卷二十八題作「傅選槐樹賦」，查魏晉文士，有「傅巽」而無「傅選」，姑從全三國文作「傅巽」。

註二八：藝文類聚題作「晉傅選蚊賦」，姑從全三國文作「魏傅巽蚊賦」。

註二九：嚴氏云：「案前明刻子建集既載前賦（卽本賦），復載一賦云：『夫何季秋之淫雨兮』凡六句，張溥本亦如此，蓋據藝文類聚連載兩賦也。考文選曹植美女篇注，張協雜詩注，知第二賦是蔡邕作，類聚誤編耳，今刪。」參見第一章註二四。

註三〇：藝文類聚題作「魏陳王曹植賦」，玆依初學記及全三國文題作「槐樹賦」。

註三一：題名「髑髏說」，實乃賦體，爲模擬東漢張衡髑髏賦之作。

註三二：本賦殘存四句，無論就文意及押韻皆可與九華扇賦相銜接（「安」「顏」與「寒」「紈」皆屬寒部韻），不知是否卽九華扇賦之逸文？

註三三：藝文類聚卷九十一載楊修孔雀賦曰：「魏王園中有孔雀，久在池沼，與衆鳥同列。其初至也，甚見奇偉，而今行者莫眡。臨淄侯感世人之待士，亦咸如此，故興志而作賦。并見命及，遂作賦曰……」據此可知曹植曾作孔雀賦，且命楊修同作。

按：植於建安十九年徙封臨淄侯，操於建安二十一年爲魏王，楊修於建安二十四年見誅。則植賦作於建安二十一年至二十四年之間。全三國文未錄篇名。

註三四：藝文類聚卷九十一引異苑曰：「山雞愛其毛，映水則舞。魏武時南方獻之，帝欲其鳴舞而無由，公子蒼舒令以大鏡著其前，雞鑒形而舞，不知止，遂乏死。韋仲將爲之賦，甚美。」韋仲將卽韋誕，由上可知誕曾作山雞賦。全三國文未收。

註三五：北堂書鈔收錄杜摯葭賦數條，葭卽笳也。全晉文未列。本賦之序文各本互有出入，又北堂書鈔引杜摯賦云：「爾乃調脣吻，整容止。含重餕，厭左耳。揚青蘆，隱皓齒。」此數句全晉文未收，且誤將「爾乃調脣吻，整容止。揚清臚，隱皓齒。」收入孫楚笳賦（全晉文卷六十）之中。又「吹東南，動南徵。清羽發，濁商起。亘節縱橫，微風徙理。」末二句全晉文亦未收。

註三六：本賦序及亂見載初學記，賦文則見載藝文類聚。唯藝文類聚題作「晉楊該三公山下神祠賦」，初學記題作「魏孫該三公山下祠賦」。楊該無可考，孫該見三國志魏書劉劭傳，任城人，仕魏爲陳郡太守，裴注云「景元二年卒官」。茲從初學記。

按：本賦全三國文將初學記卷十三誤爲卷十二。

註三七：藝文類聚題作「晉孫諺」，「諺」字當爲「該」字之訛，初學記題作「晉孫該」，孫該卒於魏元帝景元二年，「晉」當改作「魏」。

註三八：藝文類聚及初學記皆以呂安屬晉代，然呂安於魏元帝景元中見誅，當屬魏代。

註三九：嵇康詠物賦僅此二首。嚴氏全三國文輯有「蠶賦」及「懷香賦序」，然前者乃荀卿之作，後者乃嵇含之作，皆非嵇康所作也。

註四〇：晉書斠注卷五十四云：「隋志有徵士閔鴻集三卷……案隋志稱徵士，或入晉後徵而不起歟？」

註四一：藝文類聚題作「後漢閔鴻」、初學記題作「閔鴻蓮華賦序」。本賦以「乃有」起首，不知有逸文否？姑以「存」目視之。

註四二：嚴氏全三國文將本賦與初學記卷十四所引閔鴻「親蠶賦」合爲一篇。親蠶乃禮儀之一種，不屬詠物賦之範疇，故本目僅取太平御覽所引之「蠶賦」。

註四三：文選注題作「閔洪琴賦」。

註四四：嚴氏云：「泉字德淵，吳處士，入晉徵爲侍中，不就。」（全三國文卷七十五）

註四五：藝文類聚題作「吳」，初學記題作「西晉」。

註四六：嚴氏云：「岱宗爵里未詳。案藝文類聚在傅玄後，蓋元魏人，初學記在傅玄前，則以爲曹魏人，今姑列此俟考。」（全三國文卷五十三）

註四七：三國志吳書二十華覈傳云：「天冊元年以微譴免，數歲卒。」按：天冊元年即晉武帝咸寧元年（西元二七五年）。

註四八：閔鴻、楊泉、華覈諸人，就卒年言，可入晉代。然閔鴻、楊泉入晉皆不仕；華覈卒於吳亡之前，故列於魏代之末。

註四九：嚴氏據藝文類聚卷一、初學記卷一將「天地至神，難以一言定稱……名而言之，則曰天地」補入賦序中。

註五〇：本賦以「於是」起首，疑上有佚文，姑以「存」目視之。

註五一：藝文類聚僅載賦文，嚴氏輯有賦序，然未註明出處，考北堂書鈔卷一百四、筆四十五凡三引、嚴氏所據殆出於此也，唯題作「棄故筆賦序」。

註五二：太平御覽卷七百六十四及九百二十四皆引本賦之序，然文字稍異，嚴氏取二者之文而董理之。

註五三：藝文類聚題作「石榴賦」，全晉文題作「安石榴賦」。按：太平御覽卷九百七十亦引此賦，題作「若石榴賦」，嚴氏誤作卷「九百七」。

註五四：嚴氏云：「北堂書鈔一百三十、藝文類聚六十八並作傅玄，御覽九誤作鄭玄，近人輯康成集載此賦，非也。」

註五五：本賦僅四句，然亦無法確定必有脫佚，姑以「存」目視之。

註五六：嚴氏又引逸文二句：「龍眼生于南極、甘盧引于崑山。」註其出處爲太平御覽卷九百六十七。查該卷無此逸文，不知嚴氏何所據？

註五七：嚴氏誤藝文類聚卷八十六爲八十八。

註五八：本賦僅存四句，見錄於天部「太極」類，而非「風」類之下，詠風之筆墨亦不多，殆爲殘篇。

註五九：通典卷一百四十四樂四「絲五」引傅元（玄）琴賦云「非伯喈也」，嚴氏未收。

註六〇：嚴氏於第一條下云：「北堂書鈔一百四十八引傅玄酒賦，案下四條並作敍酒賦，明此脫敍字，或疑敍酒賦謂酒賦之序，非是。」

註六一：查太平御覽卷九百九十四，無「既大而結，鮮紫色曜日」數語，不知嚴氏何所據？

註六二：嚴氏云：「案序言太僕傅侯，蓋傅玄也，知萬年晉初人。」據此，姑列於傅玄之後。

註六三：嚴氏又收「安石榴賦」，註其出於太平御覽卷九百七十。查該卷之次序爲：

△夏侯孝若石榴賦曰：接翠蕚於綠蔕……

△潘岳閑居賦曰……

△又安石榴賦曰：實有嘉木，名安石榴……

第三篇「安石榴賦」實爲潘岳之作品，嚴氏殆因閑居賦之前引夏侯湛之作而誤收。且本賦所有文句，皆包含於潘岳「河陽庭前安石榴賦」之中，益可證明此賦非夏侯湛之作品。

註六四：嚴氏錄有夏侯湛「瓜賦」，註明出處爲太平御覽卷九百七十八。查該卷題爲「夏侯孝若梁田賦」，而非「瓜賦」。

註六五：序見北堂書鈔，嚴氏引其文而漏引。

註六六：全晉文題作「韓王故臺賦」。

註　六七：藝文類聚題作「翟賦」，全晉文題作「雉賦」。

註　六八：太平御覽引款冬賦曰：「余曾逐禽，登于北山，于時仲冬之月也，冰凌盈谷，積雪被崖，顧見款冬，煒然始敷，華豔春暉，旣麗且殊，以堅冰爲膏壤，吸霜雪以自濡，非天然之眞貴，曷能彌寒暑而不渝。」嚴氏將此賦分而爲二：「顧見款冬，煒然始敷」以上爲賦序，以下則爲賦文。按此賦不當分爲二，蓋就文意言，首尾一貫，就用韻言，「敷」字與「殊」「濡」「渝」同屬魚部韻，可以相叶，而賦序用韻之例數見於魏晉賦中，不必因其用韻與否而强分「序」與「賦」也，此其一。就藝文類聚所引之賦文觀之，文意完整，通篇皆押耕部韻，似無脫佚，嚴氏將「煒然始敷」之賦文置於藝文類聚所引賦文之後，作爲款冬賦之逸文，實無必要也，此其二。

註　六九：嚴氏將太平御覽卷七百六十四誤爲卷七百六十五。

註　七〇：藝文類聚無起首四句，嚴氏全晉文殆據北堂書鈔補輯之，然未註明出處。

註　七一：全晉文錄有賦序，云出自太平御覽卷九百七十。然此序與藝文類聚卷八十六所載潘尼安石榴賦之序雷同，蓋潘尼之序也。考其所以致誤之由，乃承太平御覽之誤也。太平御覽之原文如左：

潘岳閑居賦曰若榴蒲陶之珎磊落蔓延於其側

又安石榴賦曰實有嘉木名安石榴採條外暢縈幹內樛

丹輝綴於朱房緗的點於紅鬚煌煌煒煒熠燿入藥似長

離之栖鄧林苦珊瑚之暎流水光明燐爛含丹耀紫味滋

芳袖色麗瓊蘂

潘岳安石榴賦曰若榴者天下之奇樹九州之名菓也是以屬文之士或敍而賦之遙而望之煥若隨珠耀重淵詳而察之灼若列宿出雲間千房同模十子如一御飢療渴解酲止醉

藝文類聚卷八十六之引文如左：

晉潘尼安石榴賦曰。安石榴者。天下之奇樹。九州之名菓。是以屬文之士。或敍而賦之。蓋感時而騁思。覩物而興辭。余遷舊宇。爰造新居。前臨曠澤。却背清渠。實有斯樹。植于堂隅。華實並麗。滋味亦殊。可以樂志。可以充虛。朱芳赫奕。紅萼參差。含英吐秀。乍合乍披。遙而望之。煥若隋珠燿重川。詳而察之。灼若列宿出雲間。湘涯二后。漢川遊女。攜類命疇。逍遙避暑。託斯樹以栖遲。遡祥風而容與。爾乃擢纖手兮舒皓腕。羅袖靡兮流芳散。披綠葉於脩條。輟朱華乎弱幹。豈金翠之足珍。寔玆葩之可翫。商秋授氣。收華斂實。滋味浸液。馨香流溢。

晉潘岳河陽庭前安石榴賦曰。雖小縣陋館。聊可以遊賞。有嘉木曰安石榴。脩條外暢。榮幹內樛。扶疎偃蹇。冉弱紛柔。於是暮春告謝。孟夏戒初。新莖擢潤。膏葉垂腴。丹暉綴於朱房。緗的點乎紅鬚煌煌煒煒。熠爍入藥。似長離之栖鄧林。若珊瑚之暎綠水。既乃攢乎狹庭。載阨載褊。土階無等。肩牆惟淺。壁衣蒼苔。瓦被駮蘚。處悴而榮。在幽彌顯。其華可玩。其實可珍。羞于王公。薦於鬼神。豈伊仄陋。用渝厥眞。菓猶如之。而況於人。

二書相校，知太平御覽所引「又安石榴賦」卽藝文類聚所引「潘岳河陽庭前安石榴賦」；太平御覽所引「潘岳安石榴賦」卽藝文類聚所引「潘尼安石榴賦」也。以成書之先後言，當從藝文類聚，且太平御覽既引潘岳「又安石榴賦」於前，不當又引「潘岳安石榴賦」於後也，故知太平御覽「潘岳安石榴賦」之「岳」字實爲「尼」字之誤也。嚴氏既沿太平御覽之誤，將潘尼之序誤爲潘岳，且將「遙而望之」至「解酲止醉」之賦文一併誤入潘岳賦文之中，此不可不辨者也。

註七二：嚴氏云：「案潘尼亦有此賦序，其文小異。」

註七三：北堂書鈔卷一百三十四「始於荒蠻」條引「潘岳扇賦」云：「至若羽扇，靡雕靡刻。方圓不應於規矩，截制不由於繩墨。始顯用于荒蠻，終表奇于上國。」同卷「靡雕靡刻」亦引前四句。嚴氏誤爲潘尼之作品，遂輯入全晉文卷九十四「潘尼扇賦」之殘篇中（參見註八十二）按：全晉文卷九十二輯有潘岳「果賦」二句：「三十六園之朱李」「仙李縹而神李紅」。前句乃漢李尤果賦之殘文，後句則爲「太平廣記」（卷四百十「神仙李」條）編者之語。參見第五章註十五。

註七四：北堂書鈔題作「湯餅賦」。

註七五：北堂書鈔卷一百五十引陸機「浮雲賦」二條、「白雲賦」一條之外，復引「雲賦」八條，其中「輕浮之衆采，則五色之藻氣」、「有輕虛之艷象，無實體之眞形」及「若秬鬯楊芒，嘉穀垂穎」三條輯入「浮雲賦」中；而「蔽陽光於湯谷，暗天文乎常居」、「繞蓬萊以結曜，薄崑崙而增暉」、「長城曲蜿，采閣相扶」及「內揚絲祲，外襄紫霞」四條則輯入「白雲賦」中。然嚴氏於「浮雲賦」及「白雲賦」之下皆注云：「北堂書鈔一百五十引四條」恐有訛誤。又「火滅灰散」條所引雲賦「日赫奕而照耀，雲火滅而灰散」二句「浮雲賦」及「白雲賦」皆未收錄。此外，文選卷二十八鮑明遠升天行善注，卷三十謝惠連詠牛女詩善注及太平御覽卷一皆引有陸機「雲賦」，嚴氏皆輯入「白雲賦」中，夫「雲賦」之逸文如是之多，不知陸機除「浮雲」、「白雲」二賦之外，尙有「雲賦」否？

註七六：北堂書鈔卷一百三十引二條，嚴氏未註明出處。又本賦之末二句不知嚴氏據何書輯入？

註七七：初學記題作「甘瓜賦」。

註七八：藝文類聚題作「嵇含懷香賦序」，太平御覽題作「嵇含槐香賦」，二者實爲一篇，嚴氏誤將藝文類聚所引「懷香賦序」輯入嵇康之作。

註七九：北堂書鈔兩引，皆題作「茶賦」。

註八〇：初學記卷二霽晴第八引「潘尼賦」：「收絳虹于漢陰」一句，太平御覽卷十四亦引此逸句，且題作「潘尼苦雨賦」，嚴氏遂輯入本賦之逸句。姑錄之待考。

註八一：太平御覽卷一百九十四題作「東都館賦」，卷九百七十則題作「東武觀賦」。

註八二：全晉文引潘尼扇賦如左：

夫器有輕矗，用有疏密。安衆以方爲體，五明以圓爲質。或託形于竹素，或取固于膠漆。至若羽扇，靡雕靡刻。方圓不應于規矩，裁制不由于繩墨。始顯用于荒蠻，終表奇于上國。考北堂書鈔卷一百三十四「託形竹素」條所引潘尼扇賦，僅載起首六句。「至若」以下則爲潘岳扇賦之殘文，嚴氏誤爲潘尼。

註八三：本賦嚴氏輯入全晉文卷九十一潘岳集，嚴氏云：「藝文類聚八十一、文選陶潛雜詩注並作潘岳，初學記二十七引兩條，御覽九百九十六並作潘尼，張溥編入潘岳集，今姑從之。」按：除文選注題作潘岳外，諸書皆作潘尼，以編入潘尼集爲宜。不當從張溥編入潘岳集。

註八四：初學記卷十六題作「夏侯湛」，玆從藝文類聚編入夏侯淳之作。

註八五：晉書卷九十二褚陶傳云：「褚陶字季雅，吳郡錢塘人也。弱不好弄，少而聰慧，淸淡閑默，以墳典自娛。年十三，作鷗鳥、水碓二賦，見者奇之。」二賦今佚，全晉文未列篇名，姑列於西晉之末。

註八六：晉書卷八十八李密傳云：「二子賜、興。賜字宗石，少能屬文，嘗爲玄鳥賦，詞甚美。」此賦今佚，全晉文未列篇名，姑列於西晉之末。

註八七：北堂書鈔題作「枏榴枕賦」，太平御覽「枏」作「南」，全晉文作「楠」。孔廣陶校註云：「今案陳本駁作交，嚴輯本枏榴枕賦據書鈔引虬作蚪，自注云：『書鈔作栩榴枕賦，陳禹謨改作楠榴枕，以御覽校之是也。』」

註八八：初學記題作「龜言賦」。

註八九：郭璞詠物賦凡六篇如上，全晉文卷一百二十引郭璞「龜賦」二句：「應交甫之喪佩，愍神使之纓羅。」按此二句乃郭氏江賦之文，初學記卷三十引此二句亦作「郭璞江賦」，嚴氏誤引。

註九〇：古今圖書集成誤爲張華所作。又張翰除杖賦、豆羹賦外，尙有「首丘賦」，晉書卷九十二張翰傳云：「翰因見秋風起，乃思吳中菰菜蓴羹，鱸魚膾，曰：『人生貴得適志，何能羈宦數千里以要名爵乎？』遂命駕而歸，著首丘賦。」就本傳觀之，似爲抒寫鄉愁之賦，惜賦文已佚，姑附記於此。

註九一：全晉文以「范子常者，嘗造予宿，臛雞爲餅，遍食（書鈔作遲御）之情甚虛，奇嘉之味不實，聊作惡餅賦以釋之。」爲賦序，以「若乃董盧飛名于華肆，和均絕技于俗廛。王孫駭歎于曳緒，束子賦弱于春緜。色必霜葩雪皓，肉則錦釆雲媚。」爲賦文。初學記則全屬賦序。依初學記，則此賦已佚，唯序存焉。然就文意及用韻觀之，「若乃」以下似爲賦文而非賦序也。（「廛」、

「緜」廣韻屬仙韻，「嫺」，廣韻屬山韻，皆爲「元」部韻。）

註　九二：水經注題作「玄武觀賦」，餘皆題作「玄武館賦」。按賦文有「遂築館而起廬，既號玄武，是曰石樓」之語，故作「玄武館」是。

註　九三：全晉文引曹毗「水賦」云：「魚喪成島嶼之墟，目落爲明月之珠。」嚴氏加注云：「御覽九百三十八不著名，疑承上曹毗，今附此俟考。」按：此二句實爲曹毗觀濤賦之末二句。太平御覽卷九百三十八引曹毗觀濤賦云：「於是神鯨來往，乘波躍鱗，噴氣霧合，噫水成津，骸喪成島嶼之墟，目落爲明月之珠。」明明白白，不知嚴氏何以將末二句誤爲曹毗「水賦」之殘文？

註　九四：本賦大體見載於藝文類聚。又嚴氏將太平御覽卷九百三十六訛爲九百三十九。

註　九五：嚴氏將藝文類聚卷四十四訛爲九十。

註　九六：北堂書鈔卷一百三十四、扇第二十四「放同類雲」條題作「袁高圓扇賦」，全晉文編入袁崧之作中，附記於此以俟考。

註　九七：太平御覽卷九百十八引顧愷之湘中賦殘文一句：「陽鶩山雞」，無法判定該賦是否屬於詠物賦，附記於此以俟考。

註　九八：嚴氏將文選「夏夜呈從兄散騎車長沙」訛作「贈王太常」。

註　九九：晉書涼武昭王傳云：「先是河右不生楸槐柏漆，張駿之世取於秦隴而植之，終於皆死，而酒泉宮之西北隅有槐樹生焉。玄盛（暠字）又著槐樹賦以寄情，蓋歎僻陋遐方，立功非所也。亦命主簿梁中庸及劉彥明等並作。文（又？）感兵難繁興，時俗諠競，乃著大酒容賦以表恬豁之懷。」由此知李暠有「槐樹」「大酒容」二賦，惜皆亡佚。又梁中庸，劉彥明亦奉命作槐樹賦。

註一〇〇：全晉文未載篇名。

註一〇一：全晉文未載篇名。

註一〇二：太平御覽題作「殷元安石榴賦」。

註一〇三：嚴氏云：「案藝文類聚以爲宋人，今從隋、唐志列于晉。」

註一〇四：太平御覽題作「鸖賦」，全晉文題作「鸐賦」。

註一〇五：嚴氏云：「藝文類聚作頌，各書皆作賦。」按：文選赭白馬賦善注引二條，一作「龍馬賦」，一作「龍馬頌」。

第三章　魏晉天象類賦篇之分析

魏晉四百二十八篇詠物賦，依其題材可分爲天象、地理、植物、動物、器物、建築、飲食等七大類。至於曹植、李康、呂安之賦「髑髏」，左思賦「白髮」，嵇含賦「白首」，篇數既少，歸類亦難，權入「其他類」中。本章以下至第九章，專就詠物賦之類別加以分析研究，以觀察不同題材所呈現之殊采與共相也。茲就吟詠天象之賦篇析之如下：

歷代賦彙天象類包括日月星雲風雷電火雨露以及泛詠天象者皆屬之。此類作品創始於周代荀卿之雲賦，漢代則有賈誼旱雲賦、蔡邕霖雨賦、趙壹迅風賦凡三篇（註一）。此外宋玉所作之風賦，雖見疑於近人，然既載於文選，影響後世亦大也（註二）。魏晉詠天象之賦凡三十八篇，茲依「天」「月」「雲」「風」「雷電」「火」「雨」「雪」等八項分析之：

一　泛詠天象

晉成公綏有天地賦，其序云：「賦者貴能分賦物理，敷演無方。天地之盛，可以致思矣。歷觀古人，未之有賦，豈獨以至麗無文，難以辭贊？不然，何其闕哉？遂爲天地賦曰」（註三）可知此賦乃泛詠天象之始祖（註四），亦爲魏晉泛詠天象之唯一賦篇。此賦除序文外，字數近八百言，爲詠物賦之長篇。

其構篇鋪陳之手法，類似漢賦，而對句比比皆是，則爲六朝之特色也。本賦之句式以四言、六言及七言句組成，四言最多，六言次之，七言又次之。唯七言句高達三十句，頗爲特殊。鈴木虎雄賦史大要云：「漢賦七字句，雖無過騷體之遺物，然逮入齊梁以後，此句法遂至帶詩句氣味，而發揮別種之效力。」六朝末期詩賦合流之現象，魏晉殆已導其先路矣。此賦就當時所知之天文知識而鋪敘之，覽此賦則當時之天文學及有關天文之神話傳說亦可稍窺一斑。謝鴻軒駢文衡論評此賦云：「其搜奇攬勝，可謂『升天入地求之遍，上窮碧落下黃泉』矣。」西京雜記載司馬相如論賦云：「賦家之心，苞括宇宙，總攬人物」就「苞括宇宙」而言，此賦誠足以當之也。玆略述其內容結構如下：

惟自然之初載兮，道虛無而玄清。太素紛以溷淆兮，始有物而混成。何元一之芒昧兮，廓開闢而著形。（晉書卷九十二，下同）

此爲首段，押耕部韻（註五）。敘宇宙之本體，得之於老子之本體論：「有物混成，先天地生，寂兮寥兮，獨立而不改，周行而不殆，可以爲天下母，吾不知其名，字之曰道，强爲之名曰大。」（二十五章）惟以六字句直鋪而已。

爾乃清濁剖分，玄黃判離。太極既殊，是生兩儀。星辰煥列，日月重規。天動以尊，地動以卑。昏明迭炤，或盈或虧。陰陽協氣而代謝，寒暑隨時而推移。三才殊性，五行異位。千變萬化，繁育庶類。授之以形，稟之以氣。色表文采，聲有音律。覆載無方，流形品物。鼓之以雷霆，潤之以慶雲。八風翺翔，六氣氤氳。跂行蠕動，方聚類分。鱗殊族別，羽毛異羣。各含精而鎔冶，咸受範於陶鈞。何滋育之罔極兮，偉造化之至神。

此爲第二段。敘由元一之太極生兩儀，兩儀生三才，最後繁育成萬物，此由老子「道生一，一生二，二生三，三生萬物」（四十二章）之宇宙論鋪衍而成。

本段換韻四次，先押支部韻，「三才殊位」六句換脂部去聲韻，「色表文采」四句換質部韻，「鼓之以雷霆」八句換文部韻，「各含精而鎔冶」四句換眞部韻。

若夫懸象成文，列宿有章。三辰燭燿，五緯重光。河漢委蛇而帶天，虹蜺偃蹇於昊蒼。望舒彌節於九道，羲和正轡於中黃。衆星回而環極，招搖運而指方。白獸峙據於參伐，青龍垂尾於心房。玄龜匿首於女虛，朱鳥奮翼於注張。帝皇正坐於紫宮，輔臣列位於文昌。垣屏駱驛而珠連，三台差池而鴈翔。軒轅華布而曲列，攝提鼎跱而相望。

此爲第三段。鋪敘天上之星宿，由於星宿名稱本極易於引發聯想，復以作者運用其想像力，遂組成一幅天際之萬象世界，且富於動態之情趣。如「望舒彌節」「羲和正轡」「玄龜匿首」「朱鳥奮翼」等，意象皆極生動，引人遐思。

本段通押陽部韻，連用十韻字而不換韻。

若乃徵瑞表祥，災變呈異。交會薄蝕，抱暈帶珥。流逆犯歷，譴悟象事。蓬容著而妖害生，老人形而主受喜。天矢黃而國吉祥，彗孛發而世所忌。

此爲第四段，押之部去聲韻。敘祥瑞及災異，充分流露其天人感應、陰陽災異之思想。

爾乃旁觀四極，俯察地理。川瀆浩汗而分流，山嶽磊落而羅峙。滄海沆漭而四周，懸圃隆崇而特起。昆吾嘉於南極，燭龍曜於北阯。扶桑高于萬仞，尋木長于千里。崑崙鎮於陰隅，赤縣據於辰巳。

此爲第五段，鋪敘地理，押之部上聲韻。不僅浩汗之川瀆、磊落羅峙之山嶽、沆漭之滄海爲其鋪敘之對象，傳說中之仙山、燭龍、扶桑等亦羅列鋪陳之，以夸飾大地之廣博無所不載也。

於是八十一域，區分方別。風乖俗異，險斷阻絕。萬國羅布，九州並列。青冀白壤，荆衡塗泥。

海岱赤埴，華梁青黎。袞帶河洛，揚有江淮。辯方正土，經略建邦。王圻九服，列國一同。連城比邑，深池高墉。康衢交路，四達五通。東至暘谷，西極泰濛。南暨丹炮，北盡空同。遐方外區，絕域殊鄰。人首蛇軀，鳥翼龍身。衣毛被羽，或介或鱗。棲林浮水，若獸若人。居于大荒之外，處于巨海之濱。

此爲第六段。敘人文地理。地分八十一域，風俗各殊；州分爲九，其國則上萬，雖有深池高墉，然交通則無遠弗屆。不僅此也，蠻荒地區尚有人身蛇軀，鳥翼龍身等亦人亦獸之怪物，倍增大地之神秘性。本段換韻三次。前六句押月部韻，「青冀白壤」六句換皆部韻，「辯方正土」至「北盡空同」換東部韻，「遐方外區」以下則押眞部韻。

於是六合混一而同宅，宇宙結體而括囊。渾元運流而無窮，陰陽循度而率常。回動糾紛而乾乾，天道不息而自彊。統羣生而載育，人託命於所繫。尊太一於上皇，奉萬神於五帝。故萬物之所宗，必敬天而事地。

此爲第七段，前六句押陽部韻，後六句換支部去聲韻。總結前文，將天地萬物統攝於宇宙之太一上皇，謂敬事天地乃天經地義之事，此乃儒家法天敬天之思想也。

若乃共工赫怒，天柱摧折。東南俄其既傾，西北豁而中裂。斷鼇足而續毀，鍊玉石而補缺。豈斯事之有徵，將言者之虛設。何陰陽之難測，偉二儀之寥闊。坤厚德以載物，乾資始而至大。俯盡鑒於有形，仰蔽覩於所蓋。游萬物而極思，故一言于天外。

此爲末段，爲全賦之餘音。前十句月曷合韻，後六句換泰部韻。對於傳說之神話採存疑之態度，感慨陰陽之難測，贊美天地之遼闊，而天地萬物又足供吾人無窮之遐思也。「坤厚德以載物，乾資始而至大」典出周易，乾卦彖曰：「大哉乾元，萬物資始以統天。」坤卦彖曰：「至哉坤元，萬物資生，乃順承天。坤厚載物，德合无疆。」周易乃羣經之首，成氏蓋藉其典以贊頌天地之偉大也。

二　詠　月

魏晉詠月之賦，僅晉周祇月賦一篇，此爲最早詠月之賦篇，全賦僅四十三字：

二氣理化，精者能鏡。陽得一以朗旦，月代終而夕映。其狀也，氣融潔而照遠，質明潤而貞虛。弱不廢照，淸不激汙。（藝文類聚卷一）

前半押耕部去聲韻，後半押魚部韻。篇幅短小，對偶工整，已脫漢賦鋪張揚厲之習，呈現輕綺之風貌。苟無佚文，則爲典型之詠物小賦也。

三　詠　雲

古人仰望天際，見浮雲之聚散，恒有感於內心。故操翰爲文，輒以之爲詠歌之對象。詩經有以雲爲多而美之象徵者，如鄘風君子偕老：「鬒髮如雲」，鄭風出其東門：「出其東門，有女如雲。」齊風敝笱：「齊子歸止，其從如雲。」大雅韓奕：「諸娣從之，祁祁如雲。」皆是也。又雲聚則雨雪降，潤萬物，長百穀，故雲屢爲詩人所贊美，如小雅信南山：

上天同雲，雨雪雰雰，益以霢霂，既優既渥，既霑既足，生我百穀。

小雅白華：

英英白雲，露彼菅茅。

皆以雲之澤被萬物而贊頌之。至於荀卿雲賦，謂其「大參天地，德厚堯禹」而贊頌之。由上觀之，詩經及荀卿皆以雲爲美德嘉祥之象徵也。楚臣屈原則不然，王逸楚辭章句云：

離騷之文，依詩取興，引類譬喻。故善鳥香草以配忠貞，惡禽臭物以比讒佞，靈修美人以媲於君，虙妃佚女以譬賢臣，虬龍鸞鳳以託君子，飄風雲霓以爲小人。

離騷云：

飄風屯其相離兮，帥雲霓而來御。

王逸注：「雲霓惡氣，以喻佞人。」則屈原蓋以雲爲邪惡勢力之象徵也。

迨至漢初，賈誼有旱雲賦之作，蓋托旱雲以寓其不遇之悲，第一章第三節已述及之。

魏代辭賦，不見詠雲之作，晉代則有五篇：

成公綏　雲賦

陸機　浮雲賦　白雲賦

盧諶　朝霞賦

楊乂　雲賦

盧諶朝霞賦僅存「想神芝於瀛洲，若琅玕於層城。」二句，無法窺知其內容。

成公綏雲賦極力刻畫其錯綜變化之狀，或聚或散，或幻爲龍爲鳳，或化爲螻爲虎，可謂極盡其妙。

陸機浮雲賦將浮雲之變化作逼眞之摹繪，頗能發揮賦家巧構形式之技巧。全篇四十二句，對句卽佔三十二句，比例極高。陸賦善用典故，如「金柯分，玉葉散」據初學記卷十五引古今注云：

黃帝與蚩尤戰於涿鹿之野，常有五色雲氣，金枝玉葉，止於帝上，有花葩之象。

陸賦巧用此典，一則以金柯玉葉之分散形容雲彩之狀，一則藉此神話喚起無窮之遐思，如此用典，可謂一絕。本賦除以典麗之辭以描繪浮雲之狀外，亦有頌美雲德之辭，如「玄陰觸石，甘澤霶霈。勢不崇朝，露彼無外。」「秬鬯揚芒，嘉穀垂穎。」卽歌詠雲能潤澤萬物、生長百穀也。

白雲賦運用大量典故以頌贊白雲。起首四句頌美白雲爲天地間之至美，「繞蓬萊以結曜」以下，運用蓬萊、崑崙、八幽、曾泉、八紘、九衢、湯谷、帝居、太初、蒼梧等傳說中之仙境以造成幽邈玄虛之效果，增添白雲行蹤之神秘性。

楊乂雲賦以贊頌爲主，先描述雲自山中而興，次寫飄浮之狀，末以頌美其浸潤羣生，可媲美大地、齊光三曜作結。茲引其賦以爲詠雲之代表：

> 天地定位，淳和肇分。剛柔初降，陰陽烟熅。於是山澤通氣，華岱興雲。則縹緲翩緜，鬱若升烟。蹇槃縈以詰屈兮，若虬龍之蟠蜿。嶷岐岐以岳立兮，狀有似乎列仙。東西絡繹，南北油畜。隨風徘徊，流行菴藹。豁兮仰披，杳兮四會。凝寒冰於朱夏，飛素雪於玄冥。灑膏液於天漢，騰鴻泉於泰清。乾坤以之交泰，品物以之流形。江海以之深滿，川谷以之豐盈。毛羽以之光澤，草木以之葩榮。萌芽以之挺殖，苗秀以之積成。始於觸石而出，膚寸而征。終於霑濡六合，浸潤羣生。蕩滌塵穢，含吐嘉祥。施暢凱風，惠加春陽。擬神化於后土，與三曜兮齊光。（藝文類聚卷一）

綜觀晉人詠雲之賦，皆以雲爲美德之象徵而歌頌之，此承詩經、荀賦之傳統也。至於屈原殆以浮雲蔽日，故以雲爲小人之象徵邪？李白登金陵鳳皇臺：「總爲浮雲能蔽日，長安不見使人愁。」蓋祖屈原之意也。

四　詠風

風雖無形體可見，然確可憑感覺而知其存在，且與吾人之生活息息相關，故自古即為詩人詠歌之題材。詩經雖無詠風之詩（註六），然多藉風起興，故為篇名者有北風之終風、凱風、谷風、北風、鄭風之風雨、檜風之匪風及小雅之谷風等七篇，至於篇中詠及風者更不可勝數，風於詩經中實佔有極重之份量，至於風於詩經中所呈現之意象則有兩類相反之象徵，一則如北風凱風：

凱風自南，吹彼棘心。棘心夭夭，母氏劬勞。

谷風：

習習谷風，以陰以雨。黽勉同心，不宜有怒。

或喻母愛之偉大，或喻夫婦之和諧，皆以風為祥和之象徵而詠歌之。然另一則如小雅何人斯：

彼何人斯？其為飄風。

四月：

冬日烈烈，飄風發發。民莫不穀，我獨何害？

或喻讒邪之小人，或喻酷政之疾行，皆以風為邪惡勢力之象徵而詛咒之也。風之意象所以呈現如此極端之不同類型者，蓋因風隨歲時之變，予人之感受遂異：春風和煦可親、夏風清涼解暑、秋風蕭瑟悲涼、冬風凜烈可畏。是以春夏之風為人所歌詠，而秋冬之風為人所厭棄也。

楚辭由於屈原特殊際遇之影響，風之意象以上述第二類者為多。如離騷：

飄風屯其相離兮，帥雲霓而來御。

王逸注：「回風為飄，飄風，無常之風，以興邪惡之衆。」又九歌湘夫人：

嫋嫋兮秋風，洞庭波兮木葉下。

王逸注：「言秋風疾則草木搖，湘水波而樹葉落矣。以言君政急則衆民愁而賢者傷矣。或曰屈原見秋風起而木葉墮，悲歲徂盡年衰老也。」就人生言，秋風乃衰老之象徵，就政治言，秋風乃苛政之象徵。

山鬼：

風颯颯兮木蕭蕭，思公子兮徒離憂。

王逸注：「風颯颯者，政煩擾也。木蕭蕭者，民驚駭也。」颯颯之風象徵煩擾之政，令人驚懼。此外，如九章涉江之「秋冬之緒風」、悲回風之「回風」等皆屬同一類型之意象。此與詩經實無殊異。然楚辭中有與上述二種類型皆迥異者，此卽遠遊所云：

聞赤松之淸塵兮，願承風乎遺則。

又：

順凱風以從遊兮，至南巢而壹息。

風之意象伴隨神仙出現，成爲遊仙不可或缺之憑藉。莊子逍遙遊所云「列子御風而行」與此有同工之趣，後世作品受其影響，「風」之意象遂常引發神仙之聯想。

宋玉風賦殆爲詠風賦之祖（註七），以遊戲態度描述大王雄風與庶人雌風之殊異風貌。漢代詠風賦僅趙壹迅風賦一篇，以描寫風之無所不入、無所不充及其不可捉摸之狀爲主。

魏代不見詠風之賦，晉代則有六篇：

傅玄　風賦

李充　風賦

江逌　風賦

王凝之　風賦

湛方生　風賦

陸冲　風賦

傅玄之作殘存四句，全屬對句。李充之作僅六句：「尋之不見其終，迎之莫知其來。四方爲之易位，八維爲之輪廻。游聚則天地爲一，消散則六合洞開。」全屬對句，首二句蓋仿趙壹迅風賦「察本莫見其始，揆末莫覩其終」，全賦三十八字，苟無逸句，則爲極短之賦篇。江逌之作，極力描寫風之括囊天地，無處不在，其威力可以「卷揚江海，廻拔陵嶠」。「假姿衆象，借韻宮商」二句頗能表達風之特徵——無形可狀，其狀乃在所加之萬物；無聲可言，其聲乃在所吹之衆竅也。末二句「巨鶂迸慑以退翼，爰居喪宿而遐逃」巧妙運用左傳六鷁退飛及國語爰居避風之典故以形容風之威力（註八）。全賦十六句，對句佔十二句。王凝之之作除「其鼓水也」爲散句外，其餘八句皆爲對句，以描述風之翻山越嶺，鼓動波濤爲主。湛方生之作堪爲晉人詠風賦之代表，其文如下：

有氣曰風，出自幽冥。蕭然而起，寂爾而停。雖宇宙之宏遠，倏俄頃而屢經。同神功於不疾，等至道於無情。胡馬感而增思，風母殞而復生。啟慘多之潛蟄，達青春之勾萌。因嚴霜以厲威，順和澤以開榮。故君德喻其靡草，風人假以爲名。及其猛勢將奮，屯雲結陰。洪氣鬱彿，殷雷發音。勃然鼓作，拂高陵深。天無澄景，嶺無停林。六鶂爲之退飛，萬竅爲之哀吟。亦有飄冷之氣，不疾不徐。飂飂微扇，亹亹清舒。王喬以之控鵠，列子以之乘虛。若乃春惠始和，重褐初釋。遨步蘭皐，遊眄平陌。響詠空嶺，朗吟竹柏。穆開林以流惠，疎神襟以清滌。軒濠梁之逸興，暢方外之冥適。（藝文類聚卷一）

本賦可分四段：

起首至「風人假以爲名」爲首段，押耕部韻。先敘風之所出及其迅疾之狀。首二句蓋得之於宋玉風賦「夫風生於地，起於青蘋之末」所引發之靈感。次敘風之作用，可使胡馬思其故土，風母死而復生，秋風挾嚴霜以發揮其肅殺之威力，春風則開啟潛多，令草木發榮。末以君德喻風及詩人取風爲名作結，以提高風之地位。本段連用數典，頗能增添聯想之趣味性。

「及其猛氣將奮」至「爲之哀吟」爲第二段，押侵部韻。極力形容風勢之威猛及風聲之哀厲。「拂高陵深」一語脫胎於宋玉風賦「故其清涼雄風則飄舉升降，乘凌高城，入於深宮。」此段用左傳六鷁退飛之典故以夸飾風力之猛。

「亦有飄泠之氣」至「列子以之乘虛」爲第三段，押魚部韻。描寫飄泠之清風。「飂飂微扇，亹亹清舒」二句，不僅對偶精工，描寫尤爲傳神，適切運用疊字以構成優美之意象。「王喬以之控鵠，列子以之乘虛」風之意象與神仙結合，此得之於屈子遠遊及莊子逍遙遊也。

「若乃春惠始和」以下爲末段，藥錫合韻。全屬工整之對句，以擬人化之手法描述春風之遨遊。情趣極佳，可作寫景之小品。此時作者之情感已移入風中，表面以客觀手法寫春風，實際春風即作者之化身也。末二句「軒濠梁之逸興，暢方外之冥適」借風以抒發其隱逸之思，亦魏晉士人普遍之心聲也。

陸冲風賦，起首贊美風氣乃天地間至德獨尊，以無形風化萬物，潤澤羣生。次寫其居無定所，馳騁天地，導引節侯。「肆六合以騁邁，括毫毛而徘徊」脫胎於趙壹迅風賦「經營八荒之外，宛轉毫毛之中」。「引沈性於未萌，挫登形於已就，宣剛柔之流化，導四氣之靈侯。」蓋道家戒剛守柔之思想，莊子天下篇所謂「堅者毀矣，銳者挫矣。」殆爲陸氏之所本。

就晉代六篇風賦與宋玉風賦比較之，可發現：

㈠宋玉風賦尚未講究對偶，而晉人對偶已工。

㈡宋玉風賦不用典故，晉人用典極多。

若以漢末趙壹迅風賦比較參觀之，則趙壹之賦對句已多而用典之處則無（全賦十四句，對句佔八句），且爲李充、陸冲模擬之對象，然則趙壹迅風賦殆介於宋玉風賦及晉人之間也，苟宋玉之賦爲後人僞作，亦當在趙壹迅風賦之前也。

五　詠雷電

吟詠雷電之賦，始於晉夏侯湛雷賦及電賦，其後則有李顒雷賦及顧愷之雷電賦。其中夏侯湛之電賦僅存二句，無法討論，其餘三篇之大要如下：

夏侯湛雷賦屬騷散混合體，內容可分三段：首段先叙夏季暑氣盛興，雷火上升，次叙雷聲響徹天地。次段極力摹寫雷雨交加、無堅不摧之狀，「山陵爲之崩蕩，羣生爲之震辟」二句以夸飾法形容雷擊之威力。末段分二節，前節用論語及詩經之典以明天地間神靈之昭明（註九），後節敍以人事配合天象，此乃天人合一之思想。

李顒雷賦首段用騷體，其餘各段則用散體，內容亦在描寫雷霆之威勢及制人事以應天象。其形容雷霆之威，頗能運用狀聲詞以增强音響之效果，如「爾其發也，則騰躍濆薄，砰磕隱天。」之「濆薄」及「砰磕」，其中「濆薄」且爲雙聲聯緜詞。又如「駭氣奔激，震響交摶，濆淪隱轔，崩騰磊落。」之「濆淪」、「隱轔」「崩騰」爲疊韻聯緜詞，「磊落」爲雙聲聯緜詞，放聲朗誦，如聞雷霆之聲。至於敍述天人之感應，則疊用典故以申之。如「起五龍於河始，戕武乙於渭北。啟周成之沖昧，罰展氏之凶慝」四句卽連用四典以明天人感應之理（註一〇）。

顧愷之雷電賦，其主題亦在描寫雷電之神威及其示警人事之作用。茲錄之以爲吟詠雷電賦篇之代表：

太極紛綸，元氣澄練。陰陽相薄，爲雷爲電。擊武乙於河而誅戮之罰明，震展氏之廟而隱慝之誅

見。是以宣尼敬威忽變。（全晉文卷一百三十五，下同）

此爲首段，押元部去聲韻。連用武乙遭雷擊及展氏之廟爲雷所震之史事以見雷電之威，末以孔子「迅雷風烈必變」之敬天態度作結，以明天之可敬可畏。

夫其聲無定響，光不恆照。砰訇輪轉，倏閃藏（類聚作羅）曜。

此爲次段，僅四句，押宵部去聲韻。形容雷聲輪轉無定及電光迅疾閃耀。

若乃太陰下淪，少陽初升。蟄虫將啟，動靈先應。殷殷徐振，不激不憑。

此爲第三段，押蒸部韻。敍初春潛蟄將啟之時，春雷殷殷作響以應之，此時雷聲溫和平緩。

林鍾統節，溽暑烟熅。星月不朗，衣裳（類聚作牀）若焚。爾乃清風前颯，蕩濁流塵。豐隆破響，列缺開雲。當時倦容，廓焉精新。豈直驚安竦寐，乃以暢精悟神。

此爲第四段，眞文合韻。描述炎夏之際，雷電交加，令人精神爲之振作。

天怒將凌，赤電先發。窺巖四照，映流雙絕。雷電赫以驚衡，山海磕其奔裂。

此爲第五段，押月部韻。敍天怒將發之前，先以赤電示警，照耀山巖，映照流川，然後雷霆繼之山海爲之奔裂。

若夫子午相乘，水旱木零。仲冬奮發，伏（初學記作代）雷先行。磕磕隆隆，閃閃夐夐（二語從書鈔百五十二補）。豈隱隱之虛憑，乃違和而傷生。昭王度之失節，見二儀之幽情。

此爲第六段，押耕部韻。敍雷於水旱木零之仲冬奮起，雷電之作，蓋因王度失節而起，由是可知天地之幽情，報應之不爽。

至乃辰開日朗（初學記作明），太清無靄。靈眼揚精以麗（初學記作瞿）煥，壯鼓崩天而砰磕。陵雉（初學記作堆）訇隱以待傾，方地嶪嵑其若敗。蒼生非悟而喪魂，龍鬼失據以顛沛。光驚于泉底，聲動于天外。

此爲第七段，押泰部韻。描寫天淸氣朗時雷電發作之壯觀。以「靈眼」喩電、「壯鼓」喩雷，極其適切。「蒼生非悟而爽魂，龍鬼失據而顚沛」二句警惕人類不可執迷不悟，否則將爲雷電所擊而喪失生命，並以龍鬼失據而顚沛以證天威之不可犯也。

及其灑北斗以誕聖，震昆陽以伐違。降枝初學記作投鹿以命桀，島雙濆而橫尸。倒驚檜于霄際，摧騰龍于雲湄。烈大初學記作天地以繞映，惟六合以動威。在靈初學記作虛德而卷舒，謝神蠱之難追。（全晉文卷一百三十五）

此爲末段，押脂部韻。先用數典以明雷電之神異性（註一一），次以夸飾手法形容雷電之威，末以神蠱難追結束全篇。

綜觀晉代吟詠雷電之賦，皆以描寫雷電之威力及闡明天人感應之理爲其主題。可知魏晉思想雖以道家爲主流，然儒家敬天、畏天之思想及天人感應、陰陽災異之說仍深植人心，以上諸賦卽可知之。

六　詠　火

詠火之賦，始見於西晉潘尼火賦，東晉戴逵繼之，有流火賦一篇。

潘尼火賦凡四百餘言，其內容大要如下：

覽天人之至周，嘉火德之爲貴。含太陽之靈輝類聚作暉，體淳剛之正氣。先聖仰觀，通神悟靈。窮神盡數，硏幾至精。形生于未兆，聲發于無象，尋之不得其根，聽之不聞其響。來則莫見其迹，去則不知其往。似大道之未離，而元氣之灝瀁。故能博贍羣生，資育萬類。盛而不暴，施而不費。其變無方，其用不匱。（全晉文卷九十四，下同）

此爲首段，起首四句押脂部去聲韻，贊美火德。「先聖仰觀」四句押耕部韻，述先聖觀象以窮研。「形生於未兆」押陽部上聲韻，描寫火形及火性。「尋之不得其根、聽之不聞其響。來則莫見其迹，去則不知其往。」四句蓋仿自趙壹迅風賦「察本莫見其始，揆末莫覩其終。」之句法。「故能博贍羣生」以下押脂部去聲韻，述火之功用。

鑽燧造火，陶冶羣形。協和五味，革變羶腥。酒醴烹飪，于斯獲成。爾乃狄牙典膳，百品既陳。和羹酋醳，旨酒濃醇。烹黿煮鼉，灼龜膗鱗。

此爲第二段，先押耕部韻，「爾乃」以下押眞部韻。敘述火之用於烹飪。

若乃流金化石，鑠鐵融銅。造製戎器，以戒不恭。砥鍊兵械，整飭軍容。四海寧（類聚作康）乂，邊境無寇。韜弓戢劍，解甲釋胄。銷鏑爲耒，鑄戈爲耨。戰士反于耕農，戎馬放于外廄。

此爲第三段，先押東部韻，敘火於戰時可鑄造軍械以禦敵寇。「四海寧乂」以下押幽部去聲韻，敘火於太平無事之時，則可鑄造農具以供耕作。

及至焚野燎原，埏光赫戲（類聚作陸火赫羲、初學記作埏火赫戲）。林木摧（初學記作摺）拉，砂礫煎糜。騰光絕覽，雲散霓披。遂乃衝風激揚，炎光奔逸。玄煙四合，雲蒸霧萃。山林爲之崩阤，川澤爲之涌沸。去若風驅，疾如電逝。紛（類聚作芬）綸紆轉，倏忽橫厲。蕭條長空，野無孑遺。無隰不灰，無坰不斃。震響達乎八冥，流光燭乎四裔。榛蕪既除，九野謐清。蕩枝瘁于凜秋，候來春而改生。

此爲第四段，可分二節：首句至「流光燭乎四裔」爲第一節，前六句押支部韻，「遂乃衝風激揚」六句脂部去聲與泰部合韻，「去若風驅」以下祭部與脂部去聲合韻。此節描寫燎原之火，場面極爲壯觀，摹寫極爲生動，爲全賦精華之處。如「玄煙四合，雲蒸霧瘁。山林爲之崩阤，川澤爲之涌沸」「震響達乎八冥，流光燭乎四裔」一片火海，令人驚心動魄。「榛蕪既除」以下爲第二節，押耕部韻。

紱野火燎原之後，榛蕪已除，大地等候來春以重生。此處之「榛蕪」若暗喻邪惡，則野火殆象徵剷除邪惡之力量也。

其揚聲發怒，則雷霆之威也。明照遠鑒，則日月之暉也。甄陶品物，則造化之制也。濟育羣生，則天地之惠也。是以上聖擬火以制禮，鄭僑據猛以立政。功用關乎古今，勳績著乎百姓。

此爲末段，前四句押脂部韻，次四句押祭部韻，連用四組排句，總述火德兼有雷霆之威、日月之暉及造化之制，爲天地流惠人間之恩物也。「是以上聖擬火以制禮」以下押耕部去聲韻，運用典故（註一二）以頌贊火之功用而結束全篇。

按：北堂書鈔卷一百二十二引逸文四句：「若夫大刀寶劍，曠世絕殊。鍊質於昆吾之竈，定形於薛蜀之鑪。」依文意觀之，殆爲第三段之逸句。

戴逵流火賦云：

火憑薪以傳焰，人資氣以享年。苟薪氣之有歇，何年焰之恆延。（初學記卷二十五）

全賦僅四句，押元部韻，藉詠火以說明薪火相傳之理。苟無逸文，則爲極短之賦篇也。

七　詠　雨

雨爲水源，古代水利不發達，仰賴雨水尤殷。久旱不雨則憂心如焚，一旦時雨降則歡欣鼓舞。然久雨成霖，小則交通不便，大則泛濫成災，復爲人所患。故詩人詠雨，或喜或憂，蓋卽不同心境之反映也。詩經曹風下泉：

芃芃黍苗，陰雨膏之。

又小雅信南山：

> 上天同雲，雨雪雰雰，益之以霢霂。既優既渥，既霑既足，生我百穀。

皆因雨水潤育百穀而喜之也。然如小雅正月：

> 終其永懷，又窘陰雨。

角弓：

> 雨雪瀌瀌，見晛曰消。莫肯下遺，式居婁驕。
>
> 雨雪浮浮，見晛曰流。如蠻如髦，我是用憂。

或歎陰雨之泥濘，或以雨雪喻讒言，皆以雨爲憎惡之對象也。

楚辭中雨之意象，似以憂懼厭惡者居多，如九歌山鬼：

> 雷填填兮雨冥冥，猨啾啾兮又夜鳴，風颯颯兮木蕭蕭，思公子兮徒離憂。

大招：

> 霧雨淫淫，白皓膠只。

或以雨水冥冥渲染悲淒之氣氛、或以霧雨淫淫勸說其地之不宜居留，皆以雨爲憂懼厭惡之對象也。宋玉九辯則不然：

> 皇天淫溢而秋霖兮，后土何時而得漧？塊獨守此無澤兮，仰浮雲而永歎。

藉盼望雨水以寄其渴望國君恩澤之情志，此時「雨」爲恩澤之象徵而爲詩人所渴盼者也。

詠雨之賦，始見於漢蔡邕霖雨賦，感歎季秋淫雨成霖，徹夜難眠，唯有撫琴長歎耳。

迨至魏晉，詠雨賦大量產生，凡十五篇，居天象類之冠，其篇目如下：

魏代六篇：

應瑒　愁霖賦
曹丕　愁霖賦　喜霽賦
曹植　愁霖賦　喜霽賦
繆襲　喜霽賦

晉代九篇，皆爲西晉之作品：

成公綏　陰霖賦　時雨賦
傅玄　喜霽賦
傅咸　喜雨賦　患雨賦
陸雲　愁霖賦　喜霽賦
阮修　患雨賦
潘尼　苦雨賦

魏代三篇愁霖賦殆爲同時之作。按曹丕賦有「將言旋乎鄴都」之語，考建安十八年（西元二一三年）操封魏公，定都於鄴，至黃初元年十二月（西元二二〇年），魏徙都洛陽。則丕賦當作於建安十八年至黃初元年之間，若應瑒之賦亦爲同題競采之作，考應瑒卒於建安二十二年（西元二一七年），則此三賦作於建安十八年至二十二年之間。三賦皆爲不滿百字之短賦，茲錄之以見同題競采之共相與殊采（三賦皆錄自藝文類聚卷二）。

曹丕愁霖賦云：

脂余車而秣馬，將言旋乎鄴都。玄雲黯其四塞，雨濛濛而襲予。塗漸洳以沉滯，潦淫衍而橫湍。豈在余之憚勞，哀行旅之艱難。仰皇天而太息，悲白日之不暘。思若木以照路，假龍燭之末光。

曹植愁霖賦云：

迎朔風而爰邁兮，雨微微而逮行。悼朝陽之隱曜兮，怨北辰之潛精。車結轍以盤桓兮，馬躑躅以悲鳴。攀扶桑而仰觀兮，假九日於天皇。瞻沉雲之泱漭兮，哀吾願之不將。

應瑒愁霖賦云：

聽屯雷之恆音兮，聞左右之歎聲。情慘憒而含欷兮，起披衣而遊庭。三辰幽而重闕，蒼曜隱而無形。雲曖曖而周馳，雨濛濛而霧零。排房帳而北入，振蓋服之沾衣。還空牀而寢息，夢白日之餘暉。惕中宵而不效兮，意悽悷而增悲。

丕賦十二句，對句二句，隔句押韻，四句一韻，換韻極爲規則。首段四句，押魚部韻，敍駕車回鄴，烏雲密布，霖雨襲人。次段四句，押寒部韻，描寫路途泥濘難行。末段亦四句，押陽部韻，悲歎天不放晴，結尾突發奇想，欲借若木上之十日以照耀大地。植賦十句，對句四句，隔句押韻，前段六句，押耕部韻，敍於朔風微雨之中行進，悲怨天不放晴：朝不見日、夕不見辰。後段四句，押陽部韻，前二句運用想像力，幻想至扶桑之處觀日，並向天皇借九日，末二句落入現實，但覩烏雲密布，悲哀願望難以完成。瑒賦十四句，對句六句，隔句押韻。前段八句，押耕部韻，首二句以雷聲及歎息聲揭幕，接述心情悲慘昏亂，遂披衣遊庭。「三辰」四句，摹寫霖雨之景：日星隱曜，但見一片愁雲慘霧。後段六句，押脂部韻，敍失望回房就寢，夢中得見陽光，將渴望放晴之心理描寫入木三分，惜中宵夢醒，倍覺悽愴！

比較三篇愁霖賦，其共同特色爲：

(一)篇幅皆短，不滿百字。

(二)皆爲六字句，且第四字爲虛字之騷體句式。

㈢皆爲隔句押韻。

㈣字句清麗爽朗，已無漢賦之瑋字。

㈤描寫霖雨之狀皆極逼眞，尤能表達愁霖及渴盼雨霽之情。

其相異處則有：

㈠曹植於單數句尾皆有兮字，爲典型之騷體賦，曹丕皆無兮字。應瑒則首尾部分用兮字，中間不用兮字。

㈡曹植、應瑒皆以失望悲傷作結。曹丕則以帶有幻想式之希望作結。

㈢曹丕兄弟所描寫之背景皆爲濛濛細雨中車馬難行之狀。應瑒所描寫之背景爲深夜居家因霖生愁而難眠之狀。

㈣曹丕兄弟同用有關太陽傳說之典，應瑒則不用典。

魏代三篇喜霽賦，蓋亦同時之作。初學記卷二引魏略五行志曰：「延康元年，大霖雨五十餘日，魏有天下乃霽，將受大禪之應也。」按曹丕於延康元年六月南征，七月軍次於譙，大饗六軍及譙父老百姓于邑東。此時曹丕儼然以天子自居矣，至十月則受禪。觀曹丕喜霽賦云：「乃命駕而言歸，啟吉日而北巡。」乃天子之口吻，且命駕言歸而北巡殆指南征之後北回都城邪？復就曹植之賦觀之，似有頌美曹丕登位之意（詳後），苟如是，則喜霽賦疑作於延康元年曹丕受禪之前後也。繆襲之作，自起首至「若龍門之未開」一大段文字極力摹寫霖雨之狀，殆爲延康元年之大霖雨，其下緊接「賴我后之明聖兮」四句，所歌詠之「我后」殆指文帝曹丕（註一三），故繆襲之賦，疑亦作於延康元年。晉陸雲喜霽賦序云：「余既作愁霖賦，雨亦霽。昔魏之文士，又作喜霽賦，聊廁作者之末，而作是賦焉。」

魏代三篇喜霽賦，既影響後世賦篇之創作，故不憚繁冗，逑之如下：

曹丕喜霽賦云：

> 乃命駕而言歸，啟吉日而北巡。厭羣萌之至願，感上下之明神。密雲興之坱扎，甘雨降以灑塵。既灑塵而爲塗，惟平路之未晞。激清風以漂潦，發皎日之揚暉。振余策而長驅，忽臨食而忘飢。思寄身于鴻鸞，舉六翮而輕飛。（全三國文卷四）

通篇皆用六字句，第四字皆爲虛字。句式之齊整，頗類詩歌。全賦可分二段，前段六句，押眞部韻。起首二句言命駕北歸，三、四句殆暗示其受禪乃萬民之願望，遂感動天地之神明也，末二句敍瑞應，言密雲興起，甘雨普降。「甘雨」殆指「大霖雨五十餘日」，「灑塵」頗具象徵意義，蓋指魏將受禪於漢也。後段八句，押脂部韻。首二句用頂眞格，緊承上段，敍上天既降甘雨爲其灑塵開路，雨停之後，路尚未乾，三四句接寫清風、皎日爲其吹乾路途，「清風」「皎日」殆指受禪之後，天下乃霽之瑞應。末四句寫其欣喜之情，甚至臨食忘飢，雀躍之情可以窺知也。「思寄身于鴻鸞，舉六翮而輕飛。」二句，尤能表達其得意昂揚之情緒也。

曹植喜霽賦僅八句：

> 禹身誓於陽旰（當作盱），卒錫圭而告成。湯感旱於殷時，造桑林而敷誠。動玉輣而雲披，鳴鸞鈴而日陽。指北極以爲極，吾將倍道以兼行。（藝文類聚卷二）

除末句外，皆用六字句。本賦亦可分二段。前段四句，押耕部韻，頌美禹、湯之德以解水旱之災，以襯托當代天子（殆指曹丕）之盛德。後段四句，押陽部韻，蓋頌揚曹丕登位，盛德感天，雲乃開啟，太陽遂出。結尾二句敍其趨路北上以朝天子。就全賦觀之，名爲「喜霽」，然除頌揚盛德之外，未見喜悅之情，與丕作成鮮明之對比，結尾二句且透露戒懼不安之情。此賦苟作於曹丕受禪之年，則植心之苦可知矣。

繆襲喜霽賦云：

嗟四時之平分兮，何陰陽之不均。當夏至之勾萌兮，或旱乾以歷旬。既大麥之方登兮，汨注潦以成川。忍下民之昏墊兮，棄嘉穀于中田。悼(一作倬)彼昊天兮，旁魄后土。育我黎苗兮，降之伊祜。既垂曜于辰角兮，中勸之以九扈。何災沴之無常兮，曾粢盛之弗顧。覽唐世之洪流兮，悵侘傺以長懷。日黃昏而不寐（兮），思達曙以獨哀。白日時其潛旭兮，雲滃勃而交回。雷隱隱而震其響兮，雨霖霖而又隤。祭長霤之潺湲兮，若龍門之未開，賴我后之明聖兮，獨克躬而罪己。發一言而感靈兮，人靡食其何恃。咨天鑒之遄速兮，猶影響之未彰。屯玄雲以東徂兮，扇凱風以南翔。穹蒼皎其呈色兮，羲和粲以揚光。農夫欣以斂川，田畯耕於封壃。（初學記卷二）

本賦屬騷體賦，除四句四字句及一句七字句外，其餘皆爲六字句。全文可分四段：起首至「曾粢盛之弗顧」爲首段。首四句押眞部韻，嗟歎陰陽不均，夏至需雨孔急之時，却逢乾旱，次四句押元部韻，緊承上節，敍收成之時，反遭大水，致使嘉穀毀於田中，與夏至之乾旱成强烈之對比，造成反諷之效果。「悼彼昊天兮」以下，押魚部上聲韻再度運用反諷：先贊美天地育黎苗，勸農桑，繼而反問何以降此災沴，不顧粢盛邪？自「覽唐氏之洪流兮」至「若龍門之未開」爲第二段，押皆部韻。此段描寫愁霖之情，由眼前之霖雨聯想及唐堯時之洪流成災，引起其殷憂。「日黃昏」以下極力描寫霖雨之狀：烏雲、雷聲及霖雨構成一幅白日潛旭、天昏地暗之灰暗景象。「龍門未開」字面描寫天未放晴，而人心之抑鬱殆亦暗寓其中。自「賴我后之明聖兮」至「人靡食其何恃」爲第三段，押之部上聲韻。前二段由反面苦雨寫起，極力渲染愁霖之慘狀，至此段則轉入本題，頌美皇上之明聖，能罪己以感天神，並爲下文天晴作引筆。「咨天鑒之遄速兮」以下爲末段，押陽部韻，爲全文主題之所在。贊美天人感應之速：玄雲東去，凱風南來，天空開朗，白日揚光，農夫始耕。一片欣欣向榮之景色呈現眼前，不言喜而喜在言外矣。

晉代賦水患者凡五篇：成公綏之陰霖賦殘存四句：「百川泛濫，潢潦橫流。沈竈生鼃，中庭運舟。」後二句頗能摹寫大水之景。

傅咸患雨賦作於其喜雨賦之後。喜雨賦序云：「泰始九年，自春不雨……請雨，三朝而大雨降。」本賦云：「前渴焉而不降，後患之而弗晴。」故知本賦作於晉武帝泰始九年。對於雨水之不調，深致其慨。末二句「天道且猶若玆，況人事之不平？」由天道無常而歎人事不平。時代之心聲，作者之眞性，皆於憤激中傾瀉而出。本賦通篇押耕部韻，一韻到底，爲用韻特色。

陸雲愁霖賦作於晉惠帝永寧二年（註一四），其序云：「永寧二（原訛作三）年，夏六月，鄴都大霖，旬有奇日。稼穡沈湮，生民愁瘁。時文雅之士，煥然並作，同僚見命，乃作賦。」不脫文人逞才及賦家遊戲之習。然「稼穡沈湮，生民愁瘁。」之慘況亦必觸發作者之傷懷。故雖屬爲文造情之篇什，亦未嘗無眞情流露其間也。如「何人生之倏忽，痛存亡之無期。方千歲於天壤兮，吾固已陋夫靈龜。矧百年之促節兮，又莫登乎期頤。哀戚容之易感兮，悲懽顏之難怡。考傷懷於衆苦兮，愁豈霖之足悲。」已由愁霖引發其人生苦短之深沈哀傷矣。結尾頗能發揮賦家之想像力：「朅豐隆於岳陽兮，執赤松於神館。命雲師以藏用兮，紲乘龍於河漢。照濛汜之清暉兮，炳扶桑之始旦。考幽明於人神兮，妙萬物以達觀。」妄想將豐隆、赤松、雲師、乘龍等一一降伏，俾使霖雨停止，重見天日，此殆極端失望愁苦之中，聊藉幻想以抒解之邪？

阮修患雨賦已佚，無法知其內容，唯殘序云：「景光二年，余耕陽武之野，在乎沙堆汴水之陽。」不知是否此賦即作於景元二年？若作於是年，則此賦爲魏代元帝時之作品。

潘尼苦雨賦，皆用六字句。摹寫苦雨之情狀亦極生動。「雲暫披而驟合，雨乍息而亟零。」摹仿傅咸患雨賦「雲乍披而旋合，霤暫輟而復零。」將盼望雨霽之心情及希望乍現旋滅之淒苦刻畫入微。「黿鼉遊於門閾，蛙蝦嬉乎中庭。懼二源之并合，畏黔首之爲魚。」以夸飾之手法描寫大水之泛濫及人心之之憂懼堪稱妙筆。

晉代喜霽賦二篇：傅玄喜霽賦通篇皆用六字句，奇數句尾或有「兮」字。全賦可分二段，自「喜陰霖之既霽」至「超飛躍乎太清」爲前段，押耕部韻，描寫雨霽之景及歡欣之情。起首四句「喜陰霖之既霽，嘉良辰之肇晴。悅氛電之潛匿兮，樂天鑒之孔明」連用「喜」「嘉」「悅」「樂」等字爲句首，充分表達其內心之雀躍。自「昔唐帝之欽明兮」至「播仁風於無外」爲後段，泰祭與支部去聲合韻。頌美皇朝之清明。用唐堯、商湯等古聖王仍不免於水旱災之典故，以襯托當代雖遭風雨之失調，仍能不傷及嘉穀，則當代天子之仁德亦可推知矣。

陸雲喜霽賦作於永寧二年（註一五），除賦序外，字數約四百五十字。本賦自起首「毒霖雨之淹時兮」至「孤竹欣於首陽」止，所描述者不外乎雨霽之景及喜悅之情。然自「陰陽交泰，萬物方遒。」以下，突由描述喜霽之情轉入抒寫時光流逝之悲哀，如「四時逝而代謝兮，大火忽其西流。年冉冉其易頹兮，時靡靡而難留。嗟沈哀之愁思兮，瞻日月而增憂。」此種由喜生悲之轉變，亦可窺見當代士子潛藏於心靈深處之悲哀，故於歡欣之餘，仍未免悲從中來！結尾緊承哀傷時光流逝，轉述遊仙之思：「感年華之行暮兮，思乘煙而遠遊。命海若以量津兮，吾欲往乎瀛洲……望王母於弱水兮，詠白雲之清歌……振仙車之鳴鑾兮，吐玉衡之八和。託芝蓋之後乘兮，飡瓊林之朝華。修無窮以容與兮，豈萬載之足多？」此殆欲藉遊仙之幻想以舒解其內心之哀傷，此亦時代苦悶之心聲邪？

晉代成公綏之時雨賦及傅咸喜雨賦爲魏晉詠雨之賦中僅有之兩篇頌美雨水之作。成公綏時雨賦殘存四句：「兩儀協合，二氣烟熅。洪川起波，名山興雲。」全屬對句，後二句意象極美。

傅咸喜雨賦作於晉武帝泰始九年，其序云：

泰始九年，自春不雨，以涉夏節，草木共然。百姓以堯有九載之水，湯有七年之旱，恐遭斯運，並有懼心。聖皇勞慮，分使祈禱，徧于羣臣。余以太子洗馬兼司徒請雨，百辟莅事，三朝而大雨降，退作斯賦。（藝文類聚卷一百）

夫雨少則有乾旱之憂，雨多則有水災之患，雨水不調恆爲吾人之憂患，尤以水利不發達之古代爲甚。以堯之聖，遭九年之水患，湯之賢，遇七年之乾旱，此種水旱成災之陰影乃恆存於古人之內心，故於詩文中一再提及之（註一六）。本賦亦然，由於泰始九年自春至夏不雨，災難之陰影復籠罩人心，作者奉旨祈雨，三朝而大雨降，其欣喜之情可想而知，遂作此賦以記其雀躍之情。玆錄其賦並略加分析之：

於是祀（當作祝）融熾景，羲和警轡。亢陽火憤，野無生類。悠悠億兆，同玆慘悴。伊我皇之仁德兮，配燾育於二儀。厪刻躬而勤政兮，廣請禱於靈祇。孰謂天高，其聽不遼。孰謂神遠，厥應孔昭。潔齊致虔，于玆三朝。陰鬱怫而騰起，陽菴薆而自消。飛廉扇谷風之翼翼，靈嶽興慶雲之飄颻。遂乃重陰四會，溟邈無垠。方中降雨，亘夜迄今。生我百穀，粒我蒸民。昔洪水滔天於唐堯之朝，亢旱爲災於殷湯之世。下民其咨，莫能俾乂。歷稔九七，僅免斯害。猶以疇咨爲美談，躬禱爲勳代。（藝文類聚卷二）

本賦以「於是」起首，疑上有佚文，唯全篇文意尚稱完整。首六句押脂部去聲韻，描述百姓因久旱不雨而慘悴之景況。首二句以「祝融」「羲和」代替太陰，引起神話之聯想。

「伊我皇之仁德兮」四句押支部韻，敍當代天子爲民祈雨。

「孰謂天高」十句，押宵部韻。敍天神感應，遂風起而雲興。運用神話之「飛廉」以鋪寫風雲之意象。

「遂乃重陰四會」六句，眞侵合韻，寫降雨之景，並敍百穀之生，蒸民賴以得生。

末八句祭泰咍合韻，以唐堯殷湯之盛世尚有水旱之巨災，襯托今日祈雨三朝而時雨卽降，足見當代天子之盛德也。此等美事，何止於堯之疇咨，湯之躬禱也，此段可謂善於歌功頌德者也。

八 詠雪

詠雪之賦，始見於晉代，凡四篇：

夏侯湛 寒雪賦

孫楚 雪賦

李顒 雪賦

伏系之 雪賦

夏侯湛寒雪賦及伏系之雪賦已殘，無法窺其內容。孫楚雪賦云：

堯九載以山栖兮，湯請禱於桑林。罔二聖以濟世兮，孰繁衍以迄今。嗟亢陽之踰時兮，情反側以寝興。豐隆灑雪，交錯翻紛。膏澤偃液，普潤中田。肅肅三麥，實獲豐年。（藝文類聚卷二）

前六句用騷體句式，侵蒸合韻。憂慮亢陽踰時而雪不降，並聯想唐堯、商湯之時，幸賴二聖始能安度水旱之災。後六句爲散體，元文合韻，欣喜瑞雪之降，滋潤麥田，並預想豐年之來臨，前半之憂慮正所以反襯後半之欣喜。

李顒雪賦僅四句：

何時雪之嘉澤，亦應變而俱凝。隨同雲而下降，固霑渥之所興。（藝文類聚卷二）

描寫時雪之降及其澤渥之功。全賦僅二十四字，苟無佚文，則爲極短之賦篇。

【附　註】

註　一：西京雜記載漢公孫乘月賦，然其文體與漢賦不類而有六朝風味，故見疑於後代，如勞榦先生「論西京雜記之作者及成書時代」一文卽疑其爲齊梁之作品。

註　二：如劉大白宋玉賦辨僞、陸侃如宋玉評傳、劉大杰中國文學發展史、游國恩楚辭概論等均以風賦爲後人託名宋玉之僞作。然其辨正誠如朴現圭「漢賦體裁與理論之研究」論文所言，皆有商榷之餘地（見朴氏論文頁一〇三－一二一）。姑不論其眞僞如何，齊王融、謝朓、梁沈約皆有「擬風賦」之作（見藝文類聚卷一），可知其影響之大。至於晉代湛方生之賦篇，殆亦有模擬之迹也。

註　三：晉書卷九十二成公綏傳載此賦。藝文類聚卷一及初學記卷一亦略引之，唯其起首一段「天地至神，難以一言定稱。故體而言之，則曰兩儀；假而言之，則曰乾坤；氣而言之，則曰陰陽；性而言之，則曰柔剛；色而言之，則曰玄黃；名而言之，則曰天地。」（藝文類聚卷一，亦略見初學記卷一）爲晉書所無，嚴氏以爲賦序之一部分，錄於全晉文卷五十九。

註　四：明張溥漢魏六朝百三家集張河間集錄有週天大象賦，歷代賦彙亦收錄之。然此賦乃隋李播所作之天文大象賦，非東漢張衡之作品，故詠天之作，始於成公綏而非張衡。參見拙作張衡生平及其賦之研究頁六十五。

註　五：此段隔句押韻。押韻以平聲韻居多，以下凡押某部平聲韻皆簡稱押某部韻。又隔句押韻爲用韻之常例，亦不特別註明。韻部依據丁邦新先生「魏晉音韻研究」。

註六：此指合乎「詠物詩」定義之詠風詩。

註七：宋玉風賦雖見疑於近世，然各家之辨正有待商榷，而其影響後人作品復巨，實不能冒然摒棄不論。

註八：左傳僖公十六年：「六鷁退飛過宋都，風也。」國語魯語上：「海鳥曰爰居，止於魯東門之外三日。臧文仲使國人祭之。展禽曰：『越哉，臧孫之爲政也……今玆海其有災乎？夫廣川之鳥獸，恆知避其災也。』是歲也，海多大風。」

註九：夏氏雷賦云：「是以大聖變於烈風，小雅肅於天高。嗟乾坤之神祇兮，信靈化（嚴陸校作威）之誕昭。」「大聖變於烈風」典出論語鄉黨述孔子「迅雷風烈必變」。華陽國志卷六劉先主志云：「（曹）公從容謂先主曰：『天下英雄，惟使君與操，本初之徒，不足數也。』先主方食，失匕箸，會天震雷，先主曰：『聖人言迅雷風烈必變，良有以也。一震之威，乃至於此也。』公亦悔失言。」此段記載可爲論語之注腳。「小雅肅於天高」典出小雅正月：「謂天蓋高，不敢不局。」箋云：「天高而有雷霆」。

註一〇：「起五龍於河始」不詳出於何典。「戕武乙於渭北」典出史記殷本紀：「帝武乙無道，爲偶人，謂之天神，與之博，令人爲行。天神不勝，乃僇辱之，爲革囊，盛血，仰而射之，命曰射天。武乙獵於河渭之間，暴雷，武乙震死。」「啟周成之沖昧」典出尚書金縢：「武王既喪，管叔及其羣弟乃流言於國，曰：『公將不利於孺子。』周公乃告二公曰：『我之弗辟，我無以告我先王。』周公居東二年，則罪人斯得。于後公乃爲詩以貽王，名之曰鴟鴞。王亦未敢誚公。秋，大熟，未穫，天大雷電以風，禾盡偃，大木斯拔。邦人大恐，王與大夫盡弁，以啟金縢之書，乃得周公所自以爲功代武王之說。二公及王乃問諸史與百執事。對曰：『信。噫！公命我。勿敢言。』王執書以泣曰：『其勿穆卜。昔公勤勞王家，惟予沖人弗及知，今天動威以彰周公之德。惟朕小子其新逆。我國家禮亦宜之。』王出郊，天乃雨，反風，禾則盡起。二公命邦人：凡大木所偃，盡起而築之。歲則大熟。」「罰展氏之凶慝」典出左傳。僖公十五年經云：「震夷伯之廟」杜預注：「夷伯，魯大夫展氏之祖父。」傳云：「震夷伯之廟，罪之也。於是展氏有隱慝焉。」

註一一：「灑北斗以誕聖」典出竹書紀年：「黃帝軒轅氏母曰附寶，見大電繞北斗樞星光照郊野，感而孕，二十五月而生帝於壽丘。」（亦見詩含神霧：「大電光繞北斗樞星照郊野，感附寶而生黃帝。」見初學記卷九引）「震昆陽以伐違」典出後漢書光武本紀：「（王尋、王邑圍昆陽），光武迺與敢死者三千人從城西水上衝其中堅，尋邑陳亂，乘銳崩之，遂殺王尋。城中亦鼓譟而出……莽兵大潰……會大雷風，屋瓦皆飛，雨下如注，滍川盛溢，虎豹皆股戰，士卒爭赴，溺死者以萬數，水爲不流。」「降枝鹿以命桀，鳥雙濆而橫尸。」出於何典不詳。

註一二：「上聖擬火以制禮」不詳出於何典，唯周易一書，蓋藉天象以明人事，繫辭上云：「聖人設卦觀象。」又云：「聖人有以見天下之至賾，而擬諸其形容，象其物宜，是故謂之象。聖人有以見天下之動而觀其會通，以行其典禮。」諸卦之中，同人、大有、賁、離、家人、睽、革、鼎、旅，既濟及未濟等，皆與「火」有關，如「同人」：「象曰：天與火同人，君子以類族辨物。」「大有」：「象曰：火在天上，大有，君子以遏惡揚善，順天休命。」本賦所謂「上聖擬火以制禮」殆指此耶？

「鄭僑據猛以立政」典出左傳。昭公二十年左氏傳云：「鄭子產有疾，謂子太叔曰：我死，子必爲政。唯有德者能以寬服民，其次莫如猛。夫火烈，民望而畏之，故鮮死焉。水懦弱，民狎而翫之，故多死焉，故寬難。」

註一三：繆襲正始六年卒，年六十。歷事魏武帝、文帝、明帝、齊王四世（據三國志裴注引文章志）。武帝乃追尊，實未稱帝，作賦之時不宜稱「我后」。齊王正始六年之前，無大雨之記載。故此賦殆作於文帝或明帝之時。曹丕、曹植皆有喜霽賦，就魏晉盛行同題競采之風氣觀之，繆襲之喜霽賦極有可能同詠「延康元年，大霖雨五十餘日。魏有天下乃霽。」之瑞應。苟如是，則賦中所詠之「我后」殆指文帝也。

註一四：陸雲愁霖賦序云「永寧三年，夏六月，鄴都大霖。」按：據晉書惠帝紀，永寧二年十二月改元爲太安。又初學記引陸雲喜霽賦序云：「永寧二年，鄴都大霖，作秋霖賦。賦成，天雨已霽，故又作喜霽賦。」由是觀之，陸雲愁霖、喜霽二賦皆作於永寧二年，愁霖賦序云「永寧三年」，「三」乃「二」之訛。

註一五：陸雲喜霽賦序云：「余既作愁霖賦，雨亦霽。昔魏之文士又作喜霽賦，聊廁作者之末而作是賦焉。」與初學記所引文字互有出入，參見上註。

註一六：就賦而言，魏曹植、繆襲之喜霽賦，晉傅玄父子之喜霽賦及傅咸之患雨賦皆提及唐堯之水患、商湯之乾旱。

第四章　魏晋地理類賦篇之分析

地理類以吟詠山水爲大宗，而地上之自然物如「冰」「石」以及少數之人爲地上物如「冰井」「井」「丘墓」等亦屬之。

詩經尚無專咏山水之詩篇，然描寫山水之詩句則甚多，如大雅崧高：

崧高維嶽，駿極于天。維嶽降神，生甫及申。維申及甫，維周之翰。四國于蕃，四方于宣。

描述四嶽之高大，並贊頌四嶽降其神靈和氣以生甫侯申伯之大功。唯全詩之主旨不在吟詠四嶽，而在頌美申伯之德。魯頌閟宮：

泰山巖巖，魯邦所詹。奄有龜蒙，遂荒大東。至于海邦，淮夷來同。莫不率從，魯侯之功。

以泰山之巍峨象徵君王之威勢。其主旨在頌美「魯侯之功」。小雅斯干：

秩秩斯干，幽幽南山。如竹苞矣，如松茂矣。兄及弟矣，式相好矣，無相猶矣。

山水於此僅作詩歌之場景耳。齊風載驅：

汶水湯湯，行人彭彭。魯道有蕩，齊子翺翔。

> 汶水滔滔，行人儦儦。魯道有蕩，齊子遊遨。

以流水之澎湃壯盛形容行人之衆多。其餘描寫山水之詩句實不勝枚舉，要之，詩經中之山水皆處於從屬之地位，或以起興、或作場景，尙無以其爲詩之主題者。

楚辭與楚地之山水有不可分離之關係，劉勰文心雕龍物色篇卽指出「屈平所以能洞監風騷之情者，抑亦江山之助乎！」就山水之描寫技巧而言，楚辭較詩經精細，如九章悲回風：

> 馮崑崙以瞰霧兮，隱岐山以清江。憚涌湍之礚礚兮，聽波聲之洶洶。紛容容之無經兮，罔芒芒之無紀。軋洋洋之無從兮，馳委移之焉止？漂翻翻其上下兮，翼遙遙其左右。氾潏潏其前後兮，伴張弛之信期。觀炎氣之相仍兮，窺煙液之所積。悲霜雪之俱下兮，聽潮水之相擊。

湍流拍擊石岸之礚礚巨響，强風激起波濤之怒吼，以及水勢之奔流、翻滾、搖盪及潮水之漲退、衝擊等，無不曲盡形容。文心雕龍辨騷篇云：「論山水則循聲而得貌，言節候則披文以見時。」以「循聲得貌」評楚辭山水之描寫，誠爲的論。

楚辭之山水雖佔有極重之分量，其描寫技巧亦較詩經精細詳盡，然作者（尤其是屈原）之目的乃在藉山水以抒寫其情志耳，故山水於楚辭中仍無獨立之地位。

降至漢賦，抒情之成分漸少，寫物之成分漸多，漢賦作家，雖保有詩經、楚辭之抒情言志傳統，然賦之體制，終究宜於就鋪采摛文寫物圖貌求其發展，山水之描寫漸由從屬、陪襯邁向獨立之地位，而完全以吟詠山水爲主體之賦篇亦於漢賦中出現，今所知者凡八篇：

司馬相如　梓桐山賦

班彪　覽海賦

杜篤　首陽山賦

班固　終南山賦　覽海賦

張衡　溫泉賦　冢賦（註一）

蔡邕　漢津賦

魏晉賡續漢賦開拓之園地，繼加耕耘，吟詠山水之作日益繁盛，取材亦日益擴充，漸及於「冰」「井」等題材，終成詠物賦之一大支。茲就魏晉吟詠地理之賦篇依「山」「水」等細目分析如下：

一　詠山

詠山之賦，始見於漢司馬相如梓桐山賦，惜已殘佚。其後杜篤有首陽山賦，班固有終南山賦。首陽山賦虛構作者於首陽山遇見伯夷、叔齊，乃訊問其何以隱居首陽山之原由。本賦前十句純為首陽山風景之描寫：

嗟首陽之孤嶺，形勢窟其槃曲。面河源而抗巖，隴塠隈而相屬。長松落落，卉木蒙蒙。青羅落漠而上覆，穴溜滴瀝而下通。高岫帶乎巖側，洞房隱於雲中。

以一山之風景為對象，運用大量文字以描述者，殆以此賦導其先河。至於終南山賦，蓋頌美天子鴻福、永保江山而作。此賦描寫山水又較首陽山賦更進一層，不僅模山範水之藝術技巧已臻圓熟，且具欣賞了解自然山水之能力矣（註二）。

魏晉詠山賦凡六篇。魏代二篇：

劉楨　黎陽山賦

阮籍　首陽山賦

黎陽山賦全文百餘字，無傳統漢賦冗長之描述及堆砌之鋪排。除描寫山水景物之外，作者之情懷亦融入景物之中，賦文如左：

自魏都而南邁，迄洪川以揭休。想王旅之旌旄，望南路之遐脩。御輕駕而西徂，過舊塢之高區。爾乃踰峻嶺，超連罡。一登九息，遂臻其陽。南蔭黃河，左覆金城。青壇承祀，高碑頌靈。珍駢羅，奮華揚榮。雲興風起，簫瑟清泠。延首南望，顧瞻舊鄉。桑梓增敬，慘切懷傷。河源汨其東遊，陽鳥飄而南翔。覩衆物之集華，退欣欣而樂康。（藝文類聚卷七）

王國瓔「漢賦中的山水景物」一文之結尾云：「遠在東漢時期的文人，已經具有相當成熟的模山範水的藝術技巧，同時具有賞愛與自然山水的能力。唯一還欠缺的，就是南朝時山水詩人爲表現山水本身的美，以及個人對山水賞心悅目的美感經驗而創作的動機和目的。當然，這還需要一段漫長的、動亂的時代才能逐漸培養而成。」就創作動機與目的言，本賦蓋非諷諭或頌贊君王而作。純寫個人對山水之欣賞及因景而生之感傷及歡欣。由是觀之，王文所云漢賦山水景物之描寫有待南朝山水詩人完成之欠缺處，本賦殆已達成泰半矣。

阮籍首陽山賦作於正元元年，與漢代杜篤首陽山賦同用伯夷、叔齊之典故，唯杜篤僅因首陽山引起其對史事之聯想，殆無深意焉。阮籍之作則不然，茲先引賦文如下：

正元元年秋，余尙爲中郎，在大將軍府，獨往南牆下，北首陽山賦曰：

在玆年之末歲兮，端旬首而重陰。風飆（歷代賦彙作飄）回以曲至兮，雨旋轉而纖襟。蟋蟀鳴乎東房兮，鶗鴂號乎西林。時將暮而無儔兮，慮悽愴而感心。振沙衣而出門兮，纓委絕而靡尋。步徙倚以遙思兮，喟歎息而微吟，將脩飾而欲往兮，衆齷齪而笑人。靜寂寞而獨立兮，亮孤植而靡因。懷分索之情一兮，穢羣僞之射眞。信可寶而弗離兮，寧高舉而自儐。聊仰首以廣頫兮，瞻首陽之岡岑。

樹蓁茂以傾倚兮，紛蕭爽而揚音。下崎嶇而無薄兮，上洞徹而無依。鳳翔過而不集兮，鳴梟羣而竝棲。颺遙逝而遠去兮，二老窮而來歸。實囚軋而處斯兮，焉暇豫而敢誹。嘉粟屏而不存兮，故甘死而採薇。彼背殷而從昌兮，投危敗而弗遲。此進而不合兮，又何稱乎仁義？肆壽夭而弗豫兮，競毀譽以爲度。察前載之是云兮，何美論之足慕？苟道求之在細兮，焉子誕而多辭？且淸虛以守神兮，豈慷慨而言之。託言于夷齊，其思長，其旨遠。末三句歷代賦彙無疑衍（全三國文卷四十四）

魏嘉平六年九月，司馬師廢帝芳爲齊王，遷之河內，十月，迎高貴鄉公髦，立之，改元正元。此賦蓋爲此事而作也。然因當時政局之詭譎及阮籍政治立場之難測（註三），致使本賦之主旨隱晦難明，後人揣測其主旨，遂有南轅北轍之現象。如容肇祖云：

阮籍對於魏室，不無感傷。但是當時大臣如賈充、何曾等輩，又當時所稱爲維持禮教的人物，他們虛僞性成，拘泥於小節小儀，而於舊君情誼則絕不一顧。正元元年（公元二五四）秋，阮籍有「首陽山賦」，蓋卽爲司馬師廢齊王芳而作的。內云「在茲年之末歲兮」，可證他是作於廢立之後的。又說道：「將修飾而欲往兮，衆齹齹而笑人。靜寂寞而獨立兮，亮孤植而靡因。懷分索之情一兮，穢群僞之射眞。信可實而弗離兮，寧高舉而自儐。」當時魏朝諸臣俱黨司馬氏……司馬師的強行廢立，司馬孚的加齊王芳以誣辭，而復悲不自勝，皆務爲虛僞的文飾。籍所謂「懷分索之情一兮，穢羣僞之射眞」，意思似乎不無所指呵？（註四）

何啓民云：

（嘉平六年）秋九月甲戌，廢帝芳爲齊王。阮籍四十五歲，秋，撰首陽山賦……此文所以譏夷齊之好稱仁義。讀之，亦可以明嗣宗之所求……冬十月癸丑，立高貴鄉公髦，大赦，改元正元。籍封關內侯，徒散騎常侍……籍實與聞廢立定策之事也，而前引首陽山賦序，自言其秋尚在大將軍府，亦

足以證此。（註五）

前者主張阮籍親曹魏之政權，故以此賦爲感傷齊王芳之見廢而作。後者以爲阮籍黨附司馬氏，故以賦中譏刺夷齊之好稱仁義，爲取媚司馬氏而發，作賦之時間且在齊王芳見廢之前。二說之歧異如是之鉅，然則何者爲是邪？茲就賦文逐層分析，期能探其主旨之所在也。

本賦可分二大段，自起首至「寧高擧而自儐」爲前段，可分二節：「在茲年之末歲兮」至「喟歎息而微吟」爲第一節，押侵部韻。首句點明時令，容氏卽依此定此賦作於齊王芳見廢之後。此節極力描寫風雨陰霾之環境，以渲染悲苦之氣氛，烘托其內心之悽愴，並運用「飄風」「鴟鳩」等象徵邪佞當道及環境之險惡，處此孤獨「無儔」之環境，唯有歎息微吟耳。「將脩飾而欲往兮」八句爲第二節，押眞部韻。敍其潔身自愛，然處於「羣僞射眞」之汚濁世局，乃思秉其耿耿孤忠，避世遠遯也。

「聊仰首以廣頫兮」以下爲後段，可分四節：前四句爲第一節，押侵部韻。寫仰瞻首陽山之所見。「下崎嶇而無薄兮」至「投危敗而弗遲」爲第二節，脂皆合韻。落入本題，敍伯夷、叔齊採薇餓死首陽山之故事。「鳳翔過而不集兮，鳴梟羣而並棲。」蓋暗喻小人當道，君子遠去。又此節對二老之隱於首陽山似有微詞。「此進而不合兮」至「何美論之足慕。」爲第三節，魚支合韻。對伯夷叔齊之行爲不以爲然，何氏以此而認定阮籍親附司馬氏而對伯夷叔齊有所譏刺。此說有待商榷，夫阮籍之世，仁義已爲權奸及其黨羽竊爲誅除異己之藉口，籍深惡之，故藉譏刺夷齊之口稱仁義以諷世僞也，若就彼時之政局觀之，此等假仁義以遂其陰謀者正是司馬氏及其黨羽，然則籍之所疾者，正是此輩，唯迫於局勢，不得明言，然亦無親附之理也。「肆壽夭而弗豫兮，競毀譽以爲度。」二句批評伯夷叔齊因顧及世間之毀譽而不管生死之不當，蓋其理想之大人，逍遙自然，不斤斤計較人間之毀譽，卽大人先生傳所謂「細行不足以爲毀，聖賢不足以爲譽」也。「苟道求之在細兮」以下爲本賦結尾，押之部韻。揭櫫道家清虛守神爲最高之行爲標準，至於夸大之辭、慷慨之言，籍以爲皆屬多餘也。

晉代詠山賦四篇：

郭璞　巫咸山賦

王彪之　廬山賦

孫放　廬山賦

支曇諦　廬山賦

王彪之及孫放之廬山賦已亡佚，無法窺其內容。郭璞巫咸山賦之主旨在描寫帶有神蹟之巫咸山之風景。支曇諦之廬山賦爲極佳之寫景文字，對句工整，辭句秀麗，尤能描繪一幅世外之仙境，將廬山空靈之意象，盡呈讀者之眼前。茲錄之以爲晉代詠山賦之代表：

昔哉壯麗，峻極氤氳。包靈奇以藏器，蘊絕峯乎青雲。景澄則巖岫開鏡，風生則芳林流芬。嶺奇故神明鱗萃，路絕故人跡自分。嚴清升山於玄崖，世高垂化於邦亭。應眞陵雲以踞峯，眇忽翳景而入冥。咸豫聞其清塵，妙無得之稱名也。若其南面巍崛，北背迢蔕。懸霤分流以飛湍，七嶺重巘而疊勢。映以竹栢，蔚以櫻松。縈以三湖，帶以九江。嗟四物之蕭森，爽獨秀於玄冬。美二流之潺湲，津百川之所衝。峭門百尋，峻闕千仞。香鑪吐雲以像烟，甘泉涌霤而先潤。

（藝文類聚卷七）

二　詠　海

詠海賦始見於漢班彪之覽海賦，賦文除描寫滄海之狀外，頗有隱逸及遊仙之思，此殆茫茫滄海足以洗滌仕途爭競之心及易於引發神仙之幻想邪？其子班固亦有覽海賦之作，惜僅殘存二句，無法窺知其內容（註六）。

魏晉詠海之賦凡六篇。魏代二篇：

曹操　蒼海賦

曹丕　滄海賦

曹操之作僅存「覽島嶼之所有」一句。曹丕之作凡一百三十二字。將原本可以鋪成長篇鉅製之題材濃縮成精美之小品，其賦曰：

美百川之獨宗，壯滄海之威神。經扶桑而遐逝，跨天崖而託身。驚濤暴駭，騰踊澎湃。鏗訇隱隣，涌沸凌邁。於是黿鼉漸離，泛濫淫遊。鴻鸞孔鵠，哀鳴相求。楊鱗濯翼，載沉載浮。仰唼芳芝，俛漱清流。巨魚橫奔，厥勢吞舟。爾乃釣大貝，採明珠。搴懸黎，收武夫。窺大麓之潛林，覩搖木之羅生。上蹇產以交錯，下來風之泠泠。振綠葉以葳蕤，吐分葩而揚榮。（藝文類聚卷八）

起首四句贊美滄海之廣大威神。「驚濤暴駭」四句形容海濤之聲勢。「於是黿鼉漸離」十句鋪敍海中之魚族及水鳥，而以巨魚吞舟映襯滄海之廣大。「爾乃釣大貝」四句再敍海中之珍寶。「窺大麓之潛林」以下描述海中島嶼林木之美。本賦之描寫技巧與漢賦相同，然能擺脫典重堆砌之習，舉重若輕，玲瓏精巧，藉文人之想像，勾勒出如畫之賦篇。

晉代詠海賦四篇：

庾闡　海賦

潘岳　滄海賦

木華　海賦

孫綽　望海賦

庾闡海賦，篇幅不長，時有佳句，如「長風鼓怒，涌浪碎磕。颺波於萬里之間，漂沫於扶桑之外。」描寫長風鼓浪之狀，何其傳神。又如「映曉雲而色暗，照落景而俱紅。」意象何其優美。再如「瀇漭潒瀁，浮天沃日。」氣勢何其壯麗。潘岳滄海賦用漢賦之手法描寫滄海之廣大及其魚族禽鳥之多。孫綽望海賦雖殘，然大體見於藝文類聚，有漢賦雄渾之氣勢，句式亦多變化。木華海賦長達千餘字，爲詠物賦之長篇。玆就其內容與結構析之如下，以見賦家驚人之創作力：

昔在帝嬀，巨（類聚作臣）唐之代（類聚作世）（註七）。天綱浡潏，爲凋爲瘵。洪濤瀾汗，萬里無際。長波涾沲，迆涎八裔。於是乎禹也，乃鏟臨崖之阜陸，決陂潢而相波。啓龍門之岝嶺，墾陵巒而嶄鑿。羣山既略，百川潛渫。泱漭澹泞，騰波赴勢。江河既導，萬穴俱流。掎拔五嶽，竭涸九州。瀝滴滲淫，薈蔚雲霧。涓流泱瀼，莫不來注。於廓靈海，長爲委輸。其爲廣也，其爲怪也，宜其爲大也。

此爲首段，段分四節：自起首至「迆涎八裔」爲第一節，押祭部韻。不直接寫海，而從遠古舜爲堯臣時之水患敍起，除引發對遠古傳說之聯想外，且由當時洪水滔滔之景喚起大地一片泱漭之意象，倍增海之神秘性。「於是乎禹也」至「騰波赴勢」爲第二節，藥沃月祭四部合韻，除「騰波赴勢」外，其餘句句皆用韻。敍禹啓龍門以導江河之經過。「江河既導」四句爲第三節，押幽部韻。緊承上節，寫江河既導，水患攸除。「瀝滴滲淫」以下爲第三節，押魚部去聲韻，結尾三句則用散句。寫海之無所不容，涓流泱瀼，莫不注之，故能成其廣大也。

爾其爲狀也，則乃浟湙瀲灩，浮天（類聚作大）無岸。沖瀜沆瀁，渺瀰湠漫。波如連山，乍合乍散。噓噏（類聚作吸）百川，洗滌淮漢。襄陵廣舃，漻漹浩汗。

此爲第二段，押寒部去聲韻。大量運用「浟湙」「瀲灩」「沖瀜」「沆瀁」「渺瀰」「湠漫」等聯緜詞以形容海水之深廣曠遠及波波相連之貌。同時巧妙運用聯邊之法以造成特殊之效果（註八），短短四十七字之一段文字，從水旁之字竟有二十二字之多，閱之但覺「浮天無岸」，一片汪洋。此外如「波如連山，乍合乍散」之形容海浪，頗能發揮賦家巧構形似之技巧。

若乃大明摭轡於金樞之穴，翔陽逸駭於扶桑之津。彯沙礐石，蕩颾島濱。於是鼓怒，溢浪揚浮。更相觸搏，飛沫起濤。狀如天輪膠戾而激轉，又似地軸挺拔而爭迴。岑嶺飛騰而反覆，五嶽鼓舞而相磓。㵆濆淪而滀漯，鬱沏迭而隆頹。盤盓激而成窟，㴸𣶂傑而爲魁。潤泊柏而迆颺，磊匒匌而相豗。驚浪雷奔，駭水迸集。開合解會，瀼瀼濕濕。葩華踧沑，澒濘潗㴬。

此爲第三段，描寫疾風鼓浪之狀。「大明摭轡於金樞之穴，翔陽逸駭於扶桑之津」二句，李善以爲指月將夕及日初出二時。愚以爲此二句殆用擬人法夸飾日月因受疾風之驚駭而潛藏其形：或逃於扶桑之津，或藏於金樞之穴也。且就下文所描寫者乃「霾曀潛銷」時之景觀，亦可證明此段所描寫者當爲風雨怒號、日月潛形之陰霾天氣也。本段運用比喻之技巧及誇張之描述以摹寫驚濤駭浪：「狀如天輪膠戾而激轉，又似地軸挺拔而爭迴。」以天旋地轉以喻波濤，比喻中有夸飾。「岑嶺飛騰而反覆。五嶽鼓舞而相磓。」以岑嶺、五嶽形容波濤之狀，亦是夸飾手法。又自魏代以降逐漸枯竭淪沒之瑋字，此段後半頻頻出現，比之漢賦，似無多讓也。

本段前四句押眞部韻，「於是鼓怒」四句幽豪合韻，「狀如天輪膠戾而激轉」至「磊匒匌而相豗」十句押皆部韻，「驚浪雷奔」以下六句押緝部韻。

若乃霾曀（類聚作翳）潛銷（類聚作消），莫振莫竦。輕塵不飛，纖蘿不動。猶尚呀呷，餘波獨湧。澎濞灪磈，碨磊山壟。爾其枝岐潭瀹，渤蕩成汜。乖蠻隔夷，迴互萬里。

爾其」以下四句押之部上聲韻。描寫支流之搖蕩成汜及隔離遠方蠻夷之國。

若仍偏（類聚作邊）荒速告，王命急宣。飛駿鼓楫，汎海淩山。於是候勁風，揭百尺。維長綃，挂帆席。望濤遠決，冏然鳥逝。鷸如驚鳧之失侶，倏如六龍之所掣。一越三千，不終朝而濟所屆。

此爲第五段，轉寫人事。敍遠方殊國告急，帆船藉勁風汎海急宣王命之事。「鷸如驚鳧之失侶，倏如六龍之所掣」二句，以驚鳧之失侶及六龍駕日車比喻船行之迅疾，不僅達到夸飾之目的，且喚起優美之意象。結尾二句亦極夸飾之能事。

本段前四句押元部韻，「於是候勁風」四句押藥部韻，「望濤遠決」以下六句押祭部韻，換韻頻繁，助成文勢之緊湊性。

若其（類聚作乃）負穢臨深，虛誓愆祈。則有海童邀路，馬銜當蹊。天吳乍見而髣髴，蝄像（類聚作罔象）暫曉而閃屍。群妖遘迕，眇䁱冶夷。決帆摧橦，戕風起惡。廓如靈變，惚怳幽暮。氣似天霄，靉靅雲布。儵昱絕電，百色妖露。呵歘掩鬱，矆睒無度。飛澇相磢，激勢相沏。崩雲屑雨，浤浤汩汩。踔踔湛濼，沸潰渝溢。瀖泋濩渭，蕩雲沃日。於是舟人漁子，徂南極東。或屑沒於黿鼉之穴，或挂罥於岑嶅之峯。或掣掣洩洩於裸人之國，或汎汎悠悠於黑齒之邦。或乃萍流而浮轉，或因歸風以自反。徒識觀怪之多駭，乃不悟所歷之近遠。

此爲第六段。敍海中神怪之逞威。可分二節：

自「若其負穢臨深」至「蕩雲沃日」爲第一節。前八句脂支合韻，敍有罪者若泛舟海上，則必遭海童、馬銜等神怪阻其去路。同時水伯天吳、水怪蝄像及海中群妖紛紛閃現。「決帆摧橦」十句押魚部去聲韻，「飛澇相磢」以下八句質月合韻，聯邊瑋字復大量湧現，極力描寫海中神怪興風作浪，摧毀船隻之恐怖場面。

「於是舟人漁子」以下為第二節。前六句押東部韻，後四句押元部上聲韻。敍船隻既毀，舟上之人或遭橫禍，或幸得生還，皆極想像之能事。此節句式較長，「或掣掣洩洩於裸人之國，或汎汎悠悠於黑齒之邦」且為十言之長句對。長句於此造成文勢之舒緩悠長，且與上節描寫風浪險惡之四言緊句形成强烈之對比。

爾其為大量也，則南澰朱崖，北灑（類聚作洗）天墟。東演析木，西薄青徐。經途（類聚作綸）瀴溟，萬萬有餘。吐雲霓，含龍魚。隱鯤鱗，潛靈居。豈徒積太顛之寶貝與隋侯之明珠。將世之所收者常聞，所未名者若無。且希世之所聞，惡審其名。故可仿像其色，靉霼其形。

此為第七段，敍海之廣大。自「爾其大量也」至「所未名者若無」，押魚部韻。先敍海之範圍：朱崖、天墟、析木、青徐等四方絕遠之地，無遠弗屆。接敍海中珍物之多，夸稱海中不僅擁有太顛之寶、隋侯之珠等稀世之寶，而不知名目之珍寶亦無所不有也。「且希世之所聞」以下押耕部韻，言希世難以聞見之珍寶，無法詳知其名，僅可約略知其形色也。

爾其水府之內，極深之庭。則有崇島巨鼇，峌峴孤亭。擘洪波，指太清。竭磐石，栖百靈。颺凱風而南逝，廣莫至而北征。

此為第八段，與前段第二節同押耕部韻。敍海中之仙山，其下則有巨鼇背負之，夏季迎凱風以南遊，冬季逆朔風以北行，充滿神話之色彩。

其垠則有天琛水怪，鮫人之室。瑕石詭暉，鱗甲異質。若乃雲錦散文於沙汭之際，綾羅被光於螺蚌之節。繁采（類聚作綵）揚華，萬色隱鮮。陽冰不冶（類聚作治），陰火潛然。熺炭重燔，吹炯九泉。朱燉綠煙，腰眇蟬蜎。

此為第九段。前六句質月合韻，敍海邊之珍寶、怪石、鱗介及居於水中之鮫人。「雲錦散文於沙汭之際，稜羅被光於螺蚌之節」二句，以「雲錦」形容海灘之美，「稜羅」形容螺蚌光色之豔麗，意象皆極優美。「繁采揚華」以下押元部韻。敍海中甲蟲采色之繁麗（銑曰：揚華，甲蟲名）、海中萬物顏色之鮮明。並夸陳海水之陽有不銷之冰，海水之陰有潛燃之火，並有熾炭重燃，其光映照幽邃之九泉。

魚（類聚作其魚）則橫海之鯨，突杌孤遊（註九）。戛巖嶅，偃高濤。茹鱗甲，吞龍舟。噏波則洪漣踧蹜，吹澇則百川倒流。或乃蹭蹬窮波，陸死鹽田。巨鱗插雲，鬐鬣刺天。顱骨成嶽，流膏為淵。

此為第十段。前八句幽豪合韻，描寫巨鯨遊於大海之壯觀，末二句尤能善用夸飾之法以摹寫巨鯨氣吞江海之威勢。「或乃蹭蹬窮波」以下六句押元部韻。描寫巨鯨死於海邊之景觀，亦用夸飾法以形容鯨魚身軀之龐大。

若乃巖坻之隈，沙石之嶔。毛翼產鷇，剖卵成禽。鳧雛離褷，鶴子淋滲。群飛侶浴，戲廣浮深。翔霧連軒，洩洩淫淫。翻動成雷，擾翰為林。更相叫嘯，詭色殊音。

此為第十一段，押侵部韻。描寫海畔山曲中禽鳥之生態。或群飛於天際、或沈浮於海上，拍翅如雷、張羽如林，構成一幅生動之畫面。同時各類禽鳥殊異之鳴聲，復交織成喧囂熱鬧之場面。

若乃三光既清，天地融朗。不泛陽侯，乘蹻絕往。覿安期於蓬萊，見喬山之帝像。群仙縹眇，餐玉清涯。履阜鄉之留舄，被羽翮之襂纚。翔天沼，戲窮溟。甄有形於無欲，永悠悠以長生。

此為第十二段，充滿遊仙及企盼長生之思想。前六句押陽部上聲韻。敍天清氣朗、風平浪靜之時，乘蹻往見安期、黃帝等神仙。「群仙縹眇」四句押支部韻，述神仙之衣食，「履阜鄉之留舄」用列仙傳之典：「安期先生琅邪阜鄉人，自言千歲。秦始皇與語，賜金數千萬於阜鄉，亭皆置，去留書以赤玉舄一量為報。」（引自李善注）用此典除有描述神仙穿著之功能外，尚可引起對遠古傳說之遐想。「翔天沼」以下四句押耕部韻，敍神仙翺翔嬉遊於天池，並言神仙雖有其形，然因無欲，故得以長生也。

且其爲器也，包（類聚作苞）乾之奧，括坤之區。惟神是宅，亦祇是廬。何奇不有，何怪不儲。芒芒（類聚、六臣註皆作茫茫）積流，含形內虛。曠哉坎德，卑以自居。弘往納來，以宗以都。品物類生，何有何無。

此爲末段，押魚部韻。總結全文，先言海之爲器，可包括天地，爲神靈之所居，而千奇百怪之物，無所不有。末言大海秉其守虛謙卑之坎德。以成百川之尊。李充翰林論云：「木氏海賦，壯則壯矣。然首尾負揭，狀若文章，亦將由未成而然也。」（註一〇）李氏之評，恐未確當。蓋序亂俱無之賦篇，其結構常自成三部，中間以押韻爲主，首尾則或韻或否，首部似序，尾部則恒爲全篇主旨之所在，本有強烈說理之傾向。故賦之首尾似文，本極自然之事也。況本賦首尾亦用韻，並非純爲散體也。

三　詠江河川瀆

吟詠江河川瀆之賦，以魏應瑒靈河賦最早，而以郭璞江賦最富盛名。玆就詠長江、黃河及其餘川瀆之順序分述之：

(一)詠長江

詠江之賦，始於東晉郭璞之江賦，其後袁喬亦有江賦之作，惜已亡佚。郭氏之作見載於文選，與木華海賦同爲吟詠江海之代表作。全篇長達一千六百八十二字，篇幅之長，遠逾木氏海賦。玆就其內容結構析之如下，以窺賦家如何鋪衍一物而成如是之偉構也。

咨五才之並用，寔水德之靈長。惟岷山之導江，初發源乎（類聚作於）濫觴。聿經始於洛沫，攏萬川乎巴梁。衝巫峽以迅激，躋江津而起漲。極泓量而海運，狀滔天以淼茫。揔括漢泗，兼包淮湘。并吞沅澧，汲引沮漳。源二分於崌崍，流九泒乎潯陽。鼓洪濤於赤岸，淪餘波乎（類聚作於）柴桑。綱絡群流，商搉涓澮。表神委於江都，混流宗而東會。注五湖以漫漭，灌三江而漰沛。滈汗六州之域，經營炎景之外。所以作限於華裔，壯天地之嶮介。呼吸萬里，吐納靈潮。自然往復，或夕或朝。激逸勢以前驅，乃鼓怒而作濤。峨嵋為泉陽之揭，玉壘作東別之標。衡霍磊落以連鎮，巫廬嵬崫而比嶠。協靈通氣，濆薄相陶。流風蒸雷，騰虹揚霄。出信陽而長邁，淙大壑與沃焦。

此爲首段，泛寫長江。敘其發源、流域及其東流入海之經過。可作地理誌讀而無地理誌之枯澀。文勢雄渾暢達，猶如浩浩江水之東逝。寫景頗佳，如「注五湖以漫漭，灌三江而漰沛。滈汗六州之域，經營炎景之外」及「呼吸萬里，吐納靈潮」等，皆爲氣勢磅礡之佳句也。

本段用韻，自起首至「淪餘波乎柴桑」押陽部韻。自「綱絡群流」至「壯天地之嶮介」押泰部韻。「呼吸萬里」以下宵豪合韻。

若乃巴東之峽，夏后疏鑿。絕岸萬丈，壁立赮(類聚作霞)駮。虎牙嵥豎以屹崒，荆門闕竦而磐礴。圓淵九回以懸騰，湓流雷呴而電激。駭浪暴灑，驚波飛薄。迅澓增澆，涌湍疊躍。砅巖鼓作，漰湱澩灂。(馮瀵)澆(六臣作濃)，潰濩泧(六臣作㳚)漷。潏湟淴泱，漁潤瀾淪。漩澴滎瀯，溭淢濆瀑。龍鱗結絡。碧沙瀢㴔(類聚作潰淹)而往來，巨石硉矹以前卻。潛演之所汩淈，奔溜之所磢錯。厓隒為之泐嵃，碕嶺為之喦崿。幽澗積岨(五臣作阻)，礐硞礭(六臣作確)。

此為次段，押藥部韻。特寫巴東三峽斷崖絕壁、駭浪驚波之壯觀。聯邊瑋詞之多，比之漢賦毫無遜色。唯此處聯邊瑋詞之運用，固可造成讀者之驚愕，然亦因此形成閱讀之阻奧，無法達成類似木華海賦第二段所造成之特殊效果。

若乃曾潭之府，靈湖之淵。澄澹汪洸，瀇滉囦泫。泓汯洞澋，涒鄰淵潾。混澣(六臣作瀚)灦渙，流映揚焆。溟漭渺湎(六臣作沔)，汗汗沺沺。察之無象，尋之無邊。氣滃渤以霧杳，時鬱律其如煙。類胚渾之未凝，象太極之構天。長波浹渫，峻湍崔嵬。盤渦谷轉，淩濤山頹。陽侯砐硪以岸起，洪瀾涴演而雲迴。㳌淪溛瀤，乍浥乍堆。㵃如地裂，豁若(六臣脫此字)天開。觸曲厓以縈繞，駭崩浪而相礧。鼓㕿窟以漰渤，乃溢湧而駕隈。

此爲第三段。首句至「象太極之構天」押元部韻，描寫潭湖之深廣。自「長波浹渫」至「乃溢湧而駕隈」押皆部韻，極力摹寫湖水波濤洶湧之狀。本段大量運用雙聲疊韻之聯邊瑋詞以造成視覺及聽覺之雙重效果。

魚則江豚海狶，叔鮪王鱣。䱵鰊鰷鮋，鮻(類聚作鮫)鰩鯩鰱。或鹿觡象鼻，或虎狀龍顏。鱗甲鑃錯，煥爛錦斑。揚鰭掉尾，噴浪飛唌。排流呼哈，隨波遊延。或爆(六臣作瀑)采以晃淵，或嚇鰓乎巖間。介鯨乘濤以出入，鯼鮆順時而往還。

此爲第四段，元寒合韻。敘江中之魚，著重於巨魚及怪魚之描寫以襯托江水之廣大。

爾其水物怪錯，則有潛鵠魚牛，虎蛟鉤蛇。蜦蟳鱟蝐，鱝黿鼊。王珧海月，土肉石華。三蝬虾江，鸀螺蜁蝸。璅(類聚作瑣)蛣腹蟹，水母目蝦。紫蚢如渠，洪蚶專車。瓊蚌(類聚作玤)晞曜以瑩珠，石蜐應節而揚葩。踞蝫(六臣作蠩)森衰以垂翹，玄蠣磈磥而碨啞。或泛瀲於潮波，或混淪乎泥沙。若乃龍鯉一角，奇鶬九頭。有鼈三足，有龜六眸。赬(類聚作頳)蟞肺(類聚作肺)躍而吐璣，文魮磬鳴以孕璆。偹鱅拂翼而掣耀，神蜧蝹蜦以沉遊。騂馬騰波以噓蹀(六臣作碟)，水兕雷咆乎陽侯。淵客築室於巖底，鮫人構館于懸流。雹布餘糧，星離沙鏡。青綸競糾，縟組爭映。紫菜熒曄以叢被，綠苔鬖髿乎研上。石帆蒙籠以蓋嶼，蓱實時出而漂泳。其下則金礦丹礫，雲精爥(類聚作燭)銀。珕珋璿瑰，水碧潛琘。鳴石列於陽渚，浮磬肆乎陰濱。或頹彩輕漣，或涓曜崖(六臣作涯)鄰。林無不溽，岸無不津。

此爲第五段，鋪陳江中怪奇之物。段分三節：自首句至「鮫人構館于懸流」爲第一節，押幽部韻。

描述怪異之動物，其中雖有「水母」「紫蚢」「洪蚶」「瓊蚌」「石蛣」等實有之物，然泰半皆爲想像及傳聞中之異物，而「魚牛」「虎蛟」、「鉤蛇」「�」「王珧」「獨角龍鯉」「九頭奇鶬」「三足鼈」「六眸龜」「赬蟞」「文魮」「儵鳙」「騂馬」「水兕」等皆爲山海經所載之怪物，此無異於山海經之翻版，所不同者，山海經僅作靜態之記載，本賦則以想像力構成富有生命之動態描述，如「儵鳙拂翼而掣耀，神蜧蝹蜦以沉遊。騂馬騰波以噓蹀，水兕雷咆乎陽侯」或拂翼發光、或蝹蜦而行、或騰波、或咆哮，構成有聲有色之畫面。

自「鼋布餘糧」至「蓱實時出而漂泳」爲第二節，耕陽合韻。鋪陳江中之植物。「其下則金礦丹礫」以下爲第三節，押眞部韻，鋪陳江中珍怪之礦物。皆能以動態之描述而免於呆滯之堆砌。

其羽族也，則有晨鵠天雞，�鶖鷗䴊。陽烏爰翔，于以玄月。千類萬聲，自相喧聒。濯翮疏風，鼓翅翻𦑣。揮弄灑珠，拊拂瀑沫。集若霞布，散如雲豁。產毻積羽，往來勃碣。橉杞稹薄於潯涘，栛槤森嶺而羅峯。桃枝篔簹，實繁有叢。葭蒲雲蔓，𦄈以蘭紅。揚皜毦，擢紫茸。蔭潭隩，被長江。繁蔚芳籬，隱藹水松。涯灌芊萰，潛薈葱蘢。鯪鯥跻踞（六臣註作踦驅）於垠隒，獱獺睒瞲乎厱空。迅雌臨虛以騁巧，孤獲登危而雍容。夔𧓍翹踛於夕陽，鴛雛弄翮乎山東。因岐成渚，觸澗開渠。漱壑生浦，區別作湖。磴之以瀿濆，渫之以尾閭。標之以翠蘙（六臣作翳），泛之以遊菰。播匪藝之芒種，挺自然之嘉蔬。鱗被菱荷，攢（六臣作欑）布水蓏。翹莖瀵蘂，濯穎散裹。隨風猗萎，與波潭淹。流光潛映，景炎霞火。

此爲第六段，所敍較爲繁雜。可分三節：自首句至「往來勃碣」爲第一節，曷月合韻。描寫水鳥之喧聒及其濯羽鼓翅之狀。所敍禽鳥，多爲想像傳聞之怪鳥。「集若霞布，散如雲豁」二句以「霞布」「雲豁」優美之意象形容群鳥之集散，頗能產生顏色及動態之美感。

自「橪杞稹薄於潯涘」至「鴛雛弄翮乎山東」爲第二節，押東部韻。先寫江岸樹木芳草叢生茂盛之狀，再述鮫鯥、獱獺、蛑、玃、夔犼、鴛雛等奇異動物之殊態。

「因歧成渚」以下爲第三節。前十句押魚部韻，敍渚、渠、浦、湖之形成、江水之暴溢及宣洩，以及浮於江上之水草。「鱗被菱荷」八句押歌部上聲韻，描寫水草華蘂隨風搖曳，光色輝映江波之美景。

其旁則有雲夢雷池，彭蠡青草。具區洮滆，朱（六臣作珠）滻丹漅。極望數百，沆瀁皛溔。爰有包山洞庭，巴陵地道。潛逵（類聚作達）傍通，幽岫窈窕。金精玉英瑱其裏，瑤珠怪石琗（類聚作綷）其表。驪虯摎其址，梢雲冠其嶿。海童之所巡遊，琴高之所靈矯。冰夷倚浪以傲睨，江妃含嚬而矊眇。撫凌波而鳧躍，吸翠霞而夭矯。

此爲第七段，宵豪合韻。敍江旁之湖澤。先臚列諸湖之名，而以「沆瀁皛溔」形容其深廣。接寫洞庭湖山水之勝及地穴之四通八達。「金精玉英瑱其裏」以下充滿神仙之色彩。前四句勾勒出適宜神仙之環境，「海童」以下描述「海童」「琴高」「冰夷」「江妃」等神仙之行止，彷彿洞庭湖上眞有神仙凌波而遊，吸食江上之氣以飛騰也。

若乃宇宙澄寂，八風不翔。舟子於是搦棹（類聚作櫂），涉人於是檥（六臣作艤）榜。漂飛雲，運艅艎。舳艫相屬，萬里連檣。泝洄沿流，或漁或商。赴交益，投幽浪。竭南極，窮東荒。爾乃綹（六臣作綯）雰祲於清旭，覘五兩之動靜。長風颹以增扇，廣莫䬋而氣整。徐而不䬐，疾而不猛。鼓帆迅越，𧺆（類聚作趄）漲截洞。凌波縱柂，電往杳溟。霴如晨霞孤征，眇若雲翼絕嶺。倏忽數百，千里俄頃。飛廉無以睎其蹤，渠黃不能企其景。於是蘆人漁子（類聚作人），擯（類聚作濱）落江山。衣則羽褐，食惟蔬鱻。栫澱爲涔，夾潨羅筌。筩（六臣作筒）灑連鋒，罾罶比船。或揮輪於懸碕，或中瀨而橫旋。忽忘夕而宵歸，詠採菱以叩舷。傲自足於一嘔，尋風波以窮年。

此爲第八段，以描寫舟楫爲主。段分三節：自首句至「窮東荒」爲第一節，押陽部韻。敍風平浪靜之時，船夫搖槳渡人之情景。「爾乃躋雰祲於清旭」至「渠黃不能企其景」爲第二節，押耕部上聲韻。描寫舟楫鼓帆破浪之情景。「霩如晨霞孤征，眇若雲翼絕嶺」二句形容「船行如朝霞急度，而運行若大鵬垂雲之翼，掩然絕嶺。」（文選李周翰注）意象優美，「雲翼」之意象且能喚起翱翔於莊子逍遙遊中之大鵬之聯想。末四句則極力夸飾船行之速。

「於是蘆人漁子」以下爲第三節，押元部韻。敍漁夫捕魚之生活。「忽忘夕而宵歸，詠採菱以叩舷。傲自足於一嘔，尋風波以窮年。」寫漁夫嘯歌自足，隨波窮年之逍遙，流露作者對隱逸生活無限嚮往之情。

爾乃域之以盤巖，豁之以洞壑。疏之以沲汜，鼓之以朝夕。川流之所歸湊，雲霧之所蒸液。珍怪之所化產，傀奇之所窟宅。納隱淪之列眞，挺異人乎精魄。播靈潤於千里，越岱宗之觸石。及其譎變儵怳，符祥非一。動應無方，感事而出。經紀天地，錯綜人術。妙不可盡之於言，事不可窮之於筆。

此爲第九段，綜述江水。可分二節：自首句至「越岱宗之觸石」爲第一節，押藥部韻。前四句敍江水以大山爲界限，以深海爲歸宿，分流則成汜，潮水隨朝夕而鼓盪。「川流之所歸湊」以下敍江水爲川流之所滙聚，江氣蒸發而成雲霧，珍怪瑰奇之物皆出於江中。此外神仙異人，亦因江水之靈氣而生也。末二句則夸飾江中起雲霧之迅疾超越太山之興雲也。「及其譎變儵怳」至「事不可窮之於筆」爲第二節，押質部韻。敍江水變化，迅疾莫測。而災祥不一，應感而出風雲也。末四句極言江水上則經紀天地，下則錯綜人術，其妙理有語文所無法形容者也。

若乃岷精垂曜於東井，陽侯遯形乎大波。奇相得道而宅神，乃協靈爽於湘娥。駭黃龍之負舟，識伯禹之仰嗟。壯荆飛之擒蛟，終成氣乎太阿。悍要離之圖慶，在中流而推戈。悲靈均之任石，歎漁父之櫂歌。想周穆之濟師，驅八駿於黿鼉。感交甫之喪珮，愍神使之嬰羅。煥大塊之流形，混萬盡於一科。保不虧而永固，稟元氣於靈和。考川瀆之妙觀，實莫著於江河。

此爲全賦之尾聲，押歌部韻。鋪敍有關江水之史事及神話：岷山之精、水神陽侯、江神奇相、湘水二妃，一一臚列。至如伯禹渡江，仰天長歎，駭走負舟之黃龍，荆國佽飛拔劍斬蛟於江，要離謀刺慶忌於中流，靈均抱石沈江，漁父鼓枻而歌，周穆王駕八駿、命黿鼉爲梁以渡江，以及鄭交甫爲神女所戲，宋元君得神龜以占卜之故事，皆因江水而引起史事及神話傳說之聯想。作者所以運用如此繁多之典故者，除滿足賦家鋪張揚厲之習氣外，遠古史事及傳說之繁盛正足以表現江水之悠長及其包容孕育之廣大也。末六句總結上文，贊美長江混萬物而盡歸一科，有不虧之美德，稟靈和之元氣，是以論川瀆之妙觀，蓋莫盛於長江也。

(二) 詠黃河

吟詠黃河之賦凡二篇：

魏應瑒　靈河賦

晉成公綏　大河賦

應瑒靈河賦爲吟詠江河類最早之賦篇，其文如下：

咨靈川之遐原(水經注、初學記皆作源)兮，于崑崙(嚴輯訛作崙崑)之神丘(初學記作邱)。凌增城之陰隅兮，賴后土之潛流。銜(類聚作衝、初學記作行)積石之重險兮，披山麓而(初學記作之)溢浮。蹶龍黃而南邁兮，紆鴻體而因(初學記作四、歷代賦彙作東)流。涉津洛(類聚作路)之阪(類聚作峻)泉兮，播九道乎(水經注作于)中州。汾澒(類聚作鴻、初學記作傾)涌而騰鶩兮，恒亹亹而徂征。肇乘高而迅逝兮，陽侯怖(類聚作沛)而振驚。有漢中葉，金隄隤而瓠子傾。興萬象而親務，董群后而來營。下淇園之豐篠，投玉璧而沈星。若夫長杉峻櫝，茂栝芬橿。扶流灌列，暵水蔭防。隆條動而暢清風，白日顯而曜殊光。（全後漢文卷四十二）

上文分見水經河水注五、藝文類聚卷八，初學記卷六。嚴氏合輯於全後漢文。古文苑卷二十一亦錄之。此外，北堂書鈔卷一百三十七引逸文四句：「龍艘白鯉，越艇蜀舲。泝游覆水，帆柁如林。」本賦是否尚有逸文不得而知，僅就所存者析之如下：

起首至「播九道乎中州」爲首段，押幽部韻。敍黃河之源流，兼寫其水勢、流向。

自「紛鴻涌而騰鶩兮」至「投玉璧而沉星」爲第二段，押耕部韻。前四句形容河水之洶湧迅疾，並以水神陽侯之震驚恐怖夸飾水勢之凶猛。「有漢中葉」以下，敍漢武帝元光中黃河潰決之史事。引用此典一則由黃河引發思古之幽情，一則藉此以敍黃河常因決隄而生災害也。

「若夫長杉峻櫝」以下爲末段，押陽部韻。寫河旁林木風景之美，與上段洶湧之水勢成鮮明之對比。古文苑章注云：「言築隄已成，水患旋息，樹衆木於隄上以回護。」

成公綏大河賦已殘，就全晉文所引逸文觀之，此賦脫佚必多。本賦若得保全，殆亦木氏海賦及郭氏江賦等鋪張揚厲之類耶？就其殘文觀之，大體以頌贊黃河之弘壯爲主。敍其源流、寫其水勢，並引殷、衞、趙、秦等之歷史典故以增懷古之情。

㈢其他川瀆

吟詠河川之賦，除上述詠長江、黃河諸賦外，尚有四篇：

魏曹丕　濟川賦　臨渦賦

晉應貞　臨丹賦

顧愷之　湘川賦

曹丕濟川賦全文一百三十四字，比之郭氏江賦，則屬短小之篇章。其內容大要如下：

臨濟川之層淮，覽洪波之容裔。濞騰楊以相薄，激長風而亟逝。漫浩汗而難測，眇不覩其垠際。於是龜龍神嬉，鴻鸞群翔。鱗介霍驛，載止載行。俯唼菁藻，仰湌若芳。永號長吟，延首相望。美玉昭晰以曜煇，明珠灼灼而流光。於是遊覽既猒，日亦西傾。朱旗電曜，擊鼓雷鳴。長驅風厲，悠爾北征。思魏都以偃息，託華屋而遨遊。酌玄清于金罍，騰羽觴以獻酬。（藝文類聚卷八）

起首六句爲首段，押祭部韻。描寫濟川波濤之浩瀚無際。「於是龜龍神嬉」至「明珠灼灼而流光」爲第二段，押陽部韻。敍濟川之水族、水鳥及美玉明珠。寥寥數語，點到爲止，無漢賦鋪張揚厲之積習。此段若以典型漢賦述之，必鋪敍無數之文字。「於是遊覽既厭」以下爲末段，前六句押耕部韻，敍倦遊而北歸。後四句押幽部韻，預想歸回京城後之飲宴之樂。

臨渦賦作於建安十八年，其序云：

上建安十八年至譙，余兄弟從上拜墳墓。遂乘馬遊觀，經東園，遵渦水，相佯乎高樹之下，駐馬書鞭，爲臨渦之賦曰。（全三國文卷一）

就賦序知本賦乃遊至渦水，興之所至，遂作賦以吟詠之。寫作動機雖因遊覽而起，然主題仍以渦水爲個別之主體而吟詠之，是以納入詠物賦之範疇。賦文極短：

蔭高樹兮臨曲渦，微風起兮水增波。魚頡頏兮鳥逶迤，雌雄鳴兮聲相和。萍藻生兮散莖柯，春木繁兮發丹華。（藝文類聚卷八）

全賦僅六句，皆爲七字句，押歌部韻，句句用韻，一韻到底。形式與韻味皆與漢賦迥異，頗似用兮字之七言山水詩也。寫景極佳，就水湄之高樹、微風激起之水波、水中之遊魚、天空和鳴之飛鳥、水面之萍藻等加以生動之描述。渦水之美於焉呈現，頗有「詩中有畫」之情趣也。

應貞臨丹賦亦屬百餘字之短篇，其內容結構如下：

陟綿崗之迢遞，臨窈谷之濬邃。覽丹源之冽泉，眷懸流之清波。漱玄瀨而漾沚，順黃崖而蕩博。激重巖之絕根，拂崇丘之飛崿。然後陰渠洞出，陽澮旁開。倏熠高騖，晧晧長懷。盤溢鬱沒，雲轉飈迴。屏側爲之飛隕，壁岸爲之陂隤。列以青林，蔭以綠枝。樫松蓊茸於其側，楊柳婀娜乎其下。（歷代賦彙則作水則）高溜承崖，懸泉屬嶺。別流分注，冰瑩玉靜。清波引鏡，形無遁影。（藝文類聚卷八）

首四句押歌部韻，敍登山臨谷，觀覽丹水之源流。次四句押藥部韻，極力刻畫丹水波濤蕩漾之狀，頗有懷山襄陵之勢。「然後陰渠洞出」至「蔭以綠枝」十句，皆支合韻。敍丹水之支流，並極力刻畫水勢之迅疾起伏，至「屏側爲之飛隕，壁岸爲之陂隤」達於最高潮，其後「列以青林，蔭以青枝」二句文勢轉趨平緩。「樫松蓊茸於其側，楊柳婀娜乎其下」二句敍丹水兩旁之植物。「下」屬歌部韻，與上下文皆不叶韻，疑有缺文。「水則高溜承崖」以下押耕部上聲韻。寫懸崖之瀑布及晶瑩之清波，一動一靜，相映成趣。

本賦除末二句外，餘皆爲工整之對句。其中「別流分注」「冰瑩玉靜」爲句中對。「屏側爲之飛隕，壁岸爲之陂隤」爲散體句式之六言對句。綜觀本賦，描寫景物極爲工巧，尤能曲盡丹水衝擊山崖之景象。就寫景而言，可謂佳作；就鍊字而言，錘鍊頗工。惜就情趣而言，未免遜色矣，此乃純粹客觀詠物常有之缺失也。

顧愷之湘川賦僅餘「其表則有滋澤晨潤，彫霜夜凝」二句，無法窺其內容。

四　詠　濤

詠濤之賦凡三篇，皆爲東晉之作品：

曹毗　觀濤賦

伏滔　望濤賦

顧愷之　觀濤賦

曹毗觀濤賦分見藝文類聚及太平御覽：

伊山水之遼迥，何秋月之淒清。瞻滄津之騰起，觀雲濤之來征。爾其勢也，發源溟池，迴衝天井。灑拂倉漢，遙櫟星景。伍子結誓於陰府，洪湍應期而來騁。汨如八風俱臻，隗若崑崙抗嶺。（藝文類聚卷九）

於是神鯨來往，乘波躍鱗。噴氣霧合，噫水成津。骸喪成島嶼之墟，目落爲明月之珠。（太平御覽卷九百三十八）

起首四句押耕部韻，點明觀濤之時令，「瞻滄津之騰起，觀雲濤之來征」二句爲寫景極佳之對句。「爾其勢也」至「崑崙抗嶺」押耕部上聲韻。善用夸飾及比喻以描寫波濤洶湧迅疾高大之狀。「伍子結誓於陰府，洪湍應期而來騁」用伍子胥沈江之典以增其神秘性及淒清悲壯。「於是神鯨來往」以下描寫巨鯨遊於波濤之中。前四句押眞部韻，寫巨鯨遊於波濤之壯觀。末二句押魚部韻，極力夸飾鯨魚之巨大。

按：曹毗觀濤賦於描寫巨鯨之後無下文以承之，不知此賦尚有佚文否？附記於此以待考。

伏滔望濤賦云：

若夫金祇理轡，素月告望。宏濤於是鬱起，重流於是電驤。起沙渟而迅邁，觸横門而剋壯。灌江津而砰礚，鼓赤岸而激揚。鬱律烟騰，隗兀連豈。重疊巘而天竦，洄湍澼而起漲。（藝文類聚卷九）

通篇用陽部韻，「若夫」以上苟無佚文，則爲一韻到底之賦篇。起首二句以借代法點明觀濤之時間爲秋季月圓之時（極可能指中秋）。「宏濤於是鬱起，重流於是電驤」二句爲賦中較特殊之六言句式（「起沙渟而迅邁，觸横門而剋壯」等則爲常見之六言句式）。本賦描寫望濤之景，尚能曲盡形容波濤壯濶洶湧澎湃之狀。

顧愷之觀濤賦，見藝文類聚卷九，首尾堪稱完整，兹詳析其內容結構以爲詠濤賦之代表：

臨浙江以北眷，壯滄海之宏流。水無涯而合岸，山孤映而若浮。既藏珍而納景，且激波而揚濤。其中則有珊瑚明月，石帆瑤瑛。彫鱗釆介，特種奇名。崩巒塡壑，傾堆漸隅。岑有積螺，嶺有懸魚。謨玆濤之爲體，亦崇廣而宏浚。形無常而參神，斯必來以知信。勢剛凌以周威，質柔弱以協順。

本賦雖僅一百零八字，然亦自成四段落：

自首句至「且激波而揚濤」爲首段，幽豪合韻。點明題旨，敍臨浙江以觀海濤。「水無涯而合岸，山孤映而若浮」二句對偶工整，寫景亦佳，勾勒一幅海中山嶽之勝境，意象極爲優美。

「其中則有珊瑚明月」四句爲第二段，押耕部韻，鋪敍海中之珍產。

「崩巒塡壑」四句爲第三段，押魚部韻。描寫海濤拍打山陵之狀，其威力竟使螺魚等海中生物捲出於岑嶺之上，極盡夸飾之能事也。

「謀玆濤之爲體」以下爲末段，押眞部去聲韻。敍海濤之廣大及變化無常，末二句以頌贊海濤兼有剛柔之性作結。

五　詠泉

詠泉之賦始見於東漢張衡溫泉賦，全賦不滿二百字，而賦之首中尾三部俱全。靈巧可喜，一洗長篇大賦之呆滯，開魏晉詠物短賦之先聲。

晉傅咸神泉賦爲魏晉唯一詠泉之賦篇，見錄於藝文類聚卷九：

> 余所居庭前有涌泉。在夏則冷，涉冬而溫。溫則水物冬生，冷則冰可以過。每夏遊之，不知歲之有暑耳。

此爲賦序，由此知本賦之作，乃頌美其庭前湧泉夏涼冬溫，有避暑之用也。

> 惟玆神泉，厥理難原。在冬則溫，既夏而寒。混混洋洋，載清載瀾。遂乃壇以文石，樹之柳杞。密葉雲覆，重蔭蔽沚。氣泠泠以含涼，風肅肅而恒起。于時朱明紀運，旭日馳光。鬱鬱隆暑，赫赫太陽。與（全晉文作盥）玉體於素波，身淒焉而自清。不知天時之有暑，忽謂繁霜之隕庭。逮至旻秋既逝，司寒騁節。六合蕭條，嚴風凜冽。河洛輟流，太陰凝結。彼湝湝而含凍，此灼灼而含熱。綠竹猗猗，荇藻青青。是託斯茂，是殖斯榮。

自「惟玆神泉」至「載清載瀾」爲首段，元寒合韻，首句用韻。頌贊神泉之冬溫夏涼，全用四字句，頗類頌體。

自「遂乃壇以文石」至「風肅肅而恒起」爲第二段，押之部上聲韻。描寫泉旁柳杞密葉重蔭，肅肅涼風，因之而起。

自「于時朱明紀運」至「忽謂繁霜之隕庭」爲第三段，可分二節：前四句爲第一節，押陽部韻。敘夏日陽光之盛，爲下文作襯。後四句爲第二節，押耕部韻。寫神泉驅暑之功效極爲傳神，「不知天時之有暑，忽謂繁霜之隕庭」二句尤能充分發揮夸飾之效果。前後二節，形成强烈之對比，正足於顯現神泉之宏效。

「逮至旻秋既逝」以下爲末段，亦可分二節：前八句爲第一節，押月部韻。前六句極力描寫嚴寒之景象，至末二句冷熱强烈對比，凸顯神泉於嚴寒時之功效。「綠竹猗猗」以下四句爲第二節，押耕部韻。描寫綠竹荇藻之欣欣向榮，以明神泉之功。

本賦以四字句爲主幹，全賦三十二句，四字句高達二十四字，頗爲特殊。

六　詠　湖

吳楊泉五湖賦爲魏晉詠湖之唯一賦篇，大體見於藝文類聚卷九及初學記卷七，唯就嚴可均全三國文卷七十五所引之逸句觀之，此賦所亡佚者必甚多，玆就所存者以述其大要：

余觀夫主五湖而察其雲物，皇哉大矣！以爲名山大澤，必有記頌之章。故梁山有奕奕之詩，雲夢有子虛之賦。夫具區者，揚州之澤藪也。有大禹之遺迹，疏川導滯之功。而獨闕然，未有翰墨之美。余竊憤焉，敢忘不才，述而賦之。其辭曰：

此爲賦序，言其創作之動機乃前人未有贊美五湖之文章，故發憤而作之也。

濬矣大哉！於此五湖。乃天地之玄源，陰陽之所徂。上値（初學記作屬）箕斗之精，與雲漢乎同模。受三方之灌溉，爲百川之巨都。居揚州之大澤，苞吳越之具區。底功定績，蓋寓令圖。

此爲首段，押魚部韻。頌美五湖之廣大。「上值箕斗之精，與雲漢乎同模」爲賦家慣用之夸飾手法。

南與長江分體，東與巨海合流。太陰之所毖，玄靈之所遊。追潮（類聚作湖）水而往還，通蓬萊與瀛洲。

此爲第二段，押幽部韻。敍五湖南鄰長江，東入大海，爲神仙遊遨之所，並可隨潮水而通往蓬萊、瀛洲等海上之仙山也。

爾乃詳觀其廣深之所極，延袤之規方。邈乎浩浩，漫乎洋洋。西合乎濛汜，東苞乎扶桑。日月於是出入，與天漢乎相望。

此爲第三段，押陽部韻。極力夸飾五湖之深廣：其西包含日入之濛汜，其東則涵蓋日出之扶桑，爲日月出入之所，可與天河相配也。

頭首無錫，足蹏松江。負烏程於背上，懷大吳以當胸。

此爲第四段，押東部韻。上段虛寫五湖之深廣，此段實寫五湖之位置。並以擬人法將枯燥之地理位置化成生動之描述。

左有苞山，連以醴瀆。岝嶺崔巍，穹隆紆曲。大雷小雷，湍波相逐。

此爲第五段，屋沃合韻。描寫左岸之包山及醴瀆之形勢。

右有平原廣澤，曼延旁薄。原隰陂坂，各有條格。茹蘆菼薍，隱軫肴錯。衝風之所去，零雨之所薄。

此爲第六段，押藥部韻。描寫右岸平原廣澤之物色。

以上大體見於藝文類聚及初學記。此外，太平御覽卷七百七十一載逸文二句：

赤檜升棹，檀槳細堅。

北堂書鈔卷一百四十六載逸文如下：

鹹鹽白糝，雜以菜菓。連堦柳鮭，積如陵丘。

爾乃陳列就力，葅餇是屑，□□□，方縛直截。

綜觀本賦之描寫技巧，仍以鋪陳爲主，與漢賦之表現方法無殊異之處。唯其創作動機，乃出於作者本身之創作慾，此其可喜之處也。

七　詠池

魏晉詠池之賦凡二篇，皆爲晉代之作品：

郭璞　鹽池賦

張載　濛汜池賦

前者寫產鹽之池，後者乃想像之日入之所，皆非普通之池水也。郭氏鹽池賦云：

水潤下以作鹹，莫斯鹽之最靈。傍峻岳以發源，池茫爾而海渟。嗟玄液之潛潤（類聚作洞），羌莫知其所生。熙金葩之融炎，穎躍結而淪成。狀委蚍其若漢，流漫漫以漭漭。吁鑿鑿以粲粲，色皜然而雪朗。揚赤波之煥爛，光旰旰以晃晃。隆陽映而不燋，洪涔沃而不長。磊崔（書鈔作確，類聚作碓）嶙（書鈔作硌）確（書鈔作碏），鍔剡某方。玉潤膏津，雪白凌岡。粲如散繭（書鈔作蘭，類聚作璽），煥若布璋（書鈔作章）。于是漫□丹盤，薄搜重床。紫淪灑炎，紅華籠光。爛然漢明，晃爾霞赤。望之絳蒸（類聚作承），卽之雪積。翠塗內映，赬液外羃。動而愈生，損而滋益。若乃煎海鑠泉，或凍或漉。所贍不過一鄉，所營不過鍾斛。飴戎見軫（類聚作珍）于西鄰，火井擅奇乎巴濮。豈若玆池之所產，帶神邑之名嶽。吸靈潤于河汾，總膏液乎瀋涑。（全晉文卷一百二十）

自首句至「潁躍結而淪成」爲首段，押耕部韻。頌美鹽池之靈，敘池之發源及鹽之形成。

自「狀委虵其若漢」至「紅華籠光」爲第二段，可分二節：「狀委虵其若漢」至「洪涔沃而不長」爲第一節，押陽部上聲韻。先敘鹽池之廣大，再寫鹽之光明潔白、池水因陽光映照而成赤波，末二句則敘鹽池不因烈陽或大水而消長之特性。「磊崔嵊確」至「紅華籠光」爲第二節，押陽部韻。極力描寫鹽池之景觀、顏色。「粲如散繭，煥若布璋」二句運用比喻格形容顏色之鮮明璀璨。

自「爛然漢明」至「損而滋益」爲第三段，錫藥合韻。描寫鹽池遠望近觀所生不同之景象。末二句敘池鹽取之不盡之特性。

「若乃煎海鑠泉」以下爲末段，押屋部韻。夸稱其他產鹽之地皆不及此鹽池，以頌美此池功效之宏也。

濛汜，傳說中日入之處也。張載濛汜池賦所詠之濛汜池，蓋作者憑想像虛構者也。玆引其文，以見賦家想像力之豐富：

麗華池之湛淡，開重壤以停源。激通渠於千金，承瀍洛之長川。挹洪流之汪濊，包素瀨之寒泉。既乃北通醴泉，東入紫宮。左面九市，右帶閶風。周墉建乎其表，洋波迴乎其中。幽瀆傍集，潛流濁注。仰承河漢，吐納雲霧。緣以釆石，殖以嘉樹。水禽育而萬品，珍魚產而無數。蒼苔汎濫，脩條垂幹。綠葉覆水，玄蔭珍岸。紅蓮煒而秀出，繁葩艳以煥爛。遊龍躍翼而上征，翔鳳因儀而下觀。想白日之納光，覩洪暉之皓旰。於是天子乘玉輦，時遨遊。排金門，出千秋。造綠池，鏡清流。翳華蓋以逍遙，攬魚釣之所收。纖緒挂而鱣鮪來，芳餌沉而鰋鯉浮。豐夥踰於巨壑，信可樂以忘憂。（藝文類聚卷九）

起首至「包素瀨之寒泉」爲首段，押元部韻。此段總敘濛汜池之大觀。

「既乃北通醴泉」至「洋波迴乎其中」爲第二段，押多部韻。敍濛汜池之位置：北通崑崙山出產甘美泉水之醴泉，東入神仙所居之紫宮，左面九市，右帶崑崙山顛神仙所居之閬風，充滿神仙之色彩。其四周則圍以城牆，其中則巨波迴旋，可見此池之廣大。

「幽瀆傍集」至「珍魚產而無數」爲第三段，押魚部去聲韻。前四句描寫幽瀆潛流灌注池中，形成此池仰承天河，吐納雲霧之壯觀。五六兩句寫池旁釆石、嘉樹之景物。末二句夸飾池中水禽珍魚之多。

「蒼苔汎濫」至「覩洪暉之皓旰」爲第四段，押寒部去聲韻。此段再寫池旁景物，刻畫極工。蒼苔、綠葉、玄陰、紅蓮、白日、洪暉，交織成富麗之彩色世界，對偶精工，辭藻豔富。「遊龍躍翼而上征，翔鳳因儀而下觀」二句，純爲想像之景。

「於是天子乘玉輦」以下爲末段，押幽部韻。敍天子遊池垂釣，逍遙忘憂，誠人間之天堂也。

八　詠水．詠水泡

晉王彪之水賦爲魏晉唯一泛詠水之賦篇，通篇押元部韻，一韻到底。全賦十六句，除「故能委輸而作四海」一句因有「故能」之接頭語而成八字句外，餘皆爲六字句。本賦藉水以明道家之玄理，屬詠物說理之賦篇，其文如下：

寂閑居以遠詠，記（建本、嚴輯皆作託）上善以寄言。誠有無而大觀，鑒希微於清泉。泉清恬以夷淡，體居有而用玄。渾無心以動寂，不凝滯於方圓。湛幽邃以納污，泯虛柔以勝堅。或浤浪於無外，或纖入於無間。故能委輸而作四海，決導而流百川。承液而生雲雨，涌凝而爲甘泉。（初學記卷六）

首二句「寂閑居以遠詠，託上善以寄言」點明全篇之主旨乃在藉水以明玄理也。此處以「上善」代水，蓋本之於老子第八章云：「上善若水」。「誠有無而大觀，鑒希微於清泉」二句敍由清泉中悟有無之道理。「泉清恬以夷淡，體居有而用玄」二句敍水性之清淡，玄奧。「渾無心以動寂，不凝滯於方圓」二句敍水無定形，不凝滯於外物。「湛幽邃以納汚，泯虛柔以勝堅」二句言水能納汚，以柔克剛。「或浤浪於無外，或纖入於無間」二句言水至大則無外，至細則無內。「故能」以下四句總敍水性水德：可成大海，可流百川，上則爲雲雨，下則爲甘泉也。

晉左九嬪涪漚賦以水泡爲吟詠之對象，頗爲特殊。本賦亦藉詠物以明理，其文云：

覽庶類之肇化，何涪漚之獨靈。稟陰精以運景，因落雨而結形。不係根於獨立，故假物以資生。體珠光之皎皎，若凝霜之初成。色鮮熠以熒熒，似融露之將渟。亡不長消，存不久寄。其成不欲難，其敗亦以易也。（藝文類聚卷八）

本賦可分二節：前十句爲第一節，押耕部韻。皆用六字句。仔細觀察水泡之形成，刻畫其形體、顏色及特性。末四句爲第二節，押支部去聲韻。前節充分發揮賦家體物寫物之技巧，此節繼之以感物吟志：有感於水泡幻滅之速，而悟成功之道不可捨難求易也。

九　詠　谷

詠谷之賦，僅東晉胡濟漽谷賦一篇，見載於藝文類聚卷九。就存文觀之，純粹寫景，未寓深意，其文云：

嘉高岡之崇峻兮，臨玄谷以遠覽。仰高丘之崔嵬兮，望清川之澮澮。爾乃陟重險，涉榛薄。倚春木，臨幽壑。深谷豁以窈藹，高峯鬱而岸崿。

十 詠關

詠關之賦，始於東漢李尤函谷關賦：起首贊美皇漢之休烈，接敍關之重要性，列舉四方之關名，而歸結於函谷關之夸闊宏麗爲天下第一。然後由函谷關聯想有關之史事，最後則以頌美東漢天子之令德作品，故此賦之作，乃藉詠關以頌揚功德也。

晉江統函谷關賦爲魏晉唯一詠關之賦：

> 登彼函谷，爰覽邱陵。地險逶迤，山岡相承。深壑累降，脩嶺重升。下杳冥而幽曖，上穹崇而高興。帶以河洛，重以崤阻。經略封畿，因固設險。異服則呵，奇言必撿，遏姦宄於未芽，殿邪僞於萌漸。及文仲之斯廢，乃違仁而受貶。聖王制典，蓋以防淫。萬里順軌，疆埸不侵。撫四夷而守境，豈恃阻於高岑。彼桀紂以顛墜，非山河而不深。顧晉平之愛險，獲汝叔之忠箴。鄙魏武之墜志，嘉吳起之弘心。末代陵遲，惡嬴氏之叛渙，乃因茲而自增。下凌上替，山冢崒崩。覽孟嘗之獲免，賴博愛而多寵。惟七國之西征，仰斯阻而震恐。豈陝險之難犯，將群帥之無勇。咨漢祖之絕關，又見敗於勍項。尹喜爰處，觀妙研情。李老西徂，五千遺聲。張祿既入，穰侯乃傾。營陵之出，稟築由生。衞鞅及商，喪宗摧名。終軍弃繻，擁節飛榮。覩浮僞於末俗，思玄眞乎大庭。
>
> （初學記卷七）

起首至「上穹崇而高興」爲首段，押蒸部韻。描寫函谷關之形勢。下臨深壑，上爲崇嶺，誠爲險要之地也。

自「帶以河洛」至「乃違仁而受貶」爲第二段，首二句不押韻，其餘押談部上聲韻。敍設關之目的乃在禁止異服奇言，阻遏奸邪之萌生。末二句斥責臧文仲之廢關。

自「聖王制典」至「嘉吳起之弘心」爲第三段，押侵部韻。說明聖王之設關制，蓋在防止淫亂，安撫四夷。固守國境，並非全賴險阻以求安寧也。桀紂行暴政，雖有山河之險，無以保天下；汝叔諫晉平不可愛險者以此也。「鄙魏武之墜志，嘉吳起之弘心」典出史記吳起列傳（註一一一），說明君王欲保其國土，在乎仁德而不在乎關險也。

自「末代陵遲」至「山冢崒崩」爲第四段，押登部韻。言後世不知關險之爲用，一味恃險，終因內亂而崩潰。

自「覽孟嘗之獲免」至「又見敗於勍項」爲第五段，押東部上聲韻。引孟嘗君及七國聯合西征秦國之史事，以明關險非唯一可恃之物。末二句咨歎漢高祖亦無法憑關險以阻强大之項羽也。

「尹喜爰處」以下爲末段，押耕部韻。敍老子出關，著五千言予關令尹喜；張祿（即范睢之化名）入秦，穰侯遂敗；以及商鞅之敗亡、終軍之成功等典故，而以「覩浮僞於末俗，思玄眞乎大庭」二句總結全文，道出摒除俗僞，返歸玄眞之主題。

綜觀本賦，除首段純寫函谷關之形勢外，次段以下，有濃烈之說理傾向，而典故之繁多，則充分表現中國文學中特具之歷史感也。

十一 詠井

詠井之賦，始於西晉孫楚井賦（註一一二），其後東晉郭璞、江逌、王彪之皆有井賦之作。孫楚井賦云：

倚崇丘以鑿井兮，臨斥澤之涇洿。苦行潦之滓濁兮，靡清流以自娛。乃喟爾而有感兮，率鄰左之數夫。脉厥土以興作（初學記作泉）兮，登甘醴于玄虛。體象圓川，下貫五仞。幽泉騰涌，津澤傍潤。抱甕而汲，不設機引。絕彼淫飾，安此璞愼。俗尚其華，我篤其信。既處涅而不淄，又磨之而不磷。雖矢之而無妄，實游心于大順。渴人來翔，行旅是賴。輟耕息肩，不期而會。沈黃李，浮朱柰。雜貍首之班如，飛清塵以洮汰。枕玄石以盥漱，喜遨怡以緩帶。（全晉文卷六十）

本賦可分三段：自首句至「登甘醴于玄虛」爲首段，押魚部韻。敘鑿井之經過。其中「靡清流以自娛」之「清流」，「登甘醴于玄虛」之「玄虛」，殆有象徵及暗喻之作用，於詠物之中，暗寓道家之玄理也。

自「體象圓川」至「實游心于大順」爲第二段，押眞部去聲韻。先寫井水之狀，然後卽物言理，闡明道家抱朴守眞之哲理及儒家篤信、處汚泥而不染之美德。此段儒道雜糅，而以道家思想爲主（註一三）。「渴人來翔」以下爲末段，押泰部韻。此段敘井之功用。「沈黃李、浮朱柰」語出魏文帝與吳質書：「浮甘瓜於清泉、沈朱李於寒水」而變化之。「清塵」「玄石」皆有濃厚之象徵意義。

郭璞井賦云：

益作井，龍登天。鑿后土，洞黃泉。潛源洊（類聚作存）臻，潏潏涓涓。幽瀵圓停（初學記作渟），濴洞深玄。爾乃冠玉檻，甃鱗錯。鼓鹿盧，揮勁索，飛輕袪之繽紛，手爭騖而互搦。長縲委蛇以曾縈兮，瑤甕龍騰而灑潡。氣霧集以杳冥兮，聲雷駭而淵瀯。乃回澄以靜映，狀冏然而鏡灼。挹之不損，停之不溢。莫察其源，動而愈出。信潤下而德施，壯邑移以不改。獨星陳于丘墟兮，越百代而猶在。守虛靜以玄澹兮，不東流而注海。恠季桓之穿費兮，乃獲羊于土缶。重華窨而龍化兮，子求鑒以忘醜。（全晉文卷一百二十）

起首至「瀠洞深玄」爲首段，押元部韻。以伯益作井之傳說敘起（註一四），述造井之經過及井水湧出之狀，末二句寫井之形。

「爾乃冠玉檻」至「狀冏然而鏡灼」爲第二段，押藥部韻。描述汲水時熱鬧之情景。「氣霧集以杳冥兮，聲雷駭而淵瀞」極夸飾之能事。末二句寫汲水之後，井水復歸平靜，與上文之喧囂成强烈對比。

「挹之不損」至「不東流而注海」爲第三段，敘井之德性：前四句押質部韻，寫井水之性，不因挹之與否而有增損，言井水有恒德也。此殆出於易井卦：「无喪无得」王弼注：「德有常也。」周易正義：「此明井用有常德，終日引汲，未嘗言損；終日泉注，未嘗言益。故曰：无喪无得也。」後六句押咍部上聲韻。接敘井水之德。用典極爲繁多：「信潤下而德施」典出尙書洪範：「水曰潤下」。「壯邑移以不改」典出周易井卦：「井，改邑不改井。」王弼注：「井以不變爲德者也。」「獨星陳于丘墟兮，越百代而猶在」二句殆用潯陽記之典故：「盆城，灌嬰所築。孫權經此城，自標井地，令人掘之，正得故井。銘云：潁陰侯所開，云三百年當塞，塞後不滿百年，當爲應運者所開。權欣悅，以爲己瑞。」（藝文類聚卷九引）末二句「守虛靜以玄澹兮，不東流而入海」卽物以寓理，藉井以明道家虛靜玄澹之理。「怪季桓之穿費兮」以下四句殆爲脫佚之文，押幽部上聲韻。敘有關井之典故。前二句典出孔子家語（註一五），後二句典出史記五帝本紀（註一六）。此處典故之使用，除引發井之聯想，增思古幽情外，殆無深意焉。

本賦不滿二百字，而用典之處凡八（註一七），晉人之好用典故，於此可見一斑。

江逌井賦，通篇以周易井卦爲主幹鋪演而成。其文云：

惟大朴之旣判兮，聖應務以表靈。演八卦以極用兮，運五材以贊生。鑽丹暉于金石兮，引黃泉乎杳冥。巽下火而鼎立兮，木上水而井成。于是大制旣契，物遵其徼。阡逵瓜分，廬宅星列。脩家給之永用，鑿階庭而制穴。穿重壤之十仞兮，搆玉甃之百節。營之不日，既汲既渫。潛流炤炤，寒泉洌洌。含七德以幾道兮，盡衆善而莫伐。挹之不損，滀之不充。納而不處其有，與有不匱其豐。先王借象以辨義，君子擬淡以自綏。神龍來蟠以育鱗，列仙一漱（類聚作嗽）而雲飛。（全晉文卷一百七）

起首至「木上水而井成」為首段，押耕部韻。以周易井卦之象敍井之形成，並以鼎卦為陪襯。䷱鼎，巽下離上，故云「巽下火而鼎立」；䷯井，巽下離上，故云「木上水而井成」。「于是大制既契」「盡衆善而莫伐」為第二段，首二句不押韻，其餘隔句押月部韻。敍井之功用、構成及井水之德。其中「寒泉洌洌」用井卦九五：「井洌，寒泉食。」之典。「含七德以幾道兮，盡衆善而莫伐。」典出老子第八章：「上善若水，水善利萬物而不爭，處衆人之所惡，故幾於道。居善地，心善淵，與善仁，言善性，正善治，事善能，動善時。夫唯不爭，故無尤。」「挹之不損」四句為第三段，押冬部韻。接敍井水之德。「挹之不損，滀之不充」演繹井卦「无喪无得」之義。「納而不處其有，與而不匱其豐」則老子「生而不有，為而不恃，功成而不居。」（二章）「功成不名有」（三十四章）之思想。「先王借象以辨義」以下為末段，押脂部韻。此段全用七字句。前二句卽物寓理，「先王借象以辨義」言借井卦之象以明人事之宜也。「君子擬淡以自綏」言君子當效法井水之淡泊以自安也。末二句藉神龍及列仙以寫井之靈異性。夫神仙之思，充斥晉人之心靈，本賦於說理中，卒不脫神仙色彩也。王彪之井賦之表現手法與江氏之作相近。全賦除首二句及「於是杳黃壚之邃、鮮潤下之潔」外，餘皆為工整之對句，其賦曰：

考五材之物化，寂冥感而資靜。水帶地而壤潤，月流天而宵炯。燧鑽木而發火，盆穿坤而構井。

摹玄義之靈爻，仰東宿之飛景。步土脈，測水泉。方欄結，鹿盧懸。下沉瓶而互汲，飛纖綆而幽牽。於是杳黃壚之邃，鮮潤下之潔。澄瀾恬以清渟，泓泠朗以寥戾。協太陰以化液，體上善以流惠。（初學記卷七）

「考五材之物化」至「仰東宿之飛景」爲首段，押耕部上聲韻。以五行泛敘天地之景象，而歸於井水之生成。首二句兼取五行之說及老子「道之爲物，惟恍惟惚：窈兮冥兮，其中有精。」（二十一章）之宇宙觀。「水帶地而壤潤」典出尚書洪範「水曰潤下」及周易說卦「潤萬物者，莫潤於水。」「月流天而宵炯」乃由「水帶地而壤潤」引起相反之聯想。又周易離卦：「彖曰：離、麗也。日月麗乎天。」則「月流天而宵炯」殆由「日月麗乎天」轉變而成也。「燧鑽木而發火，盆穿坤而構井」與上二句之組成有同工之妙，皆運用相反聯想之妙用也。蓋井與水有關，水爲坎，與坎相反者爲離，離爲火，於是乎聯想及鑽木取火，遂成「燧鑽木而發火，盆穿坤而構井」之妙對。充分發揮想像、用典、對仗三者間之相互影響力。

「步土脈」至「飛纖綆而幽牽」爲第二段，押元部韻。敘鑿井之經過，首二句敘測量水泉之所在，次二句敘井檻、轆轤之架設，末二句寫汲水之景，層次分明，井然有序。

「於是」以下爲末段，月祭合韻。敘井水之性及其流惠之功德。「上善」典出老子，已見江逌井賦。

按：初學記卷四引逸文四句：「三伏焦暑，亢陽重授。輕飈不扇，纖雲不覆。」

綜合晉人四篇詠井之賦，可得如下之共同點：

㈠好用典故，尤以郭璞井賦最爲繁富。

㈡對句頗多，而以王彪之井賦爲甚。

㈢典故以出於周易、老莊爲主。

㈣詠物中含有說理之成分，且以道家之玄理為主。

一二 詠冰

詠冰之賦凡二篇，皆為晉人之作品：

庾儵　冰井賦

顧愷之　冰賦

庾儵冰井賦雖有「井」名，然以詠「冰」為主，與上述詠井之賦殊異，故歸入「詠冰」之範疇。茲引其文並略述大要如下：

嘉陰陽之博施兮，美天道之廣宣。萬物雜而無越兮，不易類以相干。或專陽負暑兮，或固陰沍寒。塗雖殊而同歸兮，信協德而俱延。于是孟冬之月，群陰畢升。霜雪紛其交淪兮，流波結而成凌。啓南墉之重隩兮，將去（類聚、初學記皆作却）爇以藏冰。山人是取，縣人是承。納幽宮之邃宇兮，靜恬（類聚作幽）淡以清澂（類聚初學記皆作徵）。抱堅精之玄素兮，發川靈而長凝。于是寒往暑來，四時代序。帝將攘患，炎災是禦。乃命有司，啓彼潛戶。寒風慘悴，此焉清暑。格炎靈之恣曜兮，摧盛陽之暴怒。弭和春之淒風兮，遏溫夏之苦雨。保百姓之艱難兮，俾群生之寧處。及至股肱或虧，卿士殞喪。寧神扇暑，肅厲清涼。用處凶禮，無失典常。美厚德之兼愛兮，乃惠存以及亡。爾乃攜我同類，援我烝徒。將涉寒藪，害氣是除。攀靈檻而增舉，爰自託于城隅。仰瞻重構，俯臨陰穴。淒清驚冷，咸角發栗烈。餘寒嚴悴，淒若霜雪。（全晉文卷三十六）

起首至「信協德而俱延」為首段，元寒合韻。由陰陽之協合敘起，以引下文。

「于是孟冬之月」至「發川靈而長凝」爲第二段，押蒸部韻。此段進入本題，先敍冰之形成，次述取冰藏之冰井。末寫堅冰清澂恬淡之性。

「于是寒往暑來」至「俾群生之寧處」爲第三段，押魚部上聲韻。敍冰井於炎夏酷熱之時，有清暑禦災之用，安寧群生之功。

「及至股肱或虧」至「乃惠存以及亡」爲第四段，押陽部韻。接敍冰井之功用，可供凶禮之所需。末二句頌美冰井兼愛之厚德，不僅嘉惠生者，且惠及死者也。

「爾乃攜我同類」以下爲末段。前六句押魚部韻，敍與友朋至城隅觀冰井。後六句押月部韻，描寫冰井之嚴寒。「淒清驚冷，咸角發栗烈。餘寒嚴悴，淒若霜雪。」讀之寒意逼人，彷如置身於冰庫之間也。

按：初學記卷二十八引庾玄默「水井賦」逸文一句：「接朱李於玄泉」（嚴陸校宋本異文）。太平御覽卷九百六十八引庾玄默「水井賦」逸文二句：「接朱李於玄泉，來甘瓜於清濤。」二書皆作「水井賦」，不知「水井」爲「冰井」之誤，抑或庾儵除「冰井賦」外，另有「水井賦」耶？（註一八）

顧愷之冰賦於詠冰之中，暗含道家之哲理，其賦曰：激厲風而貞質，仰和景而融暉。清流離之光徹，邈雲英之巍巍。爾乃連綿絡幕，乍結乍無。翕然靈化，得漸已麄（初學記作粗）。細白隨川，方圓隨渠。義剛有折，照壺則虛。託形超象，比朗玄珠。一宗理而常全，經百合而彌切。轉若驚電，照若澄月。積如累空，泮若墮節。臨堅投軔，應變縷裂。瓊碎星流，清（初學記作精）練流（初學記作清）越。若乃上結薄映（類聚作暎），下鏡長泉。靈葩隨流，含馨揚鮮。（全晉文卷一百三十五）

起首四句爲首段，押脂部韻。皆用六字句。首二句敍冰於北風酷寒時凝成，而於春陽和煦時融解。三四句以光徹去形容冰之光采煥發勝過琉璃，而其珍貴則足以邈視雲英也。孟子盡心篇：「說大人則藐之，勿視其巍巍然。」集注：「巍巍，富貴高顯之貌。」顧氏殆取孟子之語而加以改造變化之，而成「邈雲英之巍巍」也。苟如是，則晉人之善用典及文句之鍛鍊由此可見一斑。

「爾乃連綿絡幕」至「比朗玄珠」爲第二段，押魚部韻，此段皆用四字句。描寫冰之形狀及性質。「細白隨川，方圓隨渠」一方面描寫冰之顏色隨川而變。冰之形狀隨渠之方圓而定，一方面殆暗寓隨遇而安之哲理耶？「義剛有折，照壺則虛。超形託象，比朗玄珠。」四句則顯然寓有道家之玄思。「玄珠」之意象尤爲繁複，蓋「玄珠」爲珠之有黑光者，而道家之本體亦稱「玄珠」。「比朗玄珠」一語雙關，表面形容冰之光澤，其骨裏則暗寓道家之玄理也。且「玄珠」一語亦易喚起讀者聯想莊子天地篇所載之典故：「黃帝遊乎赤水之北，登乎崑崙之丘而南望，還歸，遺其玄珠。」短短四字，而意義如是之豐富，用典之妙，盡於此也。

「宗理而常全」至「清練流越」爲第三段，押月部韻。除首二句爲六字句外，餘皆爲四字句。運用「驚電」「澄月」「累空」「瓊碎」「星流」等優美之意象以描述冰之種種形態，頗能發揮巧構形似之技巧。

「若乃」以下四句爲末段，押元部韻。全用四字句。描寫川岸之冰暎照流水之景及靈葩隨川漂流之芳馨。

十三　詠丘（墳墓）

以墳墓爲題材之賦，始於東漢張衡之冢賦，斯賦之作，蓋衡預先擇地爲冢，因作冢賦以誌之（註一九）。至晉則有陸機感丘賦一篇，其賦曰：

泛輕舟于西川，背京室而電飛。遵伊洛之坻（類聚作抵）渚，沿黃河之曲湄。覩墟墓于山梁，託崇丘以自綏。見兆域之藹藹，羅魁封之壘壘。于是徘徊洛涯，弭節河干。佇眄留心，慨爾遺歎。仰終古以遠念，窮萬緒乎其端。伊人生之寄世，猶水草乎山河。應甄陶以歲改，順通川而日過。生矜迹于當已（初學記作世），死同宅乎一丘（初學記作邱）。翳形骸于（初學記作以）下淪兮，飄（初學記作漂）營魄而上浮。隨陰陽以融冶，託山原以爲疇。妍媸混而爲一，孰云識其所修。必妙代以遠覽兮，夫何徇乎陳區（初學記作區陳）。爾乃申舟人以遂往，橫大川而有悲（類聚作惡）。傷年命之倏忽，怨天步之不幾。雖履信而思順，曾何足以保茲。普天壤其弗免，寧吾人之所辭。願靈根之晚墜，指歲暮而爲期（全晉文卷九十六）。

人自誕生之日起，卽隨時光之推移而逐步邁向死亡，聖賢豪傑，將相公侯，無一倖免。此乃人類亙古以來莫可奈何之悲哀。墳墓爲死亡之標誌，多感之詩人目睹此人生之終點，鮮有不深致其慨者也。古詩十九首「驅車上東門」云：

驅車上東門，遙望郭北墓。白楊何蕭蕭，松柏夾廣路。下有陳死人，杳杳卽長暮。潛寐黃泉下，
千載永不寤。浩浩陰陽移，年命如朝露。人生忽如寄，壽無金石固。萬歲更相送，聖賢莫能度。
服食求神仙，多爲藥所誤。不如飲美酒，被服紈與素。

「去者日以疎」云：

去者日以疎，生者日以親。出郭門直視，但見丘與墳。古墓犂爲田，松柏摧爲薪。白楊多悲風，
蕭蕭愁殺人。思還故里閭，欲歸道無因。

前者欲以飲美酒、服紈素之享樂方式忘却年命如朝露之憂愁，後者欲返家園以解脫客死異鄉之恐懼感，解脫之道雖有差異，然皆因目睹丘墳之悲涼而引發其時光流逝、人生苦短之哀感。此亦陸機感丘賦所呈現之主題也。茲就賦文析之如下：

「泛輕舟于西川」至「羅魁封之壘壘」爲首段，押脂部韻。敍泛舟西川，經伊洛、過黃河，目覩岸上山丘冢墓壘壘之景象。此與「驅車上東門，遙望郭北墓。」及「出郭門直視，但見丘與墳。」所換起之悲涼意象無二致也。

「于是徘徊洛涯」至「夫何佝乎陳區」爲次段，段分三節：前六句爲第一節，押寒部韻。敍徘徊徐步於河洛之涯，睹墓傷懷，念天地之悠悠，歎人生之迫促，不禁萬緒交集也。「伊人生之寄世」四句爲第二節，押歌部韻。言人生於世，猶如水草之於山河。山河年年如斯，水草則歲有榮枯。此與歎逝賦所云「川閱水以成川，水滔滔而日度。世閱人而爲世，人冉冉而行暮。人何世而弗新，世何人之能故。野每春而必華，草無朝而遺露。經終古而常然，率品物其如素。」蓋有同慨也。「生矜迹于當世」以下爲第三節，押幽部韻。敍生前顯赫，死亦一丘耳。否定人生積極奮鬥之意義，充分表現魏晉消極頹廢之人生觀。

「爾乃申舟人以遂往」以下爲末段。前四句押脂部韻，不忍久留傷心之域，乃命船夫駛離河岸。然既橫於大川之上，川水本身極易觸發時光流逝之傷懷，遂無法排遣年命苦短、歲月無情之哀怨也。

【附　註】

註　一：冢墓本非山水，然屬地理類，故一併計入。

註　二：參見王國瓔「漢賦」中的山水景物。中外文學第九卷第五期。

註　三：有關阮籍政治立場之揣測，徐麗霞於阮籍研究之論文中臚列六十六家，區分爲四派：一曰主親曹魏派。二曰主親司馬派。三曰非曹非馬，於曹魏、司馬俱無親愛之第三派。四曰劉漢派，此爲黃錦鋐先生之新義，以爲阮公屬意特在炎漢也。參見該論文第二章第三節。

註四：見容著魏晉的自然主義第二章阮籍嵇康的思想。

註五：見何著竹林七賢研究附錄竹林七賢年譜。

註六：班固覽海賦僅存「運之修短，不豫期也」二語。明張溥誤將藝文類聚卷八所載之班彪覽海賦輯入班固之集中。其後歷代賦彙、古今圖書集成皆沿其誤。

註七：帝嬀卽舜，作「亘唐」不可解，當從藝文類聚作「臣唐」。胡克家文選考異卷二云：「袁本亘作臣，云：『善作亘』。」茶陵本云：『五臣作臣。』案：各本所見皆非也。陳云：『觀此注中臣堯之解，則善本亦作臣也，亘乃傳寫之誤。』其說最是。」又「代」字六臣註文選及藝文類聚皆作「世」。就用韻觀之，「瘵」「際」「裔」皆屬「祭」部，「代」爲「咍」部去聲，「世」屬「祭」部，似以作「世」爲是。

註八：文心雕龍練字篇云：「是以綴字屬篇，必須練擇：一避詭異，二省聯邊，三權重出，四調單複……聯邊者，半字同文者也。狀貌山川，古今咸用，施於常文，則齟齬爲瑕，如不獲免，可至三接，三接之外，其字林乎！」是「聯邊」爲練字之所忌，後人亦執此以疵議漢賦字體瓌怪，譏爲字林！然以之評詩則是，以之評賦則恐欠當也。簡師宗梧云：「賦旣是『鋪采摛文，體物寫志』的文體，作法上又『極聲貌以窮文』，自不免聯邊疊綴。從內容上來看，也宜當如此。」（對漢賦若干疵議之商榷）以本賦此段爲例，卽充分發揮聯邊之妙處也。

註九：「杌」，胡本作「扤」，六臣註文選及藝文類聚皆作「杌」。胡克家文選考異卷二云：「袁本、茶陵本扤作杌是也，注同。」

註一〇：見文選海賦善注引。唯善注李充訛爲李尤。胡克家文選考異卷二云：「陳云：『案尤當作充，見晉書文苑傳。與東漢李尤時代夐殊。』今案：所校是也，李尤遠在木前，亦不撰翰林論。各本皆譌。」

註一一：史記卷六十五吳起列傳云：「（魏）武侯浮西河而下中流，顧謂吳起曰：『美哉乎山河之固。此魏國之寶也。』起對曰：『在德不在險。昔三苗氏左洞庭，右彭蠡，德義不脩，禹滅之。夏桀之居，左河濟，右泰華，伊闕在其南，羊腸在其北，脩政不仁，湯放之。殷紂之國，左孟門，右太行，常山在其北，大河經其南，脩政不德，武王殺之。由此觀之，在德不在險。若君不脩德，舟中之人盡爲敵國也。』武侯曰：『善。』」

註一二：西晉庾儵「冰井賦」雖有「井」名，內容實爲詠冰之賦。

註一三：「抱甕而汲，不設機引。」典出莊子天地篇：「子貢南遊於楚，反於晉，過漢陰，見一丈人方將爲圃畦，鑿隧而入井，抱甕而出灌，搰搰然用力甚多而見功寡。子貢曰：『有械於此，一日浸百畦，用力甚寡而見功多，夫子不欲乎？』爲圃者卬而視之曰：『奈何？』曰：『鑿木爲機，後重前輕，挈水若抽，數如泆湯，其名爲槔。』爲圃者忿然作色而笑曰：『吾聞之吾師，有機械者必有機事，有機事者必有機心，機心存於胸中，則純白不備；純白不備，則神生不定；神生不定者，道之所不載也。吾非不知，羞而不爲也。』」「雖矢志而無妄，實游心于大順。」蓋本之於老子：「玄德深矣，遠矣，與物反矣。然後乃至大順。」（六十五章）。以上爲道家之思想。「俗尚其華，我篤其信。」則有儒家「言忠信，行篤敬」之思想。「既處涅而不淄，又磨之而不磷。」典出論語陽貨篇：「佛肸召，子欲往。子路曰：『昔者由也聞諸夫子曰：『親於其身爲不善者，君子不入也。』佛肸以中牟畔，子之往也，如之何？』子曰：『然。有是言也。不曰堅乎？磨而不磷；不曰白乎？涅而不緇。吾豈匏瓜也哉？焉可繫而不食？』」

註一四：淮南子卷八本經訓：「伯益作井而龍登玄雲，神棲昆侖。」

註一五：孔子家語卷四辯物第十六：「季桓子穿井，獲如土缶，其中有羊焉。使使問於孔子曰：『吾穿井於費，而於井中得一狗，何也？』孔子曰：『丘之所聞者羊也。丘聞之：木石之怪夔蝄蜽，水之怪龍罔象，土之怪羵羊也。』」

註一六：史記卷一五帝本紀：「瞽叟又使舜穿井，舜穿井為匿空旁出。舜既入深，瞽叟與象共下土實井。舜從匿空出去。」正義云：「通史云：舜穿井，又告二女。二女曰：去汝裳衣，龍工往入井。」

註一七：除上述之七處典故外，「冠玉檻」之「玉檻」蓋用山海經之典。海內西經：「昆侖之虛，方八百里，高萬仞…面（初學記作上）有九井，以玉為檻。」郭璞注：「檻，欄。」按：郭璞既注山海經，則「玉檻」之典出自山海經殆無疑義。

註一八：此段歷代賦彙置於第三段「炎災是禦」之後，「乃命有司」之前。就文意及押韻觀之，仍從全晉文為宜。

註一九：古文苑章樵注云：「漢之人主多預為陵廟，則士大夫必有預為冢兆者。詳觀此賦，其平子預築之冢邪？」冢賦之內容結構，參見拙著「張衡生平及其賦之研究」第三章第八節。

第五章　魏晋植物類賦篇之分析

花果草木，屢爲詩人吟詠之素材，遠在詩經、楚辭，植物卽爲不可或缺之一環。孔子曾勸弟子學詩，謂詩除可事父事君之外，尙可「多識於鳥獸草木之名」，可知植物本繁茂於詩經之中。楚辭則常以香草喻忠貞、惡草喻奸佞，王逸所謂「善鳥香草以配忠貞，惡禽臭物以比讒佞。」是也。然則植物於吾國文學中早已佔有一席之地矣。無怪乎吾國最早之詠物詩「隰有萇楚」及詠物賦「橘頌」皆以植物爲題材也（註一）。

漢代吟詠植物之賦凡九篇，居詠物賦之第三位。降至魏晋，此類賦篇蓬勃發展，篇數高達一一四篇，成爲詠物賦之主流。玆就㈠詠花㈡詠果㈢詠草㈣詠木㈤其他等類分述之。此等分類，非植物學之分類，乃依文學研究之方便而分類也（註二）。

一　詠　花

植物爲文學不可或缺之一環，「花」尤爲植物之精英。魏晉之前，雖無以花爲主題之詩歌，然涉及花之作品則極多。如詩經周南之桃夭卽爲膾炙人口之作品：

桃之夭夭，灼灼其華。之子于歸，宜其室家。

將桃木之少壯美好、桃花之灼灼盛開生動呈現，讀之令人充滿生命喜悅之感，而桃花美好之意象亦因此詩而深入人心。又如鄭風有女同車：

有女同車，顏如舜華。將翺將翔，佩玉瓊琚。彼美孟姜，洵美且都。

有女同行，顏如舜英。將翺將翔，佩玉將將。彼美孟姜，德音不忘。

以木槿之花形容女子之美貌，開後代詩人以花比喻女子容貌之先河。又木槿之花，朝開暮謝，然則「顏如舜華」「顏如舜英」除形容其貌美如花外，殆亦暗寓女子容顏之易衰也。

楚辭涉及花之詩句亦多，如：

製芰荷以爲衣兮，集芙蓉以爲裳。（離騷）

朝飲木蘭之墜露兮，夕餐秋菊之落英。（離騷）

集芙蓉以爲裳、餐秋菊之落英，皆象徵其心志之高潔也。

降至兩漢，以花爲主題之詠花詩尚未出現，而賦已奪其先聲，得詠花之賦二篇：

張奐　芙蓉賦

朱穆　鬱金賦

魏晉承漢代拓殖之園地，勤加培育，遂開出無數之花朵。詠花賦高達三十篇，數量之多，成長之速，令人驚嘆！茲就不同花種分別研究之：

(一) 泛詠花

王劭之春花賦爲魏晉唯一泛詠花之賦篇，其賦曰：

千葩粲其昭晰兮，百卉僑而同榮。蘭圃翹以含芳兮，芝薄振而沉馨。翠頴競臻，衆條頻英。或異色同形，或齊芳殊制。自然神香，不可勝計。爛若羅宿之垂光，灼若隋珠之宵列。爽若翡翠之羣

翔，練若珊瑚之映月。詩人詠以託諷，良喻美而光德。工女准於妙規，飾王后之首則。（藝文類聚卷八十八）

此賦純以客觀之手法，描寫春天繁花盛開之美景。雖無深意，唯就寫景而言，亦有可觀者焉。尤以「爛若羅宿之垂光，灼若隋珠之宵列。爽若翡翠之羣翔，練若珊瑚之映月。」四句，藉羅宿垂光、隋珠宵列、翡翠羣翔及珊瑚映月諸意象以喻春花之亮麗繁富，極爲成功。

㈡ 蓮花

蓮花自古卽爲詩人所鍾愛，詩經常以蓮花爲美人之象徵，如陳風澤陂：

彼澤之陂，有蒲與荷。有美一人，傷如之何！寤寐無爲，涕泗滂沱。
彼澤之陂，有蒲與蕑。有美一人，碩大且卷。寤寐無爲，中心悁悁。
彼澤之陂，有蒲菡萏。有美一人，碩大且儼。寤寐無爲，輾轉伏枕。

毛傳云：「荷，芙蕖也；蕑，蘭也；菡萏，荷華也。」鄭箋云：「蕑，當作蓮；蓮，芙蕖實也。」孔疏云：「箋以上下皆言蒲荷，則次章不宜別據他草。且蘭是陸草，非澤中之物，故知蕑當作蓮。」姑不論蕑是否當作蓮。此詩以蓮花起興美人之思則無疑義也。又如鄭風山有扶蘇：

山有扶蘇，隰有荷華。不見子都，乃見狂且！

「子都」乃美男子之稱，此詩以扶蘇荷花起興，然則荷花不僅適用於美女，且可適用於俊男也。

楚辭之蓮花，常暗示詩人高潔之心志，除上文所引「製芰荷以爲衣兮，集芙蓉以爲裳。」之外，他如：

搴芙蓉兮木末。（九歌湘君）

坐堂伏檻，臨曲池些。芙蓉始發，雜芰荷些。（招魂）

或多或少，皆有高潔之象徵。

漢代詠物賦逐漸增多，其中張奐芙蓉賦殆爲詩賦中首篇以蓮花爲主題之作品（註三）。其賦曰：

綠房翠蔕，紫飾紅敷。黃螺圓出，垂蕤散舒。纓以金牙，點以素珠。（初學記卷二十七）

純以賦之手法描寫蓮花之形狀及顏色，而無詩經之比興及楚辭象徵之色彩。

魏晉詠蓮之賦凡八篇：

魏曹植　芙蓉賦

吳閔鴻　芙蓉賦（註四）

晉夏侯湛　芙蓉賦

孫楚　蓮花賦

潘岳　蓮花賦　芙蓉賦

潘尼　芙蓉賦

蘇彥　芙蕖賦

綜觀八篇吟詠蓮花之賦，其寫作動機皆純爲欣賞蓮花之美而作。初學記卷二十七所引閔鴻「蓮華賦序」可爲代表：

川源清澈，羕溢中塘。芙蓉豐植，彌被大澤。朱儀榮藻，有逸目之觀。

此序殆有脫佚，然可窺知芙蓉豐植澤塘所呈現賞心悅目之美景爲引發作者提筆寫作之誘因也。其餘七篇除潘尼之作外，雖無賦序，然由賦文亦可推知：

覽百卉之英茂，無斯華之獨靈。（曹植芙蓉賦）

臨清池以遊覽，觀芙蓉之麗華。（夏侯湛芙蓉賦）

有自然之麗草，育靈沼之清瀨。（孫楚蓮花賦）

偉玄澤之普衍，嘉植物之並敷。遊莫美於春臺，華莫盛於芙蕖。（潘岳蓮花賦）

蔭蘭池之豐沼，育沃野之上腴。課衆榮而比觀，煥卓犖而獨殊。（潘岳芙蓉賦）

偉芙蓉之菡萏，耀煒燁之丹花。（蘇彥芙渠賦）

由上諸賦之起首，可知皆爲詠贊蓮花之美而作。六朝唯美主義之盛行，於此可窺其濫觴也。就表現之手法言，諸賦皆爲客觀之描寫，乏主觀情感之投入，屬於純粹之詠物賦。唯諸賦尙能發揮巧構之技巧，運用比喩以塑造蓮花優美之意象。如：

其始榮也，皎若夜光尋扶桑。其揚暉也，晃若九陽出暘谷。（曹植芙蓉賦）

灼若夜光之在玄岫，赤若太陽之映朝雲。（閔鴻芙蓉賦）

微若玄黎投幽夜，粲若鄧林飛鵷鶵。（孫楚蓮花賦）

其望之也，曄若皦日燭崑山。其節（全晉文作即）之也，晃若盈尺映藍田。（潘岳蓮花賦）

光擬燭龍，色奪朝霞。（潘岳芙蓉賦）

或擢莖以高立，似彫輦之翠蓋；或委波而布體，疑連璧（御覽作璧）之攢會。（潘尼芙蓉賦）

茲引數篇爲代表，並加分析如后：

曹植芙蓉賦云：

覽百卉之英茂，無斯華之獨靈。結修根于重壤，泛清流以擢莖。退潤王宇，進文帝廷。竦芳柯以從風，奮纖枝之綷縩（一作璀璨）。其始榮也，皦（類聚作皎）若夜光尋扶木；其揚暉也，晃若九日（類聚作陽）出暘谷。芙渠（類聚作蓉）騫翔（類聚、初學記作騫產），菡萏星屬。絲條垂珠，丹莖（類聚作榮）加（初學記作吐）綠。焜焜燁燁（類聚作韡韡），爛若龍燭。觀者終朝，情猶未足。于是狡童媛女，相與同遊（類聚作遊）。擢素手于羅袖，接紅葩于中流。（

全三國文卷十四）

首段六句，押耕部韻。以贊美芙蓉爲百卉之靈起首，接敍其結根重壤，擢莖清流，已有「出淤泥而不染」之形象矣。末言其功用，退可滋潤帝王之宇，進可美化帝王之宮廷也。

「竦芳柯以從風」二句，描寫蓮花隨風搖曳之姿態，以「芳柯」「纖枝」刻畫其柔細芳香，「綷繚」形容其明豔。此二句與上下文不協韻，疑有佚文。

「其始榮也」至「情猶未足」爲第三段，押屋部韻。前四句用隔句對，句法與洛神賦「遠而望之，皎若太陽升朝霞；迫而察之，灼若芙蕖出淥波。」相似，此類句法爲曹植及魏晉賦家所喜用，若溯其源，蓋本之於漢朱穆鬱金賦「遠而望之，粲若羅星出雲垂；近而觀之，曄若丹桂曜湘涯」之句法也。此四句運用比喻法形容蓮花始開之色澤及盛開之光豔。並運用想像力，將扶桑、暘谷及九日之傳說與蓮花相聯結，造成極爲繁複優美之意象。以下繼寫蓮花之種種姿態及顏色之鮮豔，以「觀者終朝，情猶未足」作結，極力贊揚蓮花之美。

「于是狡童媛女」以下爲末段，押幽部韻。此段轉寫人物，俊男美女相伴來遊，美人出羅袖之纖纖素手，以摘中流之紅葩，構成一幅人花爭豔之畫面。

夏侯湛芙蓉賦云：

臨清池以遊覽，觀芙蓉之麗華。潛靈藕於玄泉，擢脩莖乎清波，煥然蔭沼，灼爾星羅。若乃回榮外散，菡萏內離。的出豔發，葉恢花披。綠房翠蒂，紫飾紅敷。黃螺圓出，垂蕤散舒。纓以金牙，點以素珠。固陂池之麗觀，尊終世之特殊。爾乃採淳葩，摘圓質。析碧皮，食素實。味甘滋而清美，同嘉異乎橙橘。參嘉菓以作珍，長充御乎口實。（藝文類聚卷八十二）

首段六句，押歌部韻。以遊覽清池觀賞芙蓉總起，接寫其根莖之狀。「擢脩莖乎清波」尤能描寫出水芙蓉獨特之姿。末寫芙蓉彌漫池沼之狀，並形容其明豔。

「若乃迴縈外散」至「尊終世之特殊」爲第二段。前四句押支部韻，後八句押魚部韻。描寫蓮葉、蓮實、蓮花種種姿態，「綠」房、「翠」蔕、「紫」飾、「紅」敷、「黃」螺、「金」牙、「素」珠等五顏六色之渲染鋪寫，構成彩色繽紛之美麗畫面，誠作者所謂「陂池之麗觀」也。（註五）

「爾乃採淳葩」以下爲末段，押質部韻。述芙蓉之功用，就純粹審美之立場觀之，此段由視覺之美淪爲口腹之欲，詠贊蓮實之美味，或不免有煮鶴焚琴之譏也。

潘岳蓮花賦云：

偉玄澤之普衍，嘉植物之並敷。遊莫美於春臺，華莫盛於芙蕖。於是惠風動，冲氣和，眄清池，翫蓮花。舒綠葉，挺纖柯。結綠房，列紅葩。仰含清液，俯濯素波。脩柯婀娜，柔莖苒弱。流風徐轉，迴波微激。其望之也，曄若皦日燭崑山。其即（原作節據全晉文改）之也，晃若盈尺映藍田。（藝文類聚卷八十二）

本賦通篇以對句組成，魏晉賦逐漸駢化之現象雖極普遍，唯通篇用對句者仍不多見。首段四句，押魚部韻。由讚美玄澤普衍、植物並敷敘起，層層遞進，而歸結於衆花中當以芙蕖爲絕色。

「於是惠風動」至「俯濯素波」爲第二段，押歌部韻。先敘春風和熙，觀賞清池之蓮花。接寫蓮葉、蓮莖、蓮房及蓮花之姿態。「舒」「挺」「結」「列」四字摹寫葉、柯、房、葩之狀，極爲傳神，而「綠」「紅」相間，色彩極爲鮮明，誠爲寫物之能手也。「仰含清液，俯濯素波」二句，則將蓮花「清雅高潔」之形象表露無遺。

「脩柯婀娜」四句爲第三段，押藥部韻。刻畫蓮莖之修長、柔弱及隨風搖曳、水波輕漾之狀。令人極易聯想柳腰輕擺、姿態婀娜之玉人。

「其望之也」以下四句爲末段，押元部韻。句法與曹植芙蓉賦「其始榮也，皎若夜光尋扶桑；其揚暉也，晃若九陽出暘谷。」相類。想像、夸飾、譬喻之綜合運用，塑成蓮花明豔之意象。

㈢ 菊花

詠菊之賦，始於魏鍾會菊花賦，晉代則有四篇：

傅玄　菊賦
孫楚　菊花賦
潘尼　秋菊賦
盧諶　菊花賦

鍾會菊花賦散見於北堂書鈔卷一百五十五，藝文類聚卷八十一，初學記卷二十七及太平御覽卷九百九十六。今雖無法睹其全文，然大體尙保存於藝文類聚之中，亦可以窺其大略也。藝文類聚引鍾會菊花賦曰：

何秋菊之奇兮（註六），獨華茂乎凝霜。挺葳蕤於蒼春兮，表壯觀乎金商。延蔓蓊鬱，緣坂被崗。縹幹綠葉，青柯紅芒。芳實離離，暉藻煌煌。（註七）微風扇動，照曜垂光。於是季秋初九，日數將并。（註八）置酒華堂，高會娛情。百卉彫瘁，芳菊始榮。紛葩韡曄，或黃或青。乃有毛嬙西施，荆姬秦嬴。妍姿妖豔，一顧傾城。擢纖纖之素手，宜皓腕而靈形。仰撫雲髻，俯弄芳榮。

又云：

夫菊有五美焉：黃華高懸，准天極也。純黃不雜，后土色也。早植晚登，君子德也。冒霜吐穎，象勁直也。流中輕體，神仙食也。

自「何秋菊之可奇兮」至「照耀垂光」爲首段，押陽部韻。前四句叙菊花不畏凝霜而於秋天盛開之壯觀。「延蔓蓊鬱，緣坂被岡」二句叙其分布之廣。「縹幹綠葉」以下寫其幹、葉、柯、花之顏色，並著力於形容菊花之光輝明豔。

「於是季秋九月」至「俯弄芳榮」爲次段，押耕部韻。由寫物轉寫人事，叙重陽節置酒華堂，賞菊花，飲菊酒，高會娛情，何其樂也。重九飲菊花酒以避邪延年之習俗，觀此賦知三國時已有之也。「乃有」以下則寫美女妖嬈之態，頗有宮體之薌澤氣息。

按：「俯弄芳榮」以下當有佚文，初學記卷二十七引鍾會菊花賦云：

掇以纖手，承以輕巾。揉以玉英，納以朱脣。服之者長生，食之者通神。

此段押眞部韻，叙服食菊花有長生通神之功效。就文意觀之，殆爲前文與「夫菊有五美焉」間之佚文（註九）。

「夫菊有五美焉」以下殆爲本賦之末段。總叙菊花之五種美德：「黃華（一作圓花）高懸，准天極也」言其合乎天道；「純黃不雜，后土色也」言其顏色爲黃土之正色；「早植晚登，君子德也」美其具有君子之德也；「冒霜吐穎，象勁直也」美其不畏寒霜，堅勁正直之性也；「流中輕體，神仙食也」美其具有延年長生之功效也。舉凡菊花之表徵，此賦蓋言其泰半矣。又此段之用韻亦特殊，除首句爲散句外，其餘隔句押韻（職德合韻），虛字不入韻，以其前一字爲韻脚。

傅玄菊賦已見註九。古今圖書集成草木典卷九十載賦序云：「詩人覩王雎而咏后妃之德，屈平見朱橘而申忠臣之志。」按：此爲傅玄橘賦之序，見太平御覽卷九百六十六。古今圖書集成誤引。

孫楚菊花賦爲不滿百字之短賦，先叙菊花秋天開花之特性，次叙和樂公子來遊，以其花泡酒，以其葉爲服飾，末二句則贊美其珍麗神奇。通篇殆爲遊戲筆墨，無深刻之命意焉。然第二句贊美其「稟自然之醇精」，次段叙和樂公子之「雍容無爲」，亦微含道家自然無爲之哲理也。

潘尼秋菊賦充滿神仙及長生之幻想，所詠之菊花已脫離現實之世界，而爲足以「招仙致靈，儀鳳舞鸞」之靈花也。「游女望榮而巧笑，鵷鶵遙集而弄音」「眞人采其實，王母接其葩」等，皆爲作者幻想之神仙世界。

盧諶菊花賦爲晉人詠菊之賦中，稍能敘及菊花貞節之德，其賦曰：

何斯草之特瑋，涉節變而不傷。越松柏之寒茂，超芝英之多芳。浸三泉而結根，晞九陽而擢莖。若乃翠葉雲布，黃蕊星羅。熒明蒨粲，菴藹猗那。（全晉文卷三十四）

前段六句，陽耕合韻。先敘菊花經節變而不改之貞德，次以松柏、芝英陪襯，以凸顯菊花之茂盛及芳香。末則夸飾其根莖生長之狀。

後段四句，押歌部韻。寫菊葉、菊花分布之狀，並極力形容其明豔美好之姿態。

按：據晉書卷四十四盧諶傳之記載，知諶之一生遭逢喪亂，雖顯赫於後趙，然不忘故土，恆以晉朝爲念。此賦之詠菊花，旣以贊美菊花不變之貞節起首，理應有深意寄托於賦中，惜至「菴藹猗那」卽止，不知其下是否有佚文？

四　木槿

毛詩陸疏廣要云（註一〇）：

爾雅釋草云：「椵、木槿；櫬，木槿。」郭註云：「似李樹，花朝生夕隕，可食。或呼日及，一曰王蒸。」鄭註云：「卽朝生暮落花也。今亦謂之木槿。一名椵，一名櫬，一名王蒸，一名舜華。」埤雅云：「華如葵，朝生夕隕，一名舜，蓋瞬之義取諸此。詩曰：顏如舜華。又曰：顏如舜英。言不可與久也。」

由是可知木槿異名之多。要之，蓋以其花開之短促而名之也。此外尚有「朝菌」「朝華」等異名，潘尼朝菌賦序卽嘆其名何其多也：

朝菌者，蓋朝華而暮落。世謂之木槿，或謂之日及，詩人以爲舜華，宣尼以爲朝菌。其物向晨而結，逮明而布，見陽而盛，終日而殞，不以其異乎？何名之多也！（藝文類聚卷八十九）

鄭風有女同車爲最早詠及木槿之詩歌，作者以木槿比喻女子容顏之美，並暗寓美貌之不易持久。至於專以木槿爲主之詠物體，蓋始於晉成公綏之日及賦，其後作者日衆，凡得九篇（包括成氏之賦）。篇數之多，高居魏晉詠花賦之首位。其篇目如下：

成公綏　日及賦

傅玄　朝華賦

夏侯湛　朝華賦

傅咸　舜華賦

潘岳　朝菌賦

嵇含　朝生暮落樹賦

潘尼　朝菌賦

盧諶　朝華賦

羊徽　木槿賦

猗歟盛哉！惜亡佚者甚多。成公綏日及賦僅存序文四句，傅玄朝華賦僅存序文一句，潘岳朝菌賦除序文外，僅存「奈何兮繁華，朝榮兮夕斃。」二句，嵇含朝生暮落賦僅存「草木春榮秋悴，此木朝生暮落」序文二句，潘尼朝菌賦僅存序文，盧諶朝華賦分見藝文類聚及初學記，亦爲殘篇。九篇之中，尙能存其全貌者僅三篇耳，殊爲可惜，玆引其文如下。

夏侯湛朝華賦云：

杳神樹之脩異，寔積陽之純精。蜿潛根以誕節，據川壤以擢莖。皎日升而朝華，玄景逝而夕零。逮明晨而繁沸，若靜夜之衆星。長莖欑起，柔條列布。濯靈柯於時雨，滋逸采於豐露。灼煌煌以煒煒，獨崇朝而達暮。於是茂樹蒼蒼，纖枝翩翩。潛光玉朗，綠葉翠鮮。

傅咸舜華賦云：

佳其日新之美，故種之前庭而爲之賦：覽中唐之奇樹，稟沖氣之至淸。應青春而敷蘗，逮朱夏而誕英。布夭夭之纖枝，發灼灼之殊榮，紅葩紫蒂，翠葉素莖。含暉吐曜，爛若列星。朝陽照灼以舒暉，逸藻采粲而光明。罄天壤而莫儷，何菱華之足營。

羊徽木槿賦云：

有木槿之初榮，藻衆林而間色。在青春而資氣，逮中夏以呈飾。挹宵露以舒采，晞晨景而吸赩。

（以上三篇皆錄自藝文類聚卷八十九）

花開花謝，本詩人常詠之題材，況木槿之花朝開暮落，其凋謝之速，理應觸發詩人之傷感，然就以上諸賦觀之，竟無感傷之氣氛，此殆與作者之遊戲態度攸關也。傅咸舜華賦序云：「佳其日新之美，故種之前庭而爲之賦。」盧諶朝華賦云：「覽庭隅之嘉木，莫朝華之可玩。」作賦之動機既出之於欣賞娛玩之態度，故對木槿之朝開暮落自無傷感之情（註一一），而能欣賞其「日新之美」。此典型之純粹詠物賦也。

夫主觀情感之缺乏，固爲純詠物之缺憾。然由於作者集中精力於所詠對象之描述，故秀句時出，如：

皎日升而朝華，玄景逝而夕零。逮明晨而繁沸，若靜夜之衆星。（夏侯湛朝華賦）

朝陽照灼以舒暉，逸藻采粲而光明。（傅咸舜華賦）

挹宵露以舒采，暉晨景而吸艷。（羊徽木槿賦）

辭藻華麗，意象優美，謂之秀句，不亦宜乎？

以上三賦，篇幅皆不滿百字，羊徽木槿賦僅三十六字，苟無脫佚，則爲極短之小賦。此外，傅咸之賦通篇押耕部韻，羊徽之賦通篇押職部韻，皆爲一韻到底之賦篇。

㈤ 宜男花

宜男花者，鹿葱之花也。鹿葱即諼草（萱草），俗謂之忘憂草也。始見於衞風伯兮：「焉得諼草，言樹之背。」曹植有宜男花頌，爲專詠宜男花之首篇作品。至於詠宜男花之賦篇，則始於晉代，凡三篇：

傅玄　宜男花賦

夏侯湛　宜男花賦

嵇含　宜男花賦

嵇含之作，賦文已佚，僅餘賦序。其餘二篇內容相似，夏氏描寫刻畫之處較多，傅氏則簡短而有情趣，茲引傅氏之作以爲代表：

猗猗令草，生于中方。花白宜男，號應禎祥。遠而望之，煥若三辰之麗天。近而察之，晃若芙蓉之鑒泉。於是狡童媛女，以時來征。結九秋之永思，含春風以娛情。（藝文類聚卷八十一）

短短六十字，然段落分明。首段四句，押陽部韻。讚美宜男花爲禎祥之令草。次段四句，押元部韻。摹仿曹植洛神賦之句法，描寫宜男花遠望近察之姿態，意象堪稱生動。「於是」以下四句爲末段，押耕部韻，由寫物轉而寫人，敘俊男美女來遊，此殆摹仿曹植芙蓉賦之技巧，唯結尾「結九秋之永思，含春風以娛情」二句蓋神來之筆，含無限旖旎風情也。

㈥ 其他

魏晉詠花之賦除上列諸賦外，尙有四篇，皆爲晉人之作品：

傅玄　紫華賦　鬱金賦　蜀葵賦

傅咸　款冬賦

傅玄紫華賦曰：

紫華一名長樂華。舊生于蜀，其東界特饒，中國奇而種之。余嘉其華純耐久，可歷冬而服，故與友生各爲之賦：

有遐方之奇草，稟二氣之純精。仰紫微之景耀（類聚作曜），因令色以定名。剛莖勁立，纖條繁列。從回風以搖動，紛蘭暢而蕙潔（類聚作絜）。蔚青蔥以增茂，並含華而未發。于是散綠葉，秀紫榮。蘊若芝草之始敷，灼若百枝之在庭。炳（類聚作燭）參差以昭（類聚作炤）燿兮，何光麗之難（類聚作雜）形。葩豔挺于碧枝兮，煥若珊瑚之萃英。渙渙昱昱，而（類聚無而）奪人目精。下無物以借喩，上取象于朝霞。妙萬物而比豔，莫玆草之可嘉。（全晉文卷四十五）

就序觀之，此賦之創作動機乃嘉美紫華之「華純耐久，可歷冬而服。」屬睹物興懷之作，唯全賦偏向純粹客觀之審美，乏情感之投入。序末云：「故與友生各爲之賦。」則此賦亦帶有同題競采之遊戲性質也。

詠鬱金之賦始於漢朱穆之鬱金賦，此賦對魏晉詠物賦有相當之影響。其賦曰：

歲朱明之首月兮，步南園以迴眺。覽草木之紛葩兮，美斯華之英妙。布綠葉而挺心，吐芳榮而發曜。衆華爛以俱發，鬱金邈其無雙，比光榮於秋菊，齊英茂乎春松。遠而望之，粲若羅星出雲垂。近而觀之，曄若丹桂曜湘涯。赫乎扈扈，萋兮猗猗。清風逍遙，芳越景移。上灼朝日，下映蘭池。覩茲榮之瑰異，副歡情之所望。折英華以飾首，耀靜女之儀光。瞻百草之青青，羌朝榮而夕零。

美鬱金之純偉，獨彌日而久停。晨露未晞，微風肅清。增妙容之美麗，發朱顏之熒熒。作椒房之珍玩，超衆葩之獨靈。（藝文類聚卷八十一）

無論就內容及修辭之技巧而言，皆與魏晉詠物賦極爲類似，若干文句且爲魏晉賦摹仿之對象，如「比光榮於秋菊，齊英茂乎春松。」殆爲曹植洛神賦「榮曜秋菊，華茂春松。」所本。「遠而望之，粲若羅星出雲垂；近而觀之，曄若丹桂曜湘涯。」更爲魏晉賦家爭相摹仿之佳句（註一二）。

魏晉吟詠鬱金之賦僅得傅玄鬱金賦一篇，僅五十二字，其賦曰：

葉萋萋以翠青，英蘊蘊而金黃。樹菴藹以成蔭，氣芳馥而含芳。凌蘇合之珠珍，豈艾網之足方。榮耀帝寓，香播紫宮。吐芬楊烈，萬里望風。（藝文類聚卷八十一）

前段六句，押陽部韻。先寫鬱金花葉之繁茂及顏色之鮮豔，次寫其濃蔭及芳香，末則以蘇合、艾網（註一三）二香映襯鬱金香之珍貴。後段四句，押冬部韻。叙其花香照耀播散於皇宮，並夸飾其香氣之芳香濃烈，傳及萬里之外也。

傅玄蜀葵賦僅存賦序之殘文，其內容不得而知。

傅咸款冬賦曰：

余曾逐禽，登于北山。于時仲冬之月也。冰凌盈谷，積雪被崖。顧見款冬，煒然始敷。華豔春暉，既麗且殊。以堅冰爲膏壤，吸霜雪以自濡。非天然之眞貴，曷能彌寒暑而不渝？（以上爲賦序，見太平御覽卷九百九十二）

惟玆奇卉，款冬而生。原厥初之載育，稟淳粹之至精。用能託體固陰，利此堅貞。惡朵（全晉文作朱）紫之相奪，惡居衆之易傾。在萬物之並作，故韜華而弗逞。遠（全晉文作逮）皆死以枯槁，獨保質而全形。（藝文類聚卷八十一）

本賦爲典型觸物興懷，詠物寫志之作。此賦與其父玄之紫華賦參照比較，則知同爲睹物興懷之作，然作者主觀情感之投入與否，影響作品之內涵甚鉅也。

賦序本身即爲一段雋永可喜之小品文字，叙款冬能以堅冰爲膏壤、吸霜雪以自濡，憑此天然堅貞之特性，遂能於衆芳蕪穢之嚴冬綻放既麗且殊之豔華也。

賦文通篇押耕部韻。首六句讚美款冬稟質淳精，有堅貞之性，能託體於嚴寒之時。後六句叙款冬厭惡紫之奪朱，故韜其華而弗逞。逮萬物枯槁之時，獨能保其質，全其形。於此乃見其特立獨行，不願與衆物浮沈之卓越德行。考傅咸之身世，稟其父玄之家風，風格峻整，勁直忠果，犯顏直諫，於舉世浮誕之士風中，獨守儒家之行。咸賦款冬之堅貞，殆其己身之寫照者歟？

二　詠　果

詩經不乏詠及果實之詩句，如：

摽有梅，其實七兮。求我庶士，迨其吉兮。（召南摽有梅）

投我以木瓜，報之以瓊琚。匪報也，永以爲好也。

投我以木桃，報之以瓊瑤。匪報也，永以爲好也。

投我以木李，報之以瓊玖。匪報也，永以爲好也。（衞風木瓜）

園有桃，其實之殽。心之憂矣，我歌且謠……

園有棘，其實之食。心之憂矣，聊以行國……（魏風園有桃）

以上諸詩，或諷女子之遲婚，或爲尋常之贈答，或憂時而作，皆非專以果爲吟詠之題材也（註一四）。

至屈原橘頌出，不僅爲詠果賦之首篇作品，且爲詠物賦之鼻祖也。降至漢代，詠果之賦凡五篇，佔植物類賦篇之泰半：

司馬相如　梨賦

王充　果賦

李尤　果賦

王逸　荔支賦

蔡邕　胡栗賦

魏晉承繼前人之成績，詠果之賦日益增多，凡三十篇，玆爲研究之方便，細分下列諸項討論之：

(一) 果

泛詠果實之賦，漢代已有王充及李尤二篇果賦，惜皆殘存一二句，無由知其內容。魏代無泛詠果實之賦，晉代則有二篇（註一五）：

郭太機　果賦

陸機　果賦

郭氏之作僅存「杏或多而實」一句，陸氏之作僅存「中山之縹李」一句，皆無法窺其內容。

(二) 柑　橘

魏晉詠柑橘之賦凡七篇：

魏徐幹　橘賦

曹植　橘賦

晉傅玄　橘賦

劉瑾　甘樹賦

胡濟　黃甘賦

潘岳　橘賦

孫楚　橘賦

徐幹橘賦已佚。曹植橘賦深受屈原橘頌之影響，全賦蓋以橘頌起首「后皇嘉樹，橘徠服兮。受命不遷，生南國兮。深固難徙，更壹志兮。」數句鋪衍而成。其賦曰：

有朱橘之珍樹，于鶉火之遐鄉。稟太陽之烈氣，嘉杲日之休光。體天然之素分，不遷徙于殊方。播萬里而遙植，列銅爵之園庭。背江洲（類聚作川）之暖氣，處玄朔之肅清。邦換壤殊（初學記作別），爰用喪生。處彼不凋（類聚作雕），在此先零。朱實不銜，焉得素榮。惜寒暑之不均，嗟華實之永乖。仰凱風以傾葉，冀炎氣之可懷。颺鳴條以流響，晞越鳥之來栖。夫靈德之所感，物無微而不和。神蓋幽而易激，信天道之不訛。既萌根而弗幹，諒結葉而不華。漸玄化而不變，非彰德于邦家。拊微條以歎息，哀草木之難化。（全三國文卷十四）

首段六句，押陽部韻。叙橘樹不遷殊方之天性，即橘頌「受命不遷，生南國兮」之意也。「鶉火」，南方之星，以之代替「南方」，屬修辭學之「借代」。「杲日」則語出詩衛風伯兮：「其雨其雨，杲杲出日」也。

「播萬里而遙植」至「焉得素榮」爲次段，押耕部韻。叙植橘樹於銅爵臺之庭園，終因水土不服而凋零。末二句「朱實不銜，焉得素榮」，寫法頗爲特殊。一般寫法皆先寫開花，次寫結果。此則反之：言既不得朱實，則何必開花耶？頗收驚愕新奇之效果。

「惜寒暑之不均」至「晞越鳥之來栖」爲第三段，押皆部韻。深歎南北氣候之殊異，遂無法開花結果。昔日之凱風，炎氣已成日夜渴盼之對象，而越鳥棲集，風颻條鳴之時光尤難釋懷也。此段曹植運用擬人法將情感投注橘樹之中，設想朱橘懷念南方之情極爲成功。

「夫靈德之所感」以下爲末段，押歌部韻。言天道感物，無微不至；神明雖遠，實則易明。故橘樹違其天性，終難開花結果也。末四句哀歎橘樹雖植於有德者（指魏國或魏代）之庭園，亦難受其感化也。

按：此賦似寓有深意焉。夫屈原橘頌，贊美橘樹「受命不遷」「深固難徙」「壹志」之天性，實爲一己忠貞性格之自喻，曹植此賦若亦以橘樹自喻，則橘樹之美而不得善終殆爲暗喻己之失寵。第三段之仰望凱風、炎氣，盼望越鳥等，亦暗喻眷戀昔日君王之恩寵也。末段且爲全賦寓意之所在：哀傷橘樹殆所以傷己也。「非彰德于邦家」則暗喻自己無法貢獻朝廷也。植曾作槐樹賦，其言曰：「羨良木之華麗，爰獲貴於至尊。」又云：「揚沈陰以溥覆，似明后之垂恩。」對於槐樹之得君王恩寵，表露其無限羨慕之情，此似可說明植之賦橘哀橘，蓋所以深悲己之不遇也。

傅玄橘賦已佚，僅存殘序二句：「詩人覩王雎而咏后妃之德，屈平見朱橘而申直臣之志焉。」則傅氏此賦殆亦有寓意耶？惜已亡佚，無法窺其內容。

孫楚橘賦殘存二句：「朱橘甘美，紫梨甜脆。」

潘岳橘賦純爲客觀之描寫，其賦曰：

余齋前橘樹，冬夏再熟，聊爲賦云爾：嗟嘉卉之芳華，信氛氳而芬馥。既蓊茸而萋蕤，且參差而橚矗。已鬱鬱而冬茂，亦離離而夏熟。至如廣命賓客，歷覽遊觀。三清既設，百味星爛。炫焜乎玉案，照曜於金盤。故成都美其家園，江陵重其千樹。既見稱於陸言，亦摽名乎馬賦。（藝文類聚卷八十六）

由賦序知此賦之創作動機乃無聊遊戲之作，故無深刻之命意焉。此與曹植之作異趣也。篇幅雖短，段落則甚分明。首段六句，押沃部韻。描述橘樹冬夏再熟。「至如」以下六句爲次段，押寒部韻。敘賓客遊觀橘樹夏熟之奇景，並以玉案金盤盛橘宴饗賓客。「炫熀乎玉案，照曜於金盤。」用夸飾法極力形容橘果色澤之鮮豔。末段四句，押魚部去聲韻，連用四則典故鋪陳橘之珍貴作結。（註一六）

胡濟黃甘賦亦爲純客觀之描寫，末四句「照曜原隰，蔭映林荒。若菱華之繡綺井，燭龍之銜金璫。」意象尙稱優美。

劉瑾甘樹賦通篇押魚部去聲韻，爲一韻到底之騷體賦，其賦曰：

伊冥造之綿綿兮，纚群象於成遇。嗟卉草之森秀兮，將歸美於甘樹。誕寄生於南楚兮，播萬里而東布。浸冷泉以搖根兮，竦逸條以承露。結密葉以舒蔭兮，滌纖塵以開素。仰清氣以旭晨兮，流惠飈於薄暮。雖飛榮於園沼兮，契巒松之貞趣。時屢遷而彌貞兮，凌寒暑而一度。（初學記卷二十八）

首四句贊美甘樹乃草木中最秀美者。五六句言甘樹生於南楚，遠播東方。「浸冷泉」以下六句描寫其根、條、葉、花之狀。末四句跳出純客觀之描寫，敘甘樹之貞德，與松樹媲美，皆具不變之節操也。

(三) 蒲萄

魏晉吟詠蒲萄之賦凡四篇：

魏鍾會　蒲萄賦

晉應貞　蒲萄賦

傅玄　蒲萄賦

荀勗　蒲萄賦

四篇雖分屬魏晉，實則作者之年代甚近，皆爲魏末晉初之人。其中鍾會及荀勗二篇蒲萄賦且爲同時並作也。鍾氏之賦云：

余植蒲萄於堂前，嘉而賦之，命荀勗並作。（太平御覽卷九百七十二）美乾道之廣覆兮，佳陽澤之至淳。覽遐方之殊偉兮，無斯菓之獨珍。託靈根之玄圃，植昆山之高垠。綠葉蓊鬱，曖若重陰翳羲和。秀房陸離，混若紫英乘素波。仰承甘液之靈露，下歙豐潤於醴泉。總衆和之淑美，體至氣於自然。珍珠允備，與物無儔。清濁外暢，甘旨內遒。滋醳膏潤，入口散流。（藝文類聚卷八十七）

就賦序知此賦創作動機純爲嘉美其堂前蒲萄而作，且命荀勗並作，則有同題競采之遊戲態度也。既爲逞才遊戲之作，故乏深刻命意，唯從修辭及形式取勝耳。就修辭言，此篇所賦之蒲萄本爲眼前之實物，然「覽遐方之殊偉兮，無斯菓之獨珍。託靈根之玄圃，植昆山之高垠」四句所描寫者乃想像中遠方之珍果。此乃運用示現之修辭法，將想像中遠方之情景播映於目前，以夸稱此果之珍貴也。就形式言，本賦對偶極多，其中「綠葉蓊鬱，曖若重陰翳羲和；秀房陸離，混若紫英乘素波。」四句爲隔句對，不僅對仗精巧，且能發揮巧構形似之技巧以摹寫蒲萄花葉之優美形象。

荀勗受命並作之蒲萄賦僅六句：「靈運宣流，休祥允淑。懿彼秋方，乾元是畜。有蒲萄之珍偉，應淳和之延育。」就文義觀之，僅敍及蒲萄應淳和之氣而生長，疑有佚文。至於應貞及傅玄之作，皆爲殘篇，無法窺其內容。

(四) 石榴

詠石榴之賦凡十二篇，皆爲晉人之作：

應貞　安石榴賦

庾儵　石榴賦

傅玄　安石榴賦

夏侯湛　石榴賦

潘岳　河陽庭前安石榴賦

潘尼　安石榴賦

張載　安石榴賦

張協　安石榴賦

范堅　安石榴賦

陳玢　石榴賦

殷允　石榴賦

羊氏　安石榴賦

以上諸賦之創作動機，大多爲純粹欣賞石榴之美而作；潘尼之作可爲代表。其賦云：

安石榴者，天下之奇樹，九州之名菓。是以屬文之士，或敍而賦之，蓋感時而騁思，覩物而興辭：余遷舊宇，爰造新居。前臨曠澤，却背清渠。實有斯樹，植于堂隅。華實並麗，滋味亦殊。可以樂志，可以充虛。朱芳赫弈，紅萼參差。含英吐秀，乍合乍披。遙而望之，煥若隋珠燿重川。詳而察之，灼若列宿出雲間。湘涯二后，漢川遊女，攜類命疇，逍遙避暑。託斯樹以栖遲，遡祥風而容與。爾乃擢纖手兮舒皓腕，羅袖靡兮流芳散。披綠葉於脩條，綴朱華乎弱幹。豈金翠之足珍，寔兹葩之可翫。商秋授氣，收華歛實。千房同蔕，十子如一。繽紛磊落，垂光耀質。（以上四句據初學記卷二十八補入）滋味浸液，馨香流溢。（藝文類聚卷八十六）

賦序所謂「感時而騁思，覩物而興辭」者，乃贊美安石榴爲「天下之奇樹，九州之名菓」而賦之也。就其賦文觀之，全篇極力於安石榴生長環境之描述，花果之細膩描繪以及夸飾浪漫之想像，構成辭藻豔富之美文。由是觀之，其所騁之思者如此，其所興之辭者如此，不必有深刻之寓意也。魏晉典型純粹詠物賦之特色，蓋盡於斯也。其餘諸家之寫作動機，描寫手法大抵如是。由於致力於石榴之刻畫，故秀句比比皆是。如：

其在晨也，灼若旭日栖扶桑；其在昏也，奭若燭龍吐潛光。（傅玄安石榴賦）

揮光垂綠，擢幹曜鮮。熻若羣翡俱栖，爛若百枝並然。（張載安石榴賦）

曒如朝日，晃若龍燭。晞絳采於扶桑，接朱光於若木。（張協安石榴賦）

似長離之栖鄧林，若珊瑚之暎綠水。（潘岳河陽庭前安石榴賦）

紅鬚內豔，頳牙外摽。似華燈之映翠幕，若丹瓊之廁碧瑤。（范堅安石榴賦）

庾儵石榴賦之創作動機稍異於諸賦，其賦云：

于時仲春垂澤，華葉甚茂，炎夏既戒，忽乎零落。是以君子居安思危，在盛慮衰，可無愼哉？乃作斯賦：綠葉翠條，紛乎葱青。丹華照爛，暐暐熒熒。遠而望之，粲若摛繢被山阿。迫而察之，赫若龍燭輝（全晉文無此字疑衍）耀綠波。（藝文類聚卷八十六）

就賦序觀之，此篇乃作者目覩繁茂於仲春之石榴，至炎夏突然零落。引發其居安思危之警惕，乃作斯賦。然則此賦當屬詠物說理之賦篇，唯就賦文觀之，僅在描寫石榴枝葉之青翠，花朵之燦爛鮮豔耳。此與賦序不稱，疑有佚文也。

殷允石榴賦除贊美石榴之美而作外，尚有與前人競采爭勝之動機焉，其賦云：

余以暇日，散愁翰林。覩潘張若（全晉文作石）榴二賦，雖有其美，猶不盡善。客復措辭，故聊爲之賦曰：或珠離於琁琬，或玉碎於雕觴。璘彬洒暎，曄紫嬰緗。璀若瑤英之攢鍾巇，粲若靈蚌之含珠璫。（太平御覽卷九百七十）

殷氏雖有意與潘張爭勝，然就現存之賦文與潘張之賦較之，不僅未能超越，並駕猶嫌不匹也。「志大才疏」此之謂耶？

應貞安石榴賦之描寫手法無殊異處，唯其賦序頗堪注意：「余往日職在中書時，直廬前有安石榴樹。枝葉既盛，華實甚茂，爲之作賦。」則此賦所詠之安石榴非眼前之實物也。乃作者運用其想像力，將往昔鍾愛之安石榴重新示現於目前也。

詠物賦（尤其吟詠植物）中常有極佳之寫景文字，夏侯湛石榴賦之第二段即其例也：

若乃時雨新希，微風扇物。藹萋萋以鮮茂兮，紛扶輿以蓊鬱。枝掺稔以環柔兮，葉鱗次以周密。纖條參差以窈窕兮，洪柯流離以相拂。

描寫時雨初霽，石榴隨風搖曳之姿：鮮美紛盛之石榴樹，其纖細窈窕之柔條，鱗次周密之綠葉，皆因雨水之洗滌而鮮明，復因微風吹拂而生姿，構成如畫之意象。

(五) 其他

詠果之賦除上述諸篇外，尚有六篇，皆爲晉人之作品：

傅玄　李賦　桃賦　棗賦　桑椹賦

孫楚　杕杜賦

周祗　枇杷賦

六篇中傅玄即佔四篇，誠爲詠物賦之大家。李賦純爲詠讚李樹而作。描寫其枝葉之繁茂成蔭，果實之長成、顏色及其甘甜之美味，時有傳神之筆。如「入口流濺，逸味難原。見之則心悅，含之則神安」寫李實入口時之滋味，令人有一啖爲快之欲望。末四句云：「昔怪古人之感貺，乃答之以寶琁。覿斯味之奇瑋兮，然後知報之爲輕。」巧用詩經「投我以木李，報之以瓊琁。」之典，以誇讚李實之美味，頗能跳桃賦除一般性之描寫外，似寓有深意焉。其賦云：

有東園之珍果兮，承陰陽之靈和。結柔根以列樹兮，豔長畝而駢羅。華落實結，與時剛柔。既甘且脆，入口消流。夏日先熟，初進廟堂。辛氏踐秋，厥味益長。亦有冬桃，冷侔冰霜。和（原作放據類聚改），神適意，沁口所嘗。華升御于內庭兮，飾佳人之令顏。實充虛而療飢兮，信功烈之難原。嘉放（初學記或作休）牛于斯林兮，悅萬國之乂安。望海島而慷慨兮，懷度朔（初學記或作索）之靈山。何茲樹之獨茂兮，條枝紛而麗閑。根龍虬而雲結兮，彌千（初學記或作萬）里而屈盤。禦百鬼之妖慝兮，列神荼以司姦。辟凶邪而濟正兮，豈唯榮美之足言。（全晉文卷四十五）

本賦可分兩大段。前段為一般之詠物寫物，後段則為寓意之所在。自起首至「沁口所嘗」為前段，可分三節：首四句為第一節，押歌部韻，敘桃樹生長之情況。「華實葉落」四句為第二節，押幽部韻，寫桃實之甘脆。「夏日先熟」以下八句為第三節，押陽部韻，敍桃實分夏、秋、冬三期。夏之實可薦廟堂，秋之實滋味悠長，冬之實則令人神清氣爽也。自「華升御于內庭兮」至「豈唯榮美之足言」為後段，寒元合韻。首二句敘桃花可供內庭佳人裝飾之用，三四兩句述桃實有療飢之功用。「嘉放牛于斯林兮」以下由桃樹聯想有關之典故，而作者之寓意即存乎其中。「嘉放牛于斯林兮，悅萬國之乂安」用武王克商，放牛於桃林之典故。尙書武成云：

武王伐殷，往伐歸獸……仍偃武修文。歸馬于華山之陽，放牛于桃林之野，示天下弗服。

作者運用此典，蓋久處亂世，盼望強大力量統一天下後，得享長治久安之太平盛世耶？「望海島而慷慨兮」以下則用有關度朔（索）山之神話傳說。風俗通云：

按黃帝書，上古之時，有神荼、鬱壘昆弟二人，性能執鬼。度索山上桃樹下簡閱百鬼，妄禍害則縛以葦索，執以食虎。於是縣官常以臘除夕飾桃人，垂葦索，畫虎於門前，皆近效前事以衞凶也。

（藝文類聚卷八十六引）

作者運用此典，除言桃木有鎭邪之功用外，恐亦寓有深意。傅玄「性剛勁亮直，不能容人之短」「天性峻急，不能有所容。每有奏劾，或値日暮，捧白簡，整簪帶，竦踊不寐，坐而待旦。於是貴游懾伏，臺閣生風。」（晉書本傳）可知作者乃嫉惡如仇之人，然則桃木蓋作者之自喻，桃木之鎭邪即其剷除邪惡勢力之象徵也。唯作者殆有力所不逮之處，遂羨慕居於度朔山之神荼、鬱壘之法力無邊而深致其慨也。「望海島而慷慨兮，懷度朔之靈山。」二句似作此解爲妥。末二句「辟凶邪而濟正兮，豈唯榮美之足言？」肯定桃木眞正之價値在除凶濟正，不在其花之美豔也。此與當時唯美之潮流實大異其趣也。

棗賦及桑椹賦僅就一般詠物手法描寫之，茲不贅述。唯桑椹賦僅六句，共二十四字，不知有佚文否？

孫楚杕杜賦藉吟詠杕杜以說明道家「無用」之哲理，屬詠物說理之賦篇。其賦曰：

家弟以虞氏梨賦見示，余謂豈以梨有用之爲貴，杜無用之爲賤。故用（全晉文作無用）獲全，所以爲貴。有用獲殘，所以爲賤。故賦云之（全晉文作之云）：

惟有杕之爲杜，齊萬物而並生。其質非薄，旣不施於器用。華葉踈悴，靡休蔭之茂榮。昔在邵伯，聽訟述職。甘棠作頌，垂之罔極。（藝文類聚卷八十七）

就賦序知本賦之作也，乃在闡明無用之哲理，破除以有用爲貴、無用爲賤之世俗觀念。全賦可分二段：前六句爲首段，押耕部韻，叙杕杜與萬物並生，其質劣無所用，卽使樹葉亦無法成蔭以供休息。後四句爲末段，押職部韻，用邵伯聽訟於甘棠下之典故，以明此無用之樹實有其大用也。

周祗枇杷賦曰：

昔魯季孫有嘉樹，韓宣子賦譽之。屈原離騷，亦著橘賦。至枇杷樹寒暑無變，負雪揚華。余殖庭園，遂賦之云：

名同音器，質貞松竹。四序一采，素華冬馥。霏雪潤其綠蕤，商風理其勁條。望之冥濛，即之疎家。（藝文類聚卷八十七）

由賦序知此賦之創作動機乃贊美枇杷不因寒暑之更迭而變節，且能於霜雪中開花也。此外，前賢韓宣子、屈原等皆有吟詠嘉樹之作品，此篇殆有意取前人所無之題材而與前人爭勝耶？賦文僅三十六字。前四句押沃部韻。叙枇杷之名與琵琶音同，而其本質與松竹同貞，經四時而不變，於冬季則盛開芳馥之白花。後四句押宵部韻。描述枇杷不畏霜雪，且以霜雪潤其綠蕤；不畏秋風，且以秋風整理其勁條。結尾二句描寫其遠望及近觀之不同景象。

三 詠 草

詩經中不乏詠及「草」之詩篇，如：

野有蔓草，零露溥兮。有美一人，清揚婉兮。邂逅相遇，適我願兮。（鄭風野有蔓草）

蒹葭蒼蒼，白露爲霜。所謂伊人，在水一方。遡洄從之，道阻且長。遡遊從之，宛在水中央。（秦風蒹葭）

彼采葛兮。一日不見，如三月兮。

彼采蕭兮。一日不見，如三秋兮。

彼采艾兮。一日不見，如三歲兮。（王風采葛）

諸詩情味悠長，意象優美，唯「草」仍處陪襯之地位，未成全詩之主體。詩經中詠及「草」之詩篇，大抵如是也。

楚辭常以「香草」爲吟詠之對象，如：

余既滋蘭之九畹兮，又樹蕙之百畝。畦留夷與揭車兮，雜杜衡與芳芷。冀枝葉之峻茂兮，願竢時乎吾將刈。雖萎絕其亦何傷兮，哀衆芳之蕪穢。（屈原離騷）

何所獨無芳草兮，爾何懷乎故宇。（同上）

恐鵜鴂之先鳴兮，使夫百草爲之不芳。（同上）

何昔日之芳草兮，今直爲此蕭艾也。（同上）

其餘類此者甚多，要之，「香草」常爲賢臣或忠貞之士之象徵。唯未有以「草」爲主題之篇章也。迨至漢代，趙岐作「藍賦」，爲首篇以草爲主題之詠物賦也，其賦曰：

余就醫偃師，道經陳留。此境人皆以種藍染紺爲業。藍田彌望，黍稷不植。慨其遺本念末，遂作賦曰：

同丘中之有麻，似麥秀之油油。（藝文類聚卷八十一）

此賦雖有感而發之作，惜不免迂腐，亦乏文學之趣味。

魏晉詠草之賦凡十三篇，其中以吟詠香草者居多，計詠迷迭香者五篇、詠芸香者三篇及詠懷香者一篇共九篇。詠迷迭香五篇皆爲魏代之作品：

王粲　迷迭賦

陳琳　迷迭賦

應瑒　迷迭賦

曹丕　迷迭賦

曹植　迷迭香賦

迷迭本西域所產，曹魏之前無聞焉。不知何時始入中土。其見諸藝文者，亦僅魏代所作迷迭賦五篇耳。李時珍本草綱目云：

魏文帝時自西域移植庭中。同曹植等各有賦。大意其草修幹柔莖，細枝弱根，繁花結實，嚴霜弗凋，收采幽殺，摘去枝葉，入袋佩之，芳香甚烈，與今之排香同氣。（錄自古今圖書集成草木典第三百十六卷香部）

觀夫此五篇同詠迷迭之賦，蓋有如下共同之特色：

㈠全用六字句。

㈡篇幅皆極短小，曹植最長，連兮字亦僅九十一字。而陳琳之作，僅四十八字耳。

㈢刻畫迷迭之手法亦類似，大抵就其根、幹、莖、葉加以描述，並叙其自西域移入中土及其香氣濃郁之狀。

作者不外曹氏兄弟及建安七子，疑其得迷迭而共賦之也。玆錄曹氏兄弟之賦以爲代表。曹丕迷迭賦云：

余種迷迭于中庭，嘉其揚條吐香，馥有令芳，乃爲之賦曰：

坐中堂以遊觀兮，覽芳草之樹庭。重（類聚作垂）妙葉于纖枝兮，揚修幹而結莖。承靈露以潤根兮，嘉日月（類聚作日）而敷榮。隨迴風以搖動兮，吐芳氣之穆清。薄六（類聚作西）夷之穢俗兮，越萬里而來征。豈衆卉之足方兮，信希世而特生。（全三國文卷四）

由賦序知本賦純爲贊美迷迭之芳馥而作。全賦十二句，皆用騷體之六字句，單句句尾有兮字。通篇押耕部韻，一韻到底。首二句叙坐於中堂以觀賞迷迭。三四句描寫迷迭枝葉莖幹之狀。五六句叙迷迭承受露水以滋潤其根，嘉美其日日開花。七八句寫花香隨風播散之狀。九十句以擬人法叙迷迭鄙棄夷俗而至中土。末二句贊美迷迭爲希世之物，爲衆卉所弗能比也。

曹植迷迭香賦云：

播西都之麗草兮，應青春而發暉。流翠葉于纖柯兮，結微根於丹墀。信繁華之速實兮，弗見彫於嚴霜。芳暮秋之幽蘭兮，麗崑崙之芝英。既經時而收采兮，遂幽殺之增芳。去枝葉而特御兮，入綃縠之霧裳。附玉體以行止兮，順微風而舒光。（藝文類聚卷八十一）

全賦十四句，亦爲騷體之六字句，單句句尾皆有兮字。前四句押脂部韻，其餘十句陽耕合韻。首二句叙迷迭於春天開花，並點明此乃西域所產之麗草。三四句寫柯條之纖細、綠葉之青翠。「流翠葉」之「流」字鍊字極工。並點明此迷迭乃植於殿上之土地。「信繁華」二句言其結實甚速，於秋霜之前已結實矣。「芳暮秋」二句運用譬喻之技巧，以暮秋之幽蘭及崑崙之芝英爲喻，凸顯迷迭之芳香、美麗。「既經時而收采兮」以下六句，言摘取迷迭花裝飾衣裳之中，順風而播其香氣也。

詠芸香之賦凡三篇，皆爲晉人之作品：

成公綏　芸香賦

傅玄　芸香賦

傅咸　芸香賦

成公綏芸香賦僅六句，凡三十二字。其賦云：

美芸香之循（御覽作脩）絜，稟陰陽之淑精。去原野之蕪穢，植廣夏之前庭。莖類秋竹，葉象春檉。（藝文類聚卷八十一）

此賦疑有佚文。首二句爲詠物之常調，贊美芸香之脩潔，稟受陰陽之精氣。三四句叙芸香自原野移植庭前。末二句描寫其莖葉之狀。全賦通押耕部韻。由於尚未詠及芸草之「香」即結束，故疑有脫佚也。

傅玄芸香賦僅存賦序：

月令：仲春之月，芸始生。鄭玄云：芸，香草也。世人種之中庭，始以微香進入，終于捐棄黃壤，吁可閔也。遂詠而賦之。（全晉文卷四十五）

就賦序知本賦乃悲閔芸香捐棄黃壤而作，屬感物傷懷之詠物賦，其子咸贊美此賦「辭美高麗」，惜賦文已佚。

傅咸芸香賦云：

攜昵友以逍遙兮，覽偉草之敷英。慕君子之弘覆兮，超託軀於朱庭。俯引澤于丹壤兮。仰吸潤乎泰清。繁玆綠蘂，茂此翠莖。葉芰莅以纖折兮，枝婀娜以迴縈。象春松之含曜兮，鬱蓊蔚以葱青。（藝文類聚卷八十一）

通篇押耕部韻，一韻到底。首二句叙攜友同遊，觀賞芸香開花。三四句以擬人法叙芸香慕君子之德，故來植庭中。「俯引澤于丹壤兮」四句叙芸香受天地之潤澤，故莖蕊繁茂。「葉芰莅以纖折兮」二句寫枝葉婀娜纖細之姿態。末二句寫芸香青翠茂盛之狀。綜觀全賦，純為客觀之描寫，為典型之純詠物賦也。

吟詠香草之賦除上述諸篇外，尚有晉嵇含懷香賦，序見藝文類聚卷八十一：

余以太蔟之月，登于歷山之陽。仰眺崇巒，俯察幽坂。及覩懷（御覽作槐）香，生蒙楚之間。曾見斯草，植（御覽作殖）於廣廈之庭，或被帝王之圃。怪其遐弃，遂遷而樹于中唐。華麗則珠（御覽作殊）采婀娜，芳實則可以藏書。又感其棄本高崖，委身階庭。似傅說顯殷，四叟歸漢，故因事義賦之。

由序知此賦頗有儒家用世之思想，不忍匏瓜之徒懸也。賦文已殘，僅存二句於太平御覽卷九百八十三：

「蒙蒙綠葉，搖搖弱莖。」惜哉！

詠草之賦，除詠香草九篇外，尚有：

晉傅玄　著賦

夏侯湛　浮萍賦

蘇彥　浮萍賦

祖台之　荀子耳賦

傅玄著賦云：

春邁衡德於青陽，混百卉而萌生。逮朱夏而修茂，暨商秋而堅貞。雖離霜而未彫，與潛龜乎通靈。於是原極以道，極形以度。以類萬物之情，以通天下之故。豈唯終始於事業，乃參天而倚數。弃原野之蕭條，升雲階而內御。運玆莖於掌握，爻象形而星布。信鉤深而致遠，實開物而成務。（藝文類聚卷八十二）

本賦可分二段，前段八句，押耕部韻。後段十二句，押魚部去聲韻。前段與一般詠物手法相同，敘著草四季生長之情形：春天萌生，夏日修茂，秋日仍堅貞不衰，冬日雖冒霜雪而不凋。末句言著草與潛龜皆有占卜通靈之功用。「於是」以下爲後段，敘著草之功用，並藉以闡明易理。「原極以道，極形以度。以類萬物之情，以通天下之故。」即周易繫辭下所云：「古者包犧氏之王天下也，仰則觀象於天，俯則觀法於地，觀鳥獸之文與地之宜，近取諸身，遠取諸物，於是始作八卦。以通神明之德，以類萬物之情。」及繫辭上：「夫易，聖人之所以極深而研幾也。唯深也，故能通天下之志；唯幾也，故能成天下之務。」是也。「豈唯終始於事業，乃參天而倚數。」二句則出於說卦：「昔者聖人之作易也，幽贊於神明而生著，參天兩地而倚數。」「棄原野之蕭條」四句敘採原野之著草以占卜。末二句言卜筮有鉤深致遠，開物成務之功效。此則出自周易繫辭上：「探賾索隱，鉤深致遠，以定天下之吉凶，成天下之亹亹者，莫大乎著龜。」又：「夫易，開物成務，冒天下之道，如斯而已者也。」綜觀後段，幾乎全以周易鋪衍而成，謂之爲「周易之義疏」，不亦宜乎？

夏侯湛浮萍賦於詠物中寓有極深之感慨，其賦曰：

步長渠以遊目兮，覽隨波之微草。紛漂潎（類聚作既紛潎）以澄茂兮，羌孤生於靈沼。因（類聚作罔）纖以自滋兮，乃逸蕩乎波表。散圓葉以舒形兮，發翠綵以含縹。蔭脩魚之華鱗兮，翳蘭池之清潦。既澹淡以順流兮，又雍容以隨風。有纚薄於崖側兮，或迴滯乎湍中。紛上下而靡常兮，漂往來其無窮。仰熙陽曜，俯憑綠水。渟（類聚作停）不安處，行無定軌。流息則寧，濤擾則動。浮輕善移，勢危易盪。似孤臣之介立，隨排擠之所往。內一志以奉朝兮，外結心以絕黨。萍出水而立枯兮，士失據而身枉。覩斯草而慷慨兮，固知直道之難爽。（初學記卷二十七）

起首十句爲首段，宵豪合韻。敍浮萍生長之環境、形狀、顏色及其蔭翳修魚、蘭池之景。「既澹淡以順流兮」至「漂往來其無窮」六句爲次段，押多部韻。描寫浮萍漂流之狀。「仰熙陽曜」四句爲第三段，押脂部上聲韻。再敍其居無定所之狀。「流息則寧」以下爲末段，陽東合韻。由浮萍之居無定所，觸發作者極深之感慨，浮萍成爲耿介孤臣之象徵，爲全賦命意之所在，此時作者主觀之情感已投入所詠之浮萍中，寫浮萍之失所卽寫其耿直而遭排擠也。結尾二句「覩斯草而慷慨兮，固知直道之難爽。」歎浮萍之失據，蓋卽自歎己之孤立無援也。

蘇彥浮萍賦云：

余嘗汎舟遊觀，鼓檝川湖。覩浮萍之飄浪，乃觸水而自居。體任適以應會，亦隨遇而靡拘。伊弱卉之無心，合至理之冥符。（藝文類聚卷八十二）

本賦不滿五十字，而首尾完整，可爲短賦之代表。通篇押魚部韻，屬一韻到底之賦篇。藉浮萍之漂流不定，以明隨遇而安之哲理。浮萍之意象於一般詩文中以象徵離散，飄泊爲主，爲不幸之象徵，此賦則歌詠其隨遇而安，象徵曠達任性之人生觀。若與上述夏氏浮萍賦參觀比較之，殊趣立見也。

祖台之荀子耳賦亦爲詠物說理之賦篇。通篇押耕部韻，爲一韻到底之短賦，玆錄其賦以爲詠草賦篇之結尾：

夫惡勞而希逸，實萬物之至誠。何斯耳之不辰，託荀子而宅形。在瘠土而長勤，無須臾之閑寧。預清談而閉塞，開鄙穢而聰明。竭微聽於門閣，採羣下之風聲。（藝文類聚卷十七）

四　詠　木

此處所謂「詠木」，專指以「樹木」之整體爲吟詠對象者。若「木槿」爲木本植物，然羊徽木槿賦以「花」爲吟詠之主體，故歸於「詠花」類。「桃」「橘」等亦爲木本植物，然傅玄桃賦、曹植橘賦皆以「果實」爲吟詠之主體，則歸入「詠果」類。其餘類推之。

詩經中詠及樹木之詩句不勝枚舉。如：

南有喬木，不可休息。漢有游女，不可求思。（周南漢廣）

山有橋松，隰有游龍。不見子充，乃見狡童。（鄭風山有扶蘇）

東門之楊，其葉牂牂。昏以爲期，明星煌煌。（陳風東門之楊）

昔我往矣，楊柳依依。今我來思，雨雪霏霏。（小雅采薇）

或以起興、或供場景，尙未有成爲全詩之主體者。楚辭亦未有以樹木爲吟詠之主體者（註一七）專門詠木之作，殆始於漢孔臧之楊柳賦（註一八）。其賦曰：

嗟玆楊柳，先生後傷。蔚茂炎夏，多陰可涼。伐之原野，樹之中塘。溉浸以時，日引夜長。巨本洪枝，條修遠揚。夭繞連枝，猗那其房。或拳局以逮下當脫土字，或擢迹而接穹蒼。綠葉累疊，鬱茂翳沈。蒙籠交錯，應風悲吟。鳴鵲集聚，百變其音。爾乃觀其四布，運其所臨。南垂大陽，北被玄陰。西奄梓園，東覆果林。規方冒乎半頃，清室莫與比深。於是朋友同好，几筵列行。論道飲燕，流川浮觴。殽核紛雜，賦詩斷章。合陳厥志，考以先王。賞恭罰慢，事有紀綱。洗觶酌樽，兕觥並揚。飲不至醉，樂不及荒。威儀抑抑，動合典常，退坐分別，其樂難忘。惟萬物之自然，固神妙之不如（當有譌字）。意此楊樹，依我以生。未丁一紀，我賴以寧。暑不御箑，淒而涼清。內蔭我宇，外及有生。物有可貴，云何不銘。乃作斯賦，以敘斯情。（全後漢文卷十三）

全賦六十句，而四字句卽佔五十四句，幾乎全以四字句組成，魏晉詠物賦罕見此例。內容可分四段：「嗟玆楊柳」至「或擢迹而接窮蒼」爲首段，押陽部韻。敘楊柳之成長。「綠葉累疊」至「清室莫與比深」爲次段，押侵部韻。描寫柳葉成蔭之狀，「爾乃」以下極力夸飾柳蔭之廣。「於是朋友同好」至「其樂難忘」敘於柳蔭下飲酒賦詩之雅事，唯須節之以禮，所陳之志須合先王之道，「飲不至醉，樂不及荒」與魏晉之放任縱酒迥然不同也。「惟萬物之自然」二句與上下文不叶韻，嚴氏疑有譌字。以下十二句押耕部韻。敘楊柳樹於暑熱之時有清涼之功效，並敘創作此賦之緣由。

魏晉詠木之賦日益增多，遠邁前代，篇數高達二十九篇。玆依㈠槐㈡柳㈢桑㈣桐㈤其他之順序分析之：

㈠ 槐

魏晉詠槐之賦凡十一篇，居詠木類之首。其篇目如下：

魏王粲　槐樹賦

曹丕　槐賦

傅巽　槐賦

曹植　槐樹賦

晉庾儵　大槐賦

王濟　槐樹賦

張華　巧杜賦

摰虞　槐賦

西涼李暠　槐樹賦

梁中庸　槐樹賦

劉彥明　槐樹賦

曹丕、曹植及王粲三賦乃同時同題競采之作。王粲於建安十三年勸劉琮歸曹，卒於建安二十二年，則此三賦之寫作時間當在建安十三年至二十二年之間。三賦篇幅皆極短小，玆錄之以見其共相與殊采。曹丕槐賦云：

文昌殿中槐樹，盛暑之時，余數遊其下，美而賦之。王粲直登賢門小閣外，亦有槐樹，乃就使賦曰：有大邦之美樹，惟令質之可佳。託靈根于豐壤，被日月之光華。周長廊而開趾，夾通門而駢羅。承文昌之邃宇，望迎風之曲阿。脩幹紛其灌錯，綠葉萋而重陰。上幽藹而雲覆，下莖立而擢心。伊暮春之既替，即首夏之初期。鴻鴈遊而送節，凱風翔而迎時。天清和而溫潤，氣恬淡以安治。違隆暑而適體，誰謂此之不怡。（藝文類聚卷八十八）

就賦序知此賦純爲贊美槐樹清暑之用而作。其命王粲並作則有同題競采之遊戲性質。全賦二十句，皆以六字句組成，其中不乏對偶工整之對句。內容可分三段：前八句爲首段，押歌部韻。「修幹紛其灌錯」四句爲次段，押侵部韻。此二段敍述槐樹之位置，描寫其枝幹之壯麗繁盛及綠葉之茂盛成蔭。皆屬「體物寫物」者也。「伊暮春之旣替」以下爲末段，押之部韻。此段則爲「感物抒懷」，首二句點明時令，三四句以鴻雁、凱風寫時景，末四句則抒寫其於槐樹之下安享清涼之怡悅之情。

王粲槐樹賦云：

惟中唐之奇樹，稟天然之淑姿。超疇畝而登殖，作階庭之華暉。形禕禕以暢條，色采采而鮮明。豐茂葉之幽藹，履中夏而敷榮。旣立本於殿省，植根柢其弘深。鳥取栖而投翼，人望庇而披衿。

（藝文類聚卷八十八）

本賦可分三段，每段四句。首段押脂部韻，讚美槐樹具天然之姿，並敍其所植之位置。次段押耕部韻，描寫槐樹之形狀、顏色及夏日樹葉茂盛之狀。末段押侵部韻，體物以寫志。槐樹之蔭象徵君王之恩澤，「鳥取栖而投翼，人望庇而披衿。」婉轉道出其盼得庇蔭之心願，比喻得體，深得曹丕之歡心。故典論論文云：「王粲長於辭賦…如粲之初征、登樓、槐賦…雖張蔡不過也。」

曹植槐樹賦云：

羨良木之華麗，爰獲貴于至尊。憑文昌之華殿，森列峙乎端門。覩朱榱以振條，據文陛而結根。揚沈陰以溥覆，似明后之垂恩。在季春以初茂，踐朱夏而乃繁。覆陽精之炎景，散流曜以增鮮。

（全三國文卷十四）

本賦所詠之槐樹亦爲文昌殿所有，故疑其與丕作同時。全賦依押韻可分二段：前八句押眞部韻，後四句押元部韻。首段前二句贊美槐樹，羨其得至尊之貴寵，此殆暗寓己之失寵於操也。次四句敍槐樹所植之位置。末二句形容槐蔭如明后之垂恩，則植內心企盼君王之恩寵可見矣。次段爲一般之描寫，點明時令，寫槐樹於夏日之景觀。

綜觀以上三賦，得下列共同之特色：

㈠三賦皆以六字句組成。

㈡純屬白描，不用典故。

㈢於體物寫物之中，皆能抒寫情志。

然因作者身分及際遇之不同，故三賦亦各有其殊相：

㈠曹丕純然以欣賞之態度描寫槐樹，其末段之感物抒懷乃出之以愉悅之心情。

㈡王粲之賦乃奉命而作，除儘量逞其辭采以應景外，末段則透露人臣盼望庇蔭之情。

㈢曹植殆已失寵，處境日艱。故於吟詠槐樹之際，處處流露失寵之深悲及渴盼君王之垂恩。

傅巽槐賦僅六句，二十四字：

華葉扶疏，參林蕭蔘。松蘿寄生，綿連摽末。延袤千畝，蓊鬱晻藹。（藝文類聚卷八十八）

通篇曷泰合韻。描寫槐樹茂盛廣布之狀。苟無佚文，則爲極短之賦篇也。

晉庾儵大槐賦爲感物傷懷之賦：其賦云：

余去許都，將歸洛京。舍于嵩岳之下，而植斯樹焉。遂作大槐之賦曰：

有殊世之奇樹，生中岳之重阿。承蒼昊之純氣，吸后土之柔嘉。若夫赤松王喬馮夷之倫，逍遙茂蔭，濯纓其濱。望輕霞而增舉，垂高暢之清塵。若其含眞抱朴，曠世所希。降夏后之卑室，作唐虞之茅茨。潔昭儉以驕奢，成三王之懿資。故能著英聲于來世，超羣侶而垂暉。仰瞻重幹，俯察其陰。逸葉橫被，流枝蕭森。下覆靈沼，上蔽高岑。孫鵠徘徊，寡雀悲吟。清風時至，惻愴傷心。將騁軌以輕邁，安久留而涕淫。（藝文類聚卷八十八）

自「有殊世之奇樹」至「吸后土之柔嘉」爲首段，押歌部韻。贊美所植之槐樹吸取天地之靈氣。「若夫赤松王喬」至「重高暢之清塵」爲次段，押眞部韻。敍赤松、王喬、馮夷等神仙逍遙俗塵之外，無限仰慕。「濯纓其濱」蓋用「滄浪之水清兮，可以濯我纓」之典故（註一九）。「若其含眞抱朴」至「超羣侶而垂暉」爲第三段，押脂部韻。言仙人能抱朴守眞，故垂名於後世。「降夏后之卑室，作唐虞之茅茨」蓋用張衡東京賦「慕唐虞之茅茨，思夏后之卑室」之典。此段儒道思想雜糅，旣慕道家之淸虛，又有儒家「疫沒世而名不稱」之思想。「仰瞻重幹」以下爲末段，押侵部韻。感物傷懷，爲全賦精華之所在，充分反映亂世文人之多愁善感。夫大槐枝葉之蕭森橫被，孫鵠之飛翔，雀鳥之鳴叫，本無悲哀可言，唯作者處於亂世，其心悲苦，遂覺此景無非傷心之境也。淸風時至，本屬賞心悅事，乃曰惻愴傷心！然則亂世愁苦之人，殆無足樂之事也。此段作者善用移情之法，寫景卽寫情也。

王濟槐樹賦曰：

若夫龍升南陸，火集正陽。恢玆鬱陶，靜暑無方。鼓柯命風，振葉致涼。朗明過乎八闥，重陰踰於九房。（初學記卷二十八）

此賦通篇押陽部韻。唯以「若夫」開端。疑上有佚文。且就文意觀之，僅敍及槐樹有淸涼却暑之功用，至於槐樹本身之描寫則付之闕如，可知本賦爲殘篇也。又本賦末四句與摯虞槐賦末四句「鼓柯命風，振葉致涼。開明過於八闥兮，重陰踰乎九房。」雷同。按：初學記二十八引摯虞槐樹賦無此四句，疑藝文類聚誤引王濟之賦句入於摯虞之賦中。蓋就用韻觀之，此四句與王濟之賦相叶也。

張華朽社賦云：

高柏橋南大道傍，有古太平御覽及全晉文古下有社字槐樹，蓋數百年木也。余少居近之，後去，行路遇之，則已朽。意有緬然，輒爲之賦，因以言衰盛之理云爾：

伊玆槐之挺植，于京路之東隅。得託尊於田主，據爽塏以高居。垂重陰於道周，臨大路之通衢。饗春秋之所報，應豐胙於無射。歷漢京之康樂，踰喪亂之橫逆。朱夏當陽，蓊藹蕭森。征夫雲會，

行旅歸心。輪軒停蓋，輕輿託陰。吉人向風而袪袂，王孫清嘯而啟襟。晞甘棠之廣覆，徧喬木之無蔭。（藝文類聚卷三十九）

賦題曰「朽社」，故藝文類聚列於「禮部社稷類」中。然就內容言，以詠槐樹為主體，歷代賦彙錄之於「草木類」中，玆從歷代賦彙。由賦序知本賦之創作動機乃作者見數百年之古槐樹朽壞，引發其懷古之情愫及今昔衰盛之感慨，遂作此賦以明衰盛之理。為感物抒懷，詠物說理之典型賦篇。內容可分三段：自「伊玆槐之挺植」至「臨大路之通衢」為首段，押魚部韻。敍槐樹昔日之盛：挺植於高爽之社土，臨通衢大道而垂其茂陰。自「饗春秋之所報」至「踰喪亂之橫逆」為次段，押藥部韻。由古槐樹聯想及史事之興衰，其間歷經漢代之盛世及三國以來之喪亂。「朱夏當陽」以下為末段，押侵部韻。緬懷此樹之盛時，枝葉繁茂，征夫行旅、高軒輕輿皆停集於此樹以取蔭，「吉人向風而袪袂，王孫清嘯而啟襟」何其盛也。末二句急轉直下，寫眼前枯朽槐樹之蕭條無蔭，昔盛今衰成强烈之對比。

摯虞槐賦云：

覽坤元之產殖，莫玆槐之為貴。爰表庭而樹門，膺論道而正位。爾乃觀其誕狀，察其攸居。豐融湛（初學記作霮）䨴，蓊鬱扶疏。上拂華宇，下臨修渠。湊以夷逕，帶以通衢。樂雙游之黃鸝，嘉別摯（初學記作鷙）之王雎。春棲教農之鳩，夏憩反哺之烏。鼓柯命風，振葉致涼。開明過于八闥兮，重陰踰乎九房。（全晉文卷七十六）

本賦自「爾乃」以下，全用對句。內容可分三段。首段四句，押脂部去聲韻，贊美槐樹之珍貴。「爾乃」以下十二句押魚部韻。前八句描寫槐樹之茂盛及其周圍之景物，「樂雙游之黃鸝」四句則非寫眼前之實景，乃運用想像及典故以鋪陳之，此與魏代諸篇純用白描者不同。「鼓柯命風」以下為末段，押陽部韻。夸飾槐樹之清朗陰涼。「八闥」「九房」似出於張衡東京賦：「複廟重屋，八達九房。」之典。此段與王濟之賦雷同，疑非摯氏之賦句，姑存之以待考。

西涼三篇詠槐之賦皆佚，無法知其內容。（見第三章註九十九）

(二) 柳

詩經尚無專門詠柳之詩，小雅菀柳雖以柳爲題，然「此當是刺某兇險者之詩」（屈萬里先生詩經詮釋），而非以柳爲吟詠之主體也。小雅采薇亦非詠柳之詩，唯其中有「昔我往矣，楊柳依依。今我來思，雨雪霏霏。」之生動描述，深爲後代詩人所喜愛，而依依之楊柳於中國詩歌中逐漸成爲「別離」之象徵。黃永武先生「古典詩中的桃與柳」言之甚詳：

自詩經中有「昔我往矣，楊柳依依」的雋句，柳樹早與「別離」結下了不解之緣……就柳本身的姿態而言，依依牽人的柳絲，滿路狂飛的柳絮，都構成亂絲千萬的景象，象徵多情的「惜別」，或無情的「離別」，都令人心煩慮亂、黯然銷魂！（中國詩學—思想篇）

詠柳之賦，始見於魏代，凡五篇：

王粲　柳賦

陳琳　柳賦

應瑒　楊柳賦

繁欽　柳賦

曹丕　柳賦

晉代則有二篇：

成公綏　柳賦

傅玄　柳賦

魏代五篇詠柳之賦中，曹丕與王粲之作可確定作於建安二十年。曹丕柳賦云：

昔建安五年，上與袁紹戰于官渡。是時余始植斯柳。自彼迄今，十有五載矣。左右僕御已多亡，感物傷懷，乃作斯賦曰：

伊中域之偉木兮，瑰姿妙其可珍。稟靈祇之篤施兮，與造化乎相因。四氣邁而代運兮，去冬節而涉春。彼庶卉之未動兮，固肇萌而生辰。盛德遷而南移兮，星鳥正而司分。應隆時而繁育兮，揚翠葉之青純。修幹偃蹇以虹指兮，柔條阿那而虵伸。上扶疏而孛散兮，下交錯而龍鱗。在余年之二七，植斯柳乎中庭。始圍寸而高尺，今連拱而九成。嗟日月之逝邁，忽亹亹以遄征。昔周遊而處此，今倏忽而弗形。感遺物而懷故，俛惆悵以傷情。于是曜靈次乎鶉首兮，景風扇而增煖。豐弘陰而博覆兮，躬愷悌而弗倦。四馬望而傾蓋兮，行旅仰而迴睠。秉至德而不伐兮，豈簡卑而擇賤。含精靈而奇生兮，保休體之豐衍。惟尺斷而能植兮，信永貞而可羨。（全三國文卷四）

由賦序知本賦爲典型感物傷懷之賦篇。賦文除「修幹偃蹇以虹指兮，柔條阿那而虵伸」二句爲七字句外，餘皆用六字句。內容可分三段：自「伊中域之偉木兮」至「下交錯而龍鱗」爲首段，押眞部韻。此段以體物寫物爲主：首二句頌美柳樹爲珍貴之偉木。三四句敘其稟受造化之靈氣。「四氣邁而代運兮」至「揚翠葉之青純」描寫柳樹隨季節之更換而成長，至夏季時已青翠繁茂矣。「修幹偃蹇以虹指兮」四句形容柳樹之姿態，以「虹指」狀其幹，「虵伸」狀其條，「龍鱗」狀其根，皆善於運用巧構形似之技巧。自「在余年之二七」至「俛惆悵以傷情」爲次段，押耕部韻。此段感物傷懷，爲全賦主題之所在。夫日月逝邁，流年似水，而物是人非，誠足令人神傷也。「于是曜靈次乎鶉首兮」以下爲末段，押元部去聲韻。此段寫夏日之景，敘當時之情，情景交融。並由柳樹引發昔人不伐甘棠之幽情。末二句「惟尺斷而能植兮，信永貞而可羨。」二句蓋有深悲焉。曹丕目睹昔日所植柳樹之繁茂，而昔日之僕御已多亡故，不禁悲從中來。柳樹尺斷尚能重生，而人一旦魂斷，則永無復生之理也。故羨慕柳樹之永貞，卽深悲人身之易凋也。

王粲柳賦，就其內容觀之，乃應和曹丕之作也。其賦云：

昔我君之定武，改天届而徂征。元子從而撫軍，植嘉木于茲庭。歷春秋以逾紀，行復出于斯鄉。覽茲樹之豐茂，紛旖旎以修長。枝扶疏而覃布，莖槮（類聚初學記皆作森）梢以奮揚。人情感于舊物，心惆悵以增慮。行游目而廣望，覩城壘之故處。悟元子（初學記作無生）之話言，信思難而存懼。嘉甘棠之不伐，畏取累于此樹。苟遠迹而退之，豈駕遲而不屢。（全後漢文卷九十）

通篇以六字句組成。起首四句為首段，押耕部韻。敍元子曹丕植柳之經過。「歷春秋以逾紀」至「莖森梢以奮揚」為次段，押陽部韻。敍經歷十餘載，重遊故地，見此柳樹枝條茂盛之狀。「人情感于舊物」以下，覩物生情，感物吟志。就王粲作此賦之動機而言，與曹丕稍異：曹丕純因感物傷懷而引發其創作動機，王粲則為應和之作也。唯日月飛逝，物是人非之感傷，人皆有之。故亦能藉此而抒寫其惆悵之情也。末二句似有隱退之思，王粲此時，或亦倦怠官宦之生涯歟？

陳琳、應瑒及繁欽三賦是否與曹王同時之作不得而知。除陳琳之作外，餘二篇皆以六字句組成。就現存之賦文觀之，三篇皆純就柳樹加以描寫，而無感傷之情焉。唯辭句皆秀麗可喜，茲錄繁欽柳賦以為代表：

有寄生之孤柳，託余寢之南隅。順肇陽以吐牙，因春風以揚敷。交綠葉而重葩，轉紛錯以扶疏。鬱青青以暢茂，紛冉冉以陸離。浸朝露之清液，曜華采之猗猗。（藝文類聚卷八十九）

晉成公綏柳賦云：

宅京宇之西偏，濱瀆鼻之清渠。啟橫門於大路，臨九達之通衢。愍行旅之靡休，樹雙柳於道隅。

彌年載而成陰，紛憚援而扶疏。（藝文類聚卷八十九）

通篇皆用六字句。押魚部韻，一韻到底。先敍已居處之所在，次敍植柳乃供旅人休憩之用，末寫柳樹長成，枝葉扶疏成蔭之狀。短短四十八字，雖無濃豔之詞藻，然頗富人情味，於魏晉詠物賦中自成一格。

傅玄柳賦採騷散混合體，其賦云：

美允靈之鑠氣兮，嘉木德之在春。何玆柳之珍樹兮，稟二儀之清純。受大角之禎祥兮，生濛汜之遐濱。參剛柔而定體兮，應中和以屈伸。長莖舒而增茂兮，密葉布而重陰。夾通塗與廣庭兮，環清沼而成林。於是玄雲反岳，素景含暉。太液渥流，朝露未晞。似精靈之所鍾兮，蔚鬱鬱以依依。居者觀而弭思兮，行者樂而忘歸。夫其結根建本，則固於泰山。兼覆廣施，則均於昊天。雖尺斷而逾滋兮，配生生於自然。無邦壤而不植兮，象乾道之屢遷。紛猗靡以從風兮，若將往而復旋。若乃豐葩茂樹，長枝夭夭。阿那四垂，凱風振條。同志來遊，攜手逍遙。（初學記卷二十八）

本賦內容可分四段：

起首至「環清沼而成林」爲首段。可分二節：「美允靈之鑠氣兮」至「應中和以屈伸」爲第一節，押眞部韻。贊美柳樹稟受乾坤清純之氣，並受天王帝廷大角星祥瑞之氣，生於濛汜日入之處。其體則剛柔並濟，含中和之德。此節有陰陽五行之色彩。「長莖舒而增茂兮」四句爲第二節，押侵部韻。上節爲虛構，此節則實寫，描寫柳樹之姿態及其繁茂密布之狀。

「於是玄雲反岳」至「行者樂而忘歸」爲次段，押脂部韻。此段寫景極佳，描寫天清氣朗，陽光普照，朝露未晞之美景。此時觀柳，誠令居者俗慮盡消而遊者樂而忘歸也。

「夫其結根建本」至「若將往而復旋」爲第三段，押元部韻。首四句用隔句對，夸飾柳樹之根則固于泰山，其枝葉所披覆則同乎昊天。次四句敍柳樹插枝卽可繁殖，有自然生生之德，而其無處不宜，又與乾道屢遷相同也。末二句形容柳條隨風搖曳，將去復返之優美之姿。

「若乃豐葩茂樹」以下爲末段，押宥部韻。描寫柳絮之豐茂，柳條之美好。南風輕拂，柳條阿那，此際與志同道合之友朋共遊，何等自在逍遙也。

綜觀魏晉詠柳諸賦，尙能描寫柳樹柔條阿那、枝葉扶疏之特色。唯諸賦皆未見有「別離」之象徵，然則柳樹之象徵別離，殆於魏晉之後始漸爲詩人普遍運用也。

㈢ 桑

詠桑之賦始於魏繁欽桑賦。其賦曰：

上似華蓋，紫極比形。下象鳳闕，萬桷一楹。叢枝互出，乃錯乃幷。曄曄隆暑，涼風自生。微條纖繞，隨風浮沉。陽蜩鳴其南枝，寒蟬噪其北陰。秋氣忽其將來，咸感節而悲吟。玩庇陰之厚惠，情眷眷而愛深。（藝文類聚卷八十八）

起首至「涼風自生」押耕部韻。前四句刻畫桑樹上下之形，極夸飾想像之能事，以華蓋紫極形容樹頂，鳳闕之萬桷一楹形容樹根。後四句描寫枝條互出之狀及炎夏涼風生於樹蔭。「微條纖繞」以下押侵部韻。首二句承上文涼風自生，寫桑條隨風搖盪之狀。「陽蜩」以下寫蟬，以增文章之情趣。先言夏秋兩季皆有蟬鳴于桑，次敍歲時之感物，末述蟬之眷眷於桑樹庇蔭之厚愛也。此處作者之情感已投入所詠之物矣。若桑樹之庇蔭暗喻君王之恩寵，則蟬乃作者之自喻也。

晉代詠桑之賦凡三篇：

傅咸　桑樹賦

陸機　桑賦

潘尼　桑樹賦

傅咸桑樹賦序云：

世祖昔爲中壘將軍，於直廬種桑一株，迄今三十餘年，其茂盛不衰。皇太子入朝，以此廬爲便坐。

陸機桑賦序云：

皇太子便坐，蓋本將軍直廬也。初世祖武皇帝爲中壘將軍，植桑一株，世更二代，年漸三紀，扶疏豐衍，抑有瑰異焉。

潘尼桑樹賦云：

從明儲以省膳，憩便房以偃息。觀玆樹之特瑋，感先皇之攸値……

由上可知三賦爲同時之作（可能爲獻賦）。皆藉吟詠桑樹以歌頌緬懷晉世祖武皇帝司馬炎之功德也。玆分析傅咸之作以爲代表：

伊玆樹之僥倖，蒙生生之渥惠。降皇躬以斯植，遂弘茂於聖世。厥茂伊何，其大連尋。脩柯遠揚，洪條梢槮。布簞枝之沃若，播密葉以垂陰。蔭華寓而作涼，清隆暑之難任。以厥樹之巨偉，登九日於朝陽。且積小以高大，生合抱於毫芒。猶帝道之將升，亦累德以彌光。湯躬禱於斯林，用獲雨而興商。惟皇晉之基命，爰於斯而發祥。從皇儲於斯館，物無改於平生。心惻切以興思，思有感於聖明。步旁遑以周覽，庶髣髴於儀形。（藝文類聚卷八十八）

起首四句爲首段，押祭部韻。言此桑樹有幸生於聖世，爲皇帝所親植。「厥茂伊何」至「清隆暑之難任」爲次段，押侵部韻。以設問之手法開端，敘此桑樹之高大及枝葉繁茂之狀。有庇蔭華屋，清涼去暑之功用。「以厥樹之巨偉」至「爰於斯而發祥」爲第三段，押陽部韻。以桑樹由幼苗漸成巨樹象徵當代帝德之累積及發煌。並以商湯禱於桑林之典故以喻晉朝亦受此桑樹之禎祥。此段誠善於歌功頌德。「從皇儲於斯館」以下爲末段，押耕部韻。敘從皇太子遊於世祖植桑之館，睹桑樹而思聖明之先皇，不禁徬徨周覽桑樹，冀由桑樹以回憶先皇之風儀也。

按：司馬炎卒於太熙元年（西元二九〇年）四月，太子衷立，改元爲永熙。傅咸卒於元康四年（西元二九四年）。則晉代三篇詠桑之賦作於永熙元年至元康四年之間也。

㈣ 桐

詠桐之賦凡二篇，皆爲晉人之作品：

夏侯湛　愍桐賦

傅咸　梧桐賦

夏侯湛愍桐賦云：

有南國之陋寢，植嘉桐乎前庭。闡洪根以誕茂，豐脩幹以繁生。納谷風以疏葉，含春雨以濯莖。濯莖夭夭，布葉藹藹。蔚童童以重茂，蔭蒙接而相蓋。蔽陰滄之南表，覆陽河之北外。於是詰朝之暇，步趾前廡。春以遊目，夏以淸暑。昔詩人之所稱，美厥生之攸奇。植匪崗其不滋，鳳非條其不儀。（藝文類聚卷八十八）

本賦可分四段：起首至「含春雨以濯莖」爲首段，押耕部韻。前二句敍植桐樹於前庭，後四句描寫其生長之情形。「濯莖夭夭」至「覆陽河之北外」爲次段，押泰部韻。描寫桐樹茂盛之狀。「於是詰朝之暇」至「夏以淸暑」爲第三段，押魚部上聲韻。敍此桐可供閑暇時觀賞及消暑之用。「昔詩人之所稱」以下爲末段，押支部韻。此段點明愍桐之主題。以上三段皆頌贊桐樹之茂美，此段乃言「植匪崗其不滋，鳳非條其不儀」，似與前文不諧，實則夏氏乃充分運用鳳栖梧桐之典故，以暗寓懷才不遇之悲歎。據晉書卷五十三夏侯湛傳：「湛幼有盛才，文章宏富，善構新詞而美容觀。與潘岳友善，每行止同輿接茵，京都謂之連璧。」其才旣高，然拜郎中累年不調，曾作抵疑以自廣，充分顯示其熱中功名。由是觀之，此賦前三段描述桐之茂美，殆自謂其才之美也，末段傷桐之不得其所，殆傷己之不遇也，湛郎桐，桐郎湛也。而梧桐以生非其崗，遂無鳳凰來儀，此處之鳳凰，蓋有所象徵耶？

傅咸梧桐賦通篇用六字句，押陽部韻，一韻到底。全賦純以客觀之手法贊頌描寫梧桐之可貴，末二句雖亦運用鳳棲梧桐之典故，然似無深意焉。其賦曰：

美詩人之攸貴兮，覽梧桐乎朝陽。蔚蓁蓁以萋萋兮，鬱株列而成行。夾二門以駢羅，作館寓之表章。停公子之龍駕，息旅人之肩行（初學記作行肩）。瞻華實之離離，想儀鳳之來翔。（全晉文卷五十一）

㈤ 其他

魏晉詠木之賦，除上述諸篇外，尚有五篇，皆爲晉人之作：

成公綏　木蘭賦
孫楚　茱萸賦
左九嬪　松柏賦
嵇含　長生樹賦
庾闡　浮查賦

成公綏木蘭賦云：

許昌西園中木蘭樹，余往觀之，遂爲賦曰：

覽衆樹之列植，嘉木蘭之殊觀。至於玄冥授節，猛寒嚴烈。峨峨堅冰，霏霏白雪。木應霜而枯零，草隨風而摧折，顧青翠之茂葉，繁旖旎之弱條。諒抗節而矯時，獨滋茂而不雕。（藝文類聚卷八十九）

首段僅餘二句，贊美木蘭之異於衆樹。「至於玄冥授節」至「草隨風而摧折」爲第二段，極力形容嚴冬冰天雪地之景及草木之枯零摧折。此段押月部韻，首句押韻，於魏晉詠物賦中較少見。「顧青翠之茂葉」以下爲末段，押宵部韻。敍木蘭經冬不凋之特性，其枝葉之繁茂與上段草木之摧折枯零成强烈對比，正顯示木蘭可貴之德，亦所以暗示抗節矯時志士之足貴也。

孫楚茱萸賦云：

有茱萸之嘉木，植茅茨之前庭。歷漢女而始育，關百載而長生。森蔓延以盛興，布綠葉於紫莖。鶉火西徂，白藏授節。零露既凝，鷹隼飄厲。攀紫房於纖柯，綴朱實之酷烈。應神農之本草，療生民之疹疾。（藝文類聚卷八十九）

本賦可分前後二段：起首至「布綠葉於紫莖」爲前段，押耕部韻。敍所植於前庭之茱萸歷經春生夏長而繁茂。「鶉火西徂」以下爲後段，月質祭合韻。前四句敍述秋季之來臨，不直言秋，而以「鶉火西徂」「白藏授節」「零露既凝」「鷹隼飄厲」等代替，不僅巧妙融合用典與借代之技巧（註二〇），且「鶉火」「白藏」「零露」「鷹隼」字面本身之意象亦易於喚起聯想，構成一幅想像之生動秋景。「攀紫房於纖柯」二句描寫其開花結果。末二句則詠其具有療疾之功用。

左九嬪松柏賦云：

何奇樹之英蔚，託（原作記，據類聚初學記改）峻岳之嵯峨。被玄澗之逶迤，臨滌水之素波。擢脩本（初學記作木）之丸丸，萃綠葉之芬葩。敷纖莖之龍蓯，布秀葉之蔥青（類聚作蒨）。列疏（初學記作翠）實之離離，馥幽藹而永馨。紛翕習以披離，氣肅肅以清泠。應長風以鳴條，似絲竹之遺聲。稟天然之貞勁，經嚴冬而不零。雖凝霜而挺幹，近青春而秀榮。若君子之順時，又似乎眞人之抗貞。赤松遊其下而得道，文賓飡其實而長生。詩人歌其榮蔚，齊南山以永寧。（全晉文卷十三）

全賦除「又似乎眞人之抗貞。赤松遊其下而得道，文賓飡其實而長生」三句爲散體之八字句外，餘皆爲六字句。又本賦起首六句押歌部韻，其餘皆押耕部韻，換韻處並非文意轉換處，此爲少見之例外。首四句敍松柏生長之地，而峻岳、滌水正足以表明松柏之淸高。「擢脩本之丸丸」至「似絲竹之遺聲」十句描寫松柏之狀。將松柏之本、葉、莖、實一一刻畫，並寫松柏之芳香及隨風而鳴之狀，極其傳神。「稟天然之貞勁」至「又似乎眞人之抗貞」六句，寫松柏不畏霜寒之貞德。「赤松」二句，由松柏聯想及有關之神仙傳說。末二句則以頌美松柏作結。

嵇含長生樹賦云：

余嬰丁閔凶，靡所定居。老母垂聖善之訓，以爲生事愛敬，沒則無改，宜居墓次，瞻奉威靈，兼覽藝文，可以不殞先軌。祇奉慈令，遂家于墳左。掃除壇封，種植松柏，松柏之下，不滋非類之草。猥有長生，育于域內。豈老母至行，表徵於嘉木哉！美我親之仁孝，固徵瑞之必招。降祖宗之遺德，振奇木之靑條。結根擢幹，載生無漸。弱莖猗猗，綠葉冉冉。處陰冬而愈茂，豈莖葉之有黠。感自然以旌賢，諒有道之不掩。（藝文類聚卷八十九）

「余嬰丁閔凶」至「表徵於嘉木哉」爲賦序，言創作之動機甚詳。由序知此賦乃藉詠長生樹以頌美其老母之至德也。又就藝文類聚之引文觀之，序與賦文連成一氣，無明顯之劃分也。賦文分二段：前段四句，押宵部韻。頌美其母仁孝之德，乃有奇木之祥瑞以應之。後段八句，押談部上聲韻。首四句刻畫長生樹根、莖、葉之形態，五六句敍長生樹經冬不凋，反而茂盛之特性。末二句言長生樹生於其母墳墓之域，乃表旌其母之賢也。

庾闡浮查賦云：

有幽巖之巨木，邈結根乎千仞。體洪傭以秀直，枕瓌奇而特俊。冠岑嶺以高栖，獨雍容於嵒峻。混全朴於不才，倬凌霄而絕韻。故能紆餘盤犫，森蕭頹靡。陽飄颸結，華裂水洒。遺美賈於翠璧，蹙懸根於朽壤。曳洪波於海湄，鼓長風而飄蕩。旦馭波而乘飛潦，夕舉浪而赴奔潮。吹雲霧而出洞穴，灌炎石而過沃焦。江河不俄晷，萬里不一朝。（藝文類聚卷八十八）

起首八句爲首段，押眞部韻，皆用六字句。敘巨木居於千仞之幽巖，並描寫其高大挺直於峻嶺之雄姿，末二句借莊子人間世之寓言，以明無用之用，明哲保身之理。「故能」以下四句爲次段，押支部上聲韻，皆用四字句。描寫巨木枝幹曲折，枝葉繁茂垂覆之狀。「遺美賈於翠璧」四句爲第三段，押陽部上聲韻，皆用六字句。敘巨木連根拔起，藉長風而飄蕩於海波，成爲海中之浮查。「旦馭波而乘飛潦」以下爲末段，押宵部韻。前四句用八字句，騁其想像，夸飾浮查乘風破浪，無遠弗屆。末二句爲五字句，極力形容其迅疾之狀。

就全賦觀之，此篇所詠之浮查純爲想像中之巨木，非眼前之實物也。又本賦之用字、用典、句式之變化及聲韻之轉換皆有値得注意之處，玆析之如下：

就用字言：

1. 體洪「傭」以秀直—說文：「傭，均也，直也。」以罕用字代常用字。
2. 「枕」瓌奇而特俊—「枕」名詞爲「枕頭」，動詞爲「以首枕物」，此處乃以「枕」代「首」。
3. 「倬」凌霄而絕韻—說文通訓定聲：「倬，叚借爲卓。詩桑柔：倬彼昊天。」以罕用之「倬」代常用之「卓」。
4. 「森蕭」頹靡—「蕭森」，錯落竦立之義，如潘岳射雉賦：「蕭森繁茂」。此處故意顚倒之。
5. 「陽飄颺結」—大戴禮曾子天圓：「龍非風不舉，龜非火不兆」注：「風火爲陽」。此處之「陽」殆指「風」。又陽風爲春風，「陽飄」殆指「春風」耶？「颺」爲狂風、暴風。「結」有積聚、連續之意。「颺結」殆形容風吹不停耶？然則「陽飄颺結」四字蓋指春風吹不停也。此用字之詭異也。

6.「華裂水洒」—「華裂」蓋指「花開」，「水洒」殆指雨水之清洗也。

7.曰「馺波」而乘飛潦—說文：「馺，馬行相及也。」廣韻：「馺，馬行疾也。」「馺波」蓋指「駕御奔馳之波浪」也。

由上諸例，可知此賦雖無漢賦之瑋字連篇，然因用字之詭異所造成之「阻奧」，實與瑋字無殊也。如「陽飄颸結」一詞卽頗費解也。

就用典言，本賦之典凡三處：

1.混全朴於不才—此用莊子人間世「匠石之齊」「南伯子綦遊乎商之丘」諸段之寓言，以明無用之用，不才所以全生之理。

2.遺美賈於翠璧—論語子罕篇：「子貢曰：有美玉於斯。韞匵而藏諸？求善賈而沽諸？」此句殆用論語之典加以變造之，「翠璧」卽美玉，「美賈」卽善賈也。

3.灌炎石而過沃焦—淮南子墬形訓：「八殥之外而有八紘。西南方曰焦僥、曰炎土。」此處改「炎土」爲「炎石」。「沃焦」，玄中記云：「天下之大者，東海之沃焦焉。水灌之而不已。沃焦，山名也。在東海南方三萬里。」（文選郭璞江賦「淙大壑與沃焦」李善注引）

以上三處之用典，「混全朴於不才」屬一般性之用典。「灌炎石而過沃焦」改「炎土」爲「炎石」，雖屬換字之例，然尚不難索解。至於「遺美賈於翠璧」則就論語之典加以劇烈變造，而其意義與原典已風馬牛不相及矣。

就句式言：首段採用八句六字句，次段則改用四句四字句，第三段復用四句六字句，末段則先用四句七字句，再以二句五字句結束全篇，句法富於變化，不致有單調之病。就聲韻之轉換言：首段用去聲韻，二、三段用上聲韻，末段則用平聲韻，亦富於變化也。

五　其　他

魏晉吟詠植物之賦，除上述花果草木諸類外，尚有：

魏劉楨　瓜賦
晉傅玄　瓜賦
陸機　瓜賦
嵇含　瓜賦
張載　瓜賦
夏侯湛　薺賦
嵇含　孤黍賦
杜育　荈賦
杜育　菽賦
張協　都蔗賦
江逌　竹賦

凡十一篇。以分類較難，權歸於此以述之。

劉楨瓜賦云：

楨在曹植坐，厨人進瓜，植命爲賦，促立成。其辭曰：

含金精之流芳，冠種瓜以作珍。三星在隅，溫風節暮。枕翹于藤，流美遠布。黃華炳曄，潛實獨著。豐細異形，圓方殊務。揚暉發藻，九采雜糅。厥初作苦，終然允甘。應時湫熟，含蘭吐芳。藍皮蜜理，素肌丹瓤。乃命圃師，貢其最良。投諸清流，一流（類聚作浮）一藏。更布象牙之席，薰玳瑁之筵。凭彤玉之几，酌瞭碧之樽。析以金刀，四剖三離。承之以雕盤，羃之以纖絺。甘逾密房，冷亞冰圭。（全後漢文卷六十五）

賦序直稱曹植之姓名，疑為後人所加之序，非劉楨所作也。然由此序可知本賦乃宴會時承命而作之即興作品，故其內容純為客觀之描寫，無作者之情志，為典型之遊戲作品也。

晉代四篇詠瓜賦無序，就其內容觀之，皆為純客觀之描寫。大抵而言，魏晉五篇詠瓜之賦以敘述瓜之成長，描寫其形態、顏色、芳香及形容其滋味之甘甜清涼為主。除上引楨賦外，陸機之作堪為此類之代表：

佳哉瓜之為德，邈衆果而莫賢。殷仲和之淳化，播滋榮于甫田。背芳春以初載，近朱夏而自延。奮修系之莫莫，藹秀體之緜緜。赴廣武以長蔓，粲煙接以雲連。感嘉時而促節，蒙惠露而增鮮。若乃紛敷雜錯，鬱悅婆娑。發彼適此，迭相經過。熙朗日以熠熠，扇和風其如波。有葛虆（初學記作蘽）之覃及，象椒聊之衆多。發金縈于秀翹，結玉實于柔柯。蔽翠景以自（類聚作因）育，綴修莖而星羅。夫其種族類數則有：栝樓定桃，黃𤓰白摶。金釵（類聚作叉、初學記作文）密（類聚初學記皆作蜜）箭，小青大班。玄體（類聚初學記皆作軒）素腕（類聚初學記皆作椀），貍首虎蟠。東陵出于秦谷，桂髓起于巫山。五色比象，殊形異端。或濟貌以表內，或惠心而醜顏。或攄文以抱綠，或被素而懷丹。氣洪細而俱芬，體脩短而必圓。芳郁烈其充堂，味窮理而不餇。德弘濟于飢渴，道殊流于貴賤。若夫濯（類聚作擢）以寒水，淬以夏凌。越氣外歛，溫液密凝。體猶握虛，離若剖冰。（全晉文卷九十七）

本賦為散體之詠物賦，六字句、四字句交互使用，以避免句法之單調。段落之間，則以提頭接頭語詞銜接，結構嚴謹。全賦可分四段：

起首至「蒙惠露而增鮮」爲首段，押元部韻。皆用六字句。頌美瓜爲衆果之賢，敍述其成熟之經過，寫其枝蔓之修長、瓜瓞之緜緜及其蔓延廣布之狀。

「若乃紛敷雜錯」至「綴修莖而星羅」爲次段，押歌部韻。以「若乃」承上轉下，前四句用四字句，寫枝蔓之延生交錯。第五句以下用六字句。「熙朗日以熠熠，扇和風其如波」二句寫朗日照耀，和風輕拂之景。「有葛虆之覃及，象椒聊之衆多」用詩經周南葛覃及唐風椒聊二典，以形容瓜之蔓生及其實之衆多（註二一）。「發金縈于秀翹」以下寫瓜實累累之狀。

「夫其種族類數則有」至「道殊流于貴賤」爲第三段。分二節：首句至「體脩短而必圓」爲第一節，元寒合韻。除首句爲散句外，其餘四字句六字句交互使用。列舉瓜之種類，寫其殊相及共同特色，展現作者豐富之學殖及精密之觀察力，有漢賦之鋪排手法而無板滯之病。「芳郁烈其充堂」以下爲第二節，押元部去聲韻。總述瓜香之芳郁、滋味之無窮及其不分貴賤，濟解飢渴之美德。

「若夫」以下爲末段，押蒸部韻，全用四字句。敍瓜之食法：以寒水濯之、以夏冰浸之，則瓜之清涼也如冰，乃食瓜之上乘法也。

詠瓜之賦，陸氏之作可謂既詳且盡也。唯嵇含瓜賦之押韻及結構皆頗特殊，實有一述之必要。其賦云：

世云三芝，瓜處一焉。故植根玉巖，潤葉飛泉。攬之者壽，食之者仙。是謂雲芝；芙蕖振采，濯莖玄瀨。流葩映川，莫此爲最。是謂水芝；甘瓜普植，用薦神祇。其名龍膽（類聚作贍），其味亦奇。是謂土芝。乃剖甘瓜，既淳且馨。荒者饗之，忘困解酲。流味通其五臟，冷氣反其迷精。（全晉文卷六十五）

全賦分四段：起首至「是謂雲芝」爲首段，押元部韻。敍雲芝所在及其令人長壽成仙之神效。本段隔句押韻，末句爲單句，不押韻。自「芙蕖振采」至「是謂水芝」爲次段，押泰部韻。敍水芝之所在及其特色。本段隔句押韻，末句「是謂水芝」爲單句，不押韻。自「甘瓜普植」至「是謂土芝」爲第三段，押支部韻。敍土芝（卽甘瓜）之普遍，可薦之神明，味道亦奇特。本段隔句押韻，末句「是謂土芝」爲單句，不押韻。「乃剖甘瓜」以下爲末段，隔句押韻，用耕部韻。敍甘瓜之淳香甘涼，有解渴之功效。

本賦前三段就用韻而言，爲賦之本身，然就文意言，乃在說明甘瓜爲三芝之一，眞正詠「瓜」者乃在第四段，如此則前三段又似賦序也。此結構之特殊處也。又本賦前三段之末句「是謂雲芝」「是謂水芝」「是謂土芝」皆不押韻，然此三句之末字皆爲「芝」字，似又以重複「芝」字形成相叶之效果也，苟如此，誠爲絕無僅有之押韻特例也。

夏侯湛薺賦云：

寒冬之日，余登乎城，跬步北園。覩衆草之萎悴，覽林果之零殘。悲纖條之槁摧，愍枯葉之飄殫。見芳薺之時生，被畦疇而獨繁。鑽重冰而挺茂，蒙嚴霜以發鮮。含盛陽而弗萌，在太陰而斯育。永安性於猛寒，羌無寧乎煖燠。齊精氣於欵凍（全晉文作冬），均貞固乎松林。（藝文類聚卷八十二）

除起首「寒冬之日，余登乎城，跬步北園。」爲散句外，其餘皆爲六字句。全賦可分二段：起首至「蒙嚴霜以發鮮」爲前段，元寒合韻。先述寒冬時目睹北園草木林果之凋零而生悲憫之情，次述見芳薺生於嚴冬，極力描寫其不畏霜雪而繁茂之景。前後形成對比，更足以凸顯薺之耐寒。「含盛陽而弗萌」以下爲後段，押沃部韻。此段寫物性物德，敍薺性之耐寒，歌詠其精氣齊於欵冬，而其貞固之德足以媲美松竹也。

嵇含孤黍賦僅存序文：

余愼終屋之南榮，有孤黍生焉。因泥之濕，遭雨之潤，宿昔牙蘖，滋茂甚速，塗燥根淺，忽然萎殞。深感此黍，不韜種以待時，貪榮棄本，寄身非所，自取彫枯，不亦宜乎？

由是可知作者寫此賦之動機乃有感於貪慕榮華，不顧根本之悲涼下場，然則此賦爲藉物寓理之作也，惜賦文已佚，無法覩其內容也。

杜育荈賦云：

> 靈山惟嶽，奇產所鍾。瞻彼卷阿，實曰夕陽。厥生荈草，彌谷被岡。承豐壤之滋潤，受甘露(類聚作靈)之霄降。月惟初秋，農功少休。結偶同旅，是采是求。水則岷(類聚作岻)方之注，挹彼清流。器澤陶簡，出自東隅。酌之以匏，取式公劉。惟茲初成，沫沈華浮。煥如積雪，曄若春敷。（全晉文卷八十九）

以上可分二段：「靈山惟嶽」至「受甘露之霄降」爲前段，東多陽合韻。敍荈草（荈，茶之老葉）偏生於靈嶽之山崗及山谷，承受甘露及豐壤之滋潤。「月惟初秋」至「曄若春敷」爲後段，幽魚合韻，首句亦押韻。敍初秋結伴採茶，製成茶葉。末二句以積雪及春敷形容其明亮。

本賦用典之處凡二：「瞻彼卷阿，實曰夕陽」用詩大雅卷阿「有卷則阿，飄風自南」；「酌之以匏，取式公劉」用大雅公劉「乃造其曹，執豕于牢，酌之用匏」。此種用典，僅取其詩句有「卷阿」「酌之用匏」等字眼，究其意義，實無甚關係也，用典如此，未免失之堆砌生硬。

又本賦尙有逸文見北堂書鈔卷一百四十四：

> 若乃淳染眞辰，色績青霜。□□□□，白黃若虛，調神和內。惓解慵除。

此則敍其顏色及解疲除倦之功效。

杜育菽賦僅餘殘賦二條，見北堂書鈔卷一百四十五、一百四十六：

> 脯則正膂通幹，粗鹿肥麋。

　鮭則前鹽白糝，鱣鯉之骸。

張協都蔗賦云：

　若乃九秋良朝，玄酎初出。黃華浮觴，酣飮累日（註二二）。挫斯蔗而療渴，若嗽醴而含蜜。清滋津於紫梨，流液豐於朱橘。擇蘇妙而不逮，何況沙棠與椰實。（藝文類聚卷八十七）

本賦通篇押質部韻。唯以「若乃」起首，疑上有佚文。首四句敍秋日痛飮菊花酒。五六句敍以甘蔗解渴，其甜如嗽醴含蜜。「清滋津於紫梨」以下，全用比喻格，極力形容甘蔗之甜蜜多汁。紫梨、朱橘、沙棠、椰實，皆弗能相提並論也。

江逌竹賦云：

　有嘉生之美竹，挺純姿於自然。含虛中以象道，體圓質以儀天。託宗爽塏，列族圃田。緣崇嶺，帶迴川。薄循隰，衍平原。故能凌驚風，茂寒鄉。籍堅冰，負雪霜。振葳蕤，扇芬芳。翕幽液以潤本，承清露以擢莖。拂景雲以容與，拊惠風而迴縈。（藝文類聚卷八十九）

本賦除起首二句外，其餘十八句皆爲對偶工整之對句。內容可分三段：起首至「衍平原」爲首段，押元部韻。前四句用六字句，贊美竹姿之優美，而其中空如道，體圓如天，蓋有天道之象徵耶？「託宗爽塏」以下敍竹之無所不在：高地、田園、山河及原隰皆有其踪跡也。「故能」以下爲次段，押陽部韻，皆用三字句。描寫竹不畏風霜冰雪，仍能枝葉繁盛，播散香氣。竹之所以爲士人所喜愛者，殆其有君子不畏惡勢力之貞節耶？「翕幽液以潤本」以下四句爲末段，押耕部韻。皆用六字句。先敍竹吸取幽液清露而成長。「幽液」「清露」殆暗寓竹之清高幽潔，亦所以暗示君子之德耶？末二句描寫竹從容迴縈於風雲之景，極其瀟脫悠閑，此亦君子之風度耶？

【附註】

註一：見第一章第二節。

註二：如蓮、菊、迷迭、芸等，皆植物學上所謂草本植物也。曹植芙蓉賦、鍾會菊花賦所吟詠者以「花」爲主，則歸於「詠花」類。王粲迷迭賦、傅咸芸香賦所吟詠者以「香草」爲主，則歸於「詠草」類。橘、石榴、槐、柳等，皆植物學上所謂木本植物也。曹植橘賦、潘尼安石榴賦所吟詠者以「果實」爲主，則歸屬「詠果」類。曹丕槐賦、傅玄柳賦所吟詠者以「樹木」爲主，則歸屬「詠木」類。凡此，皆爲研究之方便而分類也。

註三：晉夏侯湛芙蓉賦之次段包含本賦全文。不知此乃夏氏引用本賦，抑或本賦原爲夏氏之作而初學記誤爲張奐之作耶？若爲初學記之誤引，則漢代尙未有詠蓮之賦。

註四：見第二章註四十、四十一、四十八。

註五：「綠房翠蒂」至「點以素珠」與初學記所引張奐芙蓉賦全同，見註三。

註六：初學記「奇」上有「可」字。就全賦觀之，通篇除首句外，皆以四言及六言句組成，則從初學記作「何秋菊之可奇兮」似較妥。

註七：全三國文據太平御覽補入「□□規圓，芳頴四張」八字。

註八：全三國文據北堂書鈔補入「順陽應節，爰鍾福靈」八字。按：孔校本北堂書鈔「爰」作「乾」。

註九：藝文類聚卷八十一引晉傅玄菊賦曰：「布濩河洛，縱橫齊秦。掇以纖手，承以輕巾。服之者長壽，食之者通神。」六句中有四句與初學記所引鍾會菊花賦相同，不知傅玄引用鍾賦，抑或初學記誤引？

註一〇：古今圖書集成草木典第二百九十五卷木槿部引。

註一一：此就大體而言。至如潘岳朝菌賦曰：「奈何兮繁華，朝榮兮夕斃。」嵇含朝生暮落樹賦序曰：「草木春榮秋悴，此木朝生暮落。」則仍有些許感傷色彩。惜賦已殘佚，內容不得而知也。

註一二：如曹植洛神賦、芙蓉賦、潘岳蓮花賦皆有摹仿之文句，參見本節㈠蓮花。

註一三：艾納，歷代賦彙作「艾納」。本草綱目艾納香：「志曰：『廣志云：艾納、出西國、似細艾。』」

註一四：檜風「隰有萇楚」爲首篇詠物詩。「萇楚」卽楊桃。此詩共三章，僅末章吟詠果實，故此詩雖爲詠物詩，仍非以果實爲題材之作也。

註一五：全晉文卷九十二引潘岳果賦殘句二：「三十六園（御覽無園）之朱李」「仙李縹而神李紅」。考太平廣記卷四百十「神仙李」條下云：

防陵楚山。有朱神李圃三十六所。潘岳閑居賦云。房陵朱神之李。又李尤果賦云。三十六之朱李。蓋仙李縹而神李紅。陸士衡果賦云。中山之縹李是也。（出述異記）

可知「三十六之朱李」爲李尤果賦之逸文，而「仙李縹而神李紅」則爲編者之語，皆非潘岳之賦也。按：嚴氏所以致誤之由，蓋因引用太平御覽時失察也。玆錄太平御覽之原文如左（卷九百六十八）：

任昉述異記曰魏文帝安陽殿前天降朱李八枚啖一數日不食今李種有安陽李大而甘者卽其種也

又曰杜陵有金李李之大者爲之夏李尤小者呼爲鼠李

又曰防陵定山有朱仲李園三十六所

潘岳閑居賦云房陵朱仲之李

又曰果賦云三十六之朱李又仙李縹而神李紅

又曰武陵原在吳中山中無他木盡生桃李俗呼為桃李原原上有石洞洞中有乳水世傳秦亂吳人於此避難者食桃李實者皆得仙

此段文字皆引自「任昉述異記」。由於「又曰：果賦云：三十六之朱李」之條引「果賦」之上不載明「李尤」所作，而前條所引為「潘岳閑居賦」，故極易誤會此為潘岳果賦之逸文也。

註一六：「成都美其家園」出自何典未詳。「江陵重其千樹」典出「蜀漢江陵千樹橘，此人與千戶侯等。」之傳說（文光版藝文類聚注云：本條明本作史記）。襄陽耆舊傳云：「吳李衡字叔平，襄陽人。習笠以女英習配之。漢末為丹陽太守。衡每欲治家事，英習不聽。後密遣客十人往武陵龍陽泛洲上作宅，種柑橘千株。臨死勅兒曰：『汝母每怒吾治家事，故窮如是。然吾州里有千頭木奴，不責汝衣食歲上匹絹，亦當足用爾。』衡既亡後三十餘日。兒以白英習。曰：『此當是種柑橘也。汝家失十客來七八年，必汝父遣為宅。汝父恆稱：太史公言，江陵千樹橘，當封君家。吾答云：士患無德義，不患不富…。』吳末衡柑橘成，歲得絹數千匹。」（引自古今圖書集成草木典第二百二十九卷）「既見稱於陸言」典出三國志陸績傳：「績年六歲，於九江見袁術。術出橘。績懷三枚，去，拜辭墮地。術謂曰：『陸郎作賓客而懷橘乎？』績跪答曰：『欲歸遺母』術大奇之。」（三國志集解卷五十七）「亦標名乎馬賦」典出司馬相如上林賦曾引盧橘夏熟，左思三都賦序所謂「相如賦上林而引盧橘夏熟」是也。

註一七：「橘頌」所詠者以「果實」為主體，劃歸「詠果」之範疇。

註一八：孔臧楊柳賦見載於孔叢子第二十二連叢子。朴現圭「漢賦體裁與理論之研究」云：「孔叢子」，前人說是孔鮒所作；末有「連叢子」上下二篇，題孔臧所作。孔鮒，秦漢間人；孔臧，西漢文帝、武帝時人。按「四庫全書總目」卷九十一「子部，儒家類」一，引「朱子語錄」云：「『孔叢子』文氣軟弱，不似西漢文字，蓋其後人集先世遺文而成之者。」其「諫格虎賦」、「楊柳賦」、「鴞賦」、「蓼蟲賦」四篇，收於「孔叢子」附「連叢子」，則可能出於後人所追記。但「孔叢子」第二十二「連叢子敍書」言係孔臧幼時所作，云：「（孔臧）先時嘗爲賦二十四篇，四篇別不在集，似其幼時之作也。」按：「漢書，藝文志，詩賦略」中有「太常蓼侯孔臧賦二十篇」（頁五十一註二）

孔叢子雖僞，然其所載賦篇則無法斷其必僞，故此篇「楊柳賦」之著作權仍歸孔臧所有，唯討論時宜採保留之態度也。

註一九：孟子離婁：「有孺子歌曰：『滄浪之水清兮，可以濯我纓；滄浪之水濁兮，可以濯我足。』孔子曰：『小子聽之。清斯濯纓，濁斯濯足矣。自取之也。』」

註二〇：爾雅釋天：「咮謂之柳。柳，鶉火也。」義疏：「南方爲火。言五月之時，陽氣始隆，火星昏中，在朱鳥之處，故曰鶉火。」然則「鶉火」爲夏時，「鶉火西徂」則爲秋季矣。爾雅釋天：「秋爲白藏」注云：「氣白而收藏」故「白藏授節」爲秋季。禮起月令：「孟秋之月…涼風至，白露降，寒蟬鳴，鷹乃祭鳥，用始行戮。」故「零露既凝」「鷹隼飄厲」皆指秋季也。

註二一：周南葛覃：「葛之覃兮，施于中谷，維葉萋萋。」唐風椒聊：「椒聊之實，蕃衍盈升…椒聊之實，蕃衍盈菊。」

註二二：「黃華浮觴，酣飲累白」八字全晉文作「觴浮華黃，酒飲累白」。丁邦新先生「魏晉音韻研究」據全晉文，以「出白蜜橘實」列於質部之韻譜中。按「白」，廣韻「陌」韻，屬「藥」部。「日」，廣韻「質」韻，與「出」（廣韻「術」韻）「蜜」（廣韻「質」韻）「橘」（廣韻「質」韻）「實」（廣韻「質」韻）皆屬「質」部。故就押韻觀之，當從藝文類聚。且太平御覽卷九百七十四之引文亦作「黃華浮觴，酣飲累日」也。

第六章　魏晉動物類賦篇之分析

花果草木等植物屢爲詩經、楚辭吟詠之素材，前節既言之矣。動物亦然。故孔子勸弟子學詩云「多識於鳥獸草木之名」，王逸謂離騷之文「善鳥香草以配忠貞，惡禽臭物以比讒佞」，皆以動物與植物對舉，可知鳥獸蟲魚等題材於詩經、楚辭中亦佔相當重要之份量也。

漢代吟詠動物之賦凡十二篇，居詠物賦之第二位。至魏晉此類賦篇亦蓬勃發展，篇數達一〇七篇，爲詠物賦之一大主流。玆就㈠詠鳥㈡詠獸㈢詠蟲㈣詠魚等四類分述之：

一　詠　鳥

鳥於文學中之重要性，恰如花於文學。「花」爲植物之精英，於魏晉一一四篇吟詠植物之賦篇中，詠花之賦凡三十篇，約佔四分之一。而魏晉一〇七篇吟詠動物之賦篇中，詠鳥之賦高達六十二篇，超過詠動物賦篇之半矣。其於動物類之重要性實遠邁花於植物類之重要性也。詩經詠及鳥之詩句不勝枚舉，以「鳥」爲題者卽有：周南之「關雎」、召南之「鵲巢」、邶風之「燕燕」「雄雉」、鄘風之「鶉之奔奔」、齊風之「雞鳴」、唐風之「鴇羽」、秦風之「黃鳥」「晨風」、曹風之「鳲鳩」、豳風之「鴟鴞」、小雅之「鴻鴈」「鶴鳴」「黃鳥」「桑扈」「鴛鴦」、大雅之「鳧鷖」、周頌之「振鷺」、商頌之「

玄鳥」。唯諸詩或以起興，或僅爲該詩之起首，未有以「鳥」爲全詩之主題者，以曹風「鳲鳩」爲例，全詩四章，每章皆以「鳲鳩在桑」起首，然其主題並非描寫鳲鳩。以首章爲例：

鳲鳩在桑，其子七兮。淑人君子，其儀一兮。其儀一兮，心如結兮。

毛傳云：「興也。鳲鳩，秸鞠也。鳲鳩之養其子，朝從上下，莫從下上，平均如一。」鄭箋云：「興者喻人君之德，當均一於下也，以刺今在位之人，不如鳲鳩。」朱傳云：「興也……詩人美君子之用心均平專一，故言鳲鳩在桑，則其子七矣。淑人君子，則其儀一矣。其儀一，則心如結矣。」無論此章是否「刺今在位之人，不如鳲鳩。」其非以鳲鳩爲主題則甚明確也。其餘三章皆然。故詩經詠及鳥之詩句雖多，然未見全詩以鳥爲主之詠物詩。

楚辭亦未見以鳥爲主之篇章。唯其所詠之「善鳥」「惡禽」常用以比興，有濃厚之象徵焉。如：

鷙鳥之不羣兮，自前世而固然。（離騷）

此以鷙鳥之不羣，以喻剛厲忠正之士弗能與邪曲小人同流合污也。「鷙鳥」殆象徵剛厲忠正之士也。又如：

鸞皇爲余先戒兮，雷師告余以未具。吾令鳳鳥飛騰兮，繼之以日夜。飄風屯其相離兮，帥雲霓而來御。（離騷）

「飄風」「雲霓」象徵邪惡之勢力，「鸞皇」「鳳鳥」則象徵爲邪惡勢力所排擠之賢者也。所謂「世溷濁而不分兮，好蔽美而嫉妬」者蓋指此也。

望瑤臺之偃蹇兮，見有娀之佚女。吾令鴆爲媒兮，鴆告余以不好。（同上）

王逸云：「鴆，運日也。羽有毒，可殺人。以喻讒佞賊害人也」又云：「言我使鴆鳥爲媒以求簡狄，其性讒賊不可信用，還詐告我言不好也。」此以「鴆」象徵讒佞之小人也。

恐鶗鴂之先鳴兮，使夫百草爲之不芳。（同上）

王逸云：「言我恐鶗鴂以先春分鳴，使百草華英摧落，芬芳不得成也。以喻讒言先至，使忠直之士蒙罪過也。」此以「鶗鴂」象徵讒佞之小人，其鳴聲則爲陷害忠良之讒言也。

降至漢代，始有詠鳥之賦。賈誼「鵩鳥賦」爲文情並茂之傑出賦篇，唯全賦僅以鵩鳥起興，其主旨在說明道家之人生思想，屬哲理賦，非詠物賦也。詠鳥之賦凡六篇：

孔臧　鴞賦

班昭　大雀賦

崔琦　白鵠賦

張衡　鴻賦

趙壹　窮鳥賦

禰衡　鸚鵡賦

佔漢代詠動物賦之泰半，可知「鳥」於動物類中之重要，自古已然。其中張衡、趙壹、禰衡三人皆處於漢季之衰，於詠物中寓有個人之情志焉（註一）。

魏晉賡續前人而勤加耕耘，遂有六十二篇詠鳥賦之成果，茲分以下細目以研究之：

㈠鸚鵡

魏晉吟詠鸚鵡之賦凡十二篇，居詠鳥賦之首位。此蓋鸚鵡羽毛鮮麗，且能人語，故爲王公貴人之寵物，亦爲進貢之珍品。是以飲宴之間，屢爲吟詠之對象。漢末禰衡之鸚鵡賦，即黃祖太子於賓客大會中令禰衡即席而賦，以娛賓客。魏代鸚鵡賦凡五篇，篇幅短小，茲錄之以較其異同：

阮瑀鸚鵡賦云：

惟翩翩之豔鳥，誕嘉類於京都。穢夷風而弗處，慕聖惠而來徂。被坤文之黃色，服離光之朱形。配秋英以離綠，苞天地以耀榮。（藝文類聚卷九十一。以下四篇同）

王粲鸚鵡賦云：

步籠阿以躑躅，叩衆目之希稠。登衡幹以上干，噭哀鳴而舒憂。聲嚶嚶以高厲，又憀憀而不休。聽喬木之悲風，羨鳴友之相求。日奄藹以西邁，忽逍遙而既冥。就隅角而斂翼，倦獨宿而宛頸。

陳琳鸚鵡賦云：

咨乾坤之兆物，萬品錯而殊形。有逸姿之令鳥，含嘉淑之哀聲。抱振鷺之素質，被翠羽之縹精。

應瑒鸚鵡賦云：

何翩翩之麗鳥，表衆豔之殊色。被光耀之鮮羽，流玄黃之華飾。苞明哲之弘慮，從陰陽之消息。秋風厲而潛形，蒼神發而動翼。

曹植鸚鵡賦云：

美洲中之令鳥，超衆類之殊名。感陽和而振翼，遁太陰以存形。遇旅人之嚴網，殊六翮而無遺。身挂滯於重緤，孤雌鳴而獨歸。豈余身之足惜，憐衆鶵之未飛。分糜軀以潤鑊，何全濟之敢希。蒙含育之厚德，奉君子之光輝。怨身輕而施重，恐往惠之中虧。常戢心以懷懼，雖處安其若危。永哀鳴以報德，庶終來而不疲。

阮、王、陳、應諸氏之賦，殆爲同時吟詠之作，其共同特色有：

㈠篇幅皆極短小，短者三十六字，長者亦僅七十二字，皆爲不滿百字之短賦（註二）。此蓋同題競采，即席而作之賦本宜於短篇也。

㈡除王粲之賦稍帶感傷之色彩外，其餘皆就鸚鵡羽色之鮮麗加以客觀之描述（註三）。

㈢皆用六字句組成。

曹植之作，充滿憂戚，讀之悽惋。疑爲失寵或曹丕登帝位之後所作，此時阮王陳應諸人已卒（註四）。故此賦與上述四賦非同時之作也。玆就其內容分析之：

起首四句爲首段，押耕部韻。首二句贊美鸚鵡美好之本質。「感陽和而振翼，遁太陰以存形」似有寓意：「陽和」象徵太平清明之時，「振翼」象徵有所作爲。「太陰」象徵政治晦暗之時，「存形」象徵退隱以全身。此二句殆暗寓政治清明時當有所作爲，而政治晦暗則當全身而退也。

「遇旅人之嚴網」至「奉君子之光輝」爲第二段，押脂部韻。前四句述鸚鵡爲人所捕捉，唯有雌鳥獲免而歸。曹植於「鳥飛」之意象中，常有「網羅」之陰影。此處卽其一例，於「振翼」之後，旋遭「嚴網」。嗟夫！曹丕對其兄弟所撒下之天羅地網不亦太甚乎？「豈余身之足惜」四句，曹植將自身之生命情感完全投入鸚鵡中，分不清「余身」究爲鸚鵡或曹植矣。此時己身之安危已不足慮，所憐者唯衆雛尚未成長耳。故願捨一己之生命，以保全後代，不敢有全濟之奢望耳。語甚悲涼悽楚，此殆子建當時沈痛之心聲也。丁晏曹集詮評云：「憂戚之詞，較之正平，彌覺悽惋。」誠然。末二句「蒙含育之厚德，奉君子之光輝」述君子不殺之厚恩，此殆暗寓曹丕不殺之恩耶？

「怨身輕而施重」以下爲末段，押支部韻。言雖處安而若危，故時懷憂懼感激之心以報德也。鸚鵡之哀鳴，實子建之哀音。嗚乎！子建之憂，何其深也。

本賦通篇以六字句組成，此則與前述四篇鸚鵡賦相同。

晉代詠鸚鵡之賦凡七篇：

成公綏　鸚鵡賦

傅　玄　鸚鵡賦

傅　咸　鸚鵡賦
左九嬪　鸚鵡賦
盧　諶　鸚鵡賦
曹　毗　鸚鵡賦
桓　玄　鸚鵡賦

成公綏之作僅存賦序：

鸚鵡，原作武，據御覽改小鳥也。以其能言解意，故爲人所愛玩。育之以金籠，升之以堂殿，可謂珍之矣。然未得鳥之性也。（全晉文卷五十九）

賦文雖佚，然由此序亦可窺知作者之旨趣殆得之於莊子。莊子秋水篇謂龜寧曳尾於泥塗而不願藏之廟堂。此賦殆承其意，言鸚鵡雖處於金籠、居於堂殿，然已失其自由，違其本性矣。

其餘六篇除曹毗之作外，大抵就鸚鵡羽色之美豔加以描寫，敘述其能人語而見愛，與魏代阮瑀、陳琳、應瑒之作相似，篇幅亦極短小（註五）。玆錄傅咸之作爲代表：

有金商之奇鳥，處隴坻之高松。謂崇峻之可固，然以慧而入籠。披丹脣以授音，亦尋響而應聲。眄明眸以承顏，側聰耳而有聽。口纔發而輕和，密晷景而隨形。言無往而不復，似探幽而測冥。自嘉智於君子，足取愛而揚名。（藝文類聚卷九十一）

本賦通篇皆用六字句，內容可分二段：起首四句爲前段，押東部韻。敘西方有奇鳥處於隴坻高松之上，以爲崇山峻嶺可以託身，孰料乃以聰慧而爲人捕入籠中。「披丹脣以授音」以下爲後段，押耕部韻。形容鸚鵡之聰慧及其模仿人言之迅捷，深爲君子所寵愛也。

曹毗鸚鵡賦云：

余在直，見交州獻鸚鵡鳥。嘉其有智，歎其籠樊，乃賦之曰：其形則雉顧鴞眄，鷹跱鴈息。丹喙含暎，緗葩煥翼。森森脩尾，蔚蔚紅臆，金采員嬰於雙眸，朱藻爛暉於首側。（藝文類聚卷九十一）

賦序云「嘉其有智，歎其籠樊」，則此賦乃有感而作也。唯就賦文觀之，僅就其形體顏色加以客觀之描寫，而無作者之情感投入，與他篇實無殊異處。此殆賦文有所脫佚耶？

(二) 鶡

詠鶡之賦凡三篇，皆爲魏代之作品：

王粲　鶡賦

曹操　鶡雞賦

曹植　鶡賦

曹操鶡雞賦僅餘賦序：「鶡雞猛氣，其鬬終無負，期于必死。今人以鶡爲冠，像此也。」（全三國文卷一引大觀本草十九鶡雞）此序與曹植鶡賦之序雷同，疑爲曹植之序而誤爲曹操之序。

王粲之賦前半描述鶡之才勇勁武，秉乾剛之正氣，羽色淳駹，鶡聲震於外宇，威猛無比。後半敍爲虞人所捕，幸能免害，與孔鶴同處於園湄之中。

曹植鶡賦之主題在贊美鶡鳥勇於戰鬥之烈性，玆錄之以爲詠鶡賦之代表：

鶡之爲禽猛氣。其鬬，終無勝負，期於必死。遂賦之焉：美遐圻之偉鳥，生太行之巖阻。體貞剛之烈性，亮金德之所輔。戴毛角之雙立，揚玄黃之勁羽。甘沈殞而重辱，有節俠之儀矩。降居檀澤，高處保岑。遊不同嶺，栖必異林。若有翻雄駭逝，孤雌驚翔。則長鳴挑敵，鼓翼專場。踰高越壑，雙戰隻僵。階侍斯珥，俯耀文墀。成武官之首飾，增庭燎之高暉。（藝文類聚卷九〇）

賦序說明此賦乃贊美鶡鳥之勇猛而作。賦文可分四段：起首至「有節俠之義矩」爲首段，押魚部上聲韻。前四句述其生於太行山險阻之山巖，遂有貞剛之烈性。五六句描寫鶡鳥英武之姿。末二句言鶡鳥有俠士之節義。「降居檀澤」四句爲次段，押侵部韻。敍述其獨立不羣之習性。「若有翻雄駭逝」至「雙戰隻僵」爲第三段，押陽部韻。言其不可侵犯之威。苟有犯之者，則必戰鬥至一方死亡爲止。「階侍斯珥」以下四句爲末段，押脂部韻。寫以鶡羽爲武官之首飾，以象徵武官之勇猛。

此賦與王粲之作，皆爲純客觀之描寫。

㈢ 鶯

詠鶯之賦凡三篇：

魏王粲　鶯賦

曹丕　鶯賦

晉鍾琰　鶯賦

王粲、曹丕之賦殆爲同時之共詠，主題皆寫籠中鶯不得自由之悲哀。王粲之賦云：

覽堂隅之籠鳥，獨高懸而背時，雖物微而命輕，心悽愴而愍之，日掩藹以西邁，忽逍遙而既冥。就隅角而斂翼，眷獨宿而宛頸，歷長夜以向晨，聞倉庚之羣鳴，春鳸翔於南甍，戴鵀集乎東榮，既同時而異憂，實感類而傷情。（藝文類聚卷九十二）

本賦通篇用六字句。內容可分二段：起首四句爲前段，押之部韻。敍觀覽籠中鶯而起悲憫之心，此段可代賦序。「日掩藹以西邁」以下爲後段，押耕部韻。極力描寫籠鳥之哀傷。前四句寫光陰流逝之速，一日忽然即盡，鶯鳥斂翼宛頸瑟縮於一角，狀甚堪憐，與粲之鸚鵡賦所描寫之鸚鵡極類似。「歷長夜以向晨，聞倉庚之羣鳴」二句寫長夜漫漫，至清晨又聞籠外同類成羣鳴叫，更添無限淒楚。末四句以鳲鳩，戴鵀之自由翔集反襯籠鶯之傷情作結。

曹丕鶯賦云：

堂前有籠鶯，晨夜哀鳴，悽若有懷，憐而賦之曰：怨羅人之我困，痛密網而在身。顧窮悲而無告，知時命之將泯。升華堂而進御，奉明后之威神。唯今日之僥倖，得去死而就生。託幽籠以栖息，厲清風而哀鳴。（藝文類聚卷九十二）

此賦若與王粲之作同時，則必在建安二十二年之前（王粲卒於建安二十二年春）。序云創作動機乃憐憫堂前籠鶯晨夜哀鳴而作，此與王粲鶯賦之首段命意相同。就表現手法言，王粲採取第三人稱之客觀描寫，曹丕則以第一人稱之擬人法描述籠中鶯之心聲，此二賦之相異處。丕賦內容可分二段：前六句爲首段，押眞部韻。怨恨羅人以密網將已身困住，心中極悲苦而無處可告，本以爲大限已屆，幸得進御華堂，侍奉威神之明主。後四句爲末段，押耕部韻。述僥倖得以全生，然終日見幽於籠中，唯有迎清風而哀鳴耳。

此賦通篇用六字句，與王粲同。

鍾琰鶯賦云：

嘉京都之鶯鳥，冠羣類之殊形。擢末軀於紫闥，超顯御乎天庭。惟節運之不停，懼龍角之西頹。慕同時之逸豫，怨商風之我催。（藝文類聚卷九十二）

此賦通篇用六字句。全賦僅八句，凡四十八字。篇幅雖短，然由寫物體物以至於言志，首尾頗完整。前四句爲首段，押耕部韻。嘉美鶯鳥爲群鳥中之殊絕者，故能進御于王宮之中。後四句爲末段，押皆部韻。前段屬於寫物之階段，此段則由體物而言志。以擬人法敍鶯鳥眷戀此時之歡豫，畏懼時光流逝，哀怨秋風催迫。此蓋鍾琰之移情作用，鶯鳥之所懼所怨殆鍾琰已身之所懼所怨也。

四 鶴

詠鶴之賦凡四篇：

魏王粲　白鶴賦

曹植　白鶴賦

晉孫楚　鶴賦

桓玄　鶴賦

鶴於傳說中與神仙之關係頗爲密切，故有「仙子」「蓬萊羽士」之別名（註六）。古人謂之「仙禽」（註七）。鶴常爲神仙之坐騎，浮丘公相鶴經謂鶴爲「羽族之宗長，仙人之騏驥」。列仙傳云：「王子喬見桓良曰：『待我緱氏山頭。』至期，果乘白鶴住山巔，望之不得到。」（引自藝文類聚卷九十）就王粲、桓玄二賦觀之，鶴之神仙色彩皆極濃厚也。王粲白鶴賦云：

白翎稟靈龜之脩壽，資儀鳳之純精。接王喬於湯谷，駕赤松於扶桑。餐靈岳之瓊蘂，吸雲表之露潦。（藝文類聚卷九十）

此賦雖殘，然將白鶴與神仙之關係述之甚明。龜鳳本帶有幾分神異之色彩，「接王喬」「駕赤松」即相鶴經所謂「仙人之騏驥也」。末二句言其飲食爲「雲表露潦」「靈岳瓊蘂」，亦非人間煙火也。

桓玄鶴賦云：

惟玆禽之受命，諒誕生於悠邈，擢高距以自抗，延脩頸以軒矚，分禎玄以發藻，通太素其如玉，縱眇颺於雲裔，豈四海之難局，練妙氣以遒化，孰百年之易促，稅雲駕於三山，抃鸞皇於崑嶽。

（藝文類聚卷九十）

通篇用六字句，屋藥合韻，一韻到底。前六句描寫鶴鳥之體態及顏色。「擢高距以自抗，延脩頸以軒矚」既寫其體態，且暗寓其自視之高。後六句敍鶴鳥之神仙性格。「練妙氣以遒化，孰百年之易促」微露作者企求長生之心理。

孫楚鶴賦僅存殘序：「假使此鳥生自崑崙，長於丹穴，遊遨玄圃縹霄之際。」（太平御覽卷八）由此殘序亦可感覺仙境之氣氛。

曹植白鶴賦與上述諸賦不同，蓋曹植之作不僅對鶴鳥加以客觀之描述，且有作者之情感投入其中也。表面寫白鶴之遭遇，實則爲子建己身之寫照也。其賦曰：

嗟皓麗之素鳥兮，含奇氣之淑祥。薄幽林以屏處兮，蔭重景之餘光。狹單巢于弱條兮，懼衝風之難當。無沙棠之逸志兮，欣六翮之不傷。承邂逅之僥倖兮，得接翼于鸞皇。同毛衣之氣類兮，信休息而同行。痛良會之中絕兮，遘嚴災而逢殃。共太息而祇懼兮，抑呑聲而不揚。傷本規之違忤，悵離羣而獨處。恆竄伏以窮栖，獨哀鳴而戢羽。冀大綱之解結，得奮翅而遠遊。聆雅琴之清韻（類聚作均），記六翮之末流。（全三國文卷十四）

本賦一百五十二字，通篇皆用六字句。內容可分三段：

起首至「抑呑聲而不揚」爲首段，押陽部韻，可分三節：前八句爲第一節，先敍皓麗淑祥之白鶴處於幽林之中，次言其巢於弱枝之上，所懼者乃衝風之難以抵擋也。末二句補充說明其所以幽處者，非有沙棠隱逸之高志（註八），但求羽翮不傷卽感欣慰矣。「懼衝風之難當」爲第三節遘災逢殃之伏筆。「衝風」殆象徵邪惡勢力或無法抵抗之外力壓迫也。「承邂逅之僥倖兮」四句爲第二節，述白鶴邂逅鸞皇，並有幸與之同行。「痛良會之中絕兮」四句爲第三節，上應第一節「懼衝風之難當」，良會中絕，災禍降臨，惟有歎息憂懼，飲恨呑聲耳。

「傷本規之違忤」四句爲次段，押魚部上聲韻。述白鶴逢殃後，離羣獨處之悲哀。

「冀大綱之解結」以下四句爲末段，押幽部韻。盼望大綱得解，重獲自由，張翅遠遊。此時再無雄心壯志，唯願聆聽雅琴之清韻，爲羽族之末流卽可矣。

丁晏曹集詮評云：「傷本離羣，皆自喻也。」就全賦觀之，無一非曹植之自喻，全篇運用甚多之象徵：

㈠「皓麗之素鳥」——以白鶴之白，象徵其人品之潔白。

㈡「懼衝風之難當」——「衝風」相當於離騷之「飄風」，象徵惡勢力。

㈢「得接翼于鸞皇」——鸞鳥爲鳳皇之佐，鳳皇則爲群鳥之長（註九），曹操名爲輔佐天子之丞相，實爲號令天下之君王，故「鸞皇」蓋指曹操，「得接翼于鸞皇」象徵得曹操之恩寵也。而「痛良會之中絕」則指失寵也。

㈣曹植詩賦中「鳥飛」之意象常象徵自由或得志，而「網羅」常象徵限制自由之外在環境，或指森嚴之王法、或指無法克服之險惡勢力。本賦「得接翼于鸞皇」亦屬象徵得意之「鳥飛」意象，而「大網」卽屬象徵限制自由之外在環境之「網羅」也。

㈤孔雀

孔雀羽色之豔麗，群鳥中鮮有其匹者，爲苑囿之寵物也。魏晉吟詠孔雀之賦凡四篇：

魏楊修　孔雀賦

曹植　孔雀賦

鍾會　孔雀賦

晉左九嬪　孔雀賦

楊修孔雀賦云：

魏王園中有孔雀，久在池沼，與衆鳥同列。其初至也，甚見奇偉，而今行者莫眡。臨淄侯感世人之待士亦咸如此，故興志而作賦。并見命及，遂作賦曰：

有南夏之孔雀，同號稱於火精。寓鶉虛以挺體，含正陽之淑靈。首戴冠以飾貌，爰龜背而鸞頸。徐軒翥以俛仰，動止步而有程。（藝文類聚卷九十一）

曹操於建安二十一年爲魏王，楊修卒於建安二十四年，則此賦與曹植之賦同作於建安二十一年至二十四年之間（西元二一六——二一九年）。據此序知曹植之賦乃有感而作，惜其賦已佚，無法覩其感慨之辭也。本賦則屬承命而作之賦篇，通篇押耕部韻，僅就孔雀所生之地、德性及其形貌舉止加以客觀之描述耳，並無作者情感之投入。鍾會、左九嬪二賦亦然。鍾會客觀描寫孔雀優美之形態，華麗之羽毛。左九嬪描寫其羽毛，敍述其飲食及迎晨風而悲鳴。全賦僅六句，凡三十六字，通篇押耕部韻，苟無逸文，則爲極短之賦篇也。玆錄其賦如下：

戴綠碧之秀毛，櫂（全晉文作擢）翠尾之脩莖。飲芳桂之凝露，食秋菊之落英。耀丹紫之倏爍，應晨風以悲鳴。（藝文類聚卷九十一）

(六) 雁

雁，候鳥也。秋時南飛以避寒，春時北返而繁殖，北方實爲雁鳥之故鄉。然迫於秋冬之嚴寒，年年背其故鄉而流落南方。詩人羈族異鄉（尤其是北人而流落南方），仰望天際之飛雁，聞其嘹唳之哀音，極易引發思鄉之愁懷。故雁於中國文學中常爲漂泊及鄉愁之象徵。魏應瑒「鴈詩」已稍帶此象徵矣：

朝（古今圖書集成作朔）鴈鳴雲中，音響一何哀。問子遊何鄉，戢翼正徘徊。言我塞門來，將就衡陽栖。往春翔朔土，今冬客南淮。遠行蒙霜露，毛羽日摧頹。常恐傷飢骨，身隕沈黃泥。（藝文類聚卷九十一）

詠雁之賦，始於東漢張衡之鴻賦。魏晉則有四篇：

魏曹植　離繳雁賦

晉成公綏　鴻鴈賦

羊祜　雁賦

孫楚　鴈賦

曹植離繳雁賦充滿個人之感傷，所吟詠之孤雁與其遭遇相仿佛，遂藉此離繳之雁吐其哀音也。其賦云：

余遊于玄武陂類聚陂下有中字，有雁離繳，不能復飛，顧命舟人，追而得之。故憐而賦焉：

憐孤雁之偏特兮，情惆焉而內傷。尋淑類之殊異兮，稟上天之休祥。含中和之純氣兮，赴四節而征行。遠玄冬于南裔兮，避炎夏乎朔方。白露淒以飛揚兮，秋風發乎西商。感節運之復至兮，假魏道而翱翔。接羽翮以南北兮，情逸豫而永康。望范氏之發機兮，播纖繳以凌雲。挂微軀之輕翼兮，忽頹落而離羣。旅朋驚而鳴逝兮，徒矯首而莫聞。甘充君之下廚，膏函牛之鼎鑊。蒙生全之顧復，何恩施之隆博。于是縱軀歸命，無慮無求。飢食粱稻，渴飲清流。（全三國文卷十四）

就序觀之，本賦乃悲憐雁爲弓繳所傷而作，其創作動機屬「覩物興情，應物斯感」之作也。就賦文觀之，所描寫之孤雁實爲已身之寫照，丁晏曹集詮評所謂「純是自喻，故言之悲惋乃爾。」是也。然則此賦乃由「覩物興情，應物斯感」之創作動機轉爲「借物寓志」之賦篇也。賦文可分四段：

起首至「情逸豫而永康」爲首段，押陽部韻。首二句寫眼前之情景，悲憫離繳之孤雁。「尋淑類之殊異兮」至「避炎夏乎朔方」六句跳開眼前之景，描述雁之美好本質及其隨時令而南翔北飛。「白露淒以飛揚兮」至「假魏道而翱翔」四句拉回當時之景，寫秋風起，白露降之時節，復見雁鳥北返，飛翔魏土之上。末二句敍雁鳥成群飛翔之逸豫康樂。此段除首二句總起全文，提及悲憫孤雁之主題外，尚未進入感傷之階段，而以「情逸豫而永康」之歡樂氣氛作結。雖然，其中描寫時令之「白露淒以飛揚兮，秋風發乎西商」二句，由於「白露」「秋風」之意象極易引起淒涼之感，故此段於歡樂氣氛中實已暗藏悲劇之伏筆矣。

「望范氏之發機兮」至「徒矯首而莫聞」六句為次段，押眞部韻。歡豫之氣氛隨纖繳挂翼而頹落，本為雁羣之一員，頓成離羣之孤雁矣。

「甘充君之下廚」四句為第三段，押藥部韻。此段以第一人稱述本當卒命於鼎鑊，幸承不殺之恩。

「于是縱軀歸命」以下為末段，押幽部韻。述已得以全生，已一無所求，唯飢食粱稻，渴飲清流耳。

綜觀全賦所描寫之孤雁，其遭遇正是曹植一生之際遇也：少懷良質，悠遊皋翔；中逢巨變，為兄所迫，幾至於死，末則苟全得生，雄心盡失矣。

成公綏鴻鴈賦云：

余嘗游乎河澤之間，是時鴻鴈應節而羣至，望川以奔集。夫鴻漸著羽儀之歎，小雅作于飛之歌，斯乃古人所以假象興物，有取其美也。余又奇其應氣而知時，故作斯賦：

辰火西流，秋風厲起。軒翥鼓翼，抗志萬里。起寒門之北垠兮，集玄塞以安處。賓弱水之陰岸兮，有沙漠之絕渚。奔巫山之陽隅兮，趍彭澤之遐裔。過雲夢以娛遊兮，投江（類聚作淮）湘而中憩。晝顧眺以候遠，夜警巡而相衞。上揮翮于丹霞兮，下濯足于清泉。經天地之遐極兮，樂和氣之純煖。（全晉文卷五十九）

由序知本賦乃作者見鴻鴈應節而至，奇其應氣知時，故作此賦，以效古人「假象興物」也。內容可分四段：起首四句為首段，押支部上聲韻。敍鴻鴈於秋季時振翼準備南飛。用辭壯偉：「辰火西流，秋風厲起」呈現一片肅殺之秋氣。「軒翥鼓翼，抗志萬里」氣勢甚壯，頗能摹寫鴻鴈之壯志雄心。「起寒門之北垠兮」四句為次段，押魚部上聲韻。寫鴻鴈起飛之處，景象淒寒。「奔巫山之陽隅兮」六句為第三段，押祭部韻。敍鴻鴈南翔之經過。「奔」「趍」「過」「投」摹寫自起飛至停息四種不同飛翔狀態及心理。

末二句寫鴻鴈日夜止息時警衞之生態。「上揮翮于丹霞兮」以下爲末段，押元部韻。敘鴻鴈飛翔於雲霞之上，濯足於清泉之中，似有不勝羨慕之意，末以鴻鴈南翔乃爲和暖之氣結束全篇。

夫就創作動機而言，本賦應爲「覩物興情，應物斯感」之賦篇。然觀其內容，僅着力於鴻鴈「應氣知時」而南飛之描寫，未見動人之情志也，殊爲可惜。唯就辭采而言，尚不失爲優美之賦篇也。

羊祜雁賦純爲客觀描寫之詠物賦，情感之貧乏爲其缺點，然其形式與辭采皆有可觀焉，其賦如下：

鳴者相和，行者接武。前不絕貫，後不越序。齊力不期而並至，同趣不要而自聚。當其赴節，則萬里不能足其路。苟泛一壑，則衆物不能易其所。臨空不能頓其翼，揚波不能濈其羽。排雲墟以頡頏，汰弱波以容與。進淩鸞（初學記作厲）于泰清，退嬉魚乎玄渚。浮若漂舟乎江之濤，色若委雪于嵒之阿。邕邕兮悲鳴乎（初學記無乎字）雲間，因風（原作飛據初學記改）臨虛厲清和。眇眇兮瞥若入清塵，扶日拂翼揚（原作粲據初學記改）光羅。（全晉文卷四十一）

由上觀之，本賦全以對句組成，爲典型之駢體賦。除常見之四言對、六言對外，尚有七言對、八言對及長隔對。由於句式之靈活變化，使本賦既有對仗之整齊美，且能避免板滯之病，有足稱焉。就辭采言，本賦摹寫雁之飛翔頗爲傳神，時有佳句。如「邕邕兮悲鳴乎雲間，因風臨虛厲清和；眇眇兮瞥若入清塵，扶日拂翼揚光羅」文氣舒緩順暢，意象優美，讀之如有飛翔之感覺。他如「臨空不能頓其翼，揚波不能濈其羽。排雲墟以頡頏，汰弱波以容與。進淩鸞于泰清，退嬉魚乎玄渚」等，皆能生動摹寫其生態情趣也。

孫楚鴈賦亦採純客觀之描寫，其內容亦在描述鴈鳥隨季節遷徙之習性及其飛翔之情狀。賦中對句亦多，其秀句如「迎素秋而來遊，背青春而北息。泝長川以鳴號，淩洪波以鼓翼。」唯全賦之辭采，形式皆弗如羊氏之賦，玆不贅述焉。

(七) 鳩

詩經曹風鳲鳩每章皆以「鳲鳩在桑」起首，然其主題非咏鳩而作也。專門咏鳩之作，蓋始於東漢張升之白鳩頌（註一〇）

陳留郡有白鳩出於郡界，太守命門下賦曹史張升作白鳩頌曰：

厥名梟鳩，貌甚雍容。丹青綠目，耳象重重。

魏代不見詠鳩之賦，然於藝文類聚有王粲之詠鳩詩（註一一）

鷙鳥化爲鳩，遠竄江漢邊。遭遇風雲會，託身鸞鳳間。天姿旣否戾，受性又不閑。邂逅見逼迫，俛仰不得言。（卷九十二）

晉代詠鳩之賦凡三篇：

阮籍　鳩賦

左九嬪　白鳩賦

傅咸　班鳩賦

阮籍鳩賦序云：

嘉平中得兩鳩子，常飼以黍稷，後卒爲狗所殺，故作賦。（藝文類聚卷九十二）

由序知此賦之創作動機乃因所飼養之兩鳩子爲狗所殺而作也，屬感物傷懷之賦。就賦文觀之，僅止於哀悼鳩子之卒，至於另有否藉物言志之含意，則無由窺知也。

左九嬪白鳩賦僅存賦序，見太平御覽卷九百二十一：

太始八年，鳩巢於廟闕而孕白鳩一隻，毛色甚鮮，金行之應也。

傅咸班鳩賦序云：

予舍下種楸，蔚然成林。閑居無爲，有時遊之。顧見班鳩，音聲可悅，于是捕而畜之。既而擾馴，出之于籠，無何失去。其後時時一來飛翔，似有戀焉，故聊爲之賦。（全晉文卷五十一）

傅氏見其所飼養之班鳩飛離鳥籠，其後時時飛來，意其似有眷戀之意，遂作此賦以誌之。雖無深刻之命意，然其創作出之於自發性。運用賦體寫身邊之瑣事，脫離諷諫之實用性及貴遊文學之遊戲性，頗類小品文之創作，此亦本賦之特色也。其賦曰：

集茂樹之蔭蔚，登弱枝以容與。體郁郁以敷文，音邕邕而有序。情欽樂而是悅，遂籠之於前寓。爾乃飲以神泉，食之稻粱。朝憩椒塗，夕宿蘭房。時連翩於庭阿，見飛鷰之頡頏。慨感物而哀鳴，聲楚切以懷傷。仰華林而矯翼，紛愶逝而高翔。（藝文類聚卷九十二）

本賦分二段：起首至「遂籠之於前寓」爲前段，押魚部上聲韻。敘班鳩集於樹上，逍遙自在。其體披以華彩之羽，其音邕邕然而有序。內心悅之，故捕入籠中，養於寓前。「爾乃」以下爲後段，押陽部韻。敘以精美之食物及舒適之住處以飼養之，然班鳩既失自由，又見飛燕之頡頏，遂發其哀鳴，盼望重新振翅高翔於華林之上也。

(八) 鷹

鷹爲猛禽，威行天際，爲詩人詠歌之極佳題材。詩經秦風晨風「鴥彼晨風，鬱彼北林」、小雅采芑「鴥彼飛隼，其飛戾天」皆形容鷹之迅疾也。專門詠鷹之作，蓋始於晉人三篇詠鷹賦：

成公綏　鷹賦

傅玄　鷹賦

孫楚　鷹賦

成公綏鷹賦僅存一句：「陵高霞而輕舉」。傅玄鷹賦亦殘，全晉文卷四十五據藝文類聚卷九十一及初學記卷三十引逸文四條：

含炎離（原作災離據初學記改）之猛氣兮，受金剛之純精。獨飛跱于林野兮，復迴翔于天庭。左看若側，右視如傾。勁翮二六，機連體輕。句爪縣芒，足如枯荆。觜利吳戟，目類明星。雄姿邈世，逸氣横生。

奮翅不得起，撫翼無所翔。飾五采之華絆，結璇璣之金環。

雖逍遙于廣廈，思擊厲于中原。

前二條皆押耕部韻，似爲同一段之逸文。描寫鷹之翺翔及其威武之雄姿極爲傳神，頗能發揮巧構之技巧。後二條敍鷹鳥爲人所豢養，雖能逍遙無憂於廣廈，然已失其自由，不得翺翔中原以擊百鳥矣。「五采之華絆」「璇璣之金環」是否暗寓富貴榮華爲人生之韁鎖，由於賦文已殘，不得而知矣。又末句「思擊厲于中原」意象頗爲雄偉，杜甫詩云「何當擊凡鳥，毛血灑平蕪」（畫鷹）殆得之於此耶？

孫楚鷹賦爲典型之貴遊文學，其序云：

郭延考與余厚（御覽作辭），其後從者韝二鷹以侍側。郭、邊人也。好弋獵。顧盼（御覽作眄）心欲自娛樂，請余爲賦曰：（全晉文卷六十）

此賦既爲遊戲之作，故以娛樂耳目爲其唯一之目的也，玆錄其賦並略述其結構內容：

有金剛之俊鳥，生井陘之巖阻。超萬仞之崇巓，蔭青松以靜處。體勁悍之自然，振肅肅之輕羽。擒狡兎於平原，截鶬鴈於河渚。且其爲相也：疏尾闊臆，高髻秃顱。深目蛾眉，狀似愁胡。曲觜短頸，足若雙枯。麾則應機，招則易呼。背碣石以西遊，經馬嶺而南徂。于時商秋既邁，歲在玄冥。風霜激厲，羽毛振驚。爾乃策良驥，服羔裘。韝青骹，戲田疇。縈深谷，繞山丘。定心意，審精眸。獸馳厥足，鳥矯其翼。下赴幽谿，上翔辰極。隨指授以騰踊，因升降以畢力。紛連薄以攫竄，

遂陷首以摧臆。（藝文類聚卷九十一）

首句「有金鋼之俊鳥」至「截鶴鴈于河渚」爲首段，押魚部上聲韻。敍鷹所居之處及其獵殺之勁悍勇捷。「且其爲相也」至「經馬嶺而南徂」爲第二段，押魚部韻。刻畫鷹之形相，就其尾、胸、髻、首、眉目、喙、頸、足等一一描寫，末四句則敍其爲狩獵之幫手。「于時商秋旣邁」至「羽毛振驚」爲第三段，押耕部韻。敍節令至秋，可以殺戮也。禮記月令云：「孟秋之月，鷹乃祭鳥，用始行戮。」鷹旣於此時擊殺獵物，故羣鳥振驚也。「爾乃策良驥」至「審精眸」爲第四段，押幽部韻。敍田獵之情況：騎良馬，服羔裘，韝靑骹之鷹，奔馳於田野深谷及山丘之間，「定心意、審精眸」寫鷹定心凝神以觀察獵物，並爲下文蓄勢也。「獸馳厥足」以下爲末段，押職部韻。描述鷹鳥擊殺獵物之情況。

㈨雉

詠雉之賦始於魏韋誕之山雞賦，已佚。晉代則有四篇：

傅玄　雉賦　山雞賦（註一二）

孫楚　翟賦

傅純　雉賦

傅玄雉賦云：

稟炎離之正氣，應朱火之禎祥。播五彩之繁縟，被華文而成章。冠列角之威（類聚作盛）儀，翹從風而飄揚。履嚴距之節節，超鸞跱而鳳翔。感天和而貽瑞，進據鼎而祚商。樂周道之方隆，敷皓質于越裳。飲以華泉之水，食以玄山之粱。（全晉文卷四十五）

本賦通篇一韻到底，押陽部韻。前八句蓋以鳳喻雉。所謂炎離正氣、朱火禎祥、五彩之華羽、冠角之盛儀，無一非鸞鳳之形相也。「感天和而貽瑞」四句連用二典。前者用武丁之典：

武丁祭成湯，有雉飛鼎耳而雊。問諸祖己。曰：『雉者，野鳥也。不當升鼎。升鼎者，欲爲用也。遠方將有來朝者乎？』武丁思先王之道，辮髮重譯至者六國。（尚書大傳）

後者用周成王之典：

白雉有種，南越尤多。按地域圖，今之九德，則古之越裳也，蓋白雉之所出。周成王所以爲瑞者，貴其所自來之遠，明其德化所被之廣，非謂此爲奇也。（藝文類聚卷九十引抱朴子）

末二句敍雉飲華泉之水，食玄山之粱，以明其不茍飲食。

傅玄山雞賦云：

惟南州之令鳥，稟坤離而體珍。被黃中之正色，敷文象以飾身。翳景山之竹林，超遊集乎水濱。鑒中流以顧影，晞雲表之清塵。（藝文類聚卷九十一）

全賦僅八句，凡四十八字。一韻到底，押眞部韻。贊美山雞稟有坤離二德，描寫羽色之華采，敍其遊息之所。末二句敍山雞臨水顧影而舞，於雲表不沾塵土之高處晞其羽毛（註一三）。

孫楚翟賦云：

體沖和之淑質，飾羽儀於茂林。斑五色之文章，揚嗷嗷之清音。設密網於嚴阿，飛輕激之雲浮。上無逃而弗獲，下無隱而不搜。遂戢翼以就養，隨籠栖而言歸。恒逍遙於階庭，饜朝陽之盛暉。（藝文類聚卷九十）

本賦可分三段，每段四句，極爲整齊。首段押侵部韻，描寫翟之姿質、羽毛及鳴聲。次段押幽部韻，敍獵者布設天羅地網以捕捉之。末段押脂部韻，敍翟爲人所飼養，逍遙於階庭，享受朝陽之光輝。

按：「鳥飛」之意象常象徵自由，而「網羅」爲限制剝奪自由之外在壓迫。然而本賦所詠之翟於遭遇網羅之厄後，竟安於戢翼就養，逍遙於現狀。此殆魏晉人士與險惡之現實環境妥協，尋求無可奈何之逍遙邪？

傅純雉賦就雉之羽毛加以刻畫描寫，爲純粹詠物之賦。通篇皆押耕部韻。全賦僅十句，第五句以下全用對句，末四句且爲隔句對：

首同暉於昊天，垂玄景之綠青；

體等耀於方彩，敷五色之華英。

㈩　雞

詠雞之賦凡四篇，皆爲晉人之作：

傅玄　鬬雞賦

嵇含　雞賦

習嘏　長鳴雞賦

陸善　長鳴雞賦

鬬雞之戲，自古爲人所樂玩（註一四），魏晉亦然。曹植、劉楨、應瑒有同詠鬬雞之詩，應瑒之詩云「四坐同休贊，賓主懷悅欣。博弈非不樂，此戲世所珍」最足於說明當代之迷於此戲。晉代傅玄之鬬雞賦則運用賦體之特性，將鬬雞博鬬之狀作入木三分之描寫，其賦云：

玄羽黝而含曜兮，素毛潁而揚精。紅縹廁于微黃兮，翠彩蔚而流清（初學記作青）。五色錯而成文兮，質光麗而豐盈。前看如倒，傍視如傾。目象規作，觜似削成。高膺峭峙，雙翅齊平。擢身竦體，怒勢橫生。爪似鍊鋼，目如奔星。揚翅因風，撫翮長鳴。猛志橫逸，勢淩天廷。或躑躅踟蹰，或蹀躡（類聚作囁唼）容與。或爬（類聚作杷）地俯仰，或撫翼未舉。或狼顧鴟視，或鸞翔鳳（類聚作鵠）舞。或佯背而引敵，或畢命于强禦。于是紛紜翕赫，雷合電擊。爭奮身而相戟兮，竟（初學記作競）隼鷙而鵰睨。得勢者淩九

天，失據者淪九地。徒觀其戰也，則距不虛挂，翮不徒拊。意如飢鷹，勢如逸虎。（全晉文卷四十六）

本賦採騷散混合體。內容可分四段：

起首至「勢淩天廷」爲首段，押耕部韻。首六句描寫鬭雞羽毛之鮮豔豐盈。「前看如倒」以下描寫其形態，鈎勒其眼、嘴、胸、翅、爪之形狀，並將鬭雞之神態、威勢作傳神之摹寫。

「或躑躅踟蹰」至「或畢命于强禦」爲次移，押魚部上聲韻。此段摹寫鬭雞各種不同之姿勢，爲下文之格鬭蓄勢。

「于是紛紜翕赫」至「失據者淪九地」爲第三段。用韻較特殊：前二句藥錫合韻，敍鬭雞之相博，巧妙配合入聲韻以造成雷電相擊之氣勢。後四句押支部去聲韻，描述格鬭之猛烈，有如隼鵰之猛禽也，「得勢者淩九天，失據者淪九地」將勝者之得勢及敗者之狼狽作鮮明之對比。

「徒觀其狀也」以下爲末段，押魚部上聲韻。總結鬭雞博鬭之情況而下評語，贊美其相博之勇猛。

嵇含雞賦僅存殘序：

余庭有栖雞，而一雄最武。常憑梯升栖，守時告晨，未常（全晉文作嘗）有殆。（太平御覽卷七百六十五）

習嘏長鳴雞賦云：

嘉鳴雞之令美，智窮神而入冥（類聚作靈）。審璇璣之迴遽，定昏明之至精。應青陽于將曙（類聚作旦），忽鶴（類聚作鵠）立而鳳停。乃拊翼以贊（類聚作讚）時，遂延頸而長鳴。若乃本其形像，詳其羽儀。朱冠玉璫，彤素並施。紛葩赫奕，彩（類聚初學記皆作五）色流離。殊姿豔溢，采曜華披。雍容鬱茂，飄颻風靡。扇六翮以增暉，舒毛毳（類聚初學記皆作毳毛）而下垂。違雙距之岌峩，曳長尾之逶迤。（全晉文卷一百二十四）

本賦分二段：起首至「遂延頸而長鳴」爲前段，押耕部韻，詠贊長鳴雞之令美，能知昏明以報曉。「若乃本其形象」以下爲後段，押支部韻。刻畫其形相，描述其羽儀，將長鳴雞耀眼亮麗之彩羽、優美殊異之姿儀曲盡形容。

陸善長鳴雞賦云：

美南雞之殊偉，察五色之異形。何伺晨之早發，抗長音之逸聲。（藝文類聚卷九十一）

全賦僅四句，凡二十四字，押耕部韻。苟無逸文，則爲極短之賦篇也。

𠦃 燕

詩經無專門詠燕之詩，然邶風燕燕所描述之「燕燕于飛，差池其羽」「燕燕于飛，頡之頏之」「燕燕于飛，下上其音」諸意象殆已深植後代詩人之心。又商頌玄鳥「天命玄鳥，降而生商」之傳說亦易引發詩人之聯想。專門詠燕之作，蓋始於魏明帝之短歌行：

翩翩春燕，端集余堂。陰匿陽顯，節運自常。厥貌淑美，元衣素裳。歸仁服德，雌雄頡頏。執志精專，絜行馴良。銜土繕巢，有式宮房。不規自圓，無矩而方。（藝文類聚卷九十二）

詠燕之賦，則始於晉代，凡四篇：

夏侯湛　玄鳥賦

傅咸　燕賦

李賜　玄鳥賦

盧諶　燕賦

李賜之賦已佚。盧諶之賦純爲客觀之描寫，玆不贅述。夏氏及傅氏之作，於詠物中蓋有所寓意，玆分述之：

夏侯湛玄鳥賦云：

觀羽族之群類，美玄鳥之翔集。順陰陽以出處，隨寒暑而遊蟄。擢翾翾之麗容，揮連翩之玄翼。挺參差之羞尾，發緇素之鮮色。及至大火西景，商風授衣。遂匿形於深穴，斂六翮而不飛。含靜泊以充肌，噏至和之精粹。澹恬心以去欲，故保生而不匱。虞衆物之爲害，獨弃林而憑人。不驚畏以自疏，永歸馴而附親。有受祥而皇祇，故遺卵而生殷。惟帝皇之嘉美，置高禖以表神。類鸞皇之知德，象君子之安仁。爾乃銜泥構巢，營居傅桷。積一喙而不已，終累泥而成屋。拾柔草以自藉，採懦毛以爲蓐。吐清惠之冷音，永吟鳴而自足。（藝文類聚卷九十二）

本賦可分三段：

起首至「發緇素之鮮色」爲首段，前四句爲第一節，押緝部韻，贊美玄鳥能順陰陽寒暑。後四句爲第二節，押職部韻，描寫玄鳥飛翔之狀及其顏色。

「及至大火西景」至「象君子之安仁」爲次段，可分三節：首句至「斂六翮而不飛」爲第一節，押脂部韻。敍秋霜降、草木零，玄鳥藏於深穴而不飛。「大火西景，商風授衣」用詩經豳風七月「七月流火，九月授衣」之典。「含靜泊以充肌」至「故保生而不匱」爲第二節，押脂部去聲韻，敍玄鳥能靜泊恬淡，故能保其生命。嵇康養生論云：「善養生者……清虛靜泰，少私寡欲。」此節殆藉玄鳥以寓其養生之思想。「虞衆物之爲害」以下爲第三節，眞文合韻。敍玄鳥棄林野而親近人類，並敍玄鳥遺卵生契之神話（註一五），末以「知德」「安仁」贊美玄鳥之德。

「爾乃」以下爲末段，押屋部韻。敍玄鳥構巢之情形，而以贊美玄鳥能安於自足作結。

按：夏侯湛熱切追求功名，而此賦則贊美玄鳥之恬淡無欲，安於自足，此殆追求功名不遂，乃以此自解耶（註一六）？又本賦既以靜泊、恬淡、去欲爲保生之道，以當時之常情言，則莫如歸隱山林，乃曰：「棄林而憑人」！由此亦可窺知夏氏實無法忘情於俗塵也。

傅咸燕賦云：

有言燕今年巢在此，明歲故復來者。其將逝，翦爪識之，其後果至焉。

鷰鷰于飛，差池其羽。何詩人之是興，信進止之有序。秋背陰以龍潛，春晞陽而鳳舉。隨時宜以行藏，似君子之出處。惡焚巢之凶醜，患林野之多阻，諒鳥獸之難羣。非斯人而誰與，惟里仁（宋本作人，文光版據馮校本改）之為美，託君子之堂寓。逮來春而復旋，意眷眷而懷舊。一委身乃無口，豈改適而更赴。（藝文類聚卷九十二）

此為典型體物寫志之賦篇，而其思想則與魏晉文士大異其趣，充分顯現儒家之思想。首四句以詩經邶風燕燕之詩句起首，敍詩人所以取燕起興者，乃美其進止有序也。「秋背陰以龍潛」四句言燕鳥隨季節之變化而去來，有如君子「用之則行，舍之則藏」之處世原則。此處秋季之陰，春季之陽殆有象徵焉。陰為汚濁亂世之象徵，故燕鳥龍潛而去。陽為清明治世之象徵，燕鳥乃鳳舉而來。「惡焚巢之凶醜」四句言鳥獸不可同羣，唯人乃可親近。「唯里仁之為美」以下，言燕鳥擇仁鄰而處，託於君子之堂寓，一旦委身於此，則永不改適也。

綜觀全賦，始云「進止有序」，接云「隨宜行藏」，繼云「鳥獸難羣」，末云「里仁為美」，無一非儒家之思想也。又本賦通篇魚幽合韻，不換韻，為用韻特殊之處。

(十一) 鳳凰

鳳為傳說中之神鳥，群鳥之長，與麟、龜、龍合稱四靈（註一七），自古即為詩人所歌頌。詩經大雅卷阿云：

鳳皇鳴矣，于彼高岡。梧桐生矣，于彼朝陽。菶菶萋萋，雝雝喈喈。

鄭箋：「鳳皇之性，非梧桐不棲，非竹實不食。」由於鳳凰有擇木而棲，擇實而食之秉性，故詩人常用以象徵高潔不苟之士，如宋玉九辯云：

梟鴟皆唼夫粱藻兮，鳳愈飄翔而高舉……衆鳥皆有所登棲兮，鳳獨遑遑而無所集……驥不驟進而求服兮，鳳亦不貪餧而妄食。

鳳寧遑遑而不隨衆鳥而妄棲，寧枵其腹而不妄食，猶如潔士寧貧其身而不同流俗之汚也。此蓋宋玉之自喻也。賈誼弔屈原賦云：

鳳皇翔于千仞之上兮，覽德輝而下之。見細德之險微兮，搖增翮逝而去之。

秉性高潔、不隨流俗之鳳凰，蓋即屈原之化身，亦賈生所以自喻也。由是觀之，鳳凰於中國文學中實爲具有高度象徵之神鳥也。

魏代尙無詠鳳之賦，劉楨有贈從弟之詩：

鳳凰集南嶽，徘徊孤竹根。於心有不厭，奮翅凌紫氛。豈不常勤苦，羞與黃雀羣，何時當來儀，將須聖明君。（古今圖書集成禽蟲典第五卷）

頗能掌握鳳凰之特色，爲極佳之詠鳳詩。迨至晉代，始見詠鳳之賦，凡三篇：

傅咸　儀鳳賦

顧愷之　鳳賦

桓玄　鳳賦

顧、桓二氏之作皆爲純粹寫物之賦，贊美其德，描述其形，蓋無深意焉，玆不贅述。傅氏之作則不然，有强烈之創作動機，有其一己之思想。其序云：

鷦鷯賦者，廣武張侯之所造也。以其形微處卑，物莫之害也。而余以爲物生則有害，有害而能免，所以貴乎才智也。夫鷦鷯旣無智足貴，亦禍害未免。免乎禍害者，不（全晉文作其）唯儀鳳也。（藝文類

聚卷九十）

由序知此賦之作，乃因張華於鷦鷯賦中闡明形微處卑得以全生之理，傅咸深不以爲然，故作此儀鳳賦闡明唯有才智方能免害也。就思想言，張氏之賦所表現者乃以莊子「無用之用」逃避世網以求生，此乃當時文士處乎亂世之普遍態度也。傅氏之作則本儒家積極之精神，以才智面對當代，以免乎禍害。就此精神而論，傅氏可謂人中之鳳也。其賦如下：

仰天文以彌觀兮，覽神象乎太清。伊儀鳳之誕育兮，稟朱行之淳精。故能體該衆妙，德備五靈。穢維塵之紛濁兮，患俗網之易嬰。心眇眇其悠遠兮，意飄飄以遐征。翔寥廓以輕舉兮，淩清霄而絕形。若乃龍飛九五，時惟大明。闡隆正道，既和且平。感聖化而來儀兮，讚簫韶於九成。隨時宜以行藏兮，諒出處之有經。豈以美而賈害兮，固以德而見榮。曠千載而莫覩兮，忽翻爾而來庭。應龍至兮，庶有感於斯誠。而君子之是忽兮，賦微物以申情。雖綺靡之可翫兮，悲志大之所營。敢砥鈍於末蹤兮，則瓦礫於瑤瓊。（初學記卷三十）

本賦通篇押耕部韻，且連用十六韻字而不換韻，此例頗爲罕見（註一八）。內容可分四節：起首四句爲第一節，敍儀鳳稟受南方火德純精之氣。「故能體該衆妙」至「淩清霄而絕形」爲第二節，言儀鳳具備五靈之德，爲免沾染塵垢與俗網，故舉翅而高飛。「若乃龍飛九五」至「忽翻爾而來庭」爲第三節，先言當代朝廷之清明，故鳳鳥來儀以應聖化之禎祥。次言儀鳳不因其美而遭禍者，乃因其德受人尊榮也。觀夫傅咸一生，剛簡有大節，亦當代舉世汚濁中之人傑，則此鳳鳥，殆即咸之自身耶？「應龍至兮」以下爲第四節，針對張華鷦鷯賦而發，譏其不知君子之大志而賦鷦鷯之微物以申其情也。

(十二) 其他

詠鳥之賦，除上述諸篇外，尚有十一篇：

魏曹植　蝙蝠賦（註一九）

晉夏侯湛　觀飛鳥賦

成公綏　烏賦

張華　鷦鷯賦

摯虞　鳩鸛賦

褚陶　鷗鳥賦

蔡洪　鬭鳧賦

沈充　鵞賦

卞承之　鶗賦

張望　鷺鷀賦

賈彪　大鵬賦

曹植蝙蝠賦云：

吁何姦氣，生玆蝙蝠。形（宋本作於，文光版作形）殊性詭，每變常式。行不由足，飛不假翼。明伏暗動，晝似鼠形。謂鳥不似。二足爲毛，飛而含齒。巢不哺鷇，空不乳子。不容毛羣，斥逐羽族。下不蹈陸，上不馮木。（藝文類聚卷九十七）

丁晏曹集詮評云：「嫉邪憤俗之詞，末四句痛斥尤甚。」子建先失寵於曹操，復見逼於文帝，而羣邪復進讒言，故屢遭貶斥，滿腔之憤懣，遂藉蝙蝠以痛斥之。蝙蝠蓋即子建所怨懟之羣奸也。及子建詠蟬，贊美其盛陽則出，太陰則潛；詠鶡鵾則贊美其「感陽時而振翼，遁太陰以存形」。然則曹植筆下之「陽」蓋象徵清明之世，「陰」象徵晦暗之世。而亂世之時，君子道消，小人道長。此處之蝙蝠「明伏暗動」，正是小人之行徑也。

夏侯湛觀飛鳥賦云：

見逸遊之高鳥，邈飄颻而殊逝。擢華毛以迅鶩，迴勁翼以揚勢。披六翮之聯翩，振輕體之迢遞。遂乃矜形遼廓，馮虛安翔。翩翻徘徊，上下頡頏。動素羽之習習，亂白質於日光。玩流氣以差池，弄長風以抑揚。攝雙翅以高舉，舒脩頸以儴佯。目悅妙勢，心嘉羽儀。愛惠音之嚶嚶，美弱翰之參差。蹔高淩於景外，又抑身乎雲崖。乍來乍往，若懸若垂。象流星之離天，似圓物之墜危。何斯遊之自得，諒逸豫之可希。苟臨川而羨魚，亦觀翔而樂飛。（藝文類聚卷九十）

本賦可分四段：起首至「振輕體之迢遞」爲首段，押祭部韻。描寫飛鳥鼓翅高翔之狀。「遂乃矜形遼廓」至「舒脩頸以儴佯」爲次段，押陽部韻。描寫飛鳥憑虛安翔之各種神態。「目悅妙勢」至「似圓物之墜危」爲第三段，押支部韻。羨慕飛鳥之飛鳴天際。「何斯遊之自得」以下爲第四段，押脂部韻，爲全賦命意之所在。前三段體物寫物，此段感物興懷，有摒棄世網牽羈，以求隱逸逍遙之思也。按：夏氏熱中功名，曾因久困仕途而作抵疑以抒寫其牢騷。然功名之追逐，殆亦有厭倦之時，故仰觀飛鳥之自由翺翔，俯思已身羈絆於俗網，遂引發其深慨也。

成公綏烏賦之創作動機頗特殊，其序曰：

有孝烏集余之廬，乃喟爾而歎曰：余無仁惠之德，祥禽曷爲而至哉？夫烏之爲瑞久矣，以其反哺識養，故爲吉烏。是以周書神其流變，詩人尋其所集，望富者瞻其爰止，愛屋者及其增歎，玆蓋古人所以爲稱。若乃三足德靈，國有道則見，國無道則隱，斯乃鳳鳥之德，何以加焉。服惡鳥而賈生懼之，烏善禽而吾嘉焉，懼惡而作歌，嘉善而賦之，不亦可乎？（藝文類聚卷九十二）

孝烏（註二〇）集其廬，成公綏以爲祥瑞之徵而作賦嘉美之。觀其言曰：「余無仁惠之德，祥禽曷爲而至哉？」語極謙虛，實則暗自雀躍，深自期許也。故此賦之作，除「懼惡而作歌，嘉善而賦之」外，殆欲藉此賦以彰己德耶？其賦曰：

惟玄烏之令鳥兮，性自然之有識。應炎陽之純精兮，體乾剛之至色。望仁里之迴翔兮，翩群鳴以拊翼。嗟自託於君子兮，心雖邇而不逼。潛幽隩而穴處兮，將待期于中春（此二句全晉文從北堂書鈔卷一百五十八補。上下文尚有闕）起彼高林，集此叢灌。棲息重陰，列巢布榦。繽紛霧會，迴皇亂。來若雨集，去如雲散。哀鳴日夕，鼓翼昧旦。噫啞相和，音聲可玩。嗟斯烏之克孝兮，心識養而知慕。同蓼莪之報德兮，懷凱風之至素。雛既壯而能飛兮，乃銜食而反哺。遊朝霞而凌厲兮，飄輕翥於玄冥。有崑山之奇類兮，體殊形於玉趾。凌西極以翺翔兮，爲王母之所使。時應德而來儀兮，介帝王之繁祉。入中州而武興兮，集林木而軍起。能休祥於有周兮，矧貞明于吉土（全晉文作士）。嘉玆鳥之淑良兮，永和樂而靡已（全晉文作紀）。（初學記卷三十）

起首至「將待期于中春」爲首段，除末二句不押韻外，其餘隔句押職部韻。前四句贊美玄烏稟性之善。後六句寫其飛鳴之狀及其託心於君子。「心雖邇而不逼」者，言玄烏之心雖與君子相近，然其居處則相隔匪近，此爲下文「起彼高林」之引筆也。「潛幽隩而穴處兮，將待期于中春」二句，上下文恐有脫佚，殆指玄烏期待春天降臨，以便飛至君子之處也。

「起彼高林」至「音聲可玩」爲第二段，押寒部去聲韻。敍玄烏有感於「心雖邇而不逼」，故由所居之高林飛來，棲息於重陰，築巢於樹榦，熱鬧非凡。「來若雨集，去若雲散」二句，以雨集、雲散形容羣鳥來去之狀，逼眞貼切。「噫啞相和，音聲可玩」純爲主觀性之欣賞。由於作者以烏鳥爲祥瑞之徵，遂覺其鳴聲悅耳可玩。至如一般流俗以烏鳥爲凶兆，則「鴉譟不堪聽」也。

「嗟斯烏之克孝兮」至「乃銜食而反哺」爲第三段，押魚部去聲韻。贊美烏鳥能盡孝道，並引詩經蓼莪，凱風之典，極爲貼切。

「遊朝霞而凌厲兮」以下爲末段，除首二句不押韻外，其餘押之部上聲韻。先敍三足烏之神話（註二一）。以明烏鳥之可貴。次引史事以證烏鳥能致祥瑞（註二二）。則此烏之來集，必有美事，故爲之和樂不已也。

鷦鷯賦爲張華成名之作，傅咸儀鳳賦及賈彪大鵬賦皆因此賦而作，可知此賦當時之盛名。文選善注引臧榮緒晉書云：「少好文義，博覽墳典，爲太常博士，轉兼中書郎。雖栖處雲閣，慨然有感，作鷦鷯賦。」據此則鷦鷯賦乃張華居廟堂而慮禍患之臨身，有感於鷦鷯以卑微全生而作也。然晉書卷三十六張華傳云：「初未知名，著鷦鷯賦以自寄……陳留阮籍見之歎曰：『王佐之才也！』由是聲名始著。郡守鮮于嗣薦華爲太常博士……晉受禪，拜黃門侍郎，封關內侯。」據此，則斯賦乃作於寒微之時，並非身居顯宦而思危，乃藉吟詠鷦鷯以寄其志。此志卽賦序所謂「形微處卑，物莫之害……翩翩然有以自樂（一作得）也」。按：藝文類聚卷五十六引王隱晉書亦云：「阮籍見華鷦鷯賦，以爲王佐之才。」若後者爲是，則此賦乃張華寒微時之自慰，非顯達時之自惕也。玆分析其內容結構如下：

鷦鷯，小鳥也。生於蒿萊之間，長於藩籬之下，翔集尋常之內，而生生之理足矣。色淺體陋，不爲人用。形微處卑，物莫之害。繁滋族類，乘居匹游，翩翩然有以自樂（六臣本作得）也。彼鷲鶚鶤鴻，孔雀翡翠，或淩赤霄之際，或託絕垠之外，翰舉足以沖天，觜距足以自衞。然皆負矰嬰繳，羽毛入貢。何者？有用於人也。夫言有淺而可以託深，類有微而可以喻大，故賦之云爾。（胡刻本文選卷十三，下同）

此爲賦序，敍其創作動機及全賦之大旨。短短百餘字，而能娓娓道出莊子無用之用之哲理。清淡而有餘味，「淺言而能託深」，就序本身而言，卽爲一篇情味雋永之說理小品也。

何造化之多端兮，播羣形於萬類。惟鷦鷯之微禽兮，亦攝生而受氣。育翩翾之陋體（六臣本體下有兮字），無玄黃以自貴。毛弗施於器用（六臣本用下有兮字），肉弗登於俎味。鷹鸇過猶俄翼（六臣本翼下有兮字），尚何懼於罿罻。翳薈蒙籠（六臣本作蘢），是焉游集。飛不飄颺，翔不翕習。其居易容，其求易給。巢林不過一枝，每食不過數粒。棲無所滯，游無所盤。匪陋荆棘，匪榮茝蘭。動翼而逸，投足而安。委命順理，與物無患。伊茲禽之無知（六臣本知下有兮字），何處身之似智。不懷寶以賈害（六臣本害下有兮字），不飾表以招累。靜守約而不矜，動因循以簡易。任自然以爲資，無誘慕於世僞。

此爲首段，可分四節：

起首至「尚何懼於罿罻」爲第一節，押脂部去聲韻。前四句敍鷦鷯雖微小，然其萬物同攝生受氣於造化也。後六句敍其體陋毛賤，無一可用，善擊鳥雀之鷹鸇見之猶傾其翼而不顧，故無網羅臨身之憂也。「翳薈蒙籠」至「每食不過數粒」爲第二節，押緝部韻。敍鷦鷯甘於飛翔於草木叢間，居則一枝，食則數粒即心滿意足矣。「棲無所滯」至「與物無患」爲第三節，押寒部韻。敍鷦鷯不以荆棘爲陋，不以茝蘭爲榮，任性逍遙，委命順理，不爲外物所患也。「伊茲禽之無知」以下爲第四節，押支部去聲韻。前三節以寫物爲主，此節則藉物以寓理。敍鷦鷯處身之道，不炫其才，清靜自守，簡易從事，純任自然，不爲世利浮名所誘也。此節已由客觀之描述轉爲完全主觀之投入。蓋「世僞」乃人類社會之產物，作者此際已泯除物我之分，鷦鷯即其理想人格之化身也。

鵰鶡介其觜距，鵠鷺軼於雲際。鶤雞竄於幽險，孔翠生乎遐裔。彼晨鳧與歸鴈，又矯翼而增逝。咸美羽而豐肌，故無罪而皆斃。徒銜蘆以避繳，終爲戮於此世。蒼鷹鷙而受緤，鸚鵡惠而入籠。

屈猛志以服養，塊幽縶於九重。變音聲以順旨，思摧翮而爲庸。戀鍾岱之林野，慕隴坻之高松。雖蒙幸於今日，未若疇昔之從容。海鳥鶢鶋，避風而至。條枝巨雀，踰嶺自致。提挈萬里，飄颻逼畏。夫唯體大妨物而形瓌足瑋也。

此爲次段，可分三節：

「鷦鷯介其觜距」至「終爲戮於此世」爲第一節，押祭部韻。敍鵰鶚、鶡鷄、孔翠、晨鳧、歸鴈等，皆因美羽豐肌而遭殺戮。雖有銳喙利爪，無以避害也；雖有銜蘆避繳之智，亦弗能倖免也。其餘或高飛，或遠竄，皆無一得免。與前段「不懷寶以賈害，不飾表以招累」之鷦鷯成强烈之對比。

「蒼鷹鷙而受緤」至「未若疇昔之從容」爲第二節，押東部韻。敍蒼鷹勇猛而受緤於人，鸚鵡聰慧而見捕於籠中，唯有屈猛志、變音聲以順服人意。此時縱有恩寵加己，已無昔日翺翔於高山林野，隴坻高松之從容逍遙矣。

「海鳥鶢鶋」以下爲第三節，押脂部去聲韻。敍海鳥鶢鶋及條枝國巨雀因形體巨大，故見迫於大風。「風」常爲邪惡勢力之象徵，然則此殆暗寓才高者見阻於惡勢力耶？

陰陽陶蒸，萬品一區。巨細舛錯，種繁類殊。鷦螟巢於蚊睫，大鵬彌乎天隅。將以上方不足，而下比有餘。普天壤以遐觀，吾又安知大小（六臣本大小二字作其小大）之所如。

此爲末段，押魚部韻。以莊子齊萬物之思想總結全篇。言鷦鷯比之大鵬，則誠小鳥也。若比之鷦螟，豈非龐然巨物耶？可知大小本無一定之標準。此卽秋水篇所謂「以差觀之，因其所大而大之，則萬物莫不大；因其所小而小之，則萬物莫不小。」是也。且天地陰陽之陶冶萬物，其種類雖繁殊，然皆同處一區，各自得其所足。然則鷦鷯雖小，亦「翩翩然有以自樂」也。

摯虞鴳鶄賦描寫鴳鶄羽儀之美及其優雅戲水之姿。純爲客觀之寫物，蓋爲遊戲之作，無深刻命意，玆不贅述。

褚陶鷗鳥賦已佚，無法知其內容。

蔡洪鬬鳧賦亦屬遊戲之作。先寫鬬鳧之體態、顏色及好鬥之習性。接寫其相鬥之狀，末二句「忽雷起而電發，赴洪波以奮擊」頗能運用夸飾法以形容其拚鬥時迅疾勇猛之狀。此賦亦無深刻命意，故不引其文。

沈充鵞賦已佚，序則見存於藝文類聚卷九十一及太平御覽九百一十九。由序知此賦乃惆惜焦叔明「體色豐麗，鳴聲驚人」之大蒼鵞爲暴犬所害而作。

卞承之鷃賦僅存殘序於太平御覽卷九百二十五：

烏（全晉文作鳥）眞野之性，備於俯仰之間。專覗緩步，有自卑之志。

據此殘序，此賦殆爲詠贊鷃鳥謙卑之德，惜賦已佚！

張望鷺鷀賦云：

余覩鷺鷀之爲鳥也，形皃叢蔑，尾翮燋陋，樂水以遊，隨波淪躍，汎然任性，而無患也：

惟鷺鷀之小鳥，託川湖以繁育。翩舒翮以和鳴，匪寄惕於籠畜。瀁瀇池沼，容與河洲。翔而不淹，集而不留。値汙則止，遇澤則遊。淪潭裏以銜魚，躍浪表而相求。萃不擇渠，娛不擇川。隨風騰起，與濤回旋。沉竄則足撥圓波，浮泳則臆排微漣。率性命以閑放，獨遨逸而獲全。（藝文類聚卷九十二）

由序知此賦乃作者覩鷺鷀隨波而遊，汎然任性，有感而作也。爲典型感物抒懷之作，其內容則充分表現道家任性逍遙之思想，可分三段：首段四句，押沃部韻。敍鷺鷀飛鳴於川湖之上，自由逍遙，無樊籠之患。「瀁瀇池沼」至「躍浪表而相求」爲次段，押幽部韻。描寫鷺鷀逍遙於池沼河洲之景，神態極爲悠閑。「萃不擇渠」以下爲末段，押元部韻。緊承上段，敍其不擇川渠，隨遇而安。「隨風騰起，與濤回旋。沈竄則足撥圓波，浮泳則臆排微漣」尤能曲盡野鳧隨遇而安之神態，讀之彷彿爲眼前之景。末二句乃全篇主旨之所在，吟詠其任性逍遙，保性全眞。表面寫鷿鷉，實則爲典型魏晉之人生觀也。

本賦四字句及六字句交互運用，句法靈活流暢。

賈彪大鵬賦云：

余覽張茂先鷦鷯賦，以其質微處褻而偏於受害。愚以爲未若大鵬，棲形遐遠，自育之全也。此固禍福之機，聊賦之云：

歎大均之播物，啟塊化於天壤。嘉有鵬之巨鳥，攝元氣之夸象。揚宇內之逼隘，遵四荒以汎蕩。

（藝文類聚卷九十二）

夫魏晉之士，久處亂世，目覩衆生之朝不保夕，故危懼感深入其心靈。張華鷦鷯賦欲以形微處卑以遠害，此賦則以棲形遐遠以求全。方法不同，而其避害之心理則無殊也。賦文僅六句，皆爲六字句，通篇押陽部上聲韻。贊美大鵬能高翔於四荒遐遠之域也。「宇內之逼隘」蓋暗寓中原之動盪，無可安居耶？

二　詠　獸

吟詠走獸之詩歌雖不如吟詠飛鳥之盛，然詩經詠及走獸之詩篇亦不少。如周南「麟之趾」、召南「羔羊」、「野有死麕」、「騶虞」、鄘風「相鼠」、衞風「有狐」、王風「兎爰」、齊風「盧令」、魏風「碩鼠」、豳風「狼跋」、小雅「鹿鳴」、「白駒」、魯頌「駉」、「有駜」等皆以走獸爲題。「駉」詩且爲詠物體之濫觴（見第一章第二節）。唯此篇之外，餘皆以獸比興，未能以之爲全詩之主體，如麟之趾云：

麟之趾，振振公子，于嗟麟兮。
麟之定，振振公姓，于嗟麟兮。
麟之角，振振公族，于嗟麟兮。

三章皆以麟起首，唯其主旨在頌美公族子孫衆多（或以爲頌美公子之信厚），非以麟爲吟詠之主體。

碩鼠云：

碩鼠碩鼠，無食我黍。三歲貫女，莫我肯顧。逝將去女，適彼樂土。樂土樂土，爰得我所。
碩鼠碩鼠，無食我麥。三歲貫女，莫我肯德。逝將去女，適彼樂國。樂國樂國，爰得我直。
碩鼠碩鼠，無食我苗。三歲貫女，莫我肯勞。逝將去女，適彼樂郊。樂郊樂郊，誰之永號。

三章皆以碩鼠起首，且有描述碩鼠之語，然其主旨乃「刺重斂」（詩序），仍非以吟詠碩鼠爲主體也。

史記卷二十四樂書云：

（武帝）又嘗得神馬渥洼水中，復次以爲太一之歌。歌曲曰：「太一貢兮天馬下，霑赤汗兮沫流赭。騁容與兮跇萬里，今安匹兮龍與友。」後伐大宛，得千里馬，馬名蒲梢，次作以爲歌。歌詩曰：「天馬來兮從西極，經萬里兮歸有德。承靈威兮降外國，涉流沙兮從西極。」（漢書禮樂志亦載之。文句稍異）

此殆繼詩經「駉」詩之後，詠獸之詩首見於典籍者也。至於詠獸之賦，漢代得三篇：

劉琬　馬賦
王延壽　王孫賦
馬融　龍虎賦

降至魏晉，詠獸之賦凡十二篇，數目遠遜詠鳥之賦。玆就㈠馬㈡猴㈢狗㈣兎等細目分述之：

㈠　馬

古者征戰、交通、勞役皆有賴於馬，古今圖書集成「馬部」卽佔十四卷之多，可知馬與古人之生活息息相關。故歷來吟詠馬之詩文頗多。詠馬之賦，始於東漢劉琬之馬賦，見載於太平御覽卷八百九十七：

吾有駿馬，名曰騏雄。龍頭鳥目，麟腹虎胷。尾如雲彗，耳如插筒。

此賦是否爲完篇無由得知。以存文觀之，僅就其駿馬之形體加以描述耳。降至魏晉，詠馬賦有五篇：

魏應瑒　愍驥賦

晉傅玄　乘輿馬賦　馳射馬賦　良馬賦

　黃章　龍馬賦

五賦除應氏之作堪稱完篇外，餘皆殘缺，殊爲可惜。應瑒愍驥賦云：

愍良驥之不遇兮，何屯否之弘多。抱天飛之神號兮，悲當世之莫知。赴玄谷之漸塗兮，陟高崗之峻崖。懼僕夫之嚴策兮，載悚慄而奔馳。懷殊姿而困逼兮，願遠迹而自舒。思奮行而驤首兮，叩纆緤之紛拏。牽繁轡而增制兮，心慉結而槃紆。涉通逵而方舉兮，迫輿僕之我拘。抱精誠而不暢兮，鬱神足而不攄。思薛翁於西土兮，望伯氏於東隅。願浮軒於千里兮，曜華軛乎天衢。瞻前軌而促節兮，顧後乘而踟蹰。展心力於知己兮，甘邁遠而忘劬。哀二哲之殊世兮，時不遘乎良造。制銜轡於常御兮，安獲騁于退道。（藝文類聚卷九十三）

本篇屬騷體賦，通篇皆用六字句。內容可分三段：起首至「載悚慄而奔馳」爲首段，支歌合韻。悲憫良驥之不遇，雖有駿才，而世人莫之知，遂屈伏於僕夫嚴策之下。「懷殊姿而困遇兮」至「甘邁遠而忘劬」爲次段，押魚部韻。由客觀之第三人稱轉爲主觀之第一人稱之描述。敍身懷殊異之姿而不遇，思得良機昂首奔馳於遐方，惜見拘於輿僕之纆緤繁轡，無由展其雄才。冀望薛翁、伯氏等識馬者之知已。苟能遇之，則必盡其力、忘其勞以答之也。「哀二哲之殊世兮」以下爲末段，押豪部上聲韻。深悲世無薛翁、伯氏，遂與凡馬同制於銜轡，無法聘足千里也。

綜觀全賦，雖句句寫馬，實則句句寫人。藉悲憫良驥之不遇，以抒寫賢士不遇之深悲，爲典型借物喻志之詠物賦也。

傅玄三篇詠馬之賦皆已殘缺。其中乘輿馬賦之序頗有深意，其文曰：

往日劉備之初降也，太祖賜之駿馬，使自至廄選之。歷名馬以百數，莫可意者。次至下廄有的顱馬，委棄莫視，瘦悴骨立，劉備取之，衆莫不笑之。馬超破蘇氏塢，塢中有駿馬百餘匹，自超已下俱爭取肥好者，而將軍寵恩（全晉文作悳）獨取一騧馬，形觀既醜，衆亦笑之。其後劉備奔於荆州，馬超戰於渭南，逸足電發，追不可逮，衆乃服焉。（太平御覽卷八百九十七）

敍劉備及寵恩不以馬之外在骨相選馬之故事，此殆暗寓取士不可純以外貌也。頗能發人深省。三篇賦文雖殘，然由殘存之文句中尙可窺其刻畫之工，如：

目若曜星，符采橫發。高顙懸日，雙璧象月。頭似削成，髦如鬢髮。延首高驤，擢足軒跱。氣蓋青雲，勢凌萬里。九方不能測其天機，秦公不能究其妙理。（藝文類聚卷九十三引乘輿馬賦）

形便飛燕，勢越驚鴻。（文選卷十四顏延年赭白馬賦李善注引乘輿馬賦）

耳小易使，鼻大勢怒。來往若鷹鷂，超騰如逸虎。（太平御覽卷八百九十七引馳射馬賦）

奮疊沛艾，虎據麟跱。望雲睇景，乘虛四起。縱銜則往，攬鞚則止。（太平御覽卷三百五十八引良馬賦）

鞭不得搖，手不及動。忽然增逝，肉飛骨踴。（太平御覽卷三百五十九引良馬賦）

運用比喻、夸飾之修辭法，將馬之雄姿，迅捷及其氣勢精神作傳神之摹寫，形成鮮明之意象。其中「肉飛骨踴」寫良馬之迅疾，用字奇而傳神，尤見練字之工。

黃章龍馬賦已殘，大體描寫龍馬之所出及其神武之姿。賦文有「生河海之濱涯，被華文而朱翼」之句，則此賦所詠者乃傳聞之帶翼神馬，非人間之實馬。玆以賦殘，不贅述焉。

(二) 猴

詠猴之賦，始於漢王延壽之王孫賦。此賦以近四百字之篇幅描寫刻畫一物，於漢賦中屬罕見之例。全賦純以客觀手法寫物，頗爲摹寫猿猴之神態。如「顏狀類乎老公，軀體似乎小兒」「尋柯條以宛轉，或捉腐而登危。或羣跳而電透，或爪懸而瓟垂」皆能生動摹寫猿猴形貌及羣猴活躍於樹林之狀。魏晉詠猴之賦凡四篇：

魏徐幹　玄猿賦
　　阮籍　獼猴賦
　　鍾毓　果然賦
晉傅玄　猨猴賦

徐幹之賦已佚。阮籍獼猴賦寓意深遠，藉獼猴痛斥世僞，爲典型借物喻志之詠物賦，其賦云（註二三）

昔禹平水土，而使益驅禽。滌蕩川谷兮，櫛梳山林。是以神姦形于九鼎，而異物來臻。故豐狐文豹釋其表，間尾騶虞獻其珍。夸父獨鹿祓其豪，青馬三騅棄其羣。此以其壯而殘其生者也。

此爲首段，前四句押侵部韻，敍禹平水患，命益驅逐禽獸。「是以」以下至「青馬三騅棄其羣」押眞部韻，緊承禹平水患之傳說，敍各種神話中之珍怪皆爲人所捕獲。末句「此以其壯而殘其生者也」以散句結束此段，說明上述見獲之珍怪皆因其壯反遭殘害，此殆取老子「物壯則老」（三十章）「堅強者死之徒，柔弱者生之徒」（七十六章）之意耶？

若夫熊狙之遊臨江兮，見厥功以乘危。夔負淵以肆志兮，楊震聲而（註二四）皮。處閑曠而或昭兮，何幽隱之罔隨。鼷畏逼以潛身兮，穴神丘之重深。終或餌以求食兮，焉[北堂書鈔焉下有重字，張溥本焉作烏]鑿之而[北堂書鈔無此字]能禁。誠有利而可欲兮，雖希覿而爲禽。故近者不稱歲，遠者不歷年。大則有稱于萬年，細者則（註二五）爲笑于目前。

此爲次段。前六句押支部韻。用山海經之典（註二六），敍夔雖潛乎深淵、處乎幽隱，終因其皮可製鼓而見戮。「鼷畏逼以潛身兮」六句押侵部韻。用莊子之典（註二七），敍鼷鼠雖深潛於神丘之下，終因貪餌而見捕。末四句押元部韻。總結前二段，言無論遠近之珍物，雖有遲速之差，然其終於見擒則一也。阮氏殆欲以諸異物之見擒說明「貪利」之下場耶？

夫獼猴直其微者也，猶繫累于下陳。體多似而匪類，形乖殊而不純。外察慧而內[類聚初學皆無內字]無度兮，故人面而獸身（註二八）。性褊淺[類聚作偏淺]而干進兮，似韓非之囚秦。揚眉額而驟眒[張溥本作呻]兮，似巧言而僞眞。藩從後之繁衆兮，猶伐樹而喪鄰。整衣冠而偉服兮，懷項王之思歸。耽嗜慾而眄視兮，有長卿之姸姿。舉頭吻而作態兮，動可增而自新。沐蘭湯而滋穢兮，匪宋朝之媚人。終蚩弄而處紲[張溥本作泄]兮，雖近習而不親。多才伎其何爲，固受垢而貌侵。姿便捷而好技兮，超騰躍乎岑嵒。既（註二九）東避兮，遂中岡而被尋。嬰徽纆以拘制兮，顧西山而長吟。緣榱桷以容與兮，志豈忘乎鄧林。庶君子之嘉惠，設奇視以盡心。且須臾以永日，焉逸豫而自矜。斯伏死于堂下，長滅沒乎形神。

此爲末段，爲全賦主題之所在。藉寫獼猴而痛斥當代口稱仁義，實則假借禮法、攀附權貴之小人。可分四節：自首句至「猶伐樹而喪鄰」爲第一節，押眞部韻。敍獼猴之體雖似人，而其形實乖異不純。

外表似聰慧而內心實無器度。雖有人面，其身不離禽獸。此殆暗諷當代之小人徒具「人形」耳。至於「性編淺而干進」云云，則已離開描寫獮猴之形貌而直斥當代之羣小矣。蓋所謂「干進」「巧言僞眞」乃人類社會所特有，阮氏歸之獮猴者，指桑罵槐也。「整衣冠」四句爲第二節，押脂部韻。前二句用項羽之典（註三〇），後二句用檀長卿爲沐猴與狗鬬之典（註三一）。漢書卷四十五伍被傳云：「知略不世出，非常人也。以爲漢廷公卿列侯皆如沐猴而冠耳。」阮籍連用二則與沐猴有關之典，殆譏當時朝廷羣醜皆如「沐猴而冠」者耶？「舉頭吻而作態兮」至「雖近習而不親」爲第三節，押眞部韻。敘獮猴搔首弄姿，本欲求媚，反添醜穢，卒見侮弄而爲人所拘禁也。此殆暗咒小人之媚行，終必見辱也。「多才伎其何爲」以下爲第四節，蒸眞談侵四部合韻。敘獮猴伎倆雖多，然其體垢貌醜。雖善於騰躍山林，然終爲人所捕獲。其後從容攀緣於榱桷之間，雖不忘情昔日之鄧林（註三二），然欲乞得君子之施惠，唯有「設奇視以盡心」以求主人之歡心。末四句深歎獮猴苟延終日之生活，何逸豫自矜之有耶？唯伏死堂下，形神永滅耳。又「榱桷」常比喻爲擔負重任者（註三三），此處蓋指達官顯要。阮籍既以獮猴比喻羣小，則「緣榱桷以容與」云云，蓋喻羣醜之攀附權貴，違其本性，仰人鼻息以媚人，盡日苟延以終也。

按：阮籍處魏晉之際，斯時也，大僞竊國而口說仁義，而世之所謂「君子」者，利慾薰心，巧言亂德，文飾姦僞，假借禮法以攀附權奸。籍深惡之，作大人先生傳，以諷刺之筆描繪當世之「君子」云：

> 服有常色，貌有常則，言有常度，行有常式……誦周孔之遺訓，歎唐虞之道德。唯法是脩，唯禮是克。手執珪璧，足履繩墨，行欲爲目前檢，言欲爲無窮則。少稱鄉閭，長聞邦國。上欲圖三公，下不失九州牧。

嗟夫！觀此「君子」之外貌，誠彬彬然古之克己復禮之君子也。然其終極目的，乃「上欲圖三公，下不失九州牧」，則一切作爲皆僞也。大人先生傳又云：

外易其貌，內隱其情。懷欲以求多，詐僞以要名……假廉而成貪，內險而外仁。罪至不悔過，幸遇則自矜。

以此卑鄙小人之行徑，而外冒君子之美名，此非「沐猴而冠」者何？此蓋阮籍獼猴賦之所以作也。

鍾毓果然賦僅四句，見藝文類聚卷九十五：

果然似猴象猨，黑頰青身。肉非嘉餚，唯皮爲珍。

此賦押眞部韻。寫其形貌，述其功用。全賦僅十八字，疑爲節錄，苟無脫佚，則爲最短之賦也。

傅玄猨猴賦云：

余酒酣耳熱，懽顏未伸。遂戲猴而縱猨，何璬畋之驚人。戴以赤幘，襪以朱巾。先裝其面，又丹其脣。揚眉蹙額，若愁若瞋。或長眠而抱（宋本抱下有把字）勒，或嚄咋而齟齗。或顛仰而踟蹰，或悲嘯而吟呻。既似老公，又類胡兒。或低眩而擇颯，或祇（一作抵）掌而胡舞。（藝文類聚卷九十五）

賦云「酒酣耳熱，懽顏未伸，遂戲猴而縱猨」，戲猴所以伸其歡顏，然則此賦蓋戲猴之後，意猶未盡，遂作賦以盡其歡也。寫作之目的既純以「伸歡顏」爲主，故僅於文字上巧構形似，極力摹寫猨猴滑稽之狀，以求娛心之效果，爲典型之遊戲作品也。

(三) 狗

詠狗之賦有二篇，皆爲晉人之作：

賈岱宗　大狗賦

傅玄　走狗賦

古者犬依其用途可分守犬、田犬、食犬三種（註三四）。由於古人頗重田獵，故有關田犬之記載較多。詩經齊風盧令「盧令令」之「盧」、秦風駟鐵「輶車鸞鑣，載獫歇驕」之「獫」與「歇驕」皆田犬也（

註三五）。晉代二篇詠狗賦所詠者亦以田犬爲主也。

賈岱宗大狗賦採用散體，全賦對句雖多，然不失漢賦雄渾之風，此乃以散體行文之氣勢以運駢句所獲致之特殊效果，而句式之富於變化亦爲一大助力也。玆引其文以見其結構，並略加分析如下：

余生處大魏之祚政，遭王路之末闢。進不得補過之功，退不得御國之冊。帝曰疇咨，迸在朔易。越彼西旅，大犬是獲。其頭顱也，不可論以盡。其骨法也，不可辨而釋。傞傀蹴蹌，雄資猛相，亢然高八九尺。形體如箭鏑，象貌如刻畫。毛踰紫豔光，雙眉如白璧。時頻伸而振迅，若應龍之騰擲。爪類刀戈，牙如交戟。聞林獸之群爭，欻斷鏁而齕石。逆風長厲，野禽是覓。鼻嗅微香，眼裁輕跡。眄矚而奮怒，揮霍而振闃。譬天梁折，地柱膀。倒曳白象挫其腰，翻掣六駮折其脊。拓揉熊羆破其匈，捭抄獸頭斷其䚡。爪處如劍撈，牙創似鈹刺。覩其未死之間，血泉涌如箭射。於是駈麋鹿之大群，入窮谷之峻戹。走者先死，往者被擊。前無孑遺，後無一隻。然其所折伏，敬主識人。晝則無窺窬之客，夜則無奸淫之賓。通聽百里，夜吠狺狺。若乃蠻夷猾夏，列士異操，輕櫬單集，人馬銜枚。猛火先覺，音聲正攉。竦耳側聽則恆山動，南向嚾嚾則霍山頹。眈精直視則會邱磈，摣嚇奔突則重闉開。非吾畋獵之有益，乃可安國家衞四鄰者也。昔宋人有鵲子之譽，韓國珍其大盧。彌明振之於巨獒，桀瓠受之於蠻都。淪百代之名狗，敢餘犬之能俱。絕驅鐵之猲獢，云何盧令之足書。（初學記卷二十九）

起首至「後無一隻」爲首段，錫藥合韻，連用二十一入聲之韻字，頗爲特殊（註三六）。本段可分三節：首句至「大犬是獲」爲第一節，敍受命至西方捕獲大犬。末四句之句法頗類尚書之語氣。「其頭顱也」至「血泉湧如箭射」爲第二節，描寫大犬之形體，大量運用比喻法以形容其勇猛迅疾。「於是駈麋鹿之大群」以下爲第三節，述大犬於田獵時之凶猛，獵物無一倖免。

「然其所折伏」至「夜吠唁唁」爲第二段，押眞部韻。敍大狗之忠誠，令其主人日夜無憂也。

「若乃蠻夷猾夏」至「乃可安國家衞四鄰者也」爲第三段，前二句及末二句爲散句，其餘押皆部韻。敍大犬之神勇，不僅可供田獵之用，且可捍衞國家。前段已敍此大狗以田犬而兼有守犬之用，此段更擴及家國四鄰，蓋「小犬守舍，大犬守國」也。「竦耳側聽則恆山動」四句乃漢賦慣用之夸飾法，而大犬之威猛賴此得以顯現。

「昔宋人有鵲子之譽」以下爲末段，押魚部韻。誇贊此狗爲歷代名狗所弗能及。八句之中，用典則有六句（註三七），密度極大。作者蓋藉種種名狗之典以喚起有關駿犬之意象，並由此意象以突顯此犬之神武耶？

傅玄走狗賦之內容結構及描寫技巧亦有可稱者，其賦云：

蓋輕迅者莫如鷹，猛捷者莫如虎。惟良犬之稟性，兼二儁之勁武。應天人之景暉，順儀象而近處。憑水木之和氣，鍊金精以自輔。統黜喙於秋方，居太素之內寓。諒韓盧其不抗，豈晉獒之能禦。既乃濟盧泉，涉流沙。踰三光，跨大河。希代來貢，作珍皇家。骨相多奇，儀表可嘉。足懸鉤爪，口含素牙。首類驤螭，尾如騰蛇。修頸闊腋，廣前捎後。豐顱促耳，長叉緩口。舒節急筋，豹耳龍形。蹄如結鈴。五魚體成。勢似凌靑雲，目若泉中星。轉視流光，朱曜赤精。震茹黃而慴宋鵲兮，越妙古而揚名。於是尋漏跡，躡遺蹤。形疾騰波，勢如駭龍。邈朝烏之輕機兮，絕猛獸之逸軌。漂星流而景屬兮，逾窈冥而騰起。陵岡越壑，橫山超谷。原無遁逸，林無隱鹿。顧芷隰以嬉遊兮，步蘭皋而騁足。然後娛志苑囿，逍遙中路。屬精萊以待蹤，逐東郭之狡兎。既洋洋以衎衎，逞妙觀於永路。既迅捷其無前，又閑暇而有度。樂極情遺，逸足未殫。抑武烈而就羅兮，順指麾而言旋。歸功美於執紲兮，其槃瓠之不虞。感恩養而懷德兮，願致用於後田。聆輶車之鸞

鏕兮，逸猲獢而盤桓。（初學記卷二十九）

本賦採騷散混合體，可分四段：起首至「豈晉獒之能禦」爲首段，押魚部上聲韻。贊美良犬兼有鷹之輕迅及虎之猛捷，且應天人之光輝，順乎二儀及四象，憑水木合氣，練西方之金氣以自輔，居於太素之內寓。如此良犬，實非韓盧、晉獒等名犬所能抗禦也。

「既乃濟盧泉」至「越妙古而揚名」爲第二段。前十二句押歌部韻，「修頸闊腋」四句押幽部上聲韻，「舒節急勁」以下押耕部韻。用韻與段落並不一致，前六句敍遠方之國跋山涉水以貢此名犬，「骨相多奇」至「五魚體成」極力形容名犬之形狀，將其足、爪、口、首、尾、頸、胸、耳等一一加以描述。「勢如凌青雲」以下，特寫其眼神，充分發揮巧構之技巧，但覺一股震懾人心之威力自此犬之眼中射出，難怪名犬如茹黃、宋鵲等亦爲之慴伏也。

「於是尋漏跡」至「步蘭皐而騁足」爲第三段。前四句耕東合韻，次四句押之部上聲韻，末六句押尾部韻。此段敍走狗追逐獵物之迅疾。善用比喻之手法，以「騰波」「駭龍」形容其疾勢，以流星及光速形容其飄逸，而「陵岡越壑」「橫山超谷」又足以喚起讀者想像此犬奔馳翻越於山谷之意象。「原無遁逸，林無隱鹿」顯示此犬之善於獵物。末二句敍田獵卽畢，走狗騁足嬉遊於原野，筆調轉趨閒逸。

「然後娛志苑囿」以下爲末段。此段押韻較特殊，前八句押魚部去聲韻。「樂極情遺」四句寒元合韻，「感恩養而懷德兮」四句元寒合韻，其間「歸功美於執紲兮，其槃瓠之不虞」二句則爲散句，不押韻。此段敍逍遙娛志於苑囿，美其既能迅捷無匹，復能從容閑暇，並極力贊美走狗之忠誠，服從指揮，有功不居。此段用典之處凡三，皆非直接之運用。「逐東郭之狡兎」典出戰國策齊策，僅取其快速迅疾之意，而無原典之寓意。「歸功美於執紲兮，其槃瓠之不虞」妙用槃瓠之傳說，反襯走狗功成不居之忠誠。「感恩養而懷德兮，願致用於後田。聆輶車之鑾鏕兮，逸猲獢而盤桓」巧用秦風駟鐵之詩句「遊于北園，四馬既閑。輶車鸞鑣，載獫歇驕」，以描述走狗思効力於後田之心情。

㈣ 兎

晉王廙白兎賦爲魏晉唯一詠兎之賦（註三八）。其序云：

丞相琅邪王始受旄節，作鎭北方。仁風所被，迴面革心。昔周旦翼成，越裳重譯而獻白雉。著在前典，歷代以爲美談。今在我王，匡濟皇維，而有白兎之應，可謂重規累矩，不忝先聖也。（藝文類聚卷九十五）

瑞應圖云：「王者恩加耆老，則白兎見。」（類聚九十九引）故白兎爲瑞徵。此賦卽藉白兎之應以歌詠琅邪王之盛德也。玆引其賦以見此類歌功頌德之詠物賦之一斑：

曰皇大晉，祖宗重光。固坤厚以爲基兮，廓乾維以爲綱。方將朝服濟江，傳檄萬國。反梓宮於舊塋兮，奉聖帝乎洛陽。建中興之遐祚兮，與二儀乎比長。於是古之有德則納瑞而永安，無德則不勝而爲災。赤烏降於周文兮，尙稱曰休哉。桑穀生於殷庭兮，中宗克己以成仁。雊雉登夫鼎耳兮，武丁責躬而敎純。（初學記卷二十九）

全賦以述祥瑞之應爲主。頌美當代之盛德，列舉前代天降祥瑞以應聖王賢主之事蹟，唯未詠及「白兎」之應，不知賦文有脫逸否？

三 詠 蟲

詩經尙無專以蟲爲吟詠主體之詩篇。如召南草蟲首章云：

喓喓草蟲，趯趯阜螽。未見君子，憂心忡忡。亦既見止，亦既覯止，我心則降。

此詩毛傳以爲「興」，朱傳以爲「賦」（註三九），所說或有差異，然全詩非以草蟲、阜螽爲吟詠主體則無疑也。唯如周南螽斯、小雅青蠅之詩，每章皆以蟲起首，且皆有寫蟲之詩句，雖全詩之主題仍非以蟲爲主體，然視爲詠蟲詩之「幼蟲」則可也（註四〇）。其詩云：

螽斯羽，詵詵兮。宜爾子孫，振振兮。
螽斯羽，薨薨兮。宜爾子孫，繩繩兮。
螽斯羽，揖揖兮。宜爾子孫，蟄蟄兮。（周南螽斯）
營營青蠅，止于樊。豈弟君子，無信讒言。
營營青蠅，止于棘。讒言罔極，交亂四國。
營營青蠅，止于榛。讒人罔極，構我二人。（小雅青蠅）

其中青蠅之詩以青蠅象徵讒邪之小人，常爲後世所援用，晉傅咸青蠅賦卽因覽此詩有感而作也。

荀卿蠶賦爲詠蟲（包括詩賦）之始祖，漢代詠蟲賦凡四篇：

孔臧　蓼蟲賦
班昭　蟬賦
劉琬　神龍賦
蔡邕　蟬賦

魏晉詠蟲之賦漸多，凡得二十六篇。玆依㈠蟬㈡蠶㈢蜘蛛㈣螢火蟲㈤龍及其他等細目分述之：

㈠　蟬

蟬於文學中爲具有高度象徵意義之昆蟲，屢爲詩人吟詠之佳材。遠在詩經，卽有取其鳴聲以喻百姓之深悲者。

大雅蕩詩云：

　文王曰：咨！咨女殷商。如蜩如螗，如沸如羹。

馬瑞辰毛詩傳箋通釋：「謂時人悲歎之聲，如蜩螗之鳴；憂亂之心，如沸羹之熟。」夫悲苦乃蟬常見象徵之一，而詩經蓋已鳴其先聲矣。

　降至漢代，班昭、蔡邕皆有詠蟬之賦。班昭蟬賦已殘，唯由「吸清露于丹（原作舟，據太平御覽卷九百四十四改）園，抗喬枝而理翮（原作融，據太平御覽改）。」（初學記卷三十嚴陸校宋本異文），「復丹款之未足，留滯恨乎天際。」（文選卷三十八庾元規讓中書令表善注）等逸句可窺見「高潔」「悲憤」等寫蟬作品中常見之意象。蔡邕蟬賦見藝文類聚卷九十七：

　白露淒其夜降，秋風肅以晨興。聲嘶唫以沮敗，體枯燥以水（全後漢文作冰）凝。雖期運之固然，獨潛類乎太陰。要明年之中夏，復長鳴而揚音。

將蟬之淒苦、生命短促之形象刻畫無餘。後代詠蟬作品中常見之「悲苦」「生命短促」之象徵，此賦已啟其端矣。

　魏晉詠蟬之賦凡八篇，居詠蟲賦之首：

魏曹植　蟬賦

晉傅玄　蟬賦

孫楚　蟬賦

傅咸　黏蟬賦　鳴蜩賦

陸雲　寒蟬賦

司馬紹　蟬賦

溫嶠　蟬賦

曹植蟬賦採用騷體，賦末有亂辭。所詠之蟬，具高度之象徵意義，堪爲詠蟬賦之代表作。茲分析其內容結構如下：

唯夫蟬之清素兮，潛厥類于（初學記作乎）太陰。在炎陽之仲夏兮，始遊豫乎（類聚作於）芳林。實澹泊而寡欲兮，獨怡樂而長吟。聲皦皦（初學記作曒曒）而彌厲兮，似貞士之介心。內含和而弗食兮，與衆物而無求。棲喬枝而仰首兮，漱朝露之清流。（全三國文卷十四，下同）

此爲首段，可分二節：起首至「似貞士之介心」爲第一節，押侵部韻。述蟬出現之季節及蟬德：澹泊寡欲、怡樂長吟，其心如貞潔之士。「內含和而弗食兮」四句爲第二節，押幽部韻。敘蟬一無所求，棲喬枝，漱朝露，充分顯現其高潔之德。

隱柔桑之稠葉兮，快啁號（類聚作閑居）以遁暑。苦黃雀之作害兮，患螗蜋之勁斧。飄高翔而遠托兮，毒蜘蛛之網罟。欲降身而卑竄兮，懼草蟲之襲予。免衆難（初學記作艱）而弗獲兮，遙遷集乎宮宇。依名果之茂陰兮，托修幹以靜處。有翩翩之狡童兮，步容與于園圃。體離朱之聰視兮，姿才捷于獮（初學記作猴）猿。條罔葉而不挽兮，樹無榦而不緣。翳輕驅而奮進兮，跪側足以自閑。恐余身之驚駭兮，精曾睆而目連。持（初學記作怪）柔竿之冉冉兮，運微黏而我纏。欲翻飛而逾滯兮，知性命之長捐。委厥體于膳夫，歸炎炭而就燔。

此爲次段。可分二節：首句至「托修幹以靜處」爲第一節，押魚部上聲韻。敘述蟬爲黃雀、螗蜋、蜘蛛、草蟲之迫害，已無容身之處，唯有遙遷於宮宇，依托名果修幹之茂蔭以求安處也。「懼草蟲之襲予」，以第一人稱之「予」寫蟬，則作者以蟬自喻之消息已微露矣。又此節殆暗寓遭羣邪之迫害，幸賴母后得以保全性命耶？「有翩翩之狡童兮」以下爲第二節。首二句與第一節相叶，其餘押元部韻。敘蟬雖逃避黃雀等之迫害，終亦不免於難，爲狡童所獲，委身膳夫，遭炎炭燔炙之悲慘下場。此蓋曹植身處危殆之境，憂慮其不免於死於非命耶？又此節言「恐余身之驚駭兮」「運微黏而我纏」，皆以第一人稱描述蟬之遭遇，然則此際蟬已爲曹植之化身也。

秋類聚作狄霜紛以宵類聚作霄下，晨風冽其過庭。氣潛怛而薄軀，足攀木而失莖。吟嘶啞以沮敗，狀枯槁以喪形。

此爲賦文本部之末段，押耕部韻。極力渲染悲慘之氣氛，「秋霜」「晨風」造成極淒冷之氣氛，末四句描寫蟬之聲嘶力竭、枯槁而亡尤爲淒楚，而蟬爲淒苦之象徵於此蓋已成型矣。

亂曰：詩歎鳴蜩，聲嘒嘒兮。盛陽則來，太陰逝兮。皓皓貞素，侔夷節兮。帝臣是戴，尚其潔兮。

此爲亂辭，總結全賦。前四句押祭部韻，後四句押月部韻。詠歎蟬之貞潔，而於詠歎聲中，令人聯想及如此貞潔之蟬乃遭悲慘之下場。弦外餘音，手法高妙。又亂辭及賦文起首皆言蟬於太陰時潛處，於盛陽時則出現，此殆暗寓蟬之不肯處汚亂之世耶？

綜觀全賦所詠之蟬，徒具貞潔之德，飽受衆惡之迫害，卒遭焚身之橫禍，辭悲意哀，丁晏曹集詮評云：「處危疑之時，憂讒畏譏，溢於言表。」信然！植之悲蟬，蓋自哀也。

傅玄蟬賦採用騷體，全賦皆爲六字句。以贊美蟬之高潔、忠貞爲主。「緣長枝而仰觀兮，吸渥露之朝零」「聲嘒嘒以清和兮，遙自託乎蘭林」頗能寫其清高。而「體自然之妙形」「泊无爲而自得」則有道家自然無爲之思想。

孫楚蟬賦僅八句，四十四字，除敍蟬形及其不食而悲鳴外，似未有深意焉。其賦云：

惟大化之廣御，何品數之多名。當仲夏而始出，據長條而悲鳴。翼如羅纏，形如枯槁。終日不銜一粒，激哀響之煩擾。（藝文類聚卷九十七）

傅咸二篇詠蟬賦，所詠之物雖同，然頗有殊趣。玆錄二賦以較之。黏蟬賦云：

櫻桃其爲樹則多蔭，其爲果則先孰，故種之于廳事御覽九百四十四作所之前。時以盛暑，逍遙其下，有蟬鳴焉。仰而見之，聊御覽九百四十四作故命黏取，以弄小兒。退惟當蟬之得意于斯樹。不知黏之將至，亦猶人之得意于富貴，而不虞禍之將來也。

有嘉果之珍樹，蔚弘覆于我庭。在赫赫之隆暑，獨肅肅而自清。遂寓目以周覽，見鳴蜩于纖枝。翳翠葉以長吟，信厥樂之在斯。苟得意于所歡，曾黏住類聚、初學記皆作往而莫知。匪爾命之遭薄，坐偷安而忘危。嗟悠悠之耽寵，請茲覽以自規。（全晉文卷五十一）

鳴蜩賦云：

有嘒嘒之鳴蜩，于台府之高槐。物處陰而自慘，奚厥聲之可哀。秋日悽悽兮，感時逝之若頹。曷時逝之是感兮，感年歲之我催。孰知命之不憂，詠梁木之有摧。生世忽兮如寓，求福貴於不回。且明明以在公，唯忠讜之是與。佚履道之坦坦，登高衢以自棲。（藝文類聚卷九十七）

黏蟬賦以蟬爲人所黏爲喻，規戒莫因得意忘形而速禍，屬借物說理之賦篇。鳴蜩賦寫蟬之悲鳴，觸發其時光流逝、生命短促之傷感，並悟人生唯有盡忠從公方爲坦然大道，屬詠物抒情、寫物言志之賦篇。此二賦之要旨也，而二賦最大差異處乃在於蟬之意象。鳴蜩賦所詠之蟬與一般詠蟬之作相同，而黏蟬賦則殊異。蓋一般詠蟬之作，以蟬鳴爲悲苦之響，而黏蟬賦則以蟬鳴爲得意之鳴，此其一；蟬通常象徵高潔之士，而黏蟬賦則以蟬比喻耽寵之小人，此其二。

夫二賦表面雖有如是之差異，然就二賦思想之深處體察之，畢竟爲同一作者，其所流露之思想亦有其共同特色：黏蟬賦戒人居安思危、莫因富貴而忘形；鳴蜩賦結尾以忠讜爲公之積極態度面對時光流逝、生命短促之悲。皆不離儒家之本色也。

陸雲寒蟬賦長六百七十餘字（賦序不計則爲五百五十餘字），爲詠物賦中稍長之賦篇。此賦與曹植之作堪爲魏晉詠蟬賦之代表作，曹植將己身之生命情感完全投入所詠之蟬中，爲典型主觀手法之詠物賦。此賦則採客觀之手法，將蟬之形體、聲音、生態及蟬德作詳盡之描述。唯此賦雖採客觀手法寫蟬，然能於寫物中融入個人之感懷，且辭采華美，麗辭秀句，比比皆是，典故之引用，又足發思古之幽情，故不失爲可誦之賦篇。至於本賦之創作動機及全賦要旨，賦序言之詳矣：

昔人稱雞有五德，而作者賦焉。至於寒蟬，才齊其美，獨未之思而莫斯述。夫頭上有緌，則其文也；含氣飲露，則其清也；黍稷不食，則其廉也；處不巢居，則其儉也；應候守節，則其信也；加以冠冕，取其容也。君子則其操，可以事君，可以立身，豈非至德之蟲哉？且攀木寒鳴，貧士所歎，余昔僑處，切有感焉，興賦云爾：（陸士龍集卷第一，下同）

由序知此賦之創作動機乃見前人作賦頌美雞有五德，而寒蟬乃至德之蟲，而未見著述，遂作此賦以頌美蟬德也。此外寒蟬之悲鳴，最足引發貧士之傷懷，然則覩物興懷亦爲本賦創作之因素。全賦卽環繞描述蟬德及抒寫貧士之悲二大主題加以鋪陳。其賦云：

伊寒蟬之感運，迓嘉時以游征。含二儀之和氣，稟乾元之清靈。體貞精之淑質，吐[illegible]之哀聲。希慶雲以優遊，遁太陰以自寧。於是靈岳幽峻，長林參差。爰蟬集止，輕羽涉池。清澈微激，德音孔嘉。承南風以軒景，附高松之一華。黍稷惟馨而匪享，竦身希陽乎靈和。喚乎其音，翩乎其翔。容麗蜩螗，聲美宮商。飄如飛焱之遺驚風，眇如輕雲之麗太陽。華靈鳳之羽儀，睹皇都乎上京。跨天路於萬里，豈蒼蠅之尋常。爾乃振修緌以表首，舒輕翅以迅翰。挹朝華之墜露，含煙熅以夕飡。望北林以鸞飛，集樛木以龍蟠。彰淵信於嚴時，稟清誠乎自然。翩眇微妙，綿蠻其形。翔林附木，一枝不盈。豈黃鳥之敢希，唯鴻毛其猶輕。憑綠葉之餘光，哀秋華之方零。思鳳居以翹竦，仰跱立而哀鳴。若夫歲聿云暮，上天其涼。感運悲聲，貧士含傷。或歌我行永久，或詠之子無裳。原思嘆於蓬室，孤竹吟於首陽。不銜草以穢身，不勤身以營巢。志高於鳴鳩，節妙乎鵙鴞。附枯枝以永處，何瓊林之迥條。惟雨雪之霏霏，哀北風之飄飈。既乃彫以金采，圖我嘉容。珍景曜爛，暐曄華豐。奇侔黼黻，艶比袞龍。清和明潔，羣動希蹤。爾乃綴以玄冕，增成首飾。纓蕤翩紛，九旒容翼。映華虫於朱袞，表馨香乎明德。於是公侯常伯，乃紆紫黻，執龍淵。俯鳴珮玉，仰撫貂蟬。飾黃廬之多士，光帝皇之待人。既騰儀像於雲闥，望景曜乎通天。邁休聲之五德，豈鳴雞之獨珍。聊振思於翰藻，聞令問以長存。於是貧居之士，喟爾相與而俱嘆曰：寒蟬哀鳴，其聲也悲。四時云暮，臨河徘徊。感北門之憂殷，嘆卒歲之無衣。望泰清之巍峨，思希光而無階。簡嘉蹤於皇心，冠神景乎紫微。詠清風以慷慨，發哀歌以慰懷。

高潔、淒苦及鄉愁乃蟬於文學中常見之象徵，陸雲此賦兼而有之。「承南風以軒景，附高松之二華。黍稷惟馨而匪享，竦身希陽乎靈和」「挹朝華之墜露，含煙熅以夕滄」餐風飲露，不貪黍稷之馨香，此乃蟬之高潔也。「體貞精之淑質，吐噪嘒之哀聲」「憑綠葉之餘光，哀秋華之方零。思鳳居以翹竦，仰竚立而哀鳴」「惟雨雪之霏霏，哀北風之飄飈」凡此，皆寫蟬之淒苦也。又寒蟬出現於秋季，秋為萬物蕭瑟凋零之季節。本易觸發愁思，尤以羈留異鄉之旅人，聞寒蟬之悲鳴，倍添其鄉愁之思，故蟬常為鄉愁之象徵。此賦云：「若夫歲聿云暮，上天其涼。感運悲聲，貧士含傷。或歌我行永久，或詠之子無裳。原思嘆於蓬室，孤竹吟於首陽」夫「我歌永久」本已堪悲，而「之子無裳」之淒涼困境令鄉思之愁轉劇也。

本賦以頌揚蟬具五德為主，故以客觀手法之描寫所佔篇幅較多，唯對貧士之詠歎則頗有作者之感情寄乎其中，如前述「若夫歲聿云暮」一段文字卽是也。而末段貧士之歎辭尤為全賦之精華，序謂「攀木寒鳴，貧士所歎，余昔僑處，切有感焉，興賦云爾」作者之興感，蓋全寓乎此也。其中「寒蟬哀鳴，其聲也悲。四時云暮，臨河徘徊。感北門之憂殷，歎卒歲之無衣」悽婉動人，流露時光流逝之哀感、貧士困窘之深悲。而引用詩經「北門」「七月」二典，又足發思古之幽情也（註四一）。

晉明帝司馬紹蟬賦僅二十八字，充滿道家清靜無爲之思想，出於帝王之口，頗爲特殊，其賦云：「尋長枝以凌高，靜無爲以自寧。邈焉獨處，弗累于情。在運任時，不慮不營。」（藝文類聚卷九十七）

溫嶠蟬賦僅存二句：「飢噏晨風，渴飲朝露。」（同上）

(二) 蠶

詠蠶之賦，始於荀卿之蠶賦，藉寫蠶以寓治事之哲理，開詠物說理之先河。漢代不見詠蠶之賦，魏晉則有二篇：

閔鴻　蠶賦

楊泉　蠶賦

閔鴻蠶賦已殘，太平御覽卷八百二十五引其逸文二句：「體龍頸而驥喙，邁皦素於羔羊。」（註四二）

楊泉蠶賦序曰：「古人作賦者多矣，而獨不賦蠶，乃爲蠶賦。」（梁元帝金樓子立言篇下）謂古人不賦蠶，謬矣！是以梁元帝譏之云：「是何言與？楚蘭陵荀况有蠶賦，近不見之，有文不如無述也。」（同上）賦文長四百四十餘字。以四言爲主，屬散體賦。內容描述蠶事蠶功者頗多，故本賦詠物、敍事相雜，非純粹之詠物賦也。玆錄其賦，並略述其內容大要如下：

惟陰陽之產物，氣陶化而播流。物受氣而含生，皆纆綿而自周。伊夫蠶之爲物，功巨大而弘優。成天子之袞冕，著皇后之盛服。昭五色之玄黃，作四時之單複。是以王者貴此功焉，使皇后命三宮之夫人，又世婦之吉者，親桑于北宮。二月初吉，遂布令於天下，百辟兆民，使咸務焉。是以仲春之月，吉日庚午。既差我馬，惟蠶之祖。編使童男，作以童女。溫室既調，蠶母入處。陳布說種，柔和得所。晞用清明，浴用穀雨。爰求柔桑，切若細縷。起止得時，燥濕是候。逍遙偃仰，進止自如。仰似龍騰，伏似虎跌。員身方腹，列足雙俱。昏明相推，日時不居。粵召役夫，築室于房。于房伊何，在庭之東。東受日景，西望餘陽。既酌以酒，又揭以漿。壺餐在側，敷修在旁。我鄰我黨，我助我康。於是乎蠶事畢矣，大務時成。閣紆卷薄，洒掃宮庭。蠶母須飾，從容自寧。至于再宿三日，乃開闔啟房，是瞻是觀。方者四張，員者紆盤。縱者相屬，橫者交連。分薪柴而解著，繭系互而相攣。競以挐攫，再笑再言。惰者悅而忘解，劣者勉以增勤。是月也，天子以太牢之禮，獻繭于寢廟，皇后親繰三盆，然後辨于夫人世婦，至于百辟卿士，下及兆民，咸趨繰事。爾乃絲如凝膏，其白伊雪。以爲衣裳，冠冕服飾。禮神納賓，各有分職。以給百禮，罔不斯服。夫功也起於綿綿，成於翼翼。頌之難周，論之罔極。殷斯勤斯，如何勿憶。（藝文類聚卷六十五）

起首至「作四時之單複」爲首段，前六句押幽部韻，後四句押沃部韻。敍蠶之功大用弘，天子皇后之服，四時之衣，莫不是賴。「是以王者貴此功焉」至「使咸務焉」爲次段，爲不押韻之散體。敍天子命皇后主持親桑于北宮，並於二月布令天下務蠶事。「是以仲春之月」至「日時不居」爲第三段，首句至「燥濕是候」魚部上聲與幽部去聲合韻，敍仲春祀蠶之禮。「逍遙偃仰」以下押魚部韻，寫蠶之形狀及生態。「粵召役夫」至「我助我康」爲第四段，陽東合韻。敍召役夫築蠶室之經過。「於是乎蠶事畢矣」至「劣者勉以增勤」爲第五段，前六句押耕部韻，敍蠶事已畢，灑掃宮庭，養蠶之女官修飾儀容，從容而安寧，「至於再宿三日」以下寒元眞合韻，敍開啟蠶室，煮繭抽絲之情況，末二句有勸勤之寓意。「是月也」至「咸趨繰事」爲第六段，爲不押韻之散體。敍天子以大牢之禮，獻繭於寢廟，自皇后以至於兆民，莫不從事於繰絲之事。「爾乃絲如凝膏」以下爲末段，職月合韻。敍蠶絲製成衣裳，供給各種禮節之所需。末段蠶功之大，並以勤勞相勉作結。

綜觀楊氏此賦，頗類記事之文，實乏文學之趣味，然則此亦賦之一體耶？

㈢ 蜘 蛛

詩經豳風東山詩云：「伊威在室，蠨蛸在戶」蠨蛸卽長足小蜘蛛，此蜘蛛之始見於文學作品也。至於專詠蜘蛛之作，則始於晉代二篇吟詠蜘蛛之賦：

成公綏　蜘蛛賦

張望　蜘蛛賦

成公綏蜘蛛賦云：

獨高（類聚作星）懸以（類聚作於）浮處，遂設網于四隅。南連大廡。北接華堂。左凴廣廈，右依高廊。吐絲屬緒（類聚作絡），布網引綱。纖（類聚作纖）羅絡漠（類聚作莫），綺錯交張。雲舉霧綴，以待其（御覽作無）方。于是蒼蚊夕起，青蠅昏歸。營營尋來，薨薨亂飛。挂翼繞足，羂絲罝圍。衝突必獲，犯者無遺。（全晉文卷五十九）

本賦可分二段。起首至「以待其方」爲前段，前三句押魚部上聲韻，句句押韻；「北接華堂」以下押陽部韻，隔句押韻，用韻較特殊。此段敍蜘蛛結網之情形，雖屬短小篇章，不脫漢賦夸飾之習，蓋其網再大，亦無法「南接大廡，北接華堂。左凴廣廈，右依高廊」也。「于是蒼蚊夕起」以下爲後段，押脂部韻。敍蚊蠅等爲蜘蛛所捕獲。此處之蚊蠅或象徵令人厭惡之羣小，則此賦蓋有深意焉。

張望蜘蛛賦云：

余嘯詠蓬廬，遨步丘園，覽蜘蛛之爲蟲焉，乘虛運巧，構不假物（全晉文作務），欲足性命，蕭然靖逸，良可翫也。

伊蜘蛛之為蟲，縱微性乎天壤。稟妙照於化靈，忽無（全晉文作有）礙而無想（全晉文作相）。吐自然之纖緒，先皇羲而結網。憑輕羅以隱顯，應大明之幽朗。（太平御覽卷九百四十八）

由序知此賦乃感物抒懷之作。全賦通押陽部上聲韻。表面吟詠蜘蛛之吐絲結網，而道家之哲思蓋隱含其中。末句「應大明之幽朗」典出莊子在宥篇：「我為女遂於大明之上矣。」成玄英疏：「至人應動之時，智照如日月，名大明也。」又「無礙」「無相」皆佛家語，然則此賦亦含佛家思想歟？

(四) 螢火蟲

詩經豳風東山詩云：「町畽鹿場，熠燿宵行」此乃螢火蟲之始見於文學作品也（註四三）。至於專詠螢火蟲之作則始於晉代傅咸及潘岳之螢火賦。二氏之作，各有其殊采，皆能掌握螢火蟲之特性，發揮賦家寫物言志之技巧，跳出純粹寫物之窠臼。玆分別析其內容結構如下：

傅咸螢火賦云：

余曾獨處，夜不能寐，顧見螢火，意遂有感。于是執以自炤，而為之賦。其辭曰：

潛空館之寂寂兮，竟遙遙而靡寧。夜耿耿而不寐兮，憂悄悄而（類聚作以）傷情（初學記作多傷，誤）。哀斯火之湮滅兮，近腐草而化生。感詩人之攸懷兮，覽熠燿于前庭。不以姿質之鄙薄兮，欲增輝乎太清。雖無補于日月兮，期自竭（初學記作照）于陋形。當朝陽而戢景兮，必宵昧而是征。進不競于天光兮，退在晦而能明。諒有似于賢臣兮，于疏外而盡誠。蓋物小而喻大兮，固作者之所旌。假乃光而諭（類聚、初學記皆無論字）爾熾（類聚作賦）兮，庶有表乎潔（初學記作忠）貞。（全晉文卷五十一）

由序知此賦乃感物興懷，寫物言志之作。賦文通篇押耕部韻，且連用十一韻字。全賦之主題乃藉詠螢火蟲之竭其棉薄之力，以喻賢臣雖見疏，然其竭誠盡忠則不變也。觀傅咸一生之仕宦，剛正不阿，竭盡其心以事其君，頗類此賦所詠螢火蟲之精神，然則此賦頗有夫子自道之寓意也。「不以姿質之鄙薄兮，欲增輝乎太淸。雖無補于日月兮，期自竭于陋形。」此種積極精神所散發之螢火之光，實爲魏晉政治汚暗時代中，不可多得之儒家光輝也。

潘岳螢火賦云：

嘉熠燿之精將，與衆類乎超殊。東山感而增歎，行士慨而懷憂。翔太陰之元（類聚作玄）昧，抱夜光之以淸遊。熲若飛焱之霄逝，彗似（類聚作如）移星（類聚作星移）之雲流。動集陽暉（類聚作瀏揚），灼如隋珠。熠熠熒熒，若丹英之昭葩。飄飄熲熲，若流金之在沙。載飛載止，光色孔嘉。無聲無臭，明影暢遐。飲（類聚作歛）湛露于曠野，庇一葉之垂柯。無干欲于萬物，豈顧恤于網羅。至夫重陰之夕，風雨晦暝。萬物眩惑，翩翩獨征。奇姿燎朗，在陰益榮。猶賢哲之處時，時昏昧而道明。若蘭香之在幽，越羣臭而弭馨。隨陰陽之（初學記作以）飄颻，非飲食之是營。問螽斯之無忌，希夷惠之淸貞。羨微蟲之琦瑋，援彩筆以爲銘。（全晉文卷九十二）

結尾「羨微蟲之琦瑋，援彩筆以爲銘」二句，自道其創作之動機。本賦之辭采及旨趣皆有足觀者；就辭采言，辭秀句麗，朗暢可喜。其中七言對句如：

熲若飛焱之霄逝，
彗似移星之雲流。

隔句對如：

熠熠熒熒，若丹英之照葩；
飄飄熲熲，若流金之在沙。

皆能運用工整之對仗、巧妙之比喻，以塑造螢火蟲優美鮮明之意象，誠爲精鍊之佳句也。就旨趣言，詠物中寓有作者之情志，「飲湛露于曠野，庇一葉之垂柯。無干欲于萬物，豈顧恤于網羅」數句，文外曲致，含蓄而幽深。表面敍螢火蟲無所干欲，故亦無網羅之慮，實則深懼已之仕宦於亂世，隨時有罹禍之憂也。充分流露深潛於魏晉士人內心之憂生之嗟也。

此外，典故之貼切使用頗收極佳之效果，起首四句用詩經豳風東山詩之典，可添思古之情懷。結尾「問螽斯之無忌，希夷惠之清貞」則用周南螽斯及伯夷、柳下惠之典以頌揚螢火蟲之無忌與清貞，然則此賦所詠之螢火蟲蓋已人格化爲賢哲之象徵也。

觀夫潘岳一生，競逐仕途，攀附權貴，卒以此慘遭族滅之禍，而此賦乃詠贊螢火蟲之無欲無求，爲風雨如晦中秉道自持之高潔君子，然則潘岳之內心，亦自有一點幽明之光，惜爲名利浮華所蔽，遂令此點靈光隱晦而弗彰也。

(五) 龍及其他

將龍歸入「蟲」類，似有未妥，然龍既爲「鱗蟲之長」（說文），又無法特立專節以述之，故權歸於此也。

龍自古常爲君王之象徵，呂氏春秋云：

晉文公反國，介子推不肯受賞，自爲賦詩曰：「有龍于飛，周徧天下。五蛇從之，爲之丞輔。龍反其鄉，得其處所。四蛇從之，得其露雨。一蛇羞之，橋（類聚九十六作槁）死於中野。」（卷十二，季冬紀士節）

龍既爲君王之象徵，故龍瑞常爲歷代歌頌帝王盛德之瑞徵。漢代司馬相如封禪文之頌辭中，即以「黃龍」以頌帝德也。至於專門詠龍之作，則始於東漢劉琬之神龍賦。魏代詠龍賦凡二篇，晉人不見詠龍之賦：

劉邵　龍瑞賦

繆襲　青龍賦

二賦皆藉龍瑞以頌揚帝德，詠歌太平休祥。玆錄劉卲之賦以爲代表：

太和七年春，龍見摩陂，行自許昌，親往臨觀。形狀瓌麗，光色燭燿，侍衞左右，咸與覩焉。自載籍所紀，瑞應之致，或翔集于邦國，卓犖于要荒，未有若斯之著明也。

惟殷覩之舊式，乃展義而省方。皇輿發于洛邑，遂巡幸于許昌。憲宸極之天居，建正殿以當陽。歲在析木，時惟仲春。靈威統方，句芒司辰。陽升九四，或躍于淵。有蜿之龍，來遊郊甸。應節合義，象德效仁。紆體鞶縈，摛藻布文。青耀章采，雕琢璘玢。煥（初學記作爍）若羅星，蔚若翠雲。光烏奕以外照，水清景而內分。聖上觀之無射，左右察之旣精。聊假物以擬身，忽神化而無形。泉含物而下（初學記作不）澹，固保險而常寧。昔太昊之初化，首帝德以表名。曁明后之隆盛，又降見以揚聲。惟珍（類聚作玲）獸之玄眞，實殊異于四靈。信應龍之道揚，將天飛于泰清。（全三國文卷三十二）

魏書明帝紀云：「青龍元年、春、正月甲申，青龍見郟之摩陂井中。二月丁酉，幸摩陂觀龍，於是改年，改摩陂爲龍陂。」（三國志集解卷三）觀賦序仍以太和紀年，地名仍用摩陂，則此賦當作於是年二月未改元之前。又就序知本賦之主題乃在頌美瑞應，與胡綜黃龍大牙賦、繆襲青龍賦同屬歌功頌德之作品。賦文可分三段。

首句至「建正殿以當陽」爲首段，押陽部韻。敍明帝巡幸許昌，營建宮殿。

「歲在析木」至「水清景而內分」爲次段，可分三節：前四句爲第一節，押眞部韻，點明歲時。「陽升九四」四句爲第二節，押元部韻，敍龍見於郊，「陽升九四，或躍于淵」典出周易乾卦。「應節合義」以下爲第三節，押眞部韻。此節描寫龍形及顏色，善於運用巧構形似之手法及豐富之想像力，以虛構蜿蜒盤屈，文采斑斕之青龍。

「聖上觀之無射」以下爲末段，押耕部韻。敍明帝與左右觀龍之情形，並頌美明帝之盛德，故有此祥瑞以應之，可保國家之安寧也。

繆襲青龍賦之內容主題與描寫手法皆與前篇相似，而所詠之祥瑞皆爲「青龍」，殆爲同時之作品，茲不贅述。

魏晉詠蟲之賦，除上述諸賦外，尚有十篇，皆爲晉人之作品：

傅巽　蚊賦

成公綏　螳蜋賦

傅咸　青蠅賦　蜉蝣賦　叩頭蟲賦

嵇含　遇蠆賦

郭璞　蜜蜂賦　蚍蜉賦

盧諶　蟋蟀賦

支曇諦　赴火蛾賦

傅巽蚊賦云：

水與草其漸茹，育茲孽而蚊□。明本蚊下空一格，按下無胎卵而化孕生句衍一生字，疑當在此。喃咮銳於秋毫，刺鋸利於芒錐。無胎卵而化孕生，博物翼而能飛。肇孟夏以明起，迄季秋而不衰。衆繁熾而無數，動羣聲而成雷。肆慘毒於有生，迺湌膚體以療飢。妨農功於南畝，廢女工於杼機。（藝文類聚卷九十七）

此賦以人所厭惡之昆蟲爲描寫之對象，取材較特殊。通篇脂皆合韻，不換韻。所賦僅止於描述蚊蟲之繁滋及其毒害人類，妨害生產，疑非完篇，未有更深一層之寓意。

成公綏螳蜋賦云：

仰乃茂陰，俯緣條枝。冠角峨峨，足翅岐岐。尋喬木而上綴，從蔓草而下垂。戢翼鷹峙，延頸鵠望。推翳徐翹，舉斧高抗。鳥伏虵騰，鵲擊隼放。俯飛蟬而奮猛，臨蟪蛄而逞壯。距車輪而軒翥，固齊侯之所尙。乃（原訛刀據馮校本改）有翩翩黃雀，舉翮高揮。連翔枝幹，或鳴或飛。覩玆螳蜋，將以療飢。厲觜奮翼，其往如歸。（藝文類聚卷九十八）

本賦摹寫螳蜋捕捉蟬及蟪蛄之動作，生動逼眞而傳神，令人如見螳蜋舞其「雙斧」於眼前。「距車輪而軒翥，固齊侯之所壯」用齊莊公之故事（註四四），以狀其勇猛。末敘螳蜋爲黃雀所捕殺，此殆運用「螳蜋捕蟬，黃雀在後」之典故（註四五），以喻莫貪眼前之利，而忘身後之危耶？

傅咸青蠅賦云：

幸從容以閑居，日遊心於典經。覽詩人之有造，刺青蠅之營營。無纖介之微用，信作害之不輕。既反白而爲黑，恒懷蛆以自盈。穢美厚之鮮絜，蟲嘉肴之芬馨。滿堂室之薨薨，孰闔寓之得情。（藝文類聚卷九十七）

本賦通篇押耕部韻。其創作動機乃因閱覽詩經「青蠅」之詩而引發其感慨，遂作此賦以斥青蠅之爲害：敗壞鮮美之食物，滿堂亂飛，擾人清靜，情緒爲之不寧，誠可憎也！「既反白而爲黑」殆暗喻讒佞小人之顚倒是非耶？

蜉蝣賦序云：

讀詩至蜉蝣，感其雖朝生暮死，而能修其翼，可以有興，遂賦之。（太平御覽卷九百四十五）

由序知此賦乃因讀詩經曹風蜉蝣，有感而作，其創作動機與青蠅賦同。其賦云：

有生之薄，是曰蜉蝣。育微微之陋質，羌采采而自脩。不識晦朔，無意春秋。取足一日，尙又何求。戲停淹而委餘，何必江湖而是游。（藝文類聚卷九十七）

詩經蜉蝣蓋以蜉蝣之羽而起興，以憂國家之危亡。本賦則專取其「朝生夕死，猶有羽翼以自修飾」（毛傳）之意，而加以頌美之，與詩經原旨頗有出入。「不識晦朔，無意春秋。取足一日，尚又何求。」有莊子之達觀及孔子「朝聞道，夕死可也」之精神。末二句樂天知命，但知盡力而爲，不必强求，爲儒道思想之調和。

叩頭蟲賦序云：

叩頭蟲，蟲之微細者，然觸之輒叩頭，人以其叩頭，傷之不祥，故莫之害也。（太平御覽卷九百五十一）

由序知此賦乃有感於叩頭蟲能以謙卑而免害而作，屬詠物說理之賦篇，其賦云：

蓋齒以剛克而盡，舌存以其能柔。强粱者不得其死，執雌者物莫之讎。無咎生於惕厲，悔悋來亦有由。仲尼唯諾於陽虎，所以解紛而免尤。韓信非爲懦兒，出胯下而不羞。何茲蟲之多畏，人纔觸而叩頭。犯而不校，誰與爲仇。人不我害，我亦無憂。彼螳蜋之舉斧，豈患禍之能禦。此謙卑以自牧，乃無害之可賈。將斯文之焉貴，貴不遠而取譬。雖不能觸類是長，且書紳以自示。旨一日而三省，恒跼蹐以祗畏。然後可以蒙自天祐之，吉無不利。（藝文類聚卷九十七）

本賦可分三段：起首至「我亦無憂」爲首段，押幽部韻。先敍柔弱得存，剛强取亡之理，前四句得之於老子之思想，五六句則典出周易（註四六）。「仲尼唯諾於陽虎」四句以孔子、韓信皆因謙卑免禍之故事證明此理。「何茲蟲之多畏」以下，言叩頭蟲知所畏懼，以叩頭回報人之侵犯，故無害亦無憂。「彼螳蜋之舉斧」至「乃無害之可賈」爲次段，押魚部上聲韻，以螳臂當車之典故，反襯謙卑足以免害之理。「將斯文之焉貴」以下爲末段，押脂部去聲韻。反覆申明知所祗畏，可蒙天祐，吉無不利之理。

綜觀本賦之主題，乃藉叩頭蟲以明謙卑自牧之理。其思想有得諸老子者，有得之易經者，蓋謙卑乃儒道二家共有之思想也。

嵇含遇蠆賦僅存賦序：

元康二年，七月七日，余中夜遇蠆，客有戲余者曰：「俗語云：『過滿百爲蠆所螫』」斯言信哉！雖內省不疚，而逢此害，喟然而歎，遂作賦。（全晉文卷六十五）

由此知本賦屬感物抒懷之作，惜賦文已佚矣。

郭璞蜜蜂賦散見北堂書鈔卷一百四十七、藝文類聚卷九十七及太平御覽卷九百二十八。嚴可均合輯之。此賦純以客觀手法寫物，雖乏深刻命意，然體物精微，頗能生動摹寫蜜蜂之生態，舉凡採花、築巢、釀蜜及其羣體生活所表現之紀律，皆有傳眞之刻畫。同時形容蜂蜜之甜美，亦足令人垂涎也。玆錄藝文類聚所引賦文以窺其寫物之技巧：

嗟品物之蠢蠢，惟貞蟲之明族。有叢瑣之細蜂，亦策名於羽屬。近浮遊於園薈，遠翱翔乎林谷。爰翔爰集，蓬轉飈迴。紛紜雪亂，混沌雲頹。景翳燿靈，響迅風雷。若乃眩猨之雀，下林天井。青松冠谷，赤蘿繡嶺。無花不纒，無隟不省。吮瓊液於懸峨，峯裾津乎晨景。於是迴鶩林篁，經營堂密。原訛蜜據馮校本改繁布金房，疊構玉室。咀嚼華滋，釀以爲蜜。自然靈化，莫識其術。散似甘露，凝如割肪。冰鮮玉潤，隨滑蘭香。百藥須之以諧和，扁鵲得之而術良。爾乃察其所安，視其所託。恒據中而虞難，營翠微而結落。徽號明於羽族，閨衞國乎管籥。誅戮峻於鈇鉞，招徵速乎羽檄。集不謀而固期，動不安而齊約。

蚍蜉賦藉典故之運用，使本極微小之螞蟻得豐富之想像，其賦云：

惟洪陶之萬殊，賦羣形而遍灑。物莫微于昆蟲，屬莫賤乎螻蟻。淫淫奕奕，交錯往來。行無遺迹，鶩不動埃。迅雷震而不駭，激風發而不動。虎賁比而不慴，龍劍揮而不恐。乃呑舟而是制，無小大與輕重。因無心以致力類聚無力字，果有象乎大勇。出奇膠于九眞，流赬液其如血。飾殷人類聚作人士之爽輿(類聚作具)，在四隅而交結。濟齊國(書鈔作「濟齊桓」，類聚作「濟濟國」)之窮師兮，由東山之高垤。感萌陽以潛出兮，知將雨(類聚作水)而封穴。伊斯蟲之愚昧，乃先識而似悊。（全晉文卷一百二十）

純就遊戲態度而言，本賦體物之精，典故之豐（註四七），皆有可翫者焉。然因深刻命意之闕如，不免令本賦爲之減色也。

詩經唐風蟋蟀云：「蟋蟀在堂，歲聿其莫」夫蟋蟀者，秋蟲也。夏生而秋始鳴，故於文學中常與秋季產生聯想，而秋季極易引發時光流逝之哀愁。盧諶蟋蟀賦所詠之蟋蟀卽與秋季產生不可分割之關係。其賦云：

何玆蟲之資生，亦靈和(御覽作智)之攸授。享神氣之么(御覽作眇)，體含(御覽作形)容之微陋。于時微涼既成(御覽作戒)，大火(御覽作火靈)告去。玄乙辭宇，翔運(御覽作鶤)南顧。風淚淚(御覽作戾戾)而動柯，露零零而隕樹。月轉素(御覽作景)而西頹，漢迴波而東注。厲清響以干霄(御覽作於長宵)，激悲聲以迄曙(御覽作署)。嘤嘤咧咧，□□翊翊。俟(類聚作候)日月之代謝，知時運之斡遷。（全晉文卷三十四）

自「于時微涼既成」至「激悲聲以迄曙」，蟋蟀之悲聲完全融入秋季之物色中，已難分所詠之主題究爲蟋蟀抑爲秋色矣。結尾「俟日月之代謝，知時運之斡遷」則稍有時光流逝之感也。

支曇諦赴火蛾賦云：

悉達有言曰：「愚人貪身(御覽作貪財，全晉文作忘身)，如蛾投火。」誠哉斯言，信而有徵也。翔無常宅，集無定栖。類聚羣分，塵合電分。因溫風以舒散，乘遊氣以徘徊。於是朱明御節，時在盛陽。天地鬱蒸，日月昏茫。燭曜庭宇，燈朗幽房。紛紛羣飛，翩翩來翔。赴飛焰而體燋，投煎膏而身亡。（藝文類聚卷九十七）

賦文可分二段，前六句爲第一段，皆支合韻。敍飛蛾居無定所，聚合無常，隨風徘徊。「於是失明御節」

以下爲第二段，押陽部韻。描述盛夏之夜，飛蛾赴火而亡身。本賦表面僅止於描述飛蛾赴火而亡之經過，然細心體會，亦可知其寓有深意，此蓋大師悟人之法者歟？

四　詠　魚

此處所謂詠「魚」，包括「龜」「鼈」等水族。詩經中詠及魚之詩篇如小雅之魚麗、南有嘉魚、魚藻諸詩，前二篇爲「燕饗通用之樂」（朱傳），末篇爲頌美天子之詩，皆非以「魚」爲吟詠之主題也。專門詠魚之作，蓋始於魏曹植之神龜賦，晉人繼之，得賦五篇：

李顒　龜賦
孫惠　龜賦
陸機　鼈賦
潘尼　鼈賦
摯虞　觀魚賦

曹植神龜賦云：

龜號千歲，時有遺余龜者，數日而死，肌肉消盡，唯甲存焉。余感而賦之曰：

嘉四靈之建德，各潛位乎一方。蒼龍虬於東岳，白虎嘯於西崗。玄武集於塞門，朱雀棲於南鄉。順仁風以消息，應聖時而後翔。嗟神龜之奇物，體乾坤之自然。下夷方以則地，上規隆而法天。順陰陽以呼吸，藏景曜於重泉。食飛塵以實氣，飲不竭於朝露。步容趾以俯仰，時鸞回以鶴顧。忽萬載而不恤，周無疆於太素。感白靈之翔翥，卒不免乎豫且。雖見珍於宗廟，離刳剝之重辜。

欲愬怨於上帝，將等愧乎游魚。懼沉泥之逢殆，赴芳蓮以巢居。安玄雲而好靜，不汪翔而改度。
昔嚴州之抗節，援斯靈而記喻。嗟祿運之屯蹇，發遇獲於江濱。歸籠檻以幽處，遭諄美之仁人。
晝顧瞻而終日，夕撫順以接晨。遘淫災以隕越，命勦絕而不振。天道昧而未分，神明幽而難燭。
黃氏沒於空澤，松喬化於株木。虵折鱗於平皋，龍蛻骨於深谷。亮物類之遷化，疑斯靈之解殼。
（初學記卷三十）

陳琳答東阿王箋云：「昨加恩辱命，並示龜賦，披覽粲然。」陳琳卒於建安二十二年（西元二一七年），則神龜賦必作於該年或該年之前（註四八）。觀賦序知此賦乃覩物興懷之作，賦文可分五段：

「嘉四靈之建德」至「應聖時而後翔」爲首段，押陽部韻。總述四方之靈。

「嗟神龜之奇物」至「周無疆於太素」爲次段，可分二節：首節六句，押元部韻。進入本題，敍神龜秉天地自然之體，呼吸陰陽之氣，藏形於深淵之中。「食飛塵以實氣」以下爲第二節，押魚部去聲韻。敍其飲食及行止，蓋非俗物也。末二句敍神龜將可萬壽無疆於天地間也，與下文形成强烈之反諷。

「感白靈之翔翥」至「援斯靈而記諭」爲第三段，可分二節：首句至「赴芳蓮以巢居」爲第一節，押魚部韻。文勢逆轉，用莊子外物篇之典（註四九），敍神龜雖靈，亦不免於刳剝之難。「安玄雲而好靜」以下爲第二節，押魚部去聲韻。用莊子秋水篇之典（註五〇），言神龜寧安於其居而不願處廟堂之上也。

「嗟祿運之屯蹇」至「命勦絕而不振」爲第四段，押眞部韻。嗟歎所養之龜命運之屯蹇。先見獲於江濱，幸得仁人之呵護，本爲不幸中之大幸，孰料遘災而亡耶？

「天道昧而未分」以下爲末段，押屋部韻。感慨天道之難明，而以神仙龍蛇皆不免物化以自寬解。

曹集詮評云：「東阿失意之時，怨深而婉。」此賦雖頗傷感，然恐爲平常覩物傷懷之作，不必肯定必爲失意怨深之作也。蓋曹丕於建安二十二年冬十月始立爲魏太子，曹植是年尚增邑五千，此賦卽作於是年之前，殆未至於怨深也。

李顒龜賦僅八句，二十八字，不知有佚文否？賦云：

質應離象，位定坎居。賤彼朶頤，費我靈符。浮洛川，見緯書。洞秘奧，通玄虛。（初學記卷三十）「質應離象」典出周易說卦：「離爲火……爲龜」孔疏：「取剛在外也」，「賤彼朶頤，費我靈符」典出周易頤卦：「初九，舍爾靈龜，觀我朶頤，凶。象曰：觀我朶頤，亦不足貴也」，「浮洛川，見緯書」則用河圖洛書之典。短短二十八字，用典如是之繁，且無文學之趣味，徒耗筆墨耳。

孫惠龜賦殘佚不全，已難窺其內容。

陸機鼈賦序云：

皇太子幸于釣臺，漁人獻鼈，命侍臣作賦。

潘尼鼈賦序云：

皇太子遊於玄圃，遂命釣魚，有得鼈而戲之者，令侍臣賦之。（以上皆引自藝文類聚卷九十六）

可知二賦皆爲侍皇太子所作也，爲典型貴遊文學之賦篇，玆錄潘尼之賦以爲代表：

翩銜鈎以振掉，吁駭人而可惡。旣顚墜於巖岸，方盤跚而雅步。或延首以鶴顧，或頓足而鷹距。或曳尾於涅中，或縮頭於殼裏。若乃秋水暴駭，百川沸流。有東海之巨鼈，乃負山而吞舟。（藝文類聚卷九十六）

君臣同遊，侍臣奉命而作之賦篇，內心本乏情志可言，故僅就辭藻之修飾，典故之鋪陳，以及物象之摹寫等外在形式以求娛悅君王之效果。本賦如此，陸氏鼈賦亦然。

夫就魏晉此類宴遊間之詠物賦而言，大體皆純以遊戲態度出之，而無諷諭規勸之旨焉。然因作者秉性或思想之不同，亦有不盡然者，摯虞觀魚賦卽其例也。賦曰：

觀鱗族於彪池兮，睨羽群於瀨涯。乃有淆泉之鯉，濯陂之鰋。瀺灂涌躍，沒浪赴遠。集于曲漼之限，逐乎滄淡之深。攢聚輻蹙，或躍或沉。倏爍攸驛，眩目驚心。徒極觀而無獲兮，羨鮮肴之柔嘉。於是六柱俱起，參構橫羅。編莞爲筏，摵木激波。奔突轉薄，流不及瀾。魚未驚而失行，忽浪達於急湍。諒形勝之得勢，實有往而無反。息鱛膾鯉，亦有庶羞。肴核並陳，既旨且柔。泛溢爵於通溝，因素波以獻酬。聘微巧於浮觴，競機捷於迅流。既歡豫而不倦，願窮晝而兼夜。獨臨川而慷慨，感逝者之不捨。惟修名之求立，戀景曜之西謝。懼留連之敗德，遂收歡而命駕。是時也，含懷湛逌，需于酒食。盤衎宴安，歡情未極。選輿之言，矯枉以直。悅而不懌，莫不歎息。（初學記卷三十）

本賦自起首至「競機捷於迅流」尚不脫遊戲文學之色彩。先敘觀賞彪池之魚，描寫其躍波湧躍，眩目驚心之景。次敘觀魚而思嘉肴，遂乘筏施網以捕魚。末敘嘉肴既成，獻酬浮觴，何其樂也。一般遊戲文學蓋止於此，而此賦則於歡豫之後，繼之以感慨時光如川流之逝，而脩名欲立，豈可流連？遂收歡命駕，以免耽於逸樂也。頗有漢賦曲終奏雅之遺音。

按：摯虞之文學主張，異乎魏晉唯美之思潮，其文章流別論云：「賦者，敷陳之稱，古詩之流也。古之作詩者，發乎情，止乎禮義。情之發，因辭以形之。禮義之旨，須事以明之，故有賦焉……古詩之賦，以情義爲主，以事類爲佐；今之賦，以事形爲本，以義正爲助。」立論可謂高矣。姑無論其賦是否可臻於是，其賦不同於陸、潘之鼈賦則顯然矣。

【附　註】

註　一：張衡鴻賦雖佚，然其賦序尚存：「予五十之年，忽焉已至，永言身世，慨然其多緒。乃爲之賦，聊以息慰。」由此推知此賦殆藉詠物以撫慰其不平之氣。

註　二：諸賦見錄於藝文類聚，其中是否有所刪節已不得而知，唯就文意觀之，尚稱完整，苟有逸句，殆亦不影響其爲短賦也。

註　三：就內容而言，王粲之賦所描寫者爲籠中鸚鵡之悲哀，亦有日月流逝之哀感，其格調稍近曹植之作。然植賦最後將一已之情感完全移入鸚鵡之中，物我已融成一體，而王粲雖有個人之感傷流露其間，然與所詠之物始終保持物我間之距離，此二者之殊異處也。

註　四：建安二十二年冬十月，曹丕爲魏太子。建安二十四年「太祖以植爲南中郎，將行征虜將軍，欲遣救仁，呼有所敕戒，植不能受命，於是悔而罷之。」（見三國志陳思王傳），同年楊修爲操所殺，植益內不自安。迨曹丕稱帝之後，植之處境日艱，作品多爲哀苦之音。考阮瑀卒於建安十七年，王粲卒於建安二十二年春，陳琳、應瑒亦卒於是年。由是觀之，曹植作此賦時，諸人已亡矣。

註　五：盧諶之作僅四句，凡二十四字：「有遐方之奇鳥，產瓜州之舊壤。揮綠翰以運影，啟丹觜以振響。」苟無逸文，則爲極短之賦篇。

註　六：瑯嬛記云：「鶴一名仙子、一名沈尚書、一名蓬萊羽士。」（引自古今圖書集成禽蟲典第八卷鶴部）

註　七：爾雅翼云：「鶴一起千里，古謂之仙禽，以其於物爲壽。」（同上）

註　八：「無沙棠之逸志」頗費解。按沙棠本帶有神異之色彩：山海經西山經：「昆侖之丘……有木焉，其狀如棠，黃華赤實，其味如李而無核，名曰沙棠。可以禦水，食之使人不溺。」又沙棠木可為舟，泛舟常引起隱逸之聯想。郭璞沙棠贊：「安得沙棠，制為龍舟。汎彼滄海，眇然遐遊。聊以逍遙，任彼去留。」（古今圖書集成草木典第二百八十六卷「沙棠部」）此即由沙棠聯想及逍遙隱逸之思也。然則「沙棠之逸志」殆指隱逸之高志耶？

註　九：王符瑞圖：「鸞鳥者，赤神之精，鳳凰之佐。」（古今圖書集成禽蟲典第七卷）禽經：「子野曰：鳥之屬三百六十，鳳為之長。」（古今圖書集成禽蟲典第五卷）

註一〇：見太平御覽卷九百二十一。嚴可均全後漢文卷八十二誤作「白鳩賦」，曹淑娟論漢賦之寫物言志傳統及朴現圭漢賦體裁與理論之研究二篇論文皆沿其誤（分見曹文頁三十二、朴文頁六十四）。

註一一：明張溥漢魏六朝百三家集題辭云：「子桓、子建交怨若仇，仲宣婉孌其間，耦居無猜。」夫曹氏兄弟爭權交怨，而仲宣乃能「耦居無猜」者，必有「俛仰不得言」之苦也。故詩中所詠之鳩，殆即王粲之自喻也。

註一二：山雞，雉屬也。俗呼雉為山雞。古今圖書集成禽蟲典將山雞歸於「雉部」，不歸「雞部」，玆從之，故列於此。

註一三：異苑云：「山雞愛其毛，映水則舞。」（引自藝文類聚卷九十一）「鑒中流以顧影」殆用此典。楚辭九歌少司命云：「晞女髮兮陽之阿」，此處殆借「晞髮」轉為「晞羽」也。

註一四：戰國策：「蘇秦為趙合從，說齊宣王曰：『臨淄甚富而實，其民無不吹竽鼓瑟、擊筑彈琴、鬭雞走狗。』」西京雜記：「魯恭王好鬭雞鴨。」漢書孝宣王皇后傳：「后父奉光少時好鬭雞。」又宣帝本紀：曾孫高材好學，然亦喜游俠鬭雞走馬。」（以上皆錄自古今圖書集成禽蟲典第三十六卷雞部）可知古人喜好鬭雞之戲，其來遠矣。

註一五：史記殷本紀云：「殷契母曰簡狄，有娀氏之女，為帝嚳次妃。三人行浴，見玄鳥墮其卵，簡狄取吞之，因孕生契。」

註一六：晉書卷五十五夏侯湛傳云：「湛幼有盛才，文章宏富，善構新詞，而美容觀。與潘岳友善，同輿接茵，京都謂之連璧。少為太尉掾。泰始中舉賢良對策中第，拜郎中，累年不調，乃作抵疑以自廣。」可知夏氏之熱切功名。

註一七：禮記禮運篇云：「麟鳳龜龍，謂之四靈。」加白虎則為五靈。杜預春秋左氏傳序云：「麟鳳五靈，王者之嘉瑞也。」孔穎達疏云：「麟、鳳與龜、龍、白虎五者，神靈之鳥獸，王者之嘉瑞也。」

註一八：司馬相如長門賦「刻木蘭以為榱兮，飾文杏以為梁」以下，以至篇末，凡用韻字二十七字，全屬陽部字。就連用同一韻部而言，儀鳳賦不如長門賦之多。唯就通篇一韻到底而不換韻言，漢賦蓋未之見也。

註一九：就動物學而言，蝙蝠屬哺乳動物翼手類，本當歸入詠「獸」之賦。然其飛翔能力實與飛鳥無殊。爾雅卷十「釋鳥」云：「蝙蝠，服翼。」則視蝙蝠為羽族也。本文既以文學研究方便而分類，故權將蝙蝠歸於詠「鳥」之賦以討論之。

註二〇：「孝鳥」，太平御覽卷九百二十及全晉文卷五十九皆作「孝烏」。說文解字云：「烏，孝鳥也。」是「孝鳥」即「烏」也。

註二一：司馬相如大人賦云：「亦幸有三足烏為之（西王母）使。」玉函山房輯佚書輯河圖括地象云：「有三足神鳥，為西王母取食。」

註二二：史記周本紀云：「武王渡河中流，白魚躍入王舟中。武王俯取以祭。既渡，有火自上復于下，至于王屋，流爲烏。其色赤，其聲魄云。」集解引鄭玄曰：「書說云：烏有孝名，武王卒父大業，故烏瑞徵。」

註二三：以全三國文爲底本，校以張溥本阮步兵集、北堂書鈔（卷一百五十八）、藝文類聚（卷九十五）初學記（卷二十九）。並參考華正版阮嗣宗集、古今圖書集成禽蟲典卷八十五「猿猴部」引阮籍獼猴賦及御定歷代賦彙卷一百三十六。

註二四：「楊震聲而□皮」，全三國文、張溥本阮步兵集、華正版阮嗣宗集「而」下皆缺字，唯古今圖書集成及歷代賦彙「而」下皆有「衣」字。

註二五：華正版阮嗣宗集作「細者」，無「則」字。其校勘記云：「『細者』，汪本同；燮本、張本作『細者則』，誤。」

註二六：「熊狚之遊臨江兮，見厥功以乘危」二句不詳出於何典？「夔負淵以肆志兮，楊震聲而衣皮」典出山海經大荒東經：「東海中有流波山，入海七千里。其上有獸，狀如牛，蒼身而無角，一足。出入水則必風雨，其光如日月，其聲如雷，其名曰夔。黃帝得之，以其皮爲鼓，橛以雷獸之骨，聲聞五百里，以威天下。」

註二七：莊子應帝王：「鼷鼠深穴於神丘之下，以避薰鑿之患。」

註二八：「獸身」，全三國文及張溥本阮集皆作「獸心」。華正版阮集校勘記云：「『獸身』，原本（指陳、范刊本）及汪本、燮本、張本作『獸心』，據藝文類聚九十五，初學記二十九所引改。」按：作「獸身」是。蓋「身」字廣韻屬「眞」韻，與「陳」「純」「秦」「眞」「鄰」諸韻字同屬「眞部」，而「心」字廣韻屬「侵」韻，爲「侵部」韻。

註二九：「既□□□東避兮」，全三國文及張溥本阮集「既」下皆缺字。古今圖書集成及歷代賦彙皆作「既投林以東避兮」。

註三〇：史記卷七項羽本紀云：「項羽引兵西屠咸陽，殺秦降王子嬰，燒秦宮室，火三月不滅，收其貨寶婦女而東。人或說項王曰：『關中阻山河，四塞，地肥饒，可都以霸。』項王見秦宮室皆以燒殘破，又心懷思欲東歸。曰：『富貴不歸故鄉，如衣繡夜行，誰知之者？』說者曰：『人言楚人沐猴而冠耳，果然！』項王聞之，烹說者。」漢書項籍傳同，並載明說項王者乃韓生。

註三一：漢書卷七十七蓋寬饒傳云：「京師爲清平恩侯許伯入第……酒酣樂作，長信少府檀長卿起舞爲沐猴與狗鬭。坐皆大笑，寬饒不說……因起，趨出。劾奏長信少府以列卿而沐猴舞，失禮不敬。」

註三二：「鄧林」，夸父逐日渴死，其杖所化也。山海經海外北經：「夸父與日逐走，入日，渴欲得飲，飲于河渭，河渭不足，北飲大澤，未至，道渴而死，弃其杖，化爲鄧林。」阮籍所以用「鄧林」之典者，蓋因「夸父」卽「舉父」，而「舉父」乃猿類之獸也。山海經西山經云：「西次三經之首，曰崇吾之山，在河之南……有獸焉，其狀如禺而文臂，豹虎（或疑尾字之誤）而善投，名曰舉父。」郭璞注云：「或作夸父。」袁珂案：「郝懿行云：『爾雅云：「豦，迅頭。」郭注云：「今建平山中有豦，大如狗，似獼猴，黃黑色，多髯鬣，好奮迅其頭，能舉石擿人，玃類也。」如郭所說，惟能舉石擿人，故經曰善投，因亦名舉父。舉、豦聲同，故古字通用；與夸聲近，故或作夸父。』則夸父者，猿類之獸也。」阮籍蓋由獼猴聯想及山海經「舉父」之傳說，並由「舉父」聯想及逐日之「夸父」，最後聯想及其杖所化之「鄧林」。苟如是，則此典之運用頗爲曲折也。

註三三：世說新語傷逝：「孝武山陵夕，王孝伯入臨，告其諸弟曰：『雖榱桷惟新，便自有黍離之哀！』」

中興書曰：「烈宗喪，會稽王道子執政，寵幸王國寶，委以機任。王恭入赴山陵，故有此嘆。」此處之「榱桷」卽指當權者。

註三四：禮記第十七少儀：「犬則執緤；守犬，田犬，則授擯者，既受，乃問犬名。」孔疏：「犬有三種：一曰守犬，守禦宅舍者也。二曰田犬，田獵所用也。三曰食犬，充君子庖廚庶羞用也。」

註三五：或謂「歇驕」非犬名。補傳曰：「毛云長喙曰獫，短喙曰歇驕。今田犬長喙誠然，短喙非田犬也。爾雅獫歇驕皆從犬以合毛氏，不若謂犬性驕逸，以車載之，所以歇其驕逸也。」（嚴粲詩緝卷十二）

註三六：揚雄太玄賦連用二十四入聲韻字押韻，惟多交錯運用，而左思嬌女詩則有連用二十八入聲韻字，亦皆爲錫藥合韻。

註三七：「宋人有鵲子之譽」：「宋鵲」，古良犬名，禮記少儀「守犬，田犬，則授擯者，既受，乃問犬名」鄭注：「守犬田犬問名，畜養者當呼之名，謂若韓盧宋鵲之屬。」「鵲」或作「⿰犭足」，呂忱字林曰：「⿰犭足，宋良犬也。」（初學記卷二十九引）

「韓國珍其大盧」：「韓盧」亦古良犬名。戰國策齊策：「齊欲伐魏，淳于髡謂齊王曰：『韓子盧者，天下之疾犬也。東郭逡者，海內之狡兔也。韓子盧逐東郭逡，環山者三，騰山者五……』」。

「彌明振之於巨獒」：典出春秋宣公六年公羊傳：「靈公……伏甲于宮中，召趙盾而食之。趙盾之車右祁彌明者，國之力士也，仡然從乎趙盾而入，放乎堂下而立。趙盾已食，靈公謂盾曰：『吾聞子之劍，蓋利劍也。子以示我，吾將觀焉。』趙盾起，將進劍。祁彌明自下呼之，曰：『盾食飽則出，何故拔劍於君所？』趙盾知之，躇階而走。靈公有周狗，謂之獒。呼獒而屬之，獒亦躇階而從之。祁彌明逆而踆之，絕其頷。趙盾顧曰：『君之獒，不若臣之獒也。』」按：此典以寫方士彌明之神勇為主，「巨獒」則為受創之大狗，以此典形容大狗之猛實欠妥。

「槃瓠受之於蠻都」：後漢書南蠻傳：「昔高辛氏有犬戎之寇，帝患其侵暴而征伐不克，乃訪募天下有能得犬戎之將吳將軍頭者，購黃金千鎰，邑萬家，又妻以少女。時帝有畜狗，其毛五采，名曰槃瓠，下令之後，槃瓠遂銜人頭造闕下，羣臣怪而診之，乃吳將軍首也。帝大喜，而計槃瓠不可妻之以女，又無封爵之道，議欲有報而未知所宜。女聞之，以為帝皇下令，不可違信，因請行。帝不得已，乃以女配槃瓠。槃瓠得女，負而走，入南山，止石室中。所處險絕，人跡不至。於是女解去衣裳，為僕鑒之結，著獨力之衣。帝悲思之，遣使尋求，輒遇風雨震晦，使者不得進。經三年，生子一十二人，六男六女。槃瓠死後，因自相夫妻，織績木皮，染以草實，好五色衣服，制裁皆有尾形。其母後歸，以狀白帝，於是使迎致諸子，衣裳班蘭，語言侏離，好入山壑，不樂平曠，帝順其意，賜以名山廣澤，其後滋蔓，號曰蠻夷。」

註三八：晉夏侯湛有獵兎賦，乃以田獵為其吟詠之主體，非詠物賦之範疇。

「絕驅鐵之猲獢」「云何盧令之足書」二句典出詩經秦風驅鐵及齊風盧令。

註三九：毛傳：「興也……卿大夫之妻，待禮而行，隨從君子。」鄭箋：「草蟲鳴，阜螽躍而從之。異種同類，猶男女嘉時，以禮相求呼。」朱傳則云：「賦也……南國被文王之化，諸侯大夫行役在外，其妻獨居，感時物之變，而思其君子如此。」

註四〇：他如曹風蜉蝣亦屬此類。

註四一：邶風北門：「出自北門，憂心殷殷。終窶且貧，莫知我艱。」豳風七月：「七月流火，九月授衣。一之日觱發，二之日栗烈；無衣無褐，何以卒歲？」

註四二：初學記卷十四載閔鴻「親蠶賦」，親蠶乃禮儀之一種，不屬詠物賦之範疇。參見第二章註四十二。

註四三：「熠燿宵行」，毛傳云：「熠燿，燐也；燐，螢火也。」此以「熠燿」爲螢火蟲。朱傳云：「熠燿，明不定貌。宵行，蟲名，如蠶，夜行，喉下有光如螢也。」此謂「熠燿」爲明不定貌，而「宵行」則爲喉下有光如螢之蟲。唯就晉代二篇螢火賦觀之，皆以「熠燿」爲螢火蟲也。

註四四：韓詩外傳云：「齊莊公出獵，有螳蜋擧足，將搏其輪。問其御曰：『此何蟲也？』御曰：『此是螳蜋也。其爲蟲，知進而不知退，不量力而輕就敵。』莊公曰：『以爲人必爲天下勇士矣。』於是廻車避之，而勇士歸之。」（卷八）

註四五：韓詩外傳云：「楚莊王將興師伐晉……孫叔敖……進諫曰：『臣園中有楡，其上有蟬，蟬方奮翼悲鳴，欲飮清露，不知螳蜋之在後，曲其頸，欲攫而食之也。螳蜋方欲食蟬，而不知黃雀在後，擧其頸，欲啄而食之也……此皆言前之利而不顧後害者也。』」（卷十）此外莊子山木，說苑正諫等皆有類似之記載。

註四六：周易乾卦九三：「君子終日乾乾，夕惕若厲，无咎。」上九：「亢龍有悔。」

註四七：「乃呑舟而是制，無小大與輕重」用「呑舟之魚，失水制於螻蟻」之典，韓詩外傳卷八、莊子庚桑楚、呂氏春秋愼勢、說苑談叢等皆有此典。「出奇膠于九眞，流頳液其如血」典出吳錄：「九眞移風縣，有土赤如膠，人視土知蟻，因墾，以木枝其中，則蟻緣而生漆，堅凝如螳蜋子蜱蛸，折漆以染堅凝絮，其色正赤，所謂赤絮，則此膠也。」（藝文類聚卷九十七引）「飾殷人之喪輿，在四隅而交結」典出禮記檀弓：「褚幕丹質，蟻結于四隅」鄭注：「畫褚之四角，其文如蟻行，往來相交錯……殷之蟻結，似今蛇文畫。」「濟齊國之窮師兮，由東山之高垤」

典出韓非子說林：「管仲、隰朋從於桓公而伐孤竹……山中無水，隰朋曰：『蟻冬居山之陽，夏居山之陰，蟻壤一寸而仞有水。』乃掘地遂得水。」

註四八：丁晏曹集詮評云：「陳琳答東阿王箋『並示龜賦，披覽粲然』即此賦也。王三十八歲徙封東阿，此賦在東阿時作。」此大謬也。植於明帝太和三年（西元二二九年）徙封東阿，上距琳卒已十二載，豈能互通信息耶？「答東阿王牋」之題本爲後人所加，不可爲據也。

註四九：莊子外物篇云：「宋元君夜半而夢人被髮闚阿門，曰：『予自宰路之淵，予爲清江使河伯之所，漁者余且得予。』元君覺，使人占之，曰：『此神龜也。』君曰：『漁者有余且乎？』左右曰：『有。』君曰：『令余且會朝。』明日，余且朝。君曰：『漁何得？』對曰：『且之網得白龜焉，箕圓五尺。』君曰：『獻若之龜。』龜至，君再欲殺之，再欲活之，心疑，卜之，曰：『殺龜以卜吉。』乃刳龜，七十二鑽而無遺筴。仲尼曰：『神龜能見夢於元君，而不能避余且之網；知能七十二鑽而無遺筴，不能避刳腸之患。如是，則知有所困，神有所不及也。』」

註五〇：「昔嚴州之抗節，援斯靈而記喩」「嚴州」，曹集詮評作「嚴周」，嚴周卽莊周，所謂莊周之高節殆指秋水篇所云：「莊子釣於濮水，楚王使大夫二人往先焉。曰：『願以竟內累矣！』莊子持竿不顧，曰：『吾聞楚有神龜，死已三千歲矣，王巾笥而藏之廟堂之上。此龜者，寧其死爲留骨而貴乎？寧其生而曳尾於塗中乎？』二大夫曰：『寧生而曳尾塗中。』莊子曰：『往矣！吾將曳尾於塗中。』」

第七章　魏晉器物類賦篇之分析

詩經不見吟詠器物之詩篇，其以器物爲題者，如邶風柏舟，詩序云：「柏舟，言仁而不遇也。」毛傳以爲「興」，朱傳則云：「婦人不得於其夫，故以柏舟自比。」姑無論此詩以柏舟與仁人之不見用，抑或爲婦人之自比，皆非以「柏舟」爲全詩吟詠之主題。又如小雅彤弓：

彤弓弨兮，受言藏之。我有嘉賓，中心貺之。鍾鼓既設，一朝饗之。

彤弓弨兮，受言載之。我有嘉賓，中心喜之。鍾鼓既設，一朝右之。

彤弓弨兮，受言櫜之。我有嘉賓，中心好之。鍾鼓既設，一朝醻之。

此詩每章皆以「彤弓」起首，然「彤弓」僅爲天子賜有功諸侯之禮物也（註一），並非全詩之主體。故器物於詩經中僅處於陪襯之地位，且其重要性遠不如草木鳥獸也。楚辭亦未見吟詠器物之篇章。然至漢代，專詠器物之作勃然興盛於詠物賦中，凡二十四篇，高居漢代詠物賦之首位，不僅由陪襯之地位躍居主位，且有凌駕草木鳥獸之勢也。

魏晉承漢代拓殖之疆土，繼加經營，數量日多，達一百二篇，所詠器物之項目極繁，玆分日常用品，珍寶玉器及樂器三大項以研究之：

一 詠日常用品

此類賦篇漢代已多，計有十四篇。魏晉則有六十一篇之多，以其篇目繁多，玆就㈠寢具㈡服飾㈢扇㈣文具㈤生產工具㈥舟車㈦相風㈧燈燭㈨梳粧用具㈩其他諸細目以分析之：

㈠寢具

詩經唐風葛生云：

角枕粲兮，錦衾爛兮。予美亡此，誰與？獨旦！

陳風澤陂云：

彼澤之陂，有蒲菡萏。有美一人，碩大且儼。寤寐無爲，輾轉伏枕。

此蓋枕被之始見於文學作品也。葛生痛悼枕邊人之亡，哀怨而感人。澤陂思其所戀之美人而伏枕難眠，哀艷而動人。至於專詠寢具之作，蓋始於漢劉向之芳松枕賦，惜已亡佚。魏晉則有五篇：

吳張紘　瓌材枕賦　枏榴枕賦

晉孫惠　楠榴枕賦

張望　枕賦

夏侯湛　合歡被賦

此類賦篇所取之題材，本易沾染宮體之色彩，然張紘瓌材枕賦曲終奏雅，藉物諷勸，此蓋張氏處漢魏之際（註二），其作品仍不脫漢賦之本色也。其賦云：

有卓爾之殊瓌，超詭異之邈絕。且其材色也，如芸之黃。其爲香也，如蘭之芳。其文彩也，如霜地而金莖。紫葉而紅榮。有若蒲陶之蔓延，或如兔絲之煩縈。有若嘉禾之垂穎，又似靈芝之吐英。其似木者，有類桂枝之闌干，或象灌木之叢生。其似鳥者，若鶩鶴之徑逝，或類鴻鸛之上征。有若孤雌之無味，或効鴛鴦之交頸。紛雲興而氣蒸，般星羅而流精。何衆文之冏朗，灼儵爚而發明。曲有所方，事有所成。每則異姿，動各殊名。衆夥不可殫形。制爲方枕，四角正端。會緻密固，絕際無間。形妍體法，既麗且閑。高卑得適，辟堅每安。不屑珠碧之飾助，不煩錐鋒之鐫鏤。無丹漆之彤朱，罔觿象之佐副。較程形而靈露眞，衆妙該而悉備。珪璋特達，璵璠富也。美梓逡巡，不敢與並。相思庶幾，晞風於末列。神龍之姿，衆鱗相絕。昔詩人稱角枕之粲，季世加以錦繡之飾。皆比集異物，費日勞力。傷財害民，有損於德。豈如茲瓌，既剖既斲，斯須速成。一材而已，莫與混幷纖微無加，而美曄春榮。（藝文類聚卷七十）

本賦可分三段：起首至「不可殫形」爲首段，先押陽部韻，「其文彩也」以下押耕部韻。描述製枕材料之殊瓌卓絕，大量運用比喻法以形容此材之顏色、芳香、文彩及其詭異殊形，令人目不暇接。又此段以「其材色也」「其文彩也」「其似木者」「其似鳥者」構成，此則典型漢賦之鋪陳法也。所不同者，漢賦之鋪陳以鋪排靜態之名物爲主（註三），此則鋪排各種「喻依」（註四），故此段實爲鋪陳與比喻之綜合運用也。

「制爲方枕」至「衆鱗相絕」爲次段，可分三節：首句至「辟堅每安」爲第一節，寒元合韻。敍瓌材製成方枕，質地細緻堅固，形體妍麗得體，高低適中，枕之安穩也。「不屑珠碧之飾助」至「璵璠富也」爲第二節，幽部去聲與之部去聲合韻，敍此枕麗質天成，不須裝飾雕鏤，純以靈秀之本眞而具備衆妙也。「美梓逡巡」以下爲第三節，前四句以擬人法敍美梓逡巡其旁而不敢與之並列，但盼陪其末列則心滿意足，寫物如寫人，頗有情趣。同時以梓木映襯瓌材枕之美，則屬「映襯」之技巧。後二句以凡鱗喻衆材，以神龍喻瓌材，以夸飾此枕之卓絕也。

「昔詩人稱角枕之粲」以下爲末段，前六句職德合韻，「豈如玆瓌」以下押耕部韻。曲終奏雅，爲全賦諷諭之所在。以詩經稱美角枕鮮明反襯後世耗費財力於錦繡裝飾之非。結尾頌贊瓌材枕簡樸之美，蓋有勸勉世人棄華崇樸之意也。

枅榴枕賦已佚。孫惠楠榴枕賦已殘，唯由「委之玳瑁席，停之象牙牀」（太平御覽卷八百七）之逸句，似可窺知頗尚華麗，與張紘尚純樸不同。張望枕賦亦殘：

制爲素枕，聊以偃仰。爾乃六安其形，展輾唯擬。無引應適，永御君子。（北堂書鈔卷一百三十四）

「爾乃」以下押之部上聲韻。本賦若無「爾乃」二字，則頗類銘體，無怪乎或以此賦爲「枕銘」也（註五）。

夏侯湛合歡被賦殘存二句，見北堂書鈔卷一百三十六：「舉華鏡以自覽，被玄鬢而垂白。」

(二) 服　飾

藝文類聚服飾部包括帳、屛風、幔、簟、薦席、案、几、杖、扇、塵尾、枕、被、縟、如意、胡牀、火籠、香爐、步搖、釵、梳枇、囊、鏡、襪等。以今觀之，實嫌蕪雜無當。玆僅取衣冠及佩戴之飾物爲限。魏晉吟詠服飾之賦凡二篇：

魏徐幹　冠賦

晉夏侯湛　雀釵賦

徐幹冠賦云：

纖麗細纓，輕配蟬翼。尊曰元飾，貴爲首服。君子敬愼，自強不忒。（初學記卷二十六）

通篇職德合韻。賦文雖僅二十四字，然頗完整，可爲短賦之代表。首句寫冠纓之纖細美麗，次句形容其輕如蟬翼，三四句敍其名稱，末二句敍其功用，並寓敬愼自强之理。此篇若非冠以「賦」名，則必以爲銘，蓋其形式內容皆似銘也。

夏侯湛雀釵賦云：

覽嘉藝之機巧，持精思於雀釵。收泉珍於八極，納瓌異以表奇。布太陽而擬法，妙團團而應規。於是妍姿英妙之徒，相與競變飛寵（疑有衍文，全晉文無飛字），竝脩勑。理桂襟，整服飾。黛玄眉之琰琰，收紅顏而發色。流眄閑步，輕袂翼翼。恃炫豔以相邈，常逍遙而侍側。昔先王與（全晉文作興）道立敎。崇冲讓以致賢，不留志於華好。（藝文類聚卷七十）

本賦可分三段：起首至「妙團團而應規」爲首段，押支部韻，敍雀釵製作之精巧、瓌奇及其團圓如規之形。「於是妍姿英妙之徒」至「常逍遙而侍側」爲次段，押職部韻。此段描寫女色，敍美女爲爭寵而整其服飾，美其嬌顏。「流眄閑步，輕袂翼翼。恃炫豔以相邈，常逍遙而侍側」無限妖嬈，微有宮體之氣息。「昔先王與道立敎」以下爲末段，押豪部去聲韻。曲終奏雅，明先王好德不好色之敎訓，此乃漢賦之遺韻也。

㈢扇

詠扇之作，蓋始於漢班婕妤扇詩（一作怨歌行）：

新裂齊紈素，鮮絜如霜雪。裁成合歡扇，團團似明月。出入君懷袖，動搖微風發。常恐秋節至，涼飈奪炎熱。弃捐篋笥中，恩情中道絕。（藝文類聚卷六十九）

以扇自喻，哀婉動人，「秋扇見捐」成爲恩情中絕之象徵。至東漢則有詠扇賦五篇：

班固　竹扇賦　白綺扇賦

傅毅　扇賦

張衡　扇賦

蔡邕　圓扇賦

班固竹扇賦頌美竹扇，「所以彰盛德、養君心」（古文苑章樵注）。蔡邕圓扇賦純就客觀之描寫，全賦僅三十二字，爲魏晉短賦之先河。

降至魏晉，詠扇之賦激增，凡十六篇：

魏徐幹　圓扇賦

曹植　九華扇賦　扇賦

閔鴻　羽扇賦

晉傅玄　團扇賦

傅咸　羽扇賦　扇賦　狗脊扇賦

潘岳　扇賦

陸機　羽扇賦

嵇含　羽扇賦

潘尼　扇賦

張載　羽扇賦

司馬無忌　圓竹扇賦

江逌　羽扇賦

袁崧　圓扇賦

徐幹圓扇賦云：

惟合歡之奇扇，肇（原作非，據御覽卷八一四改）伊洛之纖素。仰明月以取象，規圓體之儀度。（北堂書鈔卷一百三十四）

敍圓扇之取材及形體，全賦僅二十四字，不知有脫佚否？

曹植九華扇賦云：

昔吾先君常侍，得幸漢桓帝，帝賜尙方竹扇，不方不圓，其中結成文，名曰九華，故爲此賦，其辭曰：

有神區之名竹，生不周之高岑。對淥水之素波，背玄澗之重深。體虛暢以立幹，播翠葉以成陰（類聚作秋）。形五離而九折，篾氂解而縷分。效蚪龍之蜿蜒，法虹蜺之烟熅。攄微妙以歷時，結九層之華文。爾乃浸以芷若，拂以江蘺。搖以五香，濯以蘭池。因形致好，不常厥儀。方不應矩，圓不中規。隨皎（御覽作皓）腕以徐轉，發惠風之微寒。時氣淸以芳厲，紛飄動乎綺紈。（全三國文卷十四）

魏志武帝紀云：「桓帝世，曹騰爲中常侍大長秋，封費亭侯。養子嵩嗣，官至太尉……嵩生太祖（操）。」然則此賦所謂「先君」，殆指曹騰也。全賦純就客觀之手法描寫此扇之形狀、芳香及功用，未寓深意。唯起首六句寫扇之材料所產之地，實爲虛構之景，詠物賦常於寫物中穿插山水之景色，此賦即其一例也。

曹植扇賦殘存四句：「情駘蕩而外得，心悅豫而內安。增吳氏之姣好，發西子之玉顏。」見初學記卷十九「美婦人」，微有香澤之息。

閔鴻羽扇賦就內容言，實乏深刻之命意，唯純就娛樂耳目而言，讀之自有一番閒情逸趣。其賦云：

惟羽扇之攸興，乃鳴鴻之嘉容。產九華之中澤，邁雍喈之天聰。表高義于太昜，著詩人之雅章。賴玆翮以內飛，曜羽儀於外揚。于時祝融持運，朱明發暉。奔陽衝布，飛炎赫曦。同熖隆於雲漢，咸慘毒於中懷。爾乃登爽塏，臨甘泉。漱清流，廕玄雲。運輕翮以容與，激清風於自然。披綃衽而入懷，飛羅纓之繽紛。衆坐侃以怡懌，咸俯節以齊歡。感蕙風之盪懷，詠棘心之所歎。（原作歡，依全三國文改）於是暑氣雲消，獻酬乃設。停神靜思，且以永日。妍羽詳迴，清風盈室。動靜揚暉，嘉好越逸。翻翻弈弈，飛景曜日。同皦素於凝霜，豈振露之能匹。（藝文類聚卷六十九）

本賦可分四段：起首至「曜羽儀於外揚」爲首段，前四句押東部韻，後四句押陽部韻。由製扇之羽毛聯想及鴻飛之狀，並由鴻聯想及詩經、周易之典（註六），可謂極盡想像。「于時祝融持運」至「咸慘毒於中懷」爲次段，脂皆支合韻，極力形容夏日酷熱之狀。「爾乃登爽塏」至「詠棘心之所歎」爲第三段，元寒眞合韻。寫登高遊覽以避暑，摘出卽成小品之遊記，詠物賦常有遊覽山水之筆墨，此又一例也。「於是暑氣雲消」以下爲末段，質月合韻。敍暑氣既消，乃設酒宴，羽扇則發揮其清涼之功用。「妍羽詳迴」四句，描寫揮動羽扇之景，如在目前。結尾之「凝霜」「振露」頗富巧思，一則形容羽扇之白，一則於夏日之際，「霜」「露」所喚起之意象頗有清涼去暑之效也。

傅玄團扇賦已殘，不外乎形容團扇之形狀、顏色及其功用。

傅咸羽扇賦爲純粹贊美羽扇而作。賦文起首頗能發揮賦家之想像力：

鳳皇于飛，翽翽其羽。況靈體以遐翔，匪六翮其焉舉。感扇揚之興風，宜收之以清暑。（藝文類聚卷六十九）

首四句蓋由製扇之羽聯想及飛鳥，再由飛鳥聯想及詩經卷阿「鳳皇于飛，翽翽其羽」之典。「感扇揚之興風，宜收之以清暑」則由飛鳥用以翺翔之羽毛聯想及藉此生風之羽以清除暑熱，回扣羽扇之本題，此誠善於運用賦家之想像力也。

傅咸扇賦於詠物中寓有人生之感觸。其序曰：

水不策驥，陸不乘舟，世無爲而俎豆設，時有虞而干戈脩。（註七）

此敍器物之用有其時地之宜，蓋謂「秋扇見捐」乃無可奈何之必然結果也。賦云：

天道行而不息，四節代以相尋。背青春之令月，踐朱夏於斯今。熱融融以太甚，執赫赫之可任。汗珠隕以外流，氣鬱結而內沉。庶凱風之自南，競清嘯而啟衿。怨微飄之不興，恨喬木之無陰。搖輕扇之冉弱。手纔動而儘心。心取儘於捲握，尚何希乎北林。下濟億兆，上寧侯王。是曰安衆，清暑作涼。蒙貴幸於斯時，無日夜而有忘。謂洪恩之可固，終靡弊於君旁。火星忽以西流，悲風起乎金商。秋日淒淒，白露爲霜。體斂然以思暖，御輕裘於溫房。猥弃我其若遺，去玉手而潛藏。君背故而向新，非余身之無良。哀徒勞而靡報，獨懷怨於一方。（藝文類聚卷六十九）

本賦可分二段：起首至「尚何希乎北林」爲前段，押侵部韻。首四句敍季節由春運轉至夏，「熱融融以太甚」八句寫炎熱難當，渴盼南風吹拂，怎奈微風不興，喬木無蔭！摹寫內心之焦灼不安極爲傳神。「搖輕扇之冉弱」以下，描寫由於羽扇生風，內心之焦灼不安至此頓消，亦不必希求北林以避暑也，頗有夸飾之習，而前後兩種極端之心境相映成趣。

「下濟億兆」以下爲後段，押陽部韻。前八句敍扇於暑熱之時，倍受衆人之寵愛，自以爲將可恃其洪恩，終身不見棄也。「火星忽以西流」以下，情況急轉而下，秋風既起，扇已無用，遂爲人所捐棄而獨自哀怨於一隅也。此段運用擬人法以敍「秋扇見捐」之悲慘下場。「猥棄我其若遺」「非余身之無良」皆用第一人稱，則作者之情感蓋已移入其中矣。

又本賦前段連用侵部韻字八字始換韻，後段則連用陽部韻字十字，此爲換韻稍緩之例也。

傅咸狗脊扇賦屬詠物說理之賦，見太平御覽卷七百二：

蓋卑以自居，君子之經。孤寡不穀，王侯脩名。尚不愧狗脊之爲號，亦焉顧九華之妙形。

通篇押耕部韻，如無逸文，則爲一韻到底之賦，其主旨乃藉詠狗脊扇以明謙卑之理。

潘岳扇賦已殘，見北堂書鈔卷一百三十四：

至若羽扇，靡雕靡刻。方圓不應於規矩，裁制不由於繩墨。始顯用于荒蠻，終表奇于上國。

由殘文窺知原賦蓋詠諸扇，而此段則詠羽扇也。

陸機羽扇賦以虛構楚襄王、宋玉、唐勒及山西、河右之諸侯會於章臺之故事，藉其對話（宋玉實爲主角）鋪衍而成。其組織結構頗類宋玉之風賦。其賦云：

昔楚襄王會于章臺之上，山西與河右諸侯在焉。大夫宋玉唐勒侍，皆操白鶴之羽爲扇，諸侯掩麈尾而笑，襄王不悅。宋玉趨而進曰：「敢問諸侯何笑？」諸侯曰（他本無此三字）：「昔者武王玄覽，造扇于前。而五明安衆，庶（類聚作世）繁于後，各有託于方圓，蓋受則于箑甫。舍玆器而不用，顧奚取于鳥羽？」（全晉文卷九十七，下同）

此爲全賦之導言，其作用相當於賦序。敍山西、河右諸侯取笑楚王君臣持羽扇，襄王爲之不快，引起宋玉與諸侯之對話，而諸侯之答辭則爲下文全賦主體之導引。

按：傅咸羽扇賦序云：「吳人截鳥翼而搖風，既勝于方圓二扇，而中國莫有生意，滅吳之後，翕然貴之。」嵇含羽扇賦序云：「吳楚之士，多執鶴翼以爲扇，雖曰出自南鄙，而可以遏陽隔暑。昔秦之兼趙，寫其冕服以□侍臣。大晉附吳，亦遷其羽扇，御于上國。」由上觀之，羽扇本用之於吳土，晉滅吳，始流行於中土。其初入中土之時，必有見怪而嘲之者。陸機爲吳人，乃藉宋玉之口爲羽扇辯護，此殆有懷土之情焉。中原之士，素輕吳、楚之士（註八），陸機此賦以宋玉折服嘲笑羽扇之山西、河右諸侯，蓋亦有所隱射耶？又此賦以楚襄王代吳主，蓋吳爲晉所滅，陸機爲吳人，故有所諱也。乃託之宋玉，且宋玉擅於問對，故可肆其鋪衍。此賦若作者佚名，且後無唐勒之辭，後人或歸爲宋玉之作品矣！

宋玉曰：「夫創始者恆樸，而飾終者必妍。是故烹飪起于熱石，玉輅基于椎輪。安衆方而氣散，五明圓而風煩。未若玆羽之爲麗，固體俊類聚作後而用鮮。彼淩霄之遼叢刊本備要本陸士衡集作偉鳥，播鮮輝之蒨初學記作輕蒨。隱九臯以鳳鳴，游芳田而龍見。醜靈龜而遠期，超長年而久眄。累懷璧于美羽，挫千歲乎一箭。委曲體以受制，奏雙原作隻，據初學記改。又叢刊本備要本陸集亦作雙翅而爲扇。則其布翮也，差洪細，秋長短。稠不逼，稀不簡。發若蕭史之鳴金籟，趯若大容之羅玉琯。于是鏤巨獸之齒，裁奇木之幹。憲靈樸于造化，審貞則而妙觀。移圓根于新體，因天秩乎舊貫。鳥不能別其是非，人莫敢分其眞贋。翮媥媥以微振，風飂飂以垂婉初學記作娩。妙自然以爲言，故不積而能散。其在手也安，其應物也誠。其招風也利，其播初學記作盡氣也平。混貴賤而一節，風無往而不清。發芳塵之郁烈，拂鳴弦之泠泠。斂揮汗之瘁體，洒毒暑之幽情。」諸侯曰：「善。」

此段爲全賦之主體，依其用韻可分五節。前八句爲第一節，元眞合韻。說明事物之演進，皆由簡樸而妍麗，後出轉精，理固然也。並以烹飪及車輿之進化爲例，以證五明、安衆等始出之扇，實不如後出之羽扇也。「彼淩霄之遼（偉）鳥」至「奏雙翅而爲扇」爲第二節，押眞部去聲韻。由羽毛聯想及飛鳥，敍羽扇之羽毛本淩霄鳳鳴之鳥所有，以其美羽之累，爲箭矢所中，其雙翅遂爲羽扇之材料也。「則其布翮也」至「趯若大容之羅玉琯」爲第三節，寒部上聲與元部上聲合韻。敍扇面之製作，洪細長短及稠稀各得其宜。而其搖動之時，其聲優美，媲美蕭史鳴金籟、大容羅玉琯之仙樂也。頗能運用想像力驅使典故以夸飾之也。「于是鏤巨獸之齒」至「故不積而能散」爲第四節，寒部去聲與元部去聲合韻。敍羽扇之完成，夸飾製作之巧奪天工，竟使鳥無法辨別其爲天生之羽抑爲人工之羽，鳥猶如此，人安能分其眞假也，末敍羽扇妙合自然，和婉生風。「其在手也」以下爲第五節，押耕部韻。總述羽扇之佳妙。羽扇在手，心境自安，蓋其應物也誠，而其招風便利，送風平而不疾，且貴賤皆可享其清風。不僅此也，揮動羽扇之時，郁烈之芳香及泠泠如弦鳴之音隨清風而至，酷暑除而幽情生，此誠扇之極品也。無怪乎嘲笑輕視羽扇之諸侯，聽畢宋玉之言，爲之動容而稱善也。

宋玉遂言曰：「伊玆羽之駿敏，似南箕之啟扉。垂皎（類聚作皓）曜之奕奕，含鮮風之微微。」襄王仰而拊節，諸侯伏而引非。皆委扇于楚庭，執鳥羽而言歸。

此爲賦之尾聲，押脂部韻。宋玉見諸侯心意已轉，遂乘勢詠歌羽扇駿美之材，襄王仰而拊節，得意非凡；諸侯心悅誠服，於是委棄其所執之扇，改執鳥羽之扇而歸。

按：陸氏羽扇若有託喻，則羽扇殆爲吳士之象徵，亦爲陸氏之自喻。羽扇至此爲山西、河右諸侯所重視，蓋亦暗喻己以吳士之身分，終爲中原之士所敬重耶？

屬唐勒而爲之辭（類聚作亂）曰：「伊鮮禽之令羽，夫何翩翩與眇眇。性勁健以利口，每箕張而雲繞（書鈔作布）。反寒暑于一堂之末，迴八風乎六翮之杪。引凝涼而響臻，拂隆暑而口到。驅囂塵之鬱述，流清氣之悄悄。符逍空以煩輪，道洞房而窈窕。

此段實爲賦末亂辭之變形，宵部上聲與豪部去聲合韻。文意與賦之本部無殊，蓋藉唐勒之辭以收反覆吟詠之效也。

嵇含扇賦僅存賦序，見上。潘尼扇賦已殘。張載、江逌、袁崧之作，不脫上述諸賦之範疇，玆不贅述。唯司馬無忌圓竹扇賦云：

止若垂棘曜匣，遊若羲和朝征。靜無爲而虛寂，動感通而風生。（北堂書鈔卷一百三十四）

於詠物中微露道家虛靜無爲之思，且出於王侯之口，頗値注意。

四　文具

吟詠文具之賦始於漢代，凡二篇：

杜篤　書搋賦

蔡邕　筆賦

杜氏書搋賦以君子形容書搋，表面描寫書搋，實則敍述君子之淑德也。蔡氏筆賦描述筆之材料、製作及其傳承文化之功用。

魏晉吟詠文具之賦凡四篇，皆爲晉人之作品：

成公綏　故筆賦

傅玄　筆賦　硯賦

傅咸　紙賦

綜觀右列諸賦，其表現技巧大體類似，不外乎：

㈠陳述文具材料之所出、製作之過程及描寫其形狀。

㈡敍述其功用。

㈢吟詠物德。

成公綏故筆賦則於客觀之描寫外，尚有感慨寓乎其中。玆以成氏之作及傅咸紙賦爲代表：

成公綏故筆賦云：

治世之功莫尙於筆，能舉萬物之形，序自然之情。聖人之志，非筆不能宣，實人天（全晉文作天地）之偉器也。（北堂書鈔卷一百四）

有倉頡之奇生。列四目而兼明。慕羲氏之畫卦，載萬物於五行。乃發慮於書契，採秋毫之類芒。加膠漆之綢繆，結三束而五重。建犀角之玄管，屬象齒於纖鋒。染青松之微煙，著不泯之永蹤。則象神仙，人皇九頭，式範羣生。異體怪軀，注玉度於七經。訓河洛之讖緯，書日月之所躔。別

列宿之舍次，乃皆是筆之勳。人日用而不寤。佗盡力於萬機，卒見弃於行路。（藝文類聚卷五十八）

賦序總述筆之功用，「形」「情」同為耕部韻，此為賦序押韻之例。賦文可分兩段：起首至「著不泯之永蹤」為前段，前六句耕陽合韻，後六句押東部韻。敍生有四目之倉頡，羨慕伏羲氏之畫八卦，遂發明文字，並取秋毫、加膠漆以製筆毫，取犀角、象齒以製筆管。毛筆既成，乃沾青松所製之墨，以書不朽之文字也。「則象神仙」以下為後段，前五句押耕部韻，「訓河洛之讖緯」四句元文合韻。末三句押魚部去聲韻，用韻較不規則。此段先敍筆之功用，觀其所列舉者，乃神仙、怪異、讖緯及天象，則成氏興趣之所在，可由是窺知，亦能反映魏晉之風尚也。結尾數句點明「故筆」之主題，敍筆之為用雖大，然終以無利用價值而遭委棄行路之命運。人情之冷暖，頗耐深思。

傅咸紙賦云：

蓋世有質文則治（初學記作理）有損益。故禮隨時變而器與事易。既作契以代繩兮，又造紙以當策。猶純儉之從宜，亦惟變而是適。夫其為物，厥美可珍。廉方有則，體絜（初學記作潔）性貞。含章蘊藻，實好斯文。取彼之弊（初學記作淑），以為此（初學記作己）新。攬之則舒，舍之則卷。可屈可伸，能幽能顯。若乃六親乖方，離羣索居。鱗鴻附便，援筆飛書。寫情于萬里，精思于一隅。（全晉文卷五十一）

本賦可分三段：起首至「亦惟變而是適」為首段，押錫部韻。敍文具由書契至紙張之演進，起首二句為十字句，較特殊。「夫其為物」至「能幽能顯」為次段，詠物德、物性。前八句眞文合韻，敍紙有廉正、貞潔諸美德，又喜好斯文，能取人之淑善以新己德（此從初學記）。後四句押元部上聲韻，敍紙性可舒可卷，可屈可伸，能幽能顯。此段所詠之紙德紙性，實乃君子之德性也。此與杜篤書攄賦以君子之淑德形容書攄之手法相類也。「若乃六親乖方」以下為末段，押魚部韻。敍紙之功用，可使乖離之親人互通情意也。

五 生產工具

此類賦篇始於荀卿之箴賦，藉詠箴以譏當世不修婦功（註九）。漢代則有二篇：

班昭 鍼鏤賦

王逸 機賦

班昭鍼鏤賦詠物中寓有說理之成分，其賦云：

鎔秋金之剛精，形微妙而直端。性通遠而漸進，博庶物而一貫。惟鍼鏤之列迹，信廣博而無原。退逶迤以補過，似素絲之羔羊。何斗筲之足筭，咸勒石而升堂。（藝文類聚卷六十五）

所謂「性通遠而漸進，博庶物而一貫」「退逶迤以補過」皆非純粹寫物，而寓有脩身之理也。

王逸機賦無論組織或內容皆與魏晉詠物賦相差無幾，若與楊泉織機賦、孫惠維車賦相較，更可見其相似處，玆錄之以供參觀比較之（據藝文類聚卷六十五之節錄）

帝軒龍躍，庶業是昌。俯覃聖恩，仰覽三光。爰制布帛，始垂衣裳。於是取衡山之孤桐，南岳之洪樟。結靈根於盤右，託九層於巖傍。性條暢以端直，貫雲表而剴倉。儀鳳晨鳴翔其上，怪獸羣萃而陸梁。於是乃命匠人，潛江奮驤。踰五嶺，越九岡。斬伐剖析，擬度短長。勝復迴轉，剋像乾形。大匡淡泊，擬短則川平。光爲日月，蓋取昭明。三軸列布，上法台星。兩驥齊首，儼若將征。方圓綺錯，微妙窮奇。蟲禽品獸，物有其宜。兔耳跧伏，若安若危。猛犬相守，竄身匿蹄。高樓雙峙，下臨清池。遊魚銜餌，瀺灂其陂。鹿盧並起，纖繳俱垂。一往一來，匪勞匪疲。於是暮春代謝，朱明達時。蠶人告訖，舍罷獻絲。或黃或白，蜜蝋凝脂。纖纖靜女，經之絡之。爾乃窈窕淑媛，美色貞怡。解鳴珮，釋羅衣。披華幕，登神機。乘輕杼，覽床帷。動搖多容，俯仰生姿。

魏晉詠生產工具之賦凡四篇：

吳楊泉　織機賦
晉嵇含　八磨賦
　褚陶　水碓賦
　孫惠　縰車賦

楊泉織機賦云：

伊百工之爲伎，莫機巧之最長。似人君之列位，象百官之設張。立匡郭之制度，如城隅之員方。應萬機以布錯，實變態之有章。是以孟秋之月，首殺庶物。工民呈材，取彼椅梓。楨幹脩枝，名匠聘工。美乎利器，心暢體通。膚合理同。規矩盡法，因事作容。好無不媚，事無不供。於是乎女工就，素絲輕。貫綜紀，簡姦清。織女揚翬，美乎如芒。麗姿妍雅，動有令光。足閑蹈躡，手習檻匡。節奏相應，五聲激揚。濁者含宮，清者應商。和聲成柔，慷慨成剛。屈申舒縮，沉浮抑揚。開以厭閒，闔以高梁。進以懸魚，退以俠彊。氣變相應，陰感乎陽。僶俛不及，進却頡頏。事物之宜，法天之常。既合利用，得道之方。（藝文類聚卷六十五）

本賦可分三段：起首至「實變態而有章」爲首段，押陽部韻。描述織機之形狀，以人君列位、百官設張比喻織機之形。「是以孟秋之月」至「事無不供」爲次段，押東部韻。敍取木材以製織機之經過。上引王逸機賦亦有取材以製織機之描述。又此段押韻較特殊，前四句不用韻，其餘九句之押韻型式爲「OAOAOAOA」型，第四句「通」字與第五句「同」字皆屬東部韻而相叶。「於是乎女工就」以下爲末段。前四句押耕部韻，「織女揚翬」以下押陽部韻，且連用十三韻字。此段敍織女織布之情形。運用想像力，將平凡枯燥之織布工作描述成合乎音樂節奏之美妙動作，此殆得之於莊子庖丁解牛之靈感耶？

又此段所描述之織女，麗姿妍雅，此與王逸機賦所述「窈窕淑媛，美色貞怡」之織女，同爲絕色之佳人也。末四句則贊美織機合乎天道作結。

嵇含八磨賦純爲寫物之賦，玆不贅述。褚陶水碓賦已佚。孫惠紡車賦可分二段：前段描述紡車（卽紡車，亦織機也）之功用、製作及其形狀。後段亦由工具轉寫婦女：

爾乃才藝妻妾，工巧是嘉。或織綿組，或匠綾羅。舒皓腕於輕輪兮，煥擬景乎鏡華。絲成妙於指端兮（兮字原在號下，依全晉文改）推之，號推（原作拒）幽而相和。象蟋蟀之鳴戶兮，類寒蟬之吟家。（太平御覽卷八百二十五）

雖未將織女形容成絕色佳人，然其趣則同也。

六 舟 車

魏晉吟詠舟車之賦凡二篇：

吳華覈　車賦

晉棗據　船賦

華覈車賦殘存二句：「鞍𠩄緝袠，珠輪玉光」，無法窺其內容。棗據船賦云：

伊河海之深廣兮（原作吁，據初學記改），嗟緜邈而无垠。彼限隔而靡覿兮，此由玆而莫聞。雖后土之同載兮，實殊代而乖分。嘉聖王之神化兮，理通微而達幽。悼民萌（初學記作生民，類聚作民氓）之隔塞兮，愍王教之不周。立成器以備（初學記作被）用兮，因（類聚作明）垂象以造舟。濟淩波（類聚作渡汲）之絕軌兮，越巨川之玄（書鈔作與懸）流。水无深而不渡兮，路无廣而不由。運重固之滯質，雖載沈而載（類聚作必）浮。飄燕鼎于吳會，轉金石于洪濤。溯无涯之浩浩，不抑進而輒（初學記作輟）留。登揚侯之激浦兮，方鳳翔而龍游。雖滔天而橫厲，長抱樂而无憂。且論器而比象，似君子之淑清。外質朴而無飾，內空虛以受盈。乘流則逝，遇抵而停。

受命若響，唯時而征。不辭勞而惡動，不偷安而（類聚作以）自寧。不貪財以徇功，不憂力而欲輕。豐儉隨乎質量，所勝任乎本形。雖不乘而常浮，雖涉險而必正。周游曲折，動與時併。博載善施，心无所營。囊括品物，受辱含榮。且其行無轍跡，止無所根。不疾而速，忽若馳奔（註一〇）。唯載涉之所欲，混貴賤于一門。包涵通于道德，普納比乎乾坤。感斯用之欲廣，信人道之所存。（全晉文卷六十七）

起首至「長抱樂而无憂」爲首段，前六句爲第一節，押文部韻，敍河海之阻隔交通，以明舟之所由起。「嘉聖王之神化兮」以下爲第二節，幽豪合韻。敍聖王愍傷生民因阻塞而不得王敎，遂造舟以交通之。末六句藉描寫舟船以表現不畏横逆、樂觀進取之精神。

「且論器而比象」至「受辱含榮」爲第二段，耕部平聲與去聲合韻。此段吟詠船德，表面寫船，實則藉詠船以詠君子之德也。

「且其行無轍跡」以下爲末段，押魂部韻。敍舟行無所窒礙及其不分貴賤之器量，末二句總述其功用之廣，爲人道所必需也。

夫船本無道德可言，本賦所詠船德，實爲作者移其情志於船中，將其理想之君子諸德如質樸、謙虛、勤勞、廉正等，藉船以表之也。此亦藉物寓志之一法也。

(七) 相風

相風者，古占風之器，亦用爲儀仗。相風之賦，始見於晉代，凡十篇：

傅玄　相風賦

杜萬年　相風賦

孫楚　相風賦

傅咸　相風賦
張華　相風賦
潘岳　相風賦
左九嬪　相風賦
盧浮　相風賦
牽秀　相風賦
陶侃　相風賦

右列諸賦，杜萬年、左九嬪之作已佚，盧浮、牽秀之作皆殘存逸文二句。其餘六賦，描述相風之構成、形狀及其功用大體類似，玆以傅玄、張華及傅咸之作爲代表：

傅玄相風賦云：

昔之造相風者，其知自然之極乎？其達通變之理乎？上稽天道陽精之運，表以靈烏，物象其類；下憑地體安貞之德，鎭以金虎，玄成其氣。風雲之應，龍虎是從。觀妙之微，神明可通。夫能立成器以占吉凶之先見者，莫精乎此。

乃構相風，因象設形。蜿盤虎（類聚作獸）以爲趾，建修竿之亭亭。體正直而無橈，度經高（御覽作徑挺）而不傾。棲神烏于竿首，候（類聚作俟）祥風之來征。（全晉文卷四十五）

賦序與賦文連成一體，嚴氏將「昔之造相風者」至「莫精乎此」劃爲賦序，姑從之，唯其中「風雲之應」四句，「從」「通」皆屬東部韻字，爲賦序押韻之例。賦序贊美創造相風者知自然之極及通變之理。唯其所謂自然之極、通變之理皆爲陰陽五行之思想，由此亦可窺知陰陽五行之深入人心。賦文通篇押耕部韻，先描述相風之構成及形狀：以長竿爲主幹，其下有盤虎鎭之，其上有神烏立於竿頭，末句言相風之功用。爲純粹寫物之賦，殊乏文學之趣味。

張華相風賦之創作動機頗特殊，其序云：

太史候部有相風，在西城上，而作者弗爲。豈以其託處幽閑，違衆特立，無羽毛之飾，而丹漆不爲之容乎？（太平御覽卷九）

由序知此賦之作，乃見太史候部之相風，託處幽閑、違衆特立、質樸無華，而無人爲之賦，故爲此賦。然則張氏之作，蓋有所託意耶？其賦云：

蓋在先聖，道濟生人。擬議天地，錯綜明神。在璿璣以齊七政，象渾儀於陶鈞。考古旁於六氣，仰貞觀於三辰。爰在保章，世序其職。辯風候方，必立准極。循物致用，器不假飾。眇脩幹之迢迢，凌高墉而莖植。玄烏偏其增翥，睎雲霄而矯翼。嘉創制之窮理，諒器淺而事深。步元氣於尋木，寄先識於玆禽。旣在高而思危，又戒險而自箴。雖迴易之無常，終守正而不淫。永恪立以彌世，志淹滯而愈新。超無返而特存，差偶景而爲鄰。（藝文類聚卷六十八）

賦文可分四段：起首至「仰貞觀於三辰」爲首段，押眞部韻。敍先聖觀天象以施政令。「爰在保章」至「睎雲霄而矯翼」爲次段，押職部韻。敍候風之官立相風以辨風向，其器貴在致用，不假雕飾。末四句描寫相風長竿高立之狀及竿頂相風烏凌雲飛翔之態。「嘉創制之窮理」至「終守正而不淫」爲第三段，押侵部韻。敍相風之功用，並由相風聯想居高思危、戒險自箴、守正不淫之理。明爲寫物，實則自惕也。「永恪立以彌世」以下爲末段，押眞部韻。詠贊此相風敬謹特立以終世，雖處淹滯而志愈新，秉其超然卓立之德，而與自身之影爲鄰也。

夫張氏之所以特取此託處幽閑、違衆特立之相風而賦之者，蓋其仕途雖顯，而處乎亂世，自有其無法拂去之危懼感，故以相風之居高思危自惕。又其內心，殆有逃避濁世之潛意識，遂藉此超然特立於偏僻西城之相風以寓其志耶？

傅咸相風賦之創作動機亦特殊，其序云：

相風之賦蓋亦富矣，然辭義大同。惟中書張令以太史相風獨無文飾，故特賦之。太僕寺丞武君賓樹一竹於前庭，其上頗有樞機，插以雞毛，于以占事知來，與彼無異，斯乃簡易之至，有殊太史相風，張氏之賦，非其至者也。（太平御覽卷九，下同）

傅氏批評相風賦之作者雖多，然無特色，見張令（即張華）所賦之相風稍特殊，然猶以爲所賦仍「非其至者」，蓋武君賓之相風方爲「簡易之至」，故作賦以誌之。由是觀之，傅氏此賦「自發性」之創作動機甚强，故不論此賦是否傑出，此種自發性之創作動機於賦中頗可貴也。賦云：

翟翟竹竿，在武之庭。厥用自然，既脩且貞。插羽其首，丹漆弗營。經之營之，不日而成。

通篇押耕部韻，全以四字句組成，凡八句，三十二字。觀賦序知所賦之相風極爲簡易，而此賦若無逸文，則亦簡易之至，頗與所賦之物相當也。前二句敍相風所居之處，三四句敍其自然無飾，既修長且有貞德。末四句描寫其簡易，僅於竿首插羽即成，所費不滿一日也。細讀之，本賦似有尙自然，崇簡易之思想，此蓋得之於易經「簡易」之理也。

(八) 燈 燭

吟詠燈燭之賦始於漢代，凡二篇：

馮商　燈賦

劉歆　燈賦

馮商燈賦已佚，劉歆燈賦頗短，苟無逸文，則亦爲魏晉詠物短賦之先河：

惟茲蒼鶴，修麗以奇。身體剡削，頭頸委蛇。負斯明燭，躬含冰池。明無不見，照察纖微。以夜

繼晝，烈者所依。（藝文類聚卷八十）

魏晉吟詠燈燭之賦凡五篇，皆爲晉人之作品：

夏侯湛　釭燈賦

殷巨　鯨魚燈賦

孫惠　百枝燈賦

范堅　蠟燈賦

傅咸　燭賦

夏氏釭燈賦就殘文觀之，乃純粹寫物之賦，其描寫釭燈之照明，意象尙稱優美。如：

隱以金翳，疏以華籠。融素膏於回檠，發朱輝於綺窗。宣耀蘭堂，騰明廣宇。焰煜爚於茵筵，煥炤焎乎屛組。（藝文類聚卷八十）

殷巨鯨魚燈賦亦爲純粹寫物之賦篇，其取材較爲特殊。玆錄之以爲純詠燈燭賦之代表：

橫海之魚，厥號惟鯨。普彼鱗族，莫之與京。大秦美焉，乃觀乃詳。寫載其形，託于金燈。隆脊矜尾，鬐甲舒張。垂首挽視，蟠于華房。狀欣欣以竦峙，若將飛而未翔。懷蘭膏於胷臆，明制節之謹度。伊工巧之奇密，莫尙美於斯器。因綺麗以致用，設機變而罔匱。匪雕文之足瑋，差利事之爲貴。永作式於將來，跨千載而弗墜。（藝文類聚卷八十）

本賦可分二段：起首至「若將飛而未翔」爲前段，首四句押耕部韻，敍鯨魚之巨大，鱗族莫有能匹者。「大秦美焉」以下陽登合韻，敍大秦仿鯨魚之形製成金燈，摹寫鯨魚燈之形狀頗爲逼眞，末二句頗傳神，彷彿親見巨鯨泛波於大海，「將飛未翔」尤爲妙喻也。「懷蘭膏於胸臆」以下爲後段，除首二句不用韻外，其餘押脂部去聲韻。讚美此燈之工巧精美，並敍其功用。

孫惠百枝燈賦僅存二句：「暐若雲停，爛已星布。」范堅蠟燈賦以「爾乃」起首，其上疑有佚文。「旁映文楹，仰暉丹桷。赫如燭龍吐輝，爛若翳陽復旭。」意象尙佳。傅咸燭賦詠物中寓有鄉愁之思，爲晉代五篇吟詠燈燭賦中之佳作，其賦云：

余治獄至長安，在遠多懷，與同行夜飲以忘愁。顧帷燭之自焚以致用，亦猶殺身以成仁矣。

蓋泰清垂象，匪日不光。向晦入冥，匪火不彰。故六龍銜燭於北極，九日登曜於扶桑。日中則昃，月虧於望。時邁靡停，晝不干常。背三接之昭昭，卽厥開之有傷。何遠寓之多懷，患冬夜之悠長。獨耿耿而不寐，待雞鳴之未央。徒伏枕以展轉，起燃燭於閑房。揚丹輝之煒煒，熾朱焰之煌煌。俾幽夜而作晝，繼列景乎朝陽。慨顧景以增歎，孰斯愁之可忘。嘉湛露之愔愔，遂命樽而設觴。爾乃延僚屬，酌醇清。講三墳，論五經。高談旣倦，引滿行盈。樂飲今夕，寔慰我情。（藝文類聚卷八十）

由序知此賦乃懷鄉而作，屬詠物抒情之賦篇。又序中以燭之自焚比喻志士殺身成仁，此爲儒家之思想也。賦文可分二段：

起首至「遂命樽而設觴」爲前段，連押十三陽部韻字。首六句敍晝夜賴陽光及火燭之照明，並運用神話傳說以喚起讀者之想像。「日中則仄」至「卽厥開之有傷」數句流露傷逝之感。「何遠寓之多懷」進入本賦之主題，敍因鄉愁而無法成眠，故起而燃燭，欲借燭光驅除黑夜之幽暗，然仍無法排遣濃濃之鄉愁。遂效詩經湛露所敍之夜飲（註一一），命設樽觴以宴飲也。

「爾乃延僚屬」以下爲後段，押耕部韻。敍與部屬飲酒高談以慰解思鄉之情。而其談論之材料乃三墳五經，夫五經爲儒家之典籍，可見魏晉雖以老莊思想爲其當日之主流，然儒家思想自有其不可忽視之潛在力量，故傅咸仍以五經爲高談之內容也。

(九) 梳粧用具

此類賦篇始於晉代，凡三篇：

傅咸　櫛賦　鏡賦

孫盛　鏡賦

傅氏二賦皆爲藉物言理之作，櫛賦云：

夫才之治世，猶櫛之理髮也。理髮不可以無櫛，治世不可以無才。（北堂書鈔卷一百三十六）

我嘉茲櫛，惡亂好理。一髮不順，實以爲恥。雖日用而匪懈，不告勞而自己。苟以理而委任，期竭力而沒齒。（藝文類聚卷七十）

賦序明言才之治世猶如櫛之理髮，爲典型藉物說理之賦篇。賦文僅八句，凡四十字。通篇押之部上聲韻。詠贊櫛之惡亂好理，以理爲其責任而終身竭其力以赴之。此櫛實傅氏已身之寫照也，故本賦除藉物言理之外，實爲傅氏兼敍其志以自勉也。鏡賦云：

從（初學記作順）陰位于清商（初學記作西裔），採秋金之剛精。醮祝融以製度（初學記作致虔），命歐冶而是營。熾火鑪以陶鑄，飛光采（書鈔作采光）于天庭。晞日月之光烈，儀厥象乎曜靈。清邈明水，景若朝陽。不將不迎，應物無方。不有心于好（類聚作妍）醜，而衆形其必詳。同實錄于良史，隨善惡而是彰。猗猗淑媛，峩峩后妃。眷春榮之零悴（類聚作華），懼玉顏之有衰。盼清揚而（類聚作以）自鏡，競崇姱以相暉（類聚作輝）。珥明璫之迢迢，點雙的以發姿。若乃雲髻亂于首，楨黛渝于色。設有乏于斯器兮，孰厥皃（原訛作兒）之能飾。與暗瞽而同昧兮，近有面而不識。君子知貌之不可以不飾，則內省而自箴。既見前而慮後，則祗畏于幽深。察明明之待瑩，則以此而洗心。覩日觀之有瑕，則稽訓于儒紳。夫然尙何厥容之有慢，而厥思之有淫。（全晉文卷五十一）

本賦爲散體賦，其中如「君子知貌之不可以不飾，則內省而自箴」「夫然尚何厥容之有慢，而厥思之有淫」等，除用韻外，實與散文之句法無殊也。全賦可分五段：起首至「儀厥象乎曜靈」爲首段，押耕部韻。敍採銅以鑄鏡之經過，並形容其光亮。「清邈明水」至「隨善惡而是彰」爲第二段，押陽部韻。先寫其清明，次敍其照衆形如良史之彰明善惡。「不將不迎、應物無方」二句除字面上表達鏡之功能外，蓋用莊子之典以寓人生之哲理（註一二）。「猗猗淑媛」至「點雙的以發姿」爲第三段，押脂部韻。言后妃懼怕容顏衰老，故攬鏡化粧以爭豔也。「若乃雲髻亂于首」至「近有面而不識」爲第四段，押職部韻。强調鏡之功用，苟無鏡則容貌無由整飾也。「君子知貌之不可以不飾」以下爲末段，侵眞合韻。藉物以說理，言君子當以此而自省、洗心，以求人格之高潔，此乃全賦主題之所在也。

孫盛鏡賦僅存賦序，茲不贅述。

(十) 其他

魏晉吟詠日常用品之賦除上列諸篇外，尚有十篇：

魏徐幹　漏卮賦

吳胡綜　黃龍大牙賦

魏毌丘儉　承露盤賦

晉夏侯湛　繳彈賦

傅咸　畫像賦

陸機　漏刻賦

王鑒　竹簞賦

張翰　杖賦

李暠　大酒容賦

殷巨　奇布賦

徐幹之賦已佚。胡綜黃龍大牙賦作於吳黃龍元年（魏明帝太和三年，西元二二九年）。三國志吳志胡綜傳云：「黃武八年（卽黃龍元年）夏，黃龍見舉口，於是權稱尊號，因瑞改元。又作黃龍大牙，常在中軍。諸軍進退，視其所向。命綜作賦曰……」由是可知本賦爲承命而作之賦篇，其內容以歌功頌德爲主。名爲賦篇，其實就形式內容而言，皆似頌體，所存者唯賦體鋪敍之特質耳。玆錄其賦如下：

乾坤肇立，三才是生。狼孤垂象，實惟兵精。聖人觀法，是效是營。始作器械，爰求厥成。黃龍創代，拓定皇基。上順天心，下息民災。高辛誅共，舜征有苗。啟有甘師，湯有鳴條。周之牧野，漢之垓下。靡不由兵，克定厥緒。明明大吳，實天生德。神武是經，惟皇之極。乃自在昔，黃虞是祖。越歷五代，繼世在下。應期受命，發迹南土。將恢大繇，革我區夏。乃律天時，制爲神軍。取象太一，五將三門。疾則如電，遲則如雲。進止有度，約而不煩。四靈既布，黃龍處中。周制日月，實曰太常。桀然特立，六軍所望。仙人在上，鑒觀四方。神寔使之，爲國休祥。軍欲轉向，黃龍先移。金鼓不鳴，寂然變施。闇謨若神，可謂秘奇。在昔周室，赤烏銜書。今也大吳，黃龍吐符，合契河洛，動與道俱。天贊人和，僉曰惟休。（吳志胡綜傳）

毋丘儉承露盤賦作於魏明帝時。魏明帝與東河王詔曰：「昔先帝時，甘露屢降於仁壽殿前。靈芝生芳林園中，自吾建承露盤已來，甘露復降芳林園仁壽殿前。」曹植承露盤銘曰：「乃詔有司，鑄銅建承露盤于芳林園。」（以上引自初學記卷二）本賦有「樹根芳林」「豈徒虛設於芳園」之語，故所賦之承露盤蓋卽魏明帝所建者也。賦云：

偉神盤之殊異，邈岧岧以秀峙（此二句嚴氏依御覽卷七百五十八增）。樹根芳林，濯景天池。嘉木靈草，綠葉素枝。

飛閣鱗接而從連，層臺偃蹇以橫施。龜龍怪獸，嬉遊乎其中。詭類壯觀，雜遝衆多。若乃肇制模鎔，應變入神。窮數極理，究盡物倫。命班爾，召淳均。撰蘭藉，簡良辰。采名金於崐丘，斬扶桑以爲薪。詔燭龍使吐火，運混元以陶甄。毆陰陽而役神物，豈取力於烝民。用能弗營，不日而成。匪雕匪斲，天挺之靈。雄幹碣以高立，干雲霧而上征。蓋取象於蓬萊，實神明之所憑。峻極過於閬風，鳳高翔而弗升。遠而望之，若紫霓下鄰，雙鶤集焉。卽而視之，若璆琳之柱、華蓋在端。上際辰極，下通九原。仙掌仙掌，既平且安。越古今而無匹，信奇異之可觀。又能致休徵以輔性，豈徒虛設於芳園。采和氣之精液，承清露於飛雲。（藝文類聚卷七十三）

本賦可分三段：「偉神盤之殊異」至「雜遝衆多」爲首段，首二句與下文不叶韻，疑有佚文，贊美神盤之高峙。「樹根芳林」六句皆爲對句，押支部韻，述承露盤所在之芳林園，並描寫園中之景物。「龜龍怪獸」四句不用韻，夸飾園中靈怪之多。

「若乃肇制模鎔」至「鳳高翔而弗升」爲第二段，可分三節：首句至「豈取力於烝民」爲第一節，押眞部韻。敍鑄造承露盤之經過：銅材取之於崑丘名山，薪則以扶桑之木爲之，工匠則爲班爾、淳均之倫，並令燭龍吐火，以混元之氣陶甄，日期必擇良辰，如此所造之承露盤當屬天下之極品也。按理此承露盤之建造必耗財費時，而末二句乃云「毆陰陽而役神物，豈取力於烝民」，此殆賦家慣用之寓諷於頌之手法耶？「用能弗營」至「干雲霧而上征」爲第二節，押耕部韻。緊承上節，謂此乃神力，故能卽日而成，不須雕斲卽有高峻之姿。「蓋取象於蓬萊」以下爲第三節，押蒸部韻。敍此盤取法蓬萊仙山，爲神明所憑依，末二句以夸飾法極力形容其高峻。

「遠而望之」以下爲末段，元寒眞三部合韻。前六句用長隔對，描寫承露盤遠望近視之形狀。「上極辰極」四句敍此盤上達北極，下至九原，其中則有仙掌以承甘露，可保平安。「越古今而無匹」以下贊美此盤之奇觀古今無雙，並以其能招致休祥，非徒虛設作結。

夏侯湛繳彈賦僅四句，凡十八字：

張弱弓，照繁繳。望大羣以送丸，審遣放而必獲。（藝文類聚卷六十）

此賦苟無逸文，則爲極短之賦篇也。

傅咸畫像賦之創作動機頗特殊，其序云：

先有畫卞和之象者，雖具其事在素定，見其泣血殘刖之刑，情以悽然。以爲臧文仲知柳下惠之賢而不與立，卞和自刖以有證，相去遠矣！戲畫其像于卞子之傍，特赤其面，以示猶有慚色。辭曰：

由序知作者見卞和之畫像，受其精神之感動，而引發作賦之動機。又聯想及與卞和行止完全相反之臧文仲，一併於賦中述及，且將臧文仲之像畫於卞子之傍，而赤其面，以示其有愧色，此傅子之幽默也。賦文云：

惟年命之遒短，速流光之有經。疾沒世而不稱，貴立身而揚名。既銘勒于鍾鼎，又圖像于丹青。覽光烈之攸畫，覩卞子之容形。泣泉流以雨下，灑血面而濺纓。痛兩趾之雙刖，心惻悽以傷情。雖髮膚之不毀，覺害仁以偷生。向厥趾之不刖，孰夜光之見明。人之不同，爰自在昔。臧知柳而不進，和殘軀以證璧。（全晉文卷五十一）

賦文可分二段：首句至「孰夜光之見明」爲首段，押耕部韻。起首六句敍立身揚名以求不朽。「覽光烈之攸畫」六句敍睹卞子之畫像而感動流涕，「泣泉流以雨下，灑血面而濺纓」二句，以夸飾法形容內心之悲痛，辭夸而情切。「雖髮膚之不毀」四句肯定卞和之犧牲有其價值。「人之不同」以下爲後段，藥錫合韻。以臧文仲之行爲反襯卞和精神之偉大。

陸機漏刻賦描寫漏刻之形狀及其功用，純爲寫物之賦，唯其中麗辭秀句頗多，稍可彌補情趣缺乏之憾。如：

寸管俯而陰陽效其誠，
尺表仰而日月與之期。
玄鳥懸而八風以情應，
玉衡立而天地不能期。

又如：

夫其立體也簡，而效績也誠；
其假物也粗，而致用也精。

皆爲精美之對句也。

王鑒竹覃賦僅存二句，見北堂書鈔卷一百三十三：

楚簟陳於玉房，巴箱列於椒臺。

張翰杖賦寫杖之功用、製作及其文飾。亦爲純粹寫物之賦，玆不贅述。李暠大酒容賦已佚，晉書卷八十七涼武昭王傳云：「感兵難繁興，時俗諠競，乃著大酒容賦以表恬豁之懷。」則此賦乃詠物抒懷之作，惜賦文不見錄也。

殷巨奇布賦所詠之奇布卽「火布」，爲大秦國所獻諸寶之一，爲今之石棉歸之於「日常用品」類中實未妥，然歸之於「珍寶玉器」之寶器類中亦不倫。藝文類聚錄之於「布帛部」中，無已，姑列於此。玆錄其賦以見魏晉賦之無物不賦也：

惟泰康二年，安南將軍廣州牧騰（按當作滕）侯作鎭南方，余時承乏，忝備下僚，俄而大秦國奉獻琛，來經于州，衆寶既麗，火布尤奇，乃作賦曰：

伊荒服之外國，逮大秦以爲名。仰皇風而悅化，超重譯而來庭。貢方物之綺麗，亦受氣於妙靈。美斯布之出類，稟太陽之純精。越常品乎意外，獨詭異而特生。森森豐林，在海之洲。煌煌烈火，禁焉靡休。天性固然，滋殖是由。牙萌炭中，類發燼隅。葉因焰潔，翹與炎敷。焱榮華實，焚灼萼珠。丹輝電近，彤炯星流。飛耀銜霄，光赫天區。惟造化之所陶，理萬端而難察。燎無爍而不燋，在玆林而獨昵。火焚木而弗枯，木吐火而無竭。同五行而並在，與大椿其相率。乃採乃析，是紡是績。每以爲布，不盈數尺。以爲布帊，服之無斁。旣垢旣汙，以焚爲濯。投之朱鑪，載燃載赫。停而冷之，皎潔凝白。（藝文類聚卷八十五）

二　詠珍寶玉器

吟詠寶器之作，漢賦未之見，魏晉則有十六篇之多，此蓋貴遊文學形態改變所致，由純粹詞臣獻賦以供君王觀覽轉爲君臣同遊，互相唱和。於是以座上之珍寶玉器爲同題競采之賦篇乃應運而興也。其篇目如下：

魏王粲　馬瑙勒賦

陳琳　馬瑙勒賦

曹丕　瑪瑙勒賦

晉王沈　馬腦勒賦

魏王粲　車渠椀賦

徐幹　車渠椀賦

應瑒　車渠椀賦

曹丕　車渠椀賦

曹植　車渠椀賦

晉王沈　車渠觶賦

魏曹丕　玉玦賦

晉傅咸　玉賦　汙卮賦

潘尼　琉璃椀賦　瑇瑁椀賦

魏曹植　寶刀賦

右列諸篇，以魏代三篇同詠馬瑙勒及五篇同詠車渠椀之賦為典型君臣唱和之貴遊文學。曹丕瑪瑙勒賦云：

瑪瑙（御覽作腦），玉屬也。出自西域，文理交錯，有似馬腦（類聚作瑙），故其方人因以名之。或以繫頸，或以飾勒。余有斯勒，美而賦之，命陳琳王粲並作。其詞曰：

有奇章之珍物，寄中山之崇岡。稟金德之靈施，含白虎之華章。扇朔方之玄氣，嘉南離之炎陽。歙中區之黃采，曜東夏之純蒼。苞五色之明麗，配皎日之流光。命夫良工，是剖是鐫。追形逐好，從宜索便。乃加砥礪，刻方為圓。沈光內炤，浮景外鮮。繁文縟藻，交采接連。奇章異采（異采二字據御覽補），的爍其間。嘉鏤錫之盛美，感戎馬之首飾。圖茲物之攸宜，信君子之所服。爾乃藉彼朱罽，華勒用成。騈居列峙，煥若羅星。（全三國文卷四）

此賦之創作動機尚能出之以欣賞瑪瑙勒之美而作，唯其命琳、粲並作，則有逞才之意味。琳、粲既奉命而作，其內心對該物之欣賞乃出於被動，本無其心，為文造情，故三賦雖同以辭藻爭勝，以華麗之辭詠贊形容瑪瑙勒之美，然曹丕之賦所流露之賞愛之情實遠勝於王、陳也。丕云「嘉鏤錫之盛美，感戎馬之首飾。圖玆物之攸宜，信君子之所服」，「君子」乃丕之自喻，得意之情，溢於言表。至於王、陳，瑪瑙勒究爲他人之寶，除奉命而賦，聊表恭維之意外，實乏個人之情志也。

王粲車渠椀賦云：「侍君子之宴坐，覽車渠之妙珍。」「援柔翰以作賦」，曹植車渠椀賦云：「俟君子之閑宴，酌甘醴於斯觴。既娛情而可貴，故永御而不忘。」可知魏代五篇車渠椀賦，乃君臣於歡宴之餘，同詠座上珍器以助興之遊戲作品。此類賦篇，以娛悅耳目爲主，其辭采頗有可觀者焉。如：

飛輕縹與浮白，若驚風之飄雲。光清朗以內曜，澤溫潤而外津。（王粲車渠椀賦）

紛玄黃以彤裔，曄豹變而龍華。象蜿虹之輔體，中含曜乎雲波。（應瑒車渠椀賦）

揚丹流縹，碧玉飛黃。華氣承朗，內外齊光。（同上）

或若朝雲浮高山，忽似飛鳥厲蒼天。（曹丕車渠椀賦）

華色燦爛，文若點成。鬱蓊雲蒸，蜿蜒龍征。光如激電，影若浮星。（曹植車渠椀賦）

上舉諸例，皆能發揮巧構形似之技巧，將車渠椀之文采色澤作精巧之摹寫刻畫。且其用以形容譬喻之意象如「驚風之飄雲」「曄豹變而龍華」，象蜿虹之輔體」「朝雲浮高山」「飛鳥厲青天」「雲蒸」「龍征」「激電」「浮星」等，皆能喚起優美之意象及豐盛之想像，而得娛悅耳目之效果。玆錄曹氏兄弟之賦以爲代表：

曹丕車渠椀賦云：

車渠，玉屬也。多纖理縟文，生于西國，其俗寶之。小以繫頸，大以爲器（末二句全三國文據御覽卷八百八補）。

惟二儀之普育，何萬物之殊形。料珍怪之上美，無玆椀之獨靈。苞華文之光麗，發符采而揚榮。理交錯以連屬，似將離而復幷。或若朝雲浮高山，忽似飛鳥厲蒼天。夫其方者如矩，圓者如規。稠希不謬，洪纖有宜。（藝文類聚卷八十四）

曹植車渠椀賦云：

惟斯椀之所生，于涼風之峻湄。采金光以定色，擬朝陽而發煇。豐玄素之暐曄，帶朱榮之葳蕤。縕絲綸以肆采，藻繁布以相追。翩飄颻而浮景，若鷩鵠之雙飛。隱神璞於西野，彌百葉而莫希。于時乃有明篤神后，廣彼仁聲。夷慕義而重使，獻玆寶於斯庭。命公輸使制匠，窮而麗之殊形。華色燦爛，文若點成。鬱蓊雲蒸，蜿蜒龍征。光如激電，影若浮星。何神怪之巨偉，信一覽而九敬。雖離朱之聰目，由炫燿而失精。何明麗之可悅，超羣寶而特章。俟君子之閑宴，酌甘醴於斯觴。既娛情而可貴，故求御而不忘。（藝文類聚卷七十三）

王沈二篇吟詠玉器之賦皆殘，唯由殘文亦可窺知王氏亦善於刻畫。如：

鮫鱗紆鬱，白黑殊形。如水之潔，如玉之貞。（馬腦勒賦。太平御覽卷三百五十八）

溫若騰螭之升天，曜似游鴻之遠臻。（車渠觶賦。太平御覽卷八百八）

曹丕玉玦賦全篇皆用六字句，僅八句，凡四十八字，押支部韻，一韻到底。其賦云：

有昆山之妙璞，產曾城之峻崖。嗽丹水之炎波，蔭瑤樹之玄枝。包黃中之純氣，抱虛靜而無爲。應九德之淑懿，體五材之表儀。（藝文類聚卷六十七）

先敍此玉產於曾城峻崖之中，以示其難得。次述其吸取丹水及瑤樹靈秀之氣。接寫其氣質，贊美其「虛靜無爲」，末以敍述玉德作結。全篇雖爲客觀之寫物，然亦微露道家之思也。

傅咸玉賦乃贊美玉德而作，並藉和氏璧之典故深寓士不遇之悲歎。其賦云：

易稱乾爲玉，玉之美與天合德，其在玉藻，仲尼論之備矣，非復鄙文所可稱述。

萬物資生，玉稟其精。體乹之剛，配天之淸。故能珍嘉在昔，實用罔極。夫豈君子之是比，蓋乃王度之所式。其爲美也若此。當其潛光荆野，抱璞未理。衆視之以爲石，獨見知於卞子。曠千載以遐弃，倏一旦而見齒。爲有國之偉寶，禮神祇於明祀。豈連城之足云，嘉遭遇乎知己。知己之不可遇，譬河清之難俟。既已若此，誰亦泣血而刖趾。（藝文類聚卷八十三）

賦文可分二段：「萬物資生」至「其爲美也若此」爲前段，前四句押耕部韻，贊美玉稟萬物之精，有乾剛之性，能配天之清氣。「故能珍嘉在昔」以下押職部韻，言玉德既嘉美，故爲人所寶，可比君子，爲王度所式法。

「當其潛光荊野」以下爲後段，押之部上聲韻，感物抒懷，爲全賦寓意之所在。以卞和獻璞於楚王之故事，深悲知己之難求。士子之不遇。夫「士不遇」爲中國士子常有之悲歌，亦爲賦中常見之主題，此賦運用卞和之典，尤爲沈痛也。

傅咸汙巵賦爲感物抒懷，藉物說理之賦篇。其賦云：

人有遺余琉璃巵者，小兒竊弄，墮之不絜。意既惜之，又感物之汙辱，乃喪其所以爲寶，況君子行身，而可以有玷乎？

有金商之瑋寶，稟乾剛之淳精。歎春暉之定色，越冬冰之至清。爰甄陶以成器，逞異域之殊形。猥陷身於醜穢，豈厥美之不惜。與觴杓之長辭，曾瓦匜之不若。（藝文類聚卷七十三）

由序知傅咸有感於琉璃巵之汙損，遂作此賦以明君子行身不可不愼也。賦文可分二段：前六句爲前段，押耕部韻，先敍巵材之珍貴，以春暉及冬冰形容其色澤之美，次言以此精純之琉璃製成殊異之寶器。「猥陷身於醜穢」以下爲後段，押藥部韻。痛惜此珍貴之玉器受汙染，非僅不得爲觴酌，且比瓦匜低賤也。暗寓君子之德，不得有所虧損也。

潘尼二篇吟詠寶器之賦皆採客觀之描寫，其結構皆可分爲三部分：

㈠描述器材之所出。

㈡敍其製作之過程。

㈢以譬喻夸飾形容寶器色澤之美。琉璃椀賦則兼敍其功用。

其中琉璃椀賦描述取材之經過頗有遊仙之色彩：

於是遊西極，望大蒙。歷鍾山，闚燭龍。覲王母，訪仙童。取瑠璃之攸華，詔曠世之良工。（藝文類聚卷八十四）

此殆受當時遊仙風氣之影響也。

曹植寶刀賦序云：

建安中，家父魏王乃命有司造寶刀五枚，三年乃就，以龍虎熊馬雀爲識。太子得一，余及余弟饒陽侯各得一焉，其餘二枚家王自杖之。（全三國文卷十四）

序云「家父魏王」又云：「太子得一」。考魏志武帝紀云：「（建安）二十一年……夏五月，天子進公爵爲魏王。」又云：「二十二年冬十月，以五官中郎將丕爲魏太子。」則此賦必作於建安二十二年冬十月之後，曹操卒於建安二十五年春正月，然則此賦蓋作於建安二十二－二十四年之間也。此賦純粹詠贊其父王所賜之寶刀，殆無深意焉。唯起首四句頗堪注意：

有皇漢之明后，思潛（類聚作冥）達而玄通。飛文藻（類聚御覽作義）以博致，揚武備以禦凶。（同上）

植爲此賦之時，曹操已勢淩天子，且立丕爲太子，而子建仍頌揚漢帝潛達玄通，文武兼備，由是可窺知子建對漢室之忠誠，無怪乎其後聞丕之代漢室，發服而悲哭也。

三　詠樂器

吟詠樂器之作，漢賦已有十篇之多：

賈誼 虡賦

枚乘 笙賦

王褒 洞簫賦

劉向 雅琴賦

劉玄 簧賦

傅毅 雅琴賦

馬融 長笛賦 琴賦

侯瑾 箏賦

蔡邕 琴賦

以上諸賦，王褒洞簫賦及馬融長笛賦見錄於昭明文選，其餘或殘或佚，就所見殘賦觀之，其內容結構皆不離王、馬二賦之範疇，二賦實爲探討魏晉詠樂器賦源流之重要作品。洞簫賦近千字，以一物爲對象而鋪衍成如此長篇者，蓋以此賦最早，影響後代之賦篇甚鉅（註一三），自王氏此賦之後，詠物賦日益增多，而洞簫賦之構篇方法亦常爲後世所仿效，即以漢代詠樂器賦而言，如傅毅雅琴賦亦先由琴材梧桐所生之處敍起，次敍製琴之經過，末敍琴之功用，文選琴賦注所引「明仁義以厲己，故永御而密親」則顯然仿自洞簫賦「吹參差而入道德兮，故永御而可貴」也。

東漢馬融長笛賦凡一千五百餘字（賦序不計則爲一千四百餘字），爲繼王氏洞簫賦之後，今存漢代長篇詠物賦之一。二賦實爲兩漢吟詠樂器賦之雙璧。長笛賦之構篇技巧，固有得之於王氏者，然後出轉精，頗有青出於藍之處（如二賦之首段皆由樂器之材料所生之環境敍起，詠物中皆略帶抒情之色彩，唯就氣氛之渲染言，長笛賦實略勝一籌）。

魏晉踵武前賢吟詠樂器之成績，凡得樂器賦二十五篇弗讓兩漢專美於前。其中尤以魏嵇康琴賦及晉潘岳笙賦最爲傑出，足與王、馬二氏相抗衡。其餘諸賦之描寫手法大體相似，玆先依樂器之種類略述其大要，然後詳加剖析嵇潘琴笙二賦，藉以明瞭此類賦篇之演變也。

㈠ 箏

詠箏之賦始於漢侯瑾箏賦，既贊美其音「美哉蕩乎，樂而不淫。雖懷思而不怨，似豳風之遺音」「移風易俗，混同人倫，莫有尙于箏者矣」，然亦不排斥鄭衞之音，且加贊美：「雅曲既闋，鄭衞仍修。新聲順變，妙弄優遊。微風漂裔，冷氣輕浮。感悲音而增歎，愴顦悴而增愁。」頗覺其雜糅不純。

魏晉詠箏賦凡五篇：

魏阮瑀　箏賦

晉傅玄　箏賦

顧愷之　箏賦

賈彬　箏賦

陳窈　箏賦

以上諸賦，皆爲百餘字或不滿百字之短篇。阮瑀箏賦贊美箏爲衆樂之冠，其聲合乎天地，描寫其音之抑揚浮沈，有君子之道及壯士之節，並夸飾其曲調高雅，以伯牙之能琴，延年之善於新聲，皆弗能及也。

傅玄箏賦已殘，其序云：

世以爲蒙恬所造，今觀其器，上崇（初學記作圓）似（初學記作象）天，下平似（初學記作象）地，中空準六合，絃柱擬十二月，設之則四象在，鼓之則五音發，體合法度，節究哀樂，斯乃仁智之器，豈蒙恬亡國之臣所

能關思運巧哉？（全晉文卷四十五）

此序描述箏之體制，並懷疑蒙恬是否能造此仁智之樂器。殘文見初學記卷十六，不外乎描述箏音之大小及高低起伏。

顧愷之箏賦描寫箏之形狀及其爲君子知音所喜好之原因。

賈彬箏賦可分二段：前段敍箏之演奏，其中有長隔對：

其始奏也，蹇澄疏雅，若將暢而未越；
其漸成也，抑案鏗鏘，猶沈鬱之舒徹。

後段描寫其形體之完美，句式較特殊，而虛字不入韻，以其上一字爲韻字：

何以盡美，請徵其喻。剖狀同形，兩象著也。設弦十二，太簇數也。列柱參差，招搖布也。分位允諧，六龍御也。（藝文類聚卷四十四）

陳窈箏賦分見藝文類聚卷四十四及初學記卷十六，全晉文卷一百四十四合輯之，玆錄其賦以爲詠箏賦之代表：

伊夫箏之爲體，惟高亮而殊特。應六律之修（初學記作攸）和，與七始乎消息。括八音之精要，超衆器之表式。后夔創制，子野考成。列柱成律（類聚作陳，初學記作陣），既和且平。度中楷模，不縮不盈。總八風而熙泰，羌貫徹而洞靈。牙氏攘袂而奮手，鍾期傾耳以靜聽。奏清角之要妙，詠騶虞與（類聚作以）鹿鳴。獸連軒而率舞，鳳踉蹌而集庭。汎濫浮沈，逸響發揮。翕然若絕，皎如復迴。爾乃秘豔曲，卓礫殊異，周旋去留，千變萬態。

本賦可分四段：前六句爲首段，職德合韻。敍箏之體制及其超越衆樂器。「后夔創制」至「鳳踉蹌而集庭」爲次段，押耕部韻。敍箏之創制及其音聲之合度，並運用典故夸飾其演奏時之動人，連野獸鳳鳥皆爲之起舞來集也。「汎濫浮沈」四句爲第三段，脂皆合韻，寫音聲之起伏迴旋。「爾乃」以下爲末段，之部去聲與咍部去聲合韻，敍演奏豔曲之富於變化。

(一) 笳

魏晉詠笳之賦凡四篇：

魏杜摯　笳賦

晉傅玄　笳賦

夏侯湛　夜聽笳賦

孫楚　笳賦

笳，胡葭也。就藝文類聚卷四十四所引蔡琰、劉疇及劉越石三則故事（註一五）觀之，笳音乃帶有悲涼及濃鬱之鄉愁色彩。魏晉四篇詠笳之賦除傅玄之作無法窺知其內容外，其餘三篇皆有悲涼氣氛及鄉愁之思。如杜摯笳賦云：

> 於是秋節既至，百物具成。嚴霜告殺，草木殞零。賓鳥鼓翼，蟋蟀悲鳴。羈旅之士，感時用情。乃命狄人，操笳揚清。（藝文類聚卷四十四）

此段描寫秋節草木凋零，一片肅殺之氣，而候鳥鼓翼南飛，蟋蟀感節悲吟，又足以引發旅人之鄉愁，此際吹笳，笳聲遂與肅殺之秋氣、鼓翼之賓鳥、悲鳴之蟋蟀等意象交織成一幅悲涼悽苦之懷鄉組曲矣。次如夏侯湛夜聽笳賦云：

> 越鳥戀乎南枝，胡馬懷夫朔風。惟人情之有思，乃否滯而發中。南閭兮拊掌，北閣兮鳴笳。鳴笳兮協節，分唱兮相和。相和兮哀諧，慘激暢兮清哀。奏烽燧之初驚，展從繇之歎乖。（藝文類聚卷四十四）

起首用「胡馬依北風，越鳥巢南枝」之典，充滿鄉愁之思，以下寫笳聲之悽清哀慘，而所奏又爲烽火之曲，友朋乖離之歎，其情何以堪耶？

孫楚笳賦爲感物抒情之詠物賦，玆錄之以爲詠笳之代表：

頃還北館，遇華髮人於潤水之濱，向春風而吹長篴。音聲嘹喨，有感余情者。（北堂書鈔卷一百一十一）（全晉文「有感余情」下有「爰作斯賦」四字）

銜長葭以汎吹，噭啾啾之哀聲。奏胡馬之悲思，詠北狄之遐征。順谷風以撫節，飄響乎天庭。徐疾從宜，音引代起。叩角動商，鳴羽發徵。若夫廣陵散吟，三節白紵。太山長曲，哀及梁父。似鴻鴈之將鶵，乃羣翔於河渚。（藝文類聚卷四十四）

賦序造境頗佳，「臨川歎逝」爲文學常見之原型，華髮爲歲月流逝之具體表徵，以華髮人立於潤水之濱則加深其傷逝之感。春風本爲生意盎然之意象，然與華髮流水適形成反諷之效果：春風雖好，無奈歲月流逝，紅顏已老！而此華髮向春風而吹長笳，笳音之嘹喨悽苦，恰似華髮老者對春風之悲訴也。此時此景，焉有不動情者耶？賦文可分三段：前六句爲首段，押耕部韻，敍笳聲之哀，響徹天庭。「奏胡馬之悲思，詠北狄之遐征」以「胡馬依北風」之典喚起濃厚之鄉愁。「徐疾從宜」四句爲次段，押之部上聲韻，寫笳音之徐疾及不同之音調。「若夫」以下爲末段，押魚部上聲韻，敍吹奏各種樂曲，而以鴻雁羣翔河渚形容笳音作結。

㈢琵　琶

吟詠琵琶之賦始於魏晉，凡三篇：

魏孫該　琵琶賦

晉成公綏　琵琶賦

傅玄　琵琶賦

琵琶蓋後起之樂器，藝文類聚卷四十四引釋名曰：「琵琶本於胡中，馬上所鼓也。推手前曰琵，引却曰琶，因以爲名。」又引風俗通曰：「琵琶近世樂家所作，不知誰作也。」傅玄琵琶賦序敍其源起云：

世本不載作者，聞之故老云：漢遣烏孫公主嫁昆彌，念其行道思慕，故使工人知音者載琴、箏、筑、箜篌之屬，作馬上之樂。今觀其器，中虛外實，天地之象也；盤圓柄直，陰陽之序也；柱有十二，配律呂也；四絃，法四時也；以方語目之，故云琵琶，取其易傳于外國也。杜摯以爲嬴秦之末，蓋苦長城之役，百姓弦鞉而鼓之。二者各有所據，以意斷之，烏孫近焉。（全晉文卷四十五）

魏晉三篇吟詠琵琶之賦皆有脫佚，就其存文觀之，不外乎描寫其體制，敍述其彈奏之狀及摹寫其音聲耳。孫該琵琶賦云：

惟嘉桐之奇生，于丹澤之北垠。下脩條而迴迴，上糺紛而干雲。開鍾黃以挺幹，表素質於倉春。然後託乎公班，妙意橫施。四分六合，廣袤應規。迴風臨樂，刻飾流離。（藝文類聚卷四十四）

先敍製造琵琶之材料嘉桐所生之地及其優良之本質。次敍琵琶製造之經過，並寫其體制，此蓋沿襲王褒洞簫賦之技巧。成公綏琵琶賦亦有類似之描述：

爾乃託巧班爾，妙意橫施。因形造美，洪殺得宜。柄如翠虬之仰首，盤似靈龜之觜觿。臨樂則齊州之丹木，柱則梁山之象犀。捴以玳瑁，格以瑤枝。（藝文類聚卷四十四）

至於琵琶之彈奏及音聲之摹寫如：

伶人鼓焉，景響豐硍。操暢駱驛，遊乎風揚。（孫該琵琶賦。藝文類聚卷四十四）

上下奔騖，鹿奮猛厲。波騰雨注，飄飛電逝。（同上）

飛龍列舞，趙女駢羅。進如鷩鶴，轉如回波。（成公綏琵琶賦。初學記卷十五）

素手紛其若飄兮，逸響薄於高梁。弱腕忽以競騁兮，象驚電之絕光。飛纖指以促柱兮，創發越以哀傷。時旃弱以扨蹇兮，聲撩糴以激揚。啟飛龍之秘引兮，逞奇妙於清商。哀聲內結，沉氣外澈。舒誕沉浮，徊翔曲折。（傅玄琵琶賦。初學記卷十六）

尙能以巧構之手法摹寫飄忽之音聲也。

(四) 琴

詠琴之作，漢賦已嗚其先聲，計有劉向雅琴賦、傅毅雅琴賦、馬融琴賦及蔡邕琴賦四篇，幾佔漢代詠樂器賦之半數。魏晉詠琴之賦凡四篇：

魏嵇康　琴賦

吳閔鴻　琴賦

晉成公綏　琴賦

傅玄　琴賦

閔鴻、成公綏及傅玄三氏之作皆已殘佚不全，幸嵇氏之作完整見錄於昭明文選，不僅爲詠樂器賦之傑作，亦爲魏晉詠物賦登峯造極之作品，後文將詳加剖析，玆不贅述。

(五) 笙

詠笙之作，蓋始於漢枚乘笙賦，惜已亡佚。魏代不見詠笙之賦，晉人則有三篇：

潘岳　笙賦

夏侯淳　笙賦

王廙　笙賦

潘岳笙賦見錄於昭明文選，與嵇康琴賦同爲吟詠樂器之傑作，後文亦有詳細之剖析，玆不贅述。

夏侯淳笙賦爲百餘字之短賦，其主旨在讚美笙之奇特卓絕，爲樂器之冠。其敍笙樂之移人性情連用排比之句法頗特殊：

若夫纒綿約殺，足使放達者循察；

通豫平曠，足使廉規者弃節；

冲靈冷澹，足使貪榮者退世；

開明爽亮，足使慢惰者進竭。豈衆樂之能倫，邈奇特而殊絕。（藝文類聚卷四十四）

王廙笙賦已殘，由藝文類聚卷四十四及初學記卷十六之引文觀之，除描寫其形體之外，亦述及「易俗移風，興洽至敎」之樂敎功能。又「親昵原作眺據嚴陸校初學記改遠遊，登山送離。發千里之長思，詠別鶴於路歧。」（初學記引）數句文辭頗秀麗。

吟詠箜篌之賦凡三篇，皆爲晉人之作品：

㈥ 箜篌

楊方　箜篌賦

曹毗　箜篌賦

孫瓊　箜篌賦

楊氏之賦已佚，僅存序文：

羽儀采綠承先軾，鼓裳起於造衣，箜篌祖琴，琴考筑箏，作玆器於漢代，猶擬易之玄經。（初學記卷十六）

箜篌，劉熙釋名以爲師延（商紂時樂師）所作，應劭風俗通則以爲漢武帝令樂人侯調依琴而作（註一六）。

觀楊氏之序，乃從後說也。

曹毗箜篌賦云：

> 嶧陽之桐，植（類聚作殖）穎巖（初學記作嵓）摽。清泉潤根，女蘿被條。爾乃楚班制器，窮妙極巧。龍身鳳頸（類聚作形），連翩窈窕（初學記作杳窈）。纓以金采（初學記作彩），絡以翠藻。其絃則烏號之絲，用應所任。體勁質朗，虛置自吟。于是召倡人，命妙姿。御新肴，酌金罍。發愁吟，引吳妃。湖上颺杳以平雅，前（初學記作錢）溪摧藏而懷歸。東郭念于遠人，參潭愁于永違。（全晉文卷一百七）

此爲百餘字之短賦，其內容結構可分三部分：首四句描寫桐樹，「爾乃」以下至「虛置自吟」敍述箜篌製作之過程，兼述其質性，而工匠則爲楚班也。「于是」以下述箜篌之彈奏情況。此蓋吟詠樂器賦最普遍之公式也。孫瓊箜篌賦之結構內容大體類似，唯其摹寫音聲之技巧較曹氏爲佳，如：

> 浮音穆以遐暢，沈響幽而若絕。樂操則寒條反榮，哀曼則晨華朝滅。邈漸離之清角，超子野之白雪。然思超梁甫，願登華岳。路嶮悲秦，道難怨蜀。遺逸悼行邁之離，秋風哀年時之速。陵危柱以頡頏，憑哀弦以躑躅。（藝文類聚卷四十四）

頗能以優美具體之意象以摹寫難狀之音聲及歌曲所傳達之情感。其中「樂操則寒條反榮，哀曼則晨華朝滅」以夸飾法極力形容箜篌感物之力量。「思超梁甫」數句，表面寫登山行路之難，實則「梁甫吟」「行路難」「蜀道難」等樂曲亦包含其中，想像設辭皆極巧妙也。

(七) 其他

魏晉吟詠樂器之賦，除上述諸篇之外，尚有三篇，皆爲晉人之作：

傅玄　節賦

谷儉　角賦

伏滔　長笛賦

傅玄節賦僅四句，敍節於歌舞中之功用，見載於宋書卷十九樂志一：

黃鍾唱哥，九韶興舞，口非節不詠，手非節不拊。

谷儉角賦已殘，見太平御覽卷三百三十八：

夫角以類推之，蓋黃帝會群臣於太山，作清角之音。似兩鳳之雙鳴，若二龍之齊吟。如丹虵之翹首，似雄虵之帶天。

伏滔長笛賦亦殘，其所詠之長笛相傳爲蔡邕所作也。藝文類聚卷四十四卽題作「伏滔蔡邕長笛賦序」。賦序分見後漢書蔡邕傳注，北堂書鈔卷一百一十一，藝文類聚卷四十四及初學記卷十六，嚴可均合輯於全晉文卷一百三十三：

余同僚桓子野有故長笛（類聚下衍賦字），傳之耆老（類聚作艾）云：「蔡邕之所作也」，初邕避難江南，宿于柯亭，柯亭之觀，以竹爲椽。邕仰而眄之曰：「良竹也」，取以爲笛，奇（書鈔作其）聲獨絕。歷代傳之，以至于今。

此序僅述及所賦之長笛相傳爲蔡邕所作，未敍及何以作此賦，故疑此序尚有脫佚。賦殘，初學記卷十六引其逸文二條：

靈禽爲之婉翼，泉鱏爲之躍鱗。遠可以通靈達微，近可以寫情暢神。

達足以協德宣猷，窮足以怡志保身。秉四德而稱雋，故名流而器珍。

(八)　嵇康琴賦

魏晉吟詠樂器之賦由上所述可略見其大要矣。以下詳加剖析嵇康琴賦及潘岳笙賦二篇代表作，藉此更可明瞭自王褒洞簫賦以來，此類賦篇之演進也。玆先述嵇康琴賦：本賦長達一千九百餘字。以一微小器物爲對象而鋪衍成近二千字之長篇鉅製，此賦之前，未之有也。賦首有序，賦末有亂，爲標準序亂俱備之賦體結構。其序曰：

余少好音聲，長而翫之。以爲物有盛衰，而此無變；滋味有猒，而此不勸。可以導養神氣，宣和情志。處窮獨而不悶者，莫近於音聲也。是故復之而不足，則吟詠以肆志，吟詠之不足，則寄言以廣意。然八音之器，歌舞之象，歷世才士，並爲之賦頌，其體制風流，莫不相襲。稱其材幹，則以危苦爲上；賦其聲音，則以悲哀爲主；美其感化，則以垂涕爲貴。麗則麗矣，然未盡其理也。推其所由，似元不解音聲；覽其旨趣，亦未達禮樂之情也。衆器之中，琴德最優，故綴敘所懷，以爲之賦。其辭曰：

由序知嵇康乃鑒於歷世才士不解音聲，其作品無法表達禮樂之情，嵇氏自恃其深諳音聲之理，故以樂器中最優異之琴爲題材而作斯賦，以明音聲之理，抒寫懷抱。就創作動機言，東漢馬融長笛賦已由王褒爲迎合貴族之趣味而作洞簫賦，轉爲作者自發性之作品，欲以前人未賦之題材而與之爭勝。嵇氏此賦之立意更高，以前人吟詠樂器之作雖多，皆未臻於至善，故作此賦以彌補其缺憾，此乃作者高度之文學自覺也。又此序云：「麗則麗矣，然未盡其理也。」此乃於麗美之外，尚追求盡理之「善」也。而其批評諸作之「不解音聲」，則此賦乃追求音聲之「眞」也。今人揭櫫「眞」「善」「美」爲藝術之至境，觀嵇氏此賦序，蓋已兼及之矣。

惟椅梧之所生兮，託峻嶽之崇岡。披重壤以誕載兮，參辰極而高驤。含天地之醇和兮，吸日月之休光。鬱紛紜以獨茂兮，飛英蕤於昊蒼。夕納景于虞淵兮，旦晞幹於九陽。經千載以待價兮，寂神跱而永康。且其山川形勢，則盤紆隱深。磪嵬岑嵓。互（六臣本作玄）嶺巉巖，岞崿（六臣本作峈）嶇崯。丹崖嶮巇，青壁萬尋。若乃重巘增起，偃蹇雲覆。邈隆崇以極壯，崛巍巍而特秀。蒸靈液以播雲，據神淵而吐溜。爾乃顛波奔突，狂赴爭流。觸巖觝隈，鬱怒彪休。洶涌騰薄，奮沫揚濤。瀄汨澎湃，蜿蟺相糾，放肆大川，濟乎中州。安回（六臣本作迴）徐邁，寂爾長浮。澹乎洋洋，縈抱山丘。詳觀其區土之所產毓（原作毓據六臣本改），奧宇之所寶殖。珍怪琅玕，瑤瑾翕赩。叢集累積，奐衍於其側。若乃春蘭被其東，沙棠殖其西。涓子宅其陽，玉醴涌其前。玄雲蔭其上，翔鸞集其巔。清露潤其膚，惠風流其間。竦肅肅以靜謐，密微微其清閑。夫所以經營其左右者，固以自然神麗而足思願愛樂矣。

此爲首段，描寫琴材椅梧生長之環境。王褒洞簫賦起首云：「原夫簫幹之所生兮，于江南之丘墟。」馬融長笛賦起首云：「惟籦籠之奇生兮，于終南之陰崖。」本賦亦以相同筆法起首，內容亦爲描寫樂器材料所生之環境，機杼雖類似，然本賦自有其勝境。段分四節：

首句至「寂神跱而永康」爲第一節，押陽部韻。本節採騷體句式，敍椅梧生於崇山峻嶺，吸取天地純一之氣及日月精華。枝葉茂盛，其花飛於上天。夕則影與日同沒於虞淵之處，朝則曝其身於九天之涯。末二句言椅梧歷經千載，仍待價而沽，雖不見售，猶孤寂執守，樂天以俟命也。

「且其山川形勢」至「縈抱山丘」爲第二節，敍山川形勢，首句至「青壁萬尋」侵談合韻。運用連緜詞形容山勢曲折幽深，高峻危險。「丹崖嶮巇，青壁萬尋」二句不僅描寫崖壁之險峻難行，且有色彩之美。「若乃重巘增起」至「據神淵而吐溜」押幽部去聲韻，繼續描寫山勢。首二句總敍群峯之高且多，然後遠望則高大雄壯，仰視則巍然秀出，俯視則雲氣四布，神淵吐其流水。描寫手法頗似現代鏡頭之轉變技巧。「爾乃」以下幽豪合韻，描寫水勢，先形容水勢怒奔，衝撞山巖之狀，連緜詞、狀聲詞之運用，令人如親睹狂濤之奔騰咆哮。「濟乎中州」之後，水勢變緩，最後寂漻無聲，靜擁山丘。動靜成鮮明之對比，可謂寫景高手。

「詳觀其區土之所產毓」至「奐衍於其側」爲第三節，押職部韻。敍其地盛產琅玕瑤瑾等寶玉。「

玉在山而草木潤」，此節藉敍其地之盛產寶玉以暗示長於此地之椅梧之優秀也。

「若乃春蘭被其東」以下爲第四節，末二句爲散句，其餘押元部韻。此節鋪敍其地之環境，東有春蘭，西有沙棠，南有仙人涓子之宅，前有醴泉，其上則有玄雲翔鸞。此外，清露滋潤，惠風吹拂，靜謐清閑，此等自然神麗之幽境，誠令人羨慕喜樂也。

綜觀此段，寫景地之勝，即所以烘托椅梧之珍貴，而椅梧之珍貴，即琴之珍貴也。層層鋪敍，有條不紊，得漢賦之長而無板滯之弊也。

於是遯世之士，榮期綺季之疇，乃相與登飛梁，越幽壑。援瓊枝，陟峻崿。以遊乎其下。周旋永望，邈若凌飛。邪睨崑崙，俯闞海湄。指蒼梧之迢遞，臨迴（六臣本作逈）江之威夷。悟時俗之多累，仰箕山之餘輝。羨斯嶽之弘敞，心慷慨以忘歸。情舒放而遠覽，接軒轅之遺音。慕老童於騩隅，欽泰容之高吟。顧玆梧（六臣本作桐）而興慮，思假物以託心。乃斵孫枝，准量所任。至人攄思，制爲雅琴。乃使離子督墨，匠石奮斤。夔襄薦法，般（六臣本作班）倕騁神。鎪會裛厠，朗密調均。華繪彫琢（六臣本作瑑），布藻垂文。錯以犀象，籍（六臣本作藉）以翠綠。絃以園客之絲，徽以鍾山之玉。爰有龍鳳之象，古人之形。伯牙揮手，鍾期聽聲。華容灼爚（六臣本作爍），發采揚明，何其麗也。伶倫比律，田連操張。進御君子，新聲憀亮，何其偉也。及其初調，則角羽俱起，宮徵相證。參發並趣，上下累應。踸踔磥硌，美聲將興。固以和昶而足躭矣。爾乃理正聲，奏妙曲。揚白雪，發清角。紛淋浪以流離，奐淫衍而優渥。粲奕奕（六臣本誤作弈弈）而高逝，馳岌岌以相屬。沛騰遌而競趣，翕韡曄（六臣本作暐燁）而繁縟。狀若崇山，又象流波。浩兮湯湯，鬱兮峩峩。怫憒煩寃，紆餘婆娑。陵縱播逸，霍濩紛葩。檢容授節，應變合度。兢名擅業，安軌徐步。洋洋習習，聲烈遐布。含顯媚以送終，飄餘響乎（六臣本作於）泰素。

此爲第二段，敍製琴之始末及其音聲，可分五節：

首句至「制爲雅琴」爲第一節，前七句緊承首段末節敍隱士慕此自然神麗之佳境而來遊。「壑」「崿」押藥部韻。「周旋永望」至「心慷慨以忘歸」押脂部韻，寫隱士眺望四周之景。「邪睨」「俯闞」「指」「臨」摹寫其眺望之神情極爲生動。而山之峻偉，海之遼闊，皆足以洗滌俗慮，遂生追隨許由、長隱山林之志也。「情舒放而遠覽」以下押侵部韻，因景生情，遙慕古人之遺音，目睹此山之梧，思藉物以託志，遂取此梧以制雅琴也。由是觀之，琴音卽隱士之心聲，而隱士之心聲卽嵇康之心聲也。

「乃使離子督墨」至「徽以鍾山之玉」爲第二節，前八句押眞部韻，後四句押屋部韻。敍製琴之過程。爲强調此琴之不凡，以夸飾法臚列離朱、匠石、夔、襄、般、倕等名匠樂師參與製琴之工作。琴音調和均勻，琴身雕滿花紋。此外又鑲嵌象牙、翡翠等名貴寶玉。琴絃用園客之絲，琴徽用鍾山之玉，何其名貴也。

「爰有龍鳳之象」至「何其偉也」爲第三節。「何其麗也」以上押耕部韻。首二句用趙飛燕之典故（註一七），敍此琴之形狀。三四句用伯牙鼓琴之典故，敍彈者乃琴中高手，聽者乃曠世知音。「華容灼爚」二句形容琴之光華似火，彩色鮮明，何等華麗也。「伶倫比律」以下押陽部韻。敍大樂師「伶倫」依律校正琴音，大琴師「田連」彈奏於君子之前，新聲清徹，何其美也。

「及其初調」至「固以和昶而足耽矣」爲第四節，押蒸部韻敍初調琴音之時，各種音調此唱彼和，高下相應，發出壯大之聲。故美妙之音尙未發，已令人衷心和暢而深愛之矣。

「爾乃理正聲」以下爲第五節，先押屋部韻。承上節「美聲將興」，敍正式演奏白雪、清角等妙曲，「紛淋浪以流離」六句極力摹寫琴音，或紛紜如山泉之淋浪流離，或渙散如沼澤之漫衍滋潤，或鮮明如禽鳥之高飛，或奔馳如駿馬之相追，或滂沛騰躍而爭流，或收斂明盛而繁細。「狀若崇山」八句押歌部韻。發揮巧構形似之技巧，前四句以崇山、流波形容琴音，且巧妙暗寓「伯牙鼓琴，志在登高山。鍾子期曰：『善哉！峩峩兮若泰山。』志在流水，鍾子期曰：『洋洋兮若江河。』」（六臣本善注引列子）之典故，以添聯想之情趣。「怫愲煩寃」二句形容琴音有時鬱滯如煩寃愁苦，有時開朗而舒展婆娑。「陵縱播逸」二句形容琴音之四散播越，如水之霍濩而出，如花之紛葩盛開。「檢容授節」以下押魚部去聲韻，前四句以人事譬喻琴音，言琴音有時如斂容持節之官吏，變化有節；有時如功成業就之大員，舒徐不迫。「洋洋習習」二句贊美琴音之廣大和舒，結尾二句敍琴音以明媚之聲結束，而其餘音仍飄盪於空中。

若乃高軒飛觀，廣夏閑房。冬夜肅清，朗月垂光。新衣翠粲，纓徽流芳。於是器泠（原作冷據六臣本改）絃調，心閑手敏。觸𢾛如志，唯意所擬。初涉淥水，中奏清徵。雅昶唐堯，終詠微子。寬明弘潤，優遊（六臣本作游）踳跱。拊絃安歌，新聲代起。詞曰：「凌（六臣本作淩）扶搖兮憩瀛洲，要列子兮爲好仇。餐沆瀣兮帶朝霞，眇翩翩兮薄天遊。齊萬物兮超自得，委性命兮任去留。』激清響以赴會，何絃歌之綢繆。於是曲引向闌，衆音將歇。改韻易調，奇弄乃發。揚和顏，攘皓腕。飛纖指以馳騖，紛𠍲譶以流漫。或徘徊顧慕，擁鬱抑按。盤桓毓養，從容祕翫。闥爾奮逸，風駭雲亂。牢落凌厲，布濩半散。豐融披離，斐韡奐爛。英聲發越，采采粲粲。或間聲錯糅，狀若詭赴。雙美並進，駢馳翼驅。初若將乖，後卒同趣。或曲而不屈，直而不倨。或相凌而不亂，或相離而不殊。時劫掎以慷慨，或怨嬬而躊躇。忽飄颻以輕邁，乍留聯而扶疏。或參譚繁促，複疊攢仄。從橫駱驛，奔遯相逼。拊嗟累讚，間不容息。瓌豔奇偉，殫不可識。

此爲第三段，敍女子之彈琴。可分四節：

自首句至「纓徽流芳」爲第一節，押陽部韻。描寫居於高軒大廈中女子之衣着。其佳處在不著一女字，然處處有閨中女子之衣香鬢影。「冬夜肅清，朗月垂光」呈現清冷柔美之幽境。「新衣翠粲，纓徽流芳」則散溢濃郁之薌澤。

「於是器泠絃調」至「新聲代起」爲第二節，押之部上聲韻，敍彈琴之得心應手，所奏淥水、清徵、雅暢、微子諸曲，音聲寬和明朗，弘大潤澤，從容自得。其後撫絃而歌，新調迭出。

「歌曰」至「何絃歌之綢繆」爲第三節，押幽部韻。表面敍歌辭之內容，實爲嵇康之心聲。歌辭充滿遊仙思想及莊子齊萬物，一死生之思想。

「於是曲引向闌」以下爲第四節，敍樂曲將終，衆音將歇之時，改彈妙曲，引起另一高潮。首句至「采采粲粲」押寒部去聲韻。「揚和顏，攘皓腕」描寫美人和悅之顏色及潔白之手，佳人妙曲，相得益彰。「飛纖指以馳騖，紛儮譶以流漫」摹寫彈琴之狀及琴音之多，「飛」字尤能表現練字之高度技巧。「或徘徊顧慕」至「采采粲粲」敍琴音先抑後揚之狀，大量運用聯緜詞，曲盡難以名狀之音聲，文字駕御之技巧令人嘆服。「風駭雲亂」掌握以具體形容抽象之修辭原則，且「駭」「亂」二字更表現其用字之精練也。「或間聲錯糅」六句押魚部去聲韻，敍琴音離合之美，始則高下相間雜糅，其狀似背道而馳，實則兩種不同之優美聲音同時進行，有如雙馬並馳，比翼雙飛，終於同其歸趨也。「或曲而不屈」二句亦押魚部去聲韻。敍琴音婉轉但不屈從，正直而不倨傲。「或相凌而不亂」六句押魚部韻。敍琴音有時相互凌駕而不亂，有時相互離異而不絕，有時偏激而慷慨，有時怨妬然不忍遠去。忽然飄颻而輕快，忽然留連而四布。「或參譚繁促」以下押職部韻，前四句敍琴音有時極爲繁密急促，駱驛不絕，互相追逐奔馳。結尾四句言聽琴者拊掌讚歎，音聲之美令人無法喘息，而琴音之美妙奇特，實記不勝記也。

綜觀此段敍女子彈琴，實已出神入化，而其摹寫琴音之各種變化，「巧構形似」尚不足以稱其妙也。

若乃閑舒都雅，洪纖有宜。清和條昶，案衍陸離。穆溫柔以怡懌，婉順敍而委蛇。或乘險投會，邀隟趨危。譻（六臣本作嚶）若離鵾鳴清池，翼若游鴻翔曾崖。紛文斐尾，慊縿離纚。微風餘音，靡靡猗猗。或摟擽捋，縹繚潎冽。輕行浮彈，明嫿睽慧。疾而不速，留而不滯。翩緜飄邈，微音迅逝。遠而聽之，若鸞鳳和鳴戲雲中。迫而察之，若衆葩敷榮曜春風。既豐贍以多姿，又喜始而令終。嗟姣妙以弘麗，何變態之無窮。

此爲第四段，可分三節：

首句至「靡靡猗猗」爲第一節，押支部韻。上段末節連用七「或」字，形容琴音各種變化，而偏重快節奏，令人「間不容息」，此節節奏放慢，蓋有鬆弛神經之妙用也。先敍舒緩雅麗之琴音，大小皆得其宜，清和條暢，參差有致。和穆溫柔，令人怡悅。優美婉轉而有序，委曲而自得。琴音有時乘空而高翔，其聲如離鵾悲鳴清池，又如游鴻飛翔於層崖之上。「譻若離鵾鳴清池，翼若游鴻翔曾崖」對偶工整、意象淒美。「紛文斐尾，慊縿離纚」寫鵾鴻羽毛文采之美，兼喻琴音之美。「微風餘音，靡靡猗猗」敍餘音裊裊，順風播揚，蓋鳥聲與琴音雙寫也。

「或摟擽捋」至「微音迅逝」爲第二節，祭月合韻。敍以四種不同之指法彈出糾纏相激之音聲，疾徐中節，微音迅即消逝。其中「明嫿睽慧」贊美彈琴女子明靜聰察，與優美之琴音相得益彰也。

「遠而望之」以下爲第三節，押多部韻。前四句之句法脫胎於曹植洛神賦「遠而聽之，皎若太陽升朝霞；迫而察之，灼若芙蕖出淥波。」將琴音遠近不同之感覺藉優美之意象形容曲盡。文辭秀美，意境亦佳。末四句以贊美琴音之多采多姿，始終如一作結。

若夫三春之初，麗服以時。乃攜友生，以遨以嬉。涉蘭圃，登重基。背長林，翳華芝。臨清流，賦新詩。嘉魚龍之逸豫，樂百卉之榮滋。理重華之遺操，慨遠慕而長思。

此爲第五段，押之部韻。敍初春之時，著合時之麗服，與友朋遊山玩水一賦詩彈琴之趣。此段單獨摘出，卽爲精美之小品，有散文之流利，亦富詩歌之情韻，充分發揮賦體之特性，兼有二者之長而無其弊也。

若乃華堂曲宴，密友近賓。蘭肴兼御，旨酒清醇。進南荊，發西秦。紹陵陽，度巴人。變用雜而並起，竦衆聽而駭神。料殊功而比操，豈笙籥之能倫。若次其曲引所宜，則廣陵止息，東武太山。飛龍鹿鳴，鵾雞遊（六臣本作游）絃。更唱迭奏，聲若自然。流楚窈窕，懲躁雪煩。下逮謠俗，蔡氏五曲。王昭楚妃，千里別鶴。猶有一切承閒簉乏，亦有可觀者焉。然非夫曠遠者，不能與之嬉遊；非夫淵靜者，不能與之閑止；非夫放達者，不能與之無𠫩（六臣本作吝）；非夫（六臣本無夫字）至精者，不能與之析理也。

此爲第六段，可分三節：

首句至「豈笙籥之能倫」爲第一節，押眞部韻。敍華堂置酒聽曲之宴會，演奏南荊、西秦、陵陽、巴人等樂曲，正變相雜，聽者驚奇。而諸樂器以琴之功能最優，非笙籥等可與匹敵比倫也。

「若次其曲引所宜」至「亦有可觀者焉」爲第二節，「廣陵止息」八句押元部韻，「下逮謠俗」四句屋藥合韻。敍琴所宜奏之曲，上自廣陵、止息等，下至蔡氏五曲等俗謠及承乏所奏之雜曲，皆有足觀者焉。

「然非夫曠遠者」以下爲第三節，不用韻，然連用排比說明琴曲雖多，苟非曠遠、淵靜、放達之士，實無法與之周旋，居處而悟琴曲之妙也。苟非至精之人，亦無法究明琴音之理也。此蓋補充說明賦序所言樂器賦作者雖多，然皆「未盡其理」之故也。又「曠遠」「淵靜」「放達」「至精」之士，蓋嵇康心目中之理想人物，亦爲當時名士之典型，嵇康此數語，殆有自喻之成分也。

若論其體勢，詳其風聲。器和故響逸，張急故聲清。閒遼故音庳，絃長故徽鳴。性絜靜以端理，含至德之和平。誠可以感盪心志，而發洩幽情矣。是故懷戚者聞之，莫不憯懍慘悽，愀愴傷心。含哀懊咿，不能自禁。其康樂者聞之，則欨愉懽釋，抃舞踊溢。留連瀾漫，嗢噱終日。若和平者聽之，則怡養悅悆，淑穆玄眞。恬虛樂古，棄事遺身。是以伯夷以之廉，顏回以之仁。比干以之忠，尾生以之信。惠施以之辯給，萬石以之訥愼。其餘觸類而長，所致非一。同歸殊途，或文或質。揔六臣本作總中和以統物，咸日用而不失。其感人動物，蓋亦弘矣。

此爲第七段。詳論琴之體勢風聲及其感人動物之深。賦序批評歷世才士對於八音之器、歌舞之象之賦頌，皆「未盡其理」「不解音聲」「未達禮樂之情」，觀嵇氏此段所論，確有其卓越特殊之見解也。

可分三節：

首句至「而發洩幽情矣」爲第一節，押耕部韻。敍琴身各部調和，故聲調高越。琴絃張緊，故聲音響亮。絃間距離遠，故發聲短促。琴絃長，故有泛聲。由於琴有絜靜端理之性，和平之至德，故能感動人心，導引人情。

「是故懷戚者聞之」至「棄事遺身」爲第二節，先押侵部韻，次押質部韻，末押眞部韻。列舉不同秉性者，聞琴聲而有不同之反應。

「是以伯夷以之廉」以下爲第三節，前六句承上節押眞部韻，以下押質部韻。列舉伯夷、顏回、比干、尾生、惠施、萬石等，皆賴琴聲之感化而完成其廉、仁、忠、信、辯給、訥愼之德行。其餘因其本有之善而引伸之者蓋多矣。本性雖有文質之異，其歸於善則一也。結尾四句總論琴合於大道以理萬物，可終日用之也。其感人動物之用可謂大矣。

綜觀此段之論樂，頗異於一般之見解。嵇氏主張音聲本身並無哀樂之情，其說見其聲無哀樂論，觀本賦所述，先有康樂之心，聞琴聲而歡愉；先有懷戚之心，聞琴聲而悲愴。哀樂在乎人心之固有，並非聲有哀樂也。又如有伯夷之秉性，賴琴音而成其廉；有顏回之秉性，賴琴音而成仁等。琴音本身無所謂廉仁之德，廉仁蓋伯夷、顏回本性所固有，琴音之作用蓋藉優美之音聲感化之，促其「觸類而長」也。

于時也，金石寢聲，匏竹屏氣。王豹輟謳，狄牙喪味。天吳踊躍於重淵，王喬披雲而下墜。舞鸑鷟於庭階，游女飄焉而來萃。感天地以致和，況蚑行之衆類。嘉斯器之懿茂，詠茲文以自慰。永服御而不厭，信古今之所貴。

此爲賦文之末段，押脂部去聲韻。贊美琴爲樂器之最珍貴者。善用賦家之夸飾法，言彈琴之時，金石匏竹諸樂器皆屏棄不用，而善謳之王豹不敢出聲，善於辨五味之狄牙喪失其辨味之能力，天吳、王喬等神仙亦因聞琴音而從深淵躍出、雲中墜落！此外神鳥聞琴而舞於庭階，漢濱之女神亦飄然來集，其感天地如是之深，況蟲獸之類耶？末四句贊美琴器之可貴，兼敍其作賦之動機。「詠茲文以自慰」蓋有二層含意：表層爲「嘉斯器之懿茂」故吟詠贊美之，深層乃嵇康藉詠琴以抒其情志也。

亂曰：愔愔琴德，不可測兮。體清心遠，邈難極兮。良質美手（六臣本訛作乎），遇今世兮。紛綸翕響，冠衆藝兮。識音者希，孰能珍兮。能盡雅琴，唯至人兮。

此爲亂辭，以騷體總理全篇之主旨。前四句押職部韻，次四句押祭部韻，末四句押眞部韻。詠歎和悅之琴德，無法探其深廣。其體則清明，其心則曠遠，其高邈實難企及也。優良之質性，得遇今世之美手，何其幸也。琴具備各種音質，爲羣樂之首，惜知音則少，不知珍惜，唯有至人能深究雅琴之理也。此段亂辭，蓋有自喻之成分也。琴德即嵇康之德，琴性即嵇康之性，「良質美手，遇今世兮」爲此琴幸，實爲己悲。而「識音者希」非嵇氏感歎當世知音之少耶？「能盡雅琴，唯至人兮」，「至人」殆嵇氏之自許耶？

綜觀嵇康此賦，蓋賦體之極致矣。就題材內容而言：賦可分詠物、說理及抒情三大類，此賦以詠物爲題材，而於詠物之中，寓有深奧之樂理，且能卽物以抒情寫志，故此賦乃以詠物爲主而兼含說理及抒情也。就句法組織之形式言：賦有騷體及散體二大類，魏晉以降，逐漸講究對偶之工整，於是又有駢體之出現，此賦三者兼而有之，且雜有楚歌，形式頗爲繁富也。就結構言，前有序，後有亂，爲最完整之賦體結構。又賦介於詩與散文之間，此賦巧妙運用此特點，如第五段之敍春遊山水，賦詩彈琴之趣，兼有散文之流暢及詩之情韻也。此外全賦優美之辭句目不暇給，誠爲六朝之美文也。

(九) 潘岳笙賦

就詠樂器之賦而言，嵇康琴賦於魏晉諸賦中堪稱獨步矣，潘岳笙賦則其亞也，其辭曰：

河汾之寶，有曲沃之懸匏焉。鄒魯之珍，有汶陽之孤篠焉。若乃緜蔓紛敷之麗，浸（六臣本無此字）潤靈液之滋。隅隈夷險之勢，禽鳥翔集之嬉。固衆作者之所詳，余可得而略之也。

此爲首段，述製笙之匏及篠所出之地。自王褒洞簫賦已降，如馬融長笛賦、嵇康琴賦等，於起首皆詳述山川之勢及禽獸之嬉遊，潘氏不欲尾隨已爲前賢慣用之俗套而略之，頗合陸機文賦「謝朝華於已披」之主張也。

本段前四句爲隔句對，而「匏」「篠」一爲豪部平聲韻，一爲宵部上聲韻，其下皆用語詞「焉」字，聲音尚可相叶。「若乃」以下連用四排句，而「滋」「嬉」與末句「之」字同押之部韻。

徒觀其制器也，則審洪纖，面短長。剫生簳，裁熟簧。設宮分羽，經徵列商。泄之反謐，厭焉乃揚。管攢羅而表列，音要妙而含清。各守一以司應，統大魁以爲笙。基黃鍾以舉韻，望鳳儀（六臣本作儀鳳）以擢形。寫皇翼以揷羽，摹鸞音以厲聲。如鳥斯企，翾翾歧歧。明珠在咮，若銜若垂。脩檛內辟，餘簫外逶。駢田獦（六臣本作獵）攞，鉀鰊參差。

此爲次段，描述笙之制作及其形體。對句甚多，幾爲全段之主體。首句至「厭焉乃揚」押陽部韻，敘依笙之大小長短，割竹裁簧，依五音以製笙。其器則舉其指而聲反至靜，擫其孔而聲乃發揚。「管攢羅而表列」至「摹鸞音以厲聲」押耕部韻。述笙之形體及其音聲皆仿自鳳凰也。「如鳥斯企」以下押支部韻，摹寫笙器特殊之形體。尚能以動態之美以救靜物描寫之枯燥。

乃有始泰終約，前榮後悴。激憤於今賤，永懷乎故貴。衆滿堂而飲酒，獨向隅以（六臣本作而）掩淚。援鳴笙而將吹，先嗢噦以理氣。初雍容以安暇，中佛鬱以怫悁。終嵬峩以蹇愕（六臣本作諤），又颰遝而繁沸。罔浪孟以惆悵，若欲絕而復肆。懰檄（六臣本作懰）羅以奔邀，似將放而中匱。愀愴惻減，虺韡（六臣本作蘁）煜熠。汎淫氾豔，霅曄（六臣本作爗）岌岌。或桉衍夷靡，或竦踴（六臣本作勇）剽急。或既往不反（六臣本作返），或已出復入。徘徊布濩，渙衍葺襲。舞既蹈而中輟，節將撫而弗（六臣本作不）及。樂聲發而盡室歡，悲音奏而列坐泣。搖纖翮以震幽簧，越上筩而通下管。應吹噏以往來，隨抑揚以虛滿。勃慷慨以憀亮，顧躊躇以舒緩。輟張女之哀彈，流廣陵之名散。詠園桃之夭夭，歌棗下之纂纂。歌曰：「棗下纂纂，朱實離離。宛其落矣，化爲枯枝。人生不能行樂，死何以虛謚爲？」爾乃引飛龍，鳴鵾雞。雙鴻翔，白鶴飛。子喬輕舉，明君懷歸。荊王喟其長吟，楚妃歎（六臣本歎訛作歡）而增悲。夫其悽戾（六臣本作唳），嚶嚶關關。若離鴻之鳴子也。含啁嘽諧，雍雍喈喈。若羣鶵之從母也。郁捋劫悟，泓宏融裔。哇咬嘲嗜，一何察惠。訣厲悄切，又何磬折。

此爲第三段，摹寫哀笙之音。可分四節：

首句至「似將放而中匱」爲第一節，押脂部去聲韻。敘曾享榮華富貴之貧賤者，撫今思昔，不勝悲憤，援笙而吹。其音初尚雍容安暇，繼之則繁而不安，末則聲高直而疾湧，充滿憂傷惆悵之情。其音將斷而復縱，待其疾奔將放之際，却突然中斷矣。

「愀愴惻減」至「悲音奏而列坐泣」爲第二節，押緝部韻。繼寫笙音之悲傷及其繁富、放縱、急疾、平靡、猛急以及乍出乍入諸變化，遺詞略有漢賦瑋字之遺迹。「徘徊布濩」四句敍笙聲緩慢則舞者中止，聲急則歌者撫節而恐不及。末二句敍笙之感人，其哀樂足以左右人之情緒也。

「摛纖翮以震幽簧」至「死何以虛謚爲」爲第三節，先押寒部上聲韻，描述吹笙之狀及所詠歌之曲名。次押支部韻，藉歌辭以抒寫其情志。此與嵇康琴賦藉楚歌以抒情寫志之手法相類。唯嵇氏所歌者乃神仙之思及莊子齊萬物，一死生之情懷，潘氏所歌者乃現世之享樂主義，爲典型列子楊朱篇之思想也。

「爾乃引飛龍」至「又何磬折」爲第四節，前八句脂支合韻，敍所吹奏之曲名，將本爲靜態之曲名化爲富有生意之動態描述，誠一絕也。而子喬、昭君、霸王及虞姬之典故亦易令讀者產生無窮之遐思也。

「夫其」以下六句爲對偶精工之長偶對：

夫其悽戾辛酸，嚶嚶關關，若離鴻之鳴子也；
含啁嘽諧，雍雍喈喈，若羣鶵之從母也。

其中「嚶嚶關關」對「雍雍喈喈」且爲疊字對也。此以「離鴻鳴子」「羣鶵從母」之優美意象形容笙音之辛酸及和樂，頗富巧思也。押韻亦特殊，上聯「酸」「關」相叶，押寒部韻。下聯「諧」「喈」相叶，押皆部韻。「郁捋劫悟」以下祭月合韻（「裔」「惠」爲祭部韻，「切」「折」爲月部韻），描述笙之弘大、深長、繁細及高而曲折諸音聲。

綜觀此段，除歌辭外，亦以對句爲全段之主體。

若夫時陽初暖，臨川送離。酒酣徒擾，樂闋日移。疎客始闌，主人微疲。弛紘韜籥，徹塡屏篪。
爾乃促中筵，攜友生。解嚴顏，擢幽情。披黃包以授甘，傾縹瓷以酌醽。光歧（六臣本作妓）儼其偕（六臣本作階）列，雙鳳嘈以和鳴。晉野悚而投琴，況齊瑟與秦箏。

此爲第四段，對句雖不如上述諸段之多，然全段十八句，對句有十二句，比例亦高。段分二節：首句至「徹塤屛箎」爲第一節，押支部韻。敍初春送別，日夕之時，酒酣樂終，客人已希，主人微覺疲憊，乃罷絃籥塤箎諸樂器也。「爾乃」以下爲第二節，押耕部韻。敍正式宴會已畢，乃與友朋促膝而坐，解除嚴肅之容顏，盡情歡愉。剖甘橘、飲美酒，華飾之笙管吹奏雙鳳之曲，此時師曠尙且悚懼而棄其琴，何況齊瑟與秦箏豈能與之爭勝耶？

　新聲變曲，奇韻橫逸。縈纏歌鼓，網羅鍾律。爛熠爚以放豔，鬱蓬勃以氣出。秋風詠於燕路，天光重乎朝日。大不踰宮，細不過羽。唱發章夏，導揚韶武。協和陳宋，混一齊楚。邇不逼而遠無攜，聲成文而節有敍。

此爲第五段，除首尾四句外，餘皆以對句組成（其實首句「新聲變曲」及末二句「邇不逼而遠無攜」「聲成文而節有敍」皆可視爲句中對，如是則僅有第二句非對句也）段分二節：首句至「天光重乎朝日」爲第一節，押質部韻。敍笙之新聲變曲，無拘無束，其妙音能包含歌鼓鍾律之聲，光明豔放，蓬勃而出，末二句敍其吹奏燕歌行、天光、朝日三曲，曲名經潘氏巧妙之組合，遂成優美之意象。「大不踰宮」以下爲第二節，押魚部上聲韻。敍笙音之中規中矩，可奏堯、舜、禹、周武等聖王之樂，並可含和混同陳、宋、齊、楚等不同之風俗。其音近則不覺其逼迫，遠則不致於攜離，頗有距離之美感，其音聲成其文章而節度各有倫序也。

　彼政有失得，而化以醇薄。樂所以移風於善，亦所以易俗於惡。故絲竹之器未改，而桑濮之流已作。唯簧也能研羣聲之清，唯笙也能揔（六臣本作總）衆清之林。衞無所措其邪，鄭無所容其淫。非天下之和樂，不易之德音。其孰能與於此乎？

此爲末段，總結笙器之優越，頌美笙之至德。可分二節：前六句爲第一節，押藥部韻。論政治得失與音樂之關係，風俗之善惡常繫於音樂之良否，而絲竹等樂器，可爲雅正之樂，亦可流爲桑間濮上之淫樂也。「唯簧也」以下爲第二節，押侵部韻，詠贊笙爲天下至和之樂器，有不變之德音，其清純之聲令鄭衞邪淫之音無所容置也，此與上節絲竹之器之不能免乎桑間濮上，更足以映襯笙之可貴也。此段蓋以駢句組成，唯其行文頗能善用虛字以疏宕之，故能兼有對仗之美及流利曉暢也。

吟詠樂器之賦，至嵇康琴賦蓋已臻於高峯，後之作者欲有所超越良難也。潘岳似有自知之明，故於前賢所詳之「繇蔓紛敷之麗，浸潤靈液之滋，隅隈夷險之勢，禽鳥翔集之嬉。」略而不述也。雖然，其內容結構與王褒洞簫、馬融長笛及嵇康琴諸賦並無殊異之處，陸機文賦所謂「謝朝華於已披，啟夕秀於未振」，謝之固不易，啟之尤難能也。唯就辭采而言，本賦頗有足稱者焉。其化呆板之曲名爲生動之意象，實爲絕妙之生花妙筆，而全賦對句之多，王、馬、嵇氏諸作，皆無法望其項背。劉勰文心雕龍麗辭篇所謂「魏晉羣才，析句彌密，聯字合趣，剖毫析釐。」此賦誠足以當之也。

【附　註】

註　一：詩序云：「彤弓，天子錫有功諸侯也。」

註　二：張紘卒於建安十六年，見第二章註一三。

註　三：漢賦大家如司馬相如，於鋪陳名物之後，雖能運用「分中有合，死中有活」之法加以點化（參見簡師宗梧司馬相如揚雄及其賦之研究頁三四二），然其鋪陳之法總以鋪排名物爲主也。

註　四：黃慶萱先生修辭學頁二三一：「『譬喻』辭格，是由『喻體』『喻依』『喻詞』三者配合而成的。所謂『喻體』，是所要說明的事物主體；所謂『喻依』，是用來比方說明此一主體的另一事物；所謂『喻詞』，是聯接喻體和喻依的語詞。」

註五：北堂書枕卷一百三十四「枕二十六」，「聊以偃仰」一條之注卽作「張望枕銘」，孔廣陶校註云：「今案陳本無爾乃二句，計本鈔共三引此，下『素枕』一條注作『枕賦』，觀爾乃二字爲賦無疑，陳本以其不類銘也，刪之，不檢之甚。」

註六：詩經小雅有「鴻鴈」之詩，「著詩人之雅章」蓋指此詩。又大雅卷阿云：「鳳皇鳴矣……雝雝喈喈」蓋卽「邁雍喈之天聰」之所本。周易漸卦：「上九，鴻漸于陸，其羽可用爲儀，吉。」此乃「表高義于太易」及「曜羽儀於外揚」之所本。

註七：此四句見太平御覽卷五十六，題作「傅咸扇賦」，嚴可均全晉文以爲賦序，且末句「干戈脩」之「脩」字作「滌」。按「脩」與「舟」同屬廣韻尤韻，押幽部韻，當作「脩」。不知此四句爲賦文起首之逸句，抑或如嚴氏所云爲賦序？若爲賦序，則屬賦序用韻之例。

註八：吳爲晉所滅，其文風又弗如魏廷，故吳士見輕於中原之士。嵇含羽扇賦稱吳楚爲南鄙，潘岳扇賦云：「至若羽扇……始顯用于荒蠻」皆有輕視其地之心。又世說新語方正篇載盧志於衆坐中問陸機「陸遜、陸抗是君何物？」輕視吳士之心甚爲明顯也。

註九：楊倞注：「末世皆不修婦功，故託辭於箴，明其爲萬物微，而用至重，以譏當世也。」

註一〇：「且其行無轍跡」至「忽若馳奔」一段，全晉文置於「雖涉險而必正」之下，「周游曲折」之上，唯就文意及用韻觀之，當置於「受辱含榮」之下。

註一一：小雅湛露：「湛湛露斯，匪陽不晞。厭厭夜飲，不醉無歸。」朱傳：「夜飲，私燕也。燕禮宵則兩階及庭門皆設大燭焉。」

註一二：莊子應帝王：「至人之用心若鏡，不將不迎，應而不藏，故能勝物而不傷。」

註一三：華正書局校訂本中國文學發展史云：

洞簫賦也是以楚辭的調子寫成的，但這篇文字却對於後代的文風文體發生着不小的影響。第一，他在修辭造句方面用了極大的工夫，決不是司馬相如那種堆積誇張的方法，是密巧細微，別具風格。篇中充滿着駢偶的句子，開魏晉六朝駢儷文學之端。自他以後，馮衍的顯志，崔駰的達旨裏，這種駢偶的文字，一天天地多起來了。第二，他又是詠物賦的完成者。荀卿的蠶、雲二賦，雖爲詠物，但內多隱語，辭亦簡陋，只有詠物賦的雛形。賈誼的鵩鳥，似詠物而實說理。再如枚乘賦柳，路喬如賦鶴，鄒陽賦酒，公孫勝賦月，古人多疑爲僞作，我們不能視爲史料。眞把一件小小的物作，用長篇的文字來鋪寫它的聲音容貌本質功用等等而成爲一種新體裁的，不得不推王褒的洞簫。自他以後，詠物賦漸漸地多起來了。揚雄、班固、張衡、王逸、蔡邕的集子裏，都有這一類的作品，到了魏晉六朝，詠物賦更是觸目皆是，不勝枚舉。以至於後代的詠物詩，莫不由此開其端緒。（頁一四八）

李曰剛先生中國文學流變史——辭賦篇云：

洞簫賦爲集漢代詠物賦之大成者，前寫「簫幹之所生」，鋪陳竹林中之景物；後寫簫聲之動人，用力描繪，多所夸張，此爲描寫音樂賦最早之作。篇幅較諸前人之柳、鶴、酒、月諸小賦皆長。此後詠物賦漸多，揚雄、張衡、班固、王逸、蔡邕等集中均有之，魏、晉、六朝更觸目皆是，其風當由褒啟之。又洞簫賦中駢偶句甚多；且修辭巧密，描寫精細，讀之辯麗可喜，足以「虞說（娛悅）耳目」（宣帝語，見漢書王褒傳），已開魏、晉、六朝駢儷文纖弱淫靡之端。斯二者詒於後世文壇之影響，實不在小。（頁一一七）

按：由上所述，可知洞簫賦影響之深遠。唯王褒之前，已有賈誼作虡賦，枚乘作笙賦，謂爲「描寫音樂賦最早之作」則有待商榷也。

註一四：春秋昭公一年左傳云：「先王之樂，所以節百事也，故有五節。遲速本末以相及，中聲五降。五降之後，不容彈矣。於是有煩手淫聲，慆堙心耳，乃忘平和，君子弗聽也。」本節殆據此加以發揮。

註一五：蔡琰別傳曰：「琰字文姬，先適河東衞仲道，夫亡無子，歸寧于家。漢末大亂，爲胡騎所獲，在左賢王部伍中。春月登胡殿，感笳之音，作詩言志曰：胡笳動兮邊馬鳴，孤鴈歸兮聲嚶嚶。」曹嘉之晉書曰：「劉疇曾避亂塢壁，賈胡百數，欲害之。疇無懼色，援笳而吹之，爲出塞之聲，動其遊客之思。於是羣胡皆倚泣而去。」世說曰：「劉越石爲胡騎所圍數重，城中窘迫無計。劉始夕乘月，登樓清嘯，胡賊聞之，皆悽然長歎。中夜次奏胡笳，賊皆流涕，人有懷土之切。向曉又吹，賊并起圍奔走。」（以上皆引自藝文類聚卷四十四）

註一六：釋名卷七釋樂器云：「箜篌，師延所作靡靡之樂也。後出於桑間、濮上之地，蓋空國之侯所存也。」風俗通義聲音「空侯」云：「漢書云：『孝武皇帝賽南越，禱祠太一后土，始用樂人侯調，依琴作坎坎之樂，言其坎坎應節奏也。侯以姓冠章耳。』或說：空侯取其空中。琴瑟皆空，何獨坎侯耶？斯論是也。詩云『坎坎鼓我。』是其文也。」

註一七：文選善注引西京雜記云：「趙后有寶琴曰鳳凰，皆以金玉隱起爲龍螭鸞鳳，古賢列女之象。」

第八章　魏晉建築類賦篇之分析

宮殿臺闕，本爲漢賦主要題材之一，賦家藉其宏偉堂皇之建築，以鋪張誇耀漢帝國之輝煌成就，滿足漢天子之好大心理。司馬相如上林賦對於離宮別館之描寫，正足以表現天子不凡之氣勢。京都之賦，宮殿臺闕尤爲不可或缺之材料，班固之兩都、張衡之二京，對於宮室之壯麗，皆有眩人目精、動人心魄之摹寫。至於專以宮殿臺闕等建築爲全賦之主體者，漢代凡得八篇：

王褒　甘泉宮頌（或作甘泉賦）

劉歆　甘泉宮賦

李尤　德陽殿賦　東觀賦　平樂觀賦

王延壽　魯靈光殿賦

馬融　梁大將軍西第賦

邊讓　章華賦（全後漢文作「章華臺賦」）

王延壽魯靈光殿賦見錄於文選，堪爲上述諸作之代表。後漢書王逸傳云：「王延壽字文考，有儁才。少遊魯國，作靈光殿賦。後蔡邕亦造此賦，未成，及見延壽所爲，甚奇之，遂輟翰而已。」以蔡邕之才而爲之輟翰，其造詣之高可知矣。劉勰評之云：「延壽靈光，含飛動之勢。」（文心雕龍詮賦篇）許爲辭賦之英傑。抱朴子鈞世篇盛讚此賦云：「奚斯路寢之頌，何如王生之賦靈光乎？」陸棻云：「此賦描模刻畫，筆如犀燃，而雄厲之氣運乎其腕，猶班馬之餘勇也。」（陳去病辭賦學綱要第十一章引）此賦長達一千三百七十餘字，序亂俱備，爲結構極爲完整之賦篇。文長，玆錄其部分以窺一斑，以見諸家所評誠非虛譽也。

瞻彼靈光之爲狀也，則嵯峨嶵嵬，峞巍𡾰㠑，吁可畏乎其駭人也；迢嶢倜儻，豐麗博敞，洞轇轕乎其無垠也。邈希世而特出，羌瓌譎而鴻紛。屹山峙以紆鬱，隆崛岉乎青雲。鬱坱圠以增𡾊，崱繒綾而龍鱗。汨磑磑以璀璨，赫燡燡而燭坤。狀若積石之鏘鏘，又似乎帝室之威神。崇墉岡連以嶺屬，朱闕巖巖而雙立。高門擬于閶闔，方二軌而並入。於是乎乃歷夫太階以造其堂，俯仰顧眄，東西周章。彤彩之飾，徒何爲乎？澔澔涆涆，流離爛漫。皓壁暠曜以月照，丹柱歙赩而電烻。霞駮雲蔚，若陰若陽。瀖濩燐亂，煒煒煌煌。隱陰夏以中處，霐寥窲以崢嶸。鴻爌炾以爣閬，飋蕭條而清冷。動滴瀝以成響，殷雷應其若驚。耳嘈嘈以失聽，目矎矎而喪精。駢密石與琅玕，齊玉璫與璧英。遂排金扉而北入，霄藹藹而晻曖。旋室㛹娟以窈窕，洞房叫窱而幽邃。西廂踟躕以閑宴，東序重深而奧秘。屹鏗瞑以勿罔，屑黶翳以懿濞。魂悚悚其驚斯，心猥猥而發悸……於是乎連閣承宮，馳道周環。陽榭外望，高樓飛觀。長途升降，軒檻曼延。漸臺臨池，層曲九成。屹然特立，的爾殊形。高徑華蓋，仰看天庭。飛陛揭孽，緣雲上征。中坐垂景，頫視流星……祥風翕習以颯灑，激芳香而常芬。神靈扶其棟宇，歷千載而彌堅。（文選卷十一）

此外揚雄有甘泉賦之作，以敘郊祀爲主，文選列爲「郊祀賦」，然其形容甘泉宮室之壯麗，頗能「構深偉之風」（文心雕龍詮賦篇），若列於宮殿諸賦之中，於王氏魯靈光殿賦之前，亦卓然獨步也。附記於此以供參考。

魏晉踵武前烈，吟詠建築之賦凡十三篇，仍以宮殿爲大宗：

魏繁欽　建章鳳闕賦

楊修　許昌宮賦

卞蘭　許昌宮殿

繆襲　許昌宮賦

何晏　景福殿賦

韋誕　景福殿賦

夏侯惠　景福殿賦

孫該　三公山下神祠賦

晉孫楚　韓王臺賦

潘岳　狹室賦

潘尼　東武館賦

庾闡　狹室賦

張協　玄武館賦

由上觀之，宮殿之賦雖仍居建築類之大宗，然全爲魏代之作品，至晉代則轉爲臺館及私人之室宇矣。

繁欽建章鳳闕賦云：

築雙鳳之崇闕，表大路以遐通。上規圜以穹隆。下矩折而繩直。長楹森以駢停，修桷揭以舒翼。象玄圃之層樓，肖華蓋之麗天。當蒸暑之炎赫，步北楹而周旋。鵾鵬振而不及，豈歸鴈之能翔。抗神鳳以甄甍，似虞庭之鏘鏘。櫨六翮以撫跱，俟高風之清涼。華鍾金獸，列在南廷。嘉樹蓊薆，奇鳥哀鳴。臺榭臨池，萬種千名。周閣輦道，屈繞紆縈。（藝文類聚　卷六十二）

本賦專詠宮殿之一體，摹寫建章宮東鳳闕之形狀。「象玄圃之層樓，肖華蓋之麗天。當蒸暑之焲赫，步北楹而周旋。鵾鵬振而不及，豈歸鴈之能翔。」運用想像及夸飾極力形容鳳闕之高峻。全賦僅百餘字，而其夸飾摹寫之技巧與漢賦無殊異，視爲漢代宮殿賦之部分縮影可也。所不同者，辭句較漢賦秀麗工整，而漢代宮殿賦雄渾堂皇之特色亦因之蕩然矣。

楊修許昌宮賦已殘，文選卷七潘安仁藉田賦李善注引其逸文「華殿炳而岳立」一句。藝文類聚卷六十二載其殘文云：

於是儀北極以遘撩，希形制乎太微。結雲閣之崔嵬。植神木與靈草，紛蓊蔚以參差。爾乃置天臺於辰角，列執法於西南。築舊章之兩觀，綴長廊之步欄。重闈禁之窈窕，造華蓋之幽深。儉則不陋，奢則不盈。黎民子來，不督自成。於是天子乃具法服，戒羣僚，鍾鼓隱而雷鳴，警蹕嘈而響起。晻藹低徊，天行地止。以入乎新宮。臨南軒而向春方，負黼黻之屏風。憑玉几而按圖書，想往昔之興隆。

就殘文觀之，頗乏漢代宮殿賦壯盛之氣勢。其敍天子之入新宮，似有所託意，蓋獻帝之遷許，受制於曹操，太阿倒持，已無天子之威嚴，「憑玉几而按圖書，想往昔之興隆」二句道盡末代帝王之深悲長憾也！魏書明帝紀云：「太和六年…九月行幸摩陂，治許昌宮，起景福、承光殿。冬十月，殄夷將軍田豫帥衆討吳將周賀於成山，殺賀。」繆襲許昌宮殿卽作於是年，賦佚，僅存賦序：

太和六年春，上旣躬耕帝籍，發趾乎千畝，以帥先萬國。乃命羣牧守相，述職班敎，順陽宣化，烝黎允示，訓德歌功，觀事樂業。是歲甘露降，黃龍見，海外有克捷之師，方內有豐穰之慶，農有餘粟，女有餘布，遐狄來享，殊俗內附，穆乎有太平之風。（太平御覽卷五百三十七）

所謂「海外有克捷之師」蓋指田豫討平周賀之事也。由此序觀之，此賦蓋藉許昌宮以頌揚天子之功德也。

卞蘭許昌宮賦有「入南端以北眺，望景福之嵳峩」「登承光，坐華幄」之語，知此賦作於太和六年「治許昌宮，起景福、承光殿」之後。此賦於描寫許昌宮殿之巍峩華麗及歌舞「千變萬化，不可勝知」之盛況後，以「樂戲闋，遊觀足。登承光，坐華幄。論稽古，反流俗。退虛僞，進敦朴。寶賢良，賤珠玉。豈必世而後仁，在時主之所欲。」作結，諷勸明帝及時行仁，曲終奏雅，有漢賦之餘韻焉。

三篇同詠景福殿之賦中，韋誕及夏侯惠之作皆已殘缺不全，而何晏之作則見錄於文選，與王延壽魯靈光殿賦並列爲宮殿賦之代表作，文長一千九百九十餘字，爲專詠宮殿之空前長篇。茲分析其內容結構以爲魏代詠宮殿之代表：

> 大哉惟魏，世有哲聖。武創元基，文集大命。皆體天作制，順時立政。至于帝皇，遂重熙而累盛。遠則襲陰陽之自然，近則本人物之至情。上則崇稽古之弘道，下則闡長世之善經。庶事既康，天秩孔明。故載祀二三而國富刑清。歲三月東巡狩，至于許昌。望祠山川，考時度方。存問高年，率民耕桑。越六月既望，林鍾紀律，大火昏正。桑梓繁廡，大雨時行。三事九司，宏儒碩生。感乎溽暑之伊鬱，而慮性命之所平。惟岷越之不靜，寤征行之未寧。乃昌言曰：「昔在蕭公，暨于孫卿。皆先識博覽，明允篤誠。莫不以爲不壯不麗，不足以一民而重威靈。不飾不美，不足以訓後而永(六臣本作示)厥成。故當時享其功利，後世賴其英聲。且許昌者，乃大運之攸戾，圖讖之所旌。苟德義其如斯，夫何宮室之勿營？」帝曰：「俞哉！」玄輅既駕，輕裘斯御。乃命有司，禮儀是具。審量日力，詳度費務。鳩經始之黎民，輯農功之暇豫。因東師之獻捷，就海孽之賄賂。立景福之秘殿，備皇居之制度。（文選卷十一，下同）

此爲首段，本賦無序，此段相當於賦序，敍景福殿之緣起。李善注引典略云：「魏明帝將東巡，恐夏熱，故許昌作殿，名曰景福，既成，命人賦之，平叔遂有此作。」則此賦之創作動機純爲奉命而作，歌頌景福殿落成之盛事。此段可分四節：

首句至「國富刑清」爲第一節，前八句押耕部去聲韻，歌頌魏代世出聖主，至于明帝，更承文帝之清明盛德。其下押耕部韻，述明帝之治績，卽位六年而國富刑清矣。

「歲三月東巡狩」至「率民耕桑」爲第二節，押陽部韻。述明帝太和六年東巡及親耕籍田諸事。

「越六月既望」至「夫何宮室之勿營」爲第三節，押耕部韻，爲首段主旨之所在。敍三公九卿、宏儒碩生咸有感乎初夏溽暑煩熱之氣，憂慮性命之不得安舒，且吳蜀未平，戎馬未息，故昌言營建宮室，以其壯麗美飾顯天子之威靈而君臨天下之民，垂訓後世也。何況許昌爲國脈所在，於此營建宮室，可謂允當也。此節純爲迎合明帝之旨意而發，三公九卿之言，實卽明帝營建宮室之藉口也。

「帝曰」至「備皇居之制度」爲第四節，押魚部去聲韻。三公九卿之言，既合帝意，乃命有司進行營建宮殿之事宜。唯須審量日力，詳度費務，而於農暇之時爲之。就表層言，乃敍明帝營建宮殿之際，不忘民力。唯就賦家慣用之寓諷於勸之手法言，此蓋有暗諷明帝珍惜民力之寓意焉。

爾乃豐層覆之耽耽，建高基之堂堂。羅疏柱之汨越，肅坻鄂之鏘鏘。飛櫚翼以軒翥，反宇巘以高驤。流羽毛之威蕤，垂環玭之琳琅。參旗九旒，從風飄揚。皓皓旰旰，丹彩煌煌。故其華表則鎬鎬鑠鑠，赫奕章灼，若日月之麗天也。其奧秘則蘙（六臣本作翳）蔽曖昧，髣髴退概，若幽星之纚連也。既櫛比而欑集，又宏璉以豐敞。兼苞博落，不常一象。遠而望之，若摛朱霞而耀天文。迫而察之，若仰崇山而戴垂雲。羌（六臣作嗟）瓌瑋以壯麗，紛彧彧其難分。此其大較也。

此爲第二段，可分二節：首句至「丹彩煌煌」爲第一節，押陽部韻。寫宮殿之建成：屋蓋高而深邃，殿基高大而寬敞，畫柱羅列，殿基邊緣高而嚴然，屋檐高舉，如鳥之展翅高飛，室內則有羽毛爲飾，又垂環玭及琳琅，旗幟隨風飄揚，光明鮮麗。

「故其華表」以下爲第二節，略寫宮殿之大體。前六句爲長隅對，「天」「連」叶元部韻，形容外表之華麗如日月麗乎天，內部幽深如夜星之相連，對偶工整，意象優美。「旣櫛比而欑集」四句押陽部上聲韻，寫殿宇之連接及其廣敞之狀。「遠而望之」以下押眞部韻，前四句爲隔句對，句法殆仿自王褒甘泉賦「却而望之，鬱乎似積雲。就而察之，靅乎若太山」（見本賦李善注），唯意象及辭采皆較王氏爲勝。末三句歎美宮殿之壯麗，頗難詳加分別描述也。

若乃高甍崔嵬，飛宇承霓。緜巒黮靅，隨雲融泄。鳥企山峙，若翔若滯。峨峨嶫嶫，罔識所屆。雖離朱之至精，猶眩曜而不能昭晰也。

此爲第三段，月祭合韻。前段言宮殿之大較，此段則特寫棟宇之高峻。「飛宇承霓」「隨雲融泄」形容屋高，描述白雲飄越屋宇上空，因屋宇高聳，仰望之，彷彿見其隨風飛動。「鳥企山峙，若翔若滯」一則形容屋宇「飛動」之狀，一則寫其高峻如山岳之聳立，一動一靜，皆爲仰觀時不同之感覺，摹寫極逼眞。末二句夸飾此殿之高，以離朱之明，亦爲之目眩而弗能望其頂處也。

爾乃開南端之豁達，張筍虡之輪豳。華鍾杌其高懸，悍獸仡以儷陳。體洪剛之猛毅，聲訇磤其若震。爰有遐狄，鐐質輪菌。坐高門之側堂，彰聖主之威神。芸若充庭，槐楓被辰。綴以萬年，綷以紫榛。或以嘉名取寵，或以美材見珍。結實商秋，敷華青春。藹藹萋萋，馥馥芬芬。

此爲第四段，除「菌」爲眞部上聲外，其餘皆押眞部平聲韻。特寫南方正門之陳設及景物。大門豁達開朗，其內設有筍虡多架，華鍾高懸其上，其下則有熊虎等悍獸形體之足背負之，其體洪剛猛毅，鍾聲如雷。又有銀鑄之長狄，坐於高門側堂之門，以顯聖主之威神也。庭園之中，充滿芸若等香草，槐楓諸木被於屋宇之上，此外萬年、紫榛等嘉草美材充斥其中，春花秋實，極其繁盛芬芳也。

爾其結構則脩梁彩制，下褰上奇。桁梧複疊，勢合形離。赩如宛虹，赫如奔螭。南距（六臣本作岠）陽榮，北極幽崖。任重道遠，厥庸孔多。於是列髹彤之繡桷，垂琬琰之文璫。蝹若神龍之登降，灼若明月之流光。爰有禁楄，勒分翼張。承以陽馬，接以員方。斑間賦白，踈密有章。飛枊鳥踊，雙轅是荷。赴險凌虛，獵捷相加。皎皎白間，離離列錢。晨（六臣本作晃）光內照，流景外烻。烈若鉤星在漢，煥若雲梁承天。騈從增錯，轉縣成郛。茄蔤倒植，吐被芙蕖。繚以藻井，編以綷疏。紅葩鞸韡（六臣本作韡韡），丹綺離婁。茖苞絕翕，纖縟紛敷。繁飾累巧，不可勝書。

此爲第五段，專就結構加以描寫。刻畫之工，描寫之細膩，令人歎爲觀止。將極爲繁複之結構處理得井然有序，文辭之謹嚴秀麗正如其所描寫之屋梁結構，循文以讀之，彷彿親身建築此一偉大繁縟之結構也。

本段先押支部韻，「南距陽榮」四句押歌部韻，「於是列髹彤之繡桷」至「踈密有章」押陽部韻，「飛枊鳥踊」四句押歌部韻，「晨光內照」四句押元部韻，「騈從增錯」以下魚幽合韻。換韻稍爲頻繁。

於是蘭栭積重，窶數矩設。櫼櫨各落以相承，欒栱夭蟜而交結。金楹齊列，玉舄承跋。青瑣銀鋪，是爲閨闥。雙枚既脩，重桴乃飾。槐梠緣邊，周流四極。侯衞之班，藩服之職。溫房承其東序，涼室處其西偏。開建陽則朱炎豔，啓金光則清風臻。故冬不淒寒，夏無炎燀。鈞調中適，可以永年。墉垣碭基，其光昭昭。周制白盛，今也惟縹。落帶金釭，此焉二等。明珠翠羽，往往而在。欽先王之允塞，悅重華之無爲。命共工使作繢，明五采之彰施。圖象古昔，以當箴規。椒房之列，是準是儀。觀虞姬之容止，知治國之佞臣。見姜后之解珮，寤前世之所遵。賢鍾離之讜言，懿楚樊之退身。嘉班妾之辭輦，偉孟母之擇鄰。故將廣智，必先多聞。多聞多雜，多雜眩眞。不眩焉在，在乎擇人。故將立德，必先近仁。欲此禮之不諐（六臣本作保言），是以盡乎行道之先民。朝觀夕覽，何與書紳。

此爲第六段，寫皇后之內殿，段分三節：

首句至「藩服之職」爲第一節，先押月部韻，次押曷部韻，末押職部韻，皆爲入聲韻。描寫內殿梁柱、屋檐四周之結構及裝飾。「金楹齊列，玉舄承跋。青瑣銀鋪，是爲閨闥」充分顯示內殿之富貴氣象。「溫房承其東序」至「往往而在」爲第二節，前八句元眞合韻，敍其東有溫房，西有涼室。冬居溫房則無淒寒之苦，夏居涼室則無炎氣之患，可保長年也。「墉垣碭基」四句宵部平聲與上聲合韻，「落帶金釭」四句押咍部上聲韻，描寫牆垣之光麗，其色淺碧，而壁帶更飾以金釭、明珠、翠羽等，何其富麗也。

「欽先王之允塞」以下爲第三節，爲本段寓意託諷之所在。前八句押支部韻，敍欽敬大舜之德，法其觀古人之象，圖繪古昔明君之象，以爲君王之箴誡。而皇后之內室亦取法乎是，圖繪歷代之閫範以爲標準儀則。「觀虞姬之容止」以下押眞部韻，先列舉虞姬、姜后、鍾離春、樊姬、班婕妤及孟母等事蹟，皆足爲后妃之楷模，此蓋藉列女之事蹟以諷后妃之德當如是也。「故將廣智」數句用頂眞格及層遞法，論擇人近仁之重要。末二句言朝夕觀覽昔賢之象，其功用實較書之於紳爲大也。

若乃階除連延，蕭曼雲征。櫺檻邳張，鉤錯矩成。楯類騰蛇，槢似瓊英。如螭之蟠，如虯之停。玄軒交登，光藻昭明。騶虞承獻，素質仁形。彰天瑞之休顯，照遠戎之來庭。陰堂承北，方軒九戶。右个清宴，西東其宇。連以永寧，安昌臨圃。遂及百子，後宮攸處。處之斯何，窈窕淑女。思齊徽音，聿求多祜。其祜伊何，宜爾孫子（原作子孫，據五臣本改）。克明克哲，克聰克敏。永錫難老，兆民賴止。於南則有承光前殿，賦政之宮。納賢用能，詢道求中。疆理宇宙，甄陶國風。雲行雨施，品物咸融。其西則有左城右平，講肆之場。二六對陳，殿翼相當。僻脫承便，蓋象戎兵。察解言歸，譬諸政刑。將以行令，豈唯娛情。鎭以崇臺，寔曰永始。複閣重闈，猖狂是俟。京庾之儲，無物不有。不虞之戒，於是焉取。

此爲第七段，寫殿外之階梯及四方之宮宇。段分五節：

首句至「照遠戎之來庭」爲第一節，押耕部韻。描寫階梯之高遠緜長，刻畫其欄杆之形狀及文采，殿上置有騶虞仁獸之形，以彰明天瑞之休及遠戎來庭之盛德也。

「陰堂承北」至「兆民賴止」爲第二節，先押魚部上聲韻，次押之部上聲韻。述其北有陰堂，東有清宴殿。連接永寧、安昌、臨圃諸殿以及後宮百子殿。特寫百子殿所居宮妃皆有賢淑之德，自求多福，而使子孫明哲聰敏，君王壽考，爲兆民所賴也。

「於南則有承光前殿」至「品物咸融」爲第三節，押冬部韻。敍其南爲承光殿賦政之宮，天子於此治理天下。「納賢用能，詢道求中」二句，蓋寓諷於頌也。

「其西則有左城右平」至「豈惟娛情」爲第四節，先押陽部韻，次押耕部韻。敍其西爲蹵鞠之場，因嬉戲以講習武事也。

「鎮以崇臺」以下爲第五節，先押之部上聲韻，次押幽部上聲韻。敍建永始高臺、儲備糧食，以戒不虞之時所需也。

爾乃建凌雲之層盤，浚虞淵之靈沼。清露瀼瀼，淥水浩浩。樹以嘉木，植以芳草。悠悠玄魚，皠皠白鳥。沈浮翺翔，樂我皇道。若乃虯龍灌注，溝洫交流。陸設殿館，水方輕舟。篁棲鶂鷺，瀨戲鰋鮋。豐侔淮海，富賑山丘。叢集委積，焉可殫籌。雖咸池之壯觀，夫何足以比讎。

此爲第八段，可分二節：首句至「樂我皇道」爲第一節，豪宵合韻。描寫凌雲承露盤及虞淵靈沼之景物，清露淥水、芳草嘉木、玄魚悠游、白鳥翺翔，構成優美之畫面。「若乃虯龍灌注」以下爲第二節，押幽部韻。描寫溝洫交流於宮中之景：刻虯龍之形以吐水，灌注溝洫，交流於宮中，陸地爲殿館，水上爲輕舟，此外鵾雞棲於篁竹，鰋鮋戲於水瀨，其物之豐富，可齊淮海而侔於山丘，不可勝算，縱使咸池之壯觀，亦不能與之相比也。

於是碣以高昌崇觀，表以建城峻廬。岧嶤岑立，崔嵬巒居。飛閣干雲，浮堦（六臣本作階）乘虛。遙目九野，遠覽長圖。頫眺三市，孰有誰無。覩農人之耘耔，亮稼穡之艱難。惟饗年之豐寡，思無逸之所歎。感物衆而思深，因居高而慮危。惟天德之不易，懼世俗之難知。覩器械之良窳，察俗化之誠僞。瞻貴賤之所在，悟政刑之夷陂。亦所以省風助教，豈惟盤樂而崇侈靡。

此爲第九段，寫高昌、建城二觀。前十句押魚部韻，描寫二觀之高聳入雲及登高遠眺。「覩農人之耘耔」四句押寒部韻，敍登高遠眺，見農人耕耘之苦，聯想尙書無逸周公之歎。「感物衆而思深」以下支部平聲與去聲合韻，由登高而聯想及居高思危，懼世俗民情之難知，則覩器械良否以察民情之眞僞，觀物之貴賤以悟刑政之平否。故此高樓殿闕實有觀省是非以助風敎之用，非徒遊樂而尙其奢靡也。此段表面爲明帝修築殿觀之堂皇理由，然作者之諷諫殆隱含其中，所謂「稼穡之艱難」「居高而慮危」「豈惟盤樂而崇侈靡」等，皆有其微旨也。

屯坊（六臣本作方）列署，三十有二。星居宿陳，綺錯鱗比。辛壬癸甲，爲之名秩。房室齊均，堂庭如一。出此入彼，欲反忘術。惟工匠之多端，固萬變之不窮。物無難而不知，乃與造化乎比隆。讎天地以開基，並列宿而作制。制無細而不協於規景，作無微而不違於水臬。故其增構如積，植木如林。區連域絕，葉比枝分。離背別趣，騈田胥附。縱橫踰延，各有攸注。公輸荒其規矩，匠石不知其所斲。既窮巧於規摹，何彩章之未殫。爾乃文以朱綠，飾以碧丹。點以銀黃，爍以琅玕。光明熠爚，文彩璘班。清風萃而成響，朝日曜而增鮮。雖崑崙之靈宮，將何以乎侈旃。

此爲第十段，可分三節，前二節換韻較頻繁。

首句至「作無微而不違於水臬」爲第一節，前四句押脂部去聲韻，叙三十二坊署之比比相次。「辛壬癸甲」六句押質部韻，寫房室堂庭之整齊劃一，令人迷失回返之路。「惟工匠之多端」四句押多部韻，叙工匠之巧與造化同工。末四句祭月合韻，言屋宇南北上下皆極端正，無不合乎規景及水平也。「故其增構如積」至「匠石不知其所斲」爲第二節，前四句侵眞合韻，後六句押魚部去聲韻。形容院宇相連，隔以院牆之狀，夸飾公輸、匠石之倫皆不及造此者之工巧也。「既窮巧於規摹」以下爲第三節，寒元合韻。形容其文彩之光明鮮粲，夸飾崑崙天帝之居亦無以媲美也。

規矩既應乎天地，舉措又順乎四時。是以六合元亨，九有雍熙。家懷克讓之風，人詠康哉之詩。莫不優游以自得，故淡泊而無所思。歷列辟而論功，無今日之至治。彼吳蜀之湮滅，固可翹足而待之。然而聖上猶孜孜靡忒，求天下之所以自悟。招忠正之士，開公直之路。想周公之昔戒，慕咎繇之典六臣本作興謨。除無用之官，省生事之故。絕流遁之繁禮，反民情於太素。故能翔岐陽之鳴鳳，納虞氏之白環。蒼龍覿於陂塘，龜書出於河源。醴泉涌於池圃，靈芝生於丘園。揔神靈之貺祐，集華夏之至歡。方四三皇而六五帝，曾何周夏之足言。

此爲末段，以頌揚明帝之德爲主，可分三節：

首句至「固可翹足而待之」爲第一節，押之部韻。叙宮殿之方圓應乎天地，而天子之舉措又能順時以立政，故天下九州大通和平，家家有能讓之風，人人誦康哉之詩，上下莫不優游自得，淡泊無慮。歷觀典籍所列之賢君，其功德無如當日之至治也，故吳蜀之滅亡，可「翹足以待」也。

「然而聖上猶孜孜靡忒」至「反民情於太素」爲第二節，押魚部去聲韻。繼頌明帝之功德，而所謂「招忠正之士，開公直之路。想周公之昔戒，慕咎繇之典謨」云云，恐亦有託諷於頌之寓意焉。

「故能翔岐陽之鳴鳳」以下爲第三節，押寒部韻。總述明帝之德，致使衆瑞來臻，結尾「方四三皇而六五帝，曾何周夏之足言」二句，極其歌功頌德之能事也。

三國志魏書明帝紀云：

明帝沈毅斷識，任心而行，蓋有君人之至槩焉。于時百姓彫弊，四海分崩，不先聿修顯祖，闡拓洪基，而遽追秦皇漢武，宮館是營，格之遠猷，其殆疾乎？

夫天下分崩離析之際，營建宮館，實爲不恤民力之舉，楊阜曾上疏直諫，力陳「古之聖帝明王，未有極宮室之高麗以雕弊百姓之財力者也」，勸諫明帝「當以堯、舜、禹、湯、文、武爲法則，夏桀、殷紂、楚靈、秦皇爲深誡。高高在上，實監后德。愼守天位，以承祖考，巍巍大業，猶恐失之。不夙夜敬止，允恭卹民，而乃自暇自逸，惟宮臺是侈是飾，必有顚覆危亡之禍！」（三國志卷二十五魏書楊阜傳）忠言直諫，令人欽敬。然何氏此賦於文中爲營建宮館尋求堂皇之藉口，滿足帝王虛浮誇大之驕奢心態，比之楊阜，誠不可以道里計也。唯此賦本爲景福殿落成之後承命而作之篇章，一則殿已告成，欲諫已晚；二則承命而作之賦，本供帝王娛悅耳目，以爲宮殿落成之助興耳。故賦家所能盡其心力者，唯於頌揚之中，暗寓諷諫之一途耳，帝王於觀覽娛悅之餘，庶幾稍能斂其侈靡之心而有所省悟，至於能否奏效，則非賦家所能掌握也。

孫該三公山下神祠賦以廟宇爲描寫對象，取材較特殊。本賦序亂俱備，賦之本部見藝文類聚卷七十九，序及亂則見載於初學記卷十三。

趙國元氏縣西界有六神祠，吾觀其一焉，在陘山之陽，卽三公祠焉。崇堂既峻，危閣造雲，櫺軒臨萬仞之壑，土木被丹藻之華。是時寓目永日，夕宿東序，召彼故老，訊之舊典，云：棟宇初興七十載，三台耀靈，實降甘雨。夫山以有形爲神，神以無形爲王（全三國文作主）。若乃歊烝於上，雷動於

下，公田穰於多黍，嫠婦利其滯穗，亦玆邦之所以報，歷葉不輟也。於是援筆作賦，昭神靈之有憑，壯夏屋之弘麗。（初學記卷十三）

此爲賦序，敘神祠之所在，寫其堂閣之高峻，述其年代及其靈神，末言此賦之創作動機乃昭明神靈，贊美神祠之弘麗而作。故此賦屬覩物興懷之作也。

南極鬱紆，飛龍在天。太一白石，巨靈據山。二后殊位，惟公在焉。下則歸雲縈勃，綠水流離。爭湍趣戾，衝石會谿。高岸爲谷，嶢峴阻戯。梗林柰條，逼塗作蹊。行者息駕，步趾於斯。陟大嵺，登岑岡。踰爽塏，歷朝陽。曄華殿之顯敞，覩應門之嶈嶈。神木鬱蓊，百堵周乎洞房。進排閶闔，顧眄靈堂。聚楹列峙，丹飾煌煌。千櫨浮跂，夭蹻騰驤。累層岌嶫，齊載長梁。敷山藻於前棁，綴榱槁以采章。文綺攡其紛鱗，洪葩曄以披揚。爾乃逡巡降趾，遊坐東廂。日不逮昏，炎燎已光。縣宰致祀，嘉旨備詳。陰祚顯應，偏澤圻疆。普此士女，樂彼豐穰。（藝文類聚卷七十九）

此爲賦之本部，可分三段：

「南極鬱紆」至「步趾於斯」爲首段，前六句押元部韻，敘神靈居於山頂。「下則歸雲縈勃」以下押支部韻，描寫山景，白雲密布，綠水奔騰，山谷險峻難通，復有梗林奈條遮擋道路，故車駕無法通行，僅能徒步而至也。

「陟大嵺」至「洪葩曄以披揚」爲第二段，押陽部韻。敘登山而至神祠，覩神祠之華麗寬敞，殿門、圍牆極其壯觀，「進排閶闔」以下更極力描寫靈堂之弘麗，頗有宮殿賦之色彩。

「爾乃逡巡降趾」以下爲末段，與上段同押陽部韻，敘縣長致祀而神靈降福也。

其亂曰：坤作地勢，恆岳吐精。怖（全三國文作布）濩磦啓（全國文，三作硌），上秀太清。三后讚事，雨師不寧。有渰凄凄，潤我羣生。先人諒德，圖象垂形。考之舊史，典謨無聲。

此爲亂辭，押耕部韻。前四句寫山勢之高大靈秀，上通於太清。次四句叙三公之靈，可令雨師滋潤百姓。末四句叙欲考查此神祠之史蹟而不可得也。

詠臺之賦，始於漢末邊讓之章華賦，託辭伍舉作賦以諷楚靈王，極力鋪陳章華臺之宏麗奢靡，歌舞之盛，終乃歸之於正，以君王之省悟作結，蓋師相如之手法也。晉代詠臺之賦得孫楚韓王臺賦一篇，其序云：

酸棗寺門外，夾道左右有兩故臺，訪之故老，云：韓王聽訟觀也。臺高十五仞，雖樓榭泯滅，然廣基似于山嶽。召公大賢，猶舍甘棠，區區小國，而臺觀隆崇，驕盈于世。以鑒來今，故作賦曰：

望韓王之故臺，尋往代之所營。雙闕碣以峻峙，貫雲氣而上征。歷千載而特立，顯妙觀于太清。蔑丘陵之邐迤，亞五嶽之嵳峩。薄邯鄲之叢臺，陋楚國之章華。邈岧嶢以抗（類聚作亢）極，豈岑樓之能加。至乃宮觀弘敞，增臺隱天。伐文梓于萬仞，發玉石于三泉。優倡角烏（類聚作鳥）之聲，蛾眉戲白雪之舞。紛淫衍以低昂（類聚作仰），翳倏袖而容與。（全晉文卷六十）

由序知此賦乃藉斥責韓王所建聽觀過於奢侈，以爲當代奢靡風氣之鑑戒，動機蓋與邊讓章華賦相似。唯就所存賦文觀之，未有諷諫之語，與賦序不符，知其必有佚文也。又韓王故臺，僅餘臺基，孫楚乃據臺基之廣，運用其想像力而加以描述，如「雙闕碣以峻峙，貫雲氣而上征」極力形容臺闕之高聳入雲，當時闕已泯滅，孫氏運用想像力以虛構之。「優倡角烏之聲，蛾眉戲白雪之舞」亦想像力之發揮，以說明韓王之奢靡也。

按：邊氏所描寫之章華臺及孫氏所描寫之韓王故臺，雖皆由想像以虛構之，然其虛構殆亦有所憑藉，卽二氏所描述者殆爲當代奢靡生活之反映，二氏乃藉詠古蹟以諷當代也。

潘岳、庾闡二氏之狹室賦，其取材由富麗堂皇之宮殿大賦轉爲私人室宇之短賦，雖無宮殿大賦雄渾壯觀之氣勢，然富於作者個人之情志，屋雖陋而實可親也，玆錄其賦如左：

潘岳狹室賦云：

歷甲第以遊觀，旋陋巷而言歸。伊余館之褊狹，良窮弊而極微。閣了戾以互掩，門崎嶇而外扉。室側戶以攢楹，檐接柜而交榱。當祝融之御節，熾朱明之隆暑。□日曄以耀廷，赫風爍其灼宇（二句由書鈔一五六補入）。沸體惄其如鑠，珠汗揮其如雨。若乃重陰晦冥，天威震曜。潢潦沸騰，叢溜奔激。臼竈爲之沉溺，器用爲之浮漂。彼處貧而不怨，嗟生民之攸難。匪廣廈之足榮，有切（原訛功，據馮校本改）身之近患。青陽萌而畏暑，白藏兆而懼寒。獨味道而不悶，喟然向其時歎。（藝文類聚卷六十四）

庾闡狹室賦云：

居不必陋，食不求簞。豈獨蓬蓼可永，而隆棟招患。奚必膏粱非美，而飮疏以餐。醪俎可以充性，不極欲以析龍肝。清室可以遊暑，不列泳而興夏寒。于時融火炎炎，鶉精共耀。南羲熾暑，夕陽傍照。爾乃登通扉，闢櫺幌。絺幕褰，閑堂敞。微飈凌閨而直激，清氣乘虛以曲蕩。溫房悄淒以興涼，軒檻寥豁以外朗。（藝文類聚卷六十四）

二篇皆爲百餘字之短賦，潘氏之作可分四節：前八句爲第一節，押脂部韻，寫其室之狹陋。「當祝融之御節」六句爲第二節，押魚部上聲韻，敘炎夏爲酷暑所苦。「若乃重陰晦冥」六句爲第三節，押宵部去聲韻，敘爲水患所困之狀。「彼處貧而不怨」以下爲第四節，押寒部韻，歎居處狹室之艱難，夏則畏暑，多則懼寒，何其狼狽也！「匪廣廈之足榮，有切身之近患」雖言不以居廣廈爲榮，實則羨慕之情溢於言表。結尾「獨味道而不悶，喟然向其時歎」，既樂道而無悶，却又喟然而歎，流露處貧之嗟，充分顯示潘岳矛盾之心態也。

庾氏之賦雖短，而層次頗分明。前十句爲第一節，寒元合韻，言居處飲食不必故意力求簡陋，處陋屋未必能永保平安，而居高屋大廈亦未必招致禍患也。何必摒棄膏粱美味而飯疏食飲水耶？但求不窮奢極侈即可也。故飲酒食肉可以養身，唯不必奢求龍肝之珍品，清室足可避暑，然亦不必奢侈至「夏寒」之程度也。（按：今人於夏天裝設冷氣機，即有因冷氣過强而號寒者，誠爲「冽泳而興夏寒」之絕佳寫照也。）「于時融火炎炎」四句爲第二節，押宵部去聲韻，描寫夏日之炎熱。「爾乃登通扉」以下爲第三節，押陽部上聲韻，叙登門扉通暢之清室，揭開窗簾帷幔，微飈清氣隨之而入，何其清涼舒暢也。

吾國素以節儉爲美德，孔子自云「飯疏食飲水，曲肱而枕之，樂在其中矣。」（論語述而篇）贊美顏淵云「賢哉回也。一簞食，一瓢飲，在陋巷，人不堪其憂，回改不改其樂。」（論語雍也篇）後代士子莫不奉爲圭臬。然觀此二賦，則一反傳統，潘氏深以其室之狹陋爲苦而慕廣廈之榮居，庾氏尤爲坦率，直陳居處飲食不必求其簡陋。二氏皆不以居陋室爲美德，此蓋時代風尚有以致之也。

又庾氏雖與傳統節儉美德相左，然其態度毫無矯情作態，率眞之個性躍然紙上，讀之頗有可親性，比之潘氏之呑吐其辭，則有其足取者也。

潘尼東武館賦云：

東武館者，蓋東武陽侯之館也。俄而遷居，謂余曰：吾將老焉，故有終焉之志，而無移易之意，子且爲我賦之。

嘉大雅之洪（類聚作弘）操，美明哲之保身。懲都邑之迫險，暨里巷之囂塵。慕古公之胥宇，羨孟氏之審鄰。將遷居于爽塏，乃投迹于里仁。前則行旅四湊，通衢交會。水泛輕舟，陸方羽蓋。後則崇山崔嵬，茂林幽藹。彌望遠覽，滉瀁夷泰。表裏山河，出入襟帶。若乃潛流旁注，飛渠脉散。芙蓉映渚，靈芝蔽岸。于是逍遙靈沼，遊豫華林。彎弓撫彈，娛志蕩心。括不空縱，綸不苟沈。遊鱗

雙躍，落羽相尋。膳夫進俎，虞人獻鮮。春醴九醞，嘉豆百籩。隨波泝流，乍往乍旋。（全晉文卷九十四）

飛甘瓜于浚水，投素柰于青渠。（同上）

由序知此賦乃承東武陽侯之命而作也。賦文可分三段：首句至「乃投迹于里仁」爲第一段，押眞部韻。用詩經大雅公劉之典及孟母三遷之故事，叙述東武陽侯之遷居此館。「美明哲之保身，懲都邑之迫險」微露憂生之危懼意識。卽使貴爲王侯，亦無法免除亂世普遍深藏於人心之憂懼也。

「前則行旅四湊」至「靈芝蔽岸」爲第二段，前十句押泰部韻，叙此館交通之便利及地勢之險固，「表裏山河，出入襟帶」彷若描寫國防之險固，王侯殆藉此以消除其危懼感耶？「若乃」以下押寒部去聲韻，寫潛流飛渠及芙蓉映渚，靈芝蔽岸之美景。

「於是逍遙靈沼」以下爲第三段，前八句押侵部韻，叙逍遙靈沼、遊豫華林以弋釣狩獵之樂。「膳夫進俎」以下押元部韻，叙以獵物烹調成佳肴以供飲宴。又「飛甘瓜于浚水，投素柰于青渠」二逸句殆爲此段之逸文。

綜觀全賦，僅就王侯之館邸及其閑暇生活作客觀之描述，頗乏情趣，此蓋承命而作之賦篇常有之缺憾也。其可述者，唯辭尙清麗而對偶尙稱工整耳。

張協玄武館已殘，觀其殘文「天子翺翔郊甸，順時巡省。龍驅騰鑣，羽騎游騁。顧流光以按轡，迴鑾旗而時幸」知此賦所描寫者爲天子之離宮別館，其描寫之內容及技巧皆不脫漢代以降宮殿賦之範疇，玆不贅述。

第九章　魏晉飲食類及其他賦篇之分析

飲食乃維繫人生所必需，然以飲食類爲吟詠對象之賦，漢代勉強得揚雄酒賦一篇（註一），至魏晉始漸出現，凡得十一篇，其中詠酒卽佔七篇，詠餅二篇，豆羹、藥品各一篇，玆分別析之如下：

一　飲食類

(一)　酒

酒自古卽與日常生活息息相關，故周禮天官設有「酒正」以掌酒之政令也。祭祀需酒，周禮天官所謂「凡祭祀以灋，共五齊三酒，以實八尊。」是也。禮儀亦需酒，儀禮士昏禮：「主人徹几改筵，東上，側尊甒醴于房中。」大射禮：「厥明，司宮尊于東楹之西，兩方壺。膳尊兩甒在南，有豐冪，用錫若絺，綴諸箭蓋，冪加勺，又反之，皆玄尊，酒在北。尊士旅食于西鐏之南北面，兩圜壺。又尊于大侯之乏東北，兩壺獻酒。」其餘諸禮需酒之處比比皆是，不勝枚舉。至於飲宴賓客，尤需旨酒以助興也，詩經中屢見詠酒之詩句，如小雅鹿鳴：「我有旨酒，嘉賓式燕以敖。」又：「我有旨酒，以燕樂嘉賓之心。」伐木：「有酒湑我，無酒酤我。坎坎鼓我，蹲蹲舞我。迨我暇矣，飲此湑矣。」至如瓠葉之詩，更以飲酒爲全詩之主題也：

幡幡瓠葉，采之亨之。君子有酒，酌言嘗之。有兔斯首，炮之燔之。君子有酒，酌言獻之。有兔斯首，燔之炙之。君子有酒，酌言酢之。有兔斯首，燔之炮之。君子有酒，酌言醻之。

由上可知酒爲人生不可或缺之甘旨也。唯詠酒之賦，漢代僅得揚雄酒賦一篇，其文云：

> 子猶瓶矣，觀瓶之居，居酒之眉。處高臨深，動常近危。酒醪不入口，臧水滿懷。不得左右，牽于纆徽。一旦叀礙，爲瓽所轠。身提黃泉，骨肉爲泥。自用如此，不如鴟夷。鴟夷滑稽，腹大如壺，盡日盛酒，人復借酤。常爲國器，託于屬車。出入兩宮，經營公家。繇是言之，酒何過乎。

前半脂歌合韻，敘酒器之居處及形狀。後半押魚部韻，敘其爲酒之用。言酒無過，過在公家。宮廷公家之嗜取，以都酒爲國器之不是。此文本爲諷諫成帝而作，成帝是否讀之而戒，不可得知，而陳遵讀之乃大喜也，非徒未戒，反助其勢也。（註二）此殆曹植嫌其「戲而不雅」而另作酒賦之因也。

降至魏晉，詠酒之賦大增，凡得七篇：

魏王粲　酒賦
曹植　酒賦
嵇康　酒賦
晉傅玄　敘酒賦
嵇含　酒賦
張載　酃酒賦
袁崧　酒賦

以上諸賦，嵇康、傅玄、嵇含、袁崧之作皆殘缺太甚，無法窺其內容。王粲、曹植二賦殆作於同時，朱緒曾曹集考異以爲作於魏武禁酒之時，其言曰：

> 思王酒賦末數句庶幾賓筵遺意，豈有醉酒悖慢迫脅使者之事乎？其爲希旨無疑矣。召爲南中郎將，醉不能受命，蓋不欲以功名掩兄，而子桓得以行其計也。王粲亦有酒賦，詞旨略同，有云大禹

所忌，文王是艱。皆作於魏武禁酒時。（曹集考異卷四）

何沛雄不以爲然，曰：

考「藝文類聚」卷七十二「食物類」酒類，有孔融「難魏武帝禁酒書」。「後漢書孔融傳」云：「初，曹操攻屠鄴城，袁氏婦子多見侵略，而操子丕私納袁熙妻甄氏。……時年飢兵興，操表制酒禁，融頻書爭之。」「魏志武帝紀」載，建安九年夏四月，曹操攻鄴，破之。據此推算，曹操上表制定酒禁，當在建安九年，是時曹植年僅十三，焉能寫出「究其終始」之「酒賦」？按本傳所記，植於建安十九年徙封臨菑侯，曹操征孫權，使其留守鄴，而植任性而行，不自雕勵，飲酒不節；又建安二十四年，曹操以植爲南中郎將，行征虜將軍，呼有所敕戒，植醉不能受命。故疑此篇作於建安十九年至二十四年之間，或於建安二十四年前後。（何沛雄現存曹植賦考略頁十五）

按：朱氏謂作於魏武禁酒之時，誠有待商榷。然何氏之說，亦屬推測之辭，建安十九年植之任性而行、飲酒不節與酒賦之作實無必然之關聯，至於懷疑建安二十四年，植醉不能受命之後而作之可能性更低，蓋王粲、曹植二賦之主旨略同，極可能爲同時所作，而粲卒於建安二十二年，則植賦作於建安二十四年前後之可能性不大也。故二賦僅能粗略斷於魏武禁酒之後至建安二十二年王粲卒年之間所作也。曹植酒賦云：

余覽揚雄酒賦，辭甚瑰瑋，頗戲而不雅，聊作酒賦，粗究其終始：

嘉儀氏之造思，亮玆美之獨珍。嗟麴蘗之殊榮，□□□□□□。仰酒旗之景曜，協鈔書作徵嘉號于天辰。繆公酣而興霸，漢祖醉而蛇分。穆生失醴而辭楚，侯嬴感爵而輕身。諒千鍾之可慕，何百觚之足云。其味亮升當有誤，久載休名。宜城類聚作成（註三）醪醴，蒼梧縹清。或秋藏冬發，或春醞夏成。或雲沸川涌，或素蟻如萍。爾乃王孫公子，游俠翺翔。將承歡以接意，會陵雲之朱堂。獻酬交錯，宴笑無方。于是飲者竝醉，從橫讙譁。或揚袂屢舞，或扣劍淸歌。或嚬蹴辭觴，或奮爵橫飛。或歎驪駒既駕，或稱朝露未晞。于斯時也，質者或文，剛者或仁。卑（原作早，據類聚改）者忘賤，窶者忘貧。和睚眦之宿憾，雖怨讎其必親。于是矯俗先生聞之而歎曰：噫夫！言何容易。此乃淫荒之源，非作者之事，若耽于觴酌，流情縱佚。先王（原作生，據類聚改）所禁，君子所失（原作斥，據類聚改）。（全三國文卷十四）

安沈湎而爲娛，非往聖之所述。闢酒酷之明戒，同元凶於三季。叙嘉賓之歡會，惟耽樂之既闋。日晻暗於桑榆兮，命僕夫而皆逝。（朱緒曾曹集考異卷四據宋吳棫韻補五眞引曹植酒賦二條補入篇末）由序知此賦乃不滿揚雄酒賦戲而不雅而作，其主旨藉賦末矯俗先生之歎，規勸沈湎縱酒之不當也。賦文可分三段：

「嘉儀氏之造思」至「或素蟻如萍」爲首段，可分二節：首句至「何百觚之足云」爲第一節，押眞部韻。起首贊美儀狄巧思製成獨特之珍味，仰觀「酒旗」之星輝曜於天辰，遂取「酒」之嘉名以徵之也。「膠公酣而興霸」六句鋪叙酒之典故，說明酒所發揮之功效（註四）。「其味亮升」以下列述各種美酒及其不同之釀製方法。「或雲沸川湧，或素蟻如萍」酒名本身極易引人遐思也。

「爾乃王孫公子」至「雖怨讎其必親」爲第二段，分三節：前六句爲第一節，押陽部韻，叙王孫公子及游俠之宴飲。「于是飲酒竝醉」至「或稱朝露未晞」爲第二節，先押歌部韻，次押脂部韻。描述飲者醉後或歌或舞，縱橫讙譁之態。此節表面叙其狂歡之狀，實則暗喻酒之亂德敗性也。「于斯時也」以下爲第三節，押眞部韻，言酒可改變個人平時之秉性，亦有親睦人際關係之作用。

「于是矯俗先生聞之而歎曰」以下爲第三段，前數句不押韻，末四句押質部韻。此段曲終奏雅，藉矯俗先生以駁斥縱酒之非。曹集考異補入之八句，力戒沈湎縱酒之不合先聖之垂訓，蓋爲此段之逸文也。

丁晏云：「酒賦結明正旨，垂戒至深，子建豈沈湎於酒者哉？魏志本傳言太祖遣植救曹仁，植醉不能受命。注引魏氏春秋云植將行，太子飲焉，偪而醉之，其後臣下希指誣植醉酒悖慢。媒孽之詞，何所不至？立丕棄植，魏之所以不競也。」（曹集詮評卷三）丁氏以爲植醉不能受命乃丕之陰謀，朱緒曾以爲植醉「蓋不欲以功名掩兄」（見前引），故意自誨而讓兄也。二氏皆爲建安二十四年植醉酒不能受命作辯解，鄧永康則以爲此乃植之「任性而行」，純爲文人本質之放任飲酒，不似丕之處心深遠也（魏曹子建先生植年譜頁二十一～二十三）。案此賦作於建安二十四年後之可能低較低，已見上述。唯就賦之本身而言，曲終奏雅，結明正旨，誠有其垂戒之深意也。王粲酒賦云：

帝女儀狄，旨酒是獻。苾芬享祀，人神式宴。麴蘗必時，良工從試。辯其五齊，節其三事。醍沈書鈔作酖盎泛書鈔作沉，清濁各異。章文德于廟堂，協武義于三軍。致子弟之孝養，糾骨肉之睦親。成朋友之懽好，贊交往之主賓。既無禮而不入，又何事而不因。賊功業而敗事，毀名行以取誣。遺大恥于載籍，滿簡帛而見書。孰不飲而羅茲，罔非酒而惟事。昔在公旦，極茲話言。濡首屢舞，談易作難。大禹所忌，文王作艱。暨我中葉，酒流猶多。羣庶崇飲，日富月奢。（全後漢文卷九十）

先敘酒之源起及其功用，次敘酗酒之害，末斥當代之縱酒。主旨與植賦相似，疑爲同時之作品也。

張載酃酒賦凡四百二十餘字，爲晉代四篇詠酒之賦中唯一完整可誦之篇章，其賦曰：

惟聖賢之興作，貴垂功而不泯。嘉康狄之先識，亦應天而順人類聚作民。擬酒旗於玄象，造甘醴以頤類聚作怡神。雖賢愚之類聚作而同好，似大化之齊均。物無往而不變，獨居舊而彌新。經盛衰而無廢，歷百代而作珍。若乃中山冬啟，醇酎秋發。長安春御，樂浪夏設。漂類聚作縹蟻萍布，芬香酷烈，播殊美於聖載類聚作垂嘉稱於百代，信人神之所悅。未聞珍酒，出於湘東。丕顯於皇都，潛淪于吳邦。往逢天地之否運，今遭六合之開通。播殊美於聖代，宣至味而大同。匪徒法用之窮理，信泉壤之所鍾。

故其爲酒也，殊功絕倫。三事既節，五齊必均。造釀在(類聚作以)秋，告成在(類聚作以)春。備味滋和，體色淳(類聚作淳色)清。宣御神志，導氣養形。遣憂消患，適性順情。言之者嘉其美志，味之者棄事忘榮。於是糾合同好，以遨以遊。嘉賓雲會，矩坐四周。設金(類聚作罍)樽於南楹，酌浮觴以旋流。備鮮肴以(類聚作之)綺錯，進時膳之珍羞。禮儀攸序，是獻是酬。頳顏微發，溢思凱休。德音晏晏，弘此徽猷。咸得志以自足，顧棲遲於一丘。於是懽樂既洽，日薄西隅。主稱湛露，賓歌驪駒。僕夫整駕，言旋其居。乃憑軾以迴軌，騁輕駟於通衢。反(類聚作及)衡門以隱跡，覽前聖之典謨。感夏禹之防微，悟儀氏之見疏。鑒往事而作戒(類聚作誡)，罔非酒而惟愆。哀秦穆之既醉，殲良人而棄賢(類聚作惜三良之殲賢)。嘉衞武之能悔，著屢舞于初筵。察成敗於往古，垂將來於茲篇。(初學記卷二十六)

此賦可分五段：起首至「歷百代而作珍」爲第一段，押眞部韻。贊美康狄應天順人，法天象酒旗之星以造甘醴怡悅神明，而其普受衆人歡迎則如大化之齊均萬物，其性居舊彌新，愈久而愈見其珍貴也。「若乃中山多啟」至「信泉壤之所鍾」爲第二段，可分二節：首句至「信人神之所悅」爲第一節，押月部韻，列數各地名酒及其芳香，爲人神所共悅。「未聞珍酒」以下爲第二節，押東部韻，引入湘東酃酒之主題，頌美大晉之統一天下，乃得天下至味之酃酒。「故其爲酒也」至「味之者棄事忘榮」爲第三段，先押眞部韻，次押耕部韻。敘酃酒之釀製、滋味顏色及其怡情消憂諸功用。「味之者棄事忘榮」誠爲當代苦悶心靈之最佳解劑也。「於是糾合同好」至「顧棲遲於一丘」爲第四段，押幽部韻，飲宴飲之樂。結尾由得志自足而興棲遲山丘之思，此蓋亂世之士子潛在有隱遁之思深藏於內心，故隨時自然流露也。「於是歡樂既洽」以下爲末段，曲終奏雅。可分二節：首句至「悟儀氏之見疏」爲第一節，押魚部韻。敘歡宴既罷，駕車返家，閱覽典籍，乃悟儀狄何以見疏於夏禹也。「鑒往事而作戒」以下爲第二節，押元部韻。以秦穆、衞武二典（註五）說明酒之應戒，結尾「察成敗於往古，垂將來於玆篇」二句點明此賦創作動機與主旨之所在也。

世傳儀狄造酒，禹飲而甘之，遂絕旨酒而疏儀狄。此說雖非史實，然正足以說明自有旨酒之發明，困擾卽隨之而至也。蓋酒之甘美香醇，固爲人所歌頌，然正因其甘美香醇，遂令人沈湎其中而不能自拔，敗德喪國之事，屢見史册，故戒酒之呼籲屢見於詩文，詩經賓之初筵卽其著者也。觀夫上述三篇詠酒賦之代表，亦可窺知人於酒既愛且懼之矛盾心理也。

(二) 餠

晉人所謂「餠」，取義較後世爲寬，蓋爲麪食之總名也（註六）。束晳餠賦云：

禮，仲春之月，天子食麥，而朝事之籩，煮麥爲麷。內則諸饌不說餠。然則雖云食麥，而未有餠，餠之作也，其來近矣。若夫安乾粔籹之倫，豚耳狗舌之屬。劍帶案盛（御覽作成），餢飳髓燭。或名生于里巷，或法出乎殊俗。三春之初，陰陽交際。寒氣既消（書鈔作除），溫不至熱。于時享宴，則曼頭宜設。吳回司方，純陽布暢。服絺飲水（初學記作冰），隨陰而涼。此時爲餠，莫若薄壯。商風既厲，大火西移。鳥獸氄（初學記作氉）毛，樹木疏枝。肴饌尙溫，則起溲可施。玄（書鈔作立）冬猛寒，清晨之會。涕凍鼻中，霜成（初學記作凝）口外。充虛解戰，湯餠爲最。然皆用之有時，所適者便。苟錯其次，則不能斯善。其可以通冬達夏，終歲常施。四時從用，無所不宜。惟牢丸乎？爾乃重羅之麵（原作麩依，初學記改），塵（書鈔作壁）飛雪白。膠黏筋䵒，膈溔柔澤（初學記作溔液濡澤）。肉則羊膀豕脅，脂膚相半。臠若（初學記作如）繩（初學記作蜿）首，珠連礫散。薑株葱本，𦵔□（初學記作縷）切判。□□（初學記作辛桂）剉末，椒蘭是畔（初學記作灑）。和鹽漉豉，攪合（初學記作和）樛（初學記作膠）亂。于是火盛湯涌，猛氣蒸作。攘（初學記作振）衣振掌（初學記作裳），握搦拊搏。麵彌（初學記作迷）離于指端，手縈回而交錯。紛紛駁駁（初學記作駁駁），星分雹落。籠無迸肉，餠無流麪。姝媮咧（初學記作冽）敕，薄而不綻。嶲巂和和，臛色外見。弱(御覽作柔)如(類聚作似)春緜，白如(書鈔類聚皆作若)秋練(書鈔作絹)。氣勃鬱以揚布，香飛散而遠遍。行人失涎于下風，童僕空嚼(類聚初學記皆作噍)而斜眄(初學記作盼)。擎器者舐脣，立侍者乾咽。爾乃(御覽下有換增二字)濯以玄醢，鈔以象箸(御覽作著)。伸要虎丈，叩膝偏(御覽作遍)據。槃案財投而輒盡，庖人參潭而促遽。手未及換，增禮復至。脣齒既調，口習咽利。三籠之後，轉更有次。（全晉文卷八十七）

本賦可分五段：自首句至「其來近矣」爲首段，不押韻，相當於賦序。叙餅之源起乃近代之事也。「若夫安乾粔籹之倫」至「惟牢丸乎」爲第二段，可分三節：前六句爲第一節，押屋部韻，列舉里巷殊俗諸餅之名。「三春之初」至「湯餅爲最」爲第二節，頻頻換韻，前六句月祭合韻，次押陽部韻（首句用韻），次押支部韻，末押泰部韻。叙四季所宜之餅，其中以描述嚴冬者最爲傳神。「然皆用之有時」以下爲第三節，先押元部上聲韻，次押支部韻。叙四季所宜之餅若變其時序則不佳，唯有牢丸四季皆宜也。

「爾乃重羅之麵」至「攪合樛亂」爲第三段，先押藥部韻，次押寒部去聲韻。特寫牢丸之製作，其外爲麵皮，其內爲肉餡，然則牢丸殆卽包子之屬也。

「于是火盛湯涌」至「立侍者乾咽」爲第四段，爲全賦精采之處。先押藥部韻，次押元部去聲韻。描述牢丸蒸熟後之色香味。「行人失涎于下風，童僕空嚼而斜眄。擎器者舐脣，立侍者乾咽。」數句，將牢丸引人垂涎之狀，描寫入木三分，生動而有趣。

「爾乃濯以玄醢」以下爲末段，先押魚部去聲韻，次押脂部去聲韻。描寫進食牢丸之狀，亦能將人物搶食牢丸之動作作傳神之摹寫。

綜觀本賦，純就客觀手法加以描寫，此蓋題材之所限，故乏深刻之命意。雖然，其刻畫生刻逗趣之處，讀之不覺莞爾，亦足爲賞心悅目之一助也。

庾闡惡餅賦序云：

范子常者，嘗造予宿，臛鷄爲餅，遍食（書鈔作遲御）之情甚虛，奇嘉之味不實，聊作惡餅賦以釋之。（初學記卷二十六）

由序知庾氏對臛鷄餅之滋味極爲失望，乃作此賦以釋懷。由是觀之，賦體除可娛人之外，亦可自娛也。賦殘，玆不贅述。

(三)豆　羹

張翰豆羹賦已殘，其賦云：

乃有孟秋嘉菽，垂枝挺英。是刈是穫，充簞盈篋。香鑠和調，周疾赴急。時御一杯，下咽三歎。時在下邑，頗多艱難。空匱之厄，固不綴懽。追念昔日，啜菽永安。（藝文類聚卷八十五）

太羹居正，衆味歸宗。（北堂書鈔卷一百四十四）

賦文雖殘，然作旨之微旨尚可窺知：啜飮豆羹，思昔日艱難之時，遂悟知足常樂之理，屬詠物抒懷之賦篇。

(四)藥　品

嵇含寒食散賦云（註七）：

余晚有男兒，既生十朔，得吐下積，日羸困危殆，決意與寒食散，未至三旬，幾於平復。何（以上全晉文以爲賦序，並疑何字下有闕文）矜孺子之坎軻，在孩抱而嬰疾。既正方之備陳，亦旁求於衆術。窮萬道以弗損，漸丁寧而積日。爾乃酌醴操散，商量部分。進不訪舊，旁無顧問。偉斯藥之入神，建殊功於今世。起孩孺於重困，還精爽於既繼。（藝文類聚卷七十五）

本賦以藥品爲吟詠之題材頗爲特殊，賦文可分前後兩段：前段押質部韻，叙其子病危，遍求正統藥方及衆術皆無起色。「爾乃」以下爲後段，先押文部去聲韻，叙以寒食散服其子，「偉斯藥之入神」以下押祭部韻，贊美寒食散之神效，挽救其子於危殆也。

二　其他

魏晉詠物賦除上述諸賦外，尙有五篇難以歸類：

魏曹植　髑髏說（註八）

李康　髑髏賦

呂安　髑髏賦

晉左思　白髮賦

嵇含　白首賦（註九）

夫髑髏及白髮，爲人體之一部分，本不宜視之爲「物」，然就作者之創作意識而言，諸賦皆視其爲客觀之「物」而加以描述，與一般詠物無殊，故亦納入詠物賦之範疇也。

詠髑髏之賦始於東漢張衡之髑髏賦，此賦取材於莊子至樂篇「莊子之楚，見空髑髏」一章加以引申演化，借髑髏之言，否定人間一切價值，以死爲返歸自然（註一〇）。

魏代三篇詠髑髏之賦，除李康之作僅存二句，無法探究外，其餘二篇之內容結構皆模擬張衡之作，茲列下表以明之：

張衡髑髏賦	曹植髑髏說	呂安髑髏賦
張平子將遊目於九野，觀化於八荒。	曹子遊乎陂塘之濱，步乎蓁穢之藪。	躊躇增愁，言遊舊鄉。
顧見髑髏，委於路旁……平子悵然而問之曰：「子將并糧推命以夭逝乎……」	顧見髑髏，塊然獨居，於是伏軾而問之曰：「子將結纓首劍，殉國君乎……」	惟遇髑髏，在彼路傍，余乃俯仰吒歎，告于昊蒼：「子獨何人？命不永長……」
（平子）對曰：「我欲告之於五岳，禱之於神祇，起子素骨，反子四支，取耳北坎，求目南離，使東震獻足，西坤授腹，五內皆還，六神盡復，子欲之不乎？」	曹子曰：「予將請之上帝，求諸神靈，使司命輟籍，反子骸形。」	余將殯子時服，與子嚴裝，殮以棺槨，遷彼幽堂。
髑髏曰：「公子之言殊難也…… ……	於是髑髏長呻廓皆曰：「甚矣！何子之難語也……	於是髑髏蠢如，精靈感應……
於是言卒響絕，神光除滅，顧盼軫恤。乃命僕夫假之以縞巾，	於是言卒響絕，神光霧除，顧將旋軫。乃命僕夫拂以玄塵，	念爾荼毒，形神斷絕。今宅子后土，以爲永列。

衾之以元塵，爲之傷涕，酹於路濱。	覆以縞巾，爰將藏彼路濱。	

三賦之機杼，如出一轍。由是可知賦家之好模擬，雖於頗富文學創新精神之魏晉，亦難盡去此習也。雖然，植於模擬之中，尚有些許新意，不致索然無味也，其賦云：

曹子遊乎陂塘之濱，步乎蓁穢之藪。蕭條潛虛，經幽踐阻。顧見髑髏，塊然獨居。於是伏軾而問之曰：「子將結纓首劍，殉國君乎？將被堅執銳，斃三軍乎？將嬰茲固疾，命殞傾乎？將壽終數極，歸幽冥乎？」叩遺骸而歎息，哀白骨之無靈。慕嚴周之適楚，儻託夢以通情。於是伻若有來，怳若有存。影見容隱，厲響而言曰：「子何國之君子乎？既枉輿駕，愍其枯朽，不惜咳唾之音，慰以苦言，子則辯於辭矣，然未達幽冥之情，識死生之說也。夫死之爲言歸也。歸也者，歸於道也。道也者，身以無形爲主，故能與化推移。陰陽不能更，四節不能虧。是故洞於纖微之域，通於怳惚之庭。望之不見其象，聽之不聞其聲。挹之不沖，滿之不盈。吹之不凋，噓之不榮。激之不流，凝之不停。寥落冥漠，與道相拘。偃然長寢，樂莫是踰。」曹子曰：「予將請之上帝，求諸神靈。使司命輟籍，反子骸形。」於是髑髏長呻廓眥曰：「甚矣！何子之難語也。昔太素氏不仁，無故勞我以形。苦我以生。今也幸變而之死，是反吾眞也。何子之好勞，而我之好逸？子則行矣，余將歸於太虛。」於是言卒響絕，神光霧除。顧將旋軫，乃命僕夫。拂以玄塵。覆以縞巾。爰將藏彼路濱。壅以丹土，翳以綠榛夫存亡之異勢，乃宣尼之所陳。何神憑之虛對，云死生之必均。（

藝文類聚卷十七）

本賦可分五段：首句至「儻託夢以通情」爲首段，分三節：「曹子遊乎陂塘之濱」至「塊然獨居」爲第一節，魚部上聲、平聲與幽部上聲合韻，用韻較特殊。自敘閒遊途中遇見髑髏。「蓁穢之藪，蕭條潛虛，經幽踐阻」極力渲染陰森荒涼之氣氛。「於是伏軾而問之曰」至「歸幽冥乎」爲第二節，先押眞部部韻，次押耕部韻，問髑髏何以喪生？「叩遺骸而歎息」以下爲第三節，承上節繼押耕部韻。此節於模擬中微有創意，張衡之作僅就「莊子適楚，見空髑髏」之典故直接加以仿擬，此則歎息白骨無靈，羨慕莊子所遇之髑髏能託夢與之通情。而下段髑髏居然與之通靈，頗收驚諤之效果也。

「於是伻若有來」至「樂莫是喻」爲第二段，藉髑髏之言以明死生之理，以死爲回歸自然之道。「道也者，身以無形爲主」云云，闡明道之本體，老子云：「道之爲物，惟恍惟惚。惚兮恍兮，其中有象；恍兮惚兮，其中有物。」（二十一章）又云：「視之不見名曰夷，聽之不聞名曰希，搏之不得名曰微。此三者不可致詰，故混而爲一。其上不皦，其下不昧。繩繩不可名，復歸於無物。是謂無狀之狀，無物之象，是謂惚恍。」（十四章）蓋爲此段之所本。而末四句「寥落冥漠，與道相拘。偃然長寢，樂莫是踰」，以死爲至樂，則有取乎莊子至樂篇之思想也（註十一）。此段押韻特殊，前四句「存」「言」叶元部韻，自「子何國之君子乎」至「歸於道也」則爲不押韻之散句，「道也者身以無形爲主」四句押支部韻，「是故洞於纖微之域」至「凝之不停」押耕部韻，末四句押魚部韻。

「曹子曰」至「反子骸形」爲第三段，押耕部韻，欲替髑髏祈求神靈，以恢復其形體生命，此與張衡髑髏賦「我欲告之於五岳，禱之於神祇」云云，皆由莊子至樂篇「吾使司命復生之形，爲子骨肉肌膚……子欲不乎？」蛻化而來。

「於是髑髏長呻廓昔曰」至「余將歸於太虛」爲第四段，叙髑髏拒絕曹子之美意，以生爲苦，而以死爲歸眞之至樂，此與張衡「死爲休息，生爲役勞」同取乎莊子所云「夫大塊載我以形，勞我以生，佚我以老，息我以死」（大宗師）之意也。此段除「勞我以形，苦我以生」二句「形」「生」叶耕部韻外，餘爲散句，不押韻。而末句「歸於太虛」之「虛」字則與末段前四句之「除」「夫」叶魚部韻。

「於是言卒響絕」以下爲末段，前四句用韻見上段，「拂以玄塵」以下押眞部韻，前三句句押韻，「瘞以丹土」以下則隔句押韻。此段總結，命僕夫理葬髑髏而離去，與張衡之賦同中有異，張衡「爲之傷涕，酹於路濱」，僅止於悲憫哀恤，而曹植結云「夫存亡之異勢，乃宣尼之所陳。何神憑之虛對，云死生之必均」，仍不放棄儒家積極入世之精神，而對死生如一之說採懷疑之態度也。

呂安髑髏賦之結構與張、曹二氏之賦大抵相類，唯全賦以悲悼生命之摧藏消滅爲主調，玆錄其髑髏之答語以窺其殊異處：

於是髑髏蠢如，精靈感應。若在若無，斐然見形。溫色素膚（以下疑有脫佚），「昔以無良，行違皇乹。來遊此土，天奪我年。令我全膚消滅，白骨連翩。四支摧藏於草莽，孤魂悲悼乎黃泉。（以上見藝文類聚十七以下見初學記十四）生則歸化，明則反昏。格于上下，何物不然。」

張、曹二賦皆藉髑髏之答語以明「生不如死」之人生觀，此賦之髑髏則深悼上天奪其年壽，令其肌膚消滅，賦中對死亡流露無可奈何之深悲，此其殊異於二賦之處也。

左思白髮賦就題材而言，詠物賦也。就主旨而言，古文苑章樵注云：「譏後世俗薄，貴少而賤老。雖血肉至親，晚景或相棄背也。」則此賦乃藉白髮之題材以寓人生之感慨，屬藉物抒懷之賦篇。至其表現方式，假託白髮與人物之對話以寄其寓意，則爲寓言體之詠物賦也。其賦云：

星星白髮，生於鬢垂。雖非青蠅，穢我光儀。策名觀國，以此見疵。將拔將鑷，好爵是縻。白髮將拔，惄然自訴：「稟命不幸，値君年暮。逼迫秋霜，生而皓素。始覽明鏡，惕然見惡。朝生晝拔，何罪之故。予觀橘柚，一皜（原作暠依古文苑改）一曄（原作曅依御覽改）。貴其素華，匪尙綠葉。願戢子之手，攝子之鑷。」「咨爾白髮，觀世之途。靡不追榮，貴華賤枯。赫赫閶闔，藹藹紫廬。弱冠來仕，童髫獻謨。甘羅乘軫，子奇剖符。英英終賈，高論雲衢。拔白就黑，此自在吾。」白髮臨欲拔，瞋目號呼：「何我之冤，何子之誤。甘羅自以辯惠見稱，不以烏鬢而後舉。聞之先民，國用老成。二老歸周，周道肅清。四皓佐漢，漢德光明。何必去我，然後要榮。」「咨爾白髮，事故有以。爾之所言，非不有理。曩貴耆耋，今薄舊齒。皤皤榮期，皓首田里。雖有二毛，河清難俟。隨時之變，見歎孔子。」髮乃辭盡，誓以固窮。昔臨玉顏，今從飛蓬。髮膚至昵，尚不克終。聊用擬辭，比之國風。（藝文類聚卷十七）

本賦可分三段，自「星星白髮」至「攝子之鑷」爲首段，段分二節：首八句爲第一節，押支部韻。叙白髮有礙容儀，將去之以求高官厚爵。「雖非青蠅，穢我光儀。策名觀國，以此見疵。」巧妙運用詩經及周易之典（註一二）以造成諧趣。「白髮將拔」以下爲第二節，先押魚部去聲韻，次押葉部韻。先叙白髮自訴其無罪，不當拔之，再以橘柚皆以白爲貴作譬，懇求主人勿去之。

「咨爾白髮」至「然後要榮」爲次段，亦可分二節：首句至「此自在吾」爲第一節，押魚部韻。駁斥白髮之抗辯，言世途莫不追慕榮華，並以甘羅、子奇、終軍及賈誼皆少年得志爲例，以明白髮之無用也。「白髮臨拔」以下爲第二節，先押魚部去聲韻，次押耕部韻。白髮再度抗辯，先駁正甘羅、賈誼等之見重在於才幹，而不在於髮黑也。次以周、漢之借重老成而得肅清光明之治爲例，勸阻主人勿去之。此段描述人物與白髮對答之神態語氣頗爲生動。起首「咨爾白髮」先出以感歎無奈之語氣，至「拔白就黑，此自在吾！」則轉爲冷漠堅決，榮華利祿之引人趨於勢利冷酷，一至於此！「白髮臨拔，瞋目號呼：何我之冤，何子之誤！」述白髮臨危緊張疾呼，設想傳神，語氣甚哀憤。至末二句「何必去我，然後要榮？」語氣則轉爲懇摯卑微，以期挽回主人之冷酷無情也。

「咨爾白髮」至「比之國風」爲末段，分二節：首句至「見歎孔子」爲第一節，押之部上聲韻，深歎世態已變，雖同情白髮，亦莫可奈何也。「髮乃辭盡」以下爲第二節，冬東合韻。此爲全賦之尾聲，白髮至此已放棄抗辯，蓋主人既已利慾熏心，夫復何言？「誓以固窮」深譏其「窮斯濫」也。「髮膚至昵，尚不克終」道盡當時世態之炎涼，垂暮之悲愁也。末二句點明創作旨趣之所在，蓋郎章注所謂「譏後世俗薄，貴少而賤老，雖血肉至親，晚景或相離背也。」

嵇含白首賦序云：

余年二十七，始有白髮生於左鬢，斯乃衰悴之標證，棄捐之大漸也。蒲衣幼齒，作弼夏后；漢之賈鄧，弱冠從政。獨以垂立之年，白首無聞。壯志衄於蕪塗，忠貞抗於棘路，覩將衰而有川上之感，觀趣舍而抱慷慨之歎。（藝文類聚卷十七）

就序知本賦有強烈立功成名之熱望及日月逝矣，時不我予之慨歎。賦文已佚，是否為藉物抒懷之詠物賦難以窺知，以其題材類似左思白髮賦，姑錄之以俟考。

【附註】

註　一：西京雜記載有鄒陽酒賦，唯此賦殆為後人所偽作，非西漢之作品，參見古苔光「西京雜記的研究」頁四十。而揚雄酒賦，漢書陳遵傳作「酒箴」，「賦」「箴」兼名，故曰「勉強得揚雄酒賦一篇」。參見第二章第二節註。

註　二：參見簡師宗梧司馬相如揚雄及其賦之研究頁一二三。

註　三：「城」，全三國文校云：「書鈔作成」。考藝文類聚作「成」，而北堂書鈔則作「城」，正與嚴校相反。嚴氏誤。

註　四：「繆公酣而興霸」典出史記秦本紀，「漢祖醉而蛇分」典出史記高祖本紀，「穆生失醴而辭楚」典出漢書楚元王交傳。「侯嬴感爵而輕身」不詳出於何典？至於「諒千鍾之可慕，何百觚之足云」見孔叢子儒服篇：「平原君與子高飲，強子高酒曰：『昔有遺諺：堯舜千鍾，孔子百觚，子路嗑嗑，尚飲十榼，古之聖賢無不能引也。』」（引自古今圖書集成食貨典「酒部」）

註　五：「哀秦穆之既醉，殲良人而棄賢」指秦穆公以三良殉葬之慘事。詩經秦風黃鳥詩序云：「黃鳥哀三良也。國人刺穆公以人從死，而作是詩也。」事見春秋文公六年左傳及史記秦本紀。秦本紀云：「繆公卒，從死者百七十七人。秦之良臣子輿氏三人，名曰奄息、仲行、鍼虎亦在從死之中。秦人哀之，爲作歌黃鳥之詩。」張守節正義云：「應劭云：秦穆公與羣臣飲，酒酣，公曰：『生共此樂，死共此哀。』於是奄息、仲行、鍼虎許諾。及公薨，皆從死，黃鳥詩所爲作也。」

「嘉備武之能悔，著屢舞於初筵。」典出詩經小雅賓之初筵。

註　六：晉人以餅爲麵食之總名。明蔣一葵「長安客話」卷二歷舉「水瀹」「籠蒸」「爐熟」三者統稱餅」，餛飩、饅頭、包子、火燒之類罔不包羅，尚衍古義。（詳見錢鍾書管錐編第四冊頁一一六八）

註　七：藥品歸於「飲食類」雖嫌勉強，然魏晉僅得嵇氏寒食散賦一篇，無類可依，以其可食，權附於此也。

註　八：此篇雖題名爲「髑髏說」，實爲賦體，與呂安「髑髏賦」同爲模擬張衡「髑髏賦」之賦篇。

註　九：文選卷二十三謝惠連秋懷詩李善注：「嵇康有白首賦」，藝文類聚卷十七錄「嵇含白首賦序」，無嵇康白首賦，不知是否善注誤含爲康，抑或康、含各有白首賦？姑附記於此以俟考。

註一〇：見拙著張衡生平及其賦之研究第三章第七節。

註一一：莊子至樂篇：「人且偃然寢於巨室，而我噭噭然隨而哭之，自以爲不通乎命，故止也。」植所謂「偃然長寢」蓋出於此。

註一二：詩經小雅青蠅之詩，以「青蠅」刺讒人。周易觀卦六四：「觀國之光，利用賓于王。」

第十章　魏晉詠物賦之組織結構

文章之組織，凡有四端：一曰字，二曰句，三曰章，四曰篇。文心雕龍章句篇云：「夫人之立言，因字而生句，積句而成章，積章而成篇。篇之彪炳，章無疵也；章之明靡，句無玷也；句之清英，字不妄也。振本而末從，知一而萬畢矣。」就寫作之順序言，因字生句，積句爲章，積章成篇；就構思之程序言，則首須謀篇命意，以確立主題，掌握中心主旨。謀篇既定，次講裁章之法，以製成明靡無疵之章，然後擇取清英之句式，妥善運用不妄之字詞。謀篇爲本，字詞爲末，「振本而末從」，茲依「謀篇」「章法」「句式」「字詞」四端以探究魏晉詠物賦之組織結構：

第一節　謀　篇

夫臨文運筆之際，或苦於「六情底滯，志往神留，兀若枯木，豁若涸流。」（陸機文賦）或苦於思緒紛沓，萬途競萌，辭采蕪雜，莫知所裁。前者端賴積學儲寶以濟其貧，後者則需「謀篇」之技巧以貫穿其首尾也。謀篇者，文心雕龍所謂「附會」也。附會篇云：

何謂附會？謂總文理，統首尾，定與奪，合涯際，彌綸一篇，使雜而不越者也。若築室之須基構，裁衣之待縫緝矣。

漢賦以鋪張揚厲爲主，宏篇鉅製，動輒千言，是以謀篇尤爲勤苦，相如賦子虛、上林，意思蕭散，控引天地，錯綜古今，忽然如睡，煥然而興，幾百日而後成（註一）。揚雄賦成則困倦小臥，夢其五臟出地上，及覺，病喘悸，大少氣，病一歲（註二）。張衡賦二京，精思傅會，十年乃成（註三）。兩漢賦家謀篇之苦，由是可窺一斑。降至魏晉，短賦蠭起，千言之長篇大賦雖讓其主流地位，然並未完全衰歇中絕（註四），左思賦三都，「構思十年，門庭藩溷，皆著紙筆，遇得一句，即便疏之。」（晉書左思傳）謀篇之苦，用力之勤，無遜漢代賦家也。就詠物賦而言，千言以上之長篇計有：何晏景福殿賦（一千九百九十餘字）、嵇康琴賦（一千九百餘字）、木華海賦（千餘字）及郭璞江賦（一千六百餘字）四篇，此外如成公綏天地賦、潘岳笙賦則爲八百字左右之賦，勉强可稱長篇。此類詠物長篇，其謀篇之苦，殆有類似上述諸家者也。以嵇康琴賦爲例，詠一物而鋪衍成近二千言之長篇，苟無謀篇之法，將何以貫穿首尾，使千言歸於一宗，百慮同趨一途耶？又如成公綏天地賦，敷演天地之盛，此亦有賴勤於謀篇，方能「升天入地求之遍，上窮碧落下黃泉」，而不致於繁蕪失統，辭意渙散也。

短賦爲魏晉詠物賦之主流，其謀篇或不必如長篇鉅製之慘淡經營、勞心悴神，然謀篇之術究不可無也。玆以繆襲喜霽賦與陸雲喜霽賦爲例，二篇同以「喜霽」爲題材，繆氏之作前二段由反面苦雨寫起，極力摹寫愁霖之情。第三段轉入本題，贊頌皇上之明聖，能罪己以感天神，爲下文天晴作伏筆。末段則揭出全賦主題之所在，贊美天人感應之速，雨霽天晴，一片欣欣向榮，歡欣之情，躍於文表（詳見第三章之「詠雨」）。全賦無論就反面因霖生愁及正面雨霽而喜之摹寫，皆能緊扣「喜霽」之主題，尤以前二段能由反面苦雨著手，經由第三段之轉折，至末段始揭出正面之主題，前後形成極佳之反襯效果，頗見作者謀篇之巧思也。

陸雲喜霽賦前半亦由愁霖著手，進而轉入描述雨霽之景及喜悅之情，尚能不離「喜霽」之主題，然自「陰陽交泰，萬物方滋」以下，突然轉爲抒寫時光流逝之悲哀，後人固可由此探知深潛晉人內心之哀傷（見第三章「詠雨」），然就本賦而言，實已溢出主題，至於結尾藉遊仙以舒展內心之憂傷，則爲節外生枝，遠離喜霽之主題矣。陸雲爲晉代傑出文士之一，然偶有不愼，即成此疵。由是觀之，謀篇之術，無論長篇短製，皆不可或缺也。

謀篇之術，不外乎命意與修辭二端，黃季剛先生文心雕龍札記云：「作文之術，誠非一二言能盡。然挈其綱維，不外命意、修詞二者而已。意立而詞從之以生，詞具而意緣之以顯。二者相倚，不可或離。」文心雕龍附會篇云：「夫才量學文，宜正體製。必以情志爲神明，事義爲骨髓，辭采爲肌膚，宮商爲聲氣。然後品藻玄黃，摛振金玉，獻可替否，以裁厥中，斯綴思之恒數也。」「情志」「事義」爲命意之範疇；「辭采」「宮商」乃修辭之對象，二者當以命意爲先。「意授於思，言授於意」（神思篇）「意得則抒懷以命筆」（養氣篇），故爲文必先命意而後修辭。命意確立之後，文章始有主題可言，行文方能掌握中心主旨，不致首尾衡決，蕪雜失統也。

臨文謀篇，固以命意爲第一要務，而評鑒作品之優劣，命意之良窳亦爲重要之權衡。準此以觀魏晉詠物賦之命意，由於創作動機之不同，其命意常隨之而異，約而言之，可分下列數型：

第一型—覩物興情，應物斯感，因外物之刺激而萌生創作之動機，此型於魏晉詠物賦中佔絕大多數。此類「覩物興情」之作，依其所興之「情」可分爲二類：

其一，所興之情若僅止於純粹之欣賞，則其命意以描寫物象、詠贊物德爲主。潘尼安石榴賦序云：

> 安石榴者，天下之奇樹，九州之名菓。是以屬文之士，或敍而賦之，蓋感時而騁思，覩物而興辭。

由序知潘尼及當時「屬文之士」之賦安石榴，蓋覩安石榴乃「天下之奇樹，九州之名菓」，故「感時而騁思，覩物而興辭」，此「覩物興情」之賦篇也。唯觀尼之賦文，則傾全力於安石榴生長環境之描述，花果之細膩描繪及夸飾浪漫之想像，以構成辭藻豔富之美文，然則尼所騁之思、所興之辭，僅止於客觀詠讚石榴之美耳，其餘吟詠石榴之十一篇晉人賦作，除庾儵石榴賦外，大多爲純粹欣賞石榴之美而作客觀之描述，鑑賞物象之美蓋爲其命意之所在也。魏晉此類賦篇甚多，單以吟詠植物而言，即不勝枚舉，玆以詠花中篇數較多之木槿及蓮花爲例，以窺其一斑：

詠木槿之賦凡九篇，居詠花之首位，尙存全貌者有夏侯湛朝華賦、傅咸舜華賦及羊徽木槿賦三篇。夫木槿之花，朝開暮落，凋謝之速，理應觸發文人之傷感，唯就此三賦觀之，並無傷感氣氛，此蓋作者覩物所興之情，僅止於純粹之欣賞，傅咸舜華賦序「佳其日新之美，故種之前庭而爲之賦」，作賦之動機既出於純粹之鑑賞，故其命意亦僅止於描寫物象之美也。

詠蓮之賦凡八篇，僅次於木槿。蓮花本爲具有高度象徵性之植物，然就魏晉詠蓮諸賦觀之，其創作動機乃出於純粹欣賞蓮花而作，如閔鴻蓮花賦序云：「川源清澈，羨溢中塘。芙蓉豐植，彌被大澤。朱儀榮藻，有逸目之觀。」曹植芙蓉賦云：「覽百卉之英茂，無斯華之獨靈。」夏侯湛芙蓉賦云：「臨清池以遊覽，觀芙蓉之麗華。」其餘諸賦大抵如是，由於諸家覩蓮所興之情，僅止於純粹之鑑賞，故其命意以呈現蓮花之優美意象爲主題，乏深刻之內涵。

其二，覩物所興之情，不僅欣賞物象之美，且由物象引發作者內心之情志。此類作品，或詠物以抒情、或體物而寫志、或即物而言理，就命意而言，其評價較前者爲高。曹植神龜賦序云：

> 龜號千歲，時有遺余龜者，數日而死，肌肉消盡，唯甲存焉。余感而賦之。

覩龜亡而引發其傷感，全賦之命意即以嗟歎物類遷化爲主題。傅咸螢火賦序云：

> 余嘗獨處，夜不能寐，顧見螢火，意遂有感。于是執以自炤，而爲之賦。

作賦之動機因覩螢火而起，其命意乃藉詠螢火蟲之竭其棉薄之力，以喻賢臣雖見疏，然其竭誠盡忠則不變，充分表現儒者之志也。張華朽杜賦序云：

高柏橋南大道傍，有古社槐樹，蓋數百年木也。余少居近之，後去，行路遇之，則已朽。意有緬然，輒爲之賦，因以言衰盛之理云爾。

覩古木腐朽，遂引發其懷古之情及今昔衰盛之感慨，全賦以明衰盛之理爲其命意之所在。

以上諸賦，或抒情、或寫志、或說理，皆能於吟詠物象之中，注入作者之情志。此類作品之數量與前者純粹詠物之篇什相當，而魏晉詠物賦亦賴此而豐富其內涵也。

第二型—作者久蓄胸中之情志，得機緣而藉外物以抒發之，此類藉物抒寫情志之詠物賦，命意深刻。其與第一型第二類之作品，皆有作者之情志，唯前者之情志因物而生，詠物寫物而後抒情寫志，此則先有作者蓄積之情志，然後藉適當外物以抒發之，物象之描寫退居次要之地位，而以表現作者强烈之情志爲其命意之所在。曹植詠物賦中頗多此類作品，如白鶴賦「傷本離羣，皆自喻也」（丁晏曹集詮評，下同），蟬賦「處危疑之時，憂讒畏譏，溢於言外」，其亂辭純是自喻。鸚鵡賦「憂戚之詞，較之正平，彌覺悽惋」，蝙蝠賦「嫉邪憤俗之詞，末四句痛斥尤甚」。凡此，皆植將其胸中蓄積之情志，藉外物而抒發之，其命意非在描述白鶴等外物，而在表現其哀憤激之情志也。此外如阮籍首陽山賦，其命意非在吟詠首陽山，而在藉伯夷、叔齊隱於首陽山之典故而譏刺當時之世僞，獼猴賦則藉獼猴痛斥當代口稱仁義，假借禮法，攀附權貴之小人。

藉物抒寫情志之作，既以表現作者情志爲其命意之所在，故同一物象，由於「物以情觀」之結果，常有迥異之看法，以鷦鷯爲例，「鷦鷯，小鳥也。生於蒿萊之間，長於藩籬之下，翔集尋常之內」（張華鷦鷯賦序），此爲鷦鷯客觀之形相，張華深受莊子無用之用哲理之影響，故以鷦鷯「色淺體陋，不爲人用，形微處卑，物莫之害」爲其處世之原則，藉鷦鷯以闡明「不懷寶以賈害，不飾表以招累」之理。傅咸深不以爲然，其儀鳳賦序云：

鷦鷯賦者，廣武張侯之所造也。以其形微處卑，物莫之害也。而余以爲物生則有害，有害而能免，所以貴乎才智也。夫鷦鷯既無智足貴，亦禍害未免。免乎禍害者，其唯儀鳳也。

同一鷦鷯，張華爲賦頌贊之，傅咸則以其「無智足貴」而鄙棄之，而作儀鳳賦闡明才智之可貴，此乃傅氏基於儒家積極之精神，以才智面對當代，故其鄙棄鷦鷯，實不滿張華以形微處卑而求免禍之處世哲學也。由是觀之，作者情志不同，其觀物之結果亦異，是以此類表現作者情志爲主之詠物賦，最足以呈現作家之殊釆，其命意亦因之而有足觀者焉。

第三型—君臣唱和，嘉朋雅集，同題競釆，共詠一物，創作動機出之以遊戲態度者，此類詠物賦，上焉者尚能爲文造情，下焉者純就物象鋪陳辭藻，乏深刻命意焉。魏代同詠玉器之三篇馬瑙勒賦及五篇車渠椀賦爲典型之代表（詳見第七章 二、詠珍寶玉器），夫玉爲美德之象徵，以玉爲題材，本有豐富之內涵足供作者之驅遣，然就此八篇同詠玉器之賦觀之，除以辭藻爭勝之外，實乏深意之命意。又如曹丕、曹植、王粲、陳琳、應瑒之同詠迷迭，鍾會、荀勖之同詠蒲萄，皆以辭藻逞才，而無深刻命意可言。此外如傅玄紫華賦雖不見同題競釆之賦篇，然觀其序云：「余嘉其華純耐久，可歷冬而服，故與友生各爲之賦。」則知此亦友朋雅集，同題競釆之賦，故其命意僅止於詠贊紫華之美耳。至於陸機、潘尼之鼈賦，同爲侍候皇太子承命而作之賦，孫楚鷹賦，則爲郭延考請其作賦以供娛樂。此等賦篇，創作動機既以娛樂耳目爲唯一之目的，則無怪乎闕其深刻之命意焉。

夫同題競釆之賦篇，固因遊戲性質之拘限，常乏深刻之命意，然亦有能突破此拘限者：如曹丕、曹植、王粲同詠槐樹，於體物寫物之中，尙能抒情寫志。又如曹丕、曹植、應瑒同詠愁霖，曹丕、曹植、繆襲同詠喜霽，此六賦固爲同題競釆之作，然尙能表現久雨成霖所生愁苦之情及雨霽時喜悅之情。又如曹丕、王粲同詠柳樹，亦能感物傷懷。凡此，皆爲同題競采賦篇之上焉者也。而其所以能稍有可觀之命意者，蓋因作者本有感慨存乎其中，而共詠之題材適能供其抒發之也。

上述爲魏晉詠物賦因創作動機不同而影響命意殊異之常見三種類型，至於普遍存於漢賦之「諷諫」命意，由於愛美尙文觀念之滋長，諷諫之要求亦漸微弱。然文學美刺諷諭之觀念，至魏晉畢竟尙有餘波（註五），故少數詠物賦仍存有諷諫之命意。如：何晏景福殿賦於歌頌中寓有諷諫，孫楚韓王臺賦藉古蹟以諷當代之奢靡，卞蘭許昌宮賦諷勸魏明帝及時行仁，張紘瓌材枕賦曲終奏雅，勉世人棄華崇樸，摯虞觀魚賦曲終奏雅，戒耽於逸樂。凡此，皆有漢賦之古意也。

鎔裁篇云：「草創鴻筆，先標三準：履端於始，則設情以位體；舉正於中，則酌事以取類；歸餘於終，則撮辭以舉要。」范文瀾注云：「首審題意何在，體應何取？次採集關於本題材料，最後審一篇之警策，應置何處？」彥和所標之「三準」法，誠爲謀篇之軌範。

魏晉詠物賦之命意已述之如上。其擇取之體式則或採散體、或取騷體、或騷散混用。散體最多，騷體次之，騷散混用者又次之（註六）。此蓋詠物賦本以體物寫物爲主，而散體之句式較適於摹寫物狀也。又因魏晉文風漸趨華美，對偶逐漸精工，通篇以駢句爲主之詠物賦亦漸多。

詠物賦既以一物爲吟詠之主體，其「酌事取類」自然以所詠之物爲中心，多方搜集有關此物之材料以鋪陳之，而搜集材料之多寡、鋪衍層面之廣狹，直接影響篇幅之長短（鋪衍之法詳見「章法」）。大體言之，不外乎：㈠物形、物態及其本質之描寫。㈡物之功用之敍述。㈢有關此物之時、地及典故等之鋪陳。㈣物德之吟詠及作者之感懷諸端。若命意僅止於客觀物象之吟詠，則其「酌事取類」亦止於前三項或達及第四項之物德吟詠（註七），如陸機瓜賦，首段頌美瓜爲衆果之賢，敍其成熟之經過，寫其枝蔓之修長、瓜瓞緜緜及蔓延廣布之狀。次段先寫枝蔓之延生交錯，接寫朗日照耀、和風輕拂之景，並以詩經周南葛覃及唐風椒聊二典，形容瓜之蔓生及果實之衆多，末寫瓜實纍纍之狀。三段以作者豐富之學殖及精密之觀察力，鋪陳瓜之種類，並總述瓜之香味及其美德。末段敍述瓜之食法（詳見第五章之「詠果」）。又如傅玄鬬雞賦，摹寫鬬雞形體、羽色、神態及威勢極傳神，尤能將其博鬥之狀作入木三分之描寫（詳見第六章之「詠鳥」）。唯此類賦篇無論如何發揮巧構形似之技巧，由於深刻命意之闕如，故全賦除「酌事取類」以達成娛耳悅目之效果外，終乏警策。至若命意寓有作者情志之賦篇，則常於吟詠物象之後，於篇末移入作者之情志，而爲全賦警策之所在。如曹植不滿揚雄酒賦戲而不雅，故作酒賦，曲終奏雅，結明正旨，以寓其戒酒之深意（詳見第九章「酒」），鍾琰鶯賦於寫物體物之後，移入作者之情志，藉鶯鳥以流露其對時光流逝之哀傷（詳見第六章「詠鳥」）。夏侯湛愍桐賦末二句「植匪崗其不滋，鳳非條其不儀」，借愍桐之不得其所，以傷己之不遇，爲全賦警策之所在（詳見第五章「詠木」）。傅咸患雨賦末二句「天道且猶若茲，況人事之不平？」由天道無常而歎人事不平。時代之心聲，作者之眞性，皆於憤激中傾瀉而出，爲全賦之警策。成公綏故筆賦於敍述筆之源起、形體及功用之後，末二句「佗盡力於萬機，卒見弃於行路」爲全賦之警語，點明題旨，深寓其人生之感慨（詳見第七章「詠日常用品」）。以上所述，皆爲警策置於篇末之常例。此外如曹植蟬賦、孫該三公山下神祠賦、嵇康琴賦及陸雲寒蟬賦，篇末皆有亂辭，「亂以理篇，迭致文契」（文心雕龍詮賦篇），亂辭自爲警策之所在也。至於警策置於篇首或篇中者，其例較少。如曹植離繳雁賦充滿個人之感傷，所詠之孤雁與其遭遇相仿彿。而起首二句「憐孤雁之偏特兮，情惆焉而內傷」即點明主題，爲警策之所在。應瑒慜驥賦起首四句「慜良驥之不遇兮，何屯否之弘多？抱天飛之神號兮，悲當世之莫知」點明良才不遇之主題，亦爲警策之所在，此爲警策置於篇首之例也。又如孫楚井賦可分三段，第二段即物言理，闡明道家抱朴守眞之哲理及儒家篤信、處汚泥而不染之美德，爲全賦警策之所在。陸機感丘賦亦可分三段，而第二段之「何人生之寄世，猶水草乎山河」「生矜迹于當世，死同宅乎一丘」，怵目驚心，旣深慨人生苦短，且否定積極奮鬥之意義，充分表現消極頹廢之人生觀，亦爲全賦警策之所在，此爲警策置於篇中之例也。

第二節　章　法

文心雕龍章句篇云：「積句而成章，積章而成篇。篇之彪炳，章無疵也。」章由積句而成，爲整篇文章之段落，欲謀彪炳之篇，則須裁製完美無疵之章，章法誠爲組織文章不可或缺之一環也。「積句成章」「積章成篇」爲裁章之兩大步驟，由於「積章成篇」直接關係篇之完成，玆先論魏晉詠物賦積章成篇之法：

夫賦之結構，可分三部：於始有序，中爲賦之本部，於末則有亂辭。文心雕龍詮賦篇云：「旣履端於倡序，亦歸餘於總亂。序以建言，首引情本；亂以理篇，迭致文契。」序述作賦之動機及主旨，亂約全篇之旨意，唯序及亂辭並非賦篇所必備，或有序無亂、或有亂無序、或序亂俱無，僅具賦之本部。序亂之有無，自然影響其積章成篇之法，玆分述如下：

㈠序亂俱備

序亂俱備之賦篇，最合乎劉勰所提之「三準」之原則，由於首尾結構之完整，故爲理想積章成篇之法，唯此類賦篇不多，魏晉詠物賦僅得孫該三公山下神祠賦、嵇康琴賦、陸雲寒蟬賦三篇。孫該三公山下神祠賦前有散文之序，述作賦之動機基於昭明神靈、贊美神祠之弘麗而作，賦文卽鋪陳神祠之壯觀，賦末亂辭詠贊三公之潤澤羣生而總結全篇。嵇康琴賦爲魏晉詠物賦中結構最完整之傑出作品，序述作賦之動機，賦文肆其鋪衍成千餘言之長篇，亂辭吟詠琴德，兼喩己志以收束全篇。序、亂及賦文本部結合成不可分離之整體，此賦苟缺賦序，徒覽其鋪衍千餘言之賦文，將難以洞明其創作此賦之深意；苟無賦末之亂，則其寓情志於詠琴之幽旨亦難以顯現也。至於陸雲寒蟬賦，序明其作賦之主旨有二：一爲頌美蟬德，二爲抒寫貧士之悲。賦文即以此二大主題加以鋪陳，賦末之亂辭則藉貧士之歎以呼應賦序所揭之主題，而時光流逝之哀、貧士困窘之悲皆於歎辭中抒發，爲全賦精華之所在。苟無亂辭，將使本賦之韻味盡失矣。由是觀之，魏晉序亂俱備之詠物賦雖僅三篇，然皆能運用其優點，積章以成結構完整之賦篇，尤以嵇康琴賦爲最佳之典範也。

㈡有序無亂

魏晉詠物賦中，有序無亂之賦約百篇（註八），賦序之功用以明作賦之動機與主旨，此與前者相同，唯就序與賦文依存關係之程度觀之，可略分爲二型：

其一，賦序僅作輔助性之說明，賦文本身可單獨存在，苟無賦序，亦無傷其主題。此型以命意僅止於純粹詠贊物象或同題競釆之遊戲作品居多。前者如傅咸舜華賦序云：「佳其日新之美，故種之前庭而爲之賦。」又如潘岳橘賦序云：「余齋前橘樹，冬夏再熟，聊爲賦云爾。」二賦皆爲客觀描寫物象之美，其賦序則可有可無也。後者如曹氏兄弟及其臣僚同詠迷迭，丕賦有序云：「余種迷迭于中庭，嘉其揚條吐香，馥有令芳，乃爲之賦。」由此序僅知所詠之迷迭乃丕之中庭所有而已，雖無賦序亦無傷其賦文主題之表現，若與其餘四篇無序之迷迭賦參照之，益可知此序之可有可無也。他如同詠瑪瑙勒、車渠椀等玉器之賦亦然，可知同題競釆之遊戲作品，賦序與賦文依存之關係甚輕也。

其二：賦序與賦文結合成不可分之整體，苟無賦序，則賦文所詠之主題將難以顯現。命意寓有作者情志之賦篇較多此型之作品，如成公綏烏賦，由賦序方知此賦有自喻之成分，詠烏而兼彰己德，苟無賦序，則將以爲此賦僅止於描述烏性、吟詠烏德耳。又如支曇諦赴火蛾賦，端賴賦序方知其賦文表面雖僅止於描述飛蛾赴火，實寓有深意，戒人莫貪財而亡也。餘如曹丕柳賦、孫楚杕杜賦、傅咸櫛賦、汚巵賦、款冬賦、儀鳳賦、黏蟬賦、張華朽社賦、鷦鷯賦、嵇含長生樹賦等，其例不勝枚舉，此等賦篇之主題及作者之寓意，皆有賴於賦序之闡明也。又此型之賦序，其本身常有足觀者焉，或以抒情、或以寫志，莫不佳妙。傅咸款冬賦序實爲雋永之小品文字，孫楚笳賦序造境頗佳，水濱、華髮、春風、悲笳等意象組成動人之畫面，此用以抒情者也。張華鷦鷯賦序、傅咸儀鳳賦序，各稟其人生觀以說理，觀點雖異，皆爲極佳之說理文字。此外如張望鷖鷯賦序云：「余覩鷖鷯之爲鳥也，形皃叢蔑，尾翮樵陋，樂水以遊，隨波淪躍，汎然任性而無患也。」短短數句，抒情寫志，兼而有之，表現道家任性之思想、抒寫逍遙之至樂。由是觀之，賦序實爲章法之一，苟善用之，對賦作實有莫大之裨益也。

以上所述之章法，着重於序與賦文依存關係之探討，至於賦文本身之章法，與下文「序亂俱無」之章法略同，皆因篇幅長短之不同，章法亦隨之而異。長篇如成公綏天地賦，賦文近八百字，分八大段：前二段敍述宇宙之本體及萬物之育成，中間四段鋪陳天上星宿、祥瑞災異、地理及人文，第七段綜結前文，將天地萬物統攝於太一上皇。末段則爲全賦之餘音，而以感慨陰陽難測，贊美天地遼濶作結，呼應賦序所揭之主題。此類長篇詠物賦之鋪衍法與漢賦相類，唯其例甚少。魏晉究以短賦爲主流，尤以不滿百字之短賦更具特色。玆舉二例以說明短賦之章法：

曹丕臨渦賦云：

蔭高樹兮臨曲渦，微風起兮水增波。魚頡頏兮鳥逶迤，雌雄鳴兮聲相和。萍藻生兮散莖柯，春木繁兮發丹華。

章法與漢賦迥異，頗似用兮字之七言山水詩，此賦實以一章爲一篇也。

張望鷖鷯賦云：

惟鷿鶙之小鳥，託川湖以繁育。翩舒翮以和鳴，匪窘惕於籠畜。瀇瀁池沼。容與河洲。翔而不淹，集而不留。值汙則止，遇澤則遊，淪潭裏以銜魚，躍浪表而相求。萃不擇渠，娛不擇川。隨風騰起，與濤回旋。沉竄則足撥圓波，浮泳則臆排微漣。率性命以閑放，獨遨逸而獲全。

賦文依押韻可分三段，首段敍鷿鶙飛鳴川湖之上，自由逍遙，無樊籠之患。次段描寫鷿鶙逍遙於河洲之景，神態悠閑。末段敍其不擇川渠，隨遇而安，任性逍遙，保性全眞，此賦雖分三段，然每段僅數句，若視此三段爲三節亦無不可，則此賦亦可視爲一章構成一篇之例也。以上二賦，篇幅雖短，然皆紆折而有餘味，爲短賦之典範也。

㈢有亂無序

魏晉詠物賦有亂無序之作品僅得曹植蟬賦一篇。洪興祖楚辭補註云：「凡作篇章旣成，撮其大要以爲亂辭也。離騷有亂有重，亂者總理一賦之終，重者情志未申，更作賦也。」此賦沿承楚騷之形式，於賦末加亂辭。賦文分三段，首段述蟬之季節及蟬德，次段述蟬之悲苦命運，末段以蟬之悲劇收場，首尾極爲完整。亂辭更就蟬德加以吟詠，旣能總撮全賦之大意，復有一唱三歎，餘韻不絕之效果。

按：「有亂無序」之詠物賦除曹植蟬賦外，陸機羽扇賦末後段唐勒之辭亦可視爲亂辭之變型，蓋本賦前三段已具備賦之首中尾三部（註九），文意已全，末段乃藉唐勒之辭以收反覆吟詠之效耳，其作用與亂辭無殊。又末段首句「屬唐勒而爲之辭曰」，「辭」、藝文類聚卷六十九作「亂」。然則本賦亦可視爲「有亂無序」之賦也。

㈣序亂俱無

魏晉詠物賦中，序亂俱無，僅具賦之本部者佔絕大多數，推其所以然者，蓋有三端：

其一，魏晉詠物賦純粹吟詠物象者不少，此類賦篇僅須摹寫物象及鋪陳相關之事物即可，常不需賦序以說明作賦動機及主旨，亦不需亂辭以總結全賦大意也。

其二，賦之本文，本身常具首中尾三部分，起首部分似序，結尾部分似亂，中間部分則鋪陳本事。由於本身結構已成完整之篇章，如無必要，則無需序亂也。

其三，今存魏晉詠物賦大多見載於類書，疑有若干賦篇本有序或亂，由於類書節錄之關係而刪去。如孫該三公山下神祠賦，藝文類聚僅載其賦之本部，苟初學記不錄其序及亂，則今日所見之孫賦將僅具賦之本部矣。

劉熙載藝槩云：「作短篇之法，不外婉而成章；作長篇之法，不外盡而不汙。」（卷一文槩）又云：「長篇宜橫鋪，不然則力單；短篇宜紆折，不然則味薄。」（卷二詩槩）或論文、或論詩，皆謂長篇與短篇之章法宜有不同。賦之章法亦然，篇幅之長短，影響賦文之章法頗大，於「有序無亂」之敍述已略言之，此處更就長篇、中篇、短篇及極短篇各取數例以明其積章成篇之法（註一〇）：

㈠長篇

今存魏晉詠物賦罕見長篇（註一一），除「序亂俱備」之嵇康琴賦、陸雲寒蟬賦及「有序無亂」之成公綏天地賦三篇外，「序亂俱無」亦僅得四篇：何晏景福殿賦、木華海賦、郭璞江賦及潘岳笙賦，前三篇皆爲千言以上之鉅製，潘岳笙賦七百七十餘字，勉强稱爲長篇。景福殿賦所詠者爲典型京都大賦之題材，章法之鋪衍與漢賦無殊：首段敍景福殿之緣起，相當於賦序，乃賦之首部。第二段至第十段就景福殿之大觀，棟宇之高峻，南方正門，結構，內殿，殿外階梯及四方宮宇，凌雲承露盤及虞淵靈沼之景物，溝洫，高昌建城二觀，屯坊列署等逐項夸衍，此爲賦之中部。末段頌揚明帝之功德，託諷於頌，此爲賦之尾部，相當於亂辭。

木華海賦全篇分十三段，首段總述海之廣大神祕，爲賦之首部。第二段至第十二段則就海之形狀、疾風鼓浪之狀、風止之狀、王命急宣、海中神怪、海之範圍及珍寶、海中仙山、海濱、巨鯨、海鳥、神仙等逐項夸衍之，此爲賦之中部。末段總結全文，詠贊海之守虛謙卑、無所不包之德，此爲賦之尾部。

郭璞江賦全篇分十段，首段總述，泛寫長江，敍其發源、流域及其東流入海之經過，爲賦之首部。第二段至第九段則就巴東三峽、潭湖、江魚、水怪、羽族、湖澤、舟楫、江水之變化等項逐一加以夸衍，此爲賦之中部。末段先鋪敍史事及神話，而以詠贊長江爲川瀆之妙觀作結，此爲賦之尾部。

潘岳笙賦全篇分六段：首段簡述笙之器材所生之地，並說明其不欲詳述山川之勢及禽獸之嬉遊之旨意，此爲賦之首部。第二段至第五段則就笙之製作及形體、哀笙、宴飲、新聲變曲及笙之中規中矩等項加以鋪衍，此爲賦之中部。末段總結笙器之優越，頌美笙之至德，此爲賦之尾部。

綜觀上述四篇長賦之章法結構，雖無序亂，然皆自具首中尾三部，此與典型漢賦之結構相同，其分項逐章鋪衍而成長篇之手法亦無殊。微有不同者，乃四賦之首尾皆用韻，而漢賦之首尾常爲不押韻之散文，此其一；漢賦首尾常虛設主客之對答以開展全賦之主題，此四賦除何氏之賦首段略有君臣之對答形式外，餘三賦則不借助主客對答之形式，而採直接之鋪陳，此其二。

(二)中篇

魏晉詠物賦四百字至七百字之「中篇」亦不多，僅得十三篇，其中「序亂俱無」有七篇，玆取曹植髑髏說、束皙餅賦、張載酃酒賦三篇爲例：

曹植髑髏說採問答之體式，其章法承襲東漢張衡之髑髏賦，借作者與髑髏之對答以寓人生之哲理，若溯其遠祖，皆由莊子至樂篇「莊子之楚，見空髑髏」一章演化而成也。魏晉詠物賦採問答形式者較少，除本賦外，呂安髑髏賦、左思白髮賦、陸機羽扇賦皆採問答之形式。唯陸機羽扇賦之主體仍置於「宋玉」之答語，餘則僅處於陪襯之地位，而髑髏、白髮等賦則借賓主一問一答之間展開，其間較無輕重之別，此其相異處也。

束晳餅賦，全篇分五段，首段不押韻，敘餅之源起，此爲賦之首部，相當於賦序。第二段至第四段分敘餅之種類、牢丸之製作、牢丸之色香味。第五段寫進食牢丸之狀，無明顯之尾部。此殆本賦純就客觀手法描寫，故爲需「尾部」以總結全文耶？又本賦除用韻外，其章法實與散文無殊也。

張載酃酒賦則爲首中尾三部結構完整之賦，首段述夷狄造酒，頌美酒德，爲賦之首部。第二段至第四段爲賦之中部，先列舉各地名酒，頌美大晉得酃酒之美以引入本題，次敘酃酒之釀製、滋味、顏色及其怡情消憂諸功用，末述宴飲之樂。第五段則以酒之應戒總結全篇，曲終奏雅，爲賦之尾部，首尾二部相反而實相成，章法極佳。

㈢短篇

短篇乃魏晉詠物賦之主體，今存四百二十八篇詠物賦中，除殘佚之一百二十篇不計外，字數在一百字至四百字間之賦凡一百六十八篇，不滿百字之賦則有一百二十篇，換言之，今存魏晉詠物賦幾爲四百字以下之小賦所構成，雖然魏晉之長篇大賦並未完全衰歇中絕（參見註四），然短賦爲其主要體製則無疑也，玆先述「短篇」之章法：

短篇由於篇幅之限制，勢無法如長篇大賦之肆其鋪衍，以曹丕滄海賦爲例：

美百川之獨宗，壯滄海之威神，經扶桑而遐逝，跨天崖而託身。驚濤暴駭，騰踊澎湃，鏗訇隱隣，涌沸凌邁。於是黿鼉漸離，泛濫淫遊，鴻鸞孔鵠，哀鳴相求，楊鱗濯翼，載沉載浮，仰唼芳芝，俛漱清流，巨魚橫奔，厥勢吞舟。爾乃鈞大貝，採明珠，搴懸黎，收武夫。窺大麓之潛林，覩搖木之羅生，上蹇產以交錯，下來風之泠泠。振綠葉以葳蕤，吐分葩而揚榮。

此賦與木華海賦同以海爲題材，木賦長逾千言，此賦僅一百三十二字，篇幅相差十倍之多！二賦之描寫技巧實無甚殊異，其導致篇幅之長短者，端在章法。木賦以傳統漢賦鋪張揚厲，繁類成豔之法，每章輒需百言，且積十餘章始成全篇，故逾千言，此賦則擺脫鋪張揚厲之習，摒棄繁類成豔之法，每章數句，數章即成一篇，舉重若輕，而成精巧玲瓏之賦篇，此短篇與長篇章法最大殊異之處也。此外，本賦尚有「於是」「爾乃」等提頭接頭詞，此等提頭接頭詞為長篇大賦安置繁類不可或缺之榫頭，然短篇由於篇幅短小，或有純以「內義脈注」之法貫穿全篇，而無需此等榫頭者，如應瑒愍驥賦云：

愍良驥之不遇兮，何屯否之弘多。抱天飛之神號兮，悲當世之莫知。赴玄谷之漸塗兮，陟高岡之峻崖。懼僕夫之嚴策兮，載悚慄而奔馳。懷殊姿而困逼兮，願遠迹而自舒。思奮行而驤首兮，卬繮緤之紛拏。牽繁轡而增制兮，心慉結而槃紆。涉通逵而方舉兮，迫輿僕之我拘。抱精誠而不暢兮，鬱神足而不攄。思薛翁於西土兮，望伯氏於東隅。願浮軒於千里兮，曜華軛乎天衢。瞻前軌而促節兮，顧後乘而踟躕。展心力於知己兮，甘邁遠而忘劬。哀二哲之殊世兮，時不遘乎良造。制銜轡於常御兮，安獲騁于假道。

曹植白鶴賦云：

嗟皓麗之素鳥兮，含奇氣之淑祥。薄幽林以屏處兮，蔭重景之餘光。狹單巢于弱條兮，懼衝風之難當。無沙棠之逸志兮，欣六翮之不傷。承邂逅之僥倖兮，得接翼于鸞皇。同毛衣之氣類兮，信休息而同行。痛良會之中絕兮，遘嚴災而逢殃。共太息而祇懼兮，抑吞聲而不揚。傷本規之違忤，悵離羣而獨處。恆竄伏以窮栖，獨哀鳴而戢羽。冀大綱之解結，得奮翅而遠遊。聆雅琴之清韻，記六翮之末流。

左九嬪松柏賦云：

何奇樹之英蔚，託峻岳之嵯峨。被玄澗之逶迤，臨淥水之素波。擢脩本之丸丸，萃綠葉之芬葩。

敷纖莖之蘢蓯，布秀葉之葱青。列疏實之離離，馥幽藹而永馨。紛翕習以披離，氣肅肅以清泠。應長風以鳴條，似絲竹之遺聲。稟天然之貞勁，經嚴冬而不寒。雖凝霜而挺幹，近青春而秀榮。若君子之順時，又似乎眞人之抗貞。赤松遊其下而得道，文賓飡其實而長生。詩人歌其榮蔚，齊南山以永寧。

細觀右列三賦之章法結構，首尾一氣呵成，無假於提頭接頭詞以作爲章與章間之榫頭，純賴「內義脈注」之法以貫穿全篇，章與章間之內聚力極強，必須細加觀察，方能析其段落（註一二），此種章法，蓋近似詩騷而異於傳統長篇之漢賦也。

㈣極短篇

不滿百字之賦乃魏晉詠物賦之一大特色，由於篇幅之短已至極限，已完全放棄漢賦「鋪張揚厲」之特色，其章法自然迥異於漢賦，玆舉數例如下：

徐幹冠賦云：

纖麗細纓，輕配蟬翼。𢑴曰元飾，貴爲首服。君子敬愼，自强不忒。

鍾琰鶯賦云：

嘉京都之鶯鳥，冠羣類之殊形。擢末軀於紫闥，超顯御乎天庭。惟節運之不停，懼龍角之西頹。慕同時之逸豫，怨商風之我吹。

左九嬪涪漚賦云：

覽庶類之肇化，何涪漚之獨靈。稟陰精以運景，因落雨而結形。不係根於獨立，故假物以資生。體珠光之皎皎，若凝霜之初成。色鮮熠以熒熒，似融露之將渟。亡不長消，存不久寄。其成不欲難，其敗亦以易也。

蘇彥浮萍賦云：

> 余嘗汎舟遊觀，鼓檝川湖。覩浮萍之飄浪，乃觸水而自居。體任適以應會，亦隨遇而靡拘。伊弱卉之無心，合至理之冥符。

「賦者，鋪采摛文，體物寫志也」，就形式言，此等短賦雖放棄「競為侈麗閎衍之詞」（漢志詩賦略）之寫法，然卻能於短短百字之內，發揮其體物寫志之功能。又此等短賦之構篇手法，對六朝「巧構形似之言」之詩殆有所影響，廖蔚卿先生「從文學現象與文學思想的關係談六朝巧構形似之言的詩」一文中云：

> 所謂「巧構形似之言」對於六朝詩而言，實際統攝了整體結構上的三個要素：一是題材，即巧構形似的對象：以日月、風雲、草木、山水等自然物色為主。二是技巧，即巧構形似的手法：密附、曲寫；這不僅指儷辭、奇句、新辭，主要是指比興誇飾等描寫形容的修辭技巧。三是題旨，即巧構形似的作用及目的：吟詠其志。因而，「巧構形似之言」的詩，大抵以「體物」「寫物」及「感物詠志」三要素組合而成。

廖氏並舉四位詩人之作品為例證，茲引其中二首：

一、張協：雜詩之二：

大火流坤維，白日馳西陸。
浮陽映翠林，迴飇扇綠竹。
飛雨灑朝蘭，輕露棲叢菊。
龍蟄暄氣凝，天高萬物肅。
弱條不重結，芳蕤豈再馥。」

體物
寫物

人生瀛海內，忽如鳥過目。┐感物
川上之歎逝，前修以自勖。┘詠志

二、謝靈運：登江中孤嶼：

江南倦遊覽，江北曠周旋。┐
懷新道轉迴，尋異景不延。┘體物
亂流趨正絕，孤嶼媚中川。┐
雲日相輝映，空山共澄鮮。┘寫物
表靈物莫賞，蘊眞誰爲傳。┐
想像崐山姿，緬邈區中緣。┘感物
始信安期術，得盡養生年。┘詠志

茲仿上表，取鍾琰鶯賦及左九嬪涪漚賦以比較參照之：

一、鍾琰：鶯賦：

嘉京都之鶯鳥，冠羣類之殊形。┘體物
擢末軀於紫闥，超顯御乎天庭。┘寫物
惟節運之不停，懼龍角之西傾。┘感物
慕同時之逸豫，怨商風之我吹。┘吟志（抒情）

二、左九嬪：涪漚賦：

覽庶類之肇化，何涪漚之獨靈。┐
稟陰精以運景，因落雨而結形。┘體物

不係根於獨立，故假物以資生。
體珠光之皎皎，若凝霜之初成。
色鮮熠以熒熒，似融露之將渟。
寫物

亡不長消，存不久寄。
其成不欲難，其敗亦以易也。
感物
吟志（說理）

由是觀之，盛行於六朝「巧構形似之言」之詩，其構章之法，與魏晉詠物小賦頗有類似之處，甚或有取于斯者歟？

以上所述之章法，着重於「積章成篇」，以下則就「積句成章」以探討之：

俞士鎮讀兩都賦偶記云：「賦尚敷陳，不厭累積，排比之間，必有倫則。如排比之後，加以小結，則分中有合，死中有活。分中有合，不過結束之常法；至於死中有活，則堆砌累積之處，一經點化，便成空靈……。故臨文堆砌，恆人所能，若無法運於其間，則又何足以言文。」夫「分中有合」固為結束之常法，而「死中有活」則為鋪張揚厲、繁類成豔之漢賦所不可或缺之法，蓋鋪張揚厲、繁類成豔之長賦，名詞事類之堆砌甚多，端賴「死中有活」之法加以點化，否則極易淪為「類書」「字林」也。漢賦雄傑司馬相如尤長此法，以上林賦言水中之物為例（註一三）：

蛟龍赤螭
䱭䲛漸離
鰅鰫鰬魠
禺禺魼鰨

揵鰭掉尾
振鱗奮翼

潛處乎深巖

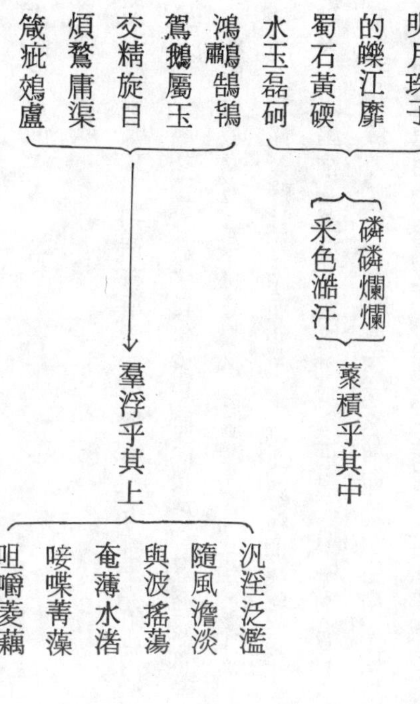

表之上層，爲名詞之堆積，然後合之以形容，此「死中有活」之法也。「瀝處」「蘩積」「羣浮」三句爲各節之總結，合之爲一生動之畫面。

魏晉詠物賦一則短賦盛行，鋪張揚厲、繁類成豔之長篇甚少，一則詠物賦既以一物爲吟詠之對象，其所着力者集中於該物物象之刻畫、物德之吟詠以及因物而生之情志，故名詞事類堆砌之現象較少。雖然，仍有少數詠物賦有此遺習：何晏景福殿賦以典型京都大賦之宮殿爲題材，成公綏天地賦鋪陳天地之盛，木華海賦、郭璞江賦等江海類之賦篇，涵蓋面極廣，嵇康琴賦、潘岳笙賦承王褒洞簫賦之餘緒，窮變聲貌，皆有鋪衍之迹也。至如應貞安石榴賦、陸機瓜賦等詠物短賦而有名詞堆積之習則爲少數之例外。茲舉數例以窺其鋪衍之法：

一、何晏景福殿賦：

爾乃建淩雲之層盤，浚虞淵之靈沼，
清露瀼瀼
淥水浩浩
樹以嘉木
植以芳草
悠悠玄魚｝沈浮翺翔，樂我皇道。
皠皠白鳥

此段描寫淩雲承露盤及虞淵靈沼之景物，由於「瀼瀼」「浩浩」「悠悠」等富於動感之狀詞及「樹」「植」等動詞之運用，其名詞事物之堆積已不致於呆滯，加上「沈浮翺翔，樂我皇道」二句「死中有活」之點化，不僅直接促使玄魚、白鳥獲得活力，且使全段之清露、淥水、嘉木、芳草感受生機，遂構成一幅優美生動之畫面。

二、成公綏天地賦：

若夫懸象成文，列宿有章。三辰燭燿，五緯重光。河漢委虵而帶天，虹蜺偃蹇於昊蒼。望舒彌節於九道，羲和正轡於中黃。衆星回而環極，招搖運而指方。白獸峙據於參伐，青龍垂尾於心房。玄龜匿首於女虛，朱鳥奮翼於注張。帝皇正坐於紫宮，輔臣列位於文昌。垣屏駱驛而珠連，三台差池而鴈翔。軒轅華布而曲列，攝提鼎跱而相望。

此段鋪敘天上之星宿，雖採直接之鋪陳，而無「分中有合」及「死中有活」之技巧，然却不失情趣者，端賴作者運用想像力，巧妙運用星宿之名稱而賦予生命，於是望舒能「彌節」、羲和能「正轡」、白獸能「峙據」、青龍能「垂尾」、玄龜能「匿首」、朱鳥能「奮翼」……構成富有動態之星宿圖，而不流於呆板之堆砌，此亦「點化」之一法也。

三、郭璞江賦：

魚則

江豚海狶、叔鮪王鱣、䱵䲔鯩鰱｝或鹿觡象鼻、或虎狀龍顏｝鱗甲𩊮錯、煥爛錦斑｝揚鰭掉尾、噴浪飛涎、排流呼哈、隨波遊延、或爆采以晃淵、或𧽒鰓乎巖間｝介鯨乘濤以出入、鯼鮆順時而往還

第一層爲名詞之堆砌，第二層兼用比喻以形容江魚之奇形怪狀，第三層則爲動態之描述，一二三層皆爲「死中有活」之運用，且「活」多於「死」，此法東漢張衡已善用之（註一四）。至於第四層之介鯨及鯼鮆，本應置於第一層之名詞堆砌中，郭氏別出新意，於描述一般江魚之活動後，突然冒出介鯨及鯼鮆，頗能凸顯二魚之不凡，亦能表現郭氏運筆之靈活也。

四、潘岳笙賦：

爾乃引飛龍、鳴䳌雞、雙鴻翔、白鶴飛、子喬輕舉、明君懷歸｝夫其悽戾辛酸，嚶嚶關關，若離鴻之鳴子也；含啁嘽諧，雍雍喈喈，若羣鶵之從母也｝郁捋劫悟、泓宏融裔｝哇咬嘲喆，一何察惠；訣厲悄切，又何磬折

荆王喟其長吟
楚妃歎而增悲」

第一層爲曲名之鋪排，於鋪排之中，將本爲靜態之曲名化爲富有生意之動態描述，誠爲用筆之一絕。第二層合之以形容，以「離鴻鳴子」「羣雛從母」之優美意象形容曲音，頗有增强其「活力」之效果，此爲「死中有活」之靈活運用。至於三、四層之層層描述，實爲第二層之延續也。

由上所舉四例，可知魏晉詠物賦鋪衍名詞事類之處雖不多，然頗能靈活運用「死中有活」之法，且富於變化也。

短賦積句成章之法與長賦最大之殊異處在於摒棄鋪張揚厲、繁類成豔鋪衍，此於上文積章成篇中已略言之，如所舉曹丕滄海賦之首段云：

美百川之獨宗，狀滄海之威神。經扶桑而遐逝，跨天崖而託身。

四句即構成一段，以贊美海之廣大，而木華海賦首段則鋪衍成一百三十餘字之一大段文字。又如張載濛汜池賦第三段云：

幽瀆傍集，潛流獨注。仰承河漢，吐納雲霧。緣以釆石，殖以嘉樹。水禽育而萬品，珍魚産而無數。

描寫池旁之釆石、嘉樹、水禽及池中珍魚，僅用四句，若以長賦爲之，則每類殆將鋪衍成無數文字矣。

魏晉詠物賦之章法大抵如上，此外如徐幹冠賦類銘，胡綜黃龍大牙賦似頌，又嵇康琴賦、潘岳笙賦皆有歌詩雜乎其中，此蓋賦體包容力廣，故其章法變化多端也。尤以嵇、潘二氏融歌詩於賦體，殆啓南北朝詩賦合流之濫觴歟？

第三節　句式

賦之句式，可分騷體句式、散體句式二大類。騷體句式源自離騷、九歌、九章等楚辭篇章，其特徵在「兮」字之使用，或置於句中、或置於句末。其形式較規則者有六言句式、五言句式、七言句式、四三言式、五四言式等五種（註一五）：

一、六言句式—「兮」字置於第四字，圖式如下：

□□□兮□□　　其例如：

浴蘭湯兮沐芳，華采衣兮若英。（九歌雲中君）

二、五言句式—「兮」字置於第三字，圖式如下：

□□兮□□　　其例如：

秋蘭兮麋蕪，羅生兮堂下。（九歌少司命）

三、七言句式—「兮」字置於第三字，圖式如下：

□□□兮□□□　　其例如：

操吳戈兮披犀甲，車錯轂兮短兵接。（九歌國殤）

四、四三言式—每句四字，兩句一組，「兮」字置於下句第四字，圖式如下：

□□□□，□□□兮。　　其例如：

后皇嘉樹，橘徠服兮。（九章橘頌）

五、五四言式—每句四字，兩句一組，「兮」字置於兩句之中，圖示如下：

□□□□兮，□□□□。　其例如：

滔滔孟夏兮，草木莽莽。（九章懷沙）

不規則之騷體句法如：

余固知蹇蹇之爲惡兮，忍而不能舍也。

苟余情其信姱以練要兮，長顑頷亦何傷。（離騷）

上述騷體句式之「兮」字，有時可以其他語助詞代之，如：

惟草木之零落兮，恐美人之遲暮。（離騷）

悲回風之搖蕙兮，心寃結而內傷。（九章悲回風）

右例若不論其上下句間之「兮」字，其句法實與「六言句式」無殊，皆可圖式如下：

上三字　　下二字

□□□（語助詞）□□

上三字 有意義　中間一字 義輕　下二字 有意義

此種六言句式，離騷用之甚多，其影響後世最大，成爲辭賦之主要句式，本文爲說明方便，常以「騷式六字句」稱之，一則有別於普通散文之六字句，一則亦可以稍別於前述之「六言句式」也。

魏晉詠物賦之騷體賦，依「兮」字運用之情形可分爲二類：

㈠用「兮」字者—「兮」字爲騷體賦之表徵，唯就魏晉詠物賦觀之，僅得二十篇：

㈤：王粲迷迭賦　應瑒愁霖賦　愍驥賦　曹丕迷迭賦　曹植愁霖賦　迷迭賦　阮籍首陽山賦　（以上魏代，凡七篇。註一六）　傅玄蟬賦　傅咸螢火賦　（以上西晉，凡二篇）　劉瑾甘樹賦

（東晉一篇）

(乙)..曹丕臨渦賦　柳賦　曹植白鶴賦　蟬賦　繆襲喜霽賦　（以上魏代，凡五篇）　傅玄喜霽賦
　夏侯湛夜聽笳賦　傅咸患雨賦　梧桐賦　鳴蜩賦　（以上西晉，凡五篇）

右列二十篇騷體詠物賦，甲組十篇皆以騷式六字句組成，其奇數句尾皆有兮字、乙組十篇，除曹丕臨渦賦全篇以「蔭高樹兮臨曲渦」之七言句式組成外，其餘諸賦則以騷式六字句，奇數句尾用兮字為其主要句式，並雜以其他騷體句式組成：曹丕柳賦雜有「修幹偃蹇以虹指兮，柔條阿娜而虵伸」二句七言句（與臨渦賦之七言句式不同）及少數奇數句尾不用兮字。繆襲喜霽賦雜有「悼彼昊天兮，旁魄后土。育我黎苗兮，降之伊祜」之五四言式及「雷隱隱而震其響兮」一句七言句，其末二句則為不用兮字之騷式六字句。曹植白鶴賦、傅玄喜霽賦、傅咸患雨賦雜有奇數句尾不用兮字之句式（註一七），曹植亂辭則用「詩歎鳴蜩，聲嘒嘒兮」之四三言式。夏侯湛夜聽笳賦較特殊，雜用五言句式、六言句式。

㈡不用「兮」字者—全賦以騷式六字句組成，雖不用兮字，然六字句乃「騷之特色句法」（註一八），以具有「騷之特色」之句式所組成之賦篇，自可視為騷體賦之一型。此類賦篇凡四十五篇，超出前者甚多，為魏晉詠物賦頗特殊之現象。玆引其篇目如下：

阮瑀鸚鵡賦　王粲車渠椀賦　槐樹賦　柳賦　鶡賦　鸚鵡賦　鶯賦　陳琳迷迭賦　鸚鵡賦　徐幹圓扇賦　應瑒迷迭賦　楊柳賦　鸚鵡賦　繁欽柳賦　楊修孔雀賦　曹丕愁霖賦　喜霽賦　玉玦賦　槐賦　鶯賦　曹植喜霽賦　槐賦　鸚鵡賦　神龜賦　阮籍鳩賦（註一九）（以上魏代，凡二十五篇）

鍾琰鶯賦　成公綏柳賦　傅玄山雞賦　孫楚翟賦　傅咸污卮賦　鸚鵡賦　黏蟬賦　青蠅賦　潘岳相風賦　左九嬪孔雀賦（以上西晉，凡十篇）

盧諶鸚鵡賦　王彪之水賦　戴逵流火賦　桓玄鳳賦　鶴賦　蘇彥芙蕖賦　祖台之荀子耳賦　張望蜘蛛賦　陸善長鳴雞賦　賈彪大鵬賦　（以上東晉，凡十篇）

右列諸賦，可注意者有三：

其一，四十五篇之中，魏代佔二十五篇之多，若與前述用「兮」之騷體賦合計，則魏代共得三十七篇，除繆襲、阮籍之作三篇外，餘皆爲曹丕兄弟及建安諸子之作。劉熙載賦概云：「楚辭風骨高，西漢賦氣息厚。建安乃欲由西漢而復於楚辭者。」此謂建安辭賦之風骨近於楚騷，就其句式觀之，亦然也。

其二，同爲騷式六字句所組成之賦篇，魏代大多較近楚騷之韻味，而晉代大多較近散體，以曹丕愁霖賦及潘岳相風賦爲例：

脂余車而秣馬，將言旋乎鄴都。
玄雲黯其四塞，雨濛濛而襲予。
塗漸洳以沉滯，潦淫衍而橫湍。
豈在余之憚勞，哀行旅之艱難。
仰皇天而太息，悲白日之不暘。
思若木以照路，假龍燭之末光。（曹丕愁霖賦）

采修竹于增城，歷寒暑而靡凋。
踞神獸于下趾，棲靈鳥于上標。
混元恍其初判，二氣變而無窮。
動靡微而不兆，象有始而必終。

思先天而不違，立成器以相風。
棲靈烏于帝庭，似月離乎紫宮。
飛輕羽于竿杪，若翔鸞乎雲中。
廣漠興而習坎，景風發而迴離。
閶闔揚而西指，明庶起而東移。（潘岳相風賦）

前者除奇數句尾無「兮」外，其誦讀之效果實與楚騷無殊。後者如「混元恍其初判，二氣變而無窮」之句式，其第四字仍爲虛字，然其韻味已較接近散體矣。

其三，就句數觀之，右列四十四篇賦皆無超過二十句者，此蓋同一句式不宜過多，否則極易流於單調也。

騷體詠物賦之句式大抵如上，以下接述散體賦之句式。

散體賦肇端於楚辭卜居、漁父（註二〇）及荀卿五賦，至漢代而臻於鼎盛，魏晉此體仍爲主流，凡二百五篇（註二一），茲引其篇目如下：

阮瑀箏賦　張紘瓌材枕賦　王粲酒賦　劉楨黎陽山賦　瓜賦　陳琳柳賦　徐幹冠賦　車渠椀賦
應瑒車渠椀賦　繁欽建章鳳闕賦　桑賦　曹丕濟川賦　滄海賦　瑪瑙勒賦　車渠椀賦　傅巽槐賦
蚊賦　曹植寶刀賦　九華扇賦　酒賦　車渠椀賦　芙蓉賦　橘賦　鶡賦　蝙蝠賦　髑髏說　卞蘭
許昌宮賦　胡綜黃龍大牙賦　劉邵龍瑞賦　繆襲青龍賦　何晏景福殿賦　毋丘儉承露盤賦　杜摯
笳賦　孫該三公山下神祠賦　琵琶賦　呂安髑髏賦　鍾毓果然賦　鍾會孔雀賦　閔鴻羽扇賦　芙
蓉賦　楊泉蠶賦　織機賦　五湖賦　賈岱宗大狗賦　（以上魏代，凡四十四篇）
應貞臨丹賦　安石榴賦　成公綏雲賦　故筆賦　芸香賦　木蘭賦　蜘蛛賦　螳蜋賦　庾儵大槐賦

石榴賦　傅玄筆賦　硯賦　相風賦　節賦　鬱金賦　宜男花賦　菊賦　蓍賦　瓜賦　安石榴賦　棗賦　桑椹賦　雉賦　鸚鵡賦　猨猴賦　羊祜雁賦　夏侯湛繳彈賦　雀釵賦　芙蓉賦　薺賦　愍桐賦　朝華賦　觀飛鳥賦　玄鳥賦　缸燈賦　孫楚笳賦　韓王臺賦　相風賦　蓮花賦　杕杜賦　茱萸賦　鴈賦　鷹賦　蟬賦　傅咸神泉賦　相風賦　紙賦　羽扇賦　扇賦　狗脊扇賦　櫛賦　鏡賦　畫像賦　燭賦　款冬賦　玉賦　桑樹賦　舜華賦　燕賦　班鳩賦　蜉蝣賦　叩頭蟲賦　張華朽社賦　相風賦　潘岳狹室賦　笙賦　蓮花賦　芙蓉賦　橘賦　河陽庭前安石榴賦　螢火賦　左九嬪松柏賦　涪漚賦　束晳餅賦　木華海賦　陸機浮雲賦　白雲賦　漏刻賦　羽扇賦　瓜賦　桑賦　鼈賦　陸雲寒蟬賦　左思白髮賦　嵇含寒食散賦　八磨賦　瓜賦　長生樹賦、江統函谷關賦　杜育荈賦　潘尼東武館賦　火賦　琉璃椀賦　瑇瑁椀賦　安石榴賦　桑樹賦　鼈賦　秋菊賦　摯虞槐賦　鵁鶄賦　殷巨鯨魚燈賦　奇布賦　夏侯淳笙賦　（以上西晉，凡一百三篇）

蔡洪鬬鳧賦　郭璞巫咸山賦　江賦　鹽池賦　蜜蜂賦　司馬紹蟬賦　張翰杖賦　胡濟黃甘賦　陶侃相風賦　庾闡海賦　狹室賦　浮查賦　張載濛汜池賦　羽扇賦　酃酒賦　安石榴賦　瓜賦　張協安石榴賦　玄武館賦　習嘏長鳴雞賦　司馬無忌圓竹扇賦　李充風賦　盧諶菊花賦　燕賦　蟋蟀賦　曹毗觀濤賦　箜篌賦　鸚鵡賦　傅純雉賦　江逌竹賦　王彪之水賦　井賦　孫綽望海賦　李顒雪賦　龜賦　伏滔望濤賦　陳玢石榴賦　王凝之風賦　顧愷之雷電賦　觀濤賦　冰賦　箏賦　鳳賦　桓玄鸚鵡賦　支曇諦廬山賦　赴火蛾賦　殷允石榴賦　蘇彥浮萍賦　周祇月賦　枇杷賦　羊徽木槿賦　張望鷺鶿賦　賈彬箏賦　孫瓊箜篌賦　陸善長鳴雞賦　湛方生風賦　陳窈箏賦　陸沖風賦　（以上東晉，凡五十八篇）

篇數之多，遠逾騷體，此蓋散體賦句式較自由，宜於賦家之鋪陳也。

夫句式過於統一，則易生單調之感，文心雕龍章句篇云：「若夫筆句無常，而字有條數。四字密而不促，六字格而非緩，或變之以三五，蓋應和之權節也。」散體賦最能充分運用句式之變化，鈴木虎雄賦史大要云：「賦而與騷之句法一大變革者，實爲前述三字句，四字句之倂用，特其打破六字句法之單調，而於適當機會，突爲所用，則加入不可言說之新意。」（頁六十一）觀夫魏晉詠物賦之散體賦，四字句及六字句固爲其主要句式，然大體能掌握句式變化之優點。長篇如木華海賦、郭璞江賦，賴句式之變化以調其聲氣，中篇如賈岱宗大狗賦，句式頗富變化，自三字句至七字句以及七字以上之長句，靡不畢具，同一句式鮮有連用六句以上者，此賦對句頗多，然不失漢賦雄渾之風，此固以散體行文之氣勢以運駢句所致，而句式之富於變化實爲一大助力也。短篇之句式，由於篇幅短小，縱無變化，亦不致過於單調乏味，然魏晉詠物小賦，能充分運用散體句式之靈活變化者不少，形成詠物小賦句式之一特色，如曹植芙蓉賦云：

覽百卉之英茂
無斯華之獨靈
結修根于重壤
泛清流以擢莖
退潤王宇
進文帝廷
竦芳柯以從風
奮纖枝之綷縩
其始榮也皦若夜光尋扶木
其揚暉也晃若九日出暘谷
芙蕖騫翔
菡萏星屬
絲條垂珠
丹莖加綠
焜焜燁燁
爛若龍燭
觀者終朝
情猶未足
于是
狡童媛女
相與同遊
擢素手于羅袖
接紅葩于中流

傅咸舜華賦云：

覽中唐之奇樹　發灼灼之殊榮　朝陽照灼以舒暉
稟冲粹之至清　紅葩紫蒂　逸藻采粲而光明
應青春而敷蘗　翠葉素莖　馨天壤而莫儷
逮朱夏而誕英　含暉吐曜　何菱華之足營
布夭夭之纖枝　爛若列星

又蜉蝣賦云：

有生之薄　不識晦朔　戲停淹而委餘
是曰蜉蝣　無意春秋　何必江湖而是游
育微微之陋質　取足一日
羌采采而自修　尙又何求

篇幅雖短，句式仍求其變化，構成靈活精巧之賦篇。

同一賦篇，兼用騷體及散體之句式者，謂之騷散混合體，此體楚辭招魂已肇其端，漢賦雙傑司馬相如及揚雄之辭賦中，前者騷體賦與散體賦之疆界尙明，後者有意打破散體賦與騷體賦之疆界（註二二），多騷散混合體。魏晉詠物賦中，騷散混合體凡五十篇（註二三）：

王粲馬瑙勒賦　應瑒靈河賦　曹植離繳雁賦　嵇康琴賦　阮籍獼猴賦　鍾會蒲萄賦　菊花賦（以上魏代，凡七篇）

王沈馬腦勒賦　成公綏天地賦　鴻鴈賦　烏賦　大河賦　琴賦　庾儵冰井賦　傅玄紫華賦　李賦　桃賦　柳賦　鬬雞賦　走狗賦　琵琶賦　鷹賦　棗據船賦　夏侯湛雷賦　宜男花賦　浮萍賦　石

榴賦 寒雪賦 孫楚雪賦 井賦 菊花賦 傅咸喜雨賦 芸香賦 儀鳳賦 張華鷦鷯賦 陸機感丘賦 陸雲愁霖賦 潘尼苦雨賦 摯虞觀魚賦（以上西晉，凡三十二篇）

孫惠維車賦 龜賦 王廙白兎賦 郭璞井賦 蚍蜉賦 胡濟瀍谷賦 江逌風賦 井賦 李顒雷賦 王劭之春花賦 楊乂雲賦（以上東晉，凡十一篇）

右列五十篇騷散混合體之詠物賦，魏代僅七篇，餘四十三篇皆爲晉代之作，其中西晉佔三十二篇之多，此與騷體賦之篇數恰呈相反之現象。玆就騷體、騷散混合體及散體之篇數列一簡表如下：

體式／時代	騷體	騷散混合體	散體	合計	備註
魏	三十七	七	四十四	八十八	魏晉詠物賦凡四百二十八篇，此表所列，不包括殘佚而無法辨別爲何體之賦篇，故僅取三百二十篇。
西晉	一七	三十二	一〇三	一五二	
東晉	一一	一一	五十八	八〇	
合計	六十五	五〇	二〇五	三二〇	

散體爲詠物賦之主體，一望即知，無庸贅言。其中魏代騷體賦篇數頗近散體，略顯中興現象，唯至西晉，其差距復拉大至六倍，騷體復趨式微矣！至於騷散混合體，西晉增至三十二篇之多，此殆騷體驟減而散體驟增間之緩衝現象耶？

大體而言，騷體句式韻味悠長，宜於抒情。散體句式則宜於敘事言理及摹寫景物。騷散混合體之賦篇，若運用得宜，則兼有二者之長。嵇康琴賦，厥爲成功之典範也，以首段爲例：

惟椅梧之所生兮，託峻嶽之崇岡。披重壤以誕載兮，參辰極而高驤。含天地之醇和兮，吸日月之休光。鬱紛紜以獨茂兮，飛英蕤於昊蒼。夕納景于虞淵兮，旦晞幹於九陽。經千載以待價兮，寂神跱而永康。

此以騷體句式吟詠椅梧所生之環境，紆緩和舒之騷體句式適切抒寫作者吟詠贊賞之情。

爾乃顛波奔突，狂赴爭流。觸巖觝隈，鬱怒彪休。洶涌騰薄，奮沫揚濤，瀄汨澎湃，蜿蟺相糾。放肆大川，濟乎中州……

此以散體四字句描寫水勢，四字句乃「壯句」（註二四）以壯句形容水勢之奔騰咆哮，頗爲允當。

若乃春蘭被其東，沙棠殖其西。涓子宅其陽，玉醴涌其前。玄雲蔭其上，翔鸞集其嶺。清露潤其膚，惠風流其間。竦肅肅以靜謐，密微微其清閑。夫所以經營其左右者，固以自然神麗而足思願愛樂矣。

先以長短適中之五字句描寫四周景物，從容而不迫。「竦肅肅以靜謐」二句用六字句以求變化。其下則以散文化之句式說明景物之爲人所羨慕喜樂之由，此等不規則之散文句式，除說理有清晰流暢之長外，尚可疏通同句式鋪排過多而生板滯之感也。

騷體及散體句式靈活運用而得之效果，由前述嵇康琴賦之首段可窺一斑，玆再引二例以明之：

辰火西流，秋風厲起。軒翥鼓翼，抗志萬里。起寒門之北垠兮，集玄寒以安處。賓弱水之陰岸兮，有沙漠之絕渚。

右爲成公綏鴻鴈賦之首八句，前四句於秋風肅殺之氣中，表現鴻鴈之雄心壯志，而四言壯句正足以呈現此壯盛之氣勢，後四句寫鴻鴈起飛之處，景象淒寒，而哀婉悠長之騷體句式適切渲染此種淒寒之氣氛。

於是尋漏跡，躡遺蹤。形疾騰波，勢如駭龍。邈朝烏之輕機兮，絕猛獸之逸軌。漂星流而景屬兮，逾窈冥而騰起。陵岡越壑，橫山超谷。原無遁逸嚴輯作兎，林無隱鹿。顧芷隰以嬉遊兮，步蘭臯而騁足。

右爲傅玄走狗賦描述猛犬追逐獵物之一段，先以散體三字句之緊句、四字句之壯句描述其追逐獵物之迅疾，「邈朝烏之輕機兮」四句改用騷體句式，其所描述之空間長度極遠，而騷體句式頗有助於表達悠遠之感覺。「陵岡越壑」四字，又轉用較爲緊湊之散體四字句，以寫猛犬奔馳翻越於山谷。末二句則改爲舒緩之騷體句式以寫獵後之閒逸。由是觀之，此段文字頗能善用散體與騷體句式之配合，一張一弛，深得句式變化之妙。

魏晉文風漸趨華美，句式逐漸講求對偶，詠物賦中以對句爲主之駢賦（註二五）日益滋多，此乃句式之一大特色，詳見下章之修辭技巧中，茲不贅述。

第四節 字詞

文章之組織，雖云謀篇爲本，字詞爲末。然字詞擇取之良否，關乎句式之清英，進而影響章之明靡及篇之彪炳。是以討論文學作品，自不可忽視作品基礎所在之字詞也。文心雕龍練字篇云：

> 前漢小學，率多瑋字，非獨制異，乃共曉難也。暨乎後漢，小學轉疏，複文隱訓，臧否大半。及魏代綴藻，則字有常檢，追觀漢作，翻成阻奧。故陳思稱揚馬之作，趣幽旨深，讀者非師傅不能析其辭，非博學不能綜其理，豈直才懸，抑亦字隱。自晉來用字，率從簡易，時並習易，人誰取難？今一字詭異，則羣句震驚，三人弗識，則將成字妖矣。

瑋字乃漢賦特質之表徵，司馬相如導其端，揚雄推廣變造於其後，促成西漢瑋字之蓬勃興盛。東漢瑋字更爲繁瑣，其盛況甚且凌越西漢（註二六），然因其日趨纖麗，缺乏創造精神，又因脫離口語鋪敘之精神，瑋字詞彙之生機見斲，加上事類典故之運用，代替瑋字之排比，於是瑋字乃由東漢之極盛而轉趨沒落，迨至魏晉，一則比體雲構，減少鋪敘詞彙，二則字有常檢，扼殺瑋字生機，故瑋字因之枯竭淪沒矣（註二七）。

魏晉詠物賦既處於瑋字枯竭淪沒之時期，而其本身又以一物為吟詠之對象，將古人用以托興之山川草木等，一一取為專題而加以擴大描寫。「文貴形似，窺情風景之上，鑽貌草木之中」（文心雕龍物色篇），其所著力者在於運用「比體雲構」以求該物「形似」之摹寫，亦即詮賦篇所謂「至於草區禽族，庶品雜類，則觸興致情，因變取會，擬諸形容，則言務纖密；象其物宜，則理貴側附。斯又小制之區畛，奇巧之機要也。」既以「言務纖密」「理貴側附」為其表現之技巧，則名詞鋪敘之法大減，而瑋字之排比更無所施矣。是以魏晉詠物賦除木華海賦，郭璞江賦等極少數篇章尚有瑋字之遺迹外，餘則率取清淺簡易之字詞也。玆以吟詠柑橘之賦為例：

有朱橘之珍樹，于鶉火之遐鄉。稟太陽之烈氣，嘉杲日之休光。體天然之素分，不遷徙于殊方。播萬里而遙植，列銅爵之圓庭。背江洲之暖氣，處玄朔之肅清。邦換壤殊，爰用喪生。處彼不凋，在此先零。朱實不銜，焉得素榮。惜寒暑之不均，嗟華實之永乖。仰凱風以傾葉，冀炎氣之可懷。颺鳴條以流響，晞越鳥之來栖。夫靈德之所感，物無微而不和。神蓋幽而易激，信天道之不訛。既萌根而弗幹，諒結葉而不華。漸玄化而不變，非彰德于邦家。拊微條以歎息，哀草木之難化。（曹植橘賦）

余齋前橘樹，冬夏再熟，聊為賦云爾：

嗟嘉卉之芳華，信氛氳而芬馥。既蓊茸而萋蕤，且參差而橚矗。已鬱鬱而冬茂，亦離離而夏熟。至如廣命賓客，歷覽遊觀。三清既設，百味星爛。炫熀乎玉案，照曜於金盤。故成都美其家園，

江陵重其千樹。既見稱於陸言，亦標名乎馬賦。（潘岳橘賦）

伊冥造之綿綿兮，纚群象於成遇。嗟卉草之森秀兮，將歸美於甘樹。誕寄生於南楚兮，播萬里而東布。浸冷泉以搖根兮，竦逸條以承露。結密葉以舒蔭兮，滌纖塵以開素。仰清氣以旭晨兮，流惠飈於薄暮。雖飛榮於園沼兮，契戀松之貞趣。時屢遷而彌眞兮，凌寒暑而一度。（劉瑾甘樹賦）

以上魏、西晉、東晉各一篇，或詠橘以自喻、或欣賞物象之美而作客觀之描寫；體式或採騷體、或用散體，而其字詞則有共同之特色—捨瑋字之排比而採簡易之字詞也。

夫好奇趨新，乃常人共同之心理，辭賦本興盛於宮廷之文學，作家多爲言語侍從之臣，有濃厚之遊戲性質，其好奇趨新之傾向尤勝於其他文體。漢代賦家以「瑋字」製造文章之新奇，魏晉以降之文士，既以通俗簡易之字詞以寫作文章，則與好奇趨新之心理相矛盾，遂不得不從簡易之文字中設法製造新奇，於是有「換字法」「倒字法」「裁字法」甚至以奇特之語法取勝（註二八）。文心雕龍通變篇云：「楚漢侈而豔，魏晉淺而綺，宋初訛而新。」魏晉乃由楚漢「侈豔」演變至宋初「訛新」間之橋樑，就其詠物賦之字詞觀之，大抵擇取淺近易懂之字詞爲主，上引三賦卽其例也，其辭藻則趨於綺麗，呈現「淺而綺」之風貌。唯宋初之新訛，非一朝一夕而成，就魏晉詠物賦中，亦數見其製造新奇之法：

㈠換字法：

王粲鸚賦「被淳駹之質羽」。駹，青馬也（漢書匈奴傳上：「東方盡駹」注：「師古曰：駹，青馬也）。此以「駹」換「青」，造成新奇之字詞。

曹丕愁霖賦「仰皇天而歎息，悲白日之不暘。思若木以照路，假龍燭之末光」。說文：「暘，日出也。」書洪範：「曰雨曰暘。」此用雅正之「暘」以代通俗之「晴」。又「若木」「龍燭」皆指太陽，此利用典故以借代，既避重出，且生新意也。

曹植橘賦「神蓋幽而易激」，說文通訓定聲：「激，叚借爲皦。」皦，明也。以「激」換「明」，所易之字雖爲通俗之字，然利用假借而使字義變直爲迂，造成新奇之效果。

嵇康琴賦「美聲將興，固以和昶而足耽矣」「雅昶唐堯」「清和條昶」，以「昶」代「暢」。

又「或間聲錯糅，狀若詭赴，雙美並進，駢馳翼驅」，說文通訓定聲：「詭，叚借爲乖。」，乖，異也，「詭赴」卽「異趨」，唯字面新奇。「翼」，善注：「疾皃。」濟注：「相赴並走如鳥翼之相驅逐也。」以「翼」代「疾」，不僅字面更新，意象亦較原字豐富。

又「疾而不速，留而不滯」，此形容音聲之疾徐中節，善注引淮南子云：「流而不滯」，換「流」爲「留」以生新意。

又「流楚窈窕，懲躁雪煩」，詩小雅沔水「寧莫之懲」傳：「懲，止也。」此以雅正之「懲」以代通俗之「止」。

又「抃舞踊溢」，翰注：「踊溢言跳躍也」，不用「躍」而用「溢」，除協韻外，尚有「滿溢」之意，暗示歡樂之不自勝也。

又「怡養悅悆」，說文：「周書曰：『有疾不悆』，悆，喜也。」段注：「金縢文，今本作弗豫，許所據者壁中古文。」「悅悆」卽「悅豫」，此以雅正之古文以代通俗之字詞。

阮籍首陽山賦「振沙衣而出門兮，纓委絕而靡尋」，「沙衣」一詞頗費解，或以「沙」代「塵」，「沙衣」卽披滿風塵之衣也。「纓委」或卽「纓緌」，爲冠帶及冠上飾，假之以謂貴顯之士。

孫楚井賦「枕玄石以盥嗽」，玄石固可枕，然以之盥嗽則義不可通。世說新語曾載孫氏強詞奪理以詭辯其誤「枕石漱流」爲「漱石枕流」（註二九），時人好奇，引爲美談。唯彼時尚因疏忽而致誤，此則顯然故意造成新訛詭異之效果也。

又「渴人來翔」，以鳥飛之「翔」替換旅人之「遊」。

張華鷦鷯賦「鷹鸇過猶俄翼」說文：「俄，頃也。」段注：「玉篇曰：『俄頃，須臾也。』廣韵曰：『俄頃，速也。』此今義也。尋今義之所由，以俄頃皆偏側之意，小有偏側，爲時幾何，故因謂倏忽爲俄頃，許說其本義，以晐今義。」以「俄」代「傾」，用後世罕用之本義以製造新奇。

潘岳笙賦「剫生簳，裁熟簧」，玉篇：「剫，俗列字。」說文：「列，分解也。」此以俗字代正字，再用其罕用之本義以製造新奇。

束晳餅賦「槃案財投而輒盡」，漢書李廣利傳：「士財有數千。」注：「師古曰：財與才同。」以「財」代「才」，其例罕見。

陸機感丘賦「必妙代以遠覽兮，夫何徇乎陳區。」「妙古」卽悠渺遠古，如陸雲逸民賦：「欽妙古之達言兮」，此以「代」易「古」，除換字取新外，其義則可兼指後世也。

潘尼苦雨賦「雲暫披而驟合，雨乍息而亟零」，此二句乃就傅咸患雨賦「雲乍披而旋合，霤暫輟而復零」更換數字而成。

摯虞觀魚賦「含懷湛湎，需于酒食」，「含懷湛湎」驟視之頗費解，據下文「需于酒食」推知「湛」乃「酖」之叚借字（說文通訓定聲：「湛，叚借爲酖。」），「湛湎」卽沈湎於酒。又「含」可釋爲「寬」（廣雅釋詁三：「含，寬也。」），「含懷」卽「開懷」耶？

蔡洪鬭鳧賦「招爽敵於戲門」，方言一：「爽，猛也。齊晉曰爽。」此以方言之「爽」換常用之「猛」製造新奇。

庾闡浮查賦「枕瓌奇而特俊」，「枕」作名詞爲「枕頭」，動詞爲「以首枕物」，此處則以「枕」代「首」，用法詭奇。

又「倬凌霄而絕韻」，說文通訓定聲：「倬，叚借爲卓。詩桑柔：倬彼昊天。」以罕用之「倬」代常用之「卓」。

又「陽飄颸結」，大戴禮曾子天圓：「龍非風不舉，龜非火不兆。」注：「風火爲陽」。此處之「陽」殆指「風」。又陽風爲春風，「陽飄」或指春風耶？用字求異，造成文意之難解。「颸」爲狂風、暴風。「結」有積聚、連續之意，「颸結」殆形容風吹不停，然則「陽飄颸結」蓋言春風吹不停也。字詞雖簡易，其義則捨直取迂以製造新奇。

盧諶鸚鵡賦「揮綠翰以運影」，以「影」代「形」。

又蟋蟀賦「享神氣之幺卉」，以「幺卉」代小草。

顧愷之雷電賦「太清無靄」，靄，雲貌。以「靄」代「雲」，此以形容詞代名詞。

右舉換字諸例，其法或有不同，而於簡易之字詞中設法製造新奇則一也。至於「借代」亦爲換字之一法，曹丕愁霖賦以「若木」「龍燭」代日卽其例也，此外如：

應瑒鸚鵡賦「秋風厲而潛形，蒼神發而動翼」，「蒼神」，蒼龍之神，東方七星。東方爲春，此用以代春季。

孫楚茱萸賦「鶉火西徂，白藏授節，零露既凝，鷹隼飄厲」，四句皆爲「秋」之代詞，此利用典故以借代也。

㈡倒字法：

繁欽柳賦「因春風以揚敷」，「敷揚」，敷布宣揚也，如後漢書張綱傳：「不能敷揚五教」。此顛倒其詞而成「揚敷」以協韻。

王濟槐樹賦「鼓柯命風，振葉致涼」，「鼓柯命風」本應作「命風鼓柯」，倒文以生新意，以強調槐樹可致涼風也。

傅咸畫像賦「灑血面而濺纓」，「灑血面」爲「血灑面」之倒文。

潘岳滄海賦「煮水而鹽成，剖蚌而珠出」，倒「成鹽」爲「鹽成」；「出珠」爲「珠出」。

又芙蓉賦「斐披艴赫，散煥熠爚」，「斐」與「靡」通，「斐披」卽「靡披」，爲「披靡」之倒文。披靡，草木隨風偃仆也，潰散也。此以「斐」代「靡」，則又添入「文采」之新意。「散煥」蓋「渙散」之倒文，且以「煥」代「渙」，除有分布之原意外，又添「光明」之新意。以上二詞倒字、換字二法兼用，製造特殊之新意。

陸機桑賦「豈民黎之能植」，「民黎」爲「黎民」之倒文。

庾闡浮查賦「森蕭頹靡」，「蕭森」，錯落竦立之義，如潘岳射雉賦：「蕭森繁茂」，此顛倒「蕭森」爲「森蕭」。

㈢裁字法：

何晏景福殿賦「蕭曼雲征」，善注：「蕭曼，蕭條曼延，言高遠也。」王延壽魯靈光殿賦：「飛陛揭孽，緣雲上征。」「蕭曼雲征四字乃由「蕭條曼延」「緣雲上征」裁剪濃縮而成。

又「思齊徽音」乃由詩經大雅文王之什思齊「思齊大任，文王之母。思媚周姜，京室之婦。大姒嗣徽音，則百斯男。」節縮而成。

孫楚井賦「旣處涅而不緇，又磨之而不磷」，此由論語陽貨「不曰堅乎？磨而不磷。不曰白乎？涅而不緇。」刪節並掉換上下句而成。

又「沈黃李，浮朱柰」乃由曹丕與吳質書「浮甘瓜於清泉，沈朱李於寒水」刪節並更換「朱李」爲「黃李」，「甘瓜」爲「朱柰」而成。

潘岳笙賦「邇不逼而遠無攜，聲成文而節有敍」，此綜合春秋襄公二十九年左傳「吳公子札來聘……爲之歌頌，曰：『至矣哉……邇而不偪，遠而不攜……節有度，守有序。』」及毛詩序「聲成文謂之音」二典加以剪裁而成。

陸雲愁霖賦「羨弁彼之歸飛兮」，此由詩經小雅小弁「弁彼鸒斯，歸飛提提」節縮而成，而「弁彼」代「鸒」一鳥，新而近訛矣。

又寒蟬賦「感北門之憂殷」，此由詩經邶風北門「出自北門，憂心殷殷」節縮而成。

李顒雷賦「豫行師以景奮」，此就周易豫卦「豫，利建侯行師」「象曰：雷出地奮豫」節縮而成。又「解宥過而人協」，「解宥過」乃刪節周易解卦「雷雨作解，君子以赦過宥罪」而成。又「殷其山陽」，此刪節詩經召南殷其雷「殷其雷，在南山之陽」而成。

以上所述除少數較費解外，其餘於製造新奇之中，尚不致於「訛變」也。唯亘江大河，始於濫觴，劉宋以降字詞之新訛（註三〇），實由此等製造新奇之法日益轉劇有以致之也。

【附　註】

註一：見西京雜記卷二。

註二：見桓譚新論祛蔽篇（全後漢文卷十四）。

註三：見後漢書張衡傳。

註四：就今存魏晉賦篇觀之，千言以上之長篇大賦誠屬鳳毛麟角，然此類長篇是否衰歇中絕則有商榷之餘地：其一，今見魏晉賦篇，賴北堂書鈔、藝文類聚、初學記、大平御覽等類書而保存者居絕大多數，而類書多就原文刪節以錄之，茲以同見錄於文選及藝文類聚之魏晉賦篇爲例，以明其刪節之情況：

篇名	文選		藝文類聚	
	卷數	字數	卷數	字數
潘安仁　籍田賦	七	九百二十餘	三十九	四百三十餘
潘安仁　射雉賦	九	八百餘	六十六	二百四十餘
潘安仁　西征賦	十	四千三百六十餘	二十七	五百八十餘
王仲宣　登樓賦	十一	三百二十餘	六十三	二百二十餘
孫興公　遊天台山賦	十一	一千七十餘	十一	一百五十餘
何平叔　景福殿賦	十一	一千九百九十餘	六十二	二百四十餘
木玄虛　海賦	十二	一千七十餘	八	三百八十餘

郭景純　江　賦	十二	一千六百八十餘	八	五百五十餘
潘安仁　秋興賦	十三	七百一十餘	三	三百八十餘
張茂先　鷦鷯賦	十三	五百二十餘	九十二	四十餘
潘安仁　閑居賦	十六	一千一十餘	六十四	三百餘
向子期　思舊賦	十六	二百六十餘	三十四	二百二十餘
陸士衡　歎逝賦	十六	六百二十餘	三十四	一百九十餘
潘安仁　懷舊賦	十六	三百餘	三十四	一百八十餘
潘安仁　寡婦賦	十六	九百四十餘	三十四	二百六十餘
陸士衡　文　賦	十七	一千六百六十餘	五十六	八百六十餘
嵇叔夜　琴　賦	十八	一千九百一十餘	四十四	四百六十餘
潘安仁　笙　賦	十八	七百七十餘	四十四	三百五十餘
成公子安　嘯　賦	十八	七百八十餘	十九	二百二十餘
曹子建　洛神賦	十九	九百一十餘	八	二百四十餘

以上二十篇魏晉賦，文選所錄千言以上之長篇有八篇，已近半數，若將三篇九百餘言之賦亦計入，則長篇且過半數矣。此等長篇設非見輯文選，僅賴藝文類聚之收錄，則將認爲魏晉已無長篇鉅製矣。其二，文選之選錄，當可反應當時之風尚，其選錄魏晉之賦，長篇之比例不可謂不

高，然則長篇大賦至梁代似仍受歡迎，左思賦三都，洛陽爲之紙貴，亦可旁證長篇鉅製仍受時人之贊賞也。其三，陸雲與兄平原書云：「雲再拜，誨前二賦佳……作蟬賦二千餘言，隱士賦三千餘言。」陸雲今存寒蟬賦六百七十餘言、逸民賦七百一十餘言，姑無論此二賦是否即上述之二賦，長篇大賦之散佚，由此亦可窺知。由上觀知，魏晉之長篇大賦並未完全衰歇中絕也。

註　五：摯虞文章流別論云：「王澤流而詩作，成功臻而頌興，德勳立而銘著，嘉美終而誄集，祝史陳辭，官箴王闕。」皇甫謐三都賦序云：「昔之爲文者，非苟尚辭而已，將以紐之王教，本乎勸戒也。」葛洪抱朴解嘲篇云：「古詩刺過失，故有益而貴；今詩純虛譽，故有損而賤也。」凡此，可知文學美刺諷諭之觀念，至魏晉仍有餘波也。

註　六：詳見本章第三節。

註　七：物德之吟詠多少涉及作者主觀之情志。

註　八：除序亂俱備之賦篇外，魏晉詠物賦有序之賦約一百二十篇，然其中有二十餘篇僅存賦序。

註　九：陸機羽扇賦之結構，詳見第七章之「詠日常用品」。又賦之本部，常具首、中、尾三部分，見下文「序亂俱無」。

註一〇：篇幅之長短，實難有客觀之界限，大體而言，七八百字之賦，則稍感其篇幅已長，二三百字之賦，則可覺其篇幅之短。荀卿五賦，一般視之爲短賦，其字數則在二百字左右，爲說明方便計，玆以七百字以上者爲長篇，四百字至七百字之間者爲中篇，百字至四百字之間者爲短篇，百字以內者爲極短篇。

註一一：參見註四。

註一二：如應瑒慜驥賦，由文字表面較不易分其段落，藉其用韻而將全賦析分爲三段。

註一三：參見宗梧師司馬相如揚雄及其賦之研究頁三四二。

註一四：如南都賦之鋪寫木、竹二段，見拙著張衡生平及其賦之研究頁二一五。

註一五：參見張正體賦學頁四〇所分之騷體句式，唯其中將七言句式分爲⑴離騷句式⑵折腰句式二種。本文仍視「離騷句式」爲六言句式之一型，而以「騷式六字句」名之。

註一六：首陽山賦末三句「託言於夷齊，其思長、其旨遠」歷代賦彙無，疑爲衍文。

註一七：曹植白鶴賦見載於藝文類聚及初學記，初學記所載之奇數句尾皆有兮字，而藝文類聚所載者則無兮字。本賦自「傷本規之違忤」以下不見載於初學記，是以奇數句尾皆無兮字，若初學記錄其全文，則此賦或爲「甲」組之屬耶？

註一八：鈴木虎雄賦史大要頁六。

註一九：阮籍鳩賦除第二句爲七字句外，其餘三十七句皆爲騷式六字句，姑亦列諸。

註二〇：明徐師曾文體明辨論「文賦」云：「按楚辭卜居、漁父二篇，已肇文體，而子虛、上林、兩都等作，則首尾是文。後人倣之，純用此體，蓋議論有韻之文也。」

註二一：原則上殘佚之賦不列入，唯孫該琵琶賦、夏侯湛缸燈賦、張協玄武館賦、孫綽望海賦四篇雖有逸文，然大體尚完整，姑予列諸。又李顒雪賦、羊徽木槿賦、陸善長鳴雞賦諸篇，雖以六字句構成，其第四字亦爲虛字，然實爲散體六字句，如李顒雪賦「何時雪之嘉澤，亦應變而俱凝。隨同雲而下降，固霑渥之所興。」形式似「騷體六字句」，實爲散體之句式，故仍列爲散體賦。

按：此類賦篇，歸類頗難，取捨亦乏客觀標準，幸篇數不多，不致影響大體也。

註二二：參見宗梧師司馬相如揚雄及其賦之研究第七章第一節之三「句式」。

註二三：王沈馬腦勒賦、成公綏大河賦、琴賦、傅玄琵琶賦、鷹賦、夏侯湛寒雪賦及孫惠龜賦等七篇雖殘，然已可辨知其爲騷散混合體，故亦列諸。

註二四：鈴木虎雄賦史大要云：「賦中換入三字句，四字句，確對倦厭之警策也。前人稱三字句爲緊句，四字句爲壯句，誠可謂能道其遒勁之力者。」（頁六十一）。

註二五：前列騷體、散體及騷散混合體之賦篇，含有駢賦在內。如阮瑀鸚鵡賦就其句式而言，以騷式六字句組成，爲騷體賦；若就其運用對句觀之，實可視爲駢賦。李充及王凝之二氏之風賦，就個別句式言，皆由散體句式組成，爲散體賦；然就運用對句而言，則爲駢賦，故駢賦專就句式之對仗而言，不拘其採騷體或散體句式，唯散體句式較騷體易於對仗，故散體賦中之對句較多耳。

註二六：宗梧師云：「雖然文心雕龍練字篇說：『暨乎後漢，小學轉疏，複文隱訓，臧否大半。』但就瑋字的使用來說，其盛況不減於前漢……大體說來，如班固之兩都，張衡之二京、南都，列舉宮殿、城隍、山水、苑囿、花草、竹木、鳥獸、蟲魚，以及奇怪珍異之名，更像類書。較之上林、長楊，更爲繁瑣。」見漢賦源流與價值之商榷頁八十八。

註二七：詳見宗梧師漢賦源流與價值之商榷第二篇肆、漢賦瑋字之興衰與變遷。

註二八：見王師夢鷗漢魏六朝文體變遷之一考察四、簡易的文字製造新奇。

註二九：世說新語排調第二十五：「孫子荊年少時欲隱，語王武子曰『當枕石漱流』，誤曰『漱石枕流』。王曰：『流非可枕，石非可漱。』孫曰：『所以枕流，欲洗其耳；所以漱石，欲礪其齒！』」

註三〇：如傅季友爲宋公修張良敎文中之「照鄰殆庶」與任昉爲始興求立太宰碑表中之「功參微管」，前者「殆庶」語本易大傳「顏氏之子其庶幾」，後者「微管」語本論語「微管仲吾其被髮左衽矣」。夢鷗師以此爲好奇轉訛之創作，見漢魏六朝文體變遷之一考察頁四一〇。

第十一章　魏晉詠物賦之修辭技巧

文學作品，不外內容與形式二端，相輔相成，不可偏廢。苟無情志內涵，猶如人無神明骨髓，生意盡矣！徒有內在之情志，而乏外在形式之文采以飾之，則情志亦無由表現也。文心雕龍情采篇云：

聖賢書辭，總稱文章，非采而何！夫水性虛而淪漪結，木體實而花萼振，文附質也。虎豹無文，則鞹同犬羊；犀兕有皮，而色資丹漆，質待文也。若乃綜述性靈，敷寫器象，鏤心鳥跡之中，織辭魚網之上，其爲彪炳，縟采名矣。

「文附質，質待文」此誠不易之名言，是以研究文學作品，除內在情志之探索外，外在之修辭技巧實不可忽視也。

文章修辭之法，可分二大類：一乃藉文辭之調整及修飾，以使理與辭於繁、簡、明、隱恰到好處，而能臻博而不蕪，約而不貧，明而不淺，隱而不詭之佳境。一乃藉文辭之修飾及適用，而創造意象、豐富情趣，將文學之情志內涵作生動而富於美感之表現。前一類偏重於義理之表現，藉鎔裁、附會、章句諸法調整適用文辭，以達文理明暢、辭旨密合之目的，近代謂之消極之修辭法。後一類偏重於文學情境之完成，即興象起情之道，近代謂之積極之修辭法，乃飾美及適用文辭，以見風趣之技巧，此與文理之暢通，辭旨之密合無必然之關係，而以奇辭新意之美完成文學感人之力量（註一）。第一類之修辭法，上章組織結構已論之矣，此章所論之修辭技巧，乃第二類之修辭法。玆分夸飾、比興、用典、隱秀、聲律及對偶等探究魏晉詠物賦之修辭技巧。

第一節 夸飾

夸飾者，運用誇張之形容，以增飾其義，凸顯意象之修辭法也。夸飾現象之產生，其主觀因素乃作者欲出語驚人，其客觀因素則爲讀者之好奇心理。王充論衡藝增篇云：

世俗所患，患言事增其實，著文垂辭，辭出溢其眞。稱美過其善，進惡沒其罪。何則？俗人好奇，不奇，言不用也。故譽人不增其美，則聞者不快其意；毀人不益其惡，則聽者不愜於心。聞一增以爲十，見百益以爲千，使夫純樸之事，十剖百判；審然之語，千反萬畔。

由於人心之好奇，作者欲其作品吸引讀者，遂「事增其實，辭溢其眞」，以誇張驚人之語聳動人心，引起讀者之注意，並加深其印象也。此法自古有之，文心雕龍夸飾篇言之甚詳：

夫形而上者謂之道，形而下者謂之器。神道難摹，精言不能追其極；形器易寫，壯辭可得喻其眞；才非短長，理自難易耳。故自天地以降，豫入聲貌；文辭所被，夸飾恆存。雖詩書雅言，風格訓世，事必宜廣，文亦過焉。是以言峻則嵩高極天，論狹則河不容舠，說多則子孫千億，稱少則民靡孑遺，襄陵擧滔天之目，倒戈立漂杵之論。辭雖已甚，其義無害也。

「文辭所被，夸飾恆存」，夸飾之法既合乎人心之需要，故劉勰以爲「辭雖已甚，其義無害」。然對以誇張增飾爲特色之漢賦則頗有微辭，夸飾篇云：

自宋玉景差，夸飾始盛，相如憑風，詭濫愈甚。故上林之館，奔星與宛虹入軒；從禽之盛，飛廉與鷦鷯俱獲，及揚雄甘泉，酌其餘波，語瓌奇，則假珍於玉樹；言峻極，則顚墜於鬼神。至東都之比目，西京之海若，驗理則理無可驗，窮飾則飾猶未窮矣。又子雲羽獵，鞭宓妃以饟屈原，張銜羽獵，困玄冥於朔野。孌彼洛神，既非罔兩，惟此水師，亦非魑魅；而虛用濫形，不其疎乎！

此欲夸飾其威，而忘其事義暌剌也。

夫夸誕無節而至於虛用濫形，誠爲文家之疵也。然以之詬病漢賦之侈靡過實，則有待商榷（註二）。姑無論漢賦夸飾之得失如何，魏晉詠物賦既爲賦體，其於賦中運用夸飾乃極自然之現象也。茲就其夸飾之法述之如下（註三）：

甲、空間之夸飾

(一)高度

鶤鵬振而不及，豈歸雁之能翔？（繁欽建章鳳闕賦）

飛閣干雲，浮堦乘虛。（何晏景福殿賦）

有金剛之俊鳥，生井陘之巖阻。超萬仞之崇巔，蔭青松以靜處。（孫楚鷹賦）

據重巒之億仞，臨洪溪之萬尋。（潘尼琉璃椀賦）

(二)長度

通聽百里，夜吠狺狺。（賈岱宗大狗賦）

吐芬揚烈，萬里望風。（傅玄鬱金賦）

跨天路於萬里，豈蒼蠅之尋常。（陸雲寒蟬賦）

橫海萬里，踰嶺十億。（潘尼瑇瑁椀賦）

(三)面積

邈乎浩浩，漫乎洋洋。西合乎濛汜，東苞乎扶桑。日月於是出入，與天漢乎相望。（楊泉五湖賦）

獨星懸於浮處，遂設網於四隅。南連大廡，北接華堂，左馮廣廈，右依高廊。（成公綏蜘蛛賦）

按：蜘蛛之網不可能大至「南接大廡，北接華堂，左馮廣廈，右依高廊」，此處以夸飾之詞形容其網之廣大也。

兼覆廣施，則均于昊天。（傅玄柳賦）

潋滟瀲灩，浮天無岸。（木華海賦）

㈣體積

雖崐崘之靈宮，將何以乎侈旃。（何晏景福殿賦）

根龍虬而雲結兮，彌千里而屈盤。（傅玄桃賦）

以厥樹之巨偉，登九日於朝陽。（傅咸桑樹賦）

巨鱗插雲，鬐鬣刺天，顱骨成嶽，流膏爲淵。（木華海賦）

按：此描寫巨鯨之死，以夸飾法形容鯨魚身軀之龐大。

乙、時間之夸飾

赴陽春之和節，植纖柳以承涼。攄豐節而廣布，紛鬱勃以敷陽。三春倐其奄過，景日赫其垂光。

振鴻條而遠壽，迴雲蓋於中唐。（應瑒楊柳賦）

初春植柳，夏季柳蔭已能「迴雲蓋於中唐」，極力夸飾柳樹成長之速也。

鞭不得搖，手不及動，忽然增逝，肉飛骨踊。（傅玄良馬賦）

此夸飾良馬動作之迅疾。

倐忽數百，千里俄頃，飛廉無以晞其蹤，渠黃不能企其景。（郭璞江賦）

江河不俄晷，萬里不一朝。（庾闡浮查賦）

丙、物象之夸飾

魏晉詠物賦之夸飾，以此類最夥，其例不勝枚擧，如：

苞五色之明麗，配皎日之流光。（曹丕瑪瑙勒賦）

光如激電，影若浮星。（曹植車渠椀賦）

此夸飾其光采也。

屛側爲之飛隕，壁岸爲之陂隤。（應貞臨丹賦）

山陵爲之崩蕩，羣生爲之震辟。（夏侯湛雷賦）

山林爲之崩阤，川澤爲之涌沸……震響達乎八冥，流光燭乎四裔。（潘尼火賦）

雷電赫以驚衡，山海磕其奔烈。（顧愷之雷電賦）

九域蕩搖，區宇揮霍。（陸冲風賦）

或形容水勢之大，或形容雷電之威，或形容風火之猛，皆以夸飾出之也。

衆繁熾而無數，動羣聲而成雷。（傅巽蚊賦）

爰翔爰集，蓬轉飆迴，紛紜雪亂，混沌雲頹，景翳耀靈，響迅風雷。（郭璞蜜蜂賦）

此夸飾蚊、蜂數量之多也。

陸斬犀革，水斷龍舟，輕擊浮截，刄不瀸流。（曹植寶刀賦）

此夸飾寶刀之利也。

竦耳側聽則恆山動，南向嚾嚾則霍山頹，眈精直視則㫚邱磈，虓嚇奔突則重闉開。（賈岱宗大狗賦）

此夸飾大狗之威猛也。

爾乃振勁羽，竦六翮，抗嚴趾，望雄敵，忽雷起而電發，赴洪波以奮擊。（蔡洪鬬鳧賦）

末二句夸飾搏鬥時之迅疾勇猛。

　　流芬賦采，風靡雲旋。（潘岳芙蓉賦）

夸飾芙蓉之芬芳及鮮麗可使風爲之靡、雲爲之旋。

　　鬱鬱隆暑，赫赫太陽。盥玉體於素波，身淒焉而自清。不知天時之有暑，忽謂繁霜之隕庭。（傅咸神泉賦）

此夸飾神泉清涼消暑之效也。

　　以上諸例，皆魏晉詠物賦常見之物象夸飾法也，至於鋪陳珍奇瑰怪，本漢賦慣用之手法，魏晉詠物賦亦有沿承此法者，如：

　　爾其水物怪錯，則有潛鵠魚牛，虎蛟鉤蛇，蜦蟤鱟蝞，鱝鼇鼂䵹，王珧海月，土肉石華……（郭璞江賦）

此爲典型漢賦鋪張夸飾之法，唯於魏晉詠物賦中已較少見。

丁、人情之夸飾

　　魏晉詠物賦中，人情夸飾之例較少，如：

　　姸姿妖豔，一顧傾城。（鍾會菊花賦）

　　泣泉流而雨下，灑血面而濺纓。（傅咸畫像賦）

　　沸體惄其如鑠，珠汗揮其如雨。（潘岳狹室賦）

或寫美人之妖姸，一顧則使全城爲之風靡傾倒；或述內心悲痛而淚如泉流雨下，泣血濺纓；或形容難耐酷熱，體沸如鑠，揮汗如雨。皆屬人情之夸飾也。此外，詠樂器諸賦常見描寫音聲之夸飾：

　　曲高和寡，妙妓難工。伯牙能琴，於玆爲矇。（阮瑀箏賦）

> 于時也，金石寢聲，匏竹屏氣，王豹輟謳，狄牙喪味，天吳踊躍於重淵，王喬披雲而下墜，舞鸑鷟於庭階，游女飄焉而來萃。感天地以致和，況蚑行之衆類。（嵇康琴賦）
>
> 靈禽爲之婉翼，泉鱏爲之躍鱗。（伏滔長笛賦）
>
> 樂操則寒條反榮，哀曼則晨華朝滅。（孫瓊箜篌賦）

右舉四例，就音聲本身而言，似屬「物象」之夸飾。然就其感人之描寫而言（其夸飾感物之處，實乃人之感受也），則爲人情之夸飾也。

賦者鋪也，賦體以鋪陳爲主要表現手法，單調之鋪陳極易流於呆滯之失，夸飾既有聳動人心之效果，自爲賦家所樂用也。宗梧師以爲欣賞漢賦，應「略實昧虛」，不當斤斤於「侈靡過實」之挑剔（註四），孫德謙六朝麗指云：「吾謂夸飾者，即是形容也。詩經而外，見於古人文字者，不可殫述，試舉六朝駢文證之：梁簡文帝謝賚扇啟：肅肅清風，即令象簟非貴，依依散采，便覺夏室含霜……當知此爲形容語，不可遽信其眞也。遽信其眞，不察其形容之失實，而拘泥文辭，因穿鑿附會以解之，斯眞不善讀書矣……六朝之文，亦非苟馳夸飾，乃眞善於形容者也。」此就六朝文以立論，實則觀賞魏晉詠物賦之夸飾，亦當如是也。

第二節 比 興

賦與比興，同列詩之六義，乃三種不同之傳達方式。王師夢鷗云：

> （賦比興）這三種不同的方式或構思過程，自東漢以來的說法差不多都是大同小異的。我們歸納他們之較爲精細的解釋，可把「賦」定義爲一種不用譬喻而直接表述作者意象的方式。「比」是

用類似的東西來說明原來的東西，更精確的說，應該是用其他事物的類似點，來代表原事物的特點，而這特點乃是作者的意象所在。至於「興」，則為原意象引發的繼起意象之傳達，但所傳達的繼起意象，與原意象之間，可類似亦可不類似，甚至相反的，無不可據以表述。（文學概論第十三章「直述」）

荀卿以降，賦漸為文體之名稱，六義附庸，蔚成大國，成為漢代文學之主流，其文體之得名，既由六義之賦而來，故其表達方式自以「直鋪」者為多，然亦非唯一之法也，其間亦不乏比興之例，以司馬相如及揚雄之賦觀之，相如之賦比體未盛而不乏興體，雄賦則比體雲構而少興義（註五），比重或有不同，而於賦中兼用比興則一也。降至魏晉，比體尤為盛行，而興義間出其中，玆就詠物賦探索其比興之法：

一　比

文心雕龍比興篇云：

且何謂為比？蓋寫物以附意，颺言以切事者也。故金錫以喻明德，珪璋以譬秀民，螟蛉以類教誨，蜩螗以寫號呼，澣衣以擬心憂，席卷以方志固，凡斯切象，皆比義也。至如麻衣如雪，兩驂如舞，若斯之類，皆比類也。

此論比之用法有二：卽比義與比類。前者以事義相比，後者以物類相比。至於比之種類，可分為四，比興篇云：

夫比之為義，取類不常：或喻於聲，或方於貌，或擬於心，或譬於事。

喻聲與方貌，屬於比類；擬心與譬事，屬於比義。此四類交互為用，則可衍生無數類別。玆以比聲、比貌、比心及比事為綱，執簡馭繁，以觀魏晉詠物賦用比之法（註六）：

甲、比聲

音聲本無形可狀，魏晉詠物賦乃充分運用比喻法以形容之，如：

平調定均，不疾不徐，遲速合度，君子之衢也；慷慨磊落，卓礫盤紆，壯士之節也。（阮瑀箏賦）

聲嗷嗷而彌厲兮，似貞士之介心。（曹植蟬賦）

阮瑀以「君子之衢」「烈士之節」比喻箏音，曹植以「貞士之介心」比喻蟬聲，此皆以心比聲也。（即劉勰所謂「擬於心」）

每至曲終歌闋，亂以衆契，上下奔騖，鹿奔猛厲，波騰雨注，飈飛電逝。（孫該琵琶賦）

狀若崇山，又象流波，浩兮湯湯，鬱兮峩峩。（嵇康琴賦）

孫該以「鹿奔猛厲，波騰雨注，飈飛電逝」等物象形容琵琶迅疾之聲，嵇康以高山流水形容琴音，此皆以貌（物象）比聲也。（即劉勰所謂「方以貌」）

遠而聽之，若鸞鳳和鳴戲雲中；迫而察之，若衆葩敷榮曜春風。（嵇康琴賦）

上聯以聲比聲，下聯以貌比聲，「鸞鳳和鳴戲雲中」「衆葩敷榮曜春風」意象極美，將無形之琴音化爲優美可見之形相，堪稱絕妙之比喻。

似鴻雁之將雛，乃羣翔於河渚。（孫楚笳賦）

以鴻雁羣翔河渚育雛之事形容笳音，此以事比聲也。（即劉勰所謂「譬於事」）

夫其悽戾辛酸，嚶嚶關關，若離鴻之鳴子也；含嘲嘽諧，雍雍喈喈，若羣雛之從母也。（潘岳笙賦）

以離鴻鳴子之悲傷及羣雛從母之和樂形容笙音之哀樂，而離鴻鳴子之悲及羣雛從母之樂實爲人心之感覺，故可歸於「以心比聲」之例。

象蟋蟀之鳴戶兮，類寒蟬之吟家。（孫惠繅車賦）

輕如伐鼓，轟若走轍。（李顒雷賦）

壯鼓崩天而砰磕。（顧愷之雷電賦）

孫惠以蟋蟀寒蟬之鳴聲形容紡織之聲，李顒以伐鼓，走轍喻雷聲，顧愷之以鼓聲狀雷聲，此皆以聲比聲也。

乙、比貌

此類比喻爲數最多，蓋詠物賦本以吟詠物象爲主，而物象具體可見，宜於用比也。

飛輕縹與浮白，若驚風之飄雲。（王粲車渠椀賦）

或若朝雲浮高山，忽似飛鳥厲蒼天。（曹丕車渠椀賦）

楯類騰蛇，槢似瓊英，如螭之蟠，如虬之停。（何晏景福殿賦）

綠葉蓊鬱，曖若重陰翳羲和；秀房陸離，混若紫英乘素波。（鍾會蒲萄賦）

灼若夜光之在玄岫，赤若太陽之映朝雲。（閔鴻芙蓉賦）

來若雨集，去若雲散。（成公綏烏賦）

遠而望之，煥若三辰之麗天；近而察之，晃若芙蓉之鑒泉。（傅玄宜男花賦）

既似老公，又類胡兒。（傅玄猨猴賦）

句爪懸芒，足如枯荆，觜利吳戟，目類明星。（傅玄鷹賦）

熠熠熒熒，若丹英之照葩；飄飄熲熲，若流金之在沙。（潘岳螢火賦）

體珠光之皎皎，若凝霜之初成；色鮮熠以熒熒，似融露之將渟。（左九嬪涪漚賦）

擢孤莖而特挺，若芙蓉於水裔。（陶侃相風賦）

或喻玉器之色彩，或喻宮殿欄杆之狀，或喻花果之光彩形狀，或喻鳥獸之形，或喻螢火之光，或喻水泡之形，或喻相風之狀，其喻體及喻依皆爲物象，爲單純之「比貌」也，其例不勝枚擧，右列諸例僅示其一斑耳。此外如：

伊百工之爲伎，莫機巧之最長，似人君之列位，象百官之設張。（楊泉織機賦）

以人君列位，百官設張之禮制比喻織機之形，此以事比貌也。（卽劉勰所謂「譬於事」）又如：

楊沈陰以溥覆，似明后之垂恩。（曹植槐樹賦）

就字面言，喻體爲槐樹之蔭，喻依爲明后垂恩，屬「以心比貌」之例，而其弦外之音不在樹蔭而在君恩，「喻依」反爲旨意之所在，此不可不知也。又如：

浮輕善移，勢危易盪，似孤臣之介立兮，隨排擠之所往。（夏侯湛浮萍賦）

萍出水而立枯兮，士失據而身往。（同右）

同實錄于良史，隨善惡而是彰。（傅咸鏡賦）

且積小以高大，生合抱於毫芒，猶帝道之將升，亦累德以彌光。（傅咸桑樹賦）

在陰益榮，猶賢哲之處時。（潘岳螢火賦）

以上五例，喻體皆爲物象（其中傅咸鏡賦之喻體「鏡」省略），喻依皆爲事理，屬「以事比貌」，唯其旨趣不在喻體之物象，而在喻依之事理也，此與前述曹植槐樹賦之用法相同，詠物賦中借物抒懷或言理之作往往如是。又此類「比貌」之法，主旨既在喻依之事理，劉勰所謂「譬於事」之名稱於此則極爲恰當。

丙、比心

詠物賦中，「比心」及「比事」之例甚少，蓋詠物賦既以「物」爲描寫之對象，則喻體自以物象爲主也。玆先述比心之例：

謂洪恩之可固，終靡弊於君傍。（傅咸扇賦）

以扇爲人所丟棄比喻恩寵之不足恃，屬「以事比心」。

稟天然之貞勁，經嚴多而不零，雖凝霜而挺幹，近青春而秀榮，若君子之順時，又似乎眞人之抗貞。（左九嬪松柏賦）

以松柏不凋等特性比喻君子順時之義及眞人抗貞之志，屬「以物比心」。

按：右擧二例，其「喻體」歸於人心頗爲勉强，此亦可說明「比心」之例，於魏晉詠物賦中頗難覓取也。

丁、比事

夫才之治世，猶櫛之理髮也。（傅咸櫛賦序）

知己之不可遇，譬河清之難俟。（傅咸玉賦）

伊人生之寄世，猶水草乎山河。（陸機感丘賦）

或以櫛之理髮比喻才之治世之理，或以河清難俟比喻知己之難求，或以水草暫生大地比喻人生之短暫，凡此，皆「比事」之例也。

二　興

文心雕龍比興篇云：「楚襄信讒，而三閭忠烈，依詩製騷，諷皆比興。炎漢雖盛，而辭人夸毗，詩刺道喪，故興義銷亡。於是賦頌先鳴，故比體雲構，紛紜雜遝，信舊章矣。」劉永濟文心雕龍校釋云：「賦家之文，多用比體，亦出自然。考興之爲義，雖精於比，而其爲用，則狹於比……賦體本以敷布爲用，敷布云者，蓋有經營結構之功，與無心而發者異趣。是以唐詩宋詞，託興尚多，而漢魏辭賦，興義轉亡，體實限之也。」黃季剛先生札記云：「自漢以來，詞人鮮用興義，固緣詩道下衰，亦由文詞之作，趣以喻人，苟覽者恍惚難明，則感動之功不顯，用比忘興，勢使之然。雖相如子雲，末如之何也。」以上諸說，皆謂漢代以來之詞人，用比忘興，比體雲構而興義銷亡。今觀魏晉詠物賦，誠已堪稱「比體雲構」，至於用興，雖遠遜於比，然實未至於「興義銷亡」。用比之法已述之如上，以下述其用興之法。

比興篇云：「觀夫興之託諭，婉而成章，稱名也小，取類也大。關雎有別，故后妃方德。尸鳩貞一，故夫人象義。義取其貞，無疑於夷禽；德貴其別，不嫌於鷙鳥。明而未融，故發注而後見也。」黃慶萱先生修辭學云：「把『貞一』『有別』等抽象概念，透過『關雎』『尸鳩』等具體意象的表達，這種『興』，就是我們所說的象徵了。劉勰認為『興』是『明而未融，故發注而後見』，表明了象徵具有高度的曖昧性。」玆就象徵以觀之：

甲、鳥飛及網羅之象徵

冀大綱之解結，得奮翅而遠遊。（曹植白鶴賦）

感陽和而振翼，遁太陰以存形。遇旅人之嚴網，殊六翮而無遺。（曹植鸚鵡賦）

接羽翮以南北兮，情逸豫而永康。望范氏之發機兮，播纖繳以凌雲，挂微軀之輕翼兮，忽頹落而離羣。（曹植離繳雁賦）

曹植少得恩寵，悠遊自在，中逢巨變，見迫於兄，其詠鳥諸賦中之「鳥飛」意象常象徵自由，而「網羅」之意象則象徵剝奪自由。右舉之第一例，盼望大綱（網即網）得解，奮翅遠遊即象徵盼望恢復自由也。第二例之「振翼」而飛象徵自由，遇旅人之「嚴網」則象徵自由見奪也。第三例南北飛翔之樂象徵其少時悠遊自得之樂，而「纖繳」則相當於「網羅」，象徵自由為人所制也。

穢維塵之紛濁兮，患俗網之易嬰。心眇眇其悠遠兮，意飄飄以遐征。（傅咸儀鳳賦）

由於人格及遭遇之不同，傅咸此賦之鳥飛意象乃高潔之象徵，而「俗網」則象徵污染高潔品格之濁世。

鷹鸇過猶俄翼，尙何懼於罿罻。（張華鷦鷯賦）

「罿罻」卽網羅，此賦表面述鷦鷯不畏網羅，實則象徵畏懼網羅之罹身也。（此網或剝奪自由，甚至生命！）

按：「鷹鸇」蓋象徵强權，「鷹鸇過猶俄翼」象徵强權之臣不加害也。唐代詩人張九齡燕詩「無心與物競，鷹隼莫相猜。」「鷹隼」亦象徵權臣。

乙、樹陰之象徵

鳥取棲以投翼，人望庇而被衿。（王粲槐樹賦）

陽蜩鳴其南枝，寒蟬噪其北陰，秋風忽其將來，咸感節而悲吟，玩庇陰之厚惠，情眷眷而愛深。（繁欽桑賦）

前者以鳥之取棲投翼於槐樹，興起人臣盼望君王之接納。後者以蟬自喻，蟬之感懷眷戀桑樹庇陰之厚惠，蓋卽象徵其感念君王之恩澤。按曹植槐樹賦「楊沈陰以溥覆，似明后之垂恩」以比體明示槐樹之蔭有如明后垂恩，可知樹蔭確有君王恩寵之象徵也。

丙、陰陽之象徵

「陽」象徵清明之盛世，「陰」象徵晦暗之濁世，曹植蟬賦起首及亂辭皆贊美蟬於太陰時潛處，於盛陽時則出現，此殆暗示蟬之不肯處污亂之濁世耶？又鸚鵡賦亦贊美其「感陽時而振翼，遁太陰以存形」恐亦有所託諷。此外蝙蝠賦斥責蝙蝠「明伏暗動」，蓋象徵小人之活躍於亂世也。

丁、蟬之象徵

蟬於中國文學中乃具有高度象徵之昆蟲，曹植蟬賦以蟬自喻，蟬之棲喬枝、漱朝露，象徵其高潔也。爲黃雀、螗蜋、蜘蛛、草蟲所逼迫，象徵其見迫於羣小也。卒爲狡童所逐，遭焚身之禍，殆憂慮其不免見害也。又蟬之聲嘶力竭，枯槁而亡，則爲淒苦之象徵也。陸雲寒蟬賦雖以客觀手法寫蟬，而其敍蟬之附高松，餐風飲露，不貪黍稷之馨香，則有高潔之象徵焉。寒蟬出現於秋季，秋爲萬物蕭瑟凋零之季節，本易觸發愁思，尤以羈留異鄉之旅人，聞寒蟬之悲鳴，倍添其鄉愁之思，寒蟬賦云「若夫歲聿云暮，上天其涼，感運悲聲，貧士含傷，或歌我行永久，或詠之子無裳。」寒蟬則爲鄉愁之象徵矣。傅咸鳴蜩賦「有嘒嘒之鳴蜩，于台府之高槐。物處陰而自慘，奚厥聲之可哀。秋日悽悽兮，感時逝之若頹……。」此與陸雲寒蟬賦「寒蟬哀鳴，其聲也悲。四時云暮，臨河徘徊」皆以寒蟬悲鳴之意象引發其對時光流逝之哀感。此爲「原意象引發繼起意象」之「興」體表達法也。

魏晉詠物賦之象徵，除上述諸例之外，餘如曹丕喜霽賦以「灑塵」象徵魏將受禪，而「清風」「皎日」則象徵其受禪之瑞應，柳賦「惟尺斷而能植兮，信永貞而可羨」寫柳樹尺斷尙能重生，人一旦魂斷，則永無復生之理，柳樹於此爲長生之象徵。曹植橘賦以橘自喻，橘樹之美而不得善終蓋暗示己之失寵，橘樹之仰望凱風、炎氣，盼望越鳥等，皆象徵眷戀昔日君王之恩寵。敍橘之「非彰德於邦家」乃象徵已無法貢獻朝廷也。張華鷦鷯賦「海鳥爰居，避風而致；條枝巨雀，踰嶺自致。提挈萬里，飄颻逼畏。夫唯體大妨物而形瓌足瑋也。」此處逼迫大鳥之「風」殆爲邪惡勢力之象徵也。

祝堯云：「凡詠物之賦，需兼比興之義，則所賦之情，不專在賦，特借物以見我之情爾。」（古賦辨體卷五）魏晉詠物賦用興之處雖遠遜於用比，然由前述諸例觀之，謂之「興義銷亡」則有待商榷也。

第三節 用典

用典者，文心雕龍所謂「事類」也。事類篇云：「事類者，蓋文章之外，據事以類義，援古以證今者也。」運用典故，引事比類，援古證今之法，經傳之文，已開先例。黃季剛先生文心雕龍札記云：

尙攷經傳之文，引成事述故言者，不一而足……降及百家，其風彌盛。詞人有作，援古尤多……逮及漢魏以下，文士撰述，必本舊言，始則資於訓詁，繼而引錄成言，終則綜緝故事。爰至齊梁，而後聲律對偶之文大興，用事采言，尤關能事。其甚者，捃拾細事，爭疏僻典，以一事不知爲恥，以字有來歷爲高，文勝而質漸以瀉，學富而才爲之累，此則末流之弊，故宜去甚去奢，以節止之者也。

此論用典之起源及其演變之大要。用典之法，源於先秦，孳息兩漢，至齊梁而臻於鼎盛，而末流之弊亦因之而生，魏晉則爲其間之津渡也。就魏晉詠物賦觀之，魏代用典尙未繁密，甚至仍有全賦純屬白描，不用典故者，如曹丕濟川賦、臨渦賦是也。晉代用典漸趨繁密，純屬白描之作，已不多覯，觀其詠井諸賦可知其用典隸事之富也。

劉永濟文心雕龍校釋云：「文家用典，亦修辭之一法。用典之要，不出以少字明多意，其大別有二：一用古事，二用成辭。用古事者，援古事以證今情也。用成辭者，引彼語以明此義也。」用典之種類，不外乎用古事與引成辭二端，唯其運用之法則甚多，張仁青駢文學分用典之方法凡五：一曰明用，二曰暗用，三曰反用，四曰借用，五曰活用。玆以之分析魏晉詠物賦之用典：

㈠明用

徵引典實，明言其人或明引其事，一望卽知用典者，謂之明用。其例如：

繆公酣而興霸，漢祖醉而蛇分。（曹植酒賦）

此明用與酒有關之史事，前者見史記秦本紀，後者見史記高祖本紀。

觀虞姬之容止，知治國之佞臣。見姜后之解珮，寤前世之所遵。賢鍾離之讜言，懿楚樊之退身。

嘉班妾之辭輦，偉孟母之擇鄰。（何晏景福殿賦）

明用虞姬、姜后、樊姬、班捷妤及孟母之事蹟，以爲后妃之楷模。

昔唐帝之欽明兮，遘洪水之巨害。在殷湯之盛時兮，亢炎旱以歷歲。伊我后之神聖兮，敷皇道以居帝。雖風雨之失度兮，且嘉穀之無敗。（傅玄喜霽賦）

明用唐堯、殷湯不免水旱災之典故，以烘托當代天子之盛德。

仲尼唯諾於陽虎，所以解紛而免尤；韓信非爲懦兒，出胯下而不羞。（傅咸叩頭蟲賦）

此舉人驗以明謙卑忍讓之理。

慕古公之胥宇，羨孟氏之審鄰。（潘尼東武館賦）

上句用大雅公劉之典，下句用孟母三遷之典，皆明白可曉。

啟周成之沖昧，罰展氏之凶慝。（李顒雷賦）

上句典出尚書金縢「天大雷電以風，禾盡偃，大木斯拔」以示警周成王疑周公之典故，下句典出春秋僖公十五年左傳「震夷伯之廟，罪之也。於是展氏有隱慝焉。」

以上諸例，皆明用古人古事之典，以下再述明引成辭之例：

詩歎鳴蜩，聲嘒嘒兮。（曹植蟬賦）

此引詩經小雅小弁「鳴蜩嘒嘒」之成辭。

坤厚德以載物，乾資始而至大。（成公綏天地賦）

此二句乃就周易乾卦「大哉乾元，萬物資始以統天」及坤卦「坤厚載物」稍易其辭而成。

以類萬物之情，以通天下之故。（傅玄蓍賦）

周易繫辭上：「故能通天下之志」繫辭下：「以通神明之德，以類萬物之情。」此賦上句全引成辭，下句僅易一字。

信鉤深而致遠，實開物而成務。（傅玄著賦）

此引周易繫辭上「鉤深致遠」「開務成務」之辭，雖增益數字，亦屬全引成辭之例。

薄言采之，手折纖枝。（孫楚菊花賦）

詩經周南芣苢：「采采芣苢，薄言采之。」此賦「薄言采之」全引詩經之詩句。

燕燕于飛，差池其羽。何斯人之是興，信進止之有序。（傅咸燕賦）

「燕燕于飛，差池其羽。」全引詩經邶風燕燕之詩句。

表裏山河，出入襟帶。（潘尼東武館賦）

「表裏山河」全引僖公二十八年左傳「戰而捷，必得諸侯。若其不捷，表裏山河，必無害也。」之成辭。

君子恐懼而修省。（李顒雷賦）

此句引周易震卦「洊雷震，君子以恐懼修省。」之成辭。

㈡暗用

徵引故實，渾然天成，驟視之不知其用典，詳察之乃知實有出處。知其典者賞其玄機，不知典者亦可望文生義，而無阻奧之歎，此暗用典故之妙也。其例如：

有棗若瓜，出自海濱，全生益氣，服之如神。（傅玄棗賦）

表面似尋常之描述，實乃暗用史記漢武帝本紀之典：「臣（李少君）嘗游海上，見安期生，食巨棗，大如瓜。安期生僊者，通蓬萊中。」

鑒中流以顧影，晞雲表之清景。（傅玄山雞賦）

初視似寫實景，實用典故。藝文類聚卷九十一引異苑云：「山雞愛其毛，映水則舞。魏武時，南方獻之，帝欲其鳴舞而無由。公子蒼舒，令以大鏡著其前，雞鑑形而舞，不知止，遂乏死。」

金柯分，玉葉散。（陸機浮雲賦）

初學記卷十五引古今注云：「黃帝與蚩尤戰於涿鹿之野，常有五色雲氣，金枝玉葉，止於帝上，有花葩之象。」陸賦暗用此典，不知其用典者，可由字面觀賞雲彩如金柯玉葉分散之優美意象，知其暗用此典者，更可藉此典之神話喚起無窮之遐思。

挹之不損，停之不溢。（郭璞井賦）

就字面言，似乎僅敍井水不因挹之與否而有所增益，實則暗用周易井卦「无喪无得」之典，以贊頌井水有恆德也。

按：周易王弼注：「德有常也。」正義：「此明井用有常德，終日引汲，未嘗言損，終日泉注，未嘗言益。故曰：无喪无得也。」孔穎達之領悟，郭璞蓋已先得之矣。

霄對如晨霞孤征，眇若雲翼絕嶺。（郭璞江賦）

文選李善注云：「莊子曰：大鵬翼若垂天之雲，故曰雲翼。」「雲翼」極易視爲與「晨霞」相對之普通物象，賴善注得知此乃運用莊子逍遙遊之典，並由此典聯想及大鵬優美之意象也。

㈢反用

反用者，隸事運典，反其原典之意而用之也，如：

歸功美於執紲兮，其槃瓠之不虞。（傅咸走狗賦）

槃瓠者，高辛氏之畜犬，獵取犬戎猛將吳將軍之首而建功，得娶帝女爲妻（詳見後漢書南蠻西南夷列傳）。此賦反用槃瓠之傳說，功成不居，以明走狗之忠貞。

孰謂天高，其聽不遼。（傅咸喜雨賦）

此反用詩經小雅正月「謂天蓋高，不敢不局。」之典。

迅雷震而不駭，激風發而不動。（郭璞蚍蜉賦）

此反用論語鄉黨「迅雷風烈必變」之典，描述蚍蜉以其體小，反無畏於迅雷烈風，頗有諧趣。

居不必陋，食不求簞，豈獨蓬蓼可永而隆棟招患？奚必膏粱非美而飲疏以餐？（庾闡狹室賦）

論語雍也篇云：「賢哉回也！一簞食，一瓢飲，在陋巷，人不堪其憂，回也不改其樂。」述而篇云：「飯疏食，飲水，曲肱而枕之，樂亦在其中矣。」揚雄解嘲云：「高明之家，鬼瞰其室。」此皆勉人安於陋巷狹室，粗食淡飯也。庾氏此賦則用之而反其意也。

(四) 借用

借用者，僅取古人之詞語，而不用其文意也。如：

逐東郭之狡兔。（傅咸走狗賦）

此句典出戰國策齊策，淳于髡以韓盧（名犬）逐東郭之狡兔爲喻，勸阻齊王伐魏，免爲秦所乘也。傅咸則僅取其快速迅疾之意，而無原典之寓意也。

順陰陽於滋茂兮，笑含章之有文。（夏侯湛宜男花賦）

周易坤卦六三：「含章可貞，或從王事，无成有終。」正義：「章，美也。既居陰極，能自降退，不爲事始，唯內含章美之道，待命乃行，可以得正，故曰含章可貞。」此賦僅取「含章」一詞以描述宜男花之美，而無周易之深意。

羡弁彼之歸飛兮，寄子思乎江陰。（陸雲愁霖賦）

此借用詩經小雅小弁「弁彼鸒斯，歸飛提提。」之詩句。

按：「弁」，朱傳：「飛拊翼貌。」此賦擇取「弁彼」二字於義未妥，似宜改爲「弁鸒」，於義較安。

瞻彼卷阿，實曰夕陽。

酌之以匏，取式公劉。（杜育荈賦）

前者詩大雅卷阿「有卷則阿，飄風自南」之典，後者用大雅公劉「乃造其曹，執豕于牢，酌之用匏」之典，然皆僅取其詩句有「卷阿」「酌之用匏」等字眼，而與原典之意了不相關也。

剛過金石，勁勵瓊玉。磨之不磷，涅之不濁。（潘尼琉璃椀賦）

論語陽貨篇：「不曰堅乎，磨而不磷；不曰白乎，涅而不緇。吾豈匏瓜也哉？焉能繫而不食。」此賦借其字句以言琉璃椀之剛勁。

禮儀攸序，是獻是酬。頳顏微發，溢思凱休。德音晏晏，弘此徽猷。（張載酃酒賦）

詩經小雅角弓：「君子有徽猷。」「徽猷」本指君子之美道，此賦借「徽猷」以言酒宴之美好。

(五)活用

張仁青釋「活用」云：「使事用典，貴能靈活變化，宜令『事爲我使』，而『不爲事使』，直接故事之內涵與自己之立意所在，融爲一體，孰水孰鹽，莫見痕迹。故運典技巧之高者，雖死事死句亦可以靈活運用，極盡出神入化之能事，而達到雅俗共賞之目的。王安石有云：『詩家病使事太多，蓋皆取其與題合者類之，如此乃是編事，雖工何益。若能自出己意，借事以相發明，變態錯出，則用事雖多，亦何所妨。』（蔡寬夫詩話引）楊載亦云：『陳古諷今，因彼證此，不可著跡，只使影子可法。雖死事亦當活用。』（詩法家數用事條）是皆深造有得之言也。」（駢文學頁一六〇）由是觀之，上述四種用典之法，凡能加以靈活運用者，皆可謂之「活用」也。魏晉詠物賦亦有「活用」之例：

狀若崇山，又象流波。浩兮湯湯，鬱兮峩峩。（嵇康琴賦）

呂氏春秋孝行覽本味篇云：「伯牙鼓琴，鍾子期聽之。方鼓琴，而志在太山，鍾子期曰：『善哉乎鼓琴，巍巍乎若太山。』少選之間，而志在流水，鍾子期又曰：『善哉乎鼓琴，湯湯乎若流水。』伯牙鍾子期之典故極爲通俗，屢爲文士所樂用，以魏晉詠物賦而言，如阮瑀箏賦「伯牙能琴，於兹爲朦。」賈彬箏賦「鍾子授箏，伯牙擊節」陳窈箏賦「牙氏攘袂而奮手，鍾期傾耳以靜聽。」皆用此典，幾成俗套矣。然嵇康琴賦則能化此典於無形，以寫眼前琴聲之美，用典又不爲典所拘也。

不將不迎，應物無方。（傅咸鏡賦）

此乃活用莊子應帝王「至人之用心若鏡，不將不迎，應而不藏，故能勝物而不傷。」之典，既寫鏡之照物功能，又巧用典故以寓莊子之哲理。

華飛鴞之流響，想鳴鳥之遺音。（陸機桑賦）

上句典出詩經魯頌泮水：「翩彼飛鴞，集于泮林，食我桑黮，懷我好音。」下句典出豳風七月：「春日載陽，有鳴倉庚。女執懿筐，遵彼微行，爰求柔桑。」此運用與桑樹有關之典故，藉典故之聯想，使尋常之桑樹產生優美之意象，化腐朽爲神奇，此亦活用之一法也。

夫文章之用典，至齊梁而臻於鼎盛，觀夫上述魏晉詠物賦之用典，亦可窺知巳導齊梁用典繁密之先河矣。

第四節　隱　秀

文心雕龍隱秀篇云：

夫心術之動遠矣，文情之變深矣，源奥而派生，根盛而穎峻。是以文之英蕤，有秀有隱。隱也者，文外之重旨者也；秀也者，篇中之獨拔者也。隱以複意爲工，秀以卓絕爲巧，斯乃舊章之懿績，才情之嘉會也。

隱者，文外之重旨，以複意爲工，卽神思篇所謂「思表纖旨，文外曲致。」乃以含蓄婉轉之修辭技巧，以傳言外之旨，含不盡之意也。秀者，篇中之獨拔，以卓絕爲巧，卽陸機文賦所謂「立片言而居要，乃一篇之警策。」乃以精采卓絕之要言警句提振全文，動人心目，爲文章特出俊逸之處也。

魏晉詠物賦由於創作動機之不同，其命意可分爲三型（註七）。此三種不同之類型與「隱秀」之運用亦有密切之關係。

君臣唱和之遊戲作品，但從物象鋪陳辭藻，競逞才華，實乏隱秀之法，其唯一可取者，間有麗辭秀句（註八）出乎其中耳。如曹丕車渠椀賦「或若朝雲浮高山，忽似飛鳥厲蒼天。」曹植車渠椀賦「翩飄飄而浮景，若鷩鶴之雙飛。」之類是也。此等麗句，由於缺乏情志蘊乎其中，故難以成爲提振全文之警策也。至如王粲槐樹賦運用象徵手法，以「鳥取棲以投翼」婉轉表達人臣盼望君王庇蔭之情，則爲少數之例外也。

覩物興情之作，可分二類：

其一，所興之情，僅止於純粹欣賞物象之美，則其修辭技巧亦常止於客觀之細膩描寫、夸飾或浪漫之想像，以構成辭藻豔富之美文，詠蓮、木槿、石榴諸賦多屬之。此類作品，亦乏隱秀之法，其足取者，亦賴麗辭美句引人入勝耳。如孫楚蓮花賦「微若玄黎投幽夜，粲若鄧林飛鵷鶵。」夏侯湛朝華賦「皎日升而朝華，玄景逝而夕零。逮明晨而繁沸，若靜夜之衆星。」潘尼安石榴賦「遙而望之，煥若隋珠燿重川；詳而察之，灼若列宿出雲間。」等是也。

其二，所興之情，不僅止於欣賞物象之美，且由物象引發作者內心之情志。或詠物抒情、或體物寫志、或卽物言理。此類作品，其抒情寫志或言理之處，常爲全賦「秀」句之所在。嵇康琴賦、潘岳笙賦皆藉歌辭以抒寫情志，歌辭卽爲引人入勝之秀句。成公綏故筆賦「佗盡力於萬機，卒見弃於行路。」、夏侯湛浮萍賦「萍出水而立枯兮，士失據而身枉。」皆於賦末深寓人生之感慨。傅咸患雨賦「天道且猶若玆，況人事之不平？」由天道無常而歎人事不平，時代心聲，作者眞性，皆於憤激中傾瀉而出。左九嬪涪漚賦結尾「其成不欲難，其敗亦以易也。」卽物以言理。凡此，皆爲諸賦警策之所在也（註九）。

藉物抒寫情志之詠物賦，多見隱秀處，曹植尤爲能手，如白鶴賦以白鶴自喻，以白鶴之白，象徵其人品之潔白，以「衝風」象徵惡勢力，以「得接翼于鸞皇」象徵昔日父王之恩寵，而「鳥飛」之意象則爲得意自由之象徵，「大網」則爲限制自由之象徵，此乃運用象徵手法，婉曲託喻其困窘悲苦之心境也（註一〇）。餘如蟬賦「處危疑之時，憂讒畏譏，溢於言外」，鸚鵡賦「憂戚之詞，較之正平，彌覺悽惋」，皆吞吐其辭，藉詠物以抒寫內心之悲，屬「隱」之修辭法也。至於蝙蝠賦，就其以蝙蝠暗喻奸佞，乃「隱」之技巧，然就其「嫉邪憤俗之詞，末四句痛斥尤甚」觀之，亦爲「秀」之手法也。阮籍處於名士少有全者之亂世，當司馬師强行廢立齊王芳時，籍雖不滿司馬氏及其黨羽，然迫於局勢，不能明言，遂於首陽山賦藉譏刺伯夷、叔齊之口稱仁義以暗諷當代之世僞。獼猴賦亦藉寫獼猴以斥世僞，凡此，皆用「隱」之手法以達其言外之旨也。張華鷦鷯賦借寫鷦鷯形微體陋，物莫之害以寓亂世明哲保身之哲理，此乃「隱」之手法也。而其結尾「普天壤以遐觀，吾又安知大小之所如。」點明全賦之主題，爲警策之所在也。

寓諷於頌，曲終奏雅爲漢賦常用之隱秀技巧，魏晉詠物賦亦有運用此法者，如張紘瓌材枕賦結尾勉人棄華崇樸。曹植酒賦結明正旨，論縱酒之非。卞蘭許昌宮殿於描寫宮殿之華麗後，力勸明帝及時行仁，皆曲終奏雅，爲全賦之警策。何晏景福殿賦之隱秀手法尤類漢賦，其歌功頌德之處往往暗寓諷諭，文外曲致，含蓄而幽深。如首段「審量日力，詳度費務，鳩經始之黎民，輯農功之暇豫。」頌美魏明帝經營宮殿能體恤民力，於農暇時為之，實則經營宮殿，豈有不耗民力者耶？此寓諷於頌也。又如第九段寫高昌、建城二觀，言高樓殿闕可以「覩農人之耘耔，亮稼穡之艱難。」「因居高而慮危」「省風助教，豈惟盤樂而崇侈靡。」表面為明帝修築殿觀找堂皇理由，實則暗諷明帝應知稼穡艱難、居高慮危，不當徒知盤樂侈靡也。至於末段頌美明帝之德如「招忠正之士，開公直之路，想周公之昔戒，慕咎繇之典謨」云云，託諷於頌之旨隱然可知也。凡此，就其婉曲託諷而言，隱也。然「義欲婉而正，辭欲隱而顯」（文心雕龍諧隱篇），此等辭義含蓄之處，即作者主旨之所在，又為全賦之警策。此隱秀合一之例也。

第五節 聲 律

聲律者，聲音之法度也，本指音樂五聲六律之節奏。尚書舜典云：「詩言志，歌永言，聲依永，律和聲。」史記樂書云：「州異國殊，情習不同，故博采風俗，協比聲律。」漢書禮樂書云：「漢興，樂家有制氏，以雅樂聲律，世世在大樂官。」劉勰文心雕龍以「聲律」名篇，藉以況論文章聲調韻律之要妙。聲律篇云：

夫音律所始，本於人聲者也。聲含宮商，肇自血氣，先王因之，以制樂歌。故知器寫人聲，聲非學器者也。故言語者，文章關鍵，神明樞機，吐納律呂，脣吻而已。

此論聲律之始，本乎人聲之自然也。建安之前，文士之於聲律，蓋本乎脣吻之自然調適，未嘗深究其所以然，誠如沈約宋書謝靈運傳論所謂「高言妙句，音韻天成，皆暗與理合，匪由思至」也。魏晉之世，聲律之學初興，曹丕首倡文氣說，以音樂比喻氣之清濁有體，可視為聲律說之前驅（註一一）。曹植雅好聲律，屬意佛經，慧皎高僧傳十三經師論云：「原夫梵唄之起，亦肇自陳思，始著太子頌與睒頌等，因爲之製聲，吐納抑揚，並法神授，今之皇皇顧惟，蓋其風烈也。」然則文士作文，有意識使用聲律者，當推原於陳思王也。李登撰聲類，爲韻書之始，此亦當時文士漸重聲律之一證也（註一二）。晉之陸機，推衍其說，文賦云：「其爲物也多姿，其爲體也屢遷，其會意也尚巧，其遣言也貴姸。曁音聲之迭代，若五色之相宣。雖逝止之無常，固崎錡而難便。苟達變而識次，猶開流以納泉。如失機而後會，恆操末以續顚。謬玄黃之秩敍，故淟涊而不鮮。」除重視詩文之視覺效果外，更追求其聽覺之效果，其論各類文體之表現，亦以韻調爲重，如「賦體物而瀏亮」「箴頓挫而清壯」「論精微而朗暢」，其論文病，亦多以音樂爲喻，如「譬偏絃之獨張，含清唱而靡應」「象下管之偏疾，故雖應而不合」云云，故陸機已深知音調與內容之協合之重要性，唯其要求「音聲迭代」「悽若繁絃」「音泠泠而盈耳」。亦僅止於自然之音節，尚未發展爲固定可循之聲律規範也。范文瀾文心雕龍聲律篇注云：「魏晉之世，聲律之學初興，故子建、士衡雖悟文有音律，而未嫻協調音律之定術，躑躅燥吻，卽謀音律之調諧耳。」由是觀之，魏晉聲律之學尚在啟蒙階段也。

魏晉詠物賦既爲聲律初興時之作品，若以齊梁發展而成之嚴格聲律要求以繩之，則不免扞格也。劉勰之聲律說介於自然之聲調與人爲之聲律說之間，其聲韻律法並不嚴格，然執之以審魏晉詠物賦之聲律，亦屢見其犯忌也。聲律篇云：

異音相從謂之和，同聲相應謂之韻。

嵇康琴賦「豐融披離」。陸機寒蟬賦「長林參差」「哀秋華之方零」「思希光而無階」皆用平聲。曹植蝙蝠賦「斥逐羽族」、嵇康琴賦「布濩半散」「采采粲粲」、潘岳笙賦「棗下纂纂」皆用仄聲，此犯不和之病也。聲律篇又云：

雙聲隔字而每舛，疊韻雜句而必睽。

嵇康琴賦「布濩半散」，「布」博故切，「半」博泮切，布半同爲「並」紐。張華鷦鷯賦「戀鍾岱之林野」，「戀」力卷切，「林」力尋切，戀林同爲「來」紐。潘岳笙賦「汎滛氾豔」，「滛」餘針切，「豔」以贍切，滛豔同爲「喻」紐。木華海賦「江河既導」，「江」古雙切，「既」居豙切，江既同爲「見」紐。又「乖蠻隔夷」，「乖」古懷切，「隔」古核切，乖隔同爲「見」紐。郭璞江賦「沆瀁皛溔」，「沆」胡郎切，「皛」胡了切，沆皛同爲「匣」紐。凡此，皆犯「雙聲隔字而每舛」之病也。曹丕鶯賦「怨羅人之我困，痛密網之在身」，「人」「身」同屬廣韻「眞」韻。曹植蝙蝠賦「斥逐羽族」，「逐」「族」同屬廣韻「屋」韻。嵇康琴賦「旦晞幹於九陽」，「旦」「幹」同屬廣韻「翰」韻。傅玄李賦「形隨運成」，「形」廣韻「青」韻，「成」廣韻「清」韻，同屬「耕」部（註一三）。郭璞江賦「金精玉英瑱其裏」，「精」廣韻「清」韻，「英」廣韻「庚」韻，同屬「耕」部。凡此，皆犯「疊韻雜句而必睽」之病也。

　　雙聲隔字，疊韻雜句，同爲聲律之瑕疵，然若連用雙聲疊韻之複音詞，以狀聲狀貌，則有助於辭章聲律之美也。漢賦名家如司馬相如、揚雄等，莫不精於此道。魏晉詠物賦亦有善用之者，如：

　　且其山川形勢，則盤紆隱深，磪嵬岑嵓，亙嶺巉巖，岝崿嶇崟，丹崖嶮巇，青壁萬尋。若乃重巘增起，偃蹇雲覆，邈隆崇以極壯，崛巍巍而特秀，蒸靈液以播雲，據神淵而吐溜。爾乃顚波奔突，狂赴爭流，觸巖觝隈，鬱怒彪休，洶湧騰薄，奮沫揚濤，瀄汩澎湃，蜿蟺相糾。放肆大川，濟乎中州，安回徐邁，寂爾長浮。

此爲嵇康琴賦描述山川形勢之一小段文字，短短百餘字，卽有「嶮巇」（曉紐）「澎湃」（滂紐）雙聲複音詞，「磪嵬」（灰韻）「巉巖」（銜韻）「岝崿」（鐸韻）「偃蹇」（阮韻）「隆崇」（東韻）「洶湧」（腫韻）「瀄汩」（「質」部）「蜿蟺」（「元」部去聲韻）等疊韻複音詞。此外「岑嵓」「嶇崄」「奐衍」等複音詞，或近雙聲（「嶇崄」同爲牙音）、或韻部相近（「岑崟」上字屬「侵」部，下字屬「談」部。「奐衍」上字屬「寒」部，下字屬「元」部。）凡此，皆有助於狀聲狀貌，完成辭章之聲律美也。

賦介於詩文之間，其用韻本較詩爲自由，然亦有漸趨規律之現象。劉永濟文心雕龍校釋取司馬相如子虛賦、班固西都賦、左思蜀都賦、沈約郊居賦各一段比觀之，以見其流變之迹，知漢賦用韻之式，至無定法，齊梁之際，漸有矩矱也（註一四）。就魏晉詠物賦之用韻觀之，隔句押韻已爲普遍之韻例，茲以同詠愁霖諸賦爲例：

㈠應瑒愁霖賦（○表非韻之句，韻部依丁邦新魏晉音韻研究）

○聲○庭○形○零　耕四一

○衣○暉○悲　脂三一

㈡曹丕愁霖賦

○都○予　魚二一

○湍○難　寒二一

○暘○光　陽二一

㈢曹植愁霖賦

○行○精○鳴　耕三一

○皇○將　陽二一

㈣傅咸患雨賦（患雨即愁霖）

○經○寧○明○零○成○晴○幷○齡○平 耕九—

㈤陸雲愁霖賦

○陰○沈○淫○霖 侵四—

○激○質○室○疾○溢 資•藥•五—

塡天○淵○田○年 元五—

○城○聲○庭○盈 耕四—

○省○景○脛○靖○永○領 耕•六—

○吟○心○音○陰○襟 侵五—

○期○龜○頤○怡○悲 之•脂•五—

○散○晏○館○漢○旦○觀 寒•六—

㈥潘尼苦雨賦

○浮○流 幽二—

○霖○涔○禁○沈 侵四—

○零○明○庭 耕三—

○魚○衢 魚二—

以上諸賦共用七十八韻，除陸雲愁霖賦「隱隱塡塡，若降自天。」之例外，餘七十六韻全爲隔句押韻，可證魏晉詠物賦之用韻已趨於規律化。雖然，仍有少數賦篇用韻較特殊，歸納之，不外如下數型：

AAOA型——

傅咸玉賦「萬物資生，玉稟其精，體乾之剛，配天之清」，「生」「精」「清」押耕部韻。

AOA型——

成公綏故筆賦「人日用而不寤，佗盡力於萬機，卒見弃於行路」，「寤」「路」押魚部去聲韻。

AAABOBOB型——

成公綏蜘蛛賦「獨高懸以浮處，遂設網于四隅，南接大廡，北接華堂，左馮廣廈，右依高廊，吐絲屬緒，布網引綱」，「處」「隅」「廡」押魚部去聲韻，句句押韻，「堂」「廊」「綱」押陽部韻。

AAOBOB型——

傅玄鬬雞賦「于是紛紜翕赫，雷合電擊，爭奮身而相戟兮，競隼鷙而鶻睨。得勢者凌九天，失據者淪九地」，「赫」「擊」藥錫合韻，「睨」「地」押支部去聲韻。

OAOABB型——

曹毗觀濤賦「於是神鯨來往，乘波躍鱗，噴氣霧合，噫水成津，骸喪成島嶼之墟，目落爲明月之珠」，「鱗」「津」押眞部韻，「墟」「珠」押魚部韻。

OAOAAOAOA型——

楊泉織機賦「是以孟秋之月，首殺庶物，工民呈材，取彼椅梓，貞幹脩枝，名匠騁工，美乎利器，心暢體通，膚合理同。規矩盡法，因事作容。好無不媚，事無不供」前四句不押韻，「工」「通」「同」「容」「供」押東部韻。

OAAAOAOAOA型——

傅咸走狗賦「舒節急筋，豹耳龍形，蹄如結鈴，五魚體成。勢如淩青雲，目若泉中星，轉視流光，朱曜赤精，震茹黃而褶宋鵲兮，越妙古而揚名」，「形」「鈴」「成」「星」「精」「名」押耕部韻。

以上諸型，除「AAOA」型稍多，差可成一類型外，其餘皆爲極少數之例外，而其基本型態仍以隔句押韻爲主也。至如曹丕臨渦賦全篇句句押韻，則爲唯一之例外也。

賦中隨時押韻，漢賦較常見，魏晉詠物賦由於漸趨規律化，已較少見，其例如曹植髑髏說「昔太素氏不仁，無故勞我以形，苦我以生。今也幸變而之死，是反吾眞也。何子之好勞，而我之好逸？子則行矣，余將歸於太虛。於是言卒響絕，神光霧除，顧將旋軫，乃命僕夫，拂以言塵，覆以縞巾，爰將藏彼路濱，雍以丹土，翳以綠榛。夫存亡之異勢，乃宣尼之所陳，何神憑之虛對，云死生之必均」，「形」「生」押耕部韻，「今也……子則行矣」爲散句，「虛」「除」「夫」押魚部韻，「塵」「巾」「濱」「榛」「陳」「均」押眞部韻。或句句押韻、或隔句押韻，或間雜散句，「虛」與「除」「夫」且分屬不同之段落而相協，用韻極爲活潑自由而不規則，乃魏晉詠物賦少見之例也。此外陸機羽扇賦「昔者武王玄覽，造扇于前，而五明安衆，庶繁于後，各有託于方圓。蓋受則于箑甫，舍茲器而不用，顧奚取于鳥羽」，「前」「圓」押元部韻，「甫」「羽」押魚部上聲韻，此亦隨時押韻之例。

虛字入韻之例甚少見，如孫該三公山下神祠賦「南極鬱紆，飛龍在天，太一白石，亘靈據山，二后殊位，惟公在焉」，「天」「山」與虛字「焉」押元部韻。王廙白兎賦「於是古之有德則納瑞而求安，無德則不勝而爲災。赤烏降於周文兮，尙稱曰休哉」，「災」與虛字「哉」押咍部韻。

虛字不入韻之例較多，如曹植髑髏說「子將結纓首劍，殉國君乎？將被堅執銳，斃三軍乎？將嬰茲固疾，命隕傾乎？將壽終數極，歸幽冥乎」，「君」「軍」押眞部韻，「傾」「冥」押耕部韻，虛字「乎」不入韻，而以其上一字爲韻字。鍾會菊花賦「黃華高懸，準天極也；純黃不雜，后土色也；早植晚登，君子德也；冒霜吐穎，象勁直也；流中輕體，君子食也」，「極」「色」「直」「食」屬職部韻，「德」屬德部韻，職德合韻，虛字「也」不入韻，而以其上一字爲韻字。成公綏琵琶賦「若夫盤圖合靈，太極形也；三材片合，兩儀生也；分柱列位，歲數成也；回窗華表，日月星也」，「形」「生」「成」「星」押耕部韻，虛字「也」不入韻。賈彬箏賦「何以盡美，請徵其喻。剖狀同形，兩象著也；設弦十二，太簇數也；列柱參差，招搖布也；分位允諧，六龍御也」，「喻」「著」「數」「布」「御」押魚部去聲韻，虛字「也」亦不入韻。

李調元賦話云：「古人作賦，未有一韻到底，溯之自坡公始。老饕賦題涉于遊戲，而篇幅不長，偶然弄筆成趣耳。」（卷五）此語有待商榷，魏晉詠物賦由於短賦甚多，一韻到底之賦篇屢見不鮮，如：

（數字表用韻之次數）

王粲車渠椀賦（眞七） 徐幹冠賦（職德三）、車渠椀賦（寒四） 應瑒楊柳賦（陽四） 楊修孔雀賦（耕四） 曹丕玉玦賦（支四）、迷迭賦（耕六） 傅玄雉賦（陽七）、鸚鵡賦（耕四） 傅咸愍雨賦（耕九）、狗脊扇賦（耕三）、櫛賦（之四）、款冬賦（耕六）、梧桐賦（陽五）、舜華賦（耕七）、儀鳳賦（耕十六）、燕賦（魚幽九）、青蠅賦（耕六）、蜉蝣賦（幽五）、螢火賦（耕十一） 司馬紹蟬賦（耕三） 傅純雉賦（耕五） 桓玄鶴賦（屋藥六） 王彪之水賦（元八） 蘇彥浮萍賦（魚四） 祖台之荀子耳賦（耕五） 劉瑾甘樹賦（魚八） 羊徽木槿賦（職三） 張望蜘蛛賦（陽四） 陸善長鳴雞賦（耕二）。

洋洋大觀，誠爲魏晉詠物賦用韻之一大特色也。其中固有篇幅過短，如陸善長鳴雞賦僅四句，羊徽木槿賦僅六句，是否爲完篇宜持保留之態度，然若傅咸儀鳳賦、螢火賦等，首尾文意完整，儀鳳賦通篇用十六耕部韻字，螢火賦通篇用十一耕部韻字，其爲一韻到底之賦，乃無可置疑者也。又上述一韻到底之賦，以押耕部者最多，凡十四例，此蓋耕部韻寬所致耶？

魏晉詠物賦之換韻大體皆與段落頗爲一致，除少數賦篇外，凡換韻之處，大多爲文意轉變之處也。此於第三章至第九章各類詠物賦之分析已詳言之，玆不贅述。至於換韻之緩急，則與文氣攸關，文心雕龍章句篇云：

若乃改韻從調，所以節文辭氣，賈誼枚乘，兩韻輒易；劉歆桓譚，百句不遷；亦各有其志也。昔魏武論賦，嫌於積韻，而善於資代。陸雲亦稱四言轉句，以四句爲佳。觀彼制韻，志同枚賈。然兩韻輒易，則聲韻微躁；百句不遷，則脣吻告勞；妙才激揚，雖觸思利貞，曷若折之中和，庶保无咎。

范文瀾以爲「彥和所謂折之中和者，是四韻乃轉也」（註一五），玆就文選所錄魏晉六篇詠物賦以觀其換韻之情況（註一六）：

（「韻」表「二韻一易」，「三韻一易」等，「次」表換韻次數）

篇名	韻次	二	三	四	五	六	七	八	九	十	十一	十二	十三	十四	十五
何晏景福殿賦	次	16	9	5	7	7	1	0	0	2	0	1	0	0	0
嵇康琴賦	次	9	7	8	7	3	4	2	0	0	0	0	0	0	0
張華鷦鷯賦	次	0	0	4	4	0	0	0	0	0	0	0	0	0	0
潘岳笙賦	次	3	5	7	2	0	1	1	0	0	0	0	0	0	0
木華海賦	次	9	6	7	4	0	5	0	0	0	0	0	0	0	0
郭璞江賦	次	0	0	3	3	1	4	4	1	2	1	0	0	0	2
合計	次	37	27	34	27	11	15	7	1	4	1	1	0	0	2

就隔句押韻之常例言，二韻三韻卽換韻，句數不超過六句，誦之則有緊迫急促之感。四韻已有八句，五韻則有十句，長短適中，彥和所謂「折之中和」之轉韻也。五韻以上始換韻，句數已超過十句，稍感其緩，若十韻以上仍不移，句數已過二十，則脣吻告勞矣！以上六賦，魏代二篇稍爲明快，晉代四篇除木華海賦外，張華、潘岳得其中，郭璞江賦則稍緩。唯大體上諸賦皆能折之中和，尤以張華鷦鷯賦全以四韻、五韻構成，不疾不徐，從容中道也。爲進一步說明方便計，玆據上列資料製一簡表如下：

韻	次 魏	次 晉	次 合計
A	41	23	64
B	27	34	61
C	19	19	38
D	1	3	4

註：「A」表換韻急促之二韻及三韻。
「B」表折之中和之四韻及五韻。
「C」表換韻稍緩之六韻至十韻。
「D」表十韻以上始換韻者。

「A」類高居首位，可知賦家之換韻仍樂於運用較快之節奏，唯折之中和之「B」類爲數亦不少，頗能與之抗衡，且有節奏稍緩之「C」類以緩衝「A」類之繁促，故就整體言，尙不覺其用韻之急躁也。至於「D」類，於一百六十七次之換韻中，僅有四次，比例極微，故無「脣吻告勞」之病也。此就大體而言，次就魏晉分而觀之，魏代「A」類超出「B」類甚多，至晉代則「B」類反居「A」類之上，此正顯示魏晉詠物賦由換韻急促逐漸趨於中和之現象也。若與前舉魏晉吟詠愁霖諸賦觀之，亦與此趨勢吻合也。茲列表以供參較之：

韻	次	
	魏	晉
A	6	3
B	1	7
C	0	3
D	0	0

賦序多不用韻，然亦有例外，如嵇康琴賦序用韻之處凡三：㈠「物有盛衰，而此無變；滋味有猒，而此不勌」，「變」「勌」押元部去聲韻。㈡「復之而不足，則吟詠以肆志，吟詠之不足，則寄言以廣意」，「志」「意」押之部去聲韻。㈢「推其所由，似元不解音聲；覽其旨趣，亦未達禮樂之情也」，「聲」「情」押耕部韻。又如成公綏故筆賦序「治世之功莫尙於筆，能擧萬物之形，序自然之情」，「形」「情」押耕部韻。此皆賦序用韻之例，而以隨時押韻爲原則也。

第六節　對偶

對偶者，語文中上下兩句，字數相等，句法相似，平仄相對之修辭法也。對偶之產生，其客觀因素源於自然界之對稱；其主觀因素源於心理之聯想作用，及美學之「對比」「平衡」「勻稱」之原理。而吾國文字單體單音之特性，尤適於對偶之發展也（註一七）。文心雕龍麗辭篇云：

造化賦形，支體必雙，神理為用，事不孤立。夫心生文辭，運裁百慮，高下相須，自然成對。唐虞之世，辭未極文，而皋陶贊云：「罪疑惟輕，功疑惟重。」益陳謨云：「滿招損，謙受益。」豈營麗辭，率然對爾。

此論對偶之起，源於自然，無勞刻意經營也。

漢代賦家，競為閎侈之辭，好鋪排字句以夸飾之。於是自然成對之儷辭，漸成有意求工之偶句，即麗辭篇所云「自揚、馬、張、蔡，崇盛麗辭，如宋畫吳冶，刻形鏤法，麗句與深采並流，偶意共逸韻俱發」是也。唯前漢賦家如馬揚之倫，去古未遠，對偶尚未精工，若以後代較嚴之尺度審核之，則或以揚馬之賦非儷句也，如李調元賦話謂「揚馬之賦，語皆單行，班張則間有儷句」是也。簡師宗梧云：「若以字數相等，文法相似，成雙作對之排列為儷句之要件，則揚馬賦句中，在在皆是。至若必輕重悉稱，字字對仗工整，音調相和，前後相隨，則揚馬賦句之中，尚不可多得焉。」此對偶於前漢之大略也。迨至後漢，漸趨工整，駢辭儷句，日益增多，茲以張衡髑髏賦之起首為例，以窺其運用對偶之情形：

張平子將

遊目於九野，
觀化乎八荒。

星回日運，
鳳舉龍驤。

南遊赤野，
北泏幽鄉。

西經昧谷，
東極扶桑。

於是季秋之辰，
微風起涼，
聊回軒駕，
左翔右昂。
步馬于疇阜，
逍遙乎陵岡。

顧見髑髏，
委於路旁。
下居淤壤，
上負玄霜。

對偶已較前漢賦家工整嚴謹矣。降至魏晉，「析句彌密，聯字合趣，剖毫析釐」（麗辭篇），逐漸走向駢賦之途，玆舉四賦爲例，以明其日益駢化之現象：

(一)阮瑀鸚鵡賦

惟翩翩之豔鳥，
誕嘉類於京都。
穢夷風而弗處，
慕聖惠而來徂。
被坤文之黃色，
服離光之朱形。
配秋英以離綠，
苞天地以耀榮。

陟縣岡之迢遞，
臨窮谷之濬遐。
覽丹源之列泉，
眷懸流之清波。
漱玄瀨而漾沚，
順黃崖而蕩博。
激重巖之絕根，
拂崇丘之飛崿。
然後
陰渠洞出，
陽澮旁開。

(二)應貞臨丹賦

倏熠高鶩，
皓曜長懷。
盤溢鬱沒，
雲轉飈迴。
屛側爲之飛隕，
壁岸爲之陂隤。
列以青林，
蔭以綠枝。
檉松蓊茸於其側，
楊柳婀娜乎其下。
水則
高溜承崖，
懸泉屬嶺。
別流分注，（當句對）
冰瑩玉靜。（當句對）
清波引靜，
形無遁影。

㈢羊祜雁賦

鳴者相和，
行者接武。
前不絕貫，
後不越序。
齊力不期而竝至，
同趣不要而自聚。
當其赴節，則萬里不能足其路。
苟泛一壑，則衆物不能易其所。
臨空不能頓其翼，
揚波不能濺其羽。
排雲墟以頡頏，
汰弱波以容與。
進淩轢于泰清，
退嬉魚乎玄渚。
浮若漂舟乎江之濤。
色若委雪于嵒之阿。
邕邕兮悲鳴乎雲間，因風臨虛厲清和。
眇眇兮瞥若入清塵，扶日拂翼揚光羅。

(四)潘岳蓮花賦

偉玄澤之普衍，
嘉植物之並敷。
遊莫美於春臺，
華莫盛於芙蕖
於是
惠風動，
沖氣和。
眄清池，
翫蓮花。
舒綠葉，
挺纖柯。
結綠房，
列紅葩。
仰含清液，
俯濯素波。
脩柯婀娜，
柔莖苒弱。
流風徐轉，
迴波微激。
其望之也，曄若皦日燭昆山。
其即之也，晃若盈尺映藍田。

阮瑀鸚鵡賦，雖用對偶而未臻精工，「穢夷風而弗處，慕聖惠而來徂」「配秋英以離綠，苞天地以耀榮」介於對句與非對句之間，此蓋駢賦初期之現象也。應貞臨丹賦，除末二句，皆以對句構成。羊祜雁賦、潘岳蓮花賦則全賦皆爲對句，潘氏對偶尤工，已爲標準之駢賦也。

文心雕龍麗辭篇析分對偶爲四類：

麗辭之體，凡有四對：言對爲易，事對爲難，反對爲優，正對爲劣。言對者，雙比空辭者也；事對者，並舉人驗者也；反對者，理殊趣合者也；正對者，事異義同者也。

劉勰所舉四對，實爲對偶之原則，而非對偶之方法。六朝以降，對偶之法日繁，唐上官儀有六對之說，皎然有八對之論，而日僧空海文鏡秘府論合前人諸法，凡二十九種之多，洋洋大觀，對偶之能事畢矣。張仁青騈文學參酌衆家之說，臚列重要者凡三十種（註一八）。玆擇取其中十二種以觀魏晉詠物賦運用對偶之情況：

㈠單句對

又名「單對」，卽單句相對，乃對偶之常法。

或若朝雲浮高山。
忽似飛鳥厲蒼天。（曹丕車渠椀賦）

譬若離鵾鳴清池。
翼若游鴻翔曾崖。（嵇康琴賦）

芙蓉映渚。
靈芝蔽岸。（潘尼東武館賦）

沈竄則足撥圓波。
浮泳則臆排微漣。（張望鷺鶿賦）

㈡偶句對

又名「雙句對」「隔句對」「偶對」，卽第一句與第三句對，第二句與第四句對。

其始榮也，皦若夜光尋扶木。
其揚暉也，晃若九日出暘谷。（曹植芙蓉賦）

遠而聽之，若鸞鳳和鳴戲雲中。
迫而察之，若衆葩敷榮曜春風。（嵇康琴賦）

河汾之寶，有曲沃之懸匏焉。
鄒魯之珍，有汶陽之孤篠焉。（潘岳笙賦）

擊武乙於河，而誅戮之罰明。
震展氏之廟，而隱慝之誅見。（顧愷之雷電賦）

㈢長偶對

二句以上相對者，謂之長偶對。

其華表則鎬鎬鑠鑠，赫奕章灼，若日月之麗天也。
其奧祕則蘙蔽曖昧，髣髴退概，若幽星之纚連也。（何晏景福殿賦）

遠而望之，若紫霓下鄰，雙鵾集焉。
即而視之，若璆琳之柱，華蓋在端。（毌丘儉承露盤賦）

悽唳辛酸，嚶嚶關關，若離鴻之鳴子也。
含喇嘽諧，雍雍喈喈，若羣鶵之從母也。（潘岳笙賦）

其始奏也，蹇澄疏雅，若將暢而未越。
其漸成也，抑案鏗鏘，猶沈鬱之舒徹。（賈彬箏賦）

㈣當句對

又名「本句對」「連環對」，一句之中，詞彙自對者也。

器冷絃調。
心閑手敏。（嵇康琴賦）

按「器冷」對「絃調」，「心閑」對「手敏」，上下兩句各自爲對。

叩角動商。
嗚羽發徵。（孫楚笳賦）

按「叩角」對「動商」，「嗚羽」對「發徵」，亦各自爲對。

衣毛被羽，或介或鱗。
棲林浮水，若獸若人。（成公綏天地賦）

按上聯「衣毛」對「被羽」，下聯「棲林」對「浮水」，各自成對。此外「或介」與「或鱗」，「若獸」與「若人」則爲「雙擬對」（見㈨）。

陰霖則興雲降雨。
陽霽則吐霞曜日。（潘岳滄海賦）

按上句「興雲」對「降雨」，下句「吐霞」對「曜日」，皆各自爲對。

按：前述四種對偶方法乃就「句型」而分類也。其中「長偶對」及「當句對」尤見魏晉詠物賦作者之巧心營構也。

㈤異類對

以不同類之物相對，謂之異類對。又名「異名對」「平頭對」「普通平對」。

仰晙芳芝。
俛漱清流。

「芝」乃植物，「流」爲流水，異類而相對。

壇以文石。
樹之柳杞。（傅咸神泉賦）

「文石」，礦物也。「柳杞」，植物也。不同物類而相對。

似長離之栖鄧林。
若珊瑚之暎綠水。（潘岳河陽庭前安石榴賦）

「長離」，鳳也，爲動物。「珊瑚」，水中植物，爲珍寶之一。二者異類而相對。「鄧林」，桃林也，屬植物門，「綠水」屬地理門，亦異類而相對。

輕塵不飛。
纖蘿不動。（木華海賦）

「塵」「蘿」異類而相對。

㈥同類對

以同類之物相對，謂之同類對。又名「正名對」「的名對」「正對」「切對」「合璧對」。此類對偶之字義與詞性均相對工切，銖兩悉稱，遠較「異類對」嚴密。魏晉詠物賦不乏此例，可見其對偶已漸精工矣。如：

樫松蓊茸於其側。
楊柳婀娜乎其下。（應貞臨丹賦）

來若雨集。
去若雲散。（成公綏烏賦）

斐斐素華。
離離朱實。（傅玄棗賦）

望北林以鸞飛。
集樛木以龍蟠。（陸雲寒蟬賦）

樂雙遊之黃鸝。
嘉別摯之王雎。（摯虞槐賦）

瞻滄津之騰起。
觀雲濤之來征。（曹毗觀濤賦）

右擧諸例，字義與詞性皆堪稱隱妥，已爲後代精美之對仗奠定良好之基礎矣。

按：上述二種對偶方法，乃就字義及詞性而分類也。

(七)疊字對

運用疊字於對句中，謂之疊字對，又名「連珠對」。

布萋萋之茂葉兮，
挺苒苒之柔莖。（王粲迷迭賦）

雲曖曖而周馳。
雨濛濛而霧零。（應瑒愁霖賦）

茂樹蒼蒼。
纖枝翩翩。（夏侯湛朝華賦）

熠熠熒熒，若丹英之照葩。
飄飄熲熲、若流金之在沙。（潘岳螢火賦）

(八)彩色對

以顏色字相對，以增對偶之瑰麗者，謂之彩色對，魏晉詠物賦此類對句亦不少，如：

縹幹綠葉。
青柯紅芒。（鍾會菊花賦）

葉萋萋兮翠青。
英蘊蘊而金黃。（傅玄鬱金賦）

丹喙翠尾。
綠翼紫頸。（左九嬪鸚鵡賦）

揮綠翰以運影。
啟丹觜以振響。（盧諶鸚鵡賦）

(九)雙擬對

雙擬對者，同一字相隔他字而重出於一句之中，下句亦然。此類對句，謂之雙擬對（註一九）。魏晉詠物賦已有此例：

或遲或速。
乍止乍旋。（卞蘭許昌宮賦）

乍來乍往。
若懸若垂。（夏侯湛觀飛鳥賦）

可屈可伸。
能幽能顯。（傅咸紙賦）

一低一仰。
乍浮乍沒。（摯虞䲹鶺賦）

按：上述三種對偶方法，乃就其遣詞之方式而分類也。此外尙有依其運用聲韻之情況而分類者，以下三類卽是也。

㈩雙聲對

潔文襟以交頸。
抗華麗之豔溢。（阮籍鳩賦）

按「交頸」雙聲，「豔溢」雙聲。

川瀆浩汗而分流。
山嶽磊落而羅峙。（成公綏天地賦）

按「浩汗」雙聲，「磊落」雙聲。

始濛濊而徐墜。
終滂霈而難禁。（潘尼苦雨賦）

按「濛濊」雙聲，「滂霈」雙聲。

嘲哳閒關。
倏忽瀏漱。（盧諶燕賦）

按「閒關」雙聲，「瀏漱」雙聲。

(十一)疊韻對

修幹偃蹇以虹指兮。
柔條阿那而虵伸。（曹丕柳賦）

按「偃蹇」疊韻，「阿那」疊韻。

垂華紛之葳蕤。
流翠葉之晃㩻。（曹植寶刀賦）

按「葳蕤」疊韻，「晃㩻」疊韻。

布濩磊落。
蔓衍夭閑。（潘岳芙蓉賦）

按「布濩」疊韻，「蔓衍」疊韻。

紛紜雪亂。
混沌雲頹。（郭璞蜜蜂賦）

按「紛紜」疊韻，「混沌」疊韻。

㈦雙聲疊韻對

牢落凌厲。
布濩半散。（嵇康琴賦）

按上句「牢落」「淩厲」皆雙聲，下句「布濩」「半散」皆疊韻。

斐披艴赫。
散換熠爚。（潘岳芙蓉賦）

按「斐披」雙聲，「散煥」疊韻。

熒明倩粲。
菴藹猗那。（盧諶菊花賦）

按「熒明」疊韻，「菴藹」雙聲。

振葳蕤。
扇芬芳。（江逌竹賦）

按「葳蕤」疊韻，「芬芳」雙聲。

由上觀之，後世重要之對偶方法，魏晉詠物賦大體略具矣，其技巧亦日臻圓熟，就形式言，隔句對、長隔對可見其匠心，就遣詞言，叠字、敷彩之運用，雙擬之巧構，可見其工巧，就聲律言，雙聲疊韻之運用，頗富聲律諧調之美，唯限於聲律之學尚未昌盛，故平仄之對仗尚未如後世之講求耳。李調元賦話云：「楊馬之賦，語皆單行，班張則間有儷句……下逮魏晉，不失厥初。鮑照、江淹，權輿已肇。永明天監之際，吳均、沈約諸人，音節諧和，屬對密切，而古意漸遠。」（卷一）孫梅四六叢話云：「左陸已降，漸趨整鍊，齊梁而降，益事妍華，古賦一變而爲駢賦。」（卷四）觀夫魏晉詠物賦之對偶，正足以顯示賦體由古賦演變爲駢賦之軌迹也。

【附　註】

註　一：參見廖蔚卿先生六朝文論頁一〇五——一〇九。

註　二：詳見簡師宗梧漢賦源流與價值之商榷頁一五〇——一五三。

註　三：黃慶萱先生修辭學將夸飾之對象分爲「空間」「時間」「物象」「人情」四類，玆從之。

註　四：同註二。

註　五：詳見簡師宗梧司馬相如揚雄及其賦之研究第二節「比興」。

註　六：「比」相當於修辭學之「譬喻」，譬喻由「喻體」「喻依」「喻詞」所構成。黃慶萱修辭學云：「所謂『喻體』，是所要說明的事物主體；所謂『喻依』，是用來比方說明此一主體的另一事物；所謂『喻詞』，是聯接喻體和喻依的語詞。」唯就比興篇所舉漢賦諸例觀之，喻體與喻依似乎混淆不清：

△賈生鵩賦云：禍之與福，何異糾纆。此以物比理者也。

△王褒洞簫云：優柔溫潤，如慈父之畜子也。此以聲比心者也。

△馬融長笛云：繁縟絡繹，范蔡之說也。此以響比辯者也。

右列三例之上句皆為喻體，下句皆為喻依，第一例喻體及喻依頗為明確，然二、三例劉勰之解釋似將喻體及喻依顛倒，茲列表以明之：

喻體	喻依	劉勰之解釋	備考
禍之與福（理）	糾纆（物）	以物比理	正確
優柔溫潤（聲）	慈父之畜子（心）	以聲比心	當云「以心比聲」
繁縟絡繹（響）	范蔡之說（辯）	以響比辯	當云「以辯比響」

此外如：「張衡南都云：起鄭舞，蠒曳緒。此以容比物者也。」范文瀾注云：「張衡南都賦曰：

『坐南歌兮起鄭儛，白鶴飛兮蠒曳緒。』注曰：『白鶴飛兮繭曳緒，皆舞人之容。』此云以容比物，似當作以物比容。」由范注亦可知劉勰之混淆喻體及喻依。故本節所列「比聲」「比貌」「比心」「比事」諸綱目，皆就「喻體」而言，以免混淆不清也。

註　七：見第十章第一節謀篇。

註　八：此處之「秀句」指「秀麗」之秀，非「隱秀」之秀。

註　九：「警策」請參見第十章第一節。

註一〇：廖蔚卿先生云：「隱，即含蓄之美。」「含蓄的方法重在言有盡而意無窮，如興之婉曲託喻，近乎暗示，包涵象徵，文學的意境，端賴含蓄以成其美。」（六朝文論頁一一二—一一三）「象徵」亦為「隱」之修辭技巧之一法。

註一一：羅根澤魏晉六朝文學批評史第四章「首律說上」。（明倫出版社羅根澤中國文學批評史頁一八七）

註一二：參見文心雕龍聲律篇范文瀾注，下同。

註一三：據丁邦新魏晉音韻研究所列之韻譜。

註一四：劉永濟文心雕龍校釋頁三一—三八。

註一五：見文心雕龍章句篇范注第九。

註一六：以文選所錄之六賦為代表乃基於：㈠此六賦篇幅皆較長，容易掌握其換韻之情況。㈡六賦既收錄於文選，有其相當之代表性。

註一七：參見黃慶萱先生修辭學第二十三章對偶，頁四四七。

註一八：張仁青駢文學頁九八—一一五。

註一九：張仁靑以「雙擬對」爲「擬人法」之對句，並舉孔稚珪北山移文「林慚無盡，澗愧不歇」爲例。本文之「雙擬對」，乃據文鏡秘府論之解釋：「雙擬對者，一句之中所論，假令第一字是『秋』，第三字亦是『秋』，二『秋』擬第二字，下句亦然。如此之類，名爲雙擬對。詩曰：『夏暑夏不衰，秋陰秋未歸；炎至炎難却，涼消涼易追』」。

第十二章 魏晉詠物賦之情志內涵

文心雕龍情采篇云：「夫鉛黛所以飾容，而盼倩生於淑姿；文采所以飾言，而辯麗本於情性。故情者，文之經；辭者，理之緯。經正而後緯成，理定而後辭暢，此立文之本源也。」思想情感乃文學作品之內涵，爲其神明骨髓之所在，情理設位，文采方能行乎其中，苟乏情志，則文采無所附麗也。魏晉以降之文風，崇尚華藻，每有文過乎質之病。情采篇又云：「昔詩人什篇，爲情而造文，辭人賦頌，爲文而造情。何以明其然？蓋風雅之興，志思蓄憤，而吟詠情性，以諷其上，此爲情而造文也。諸子之徒，心非鬱陶，苟馳夸飾，鬻聲釣世，此爲文而造情也……夫以草木之微，依情待實，況乎文章，述志爲本，言與志反，文豈足徵！」此蓋和糾正當世文勝質衰之弊而言也。觀夫魏晉詠物賦之作，其中君臣唱和、文士雅集，同題競采之遊戲作品頗多，此類賦篇，誠乏深刻情志可言。然「情以物遷，辭以情發」（文心物色），色實爲搖盪情志之泉源，情志亦賴外物以抒發，是以「覩物興情」「藉物抒情」「卽物言理」之詠物賦「遵四時以歎逝，瞻萬物而思紛；悲落葉於勁秋，喜柔條於芳春；心懍懍以懷霜，志渺渺而臨雲」，物亦不乏其例也。唯其思想情感，常寓於物象吟詠之中，不如抒情、言理賦篇之明白可鑑耳。以下就思想、情感二端以探究魏晉詠物賦之內涵。

第一節　思　想

一　儒家思想

自漢武帝「卓然罷黜百家，表章六經」（註一），「而公孫弘以春秋，白衣爲天子三公，封以平津侯，天下學士靡然鄉風」（註二），儒家思想成爲漢代四百年學術思想之主流，漢賦亦託「諷諭」之美名，得以繁盛於漢廷。東漢末季，王綱解紐，政局動盪，禍亂相尋，儒家漸失維繫人心之力量而中衰，老莊思想逐漸擡頭。降至魏晉，老莊思想已取代儒家之主流地位矣。觀夫魏志、晉書，其傑出之人物，往往精通老莊之學，時流學士，俱以談玄說道聞名於時，父兄之勸戒，師友之講求，莫不以推求老莊爲第一事業，「世說新語」一書，尤足反映時代之風尚也（註三）。雖然，風雨如晦之際，固未嘗無獨醒之人，於老莊思想籠罩下之魏晉，亦不乏堅持儒家學說者，如晉書裴頠傳云：

> 頠深患時俗放蕩，不尊儒術。何晏、阮籍素有高名於世，口談浮虛，不遵禮法，尸祿耽寵，仕不事事。至王衍之徒，聲譽太盛，位高勢重，不以物務自嬰，遂相放效，風教陵遲，乃著崇有之論以釋其蔽……王衍之徒，攻難交至，並莫能屈。（卷三十五）

范寧傳云：

> 時以浮虛相扇，儒雅日替，寧以爲其源始於王弼、何晏，二人之罪，深於桀紂，乃著論曰：「（上略）王何蔑棄典文，不遵禮度，游辭浮說，波蕩後生，飾華言以翳實，騁繁文以惑世，搢紳之徒，翻然改轍，洙泗之風，緬焉將墜，遂令仁義幽淪，儒雅蒙塵，禮壞樂崩，中原傾覆，古之所

謂言僞而辯，行僻而堅者，其斯人之徒歟？…吾固以爲一世之禍輕，歷代之罪重；自喪之釁小，迷衆之愆大也。」寧崇儒抑俗，率皆如此。（卷七十五）

范宣傳云：

少尚隱遁，加以好學，手不釋卷，以夜繼日，遂博綜衆書，尤善三禮。家至貧儉，躬耕供養……（庾）爰之問宣曰：「君博學通綜，何以太儒？」宣曰：「漢興貴經術，至於石渠之論，實以儒爲弊，正始以來，世尚老莊，逮晉之初，競以裸裎爲高，僕誠太儒，然丘不與易。」宣言談未嘗及老莊，客有問：「人生與憂俱生，不知此語何出？」宣云：「出莊子至樂篇。」客曰：「君言不讀老莊，何由識此？」宣笑曰：「小時嘗一覽。」時人莫之測也。宣雖閑居屢空，常以講誦爲業。譙國戴逵等皆聞風宗仰，自遠而至。諷誦之聲，有若齊魯。太元中，順陽范寧爲豫章太守，寧亦儒博通綜，在郡立鄉校，敎授恆數百人，由是江州人士並好經學，化二范之風也。（卷九十一）

裴頠、范寧皆對當時之玄風加以嚴厲之駁斥，王何諸人之罪是否如斯之甚，姑不置論，頠寧衞護儒家之誠則一也。至於范宣，觀其答客之語，知其必曉老莊之學，然言談未嘗及老莊者，蓋不以老莊之學爲然也，而其一生行誼，亦純然儒者之風範也。由是觀之，魏晉儒學雖然式微，而其深潛人心之堅強生命力則未嘗或息。後世儒學之重振，亦賴此一脈而得相傳也。茲就「用世之志」與「道德理想之託諷與感懷」以觀魏晉詠物賦所呈現之儒家思想：

㈠ 用世之志

儒家進取，道家隱退，「仕」與「隱」乃儒道二家立身行事最大歧異處也。「用之則行，舍之則藏」（論語述而），固爲儒者進退之準則，然其理想仍在用世，匏瓜徒懸，孔子所不甘也。故雖偶有「道不行，乘桴浮于海」（論語公冶長）之歎，卒不忍去之也。魏晉政局詭譎多變，「仕」之環境險惡多舛，然抱用世之志者仍不乏其人，詠物賦之作家中，傅咸爲典型之代表，詠物之中，隨時流露儒家積極用世之精神，如：

惟年命之遒短，速流光之有經，疾沒世而不稱，貴立身而揚名。（畫像賦）

生世忽兮如寓，求福貴於不回。且明明以在公，唯忠讜之是與。（鳴蜩賦）

雖日用而匪懈，不告勞而自已。苟以理而委任，期竭力而沒齒。（櫛賦）

顧帷燭之自焚以致用，亦猶殺身以成仁矣。（燭賦序）

立身揚名，爲其人生之理想，故以忠讜在公之積極態度面對短暫如寄之生命。睹櫛之理髮，則思竭其才以治世；顧燭之自焚致用，則懷志士殺身成仁之情操。凡此，皆儒家思想之流露也。其螢火賦尤能表白其用世之志：

夜耿耿而不寐兮，憂悄悄而傷情。哀斯火之湮滅兮，近腐草而化生。感詩人之攸懷兮，覽熠燿于前庭。不以姿質之鄙薄兮，欲增輝乎太清。雖無補于日月兮，期自竭于陋形。當朝陽而戢景兮，必宵昧而是征。準不競于天光兮，退在晦而能明。諒有似于賢臣兮，于疏外而盡誠。

傅咸秉其父風，剛正不阿，無畏權佞，竭盡其力以事其君，其精神即此賦所詠之螢火之光，實爲汚濁政局中難得之儒家光輝也。傅咸之外，於詠物賦中流露用世之志者如：

思奮行而驤首兮，叩纆紲之紛拏…思薛翁於西土兮，望伯氏於東隅。願浮軒於千里兮，曜華軛乎天衢…展心力於知己兮，甘邁遠而亡劬。（應瑒慜驥賦）

浮輕善移，勢危易盪。似孤臣之介立，隨排擠之所往。內一志以奉朝兮，外結心以絕黨。（夏侯湛浮萍賦）

及覩懷香，生蒙楚之間。曾見斯草，植於廣廈之庭，或被帝王之圃。怪其遐棄，遂遷而樹于中唐……感其棄本高崖，委身階庭，似傅說顯殷，四叟歸漢。（嵇含懷香賦序）

獨臨川而慷慨，感逝者之不捨，惟修名之求立，戀景曜之西謝。懼留連之敗德，逐收歡而命駕。（摯虞觀魚賦）

應瑒藉悲慨良驥不遇以寓賢士不遇之歎，而其所以有此悲歎者，乃因「用世之志」無以施展，苟得知己則「願浮軒於千里，曜華軛乎天衢」，竭盡心力，邁遠忘劬以答之也。故此賦之主題雖悲士不遇，然亦「用世之志」之流露也。夏侯湛深歎耿介孤臣受排擠，有如浮萍之漂泊無定，然其內心仍忠誠不二以事奉朝廷者，乃「用世之志」以堅持之也。嵇含不忍懷香之遐棄，乃遷諸中唐，喜其棄高崖而委階庭，有如傅說顯殷、四叟歸漢。就懷香而言，或生蒙楚之間，或植帝王之圃，本無悲喜可言，此嵇含將其「用世之志」移於懷香而自然流露也。摯虞於遊樂之餘，警覺逝者如斯，不捨晝夜，遂收歡命駕，珍惜光陰，以求立身揚名之功業，此亦內在「用世之志」之驅動也。上述諸例，雖未如傅咸螢火賦之直接表白用世之志，實則用世之志未嘗忘懷，而於詠物之際，自然流露而不自覺也。

㈡道德理想之託諷與感懷

進德修業，乃儒者立身揚名之憑依也。格致誠正修齊治平之道，乃儒家達成內聖外王之不二法門，其中尤以修身爲本。魏晉詠物賦常於物象、物德之描述吟詠中，或有意、或無心流露其道德理想。何晏景福殿賦於頌美宮殿之富麗堂皇中，諷勸國君恤民力，行仁政，任賢才，此有意之託諷也。傅咸汙卮賦序云：「人有遺余琉璃卮者，小兒竊弄，墮之不潔。意旣惜之，又感物之汙辱，乃喪其所以爲寶，況君子行身，而可以有玷乎？」以玉卮受汙戒君子修身當謹愼，此亦有意託諷也。至如曹植芙蓉賦本爲純粹欣賞物象之美而作，唯其描寫芙蓉「結修根于重壤，泛淸流以擢莖」則無心流露「出汚泥而不染」之美德也。以下乃就各類物象之吟詠中，探索其所浮現之儒家道德理想之託諷或感懷：

㈠天象類

1.天地

故萬物之所宗，必敬天而事地。（成公綏天地賦）

2.雲

霮霈六合，浸潤群生。（楊乂雲賦）

3.雷電

大聖變於烈風，小雅肅於天高。嗟乾坤之神祇兮，信靈化之誕昭。（夏侯湛雷賦）

擊武乙於河而誅戮之罰明，震展氏之廟而隱慝之誅見，是以宣尼敬威忽變。（顧愷之雷電賦）

4.火

博贍群生，資育萬類。（潘尼火賦）

5.雨

禹身誓於陽盱，卒錫圭而告成。湯感旱於殷時，造桑林而敷誠。（曹植喜霽賦）

伊我皇之仁德兮，配焘育於二儀。屢刻躬而勤政兮，廣請禱於靈祇。（傅咸喜雨賦）

6.雪

堯九載以山栖兮，湯請禱於桑林。罔二聖以濟世兮，孰繁衍以迄今。（孫楚雪賦）

㈡地理類

1.河

有漢中葉，金隄隤而瓠子傾。興萬象而親務，董群后而來營。（應瑒靈河賦）

2.水泡

亡不長消，存不久寄，其成不欲難，其敗亦以易也。（左九嬪涪漚賦）

3. 關

聖王制典，蓋以防淫。萬里順軌，疆埸不侵。撫四夷而守境，豈恃阻於高岑。（江統關賦）

4. 冰井

用處凶禮，無失典常。美厚德之兼愛兮，乃惠存以及亡。（庾儵冰井賦）

㈢植物類

1. 蓮花

結修根于重壤，泛清流以擢莖。退潤王宇，進文帝廷。（曹植芙蓉賦）

仰含清液，俯濯素波。（潘岳蓮花賦）

2. 菊花

百卉雕瘁，芳菊始榮。（鍾會菊花賦）

早植晚登，君子德也。冒霜吐穎，象勁直也。（同右）

何斯草之特瑋，涉節變而不傷。越松柏之寒茂，超芝英之冬芳。（盧諶菊花賦）

3. 舜華（木槿）

嘉其日新之美，故種之前庭而爲之賦。（傅咸舜華賦序）

4. 紫華

余嘉其華純耐久，可歷冬而服。（傅玄紫華賦序）

5. 款冬

以堅冰爲膏壤，吸霜雪以自濡，非天然之眞貴，曷能彌寒暑而不渝？（傅咸款冬賦序）

6. 柑橘

詩人覩王雎而詠后妃之德，屈平見朱橘而申直臣之志焉。（傅玄橘賦序）

雖飛榮於圓沼兮，契繼松之貞趣。時屢遷而彌貞兮，凌寒暑而一度。（劉瑾甘樹賦）

7.石榴

君子居安思危，在盛慮衰。（庾儵石榴賦）

8.桃

辟凶邪而濟正兮，豈唯榮美之足言。（傅玄桃賦）

9.枇杷

枇杷樹寒暑無變，負雪揚華。（周祇枇杷賦序）

10.迷迭

信繁華之速實兮，弗見彫於嚴霜。（曹植迷迭香賦）

11.浮萍

內一志以奉朝兮，外結心以絕黨。（夏侯湛浮萍賦）

12.苟子耳

在瘠土而長勤，無須臾之閑寧。預清談而閉塞，開鄙穢而聰明。竭微聽於門閣，採群下之風聲。

（祖台之苟子耳賦）

13.槐

樂雙游之黃鸝，嘉別鷙之王雎。春棲敎農之鳩，夏憩反哺之鳥。（摯虞槐賦）

14.柳

豐弘陰而博覆兮，躬愷悌而弗倦。（曹丕柳賦）

15.桐

植匪崗其不滋，鳳非條其不儀。（夏侯湛愍桐賦）

16.木蘭

諒抗節而矯時，獨滋茂而不雕。（成公綏木蘭賦）

17.松柏

稟天然之貞勁，經嚴冬而不零。（左九嬪松柏賦）

18.長生樹

處陰冬而愈茂，豈莖葉之有黜。（嵇含長生樹賦）

19.瓜

德弘濟于飢渴，道殊流于貴賤。（陸機瓜賦）

20.薺

永安性於猛寒，羌無寧乎煖煥，齊精氣於欻凍，均貞固乎松竹。（夏侯湛薺賦）

21.孤黍

貪榮棄本，寄身非所，自取彫枯，不亦宜乎？（嵇含孤黍賦序）

22.竹

凌驚風，茂寒鄉，籍堅冰，負雪霜。（江逌竹賦）

㈣動物類

1.雉

飲以華泉之水，食以玄山之粱。（傅玄雉賦）

2.雞

憑梯升栖，守時告晨，未嘗有殆。（嵇含雞賦）

3.燕

類鸞皇之知德，象君子之安仁、（夏侯湛玄鳥賦）

隨行宜以行藏，似君子之出處：諒鳥獸之難群，非斯人而誰宜？惟里仁之爲美，託君子之宇寓。（傅玄燕賦）

4.鳳

物生則有害，有害而能免，所以貴乎才智也。（傅咸儀鳳賦序）

隨時宜以行藏兮，諒出處之有經，豈以美而賈害兮，固以德而見榮。（傅咸儀鳳賦）

5.烏

嗟斯烏之克孝兮，心識養而知慕。同蓼莪之報德兮，懷凱風之至素。雛既壯而能飛兮，乃銜食而反哺。（成公綏烏賦）

6.狗

其所折伏，敬主識人。（賈岱宗大狗賦）

歸功美於執紲兮，其盤瓠之不虞。感恩養而懷德兮，願致用於後田。（傅玄走狗賦）

7.蟬

實澹泊而寡欲兮，獨怡樂而長吟，聲皦皦而彌厲兮，似貞士之介心：棲喬枝而仰首兮，漱朝露之清流。（曹植蟬賦）

緣長枝而仰觀兮，吸渥露之朝零：清激唱於遐邇兮，時感君之丹心。（傅玄蟬賦）

匪爾命之遵薄，坐偷安而忘危。嗟悠悠之耽寵，請茲覽以自規。（傅咸黏蟬賦）

且明明以在公，唯忠讜之是與。（傅咸鳴蜩賦）

夫頭上有緌，則其文也；含氣飲露，則其清也；黍稷不食，則其廉也；處不巢居，則其儉也；應候守節，則其信也；加以冠冕，取其容也。君子則其操，可以事君，可以立身，豈非至德之虫哉？（陸雲寒蟬賦）

8. 蠶

夫功也起於綿綿，成於翼翼。頌之難周，論之罔極。殷斯勤斯，如何勿憶。（楊泉蠶賦）

9. 螢

奇姿燎朗，在陰益榮。猶賢哲之處時，時昏昧而道明。（潘岳螢火賦）

10. 蜉蝣

育微微之陋質，羌采采而自脩。（傅咸蜉蝣賦）

11. 魚

獨臨川而慷慨，感逝者之不捨。惟修名之求立，戀景曜之西謝。（摯虞觀魚賦）

㈤器物類

1. 枕

昔詩人稱角枕之粲，季世加以錦繡之飾。皆比集異物，費日勞力，傷財害民，有損於德。（張紘瓌材枕賦）

2. 冠

君子敬慎，自強不忒。（徐幹冠賦）

3. 釵

昔先王興道立教，崇冲讓以致賢，不留志於華好。（夏侯湛雀釵賦）

4. 紙

廉方有則，體潔性貞…起彼之淑，以爲己新。攬之則舒，舍之則卷，可屈可伸，能幽能顯。（傅咸紙賦）

5. 織機

事物之宜，法天之常。既合利用，得道之方。（楊泉織機賦）

6. 船

且論器而比象，似君子之淑清。外質朴而無飾，內空虛以受盈。乘流則逝，遇抵而停。受命若響，唯時而征。不辭勞而惡動，不偷安而自寧。不貪財以徇功，不憂力而欲輕…雖不乘而常浮，雖涉險而必正。（棗據船賦）

7. 相風

體正直而無橈，度經高而不傾。（傅玄相風賦）

既在高而思危，又戒險而自箴。雖迴易之無常，終守正而不淫。永恪立以彌世，志淹滯而愈新。（張華相風賦）

8. 燭

講三墳，論五經，高談既倦，引滿行盈，樂飲今夕，寔慰我情。（傅咸燭賦）

9. 櫛

夫才之治世，猶櫛之理髮也。（傅咸櫛賦序）

10. 鏡

同實物于良史，隨善惡而是彰：君子知貌之不可以不飾，則內省而自箴。既見前而慮後，則祇畏于幽深。察明明之待瑩，則以此而洗心。（傅咸鏡賦）

11.畫像

雖髮膚之不毀，覺害仁以偷生。（傅咸畫像賦）

12.汙巵

猥陷身於醜穢，豈厥美之不惜。（傅咸汙巵賦）

13.笙

易俗移風，興洽至教，弘義著於典蓍兮，歷萬代而彌劭。（王廙笙賦）

14.長笛

達足以協德宣猷，窮足以怡志保身。（伏滔長笛賦）

㈥建築類

1.宮殿

儉則不陋，奢則不盈。（楊修許昌宮賦）

2.臺闕

豈必世而後仁，在時主之所欲。（卞蘭許昌宮賦）

召公大賢，猶舍甘棠。區區小國，而臺觀隆崇，驕盈于世。以鑒來今，故作賦。（孫楚韓王臺賦序）

㈦飲食類

1.酒

耽于觴酌，流情縱佚，先王所禁，君子所失。（曹植酒賦）

感夏禹之防微，悟儀氏之見疏。鑒往事而作戒，罔非酒而惟愆。（張載酃酒賦）

2.菽

空匱之厄，固不綴懽。追念昔日，啜菽永安。（張翰豆羹賦）

右舉諸例，或諷國君行仁，或勵己身進德修業，或由物德之吟詠而寓其道理理想（如歲寒不凋之美德爲衆人所樂道）。由是觀之，魏晉詠物賦中，實不乏儒家精神之流露也。此殆魏晉老莊之學雖盛，然儒家思想畢竟較切合實際人生，且人倫終須賴之以維持，故其沈潛人心之生命力終未嘗息者歟？抑或賦本詩之流亞，而詩爲儒家經典，故賦多流露儒家之情志耶？

二　道家思想

儒家思想雖爲潛藏人心之堅韌生命力。唯老莊思想畢竟爲時代思潮之主流，文學作品受其影響，形成特殊之風格，文心雕龍時序篇云：「自中朝貴玄，江左稱盛，因談餘氣，流成文體。是以世極迍邅，而辭意夷泰，詩必柱下之旨歸，賦乃漆園之義疏。」鍾嶸詩品序云：「永嘉時，貴黃老，稍尚虛談。於時篇什，理過其辭，淡乎寡味。爰及江表，微波尚傳，孫綽、許詢、桓、庾諸公詩，皆平典似道德論，建安風力盡矣。」沈約宋書謝靈運傳論云：「有晉中興，玄風獨盛，爲學窮於柱下，博物止乎七篇，馳騁文辭，義殫乎此。自建武及于義熙，歷載將百，雖比響聯詞，波屬雲委，莫不寄言上德，託意玄珠，遒麗之辭，無聞焉爾。」檀道鸞續晉陽秋云：「正始中，何晏、王弼好莊老玄勝之談，而俗遂貴焉。」且不論其文學價值之評斷，老莊玄學對當代文學作品影響之大由是可知也。魏晉詠物賦自不例外，甚至秉持儒家理想之傅玄父子亦不免沾染玄風，傅玄蟬賦云：

美茲蟬之純潔兮，稟陰陽之微靈。含精粹之貞氣兮，體自然之妙形。潛玄昭于后土兮，雖在穢而逾馨。經青春而未育兮，當隆夏而化生。忽神蛻而靈變兮，奮輕翼之浮征。翳密葉之重陰兮，噪閑樹之肅清。緣長枝而仰觀兮，吸渥露之朝零。泊（全晉文作洎）无爲而自得兮，聆商風而和鳴。聲嘒嘒以清和兮，遙自託乎蘭林。嗟（初學記作臺）群吟以近唱兮，似簫管之餘音。清激（全晉文作擊）暘于遐邇兮，時感君之丹心。

賦中贊美蟬之高潔、忠貞，固爲儒家之思想，然「體自然之妙形」「泊无爲而自得」則爲道家自然無爲之思想也。其子傅咸叩頭蟲賦則顯然呈現道家之哲理，其賦云：

蓋齒以剛克而盡，舌存以其能柔。強梁者不得其死，執雌者物莫之讎。無咎生於惕厲，悔悋來亦有由。仲尼唯諾於陽虎，所以解紛而免尤。韓信非爲懦兒，出胯下而不羞。

此乃老子戒剛守柔、知雄守雌、知白守辱之思想（註四）也。「文變染乎世情，興廢繫乎時序」，時代風尚所趨，以儒者自持之傅家父子亦難免也。由是亦可窺知魏晉老莊思想之盛。由於詠物賦中呈現老莊思想之例實不勝枚舉，茲以下列諸賦爲代表以說明之：

曹植髑髏說云：

夫死之爲言歸也。歸也者，歸於道也。道也者，身以無形爲主，故能與化推移。陰陽不能更，四節不能虧，是故洞於纖微之域，通於恍惚之庭。望之不見其象，聽之不聞其聲，挹之不沖，滿之不盈，吹之不凋，噓之不榮，激之不流，凝之不停，寥落冥漠，與道相拘。偃然長寢，樂莫是踰。……昔太素氏不仁，無故勞我以形，苦我以生，今也幸變而之死，是反吾眞也。何子之好勞，而我之好逸？子則行矣，余將歸於太虛。

植借髑髏之言，以表達其對生死之感想，此人生觀乃得之於道家也。老子云：「道之爲物，惟恍惟惚。

惚兮恍兮，其中有象；恍兮惚兮，其中有物。」（二十一章）「視之不見名曰夷，聽之不聞名曰希，博之不得名曰微。此三者不可致詰，故混而爲一。其上不皦，其下不昧。繩繩不可名，復歸於無物。是謂無狀之狀，無物之象，是謂惚恍。」（十四章）此爲曹植釋「道」之所本。至於以生爲苦，以死爲歸眞之至樂，則得之於莊子大宗師「夫大塊載我以形，勞我以生，佚我以老，息我以死」也。

孫楚杕杜賦云：

家弟以虞氏梨賦見示，余謂豈以梨有用之爲貴，杜無用之爲賤。無用獲全，所以爲貴。有用獲殘，所以爲賤，故賦之云爾：

惟有杕之爲杜，齊萬物而並生。其質非薄，既不施於器用；華葉疎悴，靡休蔭之茂榮。昔在邵伯，聽訟述職。甘棠作頌，垂之罔極。

莊子人間世云：「桂可食，故伐之；漆可用，故割之。人皆知有用之用，而莫知無用之用也。」此乃孫氏之所本也。闡明無用之用，以不材避害求全之理者，此賦之外，則爲張華著名之鷦鷯賦也。其序云：

鷦鷯，小鳥也。生於蒿萊之間，長於藩籬之下，翔集尋常之內，而生生之理足矣。色淺體陋，不爲人用；形微處卑，物莫之害。繁滋族類，乘居匹游，翩翩然有以自樂也。彼鷲鶚鶤鴻，孔雀翡翠，或凌赤霄之際，或託絕垠之外，翰舉足以沖天，觜距足以自衞。然皆負矰嬰繳，羽毛入貢，何者？有用於人也。

張溥張茂先集題辭云：「壯武初未知名，作鷦鷯賦以寄意，感其不才善全，有莊周木雁之思。」無用之用，不才善全之哲理，此序蓋已闡明之矣。賦云「毛無施於器用，肉弗登於俎味。」「伊茲禽之無知，何處身之似智。不懷寶以賈害，不飾表以招累，靜守約而不矜，動因循以簡易，任自然以爲資，無誘慕於世僞。」此不才得以善全之道也。賦末云「陰陽陶蒸，萬品一區，巨細舛錯，種繁類殊。鷦螟巢於蚊睫，大鵬彌乎天隅，將以上方不足，而下比有餘。普天壤以遐觀，吾又安知大小之所如。」此乃莊子齊萬物之思想也。秋水篇云：「以差觀之，因其所大而大之，則萬物莫不大；因其所小而小之，則萬物莫不小。」然則鷦鷯雖小，亦自得其足，「翩翩然有以自樂」也。

晉明帝蟬賦云：

尋長枝以凌高，靜無爲以自寧。邈焉獨處，弗累于情。在運任時，不慮不營。

此道家清靜無爲之思想也，貴爲帝王之尊，亦有此言，可知道家思想之盛也。

王彪之水賦云：

寂閑居以遠詠，託上善以寄言。誠有無而大觀，鑒希微於淸泉。泉淸恬以夷淡，體居有而用玄。渾無心以動寂，不凝滯於方圓。湛幽邃以納汚，泯虛柔以勝堅。或浤浪於無外，或纖入於無間。故能委輪而作四海，決導而流百川。承液而生雲雨，涌凝而爲甘泉。

全賦借水以明道家之玄理，通篇幾爲道德經之講義，「詩必柱下之旨歸，賦乃漆園之義疏」此之謂也。

張望鷺鷀賦序云：

余覩鷺鷀之爲鳥也，形皃叢蔑，尾翮燋陋，樂水以遊，隨波淪躍，汎然任性而無患也。

此道家任性逍遙之思想也。賦云「萃不擇渠，娛不擇川，隨風騰起，與濤囘旋。沉竄則足撥圓波，浮泳則臆排微漣。率性命以閑放，獨遨逸而獲全。」一順其自然，保性全眞，深得逍遙遊之三昧也。

以上諸賦，皆以道家思想爲其內涵也。至於詠物之中，有意無意之間流露道家玄思者，比比皆是，聊舉數例以窺知：

嗽丹水之炎波，蔭瑤樹之玄枝，包黃中之純氣，抱虛靜而無爲。（曹丕玉玦賦）

齊萬物兮超自得，委性命兮任去留。（嵇康琴賦）

育之以金籠，升之以堂殿，可謂珍之矣。然未得鳥之性也。（成公綏鸚鵡賦序）

按：莊子秋水篇謂龜寧曳尾於泥塗，而不願藏之廟堂，此賦殆承其意。

抱甕而汲，不設機引…雖矢志而無妄，實游心于大順。（孫楚井賦）

守虛靜以玄澹兮，不東流而入海。（郭璞井賦）

含七德以幾道兮，盡衆善而莫伐…納而不處其有。（江逌井賦）

考五材之物化，寂冥感而資靜…協太陰以化液，體上善以流惠。（王彪之井賦）

妙自然以爲言，故不積而能散。（陸機羽扇賦）

有翔雲之素鳥，體自然之至絜。（張載羽扇賦）

靜無爲而虛寂，動感通而風生。（司馬無忌圓竹扇賦）

緗白隨川，方圓隨渠，義剛有折，照壺則虛，託形超象，比朗玄珠。（顧愷之冰賦）

憑輕羅以隱顯，應大明之幽朗。（張望蜘蛛賦）

引沈性於未萌，挫登形於已就，宣剛柔之流化，導四氣之靈侯。（陸沖風賦）

觀此數例，可知道家之玄思，有意無意之間，常融入賦家所詠之物中，玄學影響文風，可由此窺其一斑也。

三　隱逸思想

漢末以降，兵連禍結，時局動盪，立德立功之儒家理想屢遭落空，晉書袁宏傳載其三國名臣頌云「時方顛沛，則顯不如隱」，魏晉隱逸風氣之盛，時局動盪爲其外在之主因也，而政治迫害之頻仍，士大夫屢遭殺戮，更促成其隱遁求全之心理。復以老莊思想乘時而起，遂形成魏晉士人普遍希企隱逸之風氣。

王瑤「論希企隱逸之風」一文云：

魏晉文人希企隱逸之風，也深受著當時玄學的影響。玄學標榜老莊，而老莊哲學本身就是由隱士行爲底理論化出發的。玄者玄遠，宅心玄遠則必然超乎世俗，不以物務營心；而同時崇眞，重自然，則當然會抗志塵表，希求隱逸。所以魏晉士大夫的行徑雖各有不同，而都有這種務爲高遠的超脫胸懷。

由於魏晉士人普遍有希企隱逸之風，是以其詩文中屢見隱逸之思，張華歸田賦、束晳近遊賦、潘岳閑居賦、潘尼懷退賦、陸機幽人賦、陸雲逸民賦、陶潛歸去來辭等，皆以隱逸爲題材之賦篇也。至於詠物賦，亦有寓隱逸之思於所詠之物者，如王粲柳賦本爲應和之作，而其結尾二句「苟遠迹而退之，豈駕遲而不屢」似有隱退之思，此殆王粲倦於官宦之生涯耶？嵇康琴賦隱逸之思則甚明顯：

於是遯世之士，榮期綺季之疇，乃相與登飛梁，越幽壑，援瓊枝，陟峻崿，以遊乎其下。周旋永望，邈若淩飛，邪睨崑崙，俯闞海湄，指蒼梧之迢遞，臨迴江之威夷。悟時俗之多累，仰箕山之餘輝。羨斯嶽之弘敞，心慷慨以忘歸。

此爲琴賦之一段，寫隱士來遊梧桐所生之環境，山之峻偉、海之遼濶，皆足以洗滌俗慮，而生追隨許由、長隱山林之志。此段若自琴賦摘出，卽爲絕佳之隱逸小品也。

夏侯湛觀飛鳥賦云：

見逸遊之高鳥，邈飄颻而殊逝……何斯遊之自得，諒逸豫之可希。苟臨川而羨魚，亦觀翔而樂飛。

仰觀飛鳥自由翺翔，俯思己身見羈俗網，遂引發其隱逸之思也。

郭璞江賦云：

於是蘆人漁子，擯落江山。衣則羽褐，食惟蔬鱻，洊澱爲涔，夾潨羅筌，筩灑連鋒，罾罩比船。

　　或揮輪於懸碕，或中瀨而橫旋。忽忘夕而宵歸，詠採菱以叩舷。傲自足於一嘔，尋風波以窮年。

此爲江賦之一段，寫漁夫捕魚之生活，末四句敘其嘯歌自足，隨波窮年之逍遙，流露作者對隱逸生活無限嚮往之情。

張載酃酒賦云：

　　言之者嘉其美志，味之者棄事忘榮。於是糾合同好，以遨以遊…咸得志以自足，願棲遲於一丘。

「味之者棄事忘榮」已暗寓酒乃亂世苦悶心靈之最佳解劑，末二句於宴飲之後，由得志自足突生棲隱山丘之思，此蓋隱逸之思久潛其心，偶有機會則隨時自然流露也。

湛方生風賦云：

　　若乃春惠始和，重褐初釋，遨步蘭皐，遊眄平陌，響詠空嶺，朗吟竹柏，穆開林以流惠，疎神襟以清滌，軒濠梁之逸興，暢方外之冥適。

此爲風賦之末段，以擬人法寫春風之遨遊，情趣極佳，寫物卽寫人，藉春風以抒發其隱逸之思。

按：隱逸思想爲魏晉文學作品主要內涵之一，唯詠物賦表現隱逸思想者不多見，此蓋題材所限也。

四　神仙思想

　　神仙思想起於人心追求長生之欲望，遠在秦漢，神仙之說已相當成熟（註五），東漢以降，社會之動亂，老莊思想之復興，隱逸風氣之盛行，道教之崛起，神仙信仰普遍深入人心，仙鄉成爲逃避殘酷現實之樂園。建安時代，曹氏父子創作大量吟詠神仙之詩篇，正始詩人，踵武前烈，「詩雜仙心」文心明詩，嵇、阮諸人，皆有遊仙之作，其後晉代之詩人，幾乎皆有遊仙之作，東晉郭璞尤爲遊仙詩臻於顛峯之代表，遊仙詩遂成魏晉文學之一大特色。至於賦篇之歌詠神仙，則未若詩篇之盛，然亦有以神仙爲題材以入賦者，如曹植洛神賦、張敏、王粲、陳琳、應瑒之神女賦、摯虞思遊賦、陸機列仙賦、凌霄賦，李顒凌仙賦等，皆以神仙爲賦之題材也。詠物賦處於神仙思想彌漫之魏晉，亦常於物象吟詠中流露其神仙之思，如王粲白鶴賦云：

白翎稟靈龜之脩壽，資儀鳳之純精，接王喬於湯谷，駕赤松於扶桑，餐靈岳之瓊蘂，吸雲表之露漿。

桓玄鶴賦云：

縱眇颺於靈裔，豈四海之難局。練妙氣以遒化，孰百年之易促。稅雲駕於三山，扑鸞皇於崑嶽。

嵇康琴賦云：

凌扶搖兮憩瀛洲，要列子兮爲好仇，餐沆瀣兮帶朝霞，眇翩翩兮薄天遊。

鍾會菊花賦云：

服之者長生，食之者通神。又云：流中輕體，神仙食也。

潘尼秋菊賦云：

招仙致靈，儀鳳舞鸞…游女望榮而巧笑，鵷雛遙集而弄音。若乃眞人采其實，王母接其葩…既延期以永壽，又蠲疾而弭痾。

庾儵大槐賦云：

若夫赤松王喬馮夷之倫，逍遙茂蔭，濯纓其濱，望輕霞而增舉，垂高暢之淸塵。

木華海賦云：

覿安期於蓬萊，見喬山之帝像。群仙縹眇，餐玉淸涯，履阜鄉之留舄，被羽翮之襂纚，翔天沼，戲窮溟，甄有形於無欲，永悠悠以長生。

郭璞江賦云：

金精玉英瑱其裏，瑤珠怪石琗其表，驪虯摎其址，梢雲冠其嘌。海童之所巡遊，琴高之所靈矯，冰夷倚浪以傲睨，江妃含嚬而矊眇。撫凌波而鳧躍，吸翠霞而夭矯。

陸雲喜霽賦云：

感年華之行暮兮，思乘煙而遠遊。命海若以量津兮，吾欲往乎瀛洲……望王母於弱水兮，詠白雲之清歌……振仙車之鳴鸞兮，吐玉衡之八和。託芝蓋之後乘兮，飡瓊林之朝華。修無窮以容與兮，豈萬載之足多？

潘尼琉璃椀賦云：

於是遊西極，望大蒙，歷鍾山，闚燭龍，覲王母，訪仙童，取瑠璃之攸華，詔曠世之良工。

湛方生風賦云：

王喬以之控鵠，列子以之乘虛。

右列諸賦，或敍神仙、或寫仙鄉、或寓長生之企盼，其表現神仙思想或不如遊仙詩之暢快淋漓，唯詠物賦本非以神仙爲主題，而能有此成績，適足證明魏晉文學作品中，神仙思想之無所不在也。

魏晉詠物賦之思想，大抵如上所述，此外孫楚翟賦云：

設密綱於嚴阿，飛輕繳之雲浮，上無逃而弗獲，下無隱而不搜，遂戢翼以就養，隨籠栖而言歸，恆逍遙於階庭，隱朝陽之盛暉。

敍翟於遭受網羅之厄後，甘於戢翼就養，逍遙現狀。反映魏晉人士妥協於險惡之環境，尋求無可奈何之逍遙也。又如潘岳笙賦云：

棗下纂纂，朱實離離，宛其落矣，化爲枯枝。人生不能行樂，死何以虛諡爲？

此現世之享樂主義，列子楊朱篇之思想也。又如陸機感丘賦云：

生矜迹于當世，死同宅乎一丘。翳形骸于下淪兮，飄營魄而上浮。隨陰陽以融冶，託山原以爲疇。妍媸混合爲一，孰云識其所修。

此敍生前顯赫，死亦一丘，否定人生積極奮鬥之意義。以上三賦，充分表現魏晉消極頹廢，現世享樂之人生觀也。

佛教自東漢末年移殖中土，其後逐漸興盛，東晉文人之作品已兼及佛理，檀道鸞續晉陽秋云：

至過江，佛理尤盛，故郭璞五言，始會合道家之言而韻之。詢及太原孫綽，轉相祖尚，又加以釋世三世之辭，而詩、騷之體盡矣。詢、綽並爲一世文宗，自是學者悉體之。（世說新語文學篇註引）

唯就詠物賦而言，其受佛理之影響尙鮮，支曇諦赴火蛾賦序云：

悉達有言曰：「愚人貪財，如蛾投火。」誠哉斯言，信而有徵也。

此賦藉飛蛾撲火以戒人莫貪財取亡，爲魏晉詠物賦唯一表現佛理之作也。

第二節　情　感

一　懷才不遇之悲歎

懷才不遇，自古已然。以孔孟之至聖，周遊列國，竟不見用；屈子之大賢，忠而見疏，終沉汨羅！唯孔孟將其不遇之困，化爲理想之追求，知其不可而爲之，濟世之情懷至死不渝。屈子則於絕望之際，迸發「已矣哉！國之人莫我知兮」（離騷）之沈痛浩歎。自是懷才不遇之悲，遂爲後世文學屢見之主題。袁宏三國名臣頌云：「是以古之君子不患弘道難，患遭時難；遭時匪難，遇君難。故有道無時，孟子所以吝嗟；有時無君，賈生所以垂泣。夫萬歲一期，有生之通塗；千載一遇，賢智之嘉會。遇之不能無欣，喪之何能無慨？」（晉書卷九十二）君臣之遇如是之難也，即以大漢之盛，不遇之歎仍時時悲吟於言志之賦篇。或弔屈原之不遇。或哀己身之不遇。前者如賈誼惜誓、莊忌哀時命、東方朔七諫、王褒九懷、劉向九歎、王逸九思等楚辭系之作品及賈誼弔屈原賦、揚雄反離騷、班彪悼離騷等悼騷、反騷之作品。此類賦篇，雖弔屈原之不遇，實亦兼抒己身之窮厄，賈生之弔屈原，蓋自弔也，即其例也。後者如賈誼鵩鳥賦、董仲舒士不遇賦、司馬遷悲士不遇賦，劉歆遂初賦、馮衍顯志賦、班固幽通賦、張衡思玄賦等，此則直接抒發一已之不遇也（註六）。降至魏晉，其時代環境與炎漢判若雲泥，仕途之蹇礙艱辛，遠踰兩漢，是以懷才不遇之悲歎，不絕於耳。曹植貴為王侯，然見嫉乃兄，屢思立功而無門。感婚、出婦二賦，借男女之辭，託君臣之誼，一則云「悲良媒之不顧，懼歡媾之不成」，一則云「恨無愆而見棄，悼君施之不終」，深悲不遇於君也。洛神賦更託詞宓妃，以寄其眷戀君王之誠。九愁賦「恨時王之謬聽，受姦枉之虛辭，揚天威以臨下，忽放臣而不疑」，同姓見疏之悲憤，實與屈子無二致也，此王侯不遇之悲也。潘岳「才名冠世，為衆所疾，遂栖遲十年，出為河陽令，負其才而鬱鬱不得志……仕宦不達，乃作閑居賦」（晉書潘岳傳），此才士不遇之恨也。陶潛高風亮節，以不合流俗而賦歸去來辭，此固性分恬淡，樂天知命，不慕榮利而歸耕田畝。然觀其感士不遇賦，知其未嘗無用世之初志，惜處「眞風告逝，大僞斯興，閭閻懈廉退之節，市朝驅易進之心。懷正志道之士，或潛玉於當年；潔己清操之人，或沒世以徒勤」（賦序）之濁世，唯有「擁孤襟以畢歲，謝良價於朝市」，長留「何曠世之無才，罕無路之不澀」之感慨，及「感哲人之無偶，淚淋浪以灑袂」之深悲，此處士之歎士不遇也。以下專就詠物賦以觀魏晉懷才不遇之悲歎：

傅玄乘輿馬賦序云：

往日劉備之初降也，太祖賜之駿馬，使自至廄選之。歷名馬以百數，莫可意者。次至下廄，有的顱馬，委棄莫視，瘦悴骨立，劉備取之，衆莫不笑之。馬超破蘇氏塢，塢中有駿馬百餘匹，自超已下俱爭取肥好者，而將軍龐恩獨取一騧馬，形觀既醜，衆亦笑之。其後劉備奔於荊州，馬超戰於渭南，逸足電發，追不可逮，衆乃服焉。

傅咸玉賦云：

當其潛光荊野，抱璞未理，衆視之以爲石，獨見知於卞子……豈連城之足云，嘉遭遇乎知已。知己之不可遇，譬河清之難俟。

知音難覓，乃賢士不遇之主因。苟無劉備、馬超之見賞，則的顱、騧馬唯有委棄下廄以終。苟無卞和之慧眼，則連城之玉將永與衆石同處也。唯「知己之難遇，譬河清之難俟」，不遇之命運乃多數士人不可抗拒之悲劇也。應瑒慜驥賦云：

慜良驥之不遇兮，何屯否之弘多？抱天飛之神號兮，悲當世之莫知：懷殊姿而困逼兮，願遠迹而自舒，思奮行而驤首兮，叩纆紲之紛拏……思薛翁於西土兮，望伯氏於東隅。願浮軒於千里兮，曜華軛乎天衢：展心力於知已兮，甘邁遠而望劬。哀二哲之殊世兮，時不遘乎良造。制銜轡於常御兮，安獲騁于遐道。

抱天飛之才，而當世莫知。世無伯樂，雖思展其心力，騁其長才而無由，此誠懷才不遇之深悲也。楊修孔雀賦序云：

魏王園中有孔雀，久在池沼，與衆鳥同列。其初至也，甚見奇偉，而今行者莫眡。臨淄侯感世人之待士亦咸如此，故興志而作賦。

以孔雀之姿殊，苟不見重，終如衆鳥之庸碌無奇也。植賦今雖不傳，然由楊修此序亦可窺其感士不遇之慨。

夫君臣之遇合，常遭奸佞之離間，屈、賈以來，史不絕書。曹植白鶴賦云：

承邂逅之僥倖兮，得接翼于鸞皇。同毛衣之氣類兮，信休息而同行。痛良會之中絕兮，遘嚴災而逢殃。共太息而祗懼兮，抑吞聲而不揚。傷本規之違迕，悵離群而獨處。恆竄伏以窮栖，獨哀鳴而戢羽。

離繳雁賦云：

接羽翮以南北兮，情逸豫而永康。望范氏之發機兮，播纖繳以淩雲。挂微軀之輕翼兮，忽頹落而離群。旅朋驚而鳴逝兮，徒矯首而莫聞。

前者之遘災逢殃，後者之見挂弓繳，殆皆象徵纔佞之離間，致使君臣之良會中絕，旅朋驚散也。白鶴之窮栖哀鳴，雁鳥之離群矯首以望朋，蓋卽曹植遭讒見疏之悲歎也。

夏侯湛愍桐賦云：

植匪崗其不滋，鳳非條其不儀。

浮萍賦云：

似孤臣之介立，隨排擠之所往。內一志以奉朝兮，外結心以絕黨。萍出水而立枯兮，士失據而身枉。覩斯草而慷慨兮，固知直道之難爽。

晉書卷五十五夏侯湛傳云：「少爲太尉掾，泰始中舉賢良對策中第，拜郎中，累年不調，乃作抵疑以自廣。」抵疑之作，用反諷之筆，嘲當世不進賢士。右列二賦，前者運用鳳栖梧桐之典故，傷已之不遇也。後者以浮萍爲喩，哀歎小人排擠耿介之孤臣，直道難行，卽賢士所以不遇也。

成公綏故筆賦云：

乃皆是筆之勳，人日用而不寤，仡盡力於萬機，卒見弃於行路。

傅咸扇賦云：

蒙貴幸於斯時，無日月而有忘，謂洪恩之可固，終靡弊於君旁…猥弃我其若遺，去玉手而潛藏，君背故而向新，非余身之無良。

知音之難覓，讒佞之離間乃士不遇之客觀因素，君王之恩斷情絕則爲其主觀因素。蓋君臣之遇合，君王掌握完全主動之地位。右列二賦，一則敍故筆見棄，一則寫秋扇見捐，皆寓有賢士見棄之深悲也。

二　日月流逝之哀感

生命自誕生之後，卽隨時間之推移而邁向死亡，其間或有遲速之差異，而其歸途則一，此乃無可奈何之悲哀也。遠在詩經，已萌其端，唐風蟋蟀云：

蟋蟀在堂，歲聿其莫。今我不樂，日月其除……

蟋蟀在堂，歲聿其逝。今我不樂，日月其邁……

蟋蟀在堂，役車其休。今我不樂，日月其慆……

反覆吟歎日月流逝之哀傷。至漢代著名之古詩十九首，普遍流露時間推移而引發之悲哀，形成其共同之主題情感（註七）。如：

人生天地間，忽如遠行客。（第三首）

浩浩陰陽移，年命如朝露。人生忽如寄，壽無金石固。（第十三首）

生年不滿百，常懷千歲憂。晝短苦夜長，何不秉燭遊？（第十五首）

歲月易逝、人生苦短之哀感屢見詩句之中，此種「時間」之意識，漸成中國文學特質之一，劉若愚中國詩學「中國人的一些概念與思想感覺方式」云：

大部分中國詩展示出敏銳的時間意識，且表現出對時間一去不回的哀嘆。當然，西洋詩人對時間也很敏感，但是他們似乎很少像中國詩人一般那樣對時間耿耿於懷。而且，中國詩時常比西洋詩通常所描寫的，更明確地點明季節和早晚的時間。哀悼春去秋來或者憂懼老之將至的中國詩不可勝數。

就辭賦言，宋玉「九辯」之悲秋，潘岳之賦「秋興」，陸機之賦「歎逝」，皆道出時間流逝之哀感。至於詠物賦，魏晉賦家於吟詠物象之中，亦常流露此種哀傷之情：

嗟日月之逝邁，忽亹亹以遄征。昔周遊而處此，今倏忽而弗形。感遺物而懷故，俛惆悵以傷情。（曹丕柳賦）

秋日悽悽兮，感時逝之若頹。曷時逝之是感兮，感年歲之我催。孰知命之不憂，詠梁木之有摧。（傅咸鳴蜩賦）

仰終古以遠念，窮萬緒乎其端。伊人生之寄世，猶水草乎山河。應甄陶以歲改，順通川而日過。生矜迹于當世，死同宅乎一丘……傷年命之倏忽，怨天步之不幾。雖履信而思順，曾何足以保茲……願靈根之晚墜，指歲暮而爲期。（陸機感丘賦）

何人生之倏忽，痛存亡之無期。方千歲於天壤兮，吾固已陋夫靈龜。矧百年之促節兮，又莫登乎期頤。哀戚容之易感兮，悲懽顏之難怡。考傷懷於衆苦兮，愁豈霖之足悲？（陸雲愁霖賦）

四時逝而代謝兮，大火忽其西流，年冉冉其易頹兮，時靡靡而難留。嗟沈哀之愁思兮，瞻日月而增憂。（陸雲喜霽賦）

若夫歲聿云暮，上天其涼，感運悲聲，貧士含傷……寒蟬哀鳴，其聲也悲。四時云暮，臨河徘徊。

感北門之憂殷，嘆卒歲之無衣。（陸雲寒蟬賦）

日掩藹以西邁，忽逍遙而既冥。（王粲鶯賦）

惟節運之不停，懼龍角之西頹。慕同時之逸豫，怨商風之我催。（鍾琰鶯賦）

遺逸悼行邁之離，秋風哀年時之速。（孫瓊箜篌賦）

曹丕柳賦序云：「昔建安五年，上與袁紹戰于官渡。是時余始植斯柳，自彼迄今，十有五載矣。左右僕御已多亡，感物傷懷，乃作斯賦。」日月逝邁，物是人非，最易引發沈痛之哀感，此乃傷逝常見之原型。傅咸鳴蜩賦由秋日悽涼之蜩鳴觸發其年歲催迫之感。陸機感丘賦覩丘墓而心驚，怨天命之催逼，盼年歲之苟延，對於生命苦短流露無助之哀感。陸雲則無論愁霖喜霽，皆傷四時之代謝，百年之促節。蓋其對日月流逝所生之哀感，已遠踰霖雨之愁及雨霽之喜。「考傷懷於衆苦兮，愁豈霖之足悲？」霖雨之悲既弗如年命苦短之哀，則雨霽之喜，亦難掩歲月流逝之慟也。寒蟬賦由寒蟬悲鳴而興歲暮之悲，此與傅咸鳴蜩賦相類，唯其敍寒士歲暮之無衣，則加深悲涼之氣氛也。鍾琰鶯賦，哀懼季節催逼，紅顏難挽，美人遲暮，此千古之哀歌怨曲也。至於王粲鶯賦、孫瓊箜篌賦，則於尋常詠物之中，無意流露其對歲月流逝之哀感也。

日逝月邁，年壽有期，既爲人生不可避免之終局，魏晉詠物賦中所表現之肆應之道有下列數型：

其一、否定人生奮鬥之價值，但求「靈根晚墜」，苟延生命，此消極之人生態度，陸機感丘賦屬此類型。

其二、遁入神仙之幻想以求暫時之慰解，如陸雲喜霽賦「感年華之行暮兮，思乘煙而遠遊。命海若以量津兮，吾欲往乎瀛洲…望王母於弱水兮，詠白雲之清歌…振仙車之鳴鸞兮，吐玉衡之八和。託芝蓋之後乘兮，浪瓊林之朝華。修無窮以容與兮，豈萬載之足多？」此與陸機感丘賦皆屬消極逃避之態度也。

其三，以積極入世之態度，利用有限之人生以樹德立業，如傅咸鳴蜩賦「生世忽兮如寓，求福貴於不回。且明明以在公，唯忠讜之是與。佚履道之坦坦，登高衢以自棲」，以忠讜爲公之積極態度，面對時光流逝、生命短促之悲，此儒者之本色也。

魏晉詠物賦中所表現之時間意識大抵如上所述，此外尚有抱用世之志，然報效無門，蹉跎時日，而生白首之歎者，如嵇含白首賦序云：

獨以垂立之年，白首無聞，壯志衄於蕪塗，忠貞抗於棘路，覩將衰而有川上之感，觀趣舍而抱慷慨之歎。

亦有覩生命之滅絕而怨天道不明者，如曹植神龜賦云：

遘淫災以隕越，命剿絕而不振，天道昧而未分，神明幽而難燭。

至如曹植髑髏說，則欲以莊子齊生死之達觀以解脫死亡陰影之壓迫。凡此，皆由日月流逝之衝擊所激盪而生之情懷也。

三 憂生之嗟

東漢末季以降，戰亂相尋，殺人盈野，災疫頻仍，屍骨蔽原，人命賤如螻蟻，朝不保夕。政爭黨錮之禍，影響人心尤巨，梁啓超云：

漢世外戚宦官之禍，連踵繼軌，兩漢后妃之家，著聞者四十餘氏，大者夷滅，小者放竄，其身家俱全者，不得四五。宦官弄權，殺人如草，一朝爲董袁所襲，亦無孑遺。人人漸覺骨肉之間，皆有刀俎。若乃黨錮之禍，俊顧厨及，一網以盡，其學節冠一世，位望至三公者，亦皆駢首闕下，若屠豬羊。天下之人，見權勢之不可恃也如彼，道德學問之更不可恃也如此，人心旁皇，罔知所適，故一遁而入於虛無荒誕之域，芻狗萬物，良非偶然。（中國學術思想變遷之大勢）

殺戮之慘，爲禍之酷，令人怵目驚心。其後曹氏崛起，排除異已，誅戮名士，孔融、楊修、丁儀、丁廙等一一見誅。司馬氏繼起，師其故智，變本加厲，誅夷尤衆，何晏死於曹爽之難，嵇康、呂安枉死於讒言，張華、潘岳、陸機、陸雲先後捲入晉室八王之亂之政爭中而犧牲。此外東晉郭璞亦卒於王敦之手。魏晉文士處此屠戮横行，「名士少有全者」（晉書阮籍傳）之黑暗時代，發爲詩文，常有憂生之嗟。阮籍詠懷詩云：

夜中不能寐，起坐彈鳴琴。薄帷鑑明月，清風吹我衿。孤鴻號外野，朔鳥鳴北林。徘徊將何見，憂思獨傷心。

李善注云：「嗣宗身仕亂朝，常恐罹謗遇禍，因茲發詠，故每有憂生之嗟。」何獨嗣宗爲然？生活於刀俎陰影下之魏晉文士莫不然也。以下就詠物賦以觀其憂生之嗟：

曹植白鶴賦云：

傷本規之違忤，悵離群而獨處。恆竄伏以窮栖，獨哀鳴而戢羽。冀大綱之解結，得奮翅而遠遊。

鸚鵡賦云：

怨身輕而施重，恐往惠之中虧。常戢心以懷懼，雖處安其若危。永哀鳴以報德，庶終來而不疲。

離繳雁賦云：

甘充君之下厨，膏函牛之鼎鑊。蒙生全之顧復，何恩施之隆博。于是縱軀歸命，無慮無求，飢食粱稻，渴飲清流。

蟬賦云：

苦黃雀之作害兮，患螗螂之勁斧。飄高翔而遠托兮，毒蜘蛛之網罟。欲降身而卑竄兮，懼草蟲之襲予……持柔竿之冉冉兮，運微黏而我纒。欲翻飛而逾滯，知性命之長捐。委厥體于膳夫，歸炎炭而就燔。

曹植雖爲王侯，然因曹丕之忌刻相逼，處境之苦，曾不若匹夫之徒步。其詩賦中之「網羅」意象，即其憂懼迫害之表徵也（註八）。右擧四例所詠之白鶴、鸚鵡、雁、蟬，皆爲曹植之自喻：白鶴之哀鳴戢羽，冀大綱得解，即其盼望乃兄解除大網般之拘迫也。鸚鵡之戢心懷懼，處安若危，即其憂慮隨時有殺身之禍也。雁之感激不殺之厚恩，但求飢得食、渴得飲則已足，此又植之苟全性命於「鼎鑊」威脅下之哀聲也。蟬之處處見迫，無處可逃，即植之屢遭迫害也，而蟬不免「性命長捐，委體膳夫」之命運，則爲憂慮其終難免乎禍害也。此外如：

庾儵石榴賦序云：

于時仲春垂澤，華葉甚茂，炎夏既戒，忽乎零落。是以君子居安思危，在盛慮衰，可無愼哉？

目睹繁茂於仲春之石榴，至仲夏突然零落，遂引發其居安思危之警惕，此將憂生轉換爲較積極之憂患意識也。

張華相風賦云：

既在高而思危，又戒險而自箴。

朽社賦序云：

高柏橋南大道傍，有古社槐樹，蓋數百年木也。余少居近之。後去，行路週之，則已朽。意有緬然，輒爲之賦，因以言衰盛之理云爾。

張溥張茂先集題辭云：「壯武初未知名，作鷦鷯賦以寄意，感其不才善全，有莊周木雁之思。既賦相風朽社，亦躊躇于在高戒險，盛衰交心。」由是觀之，張華未知名之前，已知高危。既登高位，亦有憂懼之戒心，然卒不免罹禍，亦足悲也。又傅咸儀鳳賦、賈彪大鵬賦皆有感於張華鷦鷯賦而作，儀鳳賦序云：

鷦鷯賦者，廣武張侯之所造也。以其形微處卑，物莫之害也。而余以為物生則有害，有害而能免，所以貴乎才智也。夫鷦鷯既無智足貴，亦禍害未免。免乎禍害者，其唯儀鳳也。

大鵬賦序云：

余覽張茂先鷦鷯賦，以其質微處褻而偏於受害。愚以為未若大鵬，棲形遐遠，自育之全也。

傅、賈二氏皆不以張華「形微處卑，物莫之害」為然，傅氏贊美儀鳳以才智免害，賈氏則以大鵬之棲形遐遠為全生之道。三者處世之道雖有不同，然其「避害」之心則一，皆流露出亂世人心之危懼也。

潘岳螢火賦云：

飲湛露于曠野，庇一葉之重柯。無干欲于萬物，豈顧恤于網羅。

表面敍螢火蟲無所干欲，故無網羅之慮，實則深懼仕宦於亂世，隨時有罹禍之憂也。

潘尼東武館賦云：

嘉大雅之洪操，美明哲之保身。懲都邑之迫險，鄙里巷之囂塵。

此賦乃承東武陽侯之命而作，其敍東武陽侯之遷居乃「美明哲之保身，懲都邑之迫險」，流露憂生之危懼意識，即使貴為王侯，亦弗能免也。

四　崇美之情

崇美乃人之天性，遠溯詩經，已有崇美之情流露於詩句之中。衞風碩人云：

碩人其頎，衣錦褧衣…手如柔荑，膚如凝脂，領如蝤蠐，齒如瓠犀，螓首蛾眉。巧笑倩兮，美目盼兮。

齊風猗嗟云：

猗嗟昌兮！頎而長兮。抑若揚兮，美目揚兮。巧趨蹌兮，射則臧兮。

前者乃衞人美莊姜之詩，後者乃齊人美魯莊公之詩，其形容描寫樸質，然崇美之情已自然流露於詠贊之中。可知崇美之情，自古已然也。降至魏晉，崇美之情遠逾往古，形成特殊之風尚：

晏性自喜，動靜粉白不去手，行步顧影。（三國志魏志何晏傳裴注引魏略）

謝遏年少時，好著紫羅香囊，垂覆手，太傅患之，而不欲傷其意，乃譎與賭，得卽燒之。（世說新語假譎篇）

傅粉着香本施之於女子，竟爲男士所好，當時崇美之風可知矣。不僅此也，名士風姿亦成爲崇美之對象，茲就世說新語容止篇摘取數則以概其餘：

嵇康身長七尺八寸，風姿特秀。見者歎曰：「蕭蕭肅肅，爽朗淸擧。」或云：「肅肅如松下風，高而徐引。」山公曰：「嵇叔夜之爲人也，巖巖若孤松之獨立；其醉也，傀俄若玉山之將崩。」

潘安仁、夏侯湛並有美容，喜同行，時人謂之「連璧」。

裴令公有儁容儀，脫冠冕、麤服、亂頭皆好；時人以爲「玉人」。見者曰：「見裴叔則如玉山上行，光映照人！」

有人詣王太尉，遇安豐、大將軍、丞相在坐。往別屋見季胤、平子。還，語人曰：「今日之行，觸目見琳琅珠玉。」

有人歎王恭形茂者，云：「濯濯如春月柳。」

以「孤松」「玉山」形容嵇康風姿之俊秀，尚稱得體，然以「玉人」「連璧」「琳琅珠玉」「春月柳」等極女性化之字眼贊美男士之風姿，此誠曠古少有也。由是觀之，魏晉崇美之情誠有異乎前代之處，齊梁唯美主義之盛行，魏晉已開風氣之先矣。詠物賦頗能表現此種愛美崇美之情，如：

文昌殿中槐樹，盛暑之時，余數遊其下，美而賦之。（曹丕槐賦序）

余植蒲萄於堂前，嘉而賦之。（鍾會蒲萄賦）

川源清澈，羨溢中唐，芙蓉豐植，彌被大澤，朱儀榮藻，有逸目之觀。（閔鴻蓮花賦序）

偉玄澤之普衍，嘉植物之並敷，遊莫美於春臺，華莫盛於芙蕖。（潘岳蓮花賦）

余嘉其華純耐久，可歷冬而服。（傅玄紫華賦序）

佳其日新之美，故種之前庭而爲之賦。（傅咸舜華賦序）

凡此，皆爲純粹吟詠物象之美而作也。若以載道言志之觀點評之，或有缺乏深刻情志內涵之憾，然就唯美之觀點視之，則此類賦篇適爲崇美之情之流露也。此外，由於能以崇美之情觀賞物象，詠物賦中亦常流露自然閒適之趣，如：

伊暮春之既替，卽首夏之初期。鴻雁遊而送節，凱風翔而迎時。天清和而溫潤，氣恬淡以安治。違隆暑而適體，誰謂此之不怡。（曹丕槐賦）

若夫三春之初，麗服以時。乃攜友生，以遨以嬉。涉蘭圃，登重基，背長林，翳華芝，臨清流，賦新詩。嘉魚龍之逸豫，樂百卉之榮滋。理重華之遺操，慨遠慕而長思。（嵇康琴賦）

若乃豐葩茂樹，長枝夭夭。阿那四垂，凱風振條。同志來遊，攜手逍遙。（傅玄柳賦）

若乃時雨新希，微風扇物。藹萋萋以鮮茂兮，紛扶輿以蓊鬱。枝摻稔以環柔兮，葉鱗次以周密。纖條參差以窈窕兮，洪柯流離以相拂。（夏侯湛石榴賦）

以上諸例，於吟詠物象之中，頗富山水小品之閒情逸致，推其所以能有此閒趣者，蓋以審美之眼光觀覽物象所致也。此類作品，實不必追索其內涵如何，蓋其流露之情趣本身即為耐人咀嚼尋味之內涵也。

五　鄉愁

魏晉詠物賦表現「鄉愁」之情感者不多見，唯「鄉愁」乃吾國文學作品常見之主題，故附於本節之末，聊備一格焉：

延首南望，顧瞻舊鄉，桑梓增敬，慘切懷傷。（劉楨黎陽山賦）

嚴霜告殺，草木殞零，賓鳥鼓翼，蟋蟀悲鳴。羈旅之士，感時用情，乃命狄人，操笳揚清。（杜摯笳賦）

越鳥戀乎南枝，胡馬懷夫朔風。惟人情之有思，乃否滯而發中。南閭兮拊掌，北閣兮鳴笳。鳴笳兮協節，分唱兮相和。相和兮哀諧，慘激兮清哀。奏烽燧之初驚，展從繇之歎乖。（夏侯湛夜聽笳賦）

銜長葭以汎吹，噭啾啾之哀聲。奏胡馬之悲思，詠北狄之遐征。（孫楚笳賦）

何遠寓之多懷，患冬夜之悠長。獨耿耿而不寐，待雞鳴之未央。徒伏枕以展轉，起燃燭於閑房。揚丹輝之煒燁，熾朱焰之煌煌。俾幽夜而作晝，繼列景乎朝陽。慨顧景以增歎，孰斯愁之可忘。（傅咸燭賦）

愁情沈疾，明發哀吟。永言有懷，感物傷心。結南枝之舊思兮，詠莊舄之遺音。羨弁彼之歸飛兮，寄子思乎江陰。渺天末以流目兮，涕漂湲而沾襟。（陸雲愁霖賦）

我國地域遼濶，而古代交通不便，山川阻隔恆為遊子所怨歎，登高可以望遠，似可縮短遊子與故鄉之距離，「遠望可以當歸」，是以遊子每喜登高遠眺，冀能舒解鄉愁之思，然瞻望故鄉之際，每因故鄉可望不可及而益添其思鄉之悲，潸然涕泣。劉楨黎陽山賦敍其登山瞻望故鄉而引發其思鄉之慘切情懷，乃「遠望當歸」意識下之普遍情懷也。三篇詠笳之賦，皆藉音色悽愴之笳聲以寫鄉愁之悲。其中杜摯之作，將笳聲與肅殺之霜氣、鼓翼南飛之賓鳥、悲鳴之蟋蟀等意象交織成悲涼淒苦之懷鄉組曲。夏、孫二氏，用「胡馬依北風，越鳥巢南枝」之典，喚起濃厚之鄉愁。傅咸燭賦，寫遠寓難遣思鄉之情懷，終夜展轉反側之情狀頗爲傳神。陸雲愁霖賦則因愁霖而生鄉國之思。其流涕沾襟，殆思吳土耶？

【附註】

註一：見漢書武帝紀贊。

註二：見史記儒林列傳。

註三：參見劉大杰魏晉思想論第二章魏晉學術思想界的新傾向。

註四：老子云：「強梁者不得其死」（四十二章）「堅強者死之徒」（七十六章）「柔弱勝剛強」（三十六章）「柔弱者生之徒」（七十六章）「守柔曰強」（五十二章）此老子戒剛守柔之思想。「知其雄，守其雌，爲天下谿…知其白，守其辱，爲天下谷。」（二十八章）此老子知雄守雌、知白守辱之思想。

註五：李師威熊中國神仙信仰的形成與談仙文學云：「就整個方技略而言，可說是代表著東漢以前中國人一套很完整的養生哲學，以懂醫經作爲養生基礎，然後再藉外界藥物（經方）和內在調養的功夫（房中），以達成神仙長生的大願。所以方技略不但是養生哲學，而且也給中國神仙信仰的形成，提供學理的依據。所以中國神仙說，在秦漢已相當成熟，不只方技略是一大證明，從今天出土的許多漢鏡裏的圖畫，也可以看到不少神仙的幻境。（國立政治大學中文系中文所主編

漢學論文集第一輯頁二三五）

註　六：曹淑娟論漢賦之寫物言志傳統第三章第一節「悲士不遇—時命之第一重體認」敍之甚詳。

註　七：參見吉川幸次郎著，鄭清茂譯「推移的悲哀」。

註　八：「網羅」之憂慮常見於魏晉之詩賦中。賦之「網羅」參見前章第二節比興之「鳥飛及網羅之象徵」。詩之「網羅」如曹植「不惜萬里道，但恐天網張」（失題），阮籍「天網彌四野，六翮掩不舒」（詠懷詩），嵇康「雲網塞四區，高羅正參差」（贈秀才入軍），陸機「借問子何之，世網嬰我身」（赴洛道中作）等，凡此，「網羅」皆象徵外在險惡環境之迫害也。至於曹植野田黃雀行「拔劍捎羅網，黃雀得飛飛」似可解釋爲反抗網羅迫害之潛意識也。

結論

壹 魏晉詠物賦之特色

魏晉詠物賦經由各類賦篇之詳細分析及前述三章之綜合歸納，當可覽其概貌矣。其所呈現之特色，蓋有八端：一曰題材擴大。二曰短賦蠭起。三曰巧構形似。四曰字句清麗。五曰比體雲構。六曰對偶漸工。七曰用典趨繁。八曰個性顯現。茲就此八端以述之：

(一)題材擴大

魏晉詠物賦承繼漢賦開拓之疆土，勤加耕耘，成果豐碩，凡得四百二十八篇，遠逾兩漢！而其題材則有：

①天象類—凡三十八篇：（下列之數目表示篇數）

天一、月一、雲五、風六、雷電四、火二、雨一五、雪四。

②地理類—凡三十八篇：

山六、海六、河川八、濤三、泉一、湖一、池二、水一、水泡一、谷一、關一、井四、冰二、丘一。

③植物類—凡一一四篇：

(1)花：花一、蓮花八、菊花五、木槿九、宜男花三、紫華一、鬱金一、蜀癸一、款冬一。
(2)果：果二、橘七、葡萄四、安石榴一二、李一、桃一、棗二、桑椹一、杕杜一、枇杷一。
(3)草：迷迭五、芸香三、懷香一、蓍一、浮萍二、荀子耳一。
(4)木：槐一一、柳七、桑四、桐二、木蘭一、茱萸一、松柏一、長生樹一、浮查一。
(5)其他：瓜五、薺一、黍一、蒚一、菽一、蔗一、竹一。

④動物類—凡一〇七篇：
(1)鳥：鸚鵡一二、鶡三、鶯三、鶴四、孔雀四、雁四、鳩三、鷹三、雉四、雞四、燕四、鳳三、蝙蝠一、觀飛鳥一、烏一、鵁鶄一、鴆鵲一、鷗鳥一、梟一、鶩一、鸓一、鸕鷀一、鵬一。
(2)獸：馬五、猴四、狗二、兔一。
(3)蟲：蟬八、蠶二、蜘蛛二、螢火蟲三、龍二、蚊一、螳螂一、蠅一、蜉蝣一、叩頭蟲一、蠆一、蜜蜂一、蚍蜉一、蟋蟀一、蛾一。
(4)魚：龜四、鼈二、魚一。

⑤器物類—凡一〇二篇：
(1)日常用品：枕四、被一、冠一、釵二、扇一六、筆二、硯一、紙一、織布機二、磨二、車一、船一、相風一〇、燈燭五、櫛一、鏡二、漏巵一、旌旗一、承露盤一、繳彈一、畫像一、漏刻一、竹簟一、杖一、大酒容一、奇布一。
(2)珍寶玉器：瑪瑙勒四、車渠椀五、車渠觶一、玉玦一、玉一、汙巵一、琉璃椀一、瑇瑁椀一、寶刀一。
(3)樂器：箏五、笳四、琵琶三、琴四、笙三、箜篌三、節一、角一、長笛一。

⑥建築類—凡十三篇：

宮殿六、宮闕一、臺一、神祠一、室宇二、館二。

⑦飲食類—凡十一篇：

酒七、餅二、豆羹一、藥品一。

⑧其他 —凡五篇：

髑髏三、白髮二。

洋洋大觀，包羅萬象，幾乎無物不可入賦也。其中天象類之「天」「月」「雷電」「火」「雪」，地理類之「濤」「湖」「池」「水泡」「井」「冰」，植物類之「菊花」「木槿」「宜男花」「紫華」「蜀癸」「款冬」「葡萄」「安石榴」「李」「桃」「棗」「桑椹」「杕杜」「枇杷」「迷迭」「芸香」「懷香」「蓍」「浮萍」「荀子耳」「槐」「桑」「桐」「木蘭」「茱萸」「松柏」「長生樹」「浮查」「瓜」「薺」「黍」「蒻」「菽」「蔗」「竹」，動物類之「鶡」「鶯」「鶴」「孔雀」「鳩」「鷹」「雉」「雞」「燕」「鳳」「蝙蝠」「鳥」「鷦鷯」「鵁鶄」「鷗鳥」「梟」「鶩」「鸔」「鷺鷀」「鵬」「狗」「兎」「蜘蛛」「螢火蟲」「蚊」「螳蜋」「蠅」「蜉蝣」「叩頭蟲」「蠆」「蜜蜂」「蚍蜉」「蟋蟀」「蛾」「龜」「鼈」「魚」，器物類之「被」「冠」「釵」「硯」「紙」「磨」「車」「船」「相風」「櫛」「鏡」「漏巵」「旌旗」「承露盤」「繳彈」「畫像」「漏刻」「竹篁」「大酒容」「奇布」「瑪瑙勒」「車渠椀」「車渠觶」「玉玦」「玉」「汙巵」「琉璃椀」「瑇瑁椀」「寶刀」「笳」「琵琶」「箜篌」「節」「角」，建築類之「神祠」，飲食類之「餅」「豆羹」「藥品」及「白髮」等題材，皆爲兩漢詠物賦所無也。取材範圍之廣，無所不包，此乃魏晉詠物賦之一大特色。

㈡短賦蠭起

鋪張揚厲之長篇大賦乃漢賦之表徵，魏晉辭賦則以短篇爲主要體制，詠物賦尤能呈現此種特色：四百二十八篇詠物賦，除殘佚之一百二十篇不計外，字數在一百字至四百字者凡一百六十八篇，不滿百字者凡一百二十篇，換言之，三百零八篇較完整之詠物賦中，四百字以下之短篇凡二百八十八篇，短賦之比例，逾乎九成，形成魏晉詠物賦之特色。究其所以致此者，其因凡三：

其一，詠物題材本適宜短篇。荀子雲、蠶、箴三賦，開詠物賦之先河，其篇幅皆在二百字左右。就漢代詠物賦較完整之三十四篇「存」目觀之，超過四百字者僅八篇（其中千言長賦僅三篇），其餘皆爲不滿四百字之短篇，而不滿二百字者且居二十篇之多（趙壹窮鳥賦若賦序不計，亦不滿二百字），此於盛行製作長篇大賦之漢代風尙中，具特殊之意義。可知以一物爲吟詠對象之詠物題材，本卽適宜短篇，然則魏晉喜好詠物賦，短賦遽起乃極自然之現象也。

其二，魏晉時局動盪不安，文士較少閒暇與安定之環境創作耗時費日之長篇大賦，是以雖有少數賦家力追漢作，完成若干震鑠一時之巨構，然就大體而言，已非時代潮流之所趨也。

其三，貴遊文學型態之轉變。漢賦由於帝王公侯之提倡而興盛，唯其優寵賦家，乃以俳優蓄之（註一）。賦家爲取悅君王，遂以宮館林苑之富麗堂皇、王室生活之豪奢、畋獵之壯觀爲其寫作之題材，滿足帝室王侯好大喜功之心理，於是夸稱富麗、侈陳形式之巨賦遂充斥於漢代矣。魏晉君王與詞臣則由純粹主僕之關係，轉爲互相唱和之伙伴。君臣於同遊飲宴之際，每取一物以爲同題競采之助興節目，此等卽興而作之賦，自然宜於短製而不易鋪爲長篇也。如魏代五篇同詠迷迭之賦，皆爲不滿百字之短篇，可知貴遊文學型態之轉變，一方面促成詠物賦之發達，一方面則造成短賦之風行也（註二）。

㈢巧構形似

六朝文學中，「巧構形似之言」爲具有時代性及創建性之文學現象（註三）。文心雕龍物色篇云：

自近代以來，文貴形似。窺情風景之上，鑽貌草木之中；吟詠所發，志惟深遠；體物爲妙，功在密附。故巧言切狀，如印之印泥，不加雕削，而曲寫毫芥，故能瞻言而見貌，印字而知時也。

夫賦體本擅於體物狀物，司馬相如即以「工爲形似之言」見稱（沈約宋書謝靈運傳論）。魏晉詠物賦既沿承漢賦寫物之傳統，且專以一物爲刻畫形容之對象，其體物自易精細，而修辭技巧之進步，更助成其刻畫物象之傳神逼眞。是以六朝巧構形似之文學特色，魏晉詠物賦得以率先呈現也。

㈣字句清麗

瑋字之排比乃漢賦特質之表徵，然亦爲後人閱讀漢賦之障礙。魏晉之時，由於用典之法取代瑋字之排比；比體雲構，減少瑋字鋪敍之機會；加上字有常檢，扼殺瑋字之生機，於是瑋字趨於枯竭淪沒。詠物賦以一物爲其描摹之對象，其所著力者在於運用「比體雲構」以求該物「形似」之摹寫，「言務纖密」「理貴側附」爲其表現之技巧（註四），名詞鋪敍之法大減，瑋字更無所施，是以魏晉詠物賦除木華海賦、郭璞江賦等少數篇章尚有瑋字之遺迹外（註五），餘則率取清淺簡易之字詞也。雖然魏晉詠物賦有時爲追求新奇之效果，利用「換字」「倒字」「裁字」等法，企圖由簡易之字詞製造新奇，然尚未「詭變」至難解之程度，故就大體而言，字句清麗可誦爲其特色也。

㈤比體雲構

文心雕龍比興篇云「賦頌先鳴，故比體雲構」，唯「賦者，鋪也」，早期賦篇仍以鋪陳爲其主體，如子虛上林即少用比體，迨乎揚雄班固，比體之運用始繁，至魏晉則幾乎無賦不比，而詠物賦爲求「形似」之摹寫，比體之運用尤爲繁盛，比興篇所云「曹劉以下，圖狀山川，影寫雲物，莫不纖綜比義，以敷其華」之盛況，魏晉詠物賦最足以當之。其用比之情況，詳見第十一章第二節。茲舉一例，以概其餘：

有卓爾之殊瓌，超詭異之邈絕。且其材色也，如芸之黃；其爲香也，如蘭之芳；其文釆也，如霜地而金莖，紫葉而紅榮，有若蒲陶之蔓延，或如兔絲之煩縈，有若嘉禾之垂穎，又似靈芝之吐英；

其似木者，有類桂枝之闌干，或象灌木之叢生；其似鳥者，若鶩鶴之徑逝，或類鴻鶤之上征，有若孤雌之無咮，或効鴛鴦之交頸……（張紘瓌材枕賦）

此段幾乎全以比體構成，形容一物，所用之「喻依」竟達十四種之多！魏晉詠物賦「比體雲構」之特色，由此可以窺其一斑也。

㈥對偶漸工

文章之對偶，起於自然，本無意求工而率然成對。漢賦好鋪排，逐漸有意儷辭之經營，唯前漢如馬揚之倫，亦僅止於「字數相等，文法相似，成雙作對之排列」，至於「輕重悉稱，字字對仗工整，音調相和，前後相隨」之對句尚不多見。至後漢則漸趨工整，駢辭儷句日益增多。降至魏晉，對偶之法日臻圓熟，後世常用之對偶方法，詠物賦大體略具。就形式言，隔句對、長隔對之應用，可見其匠心。就遣詞言，叠字對、彩色對之運用，雙擬對之巧構，可見其工巧。就聲律言，雙聲對、疊韻對之運用，頗富聲律諧調之美。此外羊祜雁賦、潘岳蓮花賦等通篇以對句組成之駢體詠物賦亦出現（註六），凡此，皆足以說明魏晉詠物賦對偶之工整，唯一欠缺者，乃平仄之對仗尚未講求耳。

㈦用典趨繁

用典之法，源於先秦，孳息兩漢，至齊梁而臻於鼎盛，文家屬文，以一事不知爲恥，以字有來歷爲高。魏晉則爲兩漢過渡齊梁之橋樑。魏代詠物賦用典尚未繁密，甚至仍有全篇白描之作。晉代用典漸趨繁密，如郭璞井賦云：

挹之不損，停之不溢。莫察其源，動而愈出。信潤下而德施，壯邑移以不改。獨星陳于丘墟兮，越百代而猶在。守虛靜以玄澹兮，不東流而入海。

此爲井賦之第三段，幾乎全以典故堆砌而成。又如江逌井賦，通篇以周易井卦爲主幹鋪演而成。用典之富，已開齊梁之先河。此外「明用」「暗用」「反用」「借用」及「活用」等用典之法，魏晉詠物賦皆能運用自如（註七），充分顯示用典至魏晉（尤其是晉代）已趨繁密也。

(八)個性顯現

中國文學發展史云：

漢賦專事鋪陳事物，缺少感情和個性。到了魏晉，變化非常明顯。除了那些詠物的作品以外，在許多其他的作品裏，濃厚地呈現出個性化與情感化的傾向，這是魏晉賦最值得重視的地方。（華正書局校訂本）

按：此說有待補充及商榷：

其一，漢代辭賦可分二大系列，一爲承繼屈原之楚騷系統，以悲悼屈原、感士不遇爲主題。二爲司馬相如所完成之鋪張揚厲之漢賦系統，以鋪寫帝國宏制爲主題，而寓諷諫微旨於頌揚之中。可知漢代辭賦非無情志，唯其體物言志之表現過於單調，且偏於政治之主題，作者之個性不易顯現。讀者觀覽漢賦，輒有缺乏個性情感之憾也。所謂「漢賦專事鋪陳事物，缺少感情和個性」，即一般人閱讀漢賦之印象，此乃漢賦不可諱言之缺失也。

其二，個性化與情感化，乃魏晉賦共有之特色，詠物賦亦然。如曹植橘賦、白鶴賦、鸚鵡賦、離繳雁賦、蟬賦等深寓個人不幸際遇之哀傷，蝙蝠賦痛斥當代之奸佞，髑髏說寓其人生之玄理。阮籍首陽山賦暗寓齊王芳被廢之感歎與悲憤，獼猴賦藉獼猴以斥世僞。張華鷦鷯賦寫不才善全之理，傅咸儀鳳賦駁斥其形微處卑之道，主張以才智免乎禍害，賈彬大鵬賦則以爲當效大鵬，棲形遐遠以自全。此外同詠樂器，潘岳笙賦藉歌辭以表現其現世享樂主義之人生觀，嵇康琴賦則藉歌辭以寓其神仙之思及莊子齊萬物、一死生之情懷。由是觀之，魏晉詠物賦實有作者個性之呈現，故以「個性顯現」爲其特色之一，似無不宜也。

貳　魏晉詠物賦之影響

賦介於「詩」「文」之間，有詩之緜密而無詩之含蓄，有散文之流暢而無散文之直截（註八）。溯其源流，賦乃詩之別枝，賦家亦以新體詩自許，爲偏向敘事描寫之詩，因主觀之需求與客觀之因素，而有散文化之傾向。不僅有散文之形式，亦有散文之流暢及散文家之知性，亦爲產生文士散文之關鍵（註九），賦與「詩」「文」之關係極爲密切，故其影響同時流灌於「詩」「文」，茲就「詩」「文」二項以述魏晉詠物賦之影響：

一　詩

㈠促成詠物詩之發達

詠物詩之源起，雖可遠溯詩經「隰有萇楚」及「駉」二詩，然於賦體雄霸文壇之漢代，鮮有詠物詩之作品。高祖鴻鵠歌「鴻鵠高飛，一舉千里。羽翼已就，橫絕四海。橫絕四海，又可奈何？雖有矰繳，尚安所施。」，蔡邕翠鳥詩「庭陬有若榴，綠葉含丹榮。翠鳥時來集，振翼修形容。回顧生碧色，動搖揚縹青。幸脫虞人機，得親君子庭。馴心託君素，雌雄保百齡。」可視爲詠物詩之先驅。魏代曹植、劉楨、應瑒有「鬥雞」之詩，繁欽蕙詠、張純賦席、張儼賦犬、朱異賦弩等，則爲名副其實之詠物詩，唯其數不多。西晉詠物詩始漸多，傅玄之芙蕖、蓮歌、雲歌、啄木、張華之荷詩、橘詩，張載之霖雨，陸機之園葵詩，陸雲之芙蕖等詩爲其代表作品。降至南朝，詠物詩蔚然大盛，約得三百餘首（註一〇），形成詩壇一股巨流。

觀夫詠物詩繁盛之過程，可知魏晉詠物賦已臻鼎盛之時，詠物詩尚在萌芽之階段，故詠物詩受詠物賦之影響，乃必然之事也。就題材觀之，魏晉詠物賦已包羅萬象，幾乎無物不詠，後代詠物詩之題材，大抵不出於詠物賦之範圍也。就描寫技巧言，魏晉詠物賦已臻圓熟，同時之詠物詩則尚待鍾鍊：

席爲多設，簟爲夏施。揖讓而坐，君子攸宜。（張純賦席）

煌煌芙蕖，從風芬葩。照以皎日，灌以清波。陰結其實，陽發其華。金房綠葉，素珠翠柯。（傅玄芙蕖）

綠房哈其實，金條懸白璆。俯仰隨風傾，煒煒照清流。（陸雲芙蕖）

張純爲三國時吳人，此詩與張紘（亦吳人）之瓌材枕賦相較，同詠寢具，而其描寫技巧優劣立判。傅玄、陸雲二首詠芙蕖之詩，摹寫稍佳，亦能敷彩設色，然與魏晉詠蓮諸賦相較，仍遜色甚多，如：

其始榮也，皎若夜光尋扶桑。其揚暉也，晃若九陽出暘谷。（曹植芙蓉賦）

灼若夜光之在玄岫，赤若太陽之映朝雲。（閔鴻芙蓉賦）

微若玄黎投幽夜，粲若鄧林飛鵷鶵。（孫楚蓮花賦）

其望之也，曄若皦日燭崑山；其即之也，晃若盈尺映藍田。（潘岳蓮花賦）

光擬燭龍，色奪朝霞。（潘岳芙蓉賦）

或擢莖以高立，似彫輦之翠蓋；或委波而布體，疑連璧之攢會。（潘尼芙蓉賦）

此等優美意象之傳達，實爲魏晉詠物詩尚未企及之境地也。由是觀之，南朝詠物詩之發達及其寫物之技巧，蓋有得之於魏晉詠物賦也。

(二)山水題材之開發與巧構形似技巧之啓示

文心雕龍明詩篇云：「宋初文詠，體有因革：莊老告退，而山水方滋。儷采百字之偶，爭價一句之奇，情必極貌以寫物，辭必窮力而追新，此近世之所競也。」山水詩全盛於宋齊，其起源則衆說紛紜，或謂始於詩經，或云源於遊仙詩，或說起自西晉石崇等金谷園詩，或曰萌於東晉末年庾闡、殷仲文、謝混等山水作品。此非本文討論之範疇，姑不置論。此處乃就山水詩構成之二要素—㈠山水之題材㈡巧構形似之技巧（註一一）以探討魏晉詠物賦與山水詩之關係：

㈠山水題材之開發—

描寫山水之詩句，可遠溯至詩經、楚辭，唯其山水之描寫皆屬於陪襯性質，非以吟詠自然爲目的。漢賦以其體制宜於鋪采摛文、寫物圖貌，山水之描寫漸由從屬、陪襯邁向獨立之地位，以吟詠山水爲主體之賦篇亦於漢賦中出現。魏晉賡續漢賦作家所開拓之園地，勤加耕耘，吟詠山水景物之作品大量湧現於地理類之賦篇中，模山範水之技巧大增，如劉楨黎陽山賦云：

自魏都而南邁，迄洪川以揭休。想王旅之旌旄，望南路之遐脩。御輕駕而西徂，過舊塢之高區。爾乃踰峻嶺，超連罡。一登九息，遂臻其陽。南蔭黃河，左覆金城。青壇承祀，高碑頌靈。珍木駢羅，奮華揚榮。雲興風起，蕭瑟清泠。延首南望，顧瞻舊鄉。桑梓增敬，慘切懷傷。河源汨其東流，陽鳥飄而南翔。覩衆物之集華，退欣欣而樂康。

此賦之創作旨趣純爲個人對山水之欣賞及因景而生之感傷及歡欣，王國瓔「漢賦中的山水景物」云：「遠在東漢時期的文人，已經具有相當成熟的模山範水的藝術技巧，同時具有賞愛與了解自然山水的能力。唯一還欠缺的，就是南朝時山水詩人爲表現山水本身的美，以及個人對山水賞心悅目的美感經驗而創作的動機和目的。當然，這還需要一段漫長的、動亂的時代才能逐漸培養而成。」王氏所謂漢賦山水景物之描寫有待南朝詩人完成之欠缺處，建安時代之劉楨蓋以完成泰半矣。又如：

咨靈川之遐原兮，于崑崙之神丘。凌增城之陰隅兮，賴后土之潛流。銜積石之重險兮，披山麓而溢浮……若夫長杉峻櫝，茂栝芬橿，扶流灌列，暎水蔭防。隆條動而暢清風，白日顯而曜殊光。（應

[illegible]賦）

蔭高樹兮臨曲渦，微風起兮水增波。魚頡頏兮鳥逶迤，雌雄鳴兮聲相和。萍藻生兮散莖柯，春水繁兮發丹華。（曹丕臨渦賦）

美百川之獨宗，壯滄海之威神，經扶桑而遐逝，跨天崖而託身。驚濤暴駭，騰踊澎湃，鏗訇隱鄰，涌沸淩邁……（曹丕滄海賦）

爾乃寒泉懸涌，浚湍流帶，林薄叢籠，幽蔚隱藹，八風之所歸起，遊鳥之所喧會。（郭璞巫咸山賦）

登彼函谷，爰覽邱陵，地險逶迤，山岡相承，深壑累降，脩嶺重升，下杳冥而幽曖，上穹崇而高興……（江統函谷關賦）

嘉高岡之崇峻兮，臨玄谷以遠覽。仰高丘之崔嵬兮，望清川之澹澹。爾乃陟重險，涉榛薄，倚春木，臨幽壑。深谷豁以窈藹，高峯鬱而岩嶢。（胡濟瀍谷賦）

凡此，皆足以說明山水景物之描寫於魏晉已逐漸滙成一股潮流，甚至非以山水為吟詠主題之賦亦見描繪山水之筆墨，如曹丕賦槐、嵇康賦琴、傅玄賦柳、夏侯湛賦石榴等，於吟詠物象之中，皆有山水小品之閒情逸致（見第十二章第二節之四「崇美之情」），至如閔鴻羽扇賦，其題材與自然景物之關係本甚遠，竟有「登爽塏，臨甘泉，漱清流，廕玄雲，運輕翮以容輿，激清風於自然。披綃袪而入懷，飛羅纓之繽紛。衆坐侃以怡懌，咸俯節以齊歡。感蕙風之盪懷，詠棘心之所歡。」遊覽山水之描述！此外如夏侯湛浮萍賦「步長渠以遊目兮，覽隨波之微草」，蘇彥浮萍賦「余嘗汎舟遊覽，鼓檝川湖，覩浮萍之飄浪」，所詠之浮萍乃遊覽時所見之景物也。由是觀之，若非魏晉親近自然，了解自然之能力大增，豈能有此衆多之山水描寫充斥於詠物之賦篇耶？而此等山水題材之開發，必有助於後世山水詩之蓬勃發展也。

㈡巧構形似技巧之啓示—

形似技巧之講究爲山水詩模山範水、寫氣圖貌之先決條件，若無形似手法之刻畫，山水之描寫將難以達到「極貌寫物」「窮力追新」之境也。唯中國早期之詩歌，自三百篇下迄漢魏，以吟詠情志爲依歸，少著力於繪畫性之客觀寫物，是以「窺情風景之上，鑽貌草木之中」之形似手法遲至六朝始步入詩壇。於此漫長之演變過程中，側重描寫之漢賦已爲詩歌寫作技巧開闢新道，啓示新法。王文進「論六朝詩歌中巧構形似之言」以下列三端說明賦之「寫物圖貌，蔚似雕畫」對六朝形似手法之啓示（註一二）：

①由比興用法之轉變觀其對方貌手法之革創。

②由俳偶句法之力求觀其對擬物形式之影響。

③由鋪敍對象之具顯觀其對取景角度之拓展。

就比興用法之轉變言，魏晉詠物賦運用比體之技巧遠逾漢賦。就句法力求俳偶而言，魏晉詠物賦亦較漢賦更工整。就鋪敍對象之具顯言，尤爲魏晉詠物賦之特長。王文進云：「賦對中國文學的貢獻，若由其對六朝巧構形似之言的影響一環來理解，似乎較能看出其更深一層的文學史價值。在詩經傳統綿延下，漢賦沿承楚辭之藝術精神，以另外一種體裁探索出文學更廣泛之要質，此乃文學史上客觀之事實。中國詩歌若以唐宋爲秋實，上而推之，則六朝爲春華，詩騷爲根種，而漢賦者，乃不易爲人所覺之壤土也。」（同註一二）魏晉詠物賦無論就比體之運用，句法之俳偶及鋪敍對象之具顯諸端，對六朝巧構形似手法之影響皆較漢賦爲直接密切，然則魏晉詠物賦厥爲提供最佳養分之「壤土」也。

魏晉詠物賦對詩歌之影響，以上述詠物詩及山水詩最爲直接而顯著。此外，就律體詩而言，意義之排偶及聲音之對仗爲律詩兩大特色。魏晉詠物賦除平仄之對仗尚未講究外，對偶之技巧已趨整練，精巧之對句比比皆是，此於第十一章修辭技巧之「對偶」一節已詳言之。此等精巧之對句，當有助於律體詩意義之排偶技巧之成熟也。

二　文

中國文體，自魏晉以下漸漸歧爲古文與駢文兩大派系。王師夢鷗云：「魏晉六朝文體之形成，只是一個『文章辭賦化』的現象……辭賦的寫作也幾乎變作士流必須用力的一端。他們長期受這風氣的薰陶，辭賦的體式便成爲寫作文章的公式；上以對揚朝廷，下以應酬朋友，使得公文書牘莫不帶有辭賦的色彩。」（註一三）文章辭賦化之結果，直接促成駢文之蕃衍興盛。玆就對偶、用典及藻飾三端以觀魏晉詠物賦對駢文之影響：

㈠對偶——

對偶爲駢文構成之基本要件，魏晉詠物賦苦心經營對偶技巧之結果，頗有可觀之成績。無論就對句之形式、遣詞、聲律（註一四）等各方面之技巧皆日臻圓熟，成爲魏晉詠物賦特色之一。後世駢文常用之對仗技巧，魏晉詠物賦大體已具（註一五），其精巧之對句如：

{其始榮也，皦若夜光尋扶木。
{其揚暉也，晃若九日出暘谷。（曹植芙蓉賦）

{河汾之寶，有曲沃之懸匏焉。
{鄒魯之珍，有汶陽之孤篠焉。（潘岳笙賦）

{衣毛被羽，或介或鱗。
{棲林浮水，若獸若人。（成公綏天地賦）

此等精巧之隔句對，雖非四六之形式，然其雛形稍具矣。此外通篇以對句組成之駢體賦亦出現於詠物賦中。由是觀之，魏晉以降駢文之發展，必有取乎是者也。

㈡用典——

駢文之繁用典故，魏晉之後，成爲必要之條件。就魏晉詠物賦用典情況觀之，晉代用典隸事已趨繁富，以詠井諸賦爲例，卽可窺知其用典繁富之現象。此外「明用」「暗用」「反用」「借用」「活用」等用典之法，魏晉詠物賦皆能善加運用，如嵇康琴賦「狀若崇山，又象流波。浩兮湯湯，鬱兮峩峩」活用伯牙、鍾子期之典故，傅咸鏡賦「不將不迎，應物無方」活用莊子應帝王之典，旣寫鏡之照物功能，且寓人生之哲理。陸機桑賦「華飛鴞之流響，想鳴鳥之遺音」，利用詩經泮水「翩彼飛鴞，集于泮林，食我桑黮，懷我好音」及七月「春日載陽，有鳴食庚，女執懿筐，遵彼微行，爰求柔桑」之典，使尋常之桑樹因典故之聯想，產生優美之意象。凡此，皆足以說明用典技巧之臻於靈活。魏晉以降，駢文用典隸事之風，魏晉實已導其先河矣。

㈢藻飾

辭藻華麗爲駢文遣詞之特色，魏晉詠物賦之辭藻已頗講究，麗辭秀句，不勝枚擧，如：

或若朝雲浮高山，忽似飛鳥厲蒼天。（曹丕車渠椀賦）

遠而望之，若鸞鳳和鳴戲雲中；迫而察之，若衆葩敷榮曜春風。（嵇康琴賦）

熠熠熒熒，若丹英之照葩；飄飄熲熲，若流金之在沙。（潘岳螢火賦）

揮綠翰以運影，啓丹觜以振響。（盧諶鸚鵡賦）

由上觀之，駢文構成要件之「對偶」「用典」「藻飾」諸端，魏晉詠物賦皆已畢具，所欠缺者，唯不僅對偶工整，辭藻之華麗，尤爲後世駢文之所尙也。

平仄之諧調尙待齊梁聲律說以輔成之耳。雖然，其於駢文之影響已極深遠也。

【附　註】

註　一：漢書嚴助傳：「郡舉賢良對策百餘人，武帝善助對，繇是獨擢助爲中大夫。後得朱買臣、吾丘壽王、司馬相如、主父偃、徐樂、嚴安、東方朔、枚臯、膠倉、終軍、嚴葱奇等，並在左右……相如常稱疾避事，朔、臯不根持論，上頗俳優蓄之。」又王褒傳云：「（漢宣帝）數從褒等游獵，所幸宮館，輒爲歌頌，第其高下，以差賜帛。議者多以爲淫靡不急。上曰：『不有博弈者乎？爲之猶賢乎已。辭賦大者與古詩同義，小者辯麗可喜。譬如女工有綺縠，音樂有鄭衞，今世俗猶皆以此娛說耳目。辭賦比之，尚有仁義諷諭，鳥獸草木多聞之觀，賢於倡優博弈者遠矣。』」嚴助傳明言武帝以俳優蓄詞臣，王褒傳所載宣帝之語，表面似乎肯定辭賦之價值，實則以辭賦比倡優博弈，其態度與武帝無殊也。

註　二：魏晉遊戲文風促成詠物賦之發達，參見第二章第一節之三。

註　三：見廖蔚卿先生「從文學現象與文學思想的關係談六朝『巧構形似之言』的詩」。

註　四：文心雕龍詮賦篇云：「至於草區禽族，庶品雜類，則觸興致情，因變取會。擬諸形容，則言務纖密；象其物宜，則理貴側附。斯又小制之區畛，奇巧之機要也。」

註　五：見第十章第四節。

註　六：見第十一章第六節。

註　七：見第十一章第三節。

註　八：見朱光潛詩論頁一九〇。

註　九：見簡師宗梧漢賦和詩文的關係。

註一〇：參見王次澄南朝詩研究頁一七二。

註一一：王次澄南朝詩研究以「詩人『尋山陟嶺』、『險徑遊歷』觀覽所得之模山範水作品，且合乎『情必極貌以寫物，辭必窮力而追新』之寫實創作方式者。」（頁一四六）爲山水詩之範疇，義界頗簡明。析其構成要素有二：①描寫之題材乃詩人遊歷所觀覽之「山水」。②寫作方式必須「情必極貌以寫物，辭必窮力而追新」，此卽盛行六朝「巧構形似」之手法。

註一二：見王文第二章第二節。

註一三：見王師「貴遊文學與六朝文體的演變」，引自正中書局「古典文學論探索」頁一一八。

註一四：指「雙聲對」「疊韻對」「雙聲疊韻對」等聲律上之運用，不包括平仄對仗。

註一五：詳見第十一章第六節。

參考書目（先依朝代，次依書名筆劃）

十三經注疏　藝文印書館印行

老子　李耳撰　朱謙之校釋　明倫出版社印行

呂氏春秋　呂不韋撰　高誘注　光緒元年浙江書局據畢氏靈巖山館本校刻　先知出版社印行

荀子　荀況撰　王先謙集解　藝文印書館印行

莊子　莊周撰　郭慶藩集釋　世界書局印行

國語　左丘明撰　韋昭注　世界書局印行

韓非子　韓非撰　王先愼集解　世界書局印行

以上先秦

三輔黃圖　平津館叢書本　藝文印書館印行（或曰出於陳梁唐人續增）

大戴禮記　戴德輯　漢魏叢書本　新興書局印行

史記　司馬遷撰　裴駰集解　司馬貞索隱　張守節正義　藝文印書館印行

法言　揚雄撰　李軌注　四部叢刊本　商務印書館印行

尙書大傳　伏勝遺說 其徒所撰　鄭玄注　四部叢刊本　商務印書館印行

風俗通義　應劭撰　四部叢刊本　商務印書館印行
淮南子　劉安撰　高誘注　世界書局印行
新論　桓譚撰　見存嚴可均輯全後漢文
說文解字　許愼撰　段玉裁注　藝文印書館印行
說苑　劉向撰　四部叢刊本　商務印書館印行
漢書　班固撰　顏師古注　王先謙補注　藝文印書館印行
論衡　王充撰　黃暉校釋　商務印書館印行
韓詩外傳　韓嬰撰　漢魏叢書本　新興書局印行
釋名　劉熙撰　畢沅疏證　廣文書局印行
戰國策　劉向集錄　里仁書局印行

以上兩漢

三國志　陳壽撰　裴松之注　盧弼集解　藝文印書館印行
孔子家語　魏王肅注　四部叢刊本　商務印書館印行
孔叢子　四部叢刊本　商務印書館印行
文心雕龍　劉勰撰　范文瀾注　開明書店印行
文章流別論　摯虞撰　見存嚴可均輯全晉文
文選　蕭統選　六臣註　四部叢刊本　商務印書館印行
文選　蕭統選　李善注　藝文印書館印行

水經注　酈道元撰　四部叢刋本　商務印書館印行
玉篇　顧野王撰　四部叢刋本　商務印書館印行
列子　魏晉人所編　張湛注　光緒二年浙江書局據明世德堂本校刻　先知出版社印行
西京雜記　舊題漢劉歆撰、一題晉葛洪撰，或曰梁吳均撰　抱經堂叢書本　藝文印書館印行
宋書　沈約撰　藝文印書館印行
阮嗣宗集　華正書局印行
抱朴子　葛洪撰　平津館叢書本　藝文印書館印行
金樓子　蕭繹撰　四庫全書珍本別輯　商務印書館印行
南齊書　蕭子顯撰　藝文印書館印行
後漢書　范曄撰　李賢注　王先謙集解　黃山校補　藝文印書館印行
陸士龍集　陸雲撰　四部備要本　中華書局印行
詩品　鍾嶸撰　世界書局印行
顏氏家訓　顏之推撰　商務印書館印行
以上魏晉南北朝
古文苑　書錄解題謂唐人所藏　宋章樵注　商務印書館印行
白孔六帖　白居易、孔傳撰　新興書局印行
北堂書鈔　虞世南編　孔廣陶校註　藝文印書館印行
初學記　徐堅等編　鼎文書局

晉書　房玄齡等撰　吳士鑑、劉承幹斠注　藝文印書館印行
通典　杜佑撰　九通分類總纂本　鼎文書局印行
藝文類聚　歐陽詢等編　新興書局景宋刻本
藝文類聚　歐陽詢等編　文光出版社景汪紹盈校排印本

以上唐代

文苑英華　李昉等編　華文書局印行
太平御覽　李昉等編　四部叢刊三編　商務印書館印行
直齋書錄解題　陳振孫撰　四庫全書珍本別輯　商務印書館印行
詩經集註　朱熹撰　華正書局印行
詩緝　嚴粲撰　廣文書局印行
楚辭補註　洪興祖撰　惜陰軒叢書本　藝文印書館印行
廣韻　陳彭年等增廣　澤存堂本　藝文印書館印行

以上宋代

古賦辯體　祝堯撰　四庫全書珍本六集　商務印書館印行

以上元代

文章辨體序說　吳訥撰　長安出版社印行

文體明辨序說　徐師曾撰　長安出版社印行
詩話類編　王昌會撰　廣文書局印行
詩藪　胡應麟撰　廣文書局印行
漢魏六朝百三家集　張溥輯　新興書局印行
藝苑卮言　王世貞撰　學生書局印行

以上明代

七十家賦鈔　張惠言編　世界書局印行
六朝文絜箋注　許槤編　黎經誥注　世界書局印行
六朝麗指　孫德謙撰　育民出版社印行
四六叢話　孫梅撰　世界書局印行
古今圖書集成　陳夢雷等編　鼎文書局印行
古文辭類纂　姚鼐編　世界書局印行
玉函山房輯佚書　馬國翰輯　文海書局印行
古詩源　沈德潛編　商務印書館印行
全上古三代秦漢三國六朝文　嚴可均輯　世界書局印行
全漢三國晉南北朝詩　丁福保輯　世界書局印行
佩文齋詠物詩選　清康熙敕撰　查愼行等編錄　廣文書局印行
曹集考異　朱緒曾撰　金陵叢書
曹集詮評　丁晏撰　商務印書館印行

義門讀書記　何焯撰　四庫全書珍本二集　商務印書館印行
說文通訓定聲　朱駿聲撰　藝文印書館印行
廣雅疏證　王念孫撰　畿輔叢書本　藝文印書館印行
賦話　李調元撰　廣文書局印行
歷代名人年譜　吳榮光撰　商務印書館印行
歷代帝王年表（上古至元）　齊召南撰　國史年表四種　世界書局印行
歷代詠物詩選　俞琰編　廣文書局印行
歷代賦彙　清康熙敕撰　陳元龍等編錄　中文出版社印行
駢體文鈔　李兆洛編　譚獻評　世界書局印行
藝概　劉熙載撰　廣文書局印行

以上清代

山海經校注　袁珂著　里仁書局印行
文心雕龍之文學理論與批評　沈謙著　華正書局印行
文心雕龍之創作論　黃春貴著　文史哲出版社印行
文心雕龍札記　黃侃著　文史哲出版社印行
文心雕龍校釋　劉永濟著　正中書局印行
文學新論　李辰冬著　東大圖書公司印行
文學概論　王師夢鷗著　藝文印書館印行

中古文學史論　王瑤著　長安出版社印行
中國文學史　蘇師雪林著　光啟出版社印行
中國文學史　葉慶炳著　學生書局印行
中國文學批評史　郭紹虞著　明倫出版社印行
中國文學批評史　羅根澤著　明倫出版社印行
中國文學批評通論　傅庚生著　華正書局印行
中國文學流變史——辭賦篇　李曰剛著　聯貫出版社印行
中國文學發展史　華正書局校訂本
中國詩學（思想篇）　黃永武著　巨流圖書公司印行
中國詩學　劉若愚原著　杜國清譯　幼獅文化事業公司印行
中國文學研究　郭紹虞等著　國泰文化事業有限公司印行
中國韻文通論　陳鐘凡著　中華書局印行
中國韻文概論　傅隸樸著　中華文化出版事業委員會印行
中國聲韻學通論　林尹著　世界書局印行
六朝小賦研究　譚澎蘭撰　文化大學七十三年中國文學研究所碩士論文
六朝文論　廖蔚卿著　聯經出版事業公司印行
六朝詩論　洪順隆著　文津出版社印行
六朝賦之抒情傳統與藝術表現　林麗雲撰　師範大學七十二年國文研究所碩士論文
王褒及其賦之研究　白承錫撰　東海大學七十二年中國文學研究所碩士論文

司馬相如揚雄及其賦之研究　簡師宗梧撰　政治大學六十五年中國文學研究所博士論文
古典文學論探索　王師夢鷗撰　正中書局印行
左思生平及其三都賦研究　高桂惠撰　政治大學七十年中國文學研究所碩士論文
世說新語校箋　楊勇撰　明倫出版社印行
竹林七賢研究　何啟民撰　學生書局印行
百種詩話類編　臺靜農主編　藝文印書館印行
初學記研究　閻琴南撰　文化大學七十一年中國文學研究所博士論文
阮籍研究　徐麗霞撰　師範大學六十八年國文研究所碩士論文
兩宋詠物詞研究　馬寶蓮撰　師範大學七十二年國文研究所碩士論文
兩漢魏晉南北朝文學批評資料彙編　國立編譯館主編　成文出版社印行
南朝詩研究　王次澄撰　私立東吳大學中國學術著作獎助委員會印行
唐人詠花詩研究　陳聖萌撰　政治大學七十一年中國文學研究所碩士論文
修辭學　黃慶萱撰　三民書局印行
高明文輯　高師仲華撰　黎明文化事業公司印行
張衡生平及其賦之研究　廖國棟撰　政治大學六十八年中國文學研究所碩士論文
詩經詮釋　屈萬里撰　聯經出版事業公司印行
詩論　朱光潛撰　正中書局印行
管錐篇　錢鍾書撰
漢賦之史的研究　陶秋英撰　新文豐出版公司印行

漢賦研究　張清鐘著　商務印書館印行
漢賦源流與價值之商榷　簡師宗梧著　文史哲出版社印行
漢賦體裁與理論之研究　朴現圭撰　師範大學七十二年國文研究所碩士論文
漢魏六朝文學　陳鐘凡著　商務印書館印行
漢魏六朝專家文研究　劉師培著　中華書局印行
漢魏晉南北朝韻部演變研究第一分册　羅常培、周祖謨著　科學出版社印行
論六朝詩中巧構形似之言　王文進撰　師範大學六十七年國文研究所碩士論文
論漢賦之寫物言志傳統　曹淑娟撰　師範大學七十一年國文研究所碩士論文
賦學　張正體、張婷婷著　學生書局印行
賦選注　傅隸樸著　正中書局印行
賦話六種　何沛雄編著
歷代名人年里碑傳總表　姜亮夫撰　商務印書館印行
駢文學　張仁青著　文史哲出版社印行
駢文概論　金秬香著　商務印書館印行
駢文衡論　謝鴻軒著　廣文書局印行
魏晉南北朝文學思想史　張仁青著　文史哲出版社印行
魏晉音韻研究　丁邦新著　中央研究院歷史語言研究所專刊之六十五
魏晉賦研究　蕭湘鳳撰　輔仁大學六十九年中國文學研究所碩士論文
辭賦學綱要　陳去病著　文海出版社印行

藝術的奧秘　姚一葦著　開明書店印行

以上民國專著部分

六朝文述論略　馮承基著　學粹一四卷一、三期

六朝建康的園宅　劉淑芬著　大陸雜誌六十六卷三期

中國神仙信仰的形成與談仙文學　李師威熊著　漢學論文集第一輯　國立政治大學中文系中文所主編

文史哲出版社印行

西京雜記的研究　古苔光著　淡江學報十五期

兩漢辭賦總目提要考識　張師壽平著　國立中央圖書館館刊新五卷一期

從文學現象與文學思想的關係談六朝「巧構形似之言」的詩　廖蔚卿著　中外文學三卷七、八期

現存曹植賦考略　何沛雄著　華學月刊一四九期

詠物詩的評價標準　黃永武著　古典文學第一集　中國古典文學研究會主編　學生書局

詩經中的山水景物　王國瓔著　中外文學八卷一期

詩歌創作過程的兩種模式　鄭毓瑜著　中外文學十一卷九期

楚辭中的山水景物　王國瓔著　中外文學八卷五期

漢賦中的山水景物　王國瓔著　中外文學九卷五期

漢賦和詩文的關係　簡師宗梧著　東方雜誌復刊十七卷九期

漢賦的分析　嚴秀娟著　華國二期

漢賦的性情與結構　吳炎塗著　鵝湖三卷一期

漢賦的研究　成世光著　學術季刊五卷四期
漢賦研究　朱傑勤著　中山大學文史研究所月刊三卷一期
漢魏六朝文體變遷之一考察　王師夢鷗著　中央研究院歷史語言研究所集刊第五十本第二分
論中國古典文學中的兩大主題：從登樓賦與蕪城賦探討「遠望當歸」與「登臨懷古」　廖蔚卿著　幼獅學誌十七卷三期
論屈原橘頌　李元貞著　中國古典文學研究叢刊詩歌之部(一)　巨流圖書公司
論屈賦之流變　趙師璧光著成功大學學報八卷
論賦之封略　段凌辰著　中山大學史研所週刊九集一〇六期
賦的淵源與演變　蘇師雪林著　自由太平洋四卷七、八期
魏晉南北朝文學之發展　王師夢鷗著　中華文化復興月刊十四卷七、八、九期
辭賦分類略說　何炳輝著　人生三十二卷九、十期
辭賦起源　萬曼著　國文月刊五十九期
以上民國期刊部分
中國文學史　前野直彬主編　連秀華、何寄彭合譯　長安出版社印行
文鏡秘府論　弘法大師著　河洛圖書出版社印行
推移的悲哀——古詩十九首的主題　吉川幸次郎著　鄭清茂譯　中外文學六卷四、五期
賦史大要　鈴木虎雄著　殷石臞譯　正中書局印行
魏晉的賦與自然　小尾郊一著　高輝陽譯　創新四三〇、四三一期
以上日人著述部分